中華古籍保護計劃

· 成 果 ·

寧波市奉化區文物保護管理所等六家收藏單位、舟山市圖書館等二家收藏單位

古籍普查登記目録

全國古籍普查登記目録·浙江寧波 舟山

國家圖書館出版社

National Library of China Publishing House

圖書在版編目(CIP)數據

寧波市奉化區文物保護管理所等六家收藏單位、舟山市圖書館等二家收藏單位古籍普查登記目録/《寧波市奉化區文物保護管理所等六家收藏單位、舟山市圖書館等二家收藏單位古籍普查登記目録》編委會編. —北京:國家圖書館出版社,2019.6
（全國古籍普查登記目録）
ISBN 978 – 7 – 5013 – 6707 – 8

Ⅰ.①寧… Ⅱ.①寧… Ⅲ.①古籍—圖書館目録—寧波 ②公共圖書館—古籍—圖書館目録—舟山市 Ⅳ.①Z838

中國版本圖書館 CIP 數據核字(2019)第 050900 號

書　　名　寧波市奉化區文物保護管理所等六家收藏單位、舟山市圖書館等二家收藏單位
　　　　　　古籍普查登記目録
著　　者　《寧波市奉化區文物保護管理所等六家收藏單位、舟山市圖書館等二家收藏單位
　　　　　　古籍普查登記目録》編委會　編
責任編輯　景　晶

出版發行　國家圖書館出版社(北京市西城區文津街 7 號　100034)
　　　　　　(原書目文獻出版社 北京圖書館出版社)
　　　　　　010 – 66114536　63802249　nlcpress@ nlc.cn(郵購)
網　　址　http://www.nlcpress.com
排　　版　凡華(北京)文化傳播有限公司
印　　裝　河北三河弘翰印務有限公司
版次印次　2019 年 6 月第 1 版　2019 年 6 月第 1 次印刷

開　　本　787×1092(毫米)　1/16
印　　張　34
字　　數　660 千字
書　　號　ISBN 978 – 7 – 5013 – 6707 – 8
定　　價　300.00 圓

《全國古籍普查登記目錄》

工作委員會

主　任：周和平

副主任：張永新　詹福瑞　劉小琴　李致忠　張志清

委　員（按姓氏筆畫排序）：

于立仁　王水喬　王　沛　王紅蕾　王筱雯

方自今　尹壽松　包菊香　任　競　全　勤

李西寧　李　彤　李忠昊　李春來　李　培

李曉秋　吳建中　宋志英　努　木　林世田

易向軍　周建文　洪　琰　倪曉建　徐欣禄

徐　蜀　高文華　郭向東　陳荔京　陳紅彥

張　勇　湯旭岩　楊　揚　賈貴榮　趙　嬿

鄭智明　劉洪輝　歷　力　鮑盛華　韓　彬

魏存慶　鍾海珍　謝冬榮　謝　林　應長興

《全國古籍普查登記目録》

序　言

全國古籍普查登記工作是"中華古籍保護計劃"的首要任務，是全面開展古籍搶救、保護和利用工作的基礎，也是有史以來第一次由政府組織、參加收藏單位最多的全國性古籍普查登記工作。

2007 年國務院辦公廳發布《關於進一步加强古籍保護工作的意見》（國辦發〔2007〕6 號），明確了古籍保護工作的首要任務是對全國公共圖書館、博物館和教育、宗教、民族、文物等系統的古籍收藏和保護狀況進行全面普查，建立中華古籍聯合目録和古籍數字資源庫。2011 年 12 月，文化部下發《文化部辦公廳關於加快推進全國古籍普查登記工作的通知》（文辦發〔2011〕518 號），進一步落實了全國古籍普查登記工作。根據文化部 2011 年 518 號文件精神，國家古籍保護中心擬訂了《全國古籍普查登記工作方案》，進一步規範了古籍普查登記工作的範圍、内容、原則、步驟、辦法、成果和經費。目前進行的全國古籍普查登記工作的中心任務是通過每部古籍的身份證——"古籍普查登記編號"和相關信息，建立古籍總臺賬，全面瞭解全國古籍存藏情况，開展全國古籍保護的基礎性工作，加强各級政府對古籍的管理、保護和利用。

《全國古籍普查登記工作方案》規定了全國古籍普查登記工作的三個主要步驟：一、開展古籍普查登記工作；二、在古籍普查登記基礎上，編纂出版館藏古籍普查登記目録，形成《全國古籍普查登記目録》；三、在古籍普查登記工作基本完成的前提下，由省級古籍保護中心負責編纂出版本省古籍分類聯合目録《中華古籍總目》分省卷，由國家古籍保護中心負責編纂出版《中華古籍總目》統編卷。

在黨和政府領導下，在各地區、各有關部門和全社會共同努力下，古籍普查登記工作得以扎實推進。古籍普查已在除臺、港、澳之外的全國各省級行政區域開展，普查内容除漢文古籍外，還包括各少數民族文字古籍，特别是於 2010 年分别啓動了新疆古籍保護和西藏古籍保護專項，因地制宜，開展古籍普查登記工作；國家古籍保護中心研製的"全國古籍普查登記平臺"已覆蓋到全國各省級古籍保護中心，并進一步研發了"中華古籍索引庫"，爲及時展現古籍普查成果提供有力支持；截至目前，已有11375 部古籍進入《國家珍貴古籍名録》，浙江、江蘇、山東、河北等省公布了省級《珍貴古籍名録》，古籍分級保護機制初步形成。

《全國古籍普查登記目録》是古籍普查工作的階段性成果，旨在摸清家底，揭示館藏，反映古籍的基本信息。原則上每申報單位獨立成册，館藏量少不能獨立成册者，則在本省範圍内幾個館目合并成册。無論獨立成册還是合并成册，均編製獨立的書名筆畫索引附於書後。著録的必填基本項目有：古籍普查登記編號、索書號、題名卷數、著者（含著作方式）、版本、册數及存缺卷數。其他擴展項目有：分類、批校題跋、版式、裝幀形式、叢書子目、書影、破損狀況等。有條件的收藏單位多著録的一些擴展項目，也反映在《全國古籍普查登記目録》上。目録編排按古籍普查登記編號排序，内在順序給予各古籍收藏單位較大自由度，可按分類排列古籍普查登記編號，也可按排架號、按同書名等排列古籍普查登記編號，以反映各館特色。

此次全國古籍普查登記工作，克服了古籍數量多、普查人員少、普查難度大等各種困難，也得到了全國古籍保護工作者的極大支持。在古籍普查登記過程中，國家古籍保護中心、各省古籍保護中心爲此舉辦了多期古籍普查、古籍鑒定、古籍普查目録審校等培訓班，全國共 1600 餘家單位參加了培訓，爲古籍普查登記工作培養了大量人才。同時在古籍普查登記工作中，也鍛煉了普查員的實踐能力，爲將來古籍保護事業發展奠定了良好的基礎。

《全國古籍普查登記目録》的出版，將摸清我國古籍家底，爲古籍保護和利用工作提供依據，也將是古籍保護長期工作的一個里程碑。

國家古籍保護中心
2013 年 10 月

《全國古籍普查登記目録》

編纂凡例

一、收録範圍爲我國境内各收藏機構或個人所藏,産生於 1912 年以前,具有文物價值、學術價值和藝術價值的文獻典籍,包括漢文古籍和少數民族文字古籍以及甲骨、簡帛、敦煌遺書、碑帖拓本、古地圖等文獻。其中,部分文獻的收録年限適當延伸。

二、以各收藏機構爲分册依據,篇幅較小者,適當合并出版。

三、一部古籍一條款目,複本亦單獨著録。

四、著録基本要求爲客觀登記、規範描述。

五、著録款目包括古籍普查登記編號、索書號、題名卷數、著者、版本、册數、存缺卷等。古籍普查登記編號的組成方式是:省級行政區劃代碼—單位代碼—古籍普查登記順序號。

六、以古籍普查登記編號順序排序。

《浙江省古籍普查登記目録》

工作委員會

主　任：金興盛

副主任：葉　菁

委　員：倪　巍　徐曉軍　賈曉東　雷祥雄　劉曉清

　　　　徐　潔　李儉英　孫雍容　張愛琴　張純芳

　　　　樓　婷　金琴龍　陳泉標　鍾世杰　應　雄

　　　　陸深海　吕振興　徐兼明

《浙江省古籍普查登記目録》

編纂委員會

主　　編：徐曉軍

副主編：童聖江　曹海花　褚樹青　莊立臻　徐益波

　　　　胡海榮　劉　偉　沈紅梅　王以儉　孫旭霞

　　　　占　劍　孫國茂　毛　旭　季彤曦

統校和編纂工作小組組長：曹海花（浙江圖書館）

統校和編纂工作小組成員：秦華英（浙江圖書館）

　　　　　　　　　　　　呂　芳（浙江圖書館）

　　　　　　　　　　　　干亦鈴（寧波市圖書館）

　　　　　　　　　　　　劉　雲（寧波市天一閣博物館）

　　　　　　　　　　　　周慧惠（寧波市天一閣博物館）

　　　　　　　　　　　　馬曉紅（餘姚市文物保護管理所）

　　　　　　　　　　　　陳瑾淵（温州市圖書館）

　　　　　　　　　　　　王　昉（温州市圖書館）

　　　　　　　　　　　　沈秋燕（嘉興市圖書館）

　　　　　　　　　　　　丁嫻明（嘉興市圖書館）

　　　　　　　　　　　　唐　微（紹興圖書館）

　　　　　　　　　　　　丁　瑛（紹興圖書館）

　　　　　　　　　　　　毛　慧（衢州市博物館）

《浙江省古籍普查登記目録》

序　言

　　浙江文化底藴深厚,書籍刻印歷史悠久,前賢留下的著述浩如烟海,藏書雅閣及私人藏書爲數衆多,古籍資源十分豐富,幾乎縣縣有古籍,是全國古籍藏量較多的省份之一,是中華文化中具有獨特地域特色的重要一脈。保護好這些珍貴的古籍,對促進文化傳承、弘揚民族精神、維護國家統一及社會穩定具有重要作用。同時,加强古籍保護工作,也是加快建設文化大省、文化强省,努力推動文化浙江建設和社會主義文化大發展大繁榮的必然要求。

(一)

　　爲搶救、保護我國的珍貴古籍,繼承和弘揚優秀傳統文化,國務院辦公廳印發了《關於進一步加强古籍保護工作的意見》(國辦發[2007]6 號),全國古籍普查登記工作是瞭解全國古籍存藏情况、建立古籍總臺賬、開展全國古籍保護的基礎性工作。爲認真貫徹落實"國辦發[2007]6 號"文件精神,切實加强全省古籍的搶救、保護,浙江省人民政府辦公廳印發《關於進一步加强古籍保護工作的意見》(浙政辦發[2009]54 號),提出 2009 年起要在全省範圍内開展古籍普查登記工作。2012 年,浙江省古籍保護工作聯席會議下發《關於印發〈浙江省"中華古籍保護計劃"實施方案〉的通知》(浙文社[2012]30 號),提出在"十二五"末基本完成全省古籍普查工作的目標。

　　試點先行、摸底調查、制定方案,建立制度、統籌指揮,引進人員、有效培訓、壯大隊伍,配置設備、補助經費、保障到位,編製手册、明確款目、統一規則,著録完整、審核到位、保證質量,設立項目、表揚先進,在省委省政府的高度重視及其各部門的大力支持下,在國家古籍保護中心的積極指導和省文化廳的正確領導下,通過以上種種措施,"秉持浙江精神,幹在實處、走在前列、勇立潮頭",全省公共圖書館、文物、教育、檔案、衛生五大系統共計 95 家公藏單位通力合作,到 2017 年 4 月底基本完成了全省的古籍普查登記工作。

　　通過普查,摸清了全省古籍文化遺産家底,揭示了全省各地區文化脈絡,形成了統一的古籍信息數據庫,建立了一支遍布全省的古籍保護隊伍,爲下一步有針對性地開展古籍保護工作奠定堅實的基礎。鑒於全省在古籍普查和其他古籍保護工作中的突出表現,2014 年,浙江圖書館、嘉興市圖書館、雲和縣圖書館獲得"全國古籍保護工作先進單位"稱號,浙江圖書館徐曉軍和曹海花、温州市圖書館王妍、紹興圖書館唐微、平湖市圖書館馬慧、衢州市博物館程勤等 6 人獲得"全國古籍保護工作先進個人"稱號。

（二）

全國古籍普查登記範圍爲 1912 年以前産生的文獻典籍。由於近代以來浙江私人藏書相當發達，民國期間也刻印了大量典籍，民國文獻在各藏書單位（尤其是基層單位）所藏歷史文獻中占據了相當大的比重。這些文獻形成了浙江文獻典藏的重要特色，是浙江傳統文化的重要組成部分。爲更加全面地掌握本省歷史文獻文化遺産現狀，浙江省將民國時期傳統裝幀書籍也納入普查範圍。

按照《全國古籍普查登記手册》要求，登記每部古籍的基本項目，必登項目有索書號、題名卷數、著者、版本、册數、存缺卷數，選登項目有分類、批校題跋、版式、裝幀形式、叢書子目、書影、破損狀況等內容。浙江省的古籍普查工作一直高標準、嚴要求，自始至終堅持全國古籍普查登記平臺（以下簡稱"古籍普查平臺"）項目全著録，堅持文字信息和書影信息雙著録，登記每部書的索書號、分類、題名卷數、著者、卷數統計、版本、版式、裝幀、裝具、序跋、刻工、批校題跋、鈐印、叢書子目、定級及書影、定損及書影等 16 大項 74 小項的信息。

普查統計顯示，截至 2017 年 4 月 30 日，全省 95 家單位共藏有傳統裝幀書籍 337405 部 2506633 册，其中不分卷者計 31737 部 96822 册，分卷者計 305668 部 2409811 册 11433371 卷（實存 8223803 卷）：古籍（含域外本）219862 部 1754943 册，不分卷者 15777 部 54901 册，分卷者 204085 部 1700042 册 7934703 卷；民國時期傳統裝幀書籍 117543 部 751690 册，不分卷者 15960 部 41921 册，分卷者 101583 部 709769 册 3498668 卷。

從版本定級來看，全省四級文獻最多，部數、册數數量占比分別爲 84.75%、78.69%。三級次之，部數、册數數量占比 13.12%、15.96%。一級、二級文獻共計 5689 部 111722 册，量雖不多，極爲珍貴，其破損程度較輕，基本都配置了裝具且裝具狀況良好，這是古籍分級保護體系的有力體現。

從文獻類型來看，古籍普查平臺采用六部分類，在傳統的經、史、子、集四部外加上類叢部、新學。從册數來看，全省文獻類叢部數量最多，占比 29.40%，這其中很大一部分原因在於民國時期刊印了不少大型叢書。史部、集部、子部、經部分居第二至五位，數量占比分別爲 28.98%、18.00%、13.49%、9.24%。新學數量最少，還不到 1%。

從版本類型來看，全省古籍版本類型豐富，數量最多的是刻本，部數占比 51.01%、册數占比 55.03%。部數排在第二至四位的是鉛印本、石印本、抄本，分別占比 17.71%、16.58%、5.19%。册數排在第二至四位的是鉛印本、石印本、影印本，分別占比 14.27%、12.40%、11.38%，這與將民國時期傳統裝幀書籍納入古籍普查範圍有極大關係。稿、抄本部數占比 6.9%、册數占比 4.04%，總體占比不是很高，但在一、二級文獻中稿、抄本的比例比較高，一級中部數占比 20.49%、册數占比

70.25%,二級中部數占比 13.16%、册數占比 6.57%。

從版本年代來看,全省藏書從南北朝以迄民國,并有部分日本、朝鮮、越南本。其中,元及元以前共計 244 部 3357 册。明、清、民國共計 2486788 册,數量占比99.21%:明代占比 5.95%、清代占比 63.27%、民國占比 29.99%。日本、朝鮮、越南三國本共計 1877 部 14522 册,部數、册數占比分别爲 0.56%、0.58%。

從批校題跋來看,337405 部文獻中有姓名可考的批校題跋共計 15374 部,其中集部批校題跋最多,占全部批校題跋的 38.73%、占集部文獻的 6.16%。稿本的批校題跋在相對應的版本類型中比例最高,爲 16.18%。且稿本中有多人批校題跋的量最多,多者一部稿本中的批校題跋者達 25 人,如浙江圖書館藏沈蕉青稿本《燈青茶嫩草》三卷中有孫麟趾等 25 人的批校題跋。從各館藏書的批校題跋者來看,有鮮明的館域特色,從一個側面體現了各館的文獻來源。

從鈐印來看,337405 部文獻中有 51509 部有收藏鈐印,各級文獻鈐印比例隨級别的增高而加大,一至四級文獻的鈐印占比分别爲 50.67%、49.38%、26.00%、12.90%。收藏鈐印從一個方面體現了某書的遞藏源流,鈐印多於 1 方者有 24840部,鈐印多者達 54 方,如寧波市天一閣博物館藏清初毛氏汲古閣影宋抄本《集韻》十卷上鈐毛晋、毛扆、段玉裁、朱鼎煦四人共計 54 方印。

在普查的過程中,我們還利用普查成果積極申報《國家珍貴古籍名録》、評選《浙江省珍貴古籍名録》,建立珍貴古籍分級保護體系。截至目前,全省共有 871 部珍貴古籍入選第一至五批《國家珍貴古籍名録》,有 609 部古籍入選第一至三批《浙江省珍貴古籍名録》。

(三)

普查登記著録工作結束後,省古籍保護中心於 2016 年 6 月成立由浙江圖書館、寧波市圖書館、寧波市天一閣博物館、餘姚市文物保護管理所、溫州市圖書館、嘉興市圖書館、紹興圖書館、衢州市博物館 8 家單位的 14 名普查業務骨幹組成的浙江省古籍普查登記目録統校和編纂工作小組,開始全省普查數據的統校和古籍普查登記目録的編纂工作。

浙江省的普查登記目録是將古籍和民國書籍分開的,全省統一規劃,分别出版《浙江省古籍普查登記目録》和《浙江省民國時期傳統裝幀書籍普查登記目録》。根據《全國古籍普查登記目録審校要求》《古籍普查登記表格整理規範》的要求,省古籍保護中心制定《浙江省古籍普查登記目録編纂工作方案》《浙江省古籍普查數據統校細則》,用於指導全省的數據統校和登記目録的編纂。統校和編纂工作程序如下:導出古籍普查平臺上的數據,切分爲古籍、民國兩張表,按照設定的普查編號、索書號、分類、題名卷數、著者、版本、批校題跋、册數、存缺卷這幾項登記目録的出版款目對表格進行整理,整理後按照題名進行排列分給各統校員進行統校,統校結束後的數據按行政區域進行彙總交由分區負責人進行覆核,覆核結束後由省古籍保護中心一一寄給各館進行修改確認,經各館確認後由分區負責人進行最後審定。

在統校的過程中,爲了保證全省數據著錄的一致,我們積極利用我國古籍整理研究的重大成果《中國古籍總目》(以下簡稱《總目》),每條書目一一對核《總目》,《總目》收者即標注《總目》頁碼,《總目》未收某版本者標注"無此版本",《總目》未收者標注"無",《總目》所收即浙江某館所藏者特殊標注,《總目》著錄與普查信息有差異或一時無法判斷者標注"存疑"。拿浙江圖書館的近 7 萬條古籍數據來看,據不完全統計,除去複本,《總目》所收即浙江圖書館所藏者有 1100 多種,《總目》未收某一明確版本者有 3200 多種,《總目》未收者有 8300 多種。

全省 95 家單位中有 93 家單位有古籍數據,總條數計 22 萬條左右。根據分區域出版和達到一定條數可以單獨成書的原則,全省的古籍普查登記目錄大致分爲以下26 種:浙江圖書館,浙江大學圖書館,浙江省博物館,浙江省中醫藥研究院等四家收藏單位,杭州圖書館,西泠印社社務委員會等十家收藏單位、浙江省瑞安中學等八家收藏單位,寧波市圖書館,寧波市天一閣博物館,寧波市奉化區文物保護管理所等六家收藏單位、舟山市圖書館等二家收藏單位,溫州市圖書館,瑞安市博物館(玉海樓),嘉興市圖書館,平湖市圖書館,嘉善縣圖書館,海寧市圖書館等六家收藏單位,湖州市圖書館等七家收藏單位、常山縣圖書館等二家收藏單位,紹興圖書館,嵊州市圖書館,紹興市上虞區圖書館等八家收藏單位,東陽市博物館,金華市博物館等九家收藏單位,衢州市博物館,台州市黃岩區圖書館,臨海市圖書館,臨海市博物館等六家收藏單位,麗水市圖書館等八家收藏單位。目前全省的古籍普查登記目錄有多種已進入出版流程(爲保障普查編號的唯一性、終身有效性,各館數據以原普查編號從低到高的順序進行排列,由於浙江省古籍普查範圍包括古籍、民國時期傳統裝幀書籍、域外漢文古籍,著錄時幾種文獻交替進行,而出版時是分開的,加之古籍普查平臺系統出現的跳號情況,所以會出現普查編號不連貫的情況,特此說明),民國時期傳統裝幀書籍普查登記目錄的編纂亦接近尾聲。普查登記工作和普查登記目錄的編纂爲接下來《中華古籍總目·浙江卷》的編纂打下了良好的基礎。

浙江省古籍普查工作得到了各方的關心和支持。感謝各兄弟省份古籍同行的熱情幫助,感謝李致忠、張志清、吳格、陳先行、陳紅彥、陳荔京、羅琳、王清原、唱春蓮、李德生、石洪運、賈秀麗、范邦瑾等專家學者的悉心指導,藉力於此,普查工作纔得以順利完成。

條數多,分布廣,又出於眾手,儘管工作中我們一直爭取做到最好,但無論是已經著錄的古籍普查平臺數據還是即將付梓的登記目錄,都難免存在紕漏,希望業界同仁不吝賜教,俾臻完善。

浙江省古籍保護中心
2018 年 4 月

目　　録

寧波市檔案館
古籍普查登記目録

全國古籍普查登記目録·浙江寧波

國家圖書館出版社
National Library of China Publishing House

《寧波市檔案館古籍普查登記目録》

編　委：林　愛

《寧波市檔案館古籍普查登記目錄》

前　言

　　寧波市檔案館的古籍文獻,源於購買及單位、個人捐贈。此次古籍普查登記工作時間緊迫,專業技術要求頗高,爲此我館指定專人從事該項工作,以確保上報數據的統一性,還多次向已著録單位學習取經、校核數據。

　　我館上報古籍數據 23 條。從分類上看,大致有史部:紀傳類、傳記類、地理類、史抄類、雜史類;子部:儒家類;集部:總集類、別集類;類叢部:類書類、叢書類。其中傳記類藏品比較有特色,品質上乘,數量集中,共計 7 種。

　　經過此次古籍普查登記工作,我們發現了本館在古籍保護工作方面的不足。如經年豎放、部分破損等問題。我館現已着手對館藏文獻進行全面清對、搶救工作,邊清點、校對,邊重新排放(古籍由豎放改爲橫列),同時進行必要的搶救性修復工作。

　　由於此次工作時間緊,要求高,相關數據可能存在差誤,還請方家不吝指正。

寧波市檔案館

2018 年 12 月

330000－4791－0000001　T6.7.25.1　史部/紀傳類/別史之屬

宋遼金元別史五種　（清）席世臣輯　清乾隆至嘉慶南沙席氏掃葉山房刻本　一冊　存一種

330000－4791－0000002　T6.9.26.1　類叢部/叢書類/彙編之屬

惜陰軒叢書三十四種續編一種　（清）李錫齡編　清道光二十六年（1846）宏道書院刻咸豐八年（1858）續刻本　一冊　存一種

330000－4791－0000003　T6.7.19.1～2　集部/總集類/郡邑之屬

四明四友詩六卷　（清）鄭梁輯　清康熙四十八年（1709）刻本　二冊

330000－4791－0000004　T6.7.7.1～2　集部/別集類/明別集

天益山堂遺集十卷續刻一卷　（明）馮元仲撰　清乾隆八年（1743）刻本　二冊　存六卷（一至四、十，續刻）

330000－4791－0000005　T4.13.5～23　子部/儒家類/儒學之屬/性理

慈溪黃氏日抄分類九十七卷古今紀要十九卷　（宋）黃震撰　清乾隆三十二年（1767）新安汪佩鍔珠樹堂刻本（卷八十一、八十九、九十二原缺）　十九冊　存九十一卷（一至四十四、五十一至九十七）

330000－4791－0000007　T4.7.1～7　史部/地理類/山川之屬/山志

廣雁蕩山誌二十八卷首一卷末一卷　（清）曾唯輯　清乾隆五十五年（1790）曾唯依綠園刻嘉慶十三年（1808）增刻同治八年（1869）重修本　七冊　存二十五卷（首，一至九、十五至二十八，末）

330000－4791－0000008　T5.1.1～8　史部/地理類/總志之屬/斷代

元豐九域志十卷　（宋）王存等撰　清刻本　八冊

330000－4791－0000009　T2.2.1～28　史部/史抄類

廿二史文鈔一百九卷　（清）納蘭常安選評　清乾隆刻本　二十八冊

330000－4791－0000010　T6.6.1～4　類叢部/類書類/專類之屬

初學行文語類四卷　（清）孫埏編　清乾隆三槐堂刻本　四冊

330000－4791－0000011　T6.7.6.1～6　史部/地理類/山川之屬/水志

水經注不分卷　（北魏）酈道元撰　（清）戴震校訂　清乾隆刻本　六冊

330000－4791－0000012　T3.3.2.1～8　史部/地理類/方志之屬/郡縣志

[雍正]慈谿縣志十六卷　（清）楊正筍修（清）馮鴻模等纂　清雍正九年（1731）刻乾隆三年（1738）許炳增刻本　八冊

330000－4791－0000013　T3.5.2.1－1～6－1　史部/地理類/山川之屬/山志

明州阿育王山志十卷　（明）郭子章撰　明州阿育王山續志六卷　（清）釋畹荃撰　明萬曆刻清乾隆續刻本　六冊

330000－4791－0000014　T3.5.2.1－3、T3.5.2.4－3、T3.5.2.5－3　史部/地理類/山川之屬/山志

明州阿育王山志十卷　（明）郭子章撰　明州阿育王山續志六卷　（清）釋畹荃撰　明萬曆刻清乾隆續刻本　三冊　存七卷（一至三、十，續志一至三）

330000－4791－0000015　T3.5.2.1－2～6－2　史部/地理類/山川之屬/山志

明州阿育王山志十卷　（明）郭子章撰　明州阿育王山續志六卷　（清）釋畹荃撰　明萬曆刻清乾隆續刻本　六冊

330000－4791－0000021　W4.1　史部/傳記類/總傳之屬/家乘

[浙江寧波]徐氏中堂二房譜不分卷　（清）徐允洪修　（清）史致瑞纂　清光緒三年（1877）永春堂木活字印本　一冊

330000 - 4791 - 0000025　W7.1～20　史部/
傳記類/總傳之屬/家乘

[浙江慈溪]慈溪橫山裘氏宗譜二十一卷首一
卷　（清）裘鳴瑋主修　清宣統元年(1909)敦
睦堂木活字印本　二十冊　缺二卷(三、十
四)

330000 - 4791 - 0000032　W10.1～6　史部/
傳記類/總傳之屬/家乘

[浙江寧波]姚氏宗譜□□卷　（清）姚煋纂修
　清光緒三十一年(1905)抄本　六冊　存六
卷(一至五、七)

330000 - 4791 - 0000033　W23.1　史部/傳
記類/總傳之屬/家乘

[湖南澧縣]姚氏族譜十六卷　（清）姚煥聲修
　（清）姚茂典纂　清光緒五年(1879)三能堂
木活字印本　一冊　存一卷(一)

330000 - 4791 - 0000034　W14.1～4　史部/
傳記類/總傳之屬/家乘

[浙江寧波]甬上盧氏敬睦堂宗譜稿四卷
（清）盧友煜等纂修　清咸豐十一年(1861)木

活字印本　四冊

330000 - 4791 - 0000035　W1.1　史部/傳記
類/總傳之屬/家乘

[浙江寧波]張氏宗譜不分卷　（清）張嘉金纂
修　清道光十三年(1833)存耕堂抄本　一冊

330000 - 4791 - 0000036　W2.1～2　史部/
傳記類/總傳之屬/家乘

[浙江寧波]殷灣張氏宗譜四卷　（清）張文有
主修　清光緒二十年(1894)百忍堂木活字印
本　二冊　存二卷(一、三)

330000 - 4791 - 0000039　T2.22.41～42　史
部/雜史類/斷代之屬

張文襄幕府紀聞二卷　辜鴻銘撰　清宣統二
年(1910)鉛印本　二冊

330000 - 4791 - 0000040　T2.22.19　史部/
地理類/雜志之屬

王伯厚先生四明七觀賦不分卷　（宋）王應麟
撰　（清）范汾生註　清抄本　一冊

寧波市鎮海區文物保護管理所

古籍普查登記目録

全國古籍普查登記目録·浙江寧波

國家圖書館出版社
National Library of China Publishing House

《寧波市鎮海區文物保護管理所古籍普查登記目録》
編委會

主　編：吴　波

副主編：吴鋒鋼

編　委：王艷波　李根員　張敏輝　虞永杰

《寧波市鎮海區文物保護管理所古籍普查登記目録》

前　言

　　寧波市鎮海區文物保護管理所藏書主要爲歷史館藏。所藏古籍原按文物藏品進行編目。本所古籍普查項目於 2014 年 2 月正式啓動,結束於 2015 年 9 月,共普查傳統文獻 1398 部 8770 册,其中本書所載漢文古籍 737 部 5016 册。此次古籍普查雖然遇到了起步晚、時間緊、人員少等困難,但在浙江省古籍保護中心的指導下,單位領導和全體隊員的努力下,通過整合資源、加強協作,出臺激勵制度等措施,最終於 2015 年 9 月底完成了全部古籍數據的録入和一審。

　　根據普查結果,我所藏有清乾隆前珍貴古籍 99 部 1062 册。發現與本地相關的古籍 47 種 256 部。這些古籍書目不但爲地方歷史與名人研究提供綫索,還有助於館藏古籍的管理和利用。

　　古籍普查中,我所根據工作需要,於 2015 年年初專門成立了古籍保護利用工作室,負責本單位古籍的普查、保護、利用和管理,落實了專職人員;編製古籍目録并進一步完善管理制度,制訂《鎮海區文保所古籍查閱規定》并上墻;完善了古籍保存環境,設有專門的古籍書庫,具備除濕機、空調、除蟲藥,整個庫房有消防系統和監控系統,古籍保存狀況良好。

　　此次古籍普查登記目録得以出版,首先感謝所有一綫編目人員默默的付出,同時也感謝各位領導對古籍工作的支持,最後要感謝浙江省古籍保護中心的關心與指導。

　　由於我們的水準有限加之時間倉促,錯訛之處敬請批評指正。

鎮海區文物保護管理所

2018 年 12 月

330000－4789－0000001　1　經部/群經總義類/傳說之屬

皇朝五經彙解二百七十卷　（清）朱鏡清輯　清光緒十四年(1888)上海鴻文書局石印本　三十二冊

330000－4789－0000002　2　經部/叢編

五經合纂大成　（清）同文書局主人輯　清光緒十一年(1885)上海同文書局石印本　二十冊

330000－4789－0000003　4　經部/易類/傳說之屬

易例二卷　（清）惠棟撰　清刻本　一冊

330000－4789－0000004　6　經部/叢編

御纂七經　（清）李光地等撰　清光緒十四年(1888)江南書局刻本　十二冊　存一種

330000－4789－0000005　5　經部/書類/傳說之屬

書經集傳六卷　（宋）蔡沈撰　清同治三年(1864)浙江撫署刻本　四冊

330000－4789－0000006　3　經部/易類/傳說之屬

周易本義四卷附圖說一卷卦歌一卷筮儀一卷　（宋）朱熹撰　清同治三年(1864)浙江撫署刻本　二冊

330000－4789－0000007　8　經部/詩類/文字音義之屬

釋毛詩音四卷附毛詩說一卷　（清）陳奐撰　清咸豐元年(1851)蘇州漱芳齋刻本　一冊

330000－4789－0000008　54　經部/叢編

五經旁訓辨體合訂　（清）徐立綱輯　清乾隆五十四年(1789)上虞徐氏循陔堂刻本　十一冊　存三種

330000－4789－0000009　9　經部/叢編

仿宋相臺五經附考證　清刻本　七冊　存一種

330000－4789－0000010　7　經部/詩類/傳說之屬

陳氏毛詩五種本　（清）陳奐撰　清道光至咸豐陳氏掃葉山莊刻本　十二冊　存一種

330000－4789－0000011　10、11　經部/叢編

御纂七經　（清）李光地等撰　清光緒十四年(1888)江南書局刻本　五十一冊　存二種

330000－4789－0000012　56　經部/叢編

仿宋相臺五經九十七卷附考證　清乾隆四十八年(1783)武英殿刻本　十五冊　存四種

330000－4789－0000013　14、15、16　經部/叢編

通志堂經解一百四十種一千八百六十卷　（清）納蘭成德輯　清刻本　三冊　存三種

330000－4789－0000014　12.13　經部/春秋總義類/傳說之屬

春秋三傳十六卷首一卷　陸氏三傳釋文音義十六卷　（唐）陸德明撰　清同治三年(1864)浙江撫署刻本　十四冊

330000－4789－0000015　55　經部/春秋左傳類/傳說之屬

評點春秋綱目左傳句解彙雋六卷　（清）韓菼撰　清尚古堂刻本　六冊

330000－4789－0000016　61　經部/易類/傳說之屬

誠齋易傳二十卷　（宋）楊萬里撰　清刻本　六冊

330000－4789－0000017　20　經部/春秋左傳類/傳說之屬

左傳史論二卷　（清）高士奇撰　清刻本　一冊

330000－4789－0000018　21　經部/春秋左傳類/傳說之屬

春秋左傳五十卷　（晉）杜預註　（宋）林堯叟補註　（唐）陸德明音義　（明）鍾惺（明）孫鑛（明）韓范評點　清刻本　十六冊

330000－4789－0000019　18　經部/春秋左傳類/傳說之屬

續春秋左氏傳博議二卷　（清）王夫之撰　清

光緒二十四年(1898)望雲小舍石印本　二冊

330000－4789－0000021　23　經部/四書類/總義之屬/傳說

四書章句集註十九卷　(宋)朱熹撰　清刻本　二冊　存十卷(論語一至十)

330000－4789－0000022　19　子部/叢編

二十二子(二十二子彙函)　(清)浙江書局編　清光緒元年至三年(1875－1877)浙江書局刻本　二冊　存一種

330000－4789－0000023　24　經部/群經總義類/傳說之屬

古經解鉤沉三十卷　(清)余蕭客撰　清乾隆六十年(1795)刻本　四冊

330000－4789－0000024　25　經部/四書類/總義之屬/傳說

酌雅齋四書遵註合講十九卷　(清)翁復編　清道光十三年(1833)掃葉山房刻本　六冊

330000－4789－0000025　26　經部/四書類/總義之屬/傳說

四書章句集註十九卷　(宋)朱熹撰　清刻本　十六冊

330000－4789－0000026　27　類叢部/叢書類/彙編之屬

抱經堂叢書十六種　(清)盧文弨編　清乾隆至嘉慶刻彙印本　十六冊　存一種

330000－4789－0000027　28　經部/群經總義類/文字音義之屬

經典釋文三十卷　(唐)陸德明撰　清刻本　十二冊

330000－4789－0000028　29　史部/地理類/山川之屬/水志

水經注四十卷補遺一卷附錄二卷　(北魏)酈道元撰　(清)全祖望校　清光緒十四年(1888)薛福成寧波崇實書院刻本　十二冊

330000－4789－0000029　30　經部/小學類/訓詁之屬/爾雅

爾雅直音二卷　(清)孫侃輯　清光緒六年

(1880)常熟抱芳閣刻本　二冊

330000－4789－0000030　31　經部/群經總義類/文字音義之屬

十三經集字一卷　(清)李鴻藻輯　清光緒六年(1880)刻本　一冊

330000－4789－0000031　32　類叢部/叢書類/彙編之屬

後知不足齋叢書四十七種　(清)鮑廷爵編　清同治至光緒常熟鮑氏刻本　二冊　存一種

330000－4789－0000032　33　經部/小學類/訓詁之屬/群雅

續廣雅三卷　(清)劉燦輯　(清)王塈訂　清道光二十五年(1845)鄞邑陸鑑刻本　一冊

330000－4789－0000033　34　經部/三禮總義類/通論之屬

讀禮志疑一卷　(清)陸隴其撰　清嘉慶二十一年(1816)刻本　一冊

330000－4789－0000034　35　子部/叢編

二十二子(二十二子彙函)　(清)浙江書局編　清光緒元年至三年(1875－1877)浙江書局刻本　四冊　存一種

330000－4789－0000035　36　經部/詩類/傳說之屬

嚴氏詩緝補義八卷　(清)劉燦編　清嘉慶十六年(1811)鎮海劉氏墨莊刻本　四冊

330000－4789－0000036　38　經部/叢編

古經解彙函十六種附小學彙函十四種續附十種　(清)鍾謙鈞等輯　清光緒十四年(1888)上海蜚英館石印本　一冊　存續附六種

330000－4789－0000037　39　類叢部/叢書類/自著之屬

江氏叢書七種　(清)江藩撰　清上海掃葉山房刻本　二冊　存二種

330000－4789－0000038　17、37　類叢部/叢書類/自著之屬

王弢園叢書二種　(清)王韜撰　清光緒十五年至十六年(1889－1890)鉛印本　三冊　存

一種

330000－4789－0000039　41　經部/小學類/文字之屬/說文/傳說

說文解字十五卷標目一卷　（漢）許慎撰（宋）徐鉉等校定　清光緒五年(1879)平江洪氏刻本　四冊

330000－4789－0000040　40　經部/小學類/文字之屬/說文/專著

說文解字羣經正字二十八卷　（清）邵瑛撰　清嘉慶二十一年(1816)桂隱書屋刻本　十一冊　缺二卷(二至三)

330000－4789－0000041　42　經部/小學類/文字之屬/說文/傳說

說文廣義校訂三卷末一卷　（清）吳善述撰　清同治十三年(1874)刻本　二冊

330000－4789－0000042　43　經部/小學類/文字之屬/說文/專著

說文新附攷六卷續攷一卷　（清）鈕樹玉撰　清嘉慶六年(1801)非石居刻同治七年(1868)碧螺山館補刻本　二冊

330000－4789－0000043　44　經部/叢編

許學叢刻九種九卷　（清）許頌鼎（清）許湆祥輯　清光緒十三年(1887)海寧許氏古均閣刻本　二冊　存五種

330000－4789－0000044　45　史部/雜史類/斷代之屬

國語二十一卷　（三國吳）韋昭注　（宋）宋庠補音　**戰國策十卷**　（宋）鮑彪校注　清姑蘇書業堂刻本　二冊　存二十一卷(國語一至二十一)

330000－4789－0000045　46　子部/儒家類/儒學之屬/性理

近思錄集注十四卷考訂朱子世家一卷　（清）江永撰　**校勘記一卷**　（清）王炳撰　清光緒十五年(1889)掃葉山房刻本　六冊

330000－4789－0000048　49　經部/易類/傳說之屬

御纂周易述義十卷　（清）傅恒等撰　清乾隆

刻本　八冊

330000－4789－0000049　50　經部/詩類/傳說之屬

御纂詩義折中二十卷　（清）高宗弘曆敕撰（清）傅恒（清）陳兆崙等纂　清乾隆刻本　十冊

330000－4789－0000051　51　經部/春秋總義類/傳說之屬

御纂春秋直解十二卷　（清）傅恒等撰　清乾隆刻本　八冊

330000－4789－0000053　57　經部/禮記類/傳說之屬

黃翰林校正禮記大全三十卷　（明）胡廣等纂修　清刻本　八冊　存二十六卷(五至三十)

330000－4789－0000054　58　經部/易類/傳說之屬

周易虞氏義九卷虞氏消息二卷　（清）張惠言撰　清嘉慶至道光刻本　四冊　存二種

330000－4789－0000055　58－2　經部/易類/傳說之屬

周易虞氏義九卷虞氏消息二卷　（清）張惠言撰　清嘉慶至道光刻本　四冊

330000－4789－0000056　59　經部/易類/傳說之屬

周易象義集成三卷　（清）陳洪冠纂輯　清咸豐八年(1858)湖南羣玉書屋刻本　三冊

330000－4789－0000059　1020　史部/地理類/方志之屬/郡縣志

[光緒]鎮海縣志四十卷　（清）于萬川修（清）俞樾等纂　清光緒五年(1879)鯤池書院刻本　十六冊

330000－4789－0000063　62　類叢部/叢書類/自著之屬

汪雙池先生叢書二十種附浙刻雙池遺書十二種　（清）汪紱撰　清道光至光緒刻光緒二十三年(1897)長安趙舒翹等彙印本　十冊　存汪雙池先生叢書一種

330000－4789－0000065　63　經部/易類/傳說之屬

易經精華六卷首一卷末一卷　（清）薛嘉穎撰　清道光元年(1821)光霽堂刻本(卷首原缺)　三冊

330000－4789－0000066　1038　經部/書類/傳說之屬

書經精華六卷　（清）薛嘉穎撰　清嘉慶二十四年(1819)光霽堂刻本　四冊

330000－4789－0000067　64　經部/叢編

十一經音訓　（清）楊國楨等編　清同治十年(1871)汲綆齋刻本　八冊　存一種

330000－4789－0000068　65　經部/周禮類/傳說之屬

舒恬軒周禮讀本六卷　（清）龐佑清訂　清道光二十八年(1848)刻同治八年(1869)修補刻本　二冊

330000－4789－0000069　1039　經部/周禮類/傳說之屬

周禮精華六卷　（清）陳龍標輯　清嘉慶十八年(1813)刻本　六冊

330000－4789－0000070　66　經部/小學類/訓詁之屬/爾雅

爾雅註疏十一卷　（晉）郭璞註　（宋）邢昺疏　清乾隆五十一年(1786)金閶書業堂刻本　四冊

330000－4789－0000071　1040　經部/詩類/傳說之屬

詩經精華十卷　（清）薛嘉穎輯　清道光五年(1825)光霽堂刻本　五冊

330000－4789－0000072　67　經部/叢編

重刊宋本十三經注疏四百十六卷附十三經注疏校勘記四百十六卷　（清）阮元撰　（清）盧宣旬摘錄　**校勘記識語四卷**　（清）汪文臺撰　清光緒十三年(1887)上海脈望仙館石印本　三十二冊

330000－4789－0000073　68　經部/周禮類/傳說之屬

周官精義十二卷　（清）連斗山輯　清乾隆四十一年(1776)刻本　六冊

330000－4789－0000074　69　經部/春秋公羊傳類/傳說之屬

春秋公羊傳十二卷　（漢）何休注　（明）閔齊伋裁注　**春秋公羊傳攷一卷**　（明）閔齊伋撰　清刻本　四冊

330000－4789－0000075　70　經部/春秋穀梁傳類/傳說之屬

春秋穀梁傳十二卷攷一卷　（明）閔齊伋裁注並撰攷　清刻本　四冊

330000－4789－0000076　71　經部/春秋左傳類/傳說之屬

春秋左傳五十卷　（晉）杜預註　（宋）林堯叟補註　（唐）陸德明音義　（明）鍾惺　（明）孫鑛　（明）韓范評點　清三餘堂刻本　十六冊

330000－4789－0000077　72　經部/儀禮類/傳說之屬

儀禮韻言二卷　（清）檀萃撰　清光緒六年(1880)墨池精舍刻本　二冊

330000－4789－0000078　73　經部/春秋左傳類/傳說之屬

讀左補義五十卷首一卷　（清）姜炳璋輯　清三多堂刻本　十六冊

330000－4789－0000082　75　經部/小學類/訓詁之屬/爾雅

爾雅直音二卷　（清）孫侃輯　清乾隆六十年(1795)刻本　二冊

330000－4789－0000085　74　經部/春秋左傳類/釋例之屬

左傳摘錄三家世系附斷三卷　（清）張錦撰　清道光二十三年(1843)清湖張氏刻本　一冊

330000－4789－0000086　76　經部/小學類/訓詁之屬/爾雅

爾雅註疏旁訓四卷　（清）周樽輯　（清）馬俊良增訂　清嘉慶五年(1800)刻本　二冊

330000－4789－0000087　78　類叢部/類書類/通類之屬

小學紺珠十卷　（宋）王應麟輯　清刻本　四冊

330000－4789－0000088　77　經部/四書類/總義之屬/傳說

新訂四書補註備旨十卷　（明）鄧林撰　（清）杜定基增訂　清乾隆四十四年(1779)刻本　六冊

330000－4789－0000089　79　經部/春秋左傳類/傳說之屬

東萊先生左氏博議二十五卷首一卷　（宋）呂祖謙撰　清道光十九年(1839)錢唐瞿氏清吟閣刻本　六冊

330000－4789－0000090　80　經部/群經總義類/傳說之屬

七經精義　（清）黃淦撰　清刻本　十四冊

330000－4789－0000091　82　經部/小學類/文字之屬/字書/字體

六書通十卷　（清）閔齊伋撰　（清）畢弘述篆訂　清基閒堂刻本　九冊　存九卷（一至二、四至十）

330000－4789－0000092　81　經部/四書類/總義之屬

四書正本十九卷　（清）童械校輯　清光緒八年(1882)長沙傳忠書局刻本　十冊

330000－4789－0000093　83　經部/叢編

五經旁訓辨體合訂　（清）徐立綱輯　清聚珍堂刻本　十六冊

330000－4789－0000094　84　經部/易類/傳說之屬

漢儒易義針度四卷　（清）朱昌壽撰　**附近科文式一卷**　（清）希鼓等撰　清道光二十三年(1843)武林調香室刻本　二冊

330000－4789－0000095　86　經部/易類/傳說之屬

鄭氏爻辰補六卷圖一卷　（清）戴棠撰　清道光二十九年(1849)燕山書屋刻本　四冊

330000－4789－0000096　85　經部/易類/傳說之屬

漢易臨文捷徑不分卷　（清）馬庚吉輯　清讀易居刻本　一冊

330000－4789－0000097　87　經部/群經總義類/文字音義之屬

經籍籑詁一百六卷補遺一百六卷首一卷　（清）阮元撰　清光緒十四年(1888)上海鴻寶齋石印本　十二冊

330000－4789－0000098　88　經部/叢編

五經合纂大成　（清）同文書局主人輯　清光緒十一年(1885)上海同文書局石印本　十九冊　缺二卷（書經一至二）

330000－4789－0000101　89　史部/傳記類/總傳之屬/儒林

國朝漢學師承記八卷國朝經師經義目錄一卷國朝宋學淵源記二卷附記一卷　（清）江藩撰　清光緒十一年(1885)掃葉山房刻本　四冊　存八卷（師承記一至八）

330000－4789－0000102　92　經部/四書類/論語之屬/傳說

論語正義二十四卷　（清）劉寶楠撰　（清）劉恭冕述　清同治五年(1866)刻本　六冊

330000－4789－0000104　93　類叢部/叢書類/自著之屬

汪雙池先生叢書二十種附浙刻雙池遺書十二種　（清）汪紱撰　清道光至光緒刻光緒二十三年(1897)長安趙舒翹等彙印本　四冊　存一種

330000－4789－0000109　94　經部/小學類/文字之屬/說文/專著

說文通檢十四卷首一卷末一卷　（清）黎永椿撰　清刻本　二冊

330000－4789－0000110　96　經部/四書類/總義之屬/傳說

四書釋地一卷續一卷又續二卷三續一卷附孟子生卒年月考一卷　（清）閻若璩撰　清刻本　二冊

330000－4789－0000112　97　經部/詩類/傳說之屬

讀風臆補二卷總評一卷　（明）戴君恩輯（清）陳繼揆補輯並總評　清光緒六年（1880）寧郡述古堂刻拜經館印本　二冊

330000－4789－0000113　95　類叢部/類書類/專類之屬

初學行文語類三卷　（清）孫埏編　清嘉慶二年（1797）書業堂刻本　二冊

330000－4789－0000114　98　經部/小學類/文字之屬/字書/字體

漢隸字源五卷碑目一卷附字一卷　（宋）婁機撰　明末毛氏汲古閣刻本　六冊

330000－4789－0000116　99　經部/小學類/文字之屬/說文/傳說

段氏說文注訂八卷　（清）鈕樹玉撰　清道光三年（1823）吳縣鈕樹玉非石居刻同治五年（1866）碧螺山館補刻本　二冊

330000－4789－0000120　103　經部/書類/傳說之屬

書經增訂旁訓四卷　（清）徐立綱撰　清咸豐二年（1852）寧郡汲綆齋刻本　二冊

330000－4789－0000122　1041　經部/書類/傳說之屬

書經增訂旁訓四卷　（清）徐立綱撰　清咸豐二年（1852）寧郡汲綆齋刻本　二冊

330000－4789－0000123　100　經部/小學類/文字之屬/說文/專著

說文通檢十四卷首一卷末一卷　（清）黎永椿撰　清光緒九年（1883）羣玉山房刻本　二冊

330000－4789－0000126　102　經部/禮記類/傳說之屬

禮記集說十卷　（元）陳澔撰　清同治三年（1864）浙江撫署刻本　十冊

330000－4789－0000131　105　經部/詩類/傳說之屬

詩經審鵠要解六卷　（清）林錫齡輯　清乾隆四年（1739）刻本　四冊

330000－4789－0000132　107　經部/詩類/傳說之屬

詩經集傳八卷　（宋）朱熹撰　清同治三年（1864）浙江撫署刻本　四冊

330000－4789－0000133　108　經部/四書類/總義之屬/傳說

四書左國彙纂四卷　（清）高其名　（清）鄭師成輯　清道光十一年（1831）聚奎堂刻本　四冊

330000－4789－0000134　104　經部/四書類/總義之屬/傳說

四書典故辨正二十卷附錄一卷　（清）周柄中撰　清道光文萃堂刻本　六冊

330000－4789－0000135　106　類叢部/叢書類/彙編之屬

花雨樓叢鈔十一種續鈔十一種附一種　（清）張壽榮編　清光緒八年至十四年（1882－1888）蛟川張氏花雨樓刻本　一冊　存續鈔一種

330000－4789－0000136　114　經部/四書類/總義之屬/傳說

四書經註集證十九卷　（清）吳昌宗撰　清嘉慶三年（1798）江都汪廷機刻本　十四冊

330000－4789－0000137　109　類叢部/叢書類/彙編之屬

金峨山館叢書（望三益齋叢書）十一種　（清）郭傳璞編　清光緒八年至十六年（1882－1890）鄞郭氏刻二十年（1894）鎮海邵氏彙印本　一冊　存一種

330000－4789－0000138　111　經部/小學類/文字之屬/說文/傳說

說文解字十五卷標目一卷　（漢）許慎撰（宋）徐鉉等校定　清嘉慶十二年（1807）額勒布藤花榭刻本　四冊

330000－4789－0000139　110　類叢部/叢書類/彙編之屬

金峨山館叢書（望三益齋叢書）十一種　（清）郭傳璞編　清光緒八年至十六年（1882－

1890）鄞郭氏刻二十年（1894）鎮海邵氏彙印本　一冊

330000－4789－0000140　118　經部/詩類/傳說之屬

詩經集傳八卷　（宋）朱熹撰　清汲綆齋刻本　四冊

330000－4789－0000141　113　類叢部/叢書類/彙編之屬

武英殿聚珍版書一百三十八種　清刻本　一冊　存一種

330000－4789－0000142　112　經部/四書類/總義之屬/傳說

增補四書精繡圖像人物備考十二卷　（明）薛應旂撰　（明）陳仁錫增定　清乾隆三十五年（1770）積秀堂刻本　六冊

330000－4789－0000143　115　經部/群經總義類/傳說之屬

雪樵經解三十卷附錄三卷　（清）馮世瀛輯　清光緒十五年（1889）邗江晉銅古齋鉛印本　八冊

330000－4789－0000144　119　經部/小學類/文字之屬/說文/專著

說文通訓定聲十八卷分部柬韻一卷說雅一卷古今韻準一卷　（清）朱駿聲撰　（清）朱鏡蓉參訂　**行述一卷**　朱孔彰撰　清道光二十九年（1849）刻咸豐元年（1851）朱孔彰臨嘯閣補刻本　二十五冊

330000－4789－0000145　116　經部/春秋左傳類/傳說之屬

春秋左傳補註六卷　（清）惠棟撰　清乾隆三十七年（1772）順德胡亦常刻三十八年（1773）張錦芳續刻本　二冊

330000－4789－0000146　120　經部/小學類/文字之屬/說文/傳說

說文解字注十五卷附六書音韻表五卷汲古閣說文訂一卷　（清）段玉裁撰　**說文部目分韻一卷**　（清）陳煥編　清同治十一年（1872）湖北崇文書局刻本　十六冊

330000－4789－0000148　117　經部/群經總義類/傳說之屬

九經古義十六卷　（清）惠棟撰　清乾隆潮陽縣署刻本　三冊　缺四卷（周易一至二、尚書一至二）

330000－4789－0000150　122　經部/書類/傳說之屬

書經集傳六卷　（宋）蔡沈撰　清同治三年（1864）浙江撫署刻本　三冊　缺一卷（四）

330000－4789－0000151　123　經部/禮記類/傳說之屬

禮記增訂旁訓六卷　（清）徐立綱撰　清咸豐八年（1858）寧郡汲綆齋刻本　六冊

330000－4789－0000152　124　經部/四書類/論語之屬/傳說

論語集註十卷　（宋）朱熹撰　清刻本　二冊

330000－4789－0000153　125　經部/四書類/孟子之屬/傳說

孟子集註七卷　（宋）朱熹撰　清刻本　二冊

330000－4789－0000154　126　經部/詩類/傳說之屬

欽定詩經傳說彙纂二十一卷首二卷詩序二卷　（清）聖祖玄燁定　（清）王鴻緒　（清）揆敘總裁　清刻本　四冊　存六卷（十四至十六、十九至二十一）

330000－4789－0000155　128　經部/四書類/孟子之屬/傳說

孟子集註七卷　（宋）朱熹撰　清慎詒堂刻本　三冊

330000－4789－0000158　130　經部/禮記類/傳說之屬

禮記省度審鵠要解六卷　（清）彭頤纂　清刻本　六冊

330000－4789－0000159　132　經部/詩類/傳說之屬

陳氏毛詩五種本　（清）陳奐撰　清道光至咸豐陳氏掃葉山莊刻本　一冊　存二種

330000－4789－0000160　131　經部/書類/
傳說之屬

尚書審鵠便覽六卷 （明)莊奇顯輯　清刻本
四冊

330000－4789－0000161　136　經部/四書
類/總義之屬/傳說

增補四書人物聚考二十二卷 （明)鍾惺增訂
（明)黃澍糸訂　清乾隆龍江書屋修文堂刻
本　十五冊　存二十一卷(二至二十二)

330000－4789－0000162　133　經部/叢編

古經解彙函十六種附小學彙函十四種 （清)
鍾謙鈞等輯　清同治十二年(1873)粵東書局
刻本　四冊　存古經解彙函九種

330000－4789－0000163　134　經部/叢編

古經解彙函十六種附小學彙函十四種 （清)
鍾謙鈞等輯　清光緒十四年(1888)上海蜚英
館石印本　九冊　存古經解彙函十六種

330000－4789－0000164　135　經部/詩類/
傳說之屬

詩經集傳八卷 （宋)朱熹撰　清寧郡簡香齋
刻本　四冊

330000－4789－0000165　145　經部/四書
類/孟子之屬/傳說

孟子集註七卷 （宋)朱熹撰　清刻本　三冊

330000－4789－0000167　137　經部/四書
類/總義之屬/傳說

增補四書人物聚考二十二卷 （明)鍾惺增訂
（明)黃澍糸訂　清乾隆龍江書屋修文堂刻
本　十四冊　缺二卷(一至二)

330000－4789－0000168　139　經部/四書
類/總義之屬/傳說

四書人物類典串珠四十卷 （清)臧志仁輯
清嘉慶四年(1799)周錫堂刻本　十二冊

330000－4789－0000170　144　經部/小學
類/訓詁之屬/群雅

駢雅訓纂十六卷首一卷 （明)朱謀㙔撰
（清)魏茂林訓纂　清光緒二十年(1894)上海
積山書局石印本　七冊　存十六卷(一至十

六)

330000－4789－0000171　138　經部/叢編

五經合纂大成 （清)同文書局主人輯　清光
緒十一年(1885)上海同文書局石印本　二
十冊

330000－4789－0000172　147　子部/儒家
類/儒學之屬/經濟

大學衍義四十三卷 （宋)真德秀撰　清刻本
二冊　存十卷(二十四至三十三)

330000－4789－0000173　142　經部/周禮
類/傳說之屬

周禮政要四卷 （清)孫詒讓撰　清光緒二十
八年(1902)瑞安普通學堂刻本　四冊

330000－4789－0000174　1042　經部/叢編

月令問答一卷 （漢)蔡邕撰　**字林考逸八卷**
（清)任大椿輯　**倉頡篇三卷** （清)孫星衍
學　**玉篇一卷** （清)黎庶昌輯　清刻本
一冊

330000－4789－0000175　150　經部/小學
類/文字之屬/字書/訓蒙

澄衷蒙學堂字課圖說四卷檢字一卷類字一卷
（清)劉樹屏撰　（清)吳子城繪圖　清光緒
二十七年(1901)澄衷蒙學堂印書處石印本
八冊

330000－4789－0000178　143　經部/春秋總
義類/傳說之屬

春秋傳說類纂十二卷后附春秋十二公及二十
國易世嗣位一卷 （清)□□纂　清抄本
二冊

330000－4789－0000179　152　經部/小學
類/文字之屬/字書/字典

康熙字典十二集三十六卷總目一卷檢字一卷
辨似一卷等韻一卷補遺一卷備考一卷 （清)
張玉書等纂修　清光緒三年(1877)四明茹古
齋鉛印本　四十四冊

330000－4789－0000180　148　經部/小學
類/訓詁之屬/爾雅

爾雅三卷 （宋)鄭樵註　清刻本　一冊　缺

寧波市奉化區文物保護管理所等六家收藏單位、舟山市圖書館等二家收藏單位古籍普查登記目錄

一卷(下)

330000－4789－0000181　　149　　子部/宗教
類/道教之屬/眾術

周易參同契分章註解三卷　　（元）陳致虛撰
（清）傅金銓批　　清刻本　　一冊　　缺一卷(上)

330000－4789－0000182　　151　　史部/目錄
類/專錄之屬

經義考三百卷　　（清）朱彝尊撰　　**經義考總目
二卷**　　（清）盧見曾編　　清康熙秀水朱氏曝書
亭刻乾隆十九年至二十年(1754－1755)德州
盧見曾續刻本（卷二百八十六、二百九十九至
三百原缺）　　二十九冊　　存一百八十二卷(四
十九至一百六、一百十九至二百四十二)

330000－4789－0000183　　153　　經部/小學
類/文字之屬/字書/字典

**康熙字典十二集三十六卷總目一卷檢字一卷
辨似一卷等韻一卷補遺一卷備考一卷**　　（清）
張玉書等纂修　　清道光七年(1827)刻本　　三
十七冊

330000－4789－0000184　　154　　經部/小學
類/文字之屬/字書/字典

**康熙字典十二集三十六卷總目一卷檢字一卷
辨似一卷等韻一卷補遺一卷備考一卷**　　（清）
張玉書　　（清）陳廷敬等編　　清鉛印本　　一冊

330000－4789－0000188　　158　　經部/小學
類/文字之屬/字書/字典

**康熙字典十二集三十六卷總目一卷檢字一卷
辨似一卷等韻一卷補遺一卷備考一卷**　　（清）
張玉書等纂修　　清光緒十九年(1893)上海點
石齋石印本　　六冊

330000－4789－0000189　　163　　經部/小學
類/文字之屬/字書/字典

**康熙字典十二集三十六卷總目一卷檢字一卷
辨似一卷等韻一卷補遺一卷備考一卷**　　（清）
張玉書等纂修　　清光緒三十年(1904)上海錦
章書局石印本　　一冊

330000－4789－0000190　　157　　經部/小學
類/文字之屬/字書/字典

**康熙字典十二集三十六卷總目一卷檢字一卷
辨似一卷等韻一卷補遺一卷備考一卷**　　（清）
張玉書等纂修　　清光緒二十九年(1903)上海
鴻寶書局石印本　　六冊

330000－4789－0000191　　141　　經部/春秋左
傳類/傳說之屬

春秋經傳集解三十卷　　（晉）杜預撰　　（唐）陸
德明音義　　**春秋年表一卷附考證春秋名號歸
一圖二卷附考證**　　（五代）馮繼先撰　　清乾隆
刻本　　十六冊

330000－4789－0000192　　159　　經部/小學
類/文字之屬/字書/字典

**康熙字典十二集三十六卷總目一卷檢字一卷
辨似一卷等韻一卷補遺一卷備考一卷**　　（清）
張玉書等纂修　　清光緒十九年(1893)上海寶
文書局石印本　　六冊

330000－4789－0000193　　160　　經部/小學
類/文字之屬/字書/字典

**康熙字典十二集三十六卷總目一卷檢字一卷
辨似一卷等韻一卷補遺一卷備考一卷**　　（清）
張玉書等纂修　　清光緒三十三年(1907)上海
鴻文書局石印本　　六冊

330000－4789－0000197　　166　　史部/雜史
類/斷代之屬

戰國策十卷　　（宋）鮑彪校注　　（元）吳師道補
正　　清姑蘇書業堂刻本　　三冊

330000－4789－0000198　　1043　　史部/雜史
類/斷代之屬

戰國策十卷　　（宋）鮑彪校注　　（元）吳師道補
正　　清嘉慶十一年(1806)書業堂刻本　　六冊

330000－4789－0000199　　167　　史部/雜史
類/斷代之屬

國語二十一卷　　（三國吳）韋昭注　　（宋）宋庠
補音　　**戰國策十卷**　　（宋）鮑彪校注　　清姑蘇
書業堂刻本　　四冊　　存二十一卷(國語一至
二十一)

330000－4789－0000200　　169　　史部/紀傳
類/正史之屬

前漢書一百二十卷　（漢）班固撰　（唐）顏師古注　清光緒三十一年（1905）上海久敬齋石印本　十二冊

330000－4789－0000201　170　史部/紀傳類/正史之屬

後漢書九十卷　（南朝宋）范曄撰　（唐）李賢注　志三十卷　（晉）司馬彪撰　（南朝梁）劉昭注　清光緒三十一年（1905）上海久敬齋石印本　八冊

330000－4789－0000203　168　史部/紀傳類/正史之屬

史記一百三十卷　（漢）司馬遷撰　（南朝宋）裴駰集解　（唐）司馬貞索隱　（唐）張守節正義　清光緒三十一年（1905）上海久敬齋石印本　八冊

330000－4789－0000204　171　子部/儒家類/儒學之屬/經濟

說苑二十卷　（漢）劉向撰　清刻本　四冊

330000－4789－0000205　174　類叢部/叢書類/彙編之屬

廣雅書局叢書一百五十九種　徐紹棨編　清光緒廣雅書局刻民國九年（1920）番禺徐紹棨彙編重印本　五冊　存一種

330000－4789－0000206　173　類叢部/叢書類/彙編之屬

廣雅書局叢書一百五十九種　徐紹棨編　清光緒廣雅書局刻民國九年（1920）番禺徐紹棨彙編重印本　十四冊　存一種

330000－4789－0000207　175　類叢部/叢書類/彙編之屬

廣雅書局叢書一百五十九種　徐紹棨編　清光緒廣雅書局刻民國九年（1920）番禺徐紹棨彙編重印本　二冊　存一種

330000－4789－0000208　176　類叢部/叢書類/彙編之屬

廣雅書局叢書一百五十九種　徐紹棨編　清光緒廣雅書局刻民國九年（1920）番禺徐紹棨彙編重印本　一冊　存一種

330000－4789－0000209　172　史部/目録類/總録之屬/史志

補晉書經籍志四卷　吳士鑑撰　清光緒刻本　一冊

330000－4789－0000210　177　類叢部/叢書類/彙編之屬

廣雅書局叢書一百五十九種　徐紹棨編　清光緒廣雅書局刻民國九年（1920）番禺徐紹棨彙編重印本　三冊　存一種

330000－4789－0000211　178　類叢部/叢書類/彙編之屬

廣雅書局叢書一百五十九種　徐紹棨編　清光緒廣雅書局刻民國九年（1920）番禺徐紹棨彙編重印本　四冊　存一種

330000－4789－0000212　179　類叢部/叢書類/彙編之屬

廣雅書局叢書一百五十九種　徐紹棨編　清光緒廣雅書局刻民國九年（1920）番禺徐紹棨彙編重印本　一冊　存一種

330000－4789－0000213　180　類叢部/叢書類/彙編之屬

廣雅書局叢書一百五十九種　徐紹棨編　清光緒廣雅書局刻民國九年（1920）番禺徐紹棨彙編重印本　二冊　存一種

330000－4789－0000214　181　史部/叢編

思益堂史學四種　（清）周壽昌撰　清光緒長沙周氏小對竹軒刻本　二冊　存一種

330000－4789－0000215　188　經部/四書類/總義之屬/傳說

四書釋地一卷續一卷又續二卷三續一卷附孟子生卒年月考一卷　（清）閻若璩撰　清南城吳氏刻本　四冊

330000－4789－0000216　183　史部/政書類/通制之屬

文獻通考詳節二十四卷　（元）馬端臨撰　（清）嚴虞惇輯　清刻本　十冊

330000－4789－0000217　182　史部/紀傳類/正史之屬

寧波市奉化區文物保護管理所等六家收藏單位、舟山市圖書館等二家收藏單位古籍普查登記目録

校刊史記集解索隱正義札記五卷 （清）張文虎撰　清同治十一年（1872）金陵書局刻本
二冊

330000－4789－0000218　184、185　史部/史抄類

南史識小錄十四卷北史識小錄十四卷 （清）沈名蓀　（清）朱昆田輯　（清）張應昌補正
清同治十年（1871）武林吳氏清來堂刻本
八冊

330000－4789－0000220　189、190　史部/編年類/通代之屬

資治通鑑彙刻五百九十九卷 （清）張瑛撰
清同治至光緒江蘇書局刻本　二冊　存七卷
（通鑑宋本校勘記一至五、元本校勘記一至二）

330000－4789－0000222　186　類叢部/叢書類/彙編之屬

廣雅書局叢書一百五十九種 徐紹棨編　清光緒廣雅書局刻民國九年（1920）番禺徐紹棨彙編重印本　一冊　存一種

330000－4789－0000223　187　子部/叢編

二十二子（二十二子彙函） （清）浙江書局編　清光緒元年至三年（1875－1877）浙江書局刻本　三冊　存一種

330000－4789－0000224　192　類叢部/叢書類/彙編之屬

金峨山館叢書（望三益齋叢書）十一種 （清）郭傳璞編　清光緒八年至十六年（1882－1890）鄞郭氏刻二十年（1894）鎮海邵氏彙印本　一冊　存一種

330000－4789－0000225　191　史部/編年類/通代之屬

資治通鑑地理今釋十六卷 （清）吳熙載撰
清光緒八年（1882）江蘇書局刻本　三冊

330000－4789－0000226　193、194　史部/史抄類

南史識小錄十四卷北史識小錄十四卷 （清）沈名蓀　（清）朱昆田輯　（清）張應昌補正

清同治十年（1871）武林吳氏清來堂刻本
十冊

330000－4789－0000228　195　史部/史抄類

廿四史分類言行錄四十二卷 （清）錢大昕輯
清光緒二十八年（1902）上海書局石印本
八冊

330000－4789－0000229　204　史部/史評類/史論之屬

明史論四卷 （清）谷應泰撰　清刻本　一冊

330000－4789－0000230　216　類叢部/叢書類/彙編之屬

振綺堂叢書 （清）□□輯　清汪氏振綺堂刻漸學廬印本　一冊　存一種

330000－4789－0000231　215　史部/政書類/軍政之屬/邊政

朔方備乘六十八卷首十二卷 （清）何秋濤撰
清光緒石印本　八冊

330000－4789－0000232　217　類叢部/叢書類/彙編之屬

漸學廬叢書第一集十五種 （清）胡祥鑅編
清光緒元和胡氏石印本　二冊　存七種

330000－4789－0000233　199、200、201、202、203　史部/史評類/史論之屬

歷代史論十二卷宋史論三卷元史論一卷
（明）張溥撰　**明史論四卷** （清）谷應泰撰
左傳史論二卷 （清）高士奇撰　清光緒五年（1879）西江裴氏刻本　十二冊

330000－4789－0000236　196　史部/史評類/史論之屬

讀通鑑論十卷末一卷附宋論十五卷 （清）王夫之撰　清光緒二十四年（1898）上海書局鉛印本　八冊　存十卷（讀通鑑論一至十）

330000－4789－0000237　221　子部/小說家類/異聞之屬

山海經十八卷 （晉）郭璞傳　清光緒三年（1877）浙江書局刻本　三冊

330000－4789－0000238　218　史部/地理

地球韻言四卷 （清）張士瀛撰　清光緒二十四年(1898)鄂垣務急書館刻本　二冊

330000－4789－0000240　198　史部/編年類/通代之屬

尺木堂綱鑑易知錄二十卷 （清）吳乘權等輯　清光緒十二年(1886)上海點石齋石印本　十冊

330000－4789－0000241　220　史部/叢編

思益堂史學四種 （清）周壽昌撰　清光緒長沙周氏小對竹軒刻本　十四冊　存一種

330000－4789－0000242　222　子部/小說家類/異聞之屬

山海經廣注十八卷讀山海經語一卷山海經雜述一卷圖五卷 （清）吳任臣撰　清乾隆五十一年(1786)金閶書業堂刻本　六冊　存二十四卷（廣注一至十八、雜述、圖一至五）

330000－4789－0000244　1044　史部/編年類/通代之屬

御撰資治通鑑綱目三編四卷 （清）張廷玉等撰　清光緒十二年(1886)上海點石齋石印本　二冊

330000－4789－0000246　206、207　類叢部/叢書類/彙編之屬

文選樓叢書三十三種 （清）阮亨編　清嘉慶至道光阮元刻道光二十二年(1842)阮亨彙印本　四冊　存二種

330000－4789－0000247　211　類叢部/叢書類/郡邑之屬

金華叢書六十八種 （清）胡鳳丹編　清同治七年至光緒八年(1868－1882)永康胡氏退補齋刻民國補刻本　一冊　存一種

330000－4789－0000252　229　史部/政書類/通制之屬

廣治平略三十六卷 （清）蔡方炳撰　清同治九年(1870)漁古山房刻本　八冊

330000－4789－0000253　212　史部/傳記類/別傳之屬/年譜

張忠烈公年譜一卷 （清）趙之謙編　清光緒二十二年(1896)慈谿童廣年刻本　一冊

330000－4789－0000255　227　史部/史表類/通代之屬

歷代紀元彙考八卷 （清）萬斯同撰　孫鏘校補　**皇朝紀元彙考一卷** （清）李哲濬撰　清光緒二十三年(1897)瀫洲李氏刻本　一冊

330000－4789－0000256　223　史部/紀傳類/正史之屬

漢書補注七卷　王榮商撰　清光緒十七年(1891)刻本　二冊

330000－4789－0000259　224　史部/紀傳類/正史之屬

二十四史　清同治至光緒五省官書局刻光緒五年(1879)湖北書局彙印本　十六冊　存一種

330000－4789－0000260　214　史部/金石類/郡邑之屬/雜著

東甌金石志十卷 （清）戴咸弼撰　清光緒二年(1876)浙江溫州郡庠木活字印本　三冊　缺四卷（三至四、九至十）

330000－4789－0000261　225、226　史部/紀傳類/正史之屬

二十四史　清同治至光緒五省官書局刻光緒五年(1879)湖北書局彙印本　十六冊　存一種

330000－4789－0000262　230　史部/編年類/斷代之屬

十朝東華錄五百二十五卷　王先謙編　清末石印本　三十六冊　存一百三十九卷（天聰八，崇德二，康熙六至十、十五至十八、二十三至三十四、五十一至五十六、六十一至六十六、七十五至八十、八十八至九十二、九十九至一百二十，雍正六至七、十至十三、十六至十七，乾隆十三至十四、二十一至二十四、二十九至三十、三十三至三十六、四十一至四十二、四十九至五十、六十五至六十六、六十九至七十、七十三至七十四、八十一至八十二、八十五至八十六、九十五至九十八、一百九至

一百二十,嘉慶十三至十四、十九至二十二、二十七至二十八、三十三至三十六、三十九至四十四,道光一至三)

330000 – 4789 – 0000263　234　子部/藝術類/書畫之屬/書法書品

增補分部書法正傳不分卷　(清)蔣和編　清光緒十年(1884)埽葉山房刻本　一冊

330000 – 4789 – 0000264　235　經部/小學類/文字之屬/字書/通論

字學舉隅不分卷　(清)黃本驥　(清)龍啟瑞撰　清光緒六年(1880)刻本　一冊

330000 – 4789 – 0000265　231　史部/職官類/官箴之屬

三事忠告四卷　(元)張養浩撰　清刻本　一冊

330000 – 4789 – 0000266　236　子部/藝術類/書畫之屬/法帖

鳳墅殘帖釋文二卷　(清)錢大昕撰　清乾隆三十四年(1769)刻本　一冊

330000 – 4789 – 0000267　246　史部/目錄類/總錄之屬/私撰

天一閣見存書目四卷首一卷末一卷　(清)薛福成撰　清光緒十五年(1889)甬上崇實書院刻本　四冊

330000 – 4789 – 0000269　241　子部/雜著類/雜說之屬

盛世危言五卷　鄭觀應撰　清光緒二十一年(1895)上海古香閣鉛印本　五冊

330000 – 4789 – 0000275　247　類叢部/叢書類/彙編之屬

廣雅書局叢書一百五十九種　徐紹棨編　清光緒廣雅書局刻民國九年(1920)番禺徐紹棨彙編重印本　九冊　存一種

330000 – 4789 – 0000276　233　集部/別集類/清別集

庸盦海外文編四卷　(清)薛福成撰　清光緒二十一年(1895)石印本　四冊

330000 – 4789 – 0000277　245　集部/總集類/選集之屬/斷代

皇朝經世文新編二十一卷　麥仲華輯　清光緒上海大同譯書局石印本　二十四冊　缺一卷(二十一)

330000 – 4789 – 0000278　240　史部/雜史類/斷代之屬

三河創業記五卷　(清)范壽金撰　清光緒三十三年(1907)石印本　二冊

330000 – 4789 – 0000280　239　史部/地理類/雜志之屬

三省入藏程站記一卷　范壽金輯　清光緒三十三年(1907)石印本　一冊

330000 – 4789 – 0000282　242　新學/地學/地理學

地學指略三卷　(英國)文教治口譯　(清)李慶軒筆述　清光緒七年(1881)刻本　一冊

330000 – 4789 – 0000283　238　史部/金石類/石之屬/題跋

石刻鋪敘二卷　(宋)曾宏父撰　清乾隆三十四年(1769)刻本　一冊

330000 – 4789 – 0000284　254　史部/編年類/斷代之屬

明紀六十卷　(清)陳鶴輯　(清)陳克家補　清同治十年(1871)江蘇書局刻本　二十冊

330000 – 4789 – 0000285　250　史部/地理類/總志之屬/斷代

新斠注地里志十六卷　(清)錢坫撰　(清)徐松集釋　清刻本　八冊

330000 – 4789 – 0000286　248　史部/政書類/邦計之屬/鹽法

欽定重修兩浙鹽法志三十卷首一卷　(清)馮培　(清)潘庭筠等纂修　清同治十三年(1874)楊昌濬刻本　二十四冊

330000 – 4789 – 0000287　253　史部/編年類/通代之屬

御批歷代通鑑輯覽一百二十卷　(清)傅恒等撰　清光緒十三年(1887)上海同文書局石印

本　二十冊

330000 – 4789 – 0000288　255　子部/叢編

論海一百七十二卷　（清）蔡和鏘輯　清光緒
二十八年（1902）石印本　三十二冊

330000 – 4789 – 0000289　249　史部/地理
類/外紀之屬

列國政要一百三十二卷　（清）戴鴻慈　（清）
端方撰　清光緒石印本　八冊　缺九十八卷
（一至八十九、一百二十四至一百三十二）

330000 – 4789 – 0000290　252　類叢部/叢書
類/彙編之屬

湘學報類編西政叢鈔　（清）養春堂主人編
清光緒二十八年（1902）石印本　八冊

330000 – 4789 – 0000293　267　類叢部/叢書
類/彙編之屬

武英殿聚珍版書一百三十八種　清乾隆武英
殿木活字印本　一冊　存一種

330000 – 4789 – 0000295　266　子部/雜著
類/雜考之屬

攷古質疑六卷　（宋）葉大慶撰　清刻本
二冊

330000 – 4789 – 0000296　265　新學/格致總

格致精華錄四卷　（清）王仁俊撰　（清）江標
編次　**德國議院章程合盟紀事本末一卷**
（清）徐建寅編　清光緒二十二年（1896）石印
本　四冊

330000 – 4789 – 0000297　264　史部/金石
類/總志之屬

學古齋金石叢書四集　（清）葛元煦輯　清光
緒崇川葛氏學古齋刻本　四冊　存一種

330000 – 4789 – 0000298　262　集部/總集
類/選集之屬/斷代

普天忠憤全集十四卷首一卷　（清）孔廣德編
清光緒二十一年（1895）石印本　十二冊

330000 – 4789 – 0000300　258　新學/史志/
別國史

東洋史要二卷坿圖一卷　（日本）桑元隲藏撰

樊炳清譯　清光緒二十五年（1899）東文學
社石印本　四冊

330000 – 4789 – 0000301　261　類叢部/叢書
類/郡邑之屬

畿輔叢書　（清）王灝輯　清光緒五年至十八
年（1879 – 1892）定州王氏謙德堂刻三十二年
（1906）彙印本　七冊　存一種

330000 – 4789 – 0000302　259　子部/儒家
類/儒學之屬/經濟

變法平議一卷　張謇撰　清光緒鉛印本
一冊

330000 – 4789 – 0000303　260　子部/儒家
類/儒學之屬/勸學

程氏家塾讀書分年日程三卷綱領一卷　（元）
程端禮撰　清同治七年（1868）湖北崇文書局
刻本　二冊

330000 – 4789 – 0000304　269　集部/別集
類/清別集

新疆賦一卷　（清）徐松撰　清末讀有用書齋
刻本　一冊

330000 – 4789 – 0000305　272　史部/政書
類/軍政之屬/邊政

朔方備乘六十八卷首十二卷　（清）何秋濤撰
清光緒石印本　八冊

330000 – 4789 – 0000306　271、273　新學/地
學/地理學

西北地理五種　（清）李文田撰　清光緒二十
三年（1897）會稽施世杰鄮鄭學廬石印本　四
冊　存四種

330000 – 4789 – 0000307　275　史部/史評
類/考訂之屬

廿二史劄記三十六卷補遺一卷　（清）趙翼撰
清光緒二十六年（1900）上海書局石印本
八冊

330000 – 4789 – 0000308　274　史部/史評
類/考訂之屬

廿二史考異二十三卷　（清）錢大昕撰　清上
海鴻寶齋石印本　四冊

寧波市奉化區文物保護管理所等六家收藏單位・舟山市圖書館等二家收藏單位古籍普查登記目錄

330000－4789－0000309　276　史部/政書類/通制之屬

欽定大清會典一百卷首一卷　（清）崑岡等撰　清宣統三年(1911)上海商務印書館石印本　十冊

330000－4789－0000310　268　史部/目錄類/通論之屬/考訂

欽定四庫全書考證一百卷　（清）王太岳（清）曹錫寶等撰　清乾隆武英殿木活字印本　九十五冊

330000－4789－0000311　277　史部/政書類/通制之屬

三通考輯要七十六卷　湯壽潛輯　清光緒二十五年(1899)圖書集成局鉛印本　三十冊

330000－4789－0000312　279　集部/總集類/郡邑之屬

海虞文徵三十卷目錄二卷　邵松年編輯　清光緒三十一年(1905)鴻文書局石印本　十六冊

330000－4789－0000313　278　史部/紀傳類/正史之屬

唐書二百二十五卷　（宋）歐陽修（宋）宋祁等撰　明崇禎二年(1629)毛氏汲古閣刻本　三十九冊　存一百六十九卷(三至九十七、一百七至一百十五、一百六十一至二百二十五)

330000－4789－0000314　280　子部/小說家類/異聞之屬

山海經箋疏十八卷圖讚一卷訂譌一卷敘錄一卷　（清）郝懿行撰　清光緒十七年(1891)五彩石印本　六冊

330000－4789－0000317　281　新學/史志/別國史

節本泰西新史攬要八卷　（英國）李提摩太譯周慶雲節錄　清光緒二十七年(1901)周慶雲夢坡室刻本　二冊

330000－4789－0000319　282　史部/傳記類/總傳之屬/忠孝

忠義紀聞錄三十卷　（清）陳繼聰撰　清光緒

八年(1882)刻本　八冊

330000－4789－0000320　287　史部/紀傳類/正史之屬

二十四史附考證　清光緒十四年(1888)上海鴻文書局石印本　十冊　存一種

330000－4789－0000322　286　史部/紀傳類/正史之屬

前漢書一百二十卷　（漢）班固撰　（唐）顏師古注　清光緒十四年(1888)上海鴻文書局石印本　十四冊　存一百卷(一至一百)

330000－4789－0000323　1033　史部/地理類/方志之屬/郡縣志

[光緒]慈谿縣志五十六卷附編一卷　（清）楊泰亨　（清）馮可鏞纂　（清）劉一桂校補　清光緒二十五年(1899)刻民國三年(1914)印本　二十四冊

330000－4789－0000325　879　集部/別集類/清別集

澹園文集二卷首一卷　（清）虞景璜撰　清宣統三年至民國四年(1911－1915)鎮海虞氏刻本　一冊

330000－4789－0000329　903　集部/總集類/郡邑之屬

蛟川先正文存二十卷補遺一卷　（清）陳繼聰編　清光緒八年(1882)刻本　十冊

330000－4789－0000330　289　子部/儒家類/儒學之屬/蒙學

重訂訓學良規一卷附變通小學義塾章程一卷　（清）陳彝撰　清光緒刻本　一冊

330000－4789－0000331　845　集部/別集類/清別集

容膝軒文稿七卷　（清）王榮商撰　清光緒二十一年(1895)刻本　一冊

330000－4789－0000332　825　集部/別集類/清別集

容膝軒文稿八卷　（清）王榮商撰　清光緒二十一年至三十四年(1895－1908)刻本　二冊

330000－4789－0000333　293　史部/紀傳類/正史之屬

四史四百十五卷　（漢）班固撰　（唐）顏師古注　清光緒十四年（1888）上海蜚英館石印本　十六冊　存一種

330000－4789－0000334　291　史部/編年類/通代之屬

尺木堂綱鑑易知錄九十二卷　（清）吳乘權等輯　**御撰資治通鑑綱目三編二十卷**　（清）張廷玉等撰　清尺木堂刻本　四十八冊

330000－4789－0000335　294　史部/紀傳類/正史之屬

四史四百十五卷　（南朝宋）范曄撰　（唐）李賢注　清光緒十四年（1888）上海蜚英館石印本　十二冊　存一種

330000－4789－0000336　295　史部/紀傳類/正史之屬

欽定三國志六十五卷　（晉）陳壽撰　（南朝宋）裴松之注　清光緒十四年（1888）上海蜚英館石印本　六冊　缺四十二卷（六至二十六、三十五至四十五、五十六至六十五）

330000－4789－0000337　297　史部/史表類/通代之屬

歷代帝王年表三卷　（清）齊召南撰　（清）阮福續　清光緒十二年（1886）蘇州掃葉山房刻本　三冊

330000－4789－0000338　292　史部/紀傳類/正史之屬

四史四百十五卷　（漢）司馬遷撰　（南朝宋）裴駰集解　（唐）司馬貞索引　（唐）張守節正義　**補史記一卷**　（唐）司馬貞撰並注　清光緒十四年（1888）上海蜚英館石印本　十二冊　存一種

330000－4789－0000339　288　史部/傳記類/科舉錄之屬

狀元策不分卷（嘉慶戊辰科至光緒丙子科）　清末京都琉璃廠聚盛堂書坊刻本　十冊

330000－4789－0000340　296　史部/傳記類/總傳之屬/姓名

史姓韻編六十四卷　（清）汪祖輝輯　清光緒十年（1884）上海中西書局石印本　四冊

330000－4789－0000340　296　史部/傳記類/總傳之屬/姓名

史姓韻編六十四卷　（清）汪輝祖輯　（清）馮祖憲校　清光緒十年（1884）上海中西書局石印本　四冊

330000－4789－0000342　298　史部/編年類/通代之屬

御批歷代通鑑輯覽一百二十卷　（清）傅恒等撰　清光緒二十五年（1899）美華賓記石印本　二十冊

330000－4789－0000345　308　史部/政書類/通制之屬

文獻通考詳節二十四卷　（元）馬端臨撰　（清）嚴虞惇輯　清光緒二十四年（1898）紹興墨潤堂書莊石印本　六冊

330000－4789－0000347　307　史部/地理類/山川之屬/水志

水道提綱二十八卷　（清）齊召南撰　清光緒七年（1881）上海文瑞樓鉛印本　八冊

330000－4789－0000348　306　史部/編年類/通代之屬

御批歷代通鑑輯覽一百二十卷　（清）傅恒等撰　清光緒十三年（1887）上海同文書局石印本　二十冊

330000－4789－0000349　305　史部/傳記類/總傳之屬/斷代

國朝先正事略六十卷首一卷　（清）李元度撰　**續編四卷**　朱孔彰撰　清光緒二十五年（1899）石印本　十冊

330000－4789－0000350　299　類叢部/叢書類/彙編之屬

榆園叢刻十五種附一種　（清）許增編　清同治至光緒刻本　二冊　存十種

330000－4789－0000351　309　史部/傳記類/總傳之屬/仕宦

歷代名臣言行錄二十四卷　（清）朱桓輯　清光緒二十八年（1902）鴻寶書局鉛印本　十二冊

330000－4789－0000352　310　史部/傳記類/總傳之屬/仕宦
歷代名臣言行錄續集四十卷首一卷　（清）張兆蓉輯　清末上海通文局石印本　十二冊

330000－4789－0000353　302　史部/編年類/通代之屬
尺木堂綱鑑易知錄九十二卷明鑑易知錄十五卷　（清）吳乘權等輯　清光緒二十七年（1901）上海商務印書館鉛印本　十六冊

330000－4789－0000354　318　史部/政書類/公牘檔冊之屬
奏定諮議局及議員選舉章程不分卷　（清）憲政編查館　（清）資政院編　清鉛印本　一冊

330000－4789－0000355　317　史部/政書類/律令之屬/律例
憲法古義三卷　湯壽潛撰　清光緒三十一年（1905）上海點石齋書局鉛印本　一冊

330000－4789－0000356　313　史部/傳記類/別傳之屬/事狀
魏鄭公諫續錄二卷　（元）翟思忠輯　清乾隆刻本　一冊

330000－4789－0000357　311、312　史部/史評類/史論之屬
歷代史論十二卷宋史論三卷元史論一卷　（明）張溥撰　明史論四卷　（清）谷應泰撰　左傳史論二卷　（清）高士奇撰　清光緒五年（1879）西江裴氏刻本　六冊　存十六卷（歷代史論一至十二、宋史論一至三、元史論）

330000－4789－0000358　314　類叢部/叢書類/彙編之屬
武英殿聚珍版書一百三十八種　清刻本　四冊　存一種

330000－4789－0000360　328　史部/編年類/通代之屬
尺木堂綱鑑易知錄九十二卷明鑑易知錄十五

卷　（清）吳乘權等輯　清光緒三十年（1904）上海商務印書館鉛印本　十六冊

330000－4789－0000361　327　集部/別集類/清別集
李文忠公朋僚函稿二十四卷　（清）李鴻章撰　（清）吳汝綸輯　清光緒二十八年（1902）蓮池書社鉛印本　五冊　缺十二卷（一至四、十一至十二、十七至二十二）

330000－4789－0000362　326　史部/政書類/通制之屬
皇朝通志輯要三十二卷續集二十八卷　（清）蔣麟振輯　清末上海編譯局石印本　五冊　存二十六卷（皇朝通志輯要一至十五、二十二至三十二）

330000－4789－0000363　319　史部/詔令奏議類/詔令之屬
獎勸天足之上諭文告不分卷　（清）天足會撰　清末刻本　一冊

330000－4789－0000364　325　子部/儒家類/儒學之屬/經濟
說苑二十卷　（漢）劉向撰　清刻本　四冊　缺六卷（一至三、十一至十三）

330000－4789－0000365　320　史部/叢編
思益堂史學四種　（清）周壽昌撰　清光緒長沙周氏小對竹軒刻本　四冊　存一種

330000－4789－0000366　321　史部/史抄類
史記菁華錄六卷　（清）姚祖恩輯　清道光四年（1824）吳興姚氏扶荔山房刻朱墨套印本　五冊　存五卷（二至六）

330000－4789－0000367　335　史部/編年類/通代之屬
史翼三十六卷　（清）王紹翰編　清光緒二十九年（1903）支那新書局石印本　八冊

330000－4789－0000368　340　史部/地理類/方志之屬/郡縣志
欽定皇輿西域圖志四十八卷首四卷　（清）傅恒等修　（清）褚廷璋等纂　（清）英廉等增纂　清光緒十九年（1893）杭州便益書局石印本

七冊　缺十九卷(首一至四、一至十五)

330000－4789－0000369　331　史部/紀傳類/正史之屬

後漢書一百二十卷　（南朝宋）范曄撰　（唐）李賢注　清光緒石印本　二冊　存二十卷（五十六至六十四、七十四至八十四）

330000－4789－0000370　315　史部/傳記類/總傳之屬/仕宦

元朝名臣事略十五卷　（元）蘇天爵撰　清刻本　二冊　存五卷(四至八)

330000－4789－0000371　334　史部/編年類/通代之屬

資治通鑑二百九十四卷目錄三十卷　（宋）司馬光撰　（元）胡三省音注　清光緒二十六年（1900）上海圖書集成印書局鉛印本　三十四冊　缺七十五卷(一百五十三至一百六十八、一百八十三至一百九十七、二百四至二百十七,目錄一至三十)

330000－4789－0000372　324　史部/傳記類/總傳之屬/仕宦

歷代名臣言行錄二十四卷　（清）朱桓輯　清末石印本　五冊　存十五卷(八至十四、十七至二十四)

330000－4789－0000374　337　史部/編年類/通代之屬

續資治通鑑二百二十卷　（清）畢沅撰　清光緒二十六年（1900）上海圖書集成印書局鉛印本　十四冊　缺一百十五卷(九至六十七、一百六至一百二十九、一百七十五至二百六)

330000－4789－0000375　330　史部/紀傳類/正史之屬

四史四百十五卷　（漢）司馬遷撰　（南朝宋）裴駰集解　（唐）司馬貞索隱　（唐）張守節正義　清光緒十四年（1888）上海蜚英館石印本　五冊　存一種

330000－4789－0000376　338　史部/史抄類

續支那通史二卷　（日本）山峯峻臺撰　（清）中國漢陽青年編譯　清光緒三十年（1904）會

文政記石印本　四冊

330000－4789－0000377　332　史部/紀傳類/正史之屬

欽定三國志六十五卷　（晉）陳壽撰　（南朝宋）裴松之注　清光緒十四年（1888）上海蜚英館石印本　三冊　存二十三卷(一至五、二十七至三十四、四十六至五十五)

330000－4789－0000378　323　史部/傳記類/總傳之屬/技藝

歷代畫史彙傳七十二卷首一卷附錄二卷　（清）彭蘊璨輯　清末上海錦章圖書局石印本　二冊　存二十三卷(二十至二十八、五十九至七十二)

330000－4789－0000379　336　子部/叢編

論海一百七十二卷　（清）蔡和鏘輯　清光緒二十八年（1902）石印本　四十冊

330000－4789－0000380　101、322　史部/雜史類/斷代之屬

振綺堂遺書五種　（清）汪遠孫撰　清道光刻民國十一年（1922）錢塘汪氏彙印本　六冊　存三種

330000－4789－0000381　333　史部/傳記類/總傳之屬/斷代

國朝先正事略六十卷　（清）李元度撰　清刻本　十二冊　存三十九卷(二十二至六十)

330000－4789－0000382　339　史部/編年類/通代之屬

緯文堂綱鑑易知錄九十二卷明鑑易知錄十五卷　（清）吳乘權等輯　清緯文堂刻本　二十六冊　缺四十七卷(綱鑑易知錄十一至十二、十五至十六、十九至二十五、二十九至三十五、四十一至四十四、四十七至五十一、五十五至五十六、五十九至六十、六十九至七十、七十六至七十七、八十至八十一、八十四至九十一,明鑑易知錄三至四)

330000－4789－0000383　349　史部/地理類/輿圖之屬/全國

皇朝一統輿地全圖一卷　（清）六承如輯

（清）馮焌光增補 （清）欸乃軒主人續增 清光緒二十六年（1900）上海順成書局石印本 二冊

330000－4789－0000384 352 類叢部/叢書類/彙編之屬

古香齋袖珍十種 （漢）司馬遷撰 （南朝宋）裴駰集解 （唐）司馬貞索隱 （唐）張守節正義 清同治至光緒南海孔氏刻本 二冊 存一種

330000－4789－0000385 341 史部/政書類/儀制之屬/專志/科舉校規

欽定學堂章程不分卷 （清）張百熙等編 清光緒三十四年（1908）上海時中書局鉛印本 一冊

330000－4789－0000387 342 史部/政書類/通制之屬

東漢會要四十卷 （宋）徐天麟撰 清光緒十年（1884）江蘇書局刻本 二冊 存十卷（五至十四）

330000－4789－0000388 343 史部/政書類/通制之屬

五代會要三十卷 （宋）王溥撰 清刻本 三冊 存十四卷（五至十三、二十六至三十）

330000－4789－0000389 347 史部/史評類/史論之屬

讀通鑑論十卷末一卷附宋論十五卷 （清）王夫之撰 清光緒二十九年（1903）上海官書局鉛印本 八冊 缺二卷（十、末）

330000－4789－0000390 354 史部/地理類/外紀之屬

海國尚友錄六卷目錄一卷補遺一卷 （清）吳佐清輯 清光緒二十九年（1903）上海奎章書局石印本 三冊

330000－4789－0000391 348 史部/編年類/通代之屬

袁王綱鑑合編三十九卷首一卷 （明）袁黃輯 （明）王世貞編 御撰明紀綱目二十卷 （清）張廷玉等輯 清光緒三十年（1904）上海商務印書局鉛印本 十三冊 缺八卷（袁王綱鑑合編十一至十六、二十九至三十）

330000－4789－0000392 350 新學/交涉/公法

五大洲圖說一卷 （清）□□撰 萬國公法一卷 （清）朱克敬撰 （清）左宜參 （清）劉韞齋鑒定 各國路程日記一卷 （清）李圭撰 括地畧一卷 （清）□□撰 清末石印本 一冊

330000－4789－0000393 344 史部/地理類/總志之屬/斷代

元豐九域志十卷 （宋）王存等撰 清刻本 一冊 存二卷（四至五）

330000－4789－0000394 345 史部/地理類/總志之屬/斷代

元和郡縣圖志四十卷目錄二卷 （唐）李吉甫撰 闕卷逸文一卷 （清）孫星衍輯 元和郡縣補志九卷 （清）嚴觀輯 清刻本 一冊 存二卷（三十四至三十五）

330000－4789－0000395 351 史部/地理類/外紀之屬

海國圖志一百卷首一卷 （清）魏源輯 清刻本 一冊 存二卷（四十四至四十五）

330000－4789－0000396 355 史部/地理類/外紀之屬

瀛環志略十卷 （清）徐繼畬撰 清光緒石印本 三冊 存五卷（六至十）

330000－4789－0000397 353 史部/詔令奏議類/奏議之屬

硃批李維鈞奏摺不分卷 （清）李維鈞謹 硃批何天培奏摺不分卷 （清）何天培謹 硃批費金吾奏摺不分卷 （清）費金吾謹 硃批石禮哈奏摺不分卷 （清）石禮哈謹 清刻本 四冊

330000－4789－0000398 356 新學/史志/別國史

支那通史七卷 （日本）那珂通世編 清光緒二十五年（1899）上海東文學社石印本 一冊

330000 - 4789 - 0000399　364　史部/編年類/通代之屬

尺木堂綱鑑易知録九十二卷 （清）吳乘權等輯　**御撰資治通鑑綱目三編二十卷** （清）張廷玉等撰　清刻本　二十八冊　缺四十六卷（綱鑑易知録二十八至三十六、四十六至五十六、七十一至八十一,御撰資治通鑑綱目三編一至二、八至二十）

330000 - 4789 - 0000400　357　新學/報章

湖北商務報一百三十八卷 （清）湖北商務局編　清光緒二十五年（1899）湖北商務局刻本　一冊　存一卷（一百二）

330000 - 4789 - 0000401　366　史部/紀傳類/正史之屬

史記一百三十卷 （漢）司馬遷撰　（南朝宋）裴駰集解　（唐）司馬貞索隱　（唐）張守節正義　清刻本　二十六冊

330000 - 4789 - 0000403　359　史部/傳記類/總傳之屬/姓名

歷代名賢列女氏姓譜一百五十七卷 （清）蕭智漢輯　清嘉慶二十年（1815）刻本　一冊　存一卷（一百八）

330000 - 4789 - 0000404　365　史部/編年類/通代之屬

御批歷代通鑑輯覽一百二十卷 （清）傅恒等撰　清刻本　四十八冊

330000 - 4789 - 0000405　361　史部/史評類/史論之屬

寰宇分合志八卷 （明）徐樞撰　**增輯一卷** （清）鄭元慶撰　（清）楊超冶編　清光緒二十八年（1902）湘潭楊氏刻本　一冊　存一卷（七）

330000 - 4789 - 0000406　358　史部/史評類/史論之屬

宋論十五卷 （清）王夫之撰　清上海漢讀樓石印本　二冊　存二卷（七至八）

330000 - 4789 - 0000408　362　史部/目録

類/總録之屬/官修

欽定四庫全書簡明目録二十卷 （清）紀昀等撰　清光緒五年（1879）會稽徐友蘭墨潤堂鉛印本　十二冊

330000 - 4789 - 0000410　407　子部/叢編

二十二子(二十二子彙函) （清）浙江書局編　清光緒元年至三年（1875 - 1877）浙江書局刻本　一冊　存一種

330000 - 4789 - 0000411　377　史部/傳記類/總傳之屬/技藝

歷代畫史彙傳七十二卷首一卷附録二卷 （清）彭蘊璨輯　清宣統二年（1910）上海文瑞樓書局石印本　三冊

330000 - 4789 - 0000412　363　史部/目録類/總録之屬/官修

四庫未收書目提要五卷 （清）阮元撰　清光緒四年（1878）上海淞隱閣鉛印本　一冊

330000 - 4789 - 0000413　435、436　子部/叢編

子書百家 （清）崇文書局編　清光緒元年（1875）湖北崇文書局刻民國元年（1912）鄂官書處重印本　二冊　存三種

330000 - 4789 - 0000418　394　經部/四書類/總義之屬/傳說

四書釋地一卷續一卷又續二卷三續一卷附孟子生卒年月考一卷 （清）閻若璩撰　清刻本　一冊　存一卷(孟子生卒年月考)

330000 - 4789 - 0000420　393　經部/四書類/孟子之屬/傳說

孟子師說七卷 （清）黃宗羲撰　清光緒八年（1882）慈溪醉經閣馮氏重校刻本　二冊

330000 - 4789 - 0000421　402　子部/道家類

莊子集解八卷 王先謙撰　清宣統元年（1909）上海埽葉山房石印本　四冊

330000 - 4789 - 0000422　399　子部/叢編

二十二子(二十二子彙函) （清）浙江書局編　清光緒二十三年（1897）文瑞樓石印本　一冊　存一種

330000－4789－0000423　395　子部/法家類

管子二十四卷　（唐）房玄齡注　清光緒刻本
四冊

330000－4789－0000424　403　子部/道家類

莊子集解八卷　王先謙撰　清宣統元年
（1909）上海埽葉山房石印本　二冊

330000－4789－0000425　404　子部/道家類

南華簡鈔（南華經）四卷　（清）徐廷槐輯注
清乾隆六年（1741）刻本　四冊

330000－4789－0000426　397　子部/叢編

二十二子（二十二子彙函）　（清）浙江書局編
清光緒元年至三年（1875－1877）浙江書局
刻本　一冊　存一種

330000－4789－0000427　400　子部/叢編

二十二子（二十二子彙函）　（清）浙江書局編
清光緒元年至三年（1875－1877）浙江書局
刻本　六冊　存一種

330000－4789－0000428　396　子部/叢編

二十二子（二十二子彙函）　（清）浙江書局編
清光緒元年至三年（1875－1877）浙江書局
刻本　二冊　存一種

330000－4789－0000429　398　子部/叢編

二十二子（二十二子彙函）　（清）浙江書局編
清光緒元年至三年（1875－1877）浙江書局
刻本　一冊　存一種

330000－4789－0000431　410　子部/叢編

二十二子（二十二子彙函）　（清）浙江書局編
清光緒元年至三年（1875－1877）浙江書局
刻本　四冊　存一種

330000－4789－0000432　414　子部/叢編

子書百家　（清）崇文書局編　清光緒元年
（1875）湖北崇文書局刻民國元年（1912）鄂官
書處重印本　三冊　存一種

330000－4789－0000433　419　子部/叢編

子書百家　（清）崇文書局編　清光緒元年
（1875）湖北崇文書局刻民國元年（1912）鄂官
書處重印本　四冊　存一種

330000－4789－0000434　411　子部/叢編

十子全書　（清）王子興編　清嘉慶九年
（1804）姑蘇王氏聚文堂刻本　三冊　存一種

330000－4789－0000436　418　子部/叢編

二十二子（二十二子彙函）　（清）浙江書局編
清光緒元年至三年（1875－1877）浙江書局
刻本　六冊　存一種

330000－4789－0000437　417、426、428、429、
430、448　子部/叢編

十子全書　（清）王子興編　清嘉慶九年
（1804）姑蘇王氏聚文堂刻本　十八冊　存
六種

330000－4789－0000438　408　子部/叢編

二十二子（二十二子彙函）　（清）浙江書局編
清光緒元年至三年（1875－1877）浙江書局
刻本　一冊　存一種

330000－4789－0000439　412　子部/叢編

二十二子（二十二子彙函）　（清）浙江書局編
清光緒元年至三年（1875－1877）浙江書局
刻本　二冊　存一種

330000－4789－0000441　416　子部/叢編

二十二子（二十二子彙函）　（清）浙江書局編
清光緒元年至三年（1875－1877）浙江書局
刻本　六冊　存一種

330000－4789－0000442　421　子部/叢編

二十二子（二十二子彙函）　（清）浙江書局編
清光緒元年至三年（1875－1877）浙江書局
刻本　一冊　存一種

330000－4789－0000443　415　子部/叢編

二十二子（二十二子彙函）　（清）浙江書局編
清光緒元年至三年（1875－1877）浙江書局
刻本　六冊　存一種

330000－4789－0000444　424　子部/叢編

十子全書　（清）王子興編　清嘉慶九年
（1804）姑蘇王氏聚文堂刻本　一冊　存一種

330000－4789－0000445　425、427　子部/
叢編

子書百家 （清）崇文書局編 清光緒元年(1875)湖北崇文書局刻民國元年(1912)鄂官書處重印本 三冊 存二種

330000－4789－0000446 405 子部/道家類
文子纘義十二卷 （宋）杜道堅撰 清刻本 二冊

330000－4789－0000447 422 子部/叢編
子書百家 （清）崇文書局編 清光緒元年(1875)湖北崇文書局刻民國元年(1912)鄂官書處重印本 一冊 存一種

330000－4789－0000448 431 子部/叢編
二十二子(二十二子彙函) （清）浙江書局編 清光緒元年至三年(1875－1877)浙江書局刻本 一冊 存一種

330000－4789－0000451 423 子部/法家類
尸子二卷存疑一卷 （清）汪繼培輯 清光緒三年(1877)浙江書局刻本 一冊

330000－4789－0000452 433 子部/叢編
十子全書 （清）王子興編 清嘉慶九年(1804)姑蘇王氏聚文堂刻本 一冊 存一種

330000－4789－0000453 437 子部/叢編
子書百家 （清）崇文書局編 清光緒元年(1875)湖北崇文書局刻本 一冊 存五種

330000－4789－0000454 445 子部/叢編
子書百家 （清）崇文書局編 清光緒元年(1875)湖北崇文書局刻民國元年(1912)鄂官書處重印本 一冊 存一種

330000－4789－0000455 434 子部/叢編
十子全書 （清）王子興編 清嘉慶九年(1804)姑蘇王氏聚文堂刻本 三冊 存一種

330000－4789－0000456 446 子部/叢編
子書百家 （清）崇文書局編 清光緒元年(1875)湖北崇文書局刻本 二冊 存一種

330000－4789－0000458 452、455、459 子部/叢編
子書百家 （清）崇文書局編 清光緒元年(1875)湖北崇文書局刻民國元年(1912)鄂官

書處重印本 五冊 存四種

330000－4789－0000459 450 子部/叢編
二十二子(二十二子彙函) （清）浙江書局編 清光緒元年至三年(1875－1877)浙江書局刻本 二冊 存一種

330000－4789－0000460 449 子部/叢編
二十二子(二十二子彙函) （清）浙江書局編 清光緒元年至三年(1875－1877)浙江書局刻本 一冊 存一種

330000－4789－0000461 451 子部/叢編
子書百家 （清）崇文書局編 清光緒元年(1875)湖北崇文書局刻民國元年(1912)鄂官書處重印本 一冊 存三種

330000－4789－0000462 453、456、460 子部/叢編
子書百家 （清）崇文書局編 清光緒元年(1875)湖北崇文書局刻民國元年(1912)鄂官書處重印本 四冊 存三種

330000－4789－0000464 454 子部/叢編
子書百家 （清）崇文書局編 清光緒元年(1875)湖北崇文書局刻民國元年(1912)鄂官書處重印本 一冊 存一種

330000－4789－0000465 463 子部/叢編
子書百家 （清）崇文書局編 清光緒元年(1875)湖北崇文書局刻民國元年(1912)鄂官書處重印本 一冊 存二種

330000－4789－0000467 457 子部/叢編
子書百家 （清）崇文書局編 清光緒元年(1875)湖北崇文書局刻民國元年(1912)鄂官書處重印本 一冊 存一種

330000－4789－0000468 440 子部/叢編
二十二子(二十二子彙函) （清）浙江書局編 清光緒元年至三年(1875－1877)浙江書局刻本 四冊 存一種

330000－4789－0000469 461 子部/雜著類/雜考之屬
校訂困學紀聞五箋二十卷 （宋）王應麟撰

（清）閻若璩等箋 （清）屠繼序校補 清刻本 五冊

330000－4789－0000470 444 子部/叢編

子書百家 （清）崇文書局編 清光緒元年(1875)湖北崇文書局刻本 二冊 存一種

330000－4789－0000471 458 類叢部/叢書類/彙編之屬

崇文書局彙刻書（三十三種叢書、湖北書局所刻書）三十三種 （清）崇文書局編 清光緒元年(1875)湖北崇文書局刻本 一冊 存一種

330000－4789－0000472 464 類叢部/叢書類/彙編之屬

崇文書局彙刻書（三十三種叢書、湖北書局所刻書）三十三種 （清）崇文書局編 清光緒元年(1875)湖北崇文書局刻本 一冊 存一種

330000－4789－0000473 465 子部/叢編

子書百家 （清）崇文書局編 清光緒元年(1875)湖北崇文書局刻本 一冊 存一種

330000－4789－0000475 490 子部/儒家類/儒學之屬/勸學

勸學篇二卷 （清）張之洞撰 清光緒二十四年(1898)兩湖書院鉛印本 一冊

330000－4789－0000476 470、471、472、473、474、475、476 類叢部/叢書類/彙編之屬

武英殿聚珍版書一百三十八種 清光緒二十五年(1899)廣雅書局刻本 二十二冊 存七種

330000－4789－0000477 466 子部/小說家類/雜事之屬

續墨客揮犀十卷 （宋）彭乘撰 清抄本 二冊

330000－4789－0000478 489 類叢部/類書類/通類之屬

廣事類賦四十卷 （清）華希閔撰 清錦雲閣刻本 十冊

330000－4789－0000480 488 類叢部/類書類/通類之屬

事類賦三十卷 （宋）吳淑撰並注 清乾隆劍光閣刻本 六冊

330000－4789－0000482 484、485、486 子部/叢編

子書百家 （清）崇文書局編 清光緒元年(1875)湖北崇文書局刻民國元年(1912)鄂官書處重印本 三冊 存三種

330000－4789－0000483 477 子部/雜著類/雜考之屬

困學紀聞注二十卷 （清）翁元圻撰 清道光五年(1825)餘姚翁氏守福堂刻本 十二冊 缺一卷(三)

330000－4789－0000484 478 集部/別集類/清別集

含英軒文集十六卷（學堂芻言一卷經世曝言二卷中史辨論三卷外史論要六卷記傳雜著四卷） 鄭傳笈撰 清光緒三十年(1904)競化書局鉛印本 五冊

330000－4789－0000485 494 新學/雜著/叢編

西學大成五十六種 （清）王西清 （清）盧梯青編 清光緒十四年(1888)上海大同書局石印本 十二冊

330000－4789－0000486 1047 類叢部/類書類/專類之屬

新鐫校正詳註分類百子金丹全書十卷 （明）郭偉選注 （明）郭中吉編 （明）王星聚校訂 清光緒二十九年(1903)上海經藝齋石印本 六冊

330000－4789－0000487 479 類叢部/類書類/專類之屬

子史精華一百六十卷 （清）吳士玉 （清）吳襄等輯 清雍正五年(1727)刻本 四十八冊

330000－4789－0000488 491 新學/格致總

格致讀本二卷 （清）澄衷學堂譯編 清光緒三十年(1904)刻本 二冊

330000 - 4789 - 0000489　　493　　類叢部/類書類/專類之屬

新鐫分類評註文武合編百子金丹十卷　（明）郭偉選注　（明）郭中吉編　（明）王星聚校訂　清光緒二十年(1894)茹古軒石印本　六冊

330000 - 4789 - 0000490　　492　　經部/小學類/文字之屬/字書/訓蒙

澄衷蒙學堂字課圖說四卷檢字一卷類字一卷　（清）劉樹屏撰　（清）吳子城繪圖　清光緒二十七年(1901)澄衷蒙學堂印書處石印本　七冊

330000 - 4789 - 0000491　　480、481　　子部/叢編

子書百家　（清）崇文書局編　清光緒元年(1875)湖北崇文書局刻本　三冊　存二種

330000 - 4789 - 0000492　　497　　子部/儒家類/儒學之屬/性理

沈余遺書三種　（清）趙舒翹編　清光緒二十二年(1896)江蘇書局刻本　四冊

330000 - 4789 - 0000493　　495 - 1　　新學/商務/商學

原富八卷　（英國）斯密亞丹撰　嚴復譯　清光緒二十八年(1902)上海南洋公學譯書院鉛印本　八冊

330000 - 4789 - 0000494　　495 - 2　　新學/商務/商學

原富八卷　（英國）斯密亞丹撰　嚴復譯　清光緒二十八年(1902)上海南洋公學譯書院鉛印本　八冊

330000 - 4789 - 0000495　　499　　經部/小學類/音韻之屬/韻書

增註字類標韻六卷　（清）華綱撰　（清）范多玨重訂　清刻本　一冊

330000 - 4789 - 0000496　　483　　類叢部/類書類/通類之屬

淵鑑類函四百五十卷目錄四卷　（清）張英　（清）王士禎等輯　清光緒十三年(1887)上海同文書局石印本　四十八冊

330000 - 4789 - 0000497　　496 - 1　　子部/儒家類/儒學之屬/禮教

五種遺規摘鈔十五卷　（清）陳弘謀輯並撰（清）劉肇紳摘抄　清同治七年(1868)楚北崇文書局刻本　一冊　存一種

330000 - 4789 - 0000498　　487　　類叢部/類書類/專類之屬

格致鏡原一百卷　（清）陳元龍撰　清康熙五十六年(1717)刻雍正十三年(1735)印本　二十四冊

330000 - 4789 - 0000499　　496 - 2　　子部/儒家類/儒學之屬/禮教/女範

養正遺規摘鈔一卷補鈔一卷　（清）陳弘謀編　清同治七年(1868)崇文書局刻本　一冊　存一卷(摘鈔)

330000 - 4789 - 0000500　　482　　類叢部/類書類/通類之屬

淵鑑類函四十五卷　（清）張英　（清）王士禎等輯　清光緒九年(1883)上海點石齋石印本　五冊　缺二十九卷(人部、釋教部、道部、靈異部、方術部、巧藝部、京邑部、州郡部、居處部、產業部、火部、珍寶部、布帛部、儀飾部、服飾部、器物部、舟部、車部、食物部、五穀部、藥部、菜蔬部、果部、花部、草部、鳥部、獸部、鱗介部、蟲豸部)

330000 - 4789 - 0000501　　496 - 3　　子部/儒家類/儒學之屬/俗訓

訓俗遺規摘鈔四卷　（清）陳弘謀撰輯　清同治七年(1868)崇文書局刻本　二冊

330000 - 4789 - 0000502　　496 - 4　　子部/儒家類/儒學之屬/禮教

五種遺規摘鈔十五卷　（清）陳弘謀輯並撰（清）劉肇紳摘抄　清同治七年(1868)楚北崇文書局刻本　二冊　存一種

330000 - 4789 - 0000503　　504 - 2　　經部/小學類/音韻之屬/等韻

二十三母土音表讀法不分卷　（清）吳善述編　清光緒四年(1878)四明黃氏補不足齋刻本　一冊

330000 – 4789 – 0000504　500　經部/小學類/音韻之屬/韻書

詩韻全璧五卷 （清）湯祥瑟輯　**初學檢韻袖珍一卷** （清）姚文登撰　**虛字韻籔一卷** （清）潘維城輯　清光緒二十二年(1896)上海書局石印本　六冊

330000 – 4789 – 0000506　504 – 1　經部/小學類/音韻之屬/等韻

二十三母土音表讀法不分卷 （清）吳善述編　清光緒四年(1878)四明黃氏補不足齋刻本　一冊

330000 – 4789 – 0000507　498　類叢部/類書類/專類之屬

佩文韻府一百六卷 （清）張玉書　（清）蔡升元等輯　**韻府拾遺一百六卷** （清）汪灝（清）何焯等輯　清光緒十二年(1886)上海同文書局石印本　六十冊

330000 – 4789 – 0000508　503　經部/小學類/音韻之屬/古今韻說

古韻標準四卷詩韻舉例一卷 （清）江永編（清）戴震參定　清乾隆三十六年(1771)潮陽縣衙刻本　二冊

330000 – 4789 – 0000509　502　類叢部/類書類/專類之屬

新增說文韻府羣玉二十卷 （元）陰時夫輯（元）陰中夫注　清大文堂刻本　二十冊

330000 – 4789 – 0000510　506　類叢部/類書類/專類之屬

韻府約編二十四卷 （清）鄧愷輯　清乾隆二十四年(1759)聚學堂刻本　二十四冊

330000 – 4789 – 0000511　505　史部/史抄類

兩漢韻珠十卷 （清）吳章澧編　清光緒十八年(1892)吳氏刻本　十冊

330000 – 4789 – 0000512　508　新學/算學/數學

數學啟蒙二卷 （英國）偉烈亞力撰　清光緒二十二年(1896)上海格致書室鉛印本　二冊

330000 – 4789 – 0000513　507　子部/天文曆算類/算書之屬

幾何原本十五卷 （意大利）利瑪竇 （英國）偉烈亞力口譯 （明）徐光啟 （清）李善蘭筆受　清光緒二十二年(1896)上海積山書局石印本　四冊

330000 – 4789 – 0000514　514　子部/天文曆算類/算書之屬

則古昔齋算學十三種二十四卷 （清）李善蘭編　清光緒二十二年(1896)上海積山書局石印本　二冊

330000 – 4789 – 0000515　511　新學/地學/地志學

地理全志不分卷 （英國）慕維廉撰　清光緒九年(1883)上海美華書館鉛印本　一冊

330000 – 4789 – 0000516　515　新學/重學/重學

重學二十卷圓錐曲線說三卷 （英國）艾約瑟口譯　清光緒二十二年(1896)上海積山書局石印本　二冊

330000 – 4789 – 0000517　512　子部/叢編

子書百家 （清）崇文書局編　清光緒元年(1875)湖北崇文書局刻民國元年(1912)鄂官書處重印本　一冊　存一種

330000 – 4789 – 0000518　510　類叢部/叢書類/彙編之屬

武英殿聚珍版書一百三十八種　清乾隆福建刻本　三冊　存一種

330000 – 4789 – 0000520　517、518　子部/天文曆算類/天文之屬

天文歌略一卷 （清）葉瀾撰　**地學歌略一卷** （清）葉瀚 （清）葉瀾撰　清末刻本　二冊

330000 – 4789 – 0000521　513　子部/天文曆算類/算書之屬

增刪算法統宗十一卷首一卷 （明）程大位撰（清）梅彀成增刪　清刻本　四冊

330000 – 4789 – 0000522　509　類叢部/類書類/通類之屬

類林新詠三十六卷 （清）姚之駰撰　清康熙

四十七年(1708)刻本　十二冊

330000－4789－0000523　522　子部/藝術類/書畫之屬/畫法畫品

論畫淺說一卷　(題)海上山英居士輯　清光緒十六年(1890)上海美華書館刻本　一冊

330000－4789－0000524　523　子部/藝術類/書畫之屬/畫譜

芥子園畫傳初集六卷二集九卷三集六卷　(清)王槩　(清)王蓍　(清)王臬輯　清宣統元年(1909)上海章福記書局石印本　一冊　存三卷(初集一至三)

330000－4789－0000527　521　子部/藝術類/書畫之屬/總論

畫禪室隨筆四卷　(明)董其昌撰　(清)楊補輯　清康熙大魁堂刻本　二冊

330000－4789－0000528　535　子部/藝術類/書畫之屬/書法書品

寶真齋法書贊二十八卷　(宋)岳珂撰　清刻本　十冊

330000－4789－0000532　519　類叢部/類書類/專類之屬

翰苑分書臨文正宗不分卷　(清)□□輯　翰苑分書臨文便覽不分卷　(清)□□輯　翰苑新書讀史論畧不分卷　(清)□□輯　書字學舉隅不分卷　(清)□□輯　翰苑分書十三經集字不分卷　(清)李鴻藻輯　翰苑分書正字略不分卷　(清)□□輯　清光緒石印本　六冊

330000－4789－0000533　531　子部/天文曆算類/算書之屬

句股引蒙不分卷象限線度一卷　(清)陳訏撰　清嘉慶二年(1797)守仁堂刻本　一冊

330000－4789－0000535　530　子部/藝術類/書畫之屬/畫法畫品

姚叔平山水畫冊四卷　(清)姚鍾葆畫　清光緒二十九年(1903)上海讀畫齋石印本　四冊

330000－4789－0000537　542、543　類叢部/叢書類/彙編之屬

武英殿聚珍版書一百三十八種　清乾隆浙江刻本　三冊　存二種

330000－4789－0000539　541　類叢部/叢書類/彙編之屬

榆園叢刻十五種附一種　(清)許增編　清同治至光緒刻本　一冊　存一種

330000－4789－0000540　536　類叢部/叢書類/彙編之屬

武英殿聚珍版書一百三十八種　清刻本　一冊　存一種

330000－4789－0000543　537　史部/金石類/璽印之屬/通考

封泥攷略十卷　(清)吳式芬　(清)陳介祺藏並輯　清光緒三十年(1904)石印本　一冊　存一卷(一)

330000－4789－0000546　547　子部/天文曆算類/曆法之屬

新鐫增補時憲臺曆袖裏璇璣星命須知一卷　清光緒七年(1881)寧波汲綆齋刻本　一冊

330000－4789－0000547　544　子部/醫家類/兒科之屬

述古齋幼科新書三種　(清)張振鋆編　清光緒十五年(1889)邗上張氏刻本　一冊　存一種

330000－4789－0000549　545　子部/宗教類/佛教之屬/論

大乘起信論一卷　(天竺)馬鳴菩薩造　(南朝陳)釋真諦譯　清光緒三十年(1904)廬陵黃家珏刻本　一冊

330000－4789－0000552　546　子部/宗教類/佛教之屬/經

妙法蓮華經七卷　(後秦)釋鳩摩羅什譯　清刻本　七冊

330000－4789－0000553　554　類叢部/類書類/通類之屬

增補事類統編九十三卷首一卷　(清)黃葆真輯　清光緒十四年(1888)上海積山書局石印本　六冊　存四十二卷(一至四十二)

330000－4789－0000555　555　類叢部/類書類/通類之屬

增補事類統編九十三卷首一卷　（清）黃葆真輯　清末石印本　十冊　存八十六卷(首、九至九十三)

330000－4789－0000557　556　類叢部/類書類/通類之屬

事類賦三十卷　（宋）吳淑撰並注　清五瑞堂刻本　五冊　缺四卷(十至十三)

330000－4789－0000558　557　類叢部/類書類/通類之屬

廣事類賦四十卷　（清）華希閔撰　清成玉樓刻本　九冊　缺四卷(二十至二十三)

330000－4789－0000559　549　子部/道家類

老子翼八卷首一卷　（明）焦竑撰　清光緒二十一年(1895)金陵刻經處刻本　一冊　存二卷(五至六)

330000－4789－0000560　558　子部/醫家類/本草之屬/歷代綜合本草

本草綱目五十二卷　（明）李時珍撰　**萬方鍼線八卷**　（清）蔡烈先輯　**本草綱目拾遺十卷**　（清）趙學敏輯　清光緒十九年(1893)鴻寶齋石印本　十冊　存五十五卷(十六至五十二、萬方鍼線一至八、拾遺一至十)

330000－4789－0000561　666　集部/總集類/選集之屬/斷代

明詩綜一百卷　（清）朱彝尊輯　（清）汪森等評　清康熙刻乾隆西泠吳氏清來堂印本　三十二冊

330000－4789－0000562　1048　子部/儒家類/儒學之屬/性理

思辨錄輯要前集二十二卷後集十三卷　（清）陸世儀撰　清刻本　一冊　存三卷(後集一至三)

330000－4789－0000563　559　子部/雜著類/雜考之屬

丹鉛總錄二十七卷　（明）楊慎撰　清乾隆三十年(1765)上海在湄書屋刻本　十冊

330000－4789－0000564　561　子部/道家類

南華發覆八卷　（明）釋性通撰　清乾隆十四年(1749)雲林懷德堂刻本　四冊

330000－4789－0000565　551　類叢部/叢書類/自著之屬

陸桴亭先生遺書二十二種　（清）陸世儀撰　（清）唐受祺編　清光緒二十五年(1899)太倉唐受祺京師刻本　二冊　存五種

330000－4789－0000566　562－2　子部/雜著類/雜纂之屬

經餘必讀續編八卷　（清）雷琳　（清）錢樹棠　（清）錢樹立輯　清嘉慶十二年(1807)刻本　四冊

330000－4789－0000567　562－1　子部/雜著類/雜纂之屬

經餘必讀八卷　（清）雷琳　（清）錢樹棠　（清）錢樹立輯　清嘉慶十年(1805)刻本　四冊

330000－4789－0000569　567　新學/報章

圖畫新聞不分卷　（清）時事報編　清宣統元年(1909)時事報石印本　一冊

330000－4789－0000570　571　經部/三禮總義類/通禮雜禮之屬

朱子家禮八卷首一卷　（宋）朱熹撰　（明）丘濬輯　（明）楊延筠補　清刻本　五冊

330000－4789－0000571　563　類叢部/類書類/通類之屬

增補事類統編九十三卷首一卷　（清）黃葆真輯　清末石印本　七冊　存十五卷(三十七至三十八、四十一至五十三)

330000－4789－0000573　568　子部/宗教類/佛教之屬/諸宗

修習止觀坐禪法要二卷六妙法門一卷　（隋）釋智顗撰　清光緒十八年(1892)、二十九年(1903)金陵刻經處刻本　一冊

330000－4789－0000574　570　子部/宗教類/佛教之屬/經疏

般若波羅密多心經畧疏一卷　（唐）釋法藏述

清同治八年（1869）金陵刻經處刻本　一冊

330000 - 4789 - 0000577　572　經部/小學類/文字之屬/字書/字典

正字攷不分卷　（清）□□編　清刻本　二冊

330000 - 4789 - 0000578　566　子部/藝術類/篆刻之屬/印譜

百壽圖攷不分卷　（清）□□輯　清末鈐印本　一冊

330000 - 4789 - 0000579　577　類叢部/類書類/通類之屬

欽定古今圖書集成一萬卷目錄三十二卷　（清）蔣廷錫　（清）陳夢雷等輯　清光緒十年（1884）上海圖書集成書局鉛印本　一冊　存五卷（乾象典三十四至三十八）

330000 - 4789 - 0000581　586　子部/醫家類/類編之屬

醫學衷中參西錄七種　（清）張錫純撰　清宣統元年（1909）天津新華印書局鉛印本　一冊　存一種

330000 - 4789 - 0000582　578　新學/理學/附書目

西學書目表三卷附一卷讀西學書法一卷　梁啟超撰　清光緒二十二年（1896）時務報館石印本　二冊

330000 - 4789 - 0000583　573 - 1　類叢部/類書類/專類之屬

佩文韻府一百六卷　（清）張玉書　（清）蔡升元等輯　**韻府拾遺一百六卷**　（清）汪灝（清）何焯等輯　清末石印本　五冊　存八卷（佩文韻府四至七、十七至十八、一百二至一百三）

330000 - 4789 - 0000585　579　子部/農家農學類/獸醫之屬

元亨療馬集四卷　（明）喻仁　（明）喻傑撰　清初刻本　一冊　存一卷（夏）

330000 - 4789 - 0000586　588　子部/醫家類/傷寒金匱之屬/傷寒論

傷寒論淺註補正七卷　（清）陳念祖註　（清）

唐宗海補正　清光緒刻本　二冊　存五卷（三至七）

330000 - 4789 - 0000587　573 - 2　類叢部/類書類/專類之屬

佩文韻府一百六卷　（清）張玉書　（清）蔡升元等輯　**韻府拾遺一百六卷**　（清）汪灝（清）何焯等輯　清末石印本　十七冊　存三十一卷（佩文韻府十三、十六、二十至二十一、二十四至二十六、三十七至三十八、四十三、四十九、五十一、五十五至五十九、六十三至六十七、七十一至七十三、九十、九十五、九十九、一百四至一百六）

330000 - 4789 - 0000589　589　子部/醫家類/傷寒金匱之屬/傷寒論

傷寒明理論三卷藥方論一卷　（金）成無己撰　清刻本　二冊

330000 - 4789 - 0000590　575　新學/化學/化學

化學鑑原續編二十四卷　（英國）蒲陸山撰（英國）傅蘭雅口譯　（清）徐壽筆述　清末江南製造總局刻本　一冊　存二卷（一至二）

330000 - 4789 - 0000592　576　經部/小學類/音韻之屬/古今韻說

聲韻攷四卷　（清）戴震撰　清刻本　一冊

330000 - 4789 - 0000594　574　類叢部/類書類/專類之屬

韻府拾遺一百六卷　（清）汪灝　（清）何焯等輯　清刻本　一冊　存九卷（六至十四）

330000 - 4789 - 0000597　590　子部/醫家類/傷寒金匱之屬/傷寒論

尚論張仲景傷寒論重編三百九十七法二卷後四卷首一卷　（清）喻昌撰　清刻本　一冊　存一卷（重編三百九十七法下）

330000 - 4789 - 0000598　591　子部/醫家類/類編之屬

徐靈胎醫學全書十六種　（清）徐大椿撰　清末石印本　一冊　存二種

330000 - 4789 - 0000599　604　子部/醫家

類/方書之屬/單方驗方

驗方新編十八卷 （清）鮑相璈輯　清光緒三十一年（1905）鉛印本　一冊

330000 – 4789 – 0000600　597　子部/醫家類/方書之屬/單方驗方

驗方新編二十四卷 （清）鮑相璈輯　清光緒刻本　九冊　缺七卷（十、十二至十六、二十四）

330000 – 4789 – 0000601　595　子部/醫家類/方書之屬/單方驗方

驗方新編二十四卷 （清）鮑相璈輯　清刻本　二冊　存二十一卷（一至二十一）

330000 – 4789 – 0000602　596　子部/醫家類/方書之屬/單方驗方

驗方新編十八卷 （清）鮑相璈輯　清光緒二十三年（1897）上海廣百宋齋石印本　一冊

330000 – 4789 – 0000603　592　子部/醫家類/醫話醫論之屬

評琴書屋葉案括要八卷 （清）潘名熊纂　清刻本　一冊　存二卷（三至四）

330000 – 4789 – 0000604　598、599、600　子部/醫家類/本草之屬/歷代綜合本草

本草綱目五十二卷首二卷圖三卷 （明）李時珍撰　**本草綱目拾遺十卷** （清）趙學敏輯　清光緒上海錦章圖書局石印本　二十冊　缺七卷（十八至二十二、拾遺一至二）

330000 – 4789 – 0000606　602　子部/醫家類/類編之屬

吳氏醫學述 （清）吳儀洛輯　清刻本　六冊　存一種

330000 –4789 – 0000609　606 – 1　子部/醫家類/綜合之屬/通論

古吳童氏重校醫宗必讀十卷 （明）李中梓撰　清光緒三十年（1904）上海鴻文堂書局石印本　一冊

330000 – 4789 – 0000610　594　子部/醫家類/綜合之屬/通論

御纂醫宗金鑑九十卷首一卷 （清）吳謙等纂

修　清乾隆七年（1742）武英殿刻本　十一冊　存五種

330000 – 4789 – 0000612　617　子部/醫家類/眼科之屬

校刊目經大成三卷首一卷 （清）黃庭鏡撰　清同治十年（1871）三益堂刻本　六冊

330000 – 4789 – 0000613　616　子部/醫家類/眼科之屬

傅氏眼科審視瑤函六卷首一卷 （明）傅仁宇撰　（明）林長生校補　清小西堂刻本　六冊

330000 – 4789 – 0000616　618　子部/醫家類/傷寒金匱之屬/傷寒論

傷寒附翼二卷 （清）柯琴撰　清刻本　一冊　存一卷（上）

330000 – 4789 – 0000618　614　子部/醫家類/方書之屬/單方驗方

醫方湯頭歌訣一卷經絡歌訣一卷 （清）汪昂撰　清同治八年（1869）醉六堂刻本　一冊

330000 – 4789 – 0000619　613　子部/醫家類/本草之屬/本草藥性

雷公炮製藥性解六卷 （明）李中梓撰　清刻本　二冊

330000 – 4789 – 0000620　619　子部/醫家類/婦科之屬產科

傅青主女科二卷產後編二卷 （清）傅山撰　清光緒十三年（1887）上海江左書林刻本　二冊

330000 – 4789 – 0000621　620　子部/醫家類/婦科之屬/產科

達生編二卷補遺一卷 （清）亟齋居士撰　清金師古齋刻本　一冊

330000 – 4789 – 0000622　605　子部/醫家類/類編之屬

潛齋醫書五種 （清）王士雄撰　清光緒二十二年（1896）上海圖書集成印書局鉛印本　一冊　存一種

330000 – 4789 – 0000624　608　子部/醫家

330000 – 4789 – 0000642　626　子部/醫家
類/喉科口齒之屬/白喉

仙傳白喉治法忌表抉微一卷　（清）耐修子錄
清光緒二十三年(1897)寧波百葳坊學林堂
書局刻本　一冊

330000 – 4789 – 0000643　642　子部/醫家
類/方書之屬/單方驗方

**集驗良方拔萃二卷癸卯年續補集驗拔萃良方
一卷**　（清）恬素氏輯　清咸豐九年(1859)寄
漚氏刻本　一冊

330000 – 4789 – 0000645　627　子部/醫家
類/外科之屬/外科方

王洪緒先生外科證治全生不分卷　（清）王維
德撰　清刻本　一冊

330000 – 4789 – 0000646　635、636　子部/醫
家類/針灸之屬/經絡腧穴

奇經八脈考一卷瀕湖脈學一卷脈訣考證一卷
（明）李時珍撰　清文成堂刻本　二冊

330000 – 4789 – 0000647　647　子部/醫家
類/綜合之屬/雜著

筆花醫鏡四卷　（清）江涵暾撰　清光緒十一
年(1885)紹郡墨潤堂刻本　二冊　存二卷
（一至二）

330000 – 4789 – 0000650　650　子部/醫家
類/綜合之屬/通論

太醫局諸科程文九卷　（宋）太醫局輯　清光
緒三十一年(1905)上海六藝書局石印本
五冊

330000 – 4789 – 0000651　638　子部/醫家
類/類編之屬

中外醫書八種合刻　（清）羅定昌輯　清刻本
一冊　存二種

330000 – 4789 – 0000655　640　子部/醫家
類/類編之屬

圖註難經脈訣二種六卷　（明）張世賢撰　清
書業堂刻本　一冊　存一種

330000 – 4789 – 0000656　664　子部/醫家
類/兒科之屬/通論

幼科證治準繩集九卷　（明）王肯堂撰　清刻
本　四冊　存四卷(一至四)

330000 – 4789 – 0000658　641　子部/醫家
類/診法之屬/脈經脈訣

圖註脈訣辨真四卷脈訣附方一卷　題（晉）王
叔和撰　（明）張世賢注　清刻本　一冊　存
二卷(三至四)

330000 – 4789 – 0000661　655　子部/醫家
類/醫案之屬

問齋醫桉五卷　（清）蔣寶素撰　清鑄記書局
石印本　一冊　存一卷(五)

330000 – 4789 – 0000662　657　子部/醫家
類/方書之屬/單方驗方

時方妙用四卷　（清）陳念祖撰　清刻本　一
冊　存一卷(三)

330000 – 4789 – 0000663　665　子部/醫家
類/方書之屬/單方驗方

種福堂精選良方兼刻古吳名醫精論四卷
（清）葉桂撰　清乾隆刻本　一冊　存一卷
（一）

330000 – 4789 – 0000666　656　子部/醫家
類/傷寒金匱之屬/傷寒論

傷寒論講義四卷　（清）張錫純撰　清宣統元
年(1909)天津新華印書局鉛印本　一冊　存
一卷(二)

330000 – 4789 – 0000667　659　子部/醫家
類/溫病之屬/瘟疫

霍亂新論一卷　（清）姚訓恭撰　清宣統元年
(1909)上海著易堂書局鉛印本　一冊

330000 – 4789 – 0000668　670　集部/別集
類/清別集

容膝軒文稿八卷　（清）王榮商撰　清光緒二
十一年至三十四年(1895 – 1908)刻本　二冊

330000 – 4789 – 0000669　672　集部/別集
類/清別集

容膝軒文稿七卷　（清）王榮商撰　清光緒二
十一年(1895)刻本　一冊

330000 - 4789 - 0000672　　673　　集部/別集類/清別集

容膝軒文稿八卷　（清）王榮商撰　清光緒二十一年至三十四年(1895－1908)刻本　一冊　存四卷(五至八)

330000 - 4789 - 0000675　　671　　集部/別集類/清別集

容膝軒詩草八卷　（清）王榮商撰　清宣統三年(1911)刻本　二冊

330000 - 4789 - 0000676　　663　　子部/醫家類/養生之屬

隨息居飲食譜一卷　（清）王士雄撰　清光緒二十二年(1896)上海圖書集成局石印本　一冊

330000 - 4789 - 0000677　　674　　集部/別集類/唐五代別集

讀書堂杜工部文集註解二卷　（唐）杜甫撰（清）張溍評註　清刻本　一冊

330000 - 4789 - 0000679　　675　　集部/總集類/選集之屬/通代

古唐詩合解十二卷古詩四卷　（清）王堯衢注　清道光二十五年(1845)德華堂刻本　四冊　存十二卷(古唐詩合解一至十二)

330000 - 4789 - 0000681　　660　　子部/醫家類/方書之屬/單方驗方

經驗秘方一卷　（清）楊馥蕉（清）潘之偉輯　清光緒二十年(1894)聚文堂刻本　一冊

330000 - 4789 - 0000683　　680　　集部/別集類/唐五代別集

溫飛卿詩集七卷別集一卷集外詩一卷附錄諸家詩評一卷　（唐）溫庭筠撰（明）曾益注（清）顧予咸補注（清）顧嗣立續注　清宣統二年(1910)掃葉山房石印本　四冊

330000 - 4789 - 0000684　　681　　集部/總集類/選集之屬/斷代

唐詩三百首註疏六卷　（清）孫洙編（清）章燮注　清刻本　六冊

330000 - 4789 - 0000685　　685　　集部/別集類/清別集

330000 - 4789 - 0000686　　682　　類叢部/叢書類/彙編之屬

袁文箋正十六卷補注一卷　（清）袁枚撰（清）石韞玉箋　清刻本　八冊

半厂叢書初編十種　（清）譚獻編　清同治至光緒仁和譚氏刻本　四冊　存一種

330000 - 4789 - 0000687　　683　　集部/別集類/清別集

白華絳跗閣詩初集（越縵堂詩初集）十卷（清）李慈銘撰　清光緒十六年(1890)王繼香刻本　二冊

330000 - 4789 - 0000688　　686　　集部/別集類/清別集

懷古田舍詩節鈔六卷　（清）徐榮撰　**徐公傳略一卷**　（清）銘岳撰　清同治三年(1864)錦城徐氏刻光緒十四年(1888)補版印本　六冊

330000 - 4789 - 0000689　　684　　集部/別集類/唐五代別集

昌黎先生詩集注十一卷年譜一卷　（唐）韓愈撰　（清）顧嗣立刪補　清光緒九年(1883)廣州翰墨園刻三色套印本　四冊

330000 - 4789 - 0000690　　687　　類叢部/叢書類/彙編之屬

榆園叢刻十五種附一種　（清）許增編　清同治至光緒刻本　一冊　存一種

330000 - 4789 - 0000691　　692　　集部/別集類/清別集

曝書亭集外稿八卷　（清）朱彝尊撰　（清）馮登府（清）朱墨林輯　清嘉慶二十二年(1817)刻道光二年(1822)印本　二冊

330000 - 4789 - 0000693　　691　　集部/詞類/別集之屬

曝書亭集詞註七卷　（清）朱彝尊撰　（清）李富孫注　清嘉慶十九年(1814)嘉興李氏校經廎刻道光九年(1829)補刻本　六冊

330000 - 4789 - 0000697　　693　　集部/別集類/清別集

有正味齋集十六卷　（清）吳錫麒撰　清刻本
　四冊

330000－4789－0000700　700　類叢部／叢書
類／彙編之屬

榆園叢刻十五種附一種　（清）許增編　清同
治至光緒刻本　一冊　存一種

330000－4789－0000701　694　集部／總集
類／課藝之屬

試帖詩課合存九卷　（清）吳錫麒等撰　清刻
本　一冊　存五卷（知不足齋試帖、方雪齋試
帖、桑寄生齋試帖、蛾術齋試帖、雙籐書屋試
帖）

330000－4789－0000703　696　集部／別集
類／元別集

剡源佚文二卷佚詩六卷　　（元）戴表元撰
（清）孫鏘編　清光緒二十一年（1895）刻本
一冊

330000－4789－0000707　702　集部／別集
類／清別集

兩當軒集二十卷補遺二卷附錄四卷　（清）黃
景仁撰　兩當軒集攷異二卷　（清）黃志述撰
　清光緒二年（1876）武進黃氏家塾刻本
六冊

330000－4789－0000708　710　集部／別集
類／元別集

剡源文鈔四卷　（元）戴表元撰　（清）黃宗羲
選　清道光十三年（1833）甬上盧氏刻本
一冊

330000－4789－0000710　708　子部／雜著
類／雜說之屬

蒿菴閒話二卷　（清）張爾岐撰　清刻本
一冊

330000－4789－0000712　707　類叢部／叢書
類／彙編之屬

榆園叢刻十五種附一種　（清）許增編　清同
治至光緒刻本　二冊　存一種

330000－4789－0000714　718　集部／總集
類／選集之屬／斷代

國朝駢體正宗評本十二卷補編一卷　（清）曾
燠輯　（清）姚燮評　（清）張壽榮參　清光緒
十年（1884）鎮海張氏花雨樓刻朱墨套印本
八冊

330000－4789－0000716　719　集部／別集
類／清別集

補園賸藁二卷　（清）包履吉撰　清光緒三十
一年（1905）讀我書廬刻本　二冊

330000－4789－0000717　720　子部／儒家
類／儒學之屬／蒙學

課子隨筆節鈔六卷　（清）張師載輯　（清）徐
桐節鈔　課子隨筆續編一卷　（清）徐桐輯
清同治十二年（1873）刻本　四冊

330000－4789－0000719　705、706　集部／別
集類／清別集

秣陵集六卷金陵歷代紀年事表一卷圖考一卷
　（清）陳文述撰　清刻本　八冊

330000－4789－0000721　726　集部／別集
類／明別集

李空同詩集三十三卷附錄一卷　（明）李夢陽
撰　清宣統二年（1910）掃葉山房石印本
十冊

330000－4789－0000724　725　集部／別集
類／元別集

鐵厓樂府註十卷咏史註八卷逸編註八卷
（元）楊維楨撰　（清）樓卜瀍註　清宣統二年
（1910）上海掃葉山房石印本　十冊

330000－4789－0000728　723　集部／別集
類／清別集

漁洋山人精華錄訓纂十卷目錄二卷年譜注補
二卷辯訛一卷　（清）王士禎撰　（清）惠棟注
補　清乾隆惠氏紅豆齋刻本　十二冊

330000－4789－0000731　722　集部／總集
類／選集之屬／通代

續古文辭類纂二十八卷　（清）黎庶昌輯　清
光緒二十一年（1895）金陵狀元閣刻本　十
一冊

330000－4789－0000732　730　集部／別集

類/清別集

問字堂集六卷 （清）孫星衍撰　清光緒十年（1884）四明是亦軒刻本　二冊

330000 – 4789 – 0000737　749、750、751、752、753、754、755　類叢部/叢書類/彙編之屬

武英殿聚珍版書一百三十八種 清乾隆武英殿木活字印本　六十五冊　存七種

330000 – 4789 – 0000743　735　集部/別集類/清別集

六一山房詩集十卷 （清）董沛撰　清刻本　二冊

330000 – 4789 – 0000752　738　集部/別集類/唐五代別集

李長吉集四卷外卷一卷 （唐）李賀撰　（明）黃淳耀評點　（清）黎簡批點　清宣統元年（1909）上海掃葉山房石印本　二冊

330000 – 4789 – 0000753　759　子部/儒家類/儒學之屬/禮教

心影集四卷 （清）李士麟輯　清光緒十八年（1892）刻本　一冊

330000 – 4789 – 0000754　758　子部/雜著類/雜說之屬

菜根譚一卷 （明）洪應明撰　清光緒十七年（1891）刻本　一冊

330000 – 4789 – 0000755　760　集部/別集類/唐五代別集

杜詩鏡銓二十卷 （清）楊倫撰　清同治十一年（1872）望三益齋刻本　十一冊

330000 – 4789 – 0000756　768　集部/別集類

補松廬詩錄六卷 吳慶坻撰　清宣統三年（1911）湖南學務公所鉛印本　二冊

330000 – 4789 – 0000757　766　類叢部/叢書類/自著之屬

崔東壁先生遺書八種附一種 （清）崔述撰　清嘉慶至道光陳履和刻本　十八冊　存八種

330000 – 4789 – 0000758　770　史部/傳記類/科舉錄之屬/總錄

兩浙校士錄不分卷 （清）潘衍桐輯　清光緒十七年（1891）刻本　四冊

330000 – 4789 – 0000759　769　集部/楚辭類

楚辭集註八卷辯證二卷後語六卷 （宋）朱熹撰　清宣統三年（1911）掃葉山房石印本　三冊　存十二卷（楚辭集註一至四、辯證一至二、後語一至六）

330000 – 4789 – 0000760　761　集部/總集類/彙編之屬

宋詩鈔初集八十四種 （清）呂留良　（清）吳之振　（清）吳爾堯編　清康熙十年（1671）洲錢吳氏鑑古堂刻本　三十一冊　存八十一種

330000 – 4789 – 0000762　771　史部/傳記類/科舉錄之屬/總錄

江西校士錄六卷 （清）盛炳緯選定　清光緒二十年（1894）刻本　五冊　存五卷（一至五）

330000 – 4789 – 0000763　764　類叢部/類書類/專類之屬

重編留青新集二十四卷 （清）馮善長輯　清光緒十四年（1888）錫活字印本　十冊　存三卷（十一至十三）

330000 – 4789 – 0000764　762　集部/別集類/清別集

吳詩集覽二十卷補註二十卷吳詩談藪二卷拾遺一卷 （清）吳偉業撰　（清）靳榮藩注並輯　清凌雲亭刻本　十六冊

330000 – 4789 – 0000765　772　集部/總集類/選集之屬/通代

古詩源四卷 （清）沈德潛輯　清光緒十八年（1892）湘南謝文盛堂刻本　四冊

330000 – 4789 – 0000766　763　集部/總集類/選集之屬/斷代

重訂唐詩別裁集二十卷 （清）沈德潛輯　清乾隆二十八年（1763）教忠堂刻本　二十冊

330000 – 4789 – 0000767　765　集部/別集類/清別集

思綺堂文集十卷 （清）章藻功撰　清康熙六十一年（1722）聚錦堂刻本　十冊

330000－4789－0000768　778　集部/別集類/清別集

胡文忠公遺集十卷首一卷　（清）胡林翼撰（清）閻敬銘　（清）屬雲官　（清）盛康輯　清同治刻本　一冊　存二卷（二至三）

330000－4789－0000769　791　集部/別集類/唐五代別集

王子安集註二十卷首一卷末一卷　（唐）王勃撰　（清）蔣清翊注　清光緒九年（1883）吳縣蔣氏雙唐碑館刻本　六冊

330000－4789－0000770　779　集部/別集類/清別集

正誼堂文集二十四卷附行狀一卷　（清）董沛撰　清光緒二十二年（1896）刻本　五冊　缺四卷（十三至十六）

330000－4789－0000771　790　集部/別集類/清別集

抱泉山館詩集十卷文集三卷首一卷　（清）王蔚薈撰　**榮鞠詩鈔一卷**　（清）王予齡撰　清光緒二十七年（1901）寧波鈞和公司鉛印本四冊

330000－4789－0000772　776　集部/總集類/選集之屬/通代

續古文辭類纂三十四卷　王先謙輯　清光緒十年（1884）行素草堂刻本　四冊

330000－4789－0000774　777　子部/宗教類/佛教之屬/諸宗

憨山老人夢遊集五十五卷　（明）釋德清撰（明）釋福善錄　（明）釋通炯輯　清光緒五年（1879）江北刻經處刻本　十九冊　缺六卷（二至四、三十六至三十八）

330000－4789－0000776　775　集部/別集類/清別集

大梅山館集五十五卷　（清）姚燮撰　清道光十三年至咸豐六年（1833－1856）大梅山館刻本　三冊　存六卷（復莊駢儷文榷三至八）

330000－4789－0000779　792　集部/詩文評類/文評之屬

文心雕龍十卷　（南朝梁）劉勰撰　（清）黃叔琳輯注　（清）紀昀評　清道光十三年（1833）盧坤兩廣節署刻朱墨套印本　四冊

330000－4789－0000782　780、781、782、783、784、785　類叢部/叢書類/彙編之屬

武英殿聚珍版書一百三十八種　清乾隆浙江刻本　十冊　存六種

330000－4789－0000783　795　集部/別集類/清別集

舫廬文存四卷外集一卷餘集一卷　（清）張壽榮撰　清光緒九年（1883）張氏秋樹根齋刻本四冊

330000－4789－0000786　793　集部/別集類/漢魏六朝別集

庾子山集十六卷總釋一卷　（北周）庾信撰（清）倪璠註　**年譜一卷**　（清）倪璠撰　清康熙二十六年（1687）崇岫堂刻本　十二冊

330000－4789－0000788　797　史部/傳記類/總傳之屬/姓名

青樓小名錄八卷　（清）趙慶楨輯　清宣統二年（1910）國學扶輪社鉛印本　二冊　存四卷（一至四）

330000－4789－0000790　787　集部/總集類/選集之屬/通代

文選六十卷　（南朝梁）蕭統輯　（唐）李善注（清）何焯評　清乾隆三十七年（1772）長洲葉樹藩海錄軒刻朱墨套印本　十二冊

330000－4789－0000793　801　史部/地理類/雜志之屬

鵑湖百詠不分卷　（清）蔣學堅撰　清光緒二十三年（1897）刻本　一冊

330000－4789－0000795　807、808、809、810、811、812、813、816　類叢部/叢書類/彙編之屬

武英殿聚珍版書一百三十八種　清乾隆浙江刻本　五十四冊　存八種

330000－4789－0000797　818　子部/藝術類/書畫之屬/題跋

蘇黃題跋五卷　（清）溫一貞錄　清光緒二十

年(1894)望三益齋石印本　　五冊

330000 – 4789 – 0000800　　814、815、821、822、823　　類叢部/叢書類/彙編之屬

武英殿聚珍版書一百三十八種　清乾隆浙江刻本　　三十三冊　存五種

330000 – 4789 – 0000806　　839　　集部/總集類/選集之屬/通代

古文苑二十一卷　　（宋）章樵注　清光緒十二年(1886)江蘇書局刻本　　四冊

330000 – 4789 – 0000807　　840　　集部/總集類/選集之屬/通代

續古文苑二十卷　　（清）孫星衍輯　清光緒九年(1883)江蘇書局刻本　　六冊

330000 – 4789 – 0000808　　827　　子部/雜著類/雜纂之屬

九九銷夏錄十四卷　　（清）曲園居士撰　　清光緒二十三年(1897)刻本　　四冊

330000 – 4789 – 0000810　　834　　類叢部/叢書類/彙編之屬

文林綺繡五種五十九卷　　（明）凌迪知編　清光緒十一年(1885)八杉齋刻本　　十八冊

330000 – 4789 – 0000811　　835　　集部/別集類/清別集

吳詩集覽二十卷補註二十卷吳詩談藪二卷拾遺一卷　　（清）吳偉業撰　（清）靳榮藩注並輯　清凌雲亭刻本　　十六冊

330000 – 4789 – 0000813　　829　　類叢部/類書類/通類之屬

鑄史駢言十二卷　　（清）孫玉田編　　清光緒二年(1876)鉛印本　　四冊

330000 – 4789 – 0000814　　844　　集部/總集類/選集之屬/斷代

詩賦楷模不分卷　　（清）劉伶等撰　清光緒十二年(1886)刻本　　二冊

330000 – 4789 – 0000816　　847　　集部/別集類/清別集

月樓吟草古今詩二卷　　（清）黃廷議撰　　清咸

豐四年(1854)木活字印本　　二冊

330000 – 4789 – 0000817　　817　　集部/總集類/選集之屬/通代

同館賦鈔一集□□卷二集□□卷續鈔□□卷續鈔二集□□卷補鈔三卷大考卷一卷　　清刻本　　三十二冊　存七十卷（首一至三，一集三、九至十、十三至十四、十七至二十八、三十一、三十八；首一至三、二集一至四十；續鈔二集三；補鈔一至三；大考卷）

330000 – 4789 – 0000818　　843　　類叢部/類書類/通類之屬

瑯嬛獺祭十二種　　清光緒二十年(1894)文選廔石印本　　六冊

330000 – 4789 – 0000819　　850　　集部/別集類/清別集

補拙齋詩集不分卷　　（清）陳士元撰　清光緒十六年(1890)刻本　　一冊

330000 – 4789 – 0000820　　828　　集部/別集類/清別集

有正味齋駢體文二十四卷續集八卷詩集十六卷詩續集八卷詞集八卷詞續集二卷詞外集二卷外集五卷　　（清）吳錫麒撰　清嘉慶十三年(1808)刻本　　十六冊

330000 – 4789 – 0000822　　851　　集部/別集類/清別集

聽月樓遺稿二卷　　（清）嚴恒撰　　清光緒二十八年(1902)上海小長蘆館石印本　　一冊

330000 – 4789 – 0000823　　841　　集部/別集類/清別集

陳文恭公手札節要三卷　　（清）陳弘謀撰　清同治七年(1868)湖北崇文書局刻本　　一冊

330000 – 4789 – 0000824　　846　　集部/別集類/清別集

劉孟塗文集十卷駢體文二卷　　（清）劉開撰　清光緒十二年(1886)蛟川張氏雨花樓刻本　四冊

330000 – 4789 – 0000825　　854　　集部/別集類/清別集

容膝軒詩草四卷　（清）王榮商撰　清宣統三年(1911)刻本　一冊

330000－4789－0000826　849　集部/別集類/清別集

亦耕軒遺稿三卷　（清）童謙孟撰　清光緒十三年(1887)刻本　二冊

330000－4789－0000827　853　集部/別集類/清別集

白華山人詩集十六卷詩說二卷　（清）厲志撰　清光緒九年(1883)厲學潮刻本　四冊

330000－4789－0000829　858　類叢部/叢書類/彙編之屬

花雨樓叢鈔十一種續鈔十一種附一種　（清）張壽榮編　清光緒八年至十四年（1882－1888)蛟川張氏花雨樓刻本　二冊　存一種

330000－4789－0000830　855　集部/別集類/明別集

楊忠烈公文集十卷補遺一卷表忠錄一卷末一卷年譜一卷　（明）楊漣撰　清道光十三年(1833)世美堂刻本　一冊　存一卷(補遺)

330000－4789－0000831　857　集部/總集類/酬唱之屬

皖江同聲集十卷　（清）胡鳳丹輯　清同治八年(1869)永康胡氏退補齋刻本　一冊

330000－4789－0000833　856　集部/別集類/清別集

㸑餘小草二卷　（清）王靜涵撰　清光緒十四年(1888)蛟川官署刻本　一冊

330000－4789－0000834　848　集部/別集類/清別集

繞竹山房詩稿十卷詩餘一卷　（清）朱文治撰　清嘉慶二十三年(1818)刻本　四冊

330000－4789－0000835　864　集部/別集類/宋別集

四明七觀賦一卷　（宋）王應麟撰　（明）張迪註　清道光十八年(1838)紅杏樓刻本　二冊

330000－4789－0000836　859、860、861、862、

863　類叢部/叢書類/彙編之屬

花雨樓叢鈔十一種續鈔十一種附一種　（清）張壽榮編　清光緒八年至十四年(1882－1888)蛟川張氏花雨樓刻本　十六冊　存五種

330000－4789－0000837　865　集部/別集類/清別集

復莊駢儷文榷八卷　（清）姚燮撰　清咸豐四年(1854)大梅山館刻本　二冊

330000－4789－0000838　866　集部/別集類/清別集

雲臥樓詩不分卷　（清）林嵩堯撰　清光緒二十六年(1900)刻本　一冊

330000－4789－0000839　874　集部/別集類/清別集

嚼梅吟二卷　（清）釋敬安撰　清光緒七年(1881)四明刻本　一冊

330000－4789－0000841　873　集部/詩文評類/詩評之屬

小滄浪詩話四卷　（清）張燮承輯　清咸豐九年(1859)古汲郡賀氏藏真壽室刻本　二冊

330000－4789－0000844　875　類叢部/叢書類/自著之屬

姜先生全集三十三卷首一卷附錄二卷　（清）姜宸英撰　清光緒十五年(1889)慈谿馮氏毋自欺齋刻本　十八冊

330000－4789－0000847　878　集部/別集類/宋別集

劍南詩鈔六卷　（宋）陸游撰　（清）楊大鶴選　清光緒八年(1882)文苑山房刻本　八冊

330000－4789－0000851　883　集部/別集類/清別集

兩當軒集二十卷補遺二卷附錄四卷　（清）黃景仁撰　兩當軒集攷異二卷　（清）黃志述撰　清光緒二年(1876)武進黃氏家塾刻本　六冊

330000－4789－0000853　877　集部/別集類/清別集

弢園叢書 （清）王韜撰 清光緒鉛印本 二冊 存一種

330000－4789－0000854 876 類叢部/叢書類/彙編之屬

海山仙館叢書五十六種 （清）潘仕成編 清道光二十五年至咸豐元年（1845－1851）番禺潘氏刻光緒十一年（1885）增刻彙印本 六十八冊 存三十六種

330000－4789－0000856 886－1 集部/別集類/清別集

滄園文集二卷首一卷 （清）虞景璜撰 清宣統三年至民國四年（1911－1915）鎮海虞氏刻本 一冊

330000－4789－0000857 886－2 集部/別集類/清別集

滄園文集二卷首一卷 （清）虞景璜撰 清宣統三年至民國四年（1911－1915）鎮海虞氏刻本 一冊

330000－4789－0000858 885 子部/小說家類/雜事之屬

竹葉亭雜記八卷 （清）姚元之撰 清光緒十九年（1893）桐城姚氏刻本 二冊

330000－4789－0000859 897 集部/別集類/清別集

有正味齋駢體文箋注十六卷補注一卷 （清）吳錫麒撰 （清）葉聯芬注 清道光二十年（1840）慈谿葉氏刻本 八冊

330000－4789－0000863 884 集部/別集類/清別集

曝書亭詩錄箋注十二卷 （清）朱彝尊撰 （清）江浩然箋注 清乾隆惇裕堂刻本 六冊

330000－4789－0000865 895 類叢部/類書類/通類之屬

古事比五十二卷 （清）方中德輯 清光緒十三年（1887）上海石印局石印本 六冊

330000－4789－0000868 906 類叢部/叢書類/自著之屬

螯廬叢書 （清）陳虬撰 清光緒十九年

（1893）刻本 三冊 存一種

330000－4789－0000869 898 集部/總集類/課藝之屬

聽雨軒讀本前集二卷今集不分卷 （清）陳鍾麟選 清道光二年（1822）芸香堂刻本 六冊

330000－4789－0000870 905 集部/總集類/課藝之屬

辨志文會課藝初集六卷 （清）葉意深等撰 （清）宗源瀚輯 清光緒六年至七年（1880－1881）刻本 六冊

330000－4789－0000871 904 集部/別集類/清別集

天愚山人詩集十二卷文集十六卷 （清）謝泰宗撰 附錄一卷 （清）吳偉業撰 清光緒六年（1880）謝駿德靈芬館刻本 八冊

330000－4789－0000872 902－2 集部/別集類/清別集

曲園四書文一卷 （清）俞樾撰 清光緒十四年（1888）刻本 一冊

330000－4789－0000873 902－1 集部/別集類/清別集

曲園擬墨一卷 （清）俞樾撰 清光緒十四年（1888）刻本 一冊

330000－4789－0000874 901－2 集部/別集類/清別集

顧湖舫先生遺文一卷 （清）顧家桐撰 清光緒十四年（1888）刻本 一冊

330000－4789－0000876 901－1 集部/別集類/清別集

顧湖舫先生遺文一卷 （清）顧家桐撰 清光緒十四年（1888）刻本 一冊

330000－4789－0000877 910、1017 集部/別集類/明別集

茅鹿門先生文集三十六卷 （明）茅坤撰 明萬曆刻本 六冊 缺七卷（一至三、十八至二十一）

330000－4789－0000878 907 類叢部/叢書

類/彙編之屬

重訂七種古文選 （清）儲欣選評　清乾隆四十五年(1780)武林三餘堂刻本　二十四冊　缺一卷(公羊傳選)

330000－4789－0000879　911　子部/雜著類/雜考之屬

湛園札記四卷 （清）姜宸英撰　清光緒四年(1878)張麟洲見山樓刻七年(1881)王定祥續刻本　二冊

330000－4789－0000881　913　子部/雜著類/雜說之屬

恩福堂筆記二卷 （清）英和撰　清道光十七年(1837)刻本　一冊

330000－4789－0000885　899　集部/別集類/清別集

鎮亭山房詩集十八卷文集十二卷 陸廷黻撰　清光緒十七年(1891)自刻本　五冊　存十八卷(詩集一至十八)

330000－4789－0000887　917　類叢部/叢書類/自著之屬

石遺室叢書十九種 陳衍撰　清光緒至民國刻本　一冊　存一種

330000－4789－0000889　933　史部/傳記類/科舉錄之屬/總錄

兩浙校士錄二編不分卷 （清）吳鍾駿輯　清咸豐二年(1852)刻本　十冊

330000－4789－0000894　918　集部/別集類/唐五代別集

溫飛卿詩集七卷別集一卷集外詩一卷附錄諸家詩評一卷 （唐）溫庭筠撰　（明）曾益注（清）顧予咸補注　（清）顧嗣立續注　清宣統二年(1910)掃葉山房石印本　四冊　缺一卷(諸家詩評)

330000－4789－0000895　932　集部/總集類/選集之屬/斷代

聽黃鸝館詩賦讀本一卷 （清）宓如椿輯　清刻本　一冊

330000－4789－0000896　941　集部/別集類/清別集

韞山堂時文初集二卷二集四卷三集二卷 （清）管世銘撰　清光緒十五年(1889)刻本　四冊

330000－4789－0000898　939　集部/總集類/選集之屬/通代

古文辭類纂十五卷 （清）姚鼐輯　**續古文辭類纂十卷** 王先謙輯　清光緒二十四年(1898)慎記書莊石印本　八冊

330000－4789－0000899　930　集部/別集類/漢魏六朝別集

庾子山集十六卷總釋一卷 （北周）庾信撰（清）倪璠註　**年譜一卷** （清）倪璠撰　清康熙二十六年(1687)崇岫堂刻本　十一冊　缺三卷(七至九)

330000－4789－0000901　940　集部/總集類/選集之屬/通代

重訂文選集評十五卷首一卷末一卷 （清）于光華輯　清刻本　十六冊

330000－4789－0000903　925　集部/別集類/唐五代別集

杜詩鏡銓二十卷 （清）楊倫撰　**讀書堂杜工部文集註解二卷** （清）張溍撰　清光緒十八年(1892)刻本　五冊　缺五卷(三至七)

330000－4789－0000905　889　集部/別集類/清別集

煙嶼樓詩集十八卷 （清）徐時棟撰　**重刻遊杭合集一卷** （清）徐元第　（清）徐時棟撰　清同治六年(1867)虎胛山房葉氏刻本　四冊

330000－4789－0000906　928　集部/總集類/選集之屬/斷代

刪訂唐詩解二十四卷 （明）唐汝詢輯　（清）吳昌祺評　清康熙四十年(1701)誦懿堂刻本　三冊　存八卷(一至八)

330000－4789－0000907　888　類叢部/叢書類/自著之屬

煙嶼樓集四種 （清）徐時棟撰　清同治至光緒刻彙印本　八冊　存一種

330000－4789－0000908　921　集部/別集類/宋別集

蘇東坡詩集注三十二卷失編一卷 （宋）蘇軾撰　（宋）呂祖謙編　（宋）王十朋集注　**年譜一卷** （宋）王宗謔編　清康熙三十七年（1698）新安朱從延文蔚堂刻本　十二冊　缺十三卷（五至七、十至十五、三十一至三十二，失編，年譜）

330000－4789－0000909　927　集部/總集類/選集之屬/通代

詠物詩選八卷 （清）俞琰輯　清道光七年（1827）瑞珠軒刻本　三冊　存三卷（一、七至八）

330000－4789－0000912　946、947、948　集部/總集類/尺牘之屬

賴古堂全集三種 （清）周亮工輯　清宣統三年（1911）上海國學扶輪社石印本　八冊　存三種

330000－4789－0000914　944　集部/別集類/唐五代別集

杜工部詩集二十卷外詩一卷文集二卷附年譜一卷 （唐）杜甫撰　（清）朱鶴齡輯注　清刻本　一冊　存一卷（十二）

330000－4789－0000918　952　集部/總集類/選集之屬/斷代

後八家四六文鈔八卷 （清）張壽榮輯　清光緒七年（1881）刻本　五冊　存六卷（一至六）

330000－4789－0000920　943　集部/總集類/選集之屬/通代

古詩源十四卷 （清）沈德潛輯　清刻本　一冊　存一卷（八）

330000－4789－0000921　953　類叢部/叢書類/彙編之屬

湖墅叢書 （清）王麟輯　清光緒五年（1879）錢塘王氏刻本　一冊　存一種

330000－4789－0000922　942　集部/別集類/清別集

白梅小集一卷 （清）釋敬安撰　清光緒鉛印本　一冊

330000－4789－0000923　951　集部/詞類/別集之屬

遺山先生新樂府五卷補遺一卷訂誤一卷 （金）元好問撰　（清）張家矗補遺訂誤　清刻本　一冊　存二卷（三至四）

330000－4789－0000925　949　集部/總集類/選集之屬/通代

重訂文選集評十五卷首一卷末一卷 （清）于光華輯　清刻本　十一冊　缺五卷（一至四、十）

330000－4789－0000929　956　集部/總集類/選集之屬/通代

古唐詩合解古詩四卷唐詩十二卷 （清）王堯衢注　清文英堂刻本　三冊　存七卷（唐詩一至七）

330000－4789－0000930　961　集部/總集類/選集之屬/通代

三餘堂古文觀止十二卷 （清）吳乘權　（清）吳大職輯　清乾隆四十九年（1784）三餘堂刻本　三冊　存六卷（一至六）

330000－4789－0000932　964　集部/詩文評類/詩評之屬

帖體詩存註釋八卷 （清）宓如椿撰　（清）吳傳鍇註　清嘉慶二十年（1815）賦梅書屋刻本　三冊　缺二卷（三至四）

330000－4789－0000934　963　類叢部/叢書類/彙編之屬

清頌堂叢書八種 （清）黃奭編　清宣統三年（1911）海左書局鉛印本　一冊　存一種

330000－4789－0000935　976　子部/小說家類/異聞之屬

閱微草堂筆記二十四卷 （清）紀昀撰　清光緒二十四年（1898）宏文閣鉛印本　一冊　缺十九卷（六至二十四）

330000－4789－0000937　975　類叢部/類書類/專類之屬

試律大觀三十二卷目錄一卷 （清）竹屏居士

輯 （清）王家相定 清道光十九年(1839)鳳池亭刻本 十二冊

330000－4789－0000940 969 集部/別集類/清別集
古樹詩續集七卷附刻二卷 （清）邱學敏撰 清乾隆刻本 一冊 存四卷(一至四)

330000－4789－0000941 968 集部/總集類/選集之屬/通代
咏物詩選註釋八卷 （清）俞琰輯 （清）易開縉 （清）孫洤鳴注 清刻本 二冊

330000－4789－0000942 983 經部/小學類/音韻之屬/等韻
四聲切韻表一卷凡例一卷 （清）江永編 清刻本 一冊

330000－4789－0000944 982 經部/小學類/文字之屬/說文/專著
說文解字羣經正字二十八卷 （清）邵瑛撰 清嘉慶二十一年(1816)桂隱書屋刻本 一冊 存二卷(二至三)

330000－4789－0000946 981 經部/書類/傳說之屬
尚書離句六卷 （清）錢在培輯解 清道光二十一年(1841)遵義堂刻本 三冊 缺四卷(一至四)

330000－4789－0000947 980 集部/別集類/明別集
青邱高季迪先生詩集十八卷遺詩一卷扣舷集一卷鳧藻集五卷附錄一卷 （明）高啟撰 （清）金檀輯注 **青邱高季迪年譜一卷** （清）金檀編 清雍正六年至七年(1728－1729)金氏文瑞樓刻本 一冊 存一卷(遺詩)

330000－4789－0000948 965 集部/總集類/選集之屬/通代
古文析義十六卷 （清）林雲銘輯並注 清文選樓刻本 一冊 存一卷(十一)

330000－4789－0000949 978 集部/別集類/清別集
板橋集五種 （清）鄭燮撰 清乾隆酉山堂刻本 一冊 存一種

330000－4789－0000952 977 集部/總集類/選集之屬/通代
古文釋義新編八卷 （清）余誠輯 清刻本 二冊 缺六卷(一、三至七)

330000－4789－0000953 972 集部/總集類/課藝之屬
館律分韻初編六卷 （清）春暉閣主人輯 清末石印本 一冊 存一卷(三)

330000－4789－0000954 979 經部/小學類/訓詁之屬/群雅
駢雅訓纂十六卷首一卷 （明）朱謀㙔撰 （清）魏茂林訓纂 清光緒二十年(1894)上海積山書局石印本 一冊 存一卷(首)

330000－4789－0000955 970 集部/總集類/選集之屬/斷代
七家詩選七卷 （清）張熙宇輯評 清刻朱墨套印本 一冊 存四種

330000－4789－0000956 988 集部/總集類/彙編之屬
李杜全集二種 （明）許自昌編 明萬曆三十年(1602)長洲許自昌刻本 六冊 存一種

330000－4789－0000957 989 史部/紀傳類/正史之屬
十七史一千五百七十四卷 （明）毛晉編 明崇禎至清順治琴川毛氏汲古閣刻本 二十三冊 存一種

330000－4789－0000958 991 史部/政書類/通制之屬
通志略五十二卷 （宋）鄭樵撰 清乾隆十三年(1748)于敏中金匱山房刻本 三十冊

330000－4789－0000959 993 史部/史抄類
鹿門先生批點漢書鈔九十三卷 （明）茅坤輯 （明）陶國柱 （明）茅琛徵訂 明崇禎八年(1635)茅琛徵刻本 三十二冊

330000－4789－0000960 990 集部/別集類/宋別集

呂東萊先生文集二十卷首一卷 （宋）呂祖謙撰 （清）王崇炳輯 清雍正元年(1723)金華陳思臚敬勝堂刻本 八冊

330000 – 4789 – 0000961 987 集部/總集類/選集之屬/通代

六朝唐賦讀本不分卷 （清）馬傳庚選註 清光緒二年(1876)京都松竹齋刻本 二冊

330000 – 4789 – 0000962 992 子部/農家農學類/園藝之屬/總志

二如亭群芳譜三十卷首一卷 （明）王象晉撰 明末刻清重修本 二十八冊

330000 – 4789 – 0000963 986 集部/總集類/選集之屬/斷代

欽定國朝詩別裁集三十二卷 （清）沈德潛纂評 清刻本 十冊

330000 – 4789 – 0000964 985 史部/地理類/雜志之屬

廣陵通典十卷 （清）汪中撰 清同治八年(1869)揚州書局刻本 二冊

330000 – 4789 – 0000966 1016 集部/小說類/長篇之屬

皋鶴堂批評第一奇書金瓶梅一百回 （明）笑笑生撰 （清）張竹坡評 清刻本 九冊 缺五十九回(一至三、二十至二十九、四十五至五十三、五十九至六十二、六十八至一百)

330000 – 4789 – 0000967 997 集部/別集類/清別集

春酒堂文存不分卷 （清）周容撰 清抄本 三冊

330000 – 4789 – 0000969 1021 子部/醫家類/本草之屬/歷代綜合本草

本草綱目五十二卷圖三卷瀕湖脈學一卷奇經八脈攷一卷脈訣攷證一卷 （明）李時珍撰 清刻本 一冊 存三卷(瀕湖脈學、奇經八脈攷、脈訣攷證)

330000 – 4789 – 0000970 1018 子部/醫家類/類編之屬

薛氏醫按二十四種 （明）吳琯編 清刻本

一冊 存一種

330000 – 4789 – 0000972 995 史部/傳記類/總傳之屬/通代

尚友錄二十二卷補遺一卷 （明）廖用賢輯 （清）張伯琮補輯 清刻本 二十冊

330000 – 4789 – 0000973 1025 新學/理學/理學

天演論二卷 （英國）赫胥黎撰 嚴復譯 清光緒二十七年(1901)富文書局石印本 一冊

330000 – 4789 – 0000974 1030 新學/報章

京報不分卷(光緒七年十二月十八日至十八年五月廿九日) （清）京報館編 清光緒鉛印本 十一冊

330000 – 4789 – 0000975 994 類叢部/類書類/通類之屬

潛確居類書一百二十卷 （明）陳仁錫輯 明崇禎刻本 四十八冊

330000 – 4789 – 0000976 999 史部/傳記類/總傳之屬/技藝

墨林今話十八卷 （清）蔣寶齡撰 墨林今話續編一卷 （清）蔣茝生撰 清咸豐二年(1852)刻本 六冊

330000 – 4789 – 0000977 1019 史部/地理類/方志之屬/郡縣志

[光緒]鎮海縣志四十卷 （清）于萬川修 （清）俞樾等纂 清光緒五年(1879)鯤池書院刻本 十六冊

330000 – 4789 – 0000978 998 集部/別集類/宋別集

施註蘇詩四十二卷目錄二卷 （宋）蘇軾撰 （宋）施元之 （宋）顧禧注 （清）顧嗣立 （清）邵長蘅 （清）宋至補 蘇詩續補遺二卷 （清）馮景補註 王註正譌一卷 （清）邵長蘅撰 東坡先生年譜一卷 （宋）王宗稷編 清康熙三十八年(1699)宋犖刻金閶步月樓印本 十二冊

330000 – 4789 – 0000979 996 史部/紀傳類/別史之屬

尚史七十二卷　（清）李鍇撰　清乾隆三十八年(1773)悅道樓刻本　二十一冊　缺六卷（列傳一至二、九至十二）

330000－4789－0000980　1005　史部/地理類/山川之屬/山志

委羽山志六卷　（明）胡昌賢撰　**續志六卷首一卷**　（清）王維翰撰　清同治九年(1870)委羽石室刻本　三冊

330000－4789－0000981　1015　史部/地理類/方志之屬/通志

[光緒]江西通志一百八十卷首五卷　（清）劉坤一等修　（清）劉繹等纂　清光緒六年至七年(1880－1881)刻本　一百二十冊

330000－4789－0000985　1000　集部/別集類/清別集

鮚埼亭集三十八卷經史問答十卷鮚埼亭集外編五十卷　（清）全祖望撰　**首一卷**　（清）董秉純撰　清嘉慶九年(1804)餘姚史夢蛟借樹山房刻同治十一年(1872)印本（《經史問答》爲清乾隆三十年董秉純刻本）　十六冊　存八十八卷（集一至三十八、外編一至五十）

330000－4789－0000988　1012　史部/地理類/方志之屬/郡縣志

[光緒]定海廳志三十卷首一卷　（清）史致馴修　（清）陳僑（清）黃以周纂　清光緒十年至十一年(1884－1885)黃樹藩刻二十八年(1902)補刻本　八冊　缺六卷（六至十一）

330000－4789－0000989　1014　史部/地理類/山川之屬/山志

明州阿育王山志十卷　（明）郭子章撰　**明州阿育王山續志六卷**　（清）釋畹荃撰　明萬曆刻清乾隆續刻本　六冊

330000－4789－0000991　1009　史部/地理類/專志之屬/寺觀

天童寺志十卷首一卷　（清）德介　（清）聞性道撰　清康熙刻咸豐元年(1851)重修光緒十三年(1887)印本　四冊

330000－4789－0000992　1031　集部/別

集類

張子驤手札不分卷　張子驤撰　清抄本　二冊

330000－4789－0000996　1056　史部/地理類/方志之屬/郡縣志

[正德]武功縣志三卷首一卷　（明）康海纂　（清）孫景烈評註　清乾隆二十六年(1761)武功縣刻本　一冊

330000－4789－0000998　1053　史部/地理類/方志之屬/郡縣志

[光緒]慈谿縣志五十六卷附編一卷　（清）楊泰亨（清）馮可鏞纂　（清）劉一桂校補　清光緒二十五年(1899)德潤書院刻本　五冊　缺三十一卷（一至三、十九至二十八、四十至五十六，附編）

330000－4789－0000999　1057　史部/地理類/山川之屬/山志

重修南海普陀山志二十卷首一卷　（清）秦耀曾輯　清道光十二年(1832)刻民國四年(1915)趙希伊補刻本　二冊　存十一卷（七至十七）

330000－4789－0001002　1066　子部/藝術類/書畫之屬/法帖

快雪堂法書不分卷　（晉）王羲之等書　清末影印本　二冊

330000－4789－0001003　1065、1186　子部/藝術類/書畫之屬/法帖

御刻三希堂石渠寶笈法帖三十二卷　（清）梁詩正等編　清光緒影印本　十四冊　缺五卷（四、七至八、十一至十二）

330000－4789－0001004　1060　類叢部/叢書類/自著之屬

庸庵全集七種　（清）薛福成撰　清光緒十年至二十四年(1884－1898)無錫薛氏刻本　二十八冊　存四種

330000－4789－0001008　1072　經部/叢編

篆文六經四書九種　（清）張照校　清光緒九年(1883)同文書局石印本　一冊　存八卷

寧波市鎮海區文物保護管理所古籍普查登記目錄

（一至八）

330000－4789－0001010　1074　子部/藝術類/書畫之屬/書法書品

漢諸葛武侯前出師表不分卷　（清）陳修榆書　清光緒三十四年（1908）鴻寶齋石印本　一冊

330000－4789－0001020　1084　子部/藝術類/書畫之屬/法帖

快雪堂法書不分卷　（晉）王羲之等書　清末影印本　二冊

330000－4789－0001022　1079　子部/藝術類/書畫之屬/畫法畫品

竹波軒楳冊不分卷　（清）鄭淳繪　清道光刻本　一冊

330000－4789－0001024　1078　經部/小學類/音韻之屬/等韻

音學辨微一卷　（清）江永撰　清宣統元年（1909）上海國學保存會影印本　一冊

330000－4789－0001029　1127　集部/總集類/課藝之屬

崇實書院課藝六卷　陸廷黻編　清光緒二十一年（1895）崇實書院刻本　七冊　缺一卷（六）

330000－4789－0001032　1119　子部/藝術類/書畫之屬/畫法畫品

春江意釣圖不分卷　嚴信厚輯　清影印本　一冊

330000－4789－0001054　1109　史部/編年類/通代之屬

綱鑑會纂三十九卷首一卷　（明）王世貞編　**甲子紀元一卷**　（清）陳弘謀輯　清大文堂刻本　三十七冊

330000－4789－0001058　1154　集部/小說類/長篇之屬

西遊原旨二十四卷一百回　（清）劉一明解　清嘉慶二十四年（1819）刻本　十一冊　存十五卷（八至二十二）

330000－4789－0001066　1172　史部/金石類/總志之屬/通考

金石索十二卷首一卷　（清）馮雲鵬　（清）馮雲鵷輯　清末石印本　一冊　存一卷（金石索三）

330000－4789－0001068　1026　集部/小說類/長篇之屬

增評補像全圖金玉緣一百二十回首一卷　（清）曹霑　（清）高鶚撰　（清）王希廉　（清）張新之　（清）姚燮評　清末石印本　四冊　存三十六回（十七至四十四、四十九至五十六）

330000－4789－0001070　1058　史部/地理類/方志之屬/郡縣志

[光緒]玉環廳志十四卷首一卷　（清）杜冠英　（清）胥壽榮修　（清）呂鴻燾纂　清光緒六年（1880）刻本　一冊　存二卷（首、一）

330000－4789－0001084　1157　子部/藝術類/書畫之屬/畫法畫品

黃孝子尋親圖不分卷　（清）黃向堅繪　清宣統元年（1909）上海文明書局影印本　一冊

330000－4789－0001087　1121　子部/藝術類/書畫之屬/法帖

三希堂續刻法帖不分卷　（唐）褚遂良等書　（清）蔣溥等輯　清宣統元年（1909）存古堂影印本　十五冊

330000－4789－0001091　1146　子部/工藝類/日用器物之屬/錦繡

刺繡紋樣不分卷　清末刻朱印本　一冊

330000－4789－0001098　1182　集部/小說類/長篇之屬

西遊原旨二十四卷一百回　（清）劉一明解　清嘉慶二十四年（1819）刻本　三冊　存六卷（五至八、十八至十九）

330000－4789－0001104　1051　史部/地理類/方志之屬/郡縣志

[光緒]鎮海縣志四十卷　（清）于萬川修　（清）俞樾等纂　清光緒五年（1879）鯤池書院

寧波市奉化區文物保護管理所等六家收藏單位、舟山市圖書館等二家收藏單位古籍普查登記目錄

刻本　十一冊　缺十三卷(一至九、十三至十四、三十九至四十)

330000－4789－0001137　1156　集部/小說類/長篇之屬
第一才子書十六卷首一卷一百二十回　(明)羅本撰　(清)毛宗崗評　清光緒二十九年(1903)上海錦章書局石印本　一冊　存三卷(一至三)

330000－4789－0001138　1124　子部/藝術類/書畫之屬/法帖
快雪堂法書不分卷　(晉)王羲之等書　清末影印本　一冊

330000－4789－0001143　1054　史部/地理類/山川之屬/山志
明州阿育王山志十卷　(明)郭子章撰　**明州阿育王山續志六卷**　(清)釋畹荃撰　明萬曆刻清乾隆續刻本　一冊　存一卷(十)

330000－4789－0001304　1110　集部/小說類/長篇之屬
增像全圖三國演義十六卷一百二十回　(明)羅本撰　(清)毛宗崗評　清光緒二十九年(1903)上海錦章書局石印本　八冊

330000－4789－0001307　1115　集部/小說類/長篇之屬
增像全圖三國志演義第一才子書十二卷一百二十回首一卷　(明)羅本撰　(清)毛宗崗評　清宣統元年(1909)上海章福記石印本　三冊　存三卷(一至二、七)

330000－4789－0001311　1098　集部/小說類/長篇之屬
第一才子書繡像三國志演義六十卷一百二十回　(明)羅本撰　(清)毛宗崗評　清光緒三十年(1904)上海商務印書館鉛印本　四冊　存三十卷(一至二十二、三十九至四十六)

330000－4789－0001321　1168　經部/春秋左傳類/傳說之屬
春秋左傳(校經山房左傳杜林合註)五十卷　(晉)杜預　(宋)林堯叟註釋　(唐)陸德明

音義　(明)鍾惺　(明)孫鑛　(明)韓范評點　清光緒三十一年(1905)上海校經山房石印本　七冊　存二十二卷(一至三、十一至十九、二十九至三十一、四十四至五十)

330000－4789－0001326　1143　集部/小說類/長篇之屬
增像全圖加批西遊記八卷一百回　(明)吳承恩撰　(清)陳士斌詮解　清宣統元年(1909)上海錦章書局石印本　二冊　存二卷(一、三)

330000－4789－0001331　1193　經部/小學類/訓詁之屬/字詁
繪圖速通虛字法初編不分卷　(清)施崇恩編　清光緒石印本　一冊

330000－4789－0001332　1196　集部/小說類/長篇之屬
兒女英雄傳評話四十回首一回　(清)文康撰　(清)董恂評　清末石印本　二冊　存十一回(十九至二十九)

330000－4789－0001334　1163　集部/小說類/長篇之屬
兒女英雄傳評話四十回首一回　(清)文康撰　(清)董恂評　清光緒四年(1878)著易堂書局鉛印本　五冊　缺十四回(七至十三、三十四至四十)

330000－4789－0001337　1028　集部/小說類/長篇之屬
第一才子書十六卷首一卷一百二十回　(明)羅本撰　(清)毛宗崗評　清宣統元年(1909)上海章福記石印本　八冊

330000－4789－0001340　1024　集部/小說類/長篇之屬
增評補像全圖金玉緣一百二十回首一卷　(清)曹霑　(清)高鶚撰　(清)王希廉　(清)張新之　(清)姚燮評　清光緒三十四年(1908)求不負齋石印本　四冊　存二十四回(一至二十四)

330000－4789－0001345　1204　子部/宗教

類/道教之屬/戒律

陰隲果報圖注不分卷 （明）顏正注 （清）黃正元集證 （清）吳友如繪 清光緒十七年（1891）石印本 一冊

330000－4789－0001347 1202 集部/曲類/彈詞之屬

新編玉燕姻緣傳記六卷七十七回 （清）□□撰 清石印本 一冊

330000－4789－0001349 1200 經部/四書

類/總義之屬/傳說

四書題鏡不分卷 （清）汪鯉翔撰 清刻本 四冊

330000－4789－0001355 1206 集部/總集類/郡邑之屬

蛟川先正文存二十卷補遺一卷 （清）陳繼聰編 清光緒八年（1882）刻本 一冊 存二卷（五至六）

寧波市鄞州區圖書館古籍普查登記目錄

全國古籍普查登記目錄·浙江寧波

國家圖書館出版社
National Library of China Publishing House

《寧波市鄞州區圖書館古籍普查登記目錄》
編委會

主　編：胡曉群

編　委：鍾圓圓　陳　曄

《寧波市鄞州區圖書館古籍普查登記目録》

前　言

　　寧波市鄞州區圖書館於 1989 年 3 月單獨建制,2004 年 6 月與寧波大學園區圖書館合并,實行"一套班子、兩塊牌子、統一管理"的模式。我館傳統文獻來源於三方面:一是歷史館藏;二是通過購買;三是由單位和個人捐贈。我館古籍目録最早通過經、史、子、集四部分類法進行分類編排,20 世紀 90 年代開始根據《中國圖書館圖書分類法》進行重新分類,并按《中國文獻編目規則》以目録卡片的形式,進行編目著録;1997 年始把所有的文獻目録根據機讀目録格式輸進電腦,開始實行自動化系統管理。

　　隨着全國古籍保護工作的全面實施,2013 年 3 月 23 日我館提交了《浙江省古籍普查項目申報書》,因人員調整,2015 年上半年纔真正開始著録工作,通過普查人員的共同努力,於當年 7 月底完工。本次共普查館藏傳統文獻 90 部 1087 册,本書目收古籍 32 部 176 册。其中比較珍貴的有《東坡全集》一百十五卷、《明州阿育王山志》十卷等。由於之前重視度不够,本館文獻有不同程度的破損,一級破損 47 部 509 册,二級破損 2 部 2 册。主要的破損類型爲蟲蛀、脱頁及老化。

　　古籍屬於不可再生的文化資源,一旦破壞,就不能再現,所以必須加强對現有古籍的保護。由於之前館舍比較簡陋,無恒温恒濕的設備和措施,同時缺乏對古籍的保護意識,一直未設置防潮防蛀的專櫃,直到兩館合并以後纔進行獨立放置,采取了相關措施。計劃後期能達到恒温恒濕的保存環境。

　　古籍破損,灰塵較多,較爲髒亂,容易引起皮膚過敏,但我們的工作人員經受住各種考驗,順利完成著録工作,在此非常感謝爲此次古籍普查著録努力工作的人員。

　　因古籍著録難度大,著録人員專業程度不高,著録內容可能會出現錯誤,請專家批評指正。

鄞州區圖書館

2018 年 11 月

330000－1733－0000002　普 I222.75/730
集部/別集類/清別集

小雅樓詩集八卷遺文二卷　（清）鄧方撰　清
光緒二十六年(1900)刻本　二冊

330000－1733－0000004　普 I207.22/455
經部/詩類/傳說之屬

讀風臆補十五卷　（明）戴君恩輯　（清）陳繼
揆補輯　**附讀風臆補總評一卷**　（清）陳繼揆
補輯　清光緒六年(1880)刻本　二冊

330000－1733－0000006　I22/323　集部/總
集類/選集之屬/通代

古詩源十四卷　（清）沈德潛輯　清刻本
四冊

330000－1733－0000007　普 I207.2/720　集
部/總集類/選集之屬/通代

六朝唐賦讀本不分卷　（清）馬傳庚選註　清
光緒二年(1876)刻本　二冊

330000－1733－0000008　普 I222.75/830
集部/別集類/清別集

鮚埼亭詩集十卷　（清）全祖望撰　清刻本
一冊　存五卷(一至五)

330000－1733－0000011　普 H123.4　子部/
宗教類/佛教之屬/經

金剛般若波羅蜜經一卷　（後秦）釋鳩摩羅什
譯　清刻本　一冊

330000－1733－0000012　普 I222.7/717　經
部/詩類/專著之屬

毛詩品物圖攷七卷　（日本）崗元鳳纂輯
（日本）橘國雄繪圖　清末石印本　二冊

330000－1733－0000018　普 B947.554－09/
010　史部/地理類/山川之屬/山志

明州阿育王山志十卷　（明）郭子章撰　**明州
阿育王山續志六卷**　（清）釋畹荃撰　明萬曆
刻清乾隆續刻本　四冊　存十二卷(四至九、
續志一至六)

330000－1733－0000019　普 I222.849/683
集部/詞類/別集之屬

有正味齋詞集八卷　（清）吳錫麒撰　清宣統

元年(1909)掃葉山房石印本　三冊

330000－1733－0000026　普 I247.75/830
子部/小說家類/異聞之屬

**山海經廣注十八卷讀山海經語一卷山海經雜
述一卷圖五卷**　（清）吳任臣撰　清乾隆五十
一年(1786)金閶書業堂刻本　三冊

330000－1733－0000029　普 D691.5/350
史部/地理類/雜志之屬

廣陵通典十卷　（清）汪中撰　清刻本　二冊

330000－1733－0000031　普 D691.5/350
史部/地理類/雜志之屬

廣陵通典十卷　（清）汪中撰　清同治八年
(1869)揚州書局刻本　二冊

330000－1733－0000037　普 I247.75/831
經部/春秋左傳類/傳說之屬

東萊先生左氏博議二十五卷首一卷　（宋）呂
祖謙撰　清道光十九年(1839)錢唐瞿氏清吟
閣刻本　四冊

330000－1733－0000044　普 D821/435　史
部/地理類/遊記之屬/紀行

出使公牘十卷　（清）薛福成撰　清光緒傳經
樓刻本　八冊

330000－1733－0000045　普 D821/436　史
部/地理類/遊記之屬/紀行

出使日記續刻十卷　（清）薛福成撰　清光緒
二十四年(1898)傳經樓刻本　六冊

330000－1733－0000048　普 I214.42/440
集部/別集類/宋別集

東坡全集一百十五卷　（宋）蘇軾撰　明刻本
十六冊　存三十五卷(四十一至七十五)

330000－1733－0000049　普 Z122.554/236
史部/地理類/雜志之屬

四明談助四十六卷首一卷　（清）徐兆昺撰
清道光八年(1828)木活字印本　九冊　存二
十一卷(二十六至四十六)

330000－1733－0000050　普 I207.22/235
集部/別集類/唐五代別集

杜詩詳註二十五卷首一卷附錄二卷 （唐）杜甫撰 （清）仇兆鰲輯註 清刻本 二十四冊

330000－1733－0000052 普 I207.62/151 集部/別集類/清別集

袁文箋正十六卷補注一卷 （清）袁枚撰 （清）石韞玉箋 清刻本 五冊

330000－1733－0000054 普 Z122.554/236 史部/地理類/雜志之屬

四明談助四十六卷首一卷 （清）徐兆昺撰 清道光八年(1828)木活字印本 九冊 存二十一卷(二十六至四十六)

330000－1733－0000064 普 H163/115 經部/小學類/文字之屬/字書/字典

康熙字典十二集三十六卷總目一卷檢字一卷辨似一卷等韻一卷補遺一卷備考一卷 （清）張玉書等纂修 清光緒三十三年(1907)上海錦章書局石印本 六冊

330000－1733－0000067 普 K871/317 史部/金石類/總志之屬/圖像

金石鎖不分卷 （清）馮云鵬 （清）馮云鶵輯 清石印本 十二冊

330000－1733－0000068 普 I207.2/323 集部/總集類/選集之屬/通代

評選古詩源四卷 （清）沈德潛評選 清末上海文華山房石印本 四冊

330000－1733－0000072 普 I222.742/308 集部/別集類/唐五代別集

溫飛卿詩集七卷別集一卷集外詩一卷附錄諸家詩評一卷 （唐）溫庭筠撰 （明）曾益注 （清）顧予咸補注 （清）顧嗣立續注 清石印本 四冊

330000－1733－0000076 普 I214.42/430

集部/別集類/宋別集

蘇老泉先生全集二十卷 （宋）蘇洵撰 附錄二卷 （宋）沈斐輯 清刻本 四冊

330000－1733－0000080 普 I222.749/600 子部/小說家類/瑣語之屬

香豔小品五種 （清）沈宗疇輯 清宣統元年(1909)石印本 一冊 存一種

330000－1733－0000082 普 R281.3/461 子部/醫家類/本草之屬/歷代綜合本草

增廣本草綱目五十二卷附圖三卷 （明）李時珍撰 清石印本 十八冊

330000－1733－0000083 普 R289.3/412 子部/醫家類/方書之屬/單方驗方

本草萬方鍼線八卷 （清）蔡烈先輯 清石印本 二冊

330000－1733－0000084 普 R281.3/498 子部/醫家類/本草之屬/歷代綜合本草

本草綱目拾遺十卷 （清）趙學敏輯 清末石印本 三冊

330000－1733－0000085 普 R241.1/461 子部/醫家類/針灸之屬/經絡腧穴

奇經八脈考二卷 （明）李時珍撰 清末石印本 一冊

330000－1733－0000086 普 I222.2 經部/詩類/傳說之屬

詩經集傳八卷 （宋）朱熹撰 清刻本 一冊 存二卷(四至五)

330000－1733－0000088 普 K871/317/V2 史部/金石類/總志之屬/通考

金石索十二卷首一卷 （清）馮雲鵬 （清）馮雲鶵輯 清末石印本 十一冊 存六卷(金石索一至六)

宁波市奉化区文物保护管理所

古籍普查登记目录

全国古籍普查登记目录·浙江宁波

国家图书馆出版社
National Library of China Publishing House

《寧波市奉化區文物保護管理所古籍普查登記目錄》
編委會

主　　編：李　偉

副主編：王　瑋　毛友定

編　　委：林朝静　張牽牛　毛迪凱　鄔璐虹

　　　　　周瑜佳　方　一

《寧波市奉化區文物保護管理所古籍普查登記目録》

前　言

　　奉化，浙東平原西部一個枕山面海的小城，它和中國的許多小城市一樣，在歷史的長河中隨波逐流，默默無聞。直至中華民國，中國歷史舞臺上演繹的短暫一幕，使它爲世人所熟知，亦使今天的它，不經意間，總能讓人聽着、覓着、感受着那歷史的痕迹。中正圖書館就是充斥着濃濃民國味的載體。這座建造於 20 世紀 20 年代末的公共文化建築，不僅展示了具有典型時代特徵的建築元素，還傳遞着濃厚的歷史信息，那就是它的藏書。這些由蔣介石、俞飛鵬、朱孔陽、孫鶴皋等奉籍名人、達官、實業家所捐贈的藏書，歷經八十多年的風雨，大部分留存下來，構成了我所館藏古籍的主體，也成爲這次普查工作的主體。

　　古籍普查工作歷時四年，在此期間，全體普查人員風雨同舟，徹底摸清了家底，糾正了原著録中的不少錯誤，瞭解了中正圖書館的舊藏數量和其中藴含的大量歷史、人文信息。但我們在工作中還留有問題及缺憾，有待於今後去彌補、充實。利用普查成果，讓“束之高閣”的古籍活起來，推進探討和摸索的脚步，這應該是此次普查的真正目的之所在。

　　衹有更好地傳承，纔能有更好的未來！

寧波市奉化區文物保護管理所
2017 年 11 月

330000－1795－0000001　小學 0030a　經部/小學類/文字之屬/說文/傳說

說文解字注十五卷附六書音韻表五卷汲古閣說文訂一卷　（清）段玉裁撰　**說文部目分韻一卷**　（清）陳煥編　清同治十一年(1872)湖北崇文書局刻本　一冊　存一卷（汲古閣說文訂）

330000－1795－0000004　小學 0003　經部/小學類/文字之屬/說文/傳說

說文解字十五卷標目一卷　（漢）許慎撰（宋）徐鉉等校定　清同治十三年(1874)東吳浦氏刻本　三冊

330000－1795－0000005　小學 0030b　經部/小學類/文字之屬/說文/傳說

說文解字注十五卷附六書音韻表五卷汲古閣說文訂一卷　（清）段玉裁撰　**說文部目分韻一卷**　（清）陳煥編　清同治十一年(1872)湖北崇文書局刻本　一冊　存一卷（汲古閣說文訂）

330000－1795－0000007　小學 0031　經部/小學類/文字之屬/說文/專著

苗氏說文四種　（清）苗夔撰　清道光至咸豐壽陽祁氏漢專亭刻本　一冊　存一種

330000－1795－0000009　小學 0033　經部/小學類/文字之屬/說文/傳說

說文解字注十五卷附六書音韻表五卷汲古閣說文訂一卷　（清）段玉裁撰　**說文部目分韻一卷**　（清）陳煥編　清同治十一年(1872)湖北崇文書局刻本　七冊

330000－1795－0000010　小學 0007　經部/小學類/文字之屬/說文/傳說

說文解字十五卷標目一卷　（漢）許慎撰（宋）徐鉉等校定　清嘉慶十二年(1807)額勒布藤花榭刻本　四冊

330000－1795－0000011　小學 0032　類叢部/叢書類/彙編之屬

後知不足齋叢書四十七種　（清）鮑廷爵編　清同治至光緒常熟鮑氏刻本　一冊　存一種

330000－1795－0000012　經 0006　經部/小學類/文字之屬/說文/傳說

說文解字十五卷標目一卷　（漢）許慎撰（宋）徐鉉等校定　清光緒十一年(1885)平江洪氏刻本　四冊

330000－1795－0000013　小學 0009　經部/小學類/文字之屬/說文/傳說

說文解字十五卷標目一卷　（漢）許慎撰（宋）徐鉉等校定　清光緒七年(1881)淮南書局刻本　六冊

330000－1795－0000014　小學 0010　經部/小學類/文字之屬/說文/傳說

說文解字十五卷標目一卷　（漢）許慎撰（宋）徐鉉等校定　清初海虞毛氏汲古閣刻本　四冊

330000－1795－0000015　小學 0008　經部/小學類/文字之屬/說文/傳說

說文解字十五卷標目一卷　（漢）許慎撰（宋）徐鉉等校定　清乾隆三十八年(1773)大興朱筠椒華吟舫刻本　六冊

330000－1795－0000016　小學 0011　經部/小學類/文字之屬/說文/傳說

說文解字注十五卷附六書音韻表五卷汲古閣說文訂一卷　（清）段玉裁撰　**說文部目分韻一卷**　（清）陳煥編　清同治十一年(1872)湖北崇文書局刻本　二十三冊

330000－1795－0000017　經 0012　經部/小學類/文字之屬/說文/傳說

說文解字注十五卷附六書音韻表五卷　（清）段玉裁撰　**說文部目分韻一卷**　（清）陳煥編　清乾隆至嘉慶段氏經韻樓刻同治六年至十一年(1867－1872)蘇州保息局補刻本　十五冊　缺一卷（九）

330000－1795－0000018　小學 0035　經部/小學類/文字之屬/說文/專著

說文通訓定聲十八卷分部柬韻一卷說雅一卷古今韻準一卷　（清）朱駿聲撰　（清）朱鏡蓉參訂　**行述一卷**　朱孔彰撰　清刻本　四冊　存十一卷（四至五、十至十八）

330000－1795－0000019　　小學 0013　　經部/
小學類/文字之屬/說文/傳說

說文解字注十五卷附六書音韻表五卷　（清）
段玉裁撰　**說文部目分韻一卷**　（清）陳煥編
　清乾隆至嘉慶段氏經韻樓刻同治六年至十
一年(1867－1872)蘇州保息局補刻本　十四
冊　存十四卷(二至十五)

330000－1795－0000020　　小學 0014　　經部/
小學類/文字之屬/說文/傳說

**說文解字注十五卷附六書音韻表五卷汲古閣
說文訂一卷**　（清）段玉裁撰　**說文部目分韻
一卷**　（清）陳煥編　清同治十一年(1872)湖
北崇文書局刻本　十四冊　存十一卷(一至
十一)

330000－1795－0000021　　小學 0034　　經部/
小學類/文字之屬/說文/傳說

說文解字義證五十卷　（清）桂馥撰　清同治
九年(1870)湖北崇文書局刻本　三十二冊

330000－1795－0000023　　小學 0015　　經部/
小學類/文字之屬/說文/傳說

說文解字注十五卷附六書音韻表五卷　（清）
段玉裁撰　**說文通檢十四卷首一卷末一卷**
（清）黎永椿編　**說文解字注匡謬八卷**　（清）
徐承慶撰　清光緒十四年(1888)上海蜚英館
石印本　五冊

330000－1795－0000024　　小學 0018　　經部/
小學類/文字之屬/說文/傳說

**說文解字注十五卷附六書音韻表五卷汲古閣
說文訂一卷**　（清）段玉裁撰　**說文部目分韻
一卷**　（清）陳煥編　清同治十一年(1872)湖
北崇文書局刻本　十六冊

330000－1795－0000025　　小學 0017　　經部/
小學類/文字之屬/說文/傳說

說文解字注十五卷附六書音韻表五卷　（清）
段玉裁撰　**說文部目分韻一卷**　（清）陳煥編
　清乾隆至嘉慶段氏經韻樓刻同治六年至十
一年（1867－1872）蘇州保息局補刻本　十
六冊

330000－1795－0000026　　經 0029　　經部/小

學類/文字之屬/說文/傳說

說文提要一卷　（清）陳建侯撰　清光緒元年
(1875)崇文書局刻本　一冊

330000－1795－0000027　　小學 0036　　經部/
小學類/文字之屬/說文/專著

**說文通訓定聲十八卷分部柬韻一卷說雅一卷
古今韻準一卷**　（清）朱駿聲撰　（清）朱鏡蓉
參訂　**行述一卷**　朱孔彰撰　清光緒十三年
(1887)上海積山書局石印本　四冊　存八卷
(四至九、柬韻、韻準)

330000－1795－0000029　　小學 0037　　經部/
小學類/文字之屬/說文/專著

**說文通訓定聲十八卷分部柬韻一卷說雅一卷
古今韻準一卷**　（清）朱駿聲撰　（清）朱鏡蓉
參訂　**行述一卷**　朱孔彰撰　清光緒十三年
(1887)上海積山書局石印本　七冊　存十九
卷(一至十八、柬韻)

330000－1795－0000031　　小學 0025　　經部/
小學類/文字之屬/說文/專著

說文辨字正俗八卷　（清）李富孫撰　清嘉慶
二十一年(1816)校經廎刻本　一冊

330000－1795－0000034　　小學 0024　　經部/
小學類/文字之屬/說文/專著

說文通檢十四卷首一卷末一卷　（清）黎永椿
撰　清末廣州富文齋刻本　二冊

330000－1795－0000035　　經 0026　　類叢部/
叢書類/彙編之屬

金峨山館叢書(望三益齋叢書)十一種　（清）
郭傳璞編　清光緒八年至十六年（1882－
1890)鄞郭氏刻二十年(1894)鎮海邵氏彙印
本　一冊

330000－1795－0000036　　小學 0020　　經部/
小學類/文字之屬/說文/專著

說文新附攷六卷續攷一卷　（清）鈕樹玉撰
清嘉慶六年(1801)非石居刻同治七年(1868)
碧螺山館補刻本　二冊

330000－1795－0000037　　小學 0039　　經部/
小學類/文字之屬/說文/專著

說文通訓定聲十八卷分部柬韻一卷說雅一卷古今韻準一卷　（清）朱駿聲撰　（清）朱鏡蓉參訂　行述一卷　朱孔彰撰　清道光二十九年（1849）刻咸豐元年（1851）朱孔彰臨嘯閣補刻本　二十四冊

330000－1795－0000038　小學0021　經部/小學類/文字之屬/說文/專著

說文新附攷六卷續攷一卷　（清）鈕樹玉撰　清同治十三年（1874）湖北崇文書局刻本　二冊

330000－1795－0000039　小學0042　經部/小學類/文字之屬/說文/傳說

段氏說文注訂八卷　（清）鈕樹玉撰　清道光三年（1823）吳縣鈕樹玉非石居刻同治五年（1866）碧螺山館補刻本　二冊

330000－1795－0000040　小學0040　經部/小學類/文字之屬/說文/專著

說文通訓定聲十八卷分部柬韻一卷說雅一卷古今韻準一卷　（清）朱駿聲撰　（清）朱鏡蓉參訂　行述一卷　朱孔彰撰　清光緒十三年（1887）上海積山書局石印本　八冊

330000－1795－0000041　小學0043　經部/小學類/文字之屬/說文/傳說

段氏說文注訂八卷　（清）鈕樹玉撰　清道光三年（1823）吳縣鈕樹玉非石居刻同治五年（1866）碧螺山館補刻本　四冊

330000－1795－0000042　經0019　經部/小學類/文字之屬/說文/專著

說文新附攷六卷續攷一卷　（清）鈕樹玉撰　清同治十三年（1874）湖北崇文書局刻本　三冊　存四卷（一至三、六）

330000－1795－0000043　小學0041　經部/小學類/文字之屬/說文/專著

說文通訓定聲十八卷分部柬韻一卷說雅一卷古今韻準一卷　（清）朱駿聲撰　（清）朱鏡蓉參訂　行述一卷　朱孔彰撰　清道光二十九年（1849）刻咸豐元年（1851）朱孔彰臨嘯閣補刻本　二十冊

330000－1795－0000044　小學0060　經部/小學類/文字之屬/字書/字體

六書通十卷首一卷附百體福壽全圖　（清）閔齊伋撰　（清）畢弘述篆訂　清光緒十九年（1893）上海校經山房石印本　四冊　存九卷（首，一至四、七至十）

330000－1795－0000045　小學0046　經部/小學類/文字之屬/字書/字典

復古編二卷　（宋）張有撰　復古編校正一卷（清）葛鳴陽撰　復古編附錄一卷　（清）葛鳴陽輯　清乾隆四十六年（1781）葛鳴陽刻本　四冊

330000－1795－0000046　小學0047　經部/小學類/文字之屬/字書/字典

字學便覽八卷首一卷　（清）關坤陽撰　清咸豐九年（1859）蛟川陳華鋪忠義堂刻本　一冊

330000－1795－0000047　小學0048　經部/小學類/文字之屬/字書/字典

字學便覽八卷首一卷　（清）關坤陽撰　清咸豐九年（1859）蛟川陳華鋪忠義堂刻本　八冊

330000－1795－0000049　小學0061　經部/小學類/文字之屬/字書/字體

六書通十卷　（清）閔齊伋撰　（清）畢弘述篆訂　清刻本　八冊

330000－1795－0000051　小學0063　經部/小學類/訓詁之屬/字詁

增訂金壺字攷一卷附古體假借字一卷　（宋）釋適之撰　（清）郝在田增訂　清同治十三年（1874）京都琉璃廠東龍雲齋刻本　一冊

330000－1795－0000052　小學0062　經部/小學類/訓詁之屬/字詁

增訂金壺字考十九卷二集二十一卷補錄一卷補註一卷　（宋）釋適之編　（清）田朝恆續編　清乾隆二十四年至二十七年（1759－1762）貽安堂刻本　四冊

330000－1795－0000053　經0053　經部/小學類/文字之屬/字書/字典

攷正玉堂字彙四卷　（清）知足子編　清光緒

十二年(1886)鉛印本　四冊

330000－1795－0000054　小學 0064　經部/
小學類/文字之屬/字書/字典

字彙十二卷首一卷末一卷　(明)梅膺祚撰
清乾隆四十三年(1778)金閶寶翰樓刻本　十
四冊

330000－1795－0000055　小學 0070　經部/
小學類/音韻之屬/注音

類音八卷　(清)潘耒撰　清康熙五十一年
(1712)吳江潘氏遂初堂刻本　四冊

330000－1795－0000056　小學 0071　經部/
小學類/音韻之屬/古今韻說

切字肆考一卷古韻發明一卷　(清)張畊撰
清道光六年(1826)芸心堂刻本　一冊

330000－1795－0000058　小學 0065　經部/
小學類/文字之屬/字書/通論

字學舉隅不分卷　(清)黃本驥　(清)龍啟瑞
撰　清光緒十三年(1887)上海鴻文書局石印
本　一冊

330000－1795－0000059　小學 0072　經部/
小學類/文字之屬/字書/訓蒙

增註三千字文一卷　(清)補拙居士編　清光
緒二十一年(1895)寧郡大酉山房刻本　一冊

330000－1795－0000060　小學 0073　經部/
小學類/文字之屬/字書/訓蒙

繪圖三千字文一卷　(清)補拙居士撰　(清)
姜嶽注　清光緒三十三年(1907)上海鏡海樓
石印本　一冊

330000－1795－0000061　小學 0066　經部/
小學類/文字之屬/字書/通論

字學舉隅不分卷　(清)黃本驥　(清)龍啟瑞
撰　清道光三十年(1850)鏡水園刻本　一冊

330000－1795－0000062　小學 0067　經部/
小學類/文字之屬/字書/通論

字學舉隅不分卷　(清)黃本驥　(清)龍啟瑞
撰　清末石印本　一冊

330000－1795－0000064　小學 0074　經部/

小學類/文字之屬/字書/訓蒙

四體千字文一卷　(清)張楷等書　清刻本
一冊

330000－1795－0000065　小學 0075　經部/
小學類/文字之屬/字書/訓蒙

四體千字文一卷　(清)張楷等書　清刻本
一冊

330000－1795－0000066　小學 0076　經部/
小學類/文字之屬/字書/訓蒙

繪圖四千字文一卷　(清)□□編　清光緒三
十一年(1905)紹興奎照樓石印本　一冊

330000－1795－0000067　小學 0077　經部/
小學類/文字之屬/字書/訓蒙

繪圖五千字文一卷　(清)宋鶴齡增補　清石
印本　一冊

330000－1795－0000069　小學 0078　經部/
小學類/文字之屬/字書/訓蒙

繪圖增註華英五千字文一卷　(清)補拙居士
撰　(清)姜嶽注　清光緒三十二年(1906)石
印本　一冊

330000－1795－0000072　小學 0087　類叢
部/叢書類/彙編之屬

武英殿聚珍版書一百三十八種　清光緒二十
五年(1899)廣雅書局刻本　二冊　存一種

330000－1795－0000073　小學 0068　經部/
小學類/文字之屬/字書/通論

字學舉隅不分卷　(清)黃本驥　(清)龍啟瑞
撰　清光緒刻本　一冊

330000－1795－0000074　小學 0083　類叢
部/叢書類/彙編之屬

廣雅書局叢書一百五十九種　徐紹棨編　清
光緒廣雅書局刻民國九年(1920)番禺徐紹棨
彙編重印本　六冊　存一種

330000－1795－0000075　經 0082　經部/小
學類

小學答問不分卷　章炳麟撰　清宣統元年
(1909)刻本　一冊

寧波市奉化區文物保護管理所等六家收藏單位、舟山市圖書館等二家收藏單位古籍普查登記目錄

330000－1795－0000076　　小學 0069　　經部/
小學類/訓詁之屬/字詁

班馬字類二卷　（宋）婁機撰　清康熙揚州馬
氏叢書樓刻本　一冊

330000－1795－0000078　　家 0179　　史部/傳
記類/總傳之屬/家乘

[浙江奉化]晦溪單氏宗譜四卷　（清）竺時醇
　（清）單修竹編纂　清同治十一年(1872)木
活字印本　一冊

330000－1795－0000079　　小學 0088　　經部/
叢編

古經解彙函十六種附小學彙函十四種　（清）
鍾謙鈞等輯　清光緒十五年(1889)湘南書局
刻本　一冊　存古經解彙函一種

330000－1795－0000080　　小學 0089　　類叢
部/叢書類/彙編之屬

廣雅書局叢書一百五十九種　徐紹棨編　清
光緒廣雅書局刻民國九年(1920)番禺徐紹棨
彙編重印本　四冊　存一種

330000－1795－0000081　　小學 0091　　經部/
小學類/文字之屬/字書/字體

**字林古今正俗異同通攷四卷附六書辨異二卷
補遺一卷**　（清）湯容焆輯　清嘉慶三年
(1798)刻本　三冊

330000－1795－0000082　　小學 0090　　經部/
小學類/文字之屬/字書/字體

**字林古今正俗異同通攷四卷附六書辨異二卷
補遺一卷**　（清）湯容焆輯　清嘉慶三年
(1798)刻本　三冊　缺一卷(補遺)

330000－1795－0000083　　小學 0056　　經部/
小學類/文字之屬/字書/字典

攷正玉堂字彙四卷　（清）知足子編　清光緒
十四年(1888)上海圖書印書局鉛印本　二冊

330000－1795－0000086　　小學 0092　　子部/
藝術類/書畫之屬/法帖

草字彙十二卷　（清）石梁輯　清存古齋石印
本　六冊

330000－1795－0000087　　小學 0125　　經部/
小學類/訓詁之屬/爾雅

爾雅正義二十卷　（清）邵晉涵撰　**爾雅釋文
三卷**　（唐）陸德明撰　清乾隆五十三年
(1788)邵氏面水層軒刻本　八冊　缺三卷
(爾雅釋文一至三)

330000－1795－0000088　　小學 0103　　經部/
小學類

小學類編六種附三種合五十九卷　（清）李祖
望編　清咸豐至光緒江都李氏半畝園刻本
八冊　存六種附一種

330000－1795－0000089　　小學 0126　　經部/
小學類/訓詁之屬/爾雅

爾雅正義二十卷　（清）邵晉涵撰　**爾雅釋文
三卷**　（唐）陸德明撰　清乾隆五十三年
(1788)邵氏面水層軒刻本　八冊　缺三卷
(爾雅釋文一至三)

330000－1795－0000090　　小學 0127　　經部/
小學類/訓詁之屬/爾雅

爾雅正義二十卷　（清）邵晉涵撰　**爾雅釋文
三卷**　（唐）陸德明撰　清乾隆五十三年
(1788)邵氏面水層軒刻本　八冊　缺三卷
(爾雅釋文一至三)

330000－1795－0000091　　小學 0128　　經部/
小學類/訓詁之屬/爾雅

爾雅正義二十卷　（清）邵晉涵撰　**爾雅釋文
三卷**　（唐）陸德明撰　清乾隆五十三年
(1788)邵氏面水層軒刻本　八冊　缺三卷
(爾雅釋文一至三)

330000－1795－0000092　　小學 0122　　經部/
小學類/訓詁之屬/爾雅

爾雅正義二十卷　（清）邵晉涵撰　**爾雅釋文
三卷**　（唐）陸德明撰　清乾隆五十三年
(1788)邵氏面水層軒刻本　八冊

330000－1795－0000093　　小學 0123　　經部/
小學類/訓詁之屬/爾雅

爾雅正義二十卷　（清）邵晉涵撰　**爾雅釋文
三卷**　（唐）陸德明撰　清乾隆五十三年
(1788)邵氏面水層軒刻本　八冊

330000－1795－0000095　小學 0104　經部/群經總義類/文字音義之屬

十三經集字摹本四卷　（清）彭玉雯撰　清道光二十九年（1849）彭玉雯刻本　八冊

330000－1795－0000101　小學 0105　經部/叢編

澤存堂五種　（清）張士俊輯　清光緒十四年（1888）上海蜚英館石印本　八冊

330000－1795－0000103　叢 0017　經部/叢編

皇清經解續編一千四百三十卷　王先謙輯　清刻本　七十五冊　存三百七十八卷（二百六十四至三百八十五、四百八十至七百三十五）

330000－1795－0000104　小學 0252　類叢部/類書類/通類之屬

典滙十二卷　（清）藜青閣主人輯　清光緒十二年（1886）上海點石齋石印本　五冊　存十卷（一至二、五至十二）

330000－1795－0000105　小學 0107　類叢部/叢書類/彙編之屬

邵武徐氏叢書二十三種　（清）徐榦編　清光緒邵武徐氏刻本　一冊　存一種

330000－1795－0000106　小學 0108　經部/小學類/訓詁之屬/群雅

別雅五卷　（清）吳玉搢撰　清乾隆刻本　五冊

330000－1795－0000107　小學 0109　經部/小學類/訓詁之屬/群雅

拾雅六卷　（清）夏味堂撰　清嘉慶二十四年（1819）夏氏遂園刻本　二冊

330000－1795－0000108　小學 0110　經部/小學類/訓詁之屬/群雅

埤雅二十卷　（宋）陸佃撰　清康熙刻本　四冊

330000－1795－0000109　小學 0111　經部/小學類/訓詁之屬/群雅

廣雅疏證十卷附博雅音十卷　（清）王念孫撰

清光緒五年（1879）淮南書局刻本　八冊

330000－1795－0000110　小學 0112　經部/小學類/訓詁之屬/爾雅

爾雅郭注義疏二十卷　（清）郝懿行撰　清光緒十四年（1888）湖北官書處刻本　七冊

330000－1795－0000111　小學 0113　類叢部/叢書類/彙編之屬

廣漢魏叢書九十六種　（明）何允中編　清嘉慶刻本　一冊　存一種

330000－1795－0000112　小學 0114　經部/叢編

十三經古注二百九十卷　（明）葛鼐　（明）金蟠校　明崇禎十二年（1639）金蟠刻清同治八年（1869）浙江書局重修本　三冊　存一種

330000－1795－0000113　小學 0115　經部/小學類/訓詁之屬/爾雅

爾雅直音二卷　（清）孫侸輯　清刻本　一冊　存一卷（上）

330000－1795－0000114　小學 0116　經部/小學類/訓詁之屬/爾雅

爾雅郭註補正九卷　（清）戴鍪撰　清乾隆五十二年（1787）刻本　三冊

330000－1795－0000117　小學 0129　經部/小學類/音韻之屬/韻書

詩韻合璧五卷　（清）湯祥瑟輯　清咸豐九年（1859）刻本　四冊　存四卷（二至五）

330000－1795－0000119　小學 0131　經部/小學類/音韻之屬/韻書

詩韻合璧五卷　（清）湯祥瑟輯　**虛字韻藪一卷**　（清）潘維城輯　清上洋公興書局鉛印本　一冊　缺一卷（虛字韻藪）

330000－1795－0000120　小學 0132　經部/小學類/音韻之屬/韻書

詩韻合璧五卷　（清）湯祥瑟輯　清咸豐九年（1859）刻本　二冊

330000－1795－0000123　小學 0119　經部/小學類/訓詁之屬/爾雅

寧波市奉化區文物保護管理所等六家收藏單位、舟山市圖書館等二家收藏單位古籍普查登記目錄

爾雅註疏十一卷　（晉）郭璞註　（宋）邢昺疏
清嘉慶七年（1802）刻本　四冊

330000－1795－0000124　小學 0134　經部/
小學類/音韻之屬/韻書

詩韻合璧五卷　（清）湯祥瑟輯　**虛字韻藪一
卷**　（清）潘維城輯　清上洋公興書局鉛印本
二冊　缺一卷(虛字韻藪)

330000－1795－0000130　小學 0141　經部/
小學類/音韻之屬/韻書

漁古軒詩韻五卷　（清）余照撰　（清）朱德蕃
增訂　清刻本　一冊　存三卷(三至五)

330000－1795－0000131　小學 0145　經部/
小學類/音韻之屬/韻書

初學檢韻袖珍十二卷附檢字一卷佩文詩韻一
卷　（清）姚文登輯　清刻本　一冊　存三卷
(十至十二)

330000－1795－0000132　小學 0146　經部/
小學類/音韻之屬/韻書

初學檢韻袖珍十二卷附檢字一卷佩文詩韻一
卷　（清）姚文登輯　清刻本　二冊　存六卷
(四至七、十一至十二)

330000－1795－0000134　小學 0155　經部/
小學類/音韻之屬/韻書

佩文廣韻匯編五卷　（清）李元祺輯　清道光
十年（1830）半塽艸堂刻本　二冊

330000－1795－0000136　小學 0159　經部/
小學類/音韻之屬/韻書

佩文詩韻釋要五卷　（清）周兆基輯　清宣統
三年（1911）商務印書館影印本　一冊

330000－1795－0000137　小學 0162　經部/
小學類/音韻之屬/韻書

詩韻珠璣五卷附錄一卷　（清）余照撰　清刻
本　二冊　存二卷(三至四)

330000－1795－0000138　小學 0163　經部/
小學類/音韻之屬/韻書

詩韻珠璣五卷附錄一卷　（清）余照撰　清刻
本　四冊　存五卷(一、三至五,附錄)

330000－1795－0000139　小學 0160　經部/
小學類/音韻之屬/韻書

佩文詩韻釋要五卷　（清）周兆基輯　清宣統
三年（1911）商務印書館影印本　二冊

330000－1795－0000140　小學 0161　經部/
小學類/音韻之屬/韻書

佩文詩韻釋要五卷　（清）周兆基輯　清光緒
十八年（1892）浙江書局刻本　一冊

330000－1795－0000141　小學 0165　經部/
小學類/音韻之屬/韻書

音韻正訛四卷　（明）孫耀輯　清掃葉山房刻
本　二冊

330000－1795－0000142　小學 0166　類叢
部/類書類/專類之屬

新刊校正增補圓機詩韻活法全書十四卷
（明）李衡輯　清文盛堂刻本　一冊　存二卷
(一至二)

330000－1795－0000143　小學 0167　經部/
小學類/音韻之屬/韻書

柴氏古韻通八卷正音切韻復古編一卷　（清）
柴紹炳撰　清乾隆四十一年（1776）刻本
八冊

330000－1795－0000144　叢 0016　經部/
叢編

皇清經解續編一千四百三十卷　王先謙輯
清刻本　九十五冊　存三百五十五卷(二百
六十五至六百十九)

330000－1795－0000145　小學 0177　經部/
小學類/文字之屬/字書/字典

康熙字典十二集三十六卷總目一卷檢字一卷
辨似一卷等韻一卷補遺一卷備考一卷　（清）
張玉書等纂修　清刻本　五冊　存七卷(午
集上、寅集上中下,總目,檢字,辨似)

330000－1795－0000148　子 0383　子部/宗
教類/佛教之屬/經

金光明最勝王經十卷　（唐）釋義淨譯　清刻
本　一冊　存四卷(七至十)

330000－1795－0000153　小學 0157　經部/

小學類/音韻之屬/韻書

集韻十卷 （宋）丁度等撰 清康熙四十五年（1706）揚州使院刻嘉慶十九年（1814）桐城方葆巖補刻本 十冊

330000－1795－0000154 小學 0158 經部/小學類/音韻之屬/韻書

古今韻會舉要三十卷 （元）黃公紹撰 （元）熊忠舉要 清光緒九年（1883）淮南書局刻本 十冊

330000－1795－0000155 小學 0219 經部/小學類/音韻之屬/韻書

顧氏音學五書三十八卷 （清）顧炎武輯 清光緒十六年（1890）思賢講舍刻本 十二冊

330000－1795－0000156 小學 0218 經部/小學類/音韻之屬/古今韻說

音學五書 （清）顧炎武撰 清光緒十一年（1885）四明觀稼樓刻本 十二冊

330000－1795－0000157 小學 0143 類叢部/叢書類/自著之屬

北江全集七種 （清）洪亮吉撰 清乾隆至嘉慶刻彙印本 一冊 存一種

330000－1795－0000158 小學 0156 經部/小學類/音韻之屬/韻書

音韻闡微十八卷韻譜一卷 （清）李光地等撰 清光緒七年（1881）淮南書局刻本 五冊

330000－1795－0000159 小學 0144 經部/小學類/音韻之屬/古今韻說

古韻發明不分卷 （清）張畊撰 清道光張畊堂刻本 三冊

330000－1795－0000160 小學 0142 經部/小學類/音韻之屬/韻書

聲韻一卷 清抄本 一冊

330000－1795－0000161 史 0010 史部/地理類/方志之屬/郡縣志

[光緒]奉化縣志四十卷首一卷 （清）李前泮修 張美翊等纂 清光緒三十四年（1908）刻本 十二冊

330000－1795－0000162 小學 0172 經部/小學類/文字之屬/字書/字典

康熙字典十二集三十六卷總目一卷檢字一卷辨似一卷等韻一卷補遺一卷備考一卷 （清）張玉書等纂修 清刻本 三十九冊 缺三卷（總目、檢字、辨似）

330000－1795－0000163 小學 0192 經部/小學類/文字之屬/字書/字典

康熙字典十二集三十六卷總目一卷檢字一卷辨似一卷等韻一卷補遺一卷備考一卷 （清）張玉書等纂修 清刻本 二十四冊 存十八卷（子集上中下、丑集中、寅集下、卯集上、午集上中、未集上、申集中、戌集上下，總目，檢字，辨似，等韻，補遺，備考）

330000－1795－0000164 小學 0188 經部/小學類/文字之屬/字書/字典

康熙字典十二集三十六卷總目一卷檢字一卷辨似一卷等韻一卷補遺一卷備考一卷 （清）張玉書等纂修 清光緒二十年（1894）上海點石齋石印本 三冊 存二十二卷（子集上中下、丑集上中下、未集上中下、申集上中下、酉集上中下、戌集上中下，總目，檢字，辨似，等韻）

330000－1795－0000165 小學 0200 經部/小學類/文字之屬/字書/字典

康熙字典十二集三十六卷總目一卷檢字一卷辨似一卷等韻一卷補遺一卷備考一卷 （清）張玉書等纂修 清宣統元年（1909）章福記石書局印本 六冊

330000－1795－0000166 小學 0189 經部/小學類/文字之屬/字書/字典

康熙字典十二集三十六卷總目一卷檢字一卷辨似一卷等韻一卷補遺一卷備考一卷 （清）張玉書等纂修 清末石印本 四冊 存二十三卷（寅集上中下、卯集上中下、辰集上中下、未集上中下、申集上中下、酉集上中下、戌集上中下，補遺，備考）

330000－1795－0000168 小學 0183 經部/小學類/文字之屬/字書/字典

康熙字典十二集三十六卷總目一卷檢字一卷辨似一卷等韻一卷補遺一卷備考一卷 （清）張玉書等纂修 清刻本 九冊 存九卷（子集中下、丑集下、卯集中、巳集中下、申集上中下）

330000-1795-0000169 小學 0187 經部/小學類/文字之屬/字書/字典

康熙字典十二集三十六卷總目一卷檢字一卷辨似一卷等韻一卷補遺一卷備考一卷 （清）張玉書等纂修 清刻本 六冊 存六卷（卯集中、申集上、戌集上中下、亥集中）

330000-1795-0000170 小學 0204 經部/小學類/文字之屬/字書/字典

康熙字典十二集三十六卷總目一卷檢字一卷辨似一卷等韻一卷補遺一卷備考一卷 （清）張玉書等纂修 清道光七年（1827）刻本 六冊 存六卷（卯集上中下、辰集中下、巳集中）

330000-1795-0000171 小學 0203 經部/小學類/文字之屬/字書/字典

康熙字典十二集三十六卷總目一卷檢字一卷辨似一卷等韻一卷補遺一卷備考一卷 （清）張玉書等纂修 清刻本 二十冊 存二十卷（子集上中、寅集上中、卯集中、辰集上中、巳集中、午集上、未集上、申集下、酉上下、戌集上中、亥集上中下、補遺,備考）

330000-1795-0000175 小學 0185 經部/小學類/文字之屬/字書/字典

康熙字典十二集三十六卷總目一卷檢字一卷辨似一卷等韻一卷補遺一卷備考一卷 （清）張玉書等纂修 清道光七年（1827）刻本 九冊 存九卷（寅集下、卯集中、午集上、未集中下、申集上、戌集中下,補遺）

330000-1795-0000176 小學 0179 經部/小學類/文字之屬/字書/字典

康熙字典十二集三十六卷總目一卷檢字一卷辨似一卷等韻一卷補遺一卷備考一卷 （清）張玉書等纂修 清道光七年（1827）刻本 三十七冊 缺三卷（丑集中、寅集中、酉集中）

330000-1795-0000177 小學 0178 經部/

小學類/文字之屬/字書/字典

康熙字典十二集三十六卷總目一卷檢字一卷辨似一卷等韻一卷補遺一卷備考一卷 （清）張玉書等纂修 清道光七年（1827）刻本 三十八冊 缺三卷（卯集下、未集中、申集中）

330000-1795-0000178 小學 0173 經部/小學類/文字之屬/字書/字典

康熙字典十二集三十六卷總目一卷檢字一卷辨似一卷等韻一卷補遺一卷備考一卷 （清）張玉書等纂修 清道光七年（1827）刻本 三十五冊 缺二卷（卯集下、亥集上）

330000-1795-0000179 小學 0184 經部/小學類/文字之屬/字書/字典

康熙字典十二集三十六卷總目一卷檢字一卷辨似一卷等韻一卷補遺一卷備考一卷 （清）張玉書等纂修 清刻本 九冊 存九卷（子集上中下、寅集上下、卯集下、巳集中、戌集下,補遺）

330000-1795-0000180 小學 0170 經部/小學類/文字之屬/字書/字典

康熙字典十二集三十六卷總目一卷檢字一卷辨似一卷等韻一卷補遺一卷備考一卷 （清）張玉書等纂修 清刻本 四十冊

330000-1795-0000181 小學 0044 經部/小學類/文字之屬/說文/專著

苗氏說文四種 （清）苗夔撰 清道光至咸豐壽陽祁氏漢專亭刻本 一冊 存一種

330000-1795-0000182 小學 0193 經部/小學類/文字之屬/字書/字典

康熙字典十二集三十六卷總目一卷檢字一卷辨似一卷等韻一卷補遺一卷備考一卷 （清）張玉書等纂修 清末上海商務印書館石印本 六冊

330000-1795-0000183 小學 0045 經部/群經總義類/文字音義之屬

經籍籑詁一百六卷補遺一百六卷首一卷 （清）阮元撰 清刻本 一冊 存一卷（一百）

330000-1795-0000185 小學 0198 經部/

小學類/文字之屬/字書/字典

康熙字典十二集三十六卷總目一卷檢字一卷辨似一卷等韻一卷補遺一卷備考一卷 （清）張玉書等纂修　清宣統元年(1909)上海久敬齋石印本　一冊　存九卷(寅集上中下、卯集上中下、辰集上中下)

330000－1795－0000186　小學 0055　經部/小學類/文字之屬/字書/字典

字彙四集 （清）陳淏子撰　清咸豐六年(1856)奎光堂刻本　三冊　存三卷(一至三)

330000－1795－0000187　小學 0182　經部/小學類/文字之屬/字書/字典

康熙字典十二集三十六卷總目一卷檢字一卷辨似一卷等韻一卷補遺一卷備考一卷 （清）張玉書等纂修　清刻本　一冊　存一卷(西集上)

330000－1795－0000188　小學 0038　經部/小學類/文字之屬/說文/專著

說文通訓定聲十八卷分部柬韻一卷說雅一卷古今韻準一卷 （清）朱駿聲撰　（清）朱鏡蓉參訂　**行述一卷** 朱孔彰撰　清石印本　三冊　存九卷(十至十八)

330000－1795－0000189　小學 0195　經部/小學類/文字之屬/字書/字典

康熙字典十二集三十六卷總目一卷檢字一卷辨似一卷等韻一卷補遺一卷備考一卷 （清）張玉書等纂修　清刻本　一冊　存一卷(備考)

330000－1795－0000190　小學 0190　經部/小學類/文字之屬/字書/字典

康熙字典十二集三十六卷總目一卷檢字一卷辨似一卷等韻一卷補遺一卷備考一卷 （清）張玉書等纂修　清道光七年(1827)刻本　十七冊　存十七卷(丑集下、辰集上中下、午集上中、未集上下、申集上中下、酉集上、戌集上中,等韻,補遺,備考)

330000－1795－0000191　小學 0194　經部/小學類/文字之屬/字書/字典

康熙字典十二集三十六卷總目一卷檢字一卷

辨似一卷等韻一卷補遺一卷備考一卷 （清）張玉書等纂修　清宣統三年(1911)上海商務印書館石印本　三冊　存二十二卷(子集上中下、丑集上中下、巳集上中下、午集上中下、未集上中下、申集上中下,總目,檢字,辨似,等韻)

330000－1795－0000192　史 0003　史部/編年類/通代之屬

資治通鑑二百九十四卷目錄三十卷 （宋）司馬光撰　（元）胡三省音注　**續資治通鑑二百二十卷** （清）畢沅撰　清光緒十四年(1888)上海蜚英館石印本　三十三冊　存二百七十一卷(一至一百八十八、一百九十七至二百四十八、二百五十六至二百七十八、二百八十七至二百九十四)

330000－1795－0000193　小學 0196　經部/小學類/文字之屬/字書/字典

康熙字典十二集三十六卷總目一卷檢字一卷辨似一卷等韻一卷補遺一卷備考一卷 （清）張玉書等纂修　清末上海商務印書館石印本　二冊　存十五卷(子集上中下、丑集上中下、未集上中下、申集上中下,總目,檢字,等韻)

330000－1795－0000194　小學 0217　經部/小學類/音韻之屬/韻書

增註字類標韻六卷 （清）華綱撰　（清）范多珏重訂　清光緒刻本　一冊　存三卷(一至三)

330000－1795－0000196　小學 0257　經部/小學類/音韻之屬/韻書

增註字類標韻六卷 （清）華綱撰　（清）范多珏重訂　清光緒三年(1877)浙寧簡香齋刻本　一冊　存三卷(四至六)

330000－1795－0000197　小學 0222　類叢部/類書類/專類之屬

詩學含英十四卷 （清）劉文蔚輯　清靈蘭堂刻本　一冊　存四卷(一至四)

330000－1795－0000198　小學 0225　經部/小學類/文字之屬/字書/字體

鐘鼎字源五卷附錄一卷　（清)汪立名撰　清
光緒二年至五年(1876－1879)洞庭秦氏麟慶
堂刻本　三冊

330000－1795－0000199　小學 0223　類叢
部/類書類/專類之屬

分韻詩賦題解統編一百六卷　（清)鴻文主人
輯　清寶善書局石印本　一冊　存二十五卷
（六十至八十四)

330000－1795－0000200　小學 0224　經部/
小學類/音韻之屬/韻書

分韻字彙撮要□□卷　（清)溫儀鳳編輯　清
刻本　一冊　存一卷(三)

330000－1795－0000201　小學 0176　經部/
小學類/文字之屬/字書/字典

康熙字典十二集三十六卷總目一卷檢字一卷
辨似一卷等韻一卷補遺一卷備考一卷　（清)
張玉書等纂修　清光緒三十一年(1905)上海
久敬齋石印本　二冊　存十五卷(子集上中
下、丑集上中下、酉集上中下、戌集上中下,總
目,檢字,等韻)

330000－1795－0000202　小學 0256　集部/
總集類/課藝之屬

增補詩句題解彙編二十二卷　（清)陳劍芝
（清)葉湘秋　（清)顧芷卿編　（清)朱春舫
增輯　（清)汪元芳鑒定　清刻本　一冊　存
二卷(十六至十七)

330000－1795－0000203　小學 0202　經部/
小學類/文字之屬/字書/字典

康熙字典十二集三十六卷總目一卷檢字一卷
辨似一卷等韻一卷補遺一卷備考一卷　（清)
張玉書等纂修　清宣統元年(1909)上海久敬
齋石印本　一冊

330000－1795－0000205　易 0001　經部/易
類/傳說之屬

易經大全會解四卷　（清)來爾繩輯　（清)朱
采治　（清)朱之澄編訂　（清)來學謙重訂
清光緒五年(1879)刻本　三冊

330000－1795－0000206　易 0030　類叢部/

叢書類/彙編之屬

武英殿聚珍版書一百三十八種　清刻本　七
冊　存一種

330000－1795－0000207　易 0031　經部/易
類/傳說之屬

易確二十卷首一卷　（清)許桂林撰　清道光
十五年(1835)江寧劉文奎局刻本　四冊　存
二十卷(一至二十)

330000－1795－0000208　易 0002　經部/易
類/圖說之屬

寄傲山房塾課纂輯易經備旨七卷易經圖案一
卷　（清)鄒聖脉纂輯　（清)鄒廷猷編次　清
刻本　二冊　存五卷(三至七)

330000－1795－0000209　易 0003　經部/易
類/傳說之屬

御纂周易折中二十二卷首一卷　（清)李光地
等纂　清光緒二十年(1894)石印本　二冊

330000－1795－0000210　易 0004　經部/易
類/傳說之屬

御纂周易折中二十二卷首一卷　（清)李光地
等纂　清石印本　一冊　存四卷(十七至二
十)

330000－1795－0000211　易 0005　經部/
叢編

五經精義　（清)黃淦撰　清嘉慶九年(1804)
刻本　二冊　存一種

330000－1795－0000212　易 0006　經部/群
經總義類/傳說之屬

七經精義　（清)黃淦撰　清道光二十年
(1840)書種堂刻本　二冊　存一種

330000－1795－0000213　易 0007　經部/
叢編

十一經初學讀本　（清)萬廷蘭校刊　清光緒
二年(1876)刻本　一冊　存一種

330000－1795－0000214　易 0008　經部/易
類/傳說之屬

誠齋易傳二十卷　（宋)楊萬里撰　清道光十
一年(1831)慈溪葉元墀鶴麓山房刻本　五冊

存十八卷(一至十四、十七至二十)

330000－1795－0000215　易 0032　經部/
叢編

五經揭要二十九卷　（清）許寶善編　清乾隆
五十三年(1788)刻本　二冊　存一種

330000－1795－0000217　易 0033　經部/易
類/傳說之屬

周易揭要三卷　（清）周蕙田撰　清刻本
一冊

330000－1795－0000220　易 0034　經部/
叢編

五經纂註二十卷　（明）李廷機編　明末刻本
二冊　存一種

330000－1795－0000221　易 0013　經部/易
類/傳說之屬

周易傳義大全二十四卷　（明）胡廣等纂修
（明）陳仁錫校正　**易經彙徵二十四卷首一卷**
（明）劉庚撰　清刻本　二冊　存十卷(周
易傳義大全一至五,易經彙徵四至七、二十
二)

330000－1795－0000222　易 0035　經部/易
類/傳說之屬

周易本義四卷附圖說一卷卦歌一卷筮儀一卷
（宋）朱熹撰　清清溪李氏涿州衙刻本
二冊

330000－1795－0000223　易 0014　子部/術
數類/占卜之屬

斷易大全四卷　（清）余興國編輯　清刻本
一冊　存二卷(三至四)

330000－1795－0000224　易 0015　經部/易
類/專著之屬

學易五種十四卷　（清）王甌撰　清道光二年
(1822)刻本　三冊

330000－1795－0000225　易 0019　經部/易
類/圖說之屬

易原圖說一卷　（清）趙振芳撰　清刻本
一冊

330000－1795－0000226　易 0020　經部/
叢編

石齋先生經傳九種　（明）黃道周撰　清康熙
三十二年(1693)晉安鄭肇刻道光二十八年
(1848)長洲彭蘊章補刻印本　六冊　存一種

330000－1795－0000227　易 0036　經部/易
類/古易之屬

古周易訂詁十六卷附易說　（明）何楷撰　清
乾隆十六年(1751)荊園余氏刻本　八冊

330000－1795－0000228　易 0021　經部/易
類/傳說之屬

新鐫增補周易備旨一見能解六卷　（清）黃淳
耀撰　（清）嚴而寬增補　（清）壽國　（清）
蔣先庚參補　清大文堂刻本　一冊

330000－1795－0000229　易 0022　經部/易
類/傳說之屬

新鐫增補周易備旨一見能解六卷　（清）黃淳
耀撰　（清）嚴而寬增補　（清）壽國　（清）
蔣先庚參補　清三讓堂刻本　一冊

330000－1795－0000230　易 0037　經部/易
類/傳說之屬

周易述四十卷　（清）惠棟集注並疏　清乾隆
二十五年(1760)德州盧見曾雅雨堂刻本(卷
八、二十一至四十原缺)　八冊

330000－1795－0000231　易 0038　經部/易
類/傳說之屬

易義隨記八卷　（清）夏宗瀾記　清雍正十年
(1732)刻本　三冊

330000－1795－0000232　易 0039　經部/
叢編

石齋先生經傳九種　（明）黃道周撰　清康熙
三十二年(1693)晉安鄭肇刻本　六冊　存
一種

330000－1795－0000234　易 0024　經部/易
類/傳說之屬

周易函書四種　（清）胡煦撰　清乾隆至嘉慶
胡季堂刻本　三冊　存一種

330000－1795－0000235　易 0025　經部/

叢編

漢魏二十一家易注三十三卷 （清）孫堂輯
清嘉慶四年(1799)平湖孫堂映雪草堂刻本
八冊

330000 – 1795 – 0000236　經 0007　經部/
叢編

通志堂經解一百四十種一千八百六十卷
（清）納蘭成德輯　清康熙十九年(1680)通志
堂刻本　三百六十八冊　存一百十六種

330000 – 1795 – 0000240　易 0016　經部/易
類/傳說之屬

周易述解辨義四卷 （清）葛世揚輯　清刻本
二冊

330000 – 1795 – 0000241　子 0386　子部/宗
教類/佛教之屬/經疏

妙法蓮華經玄義節要二卷 （隋）釋智顗撰
（明）釋智旭節要　清刻本　一冊　存一卷
（上）

330000 – 1795 – 0000242　易 0040　類叢部/
叢書類/自著之屬

紀慎齋先生全集十二種續集七種 （清）紀大
奎撰　清嘉慶十三年(1808)刻本　一冊　存
一種

330000 – 1795 – 0000243　易 0041　類叢部/
叢書類/彙編之屬

武英殿聚珍版書一百三十八種 清刻本　一
冊　存一種

330000 – 1795 – 0000248　易 0018　經部/易
類/傳說之屬

易或十卷 （清）徐在漢撰　（清）趙振芳參
清刻本　十冊

330000 – 1795 – 0000249　易 0056　經部/易
類/傳說之屬

易經文捷訣一卷 （清）□□輯　清光緒二年
(1876)古五岳軒刻本　一冊

330000 – 1795 – 0000250　易 0055　經部/
叢編

五經旁訓辨體合訂 （清）徐立綱輯　清懋德

堂刻本　一冊　存一種

330000 – 1795 – 0000251　易 0054　經部/
叢編

十三經古注二百九十卷 （明）葛鼐　（明）金
蟠校　明崇禎十二年(1639)金蟠刻清同治八
年(1869)浙江書局重修本　三冊　存一種

330000 – 1795 – 0000252　書 0001　經部/書
類/傳說之屬

書經揭要六卷 （清）周蕙田輯錄　（清）許寶
善閱定　（清）杜綱糸訂　清乾隆五十三年
(1788)自怡軒刻本　二冊

330000 – 1795 – 0000253　書 0002　經部/書
類/傳說之屬

書經補註六卷 （宋）蔡沈註　（清）姜兆錫糸
義　清寅青樓刻本　二冊

330000 – 1795 – 0000254　易 0053　經部/易
類/傳說之屬

周易本義四卷附圖說一卷卦歌一卷筮儀一卷
（宋）朱熹撰　清同治十一年(1872)刻本
一冊　存一卷(一)

330000 – 1795 – 0000255　易 0052　經部/易
類/傳說之屬

易經增訂旁訓三卷 （清）徐立綱撰　清刻本
一冊

330000 – 1795 – 0000256　易 0051　經部/易
類/傳說之屬

易經增訂旁訓三卷 （清）徐立綱撰　清刻本
一冊

330000 – 1795 – 0000257　易 0050　經部/易
類/傳說之屬

御纂周易折中二十二卷首一卷 （清）李光地
等纂　清石印本　二冊　存四卷(十九至二
十二)

330000 – 1795 – 0000258　易 0049　經部/易
類/傳說之屬

周易述四十卷 （清）惠棟集注並疏　清乾隆
二十五年(1760)德州盧見曾雅雨堂刻本(卷
八、二十一至四十原缺)　六冊

330000－1795－0000259　　易 0048　　經部/易類/傳說之屬

易經精華六卷首一卷末一卷　（清）薛嘉穎撰　清道光元年（1821）光霽堂刻本（卷首原缺）二冊　存三卷（一至二、四）

330000－1795－0000260　　易 0047　　經部/叢編

十三經讀本一百五十二卷　（清）□□編　清同治金陵書局刻本　三冊　存一種

330000－1795－0000261　　書 0003　　經部/書類/傳說之屬

書經揭要六卷　（清）周蕙田輯錄　（清）許寶善閱定　（清）杜綱糸訂　清刻本　一冊

330000－1795－0000262　　史 0125　　史部/地理類/外紀之屬

日本國志四十卷首一卷　（清）黃遵憲輯　清光緒二十四年（1898）浙江書局刻本　九冊缺四卷（九至十二）

330000－1795－0000263　　集 0067　　集部/別集類/清別集

南谿偶刊三種　（清）鄭性撰　清乾隆七年（1742）刻本　四冊

330000－1795－0000264　　書 0004　　經部/書類/分篇之屬

禹貢古今合註五卷圖一卷　（明）夏允彝撰　明末刻本　三冊

330000－1795－0000265　　叢 0030　　類叢部/叢書類/自著之屬

李竹嬾先生說部全書八種　（明）李日華撰　明天啟至崇禎刻本　十冊

330000－1795－0000266　　書 0020　　經部/書類/傳說之屬

書經集傳六卷　（宋）蔡沈撰　清刻本　四冊

330000－1795－0000267　　書 0005　　經部/叢編

石齋先生經傳九種　（明）黃道周撰　清康熙三十二年（1693）晉安鄭肇刻本　三冊　存一種

330000－1795－0000268　　書 0019　　經部/書類/傳說之屬

書經集傳六卷　（宋）蔡沈撰　清刻本　四冊

330000－1795－0000269　　書 0006　　經部/書類/傳說之屬

書經集傳六卷　（宋）蔡沈撰　清同治五年（1866）望三益齊刻本　六冊

330000－1795－0000271　　書 0007　　經部/書類/傳說之屬

書經集傳六卷　（宋）蔡沈撰　清刻本　四冊

330000－1795－0000272　　書 0008　　經部/書類/傳說之屬

書經體註大全合參六卷　（宋）蔡沈集傳　（清）錢希祥輯注　**書經集傳六卷**　（宋）蔡沈集傳　清文德堂刻本　四冊

330000－1795－0000273　　書 0009　　經部/書類/傳說之屬

書經集傳六卷首一卷末一卷　（宋）蔡沈撰　清同治七年（1868）金陵書局刻本　四冊

330000－1795－0000274　　書 0018　　經部/書類/分篇之屬

禹貢錐指二十卷略例一卷圖一卷　（清）胡渭撰　清康熙漱六軒刻本　六冊　存十一卷（一至十、圖）

330000－1795－0000276　　書 0011　　經部/書類/傳說之屬

欽定書經傳說彙纂二十一卷首二卷書序一卷　（清）王頊齡等纂　清同治七年（1868）馬新貽、李瀚章刻本　十二冊

330000－1795－0000277　　書 0024　　經部/書類/傳說之屬

書經體註大全合參六卷　（宋）蔡沈集傳　（清）錢希祥輯注　**書經集傳六卷**　（宋）蔡沈集傳　清光緒五年（1879）刻本　四冊

330000－1795－0000279　　書 0012　　經部/書類/傳說之屬

書經二十卷　（漢）孔安國傳　清永懷堂刻本　一冊　存七卷（十四至二十）

330000－1795－0000280　書0013　經部/書
類/傳說之屬

尚書體註約解合紊六卷　（清）洪佐聖　（清）
洪輔聖　（清）洪翼聖撰　（清）洪正治等編
清刻本　一冊　存一卷(一)

330000－1795－0000281　書0014　經部/書
類/傳說之屬

書經體註大全合參六卷　（宋）蔡沈集傳
（清）錢希祥輯注　**書經集傳六卷**　（宋）蔡沈
集傳　清刻本　一冊　存一卷(四)

330000－1795－0000282　書0025　經部/書
類/傳說之屬

寄傲山房塾課纂輯書經備旨蔡傳捷祿七卷
(清)鄒聖脉纂輯　（清）鄒廷猷編次　清刻本
三冊

330000－1795－0000283　書0015　經部/書
類/傳說之屬

書經旁訓辨體合訂□□卷　（清）徐立綱輯
清聚珍堂刻本　一冊　存二卷(三至四)

330000－1795－0000286　書0027　經部/書
類/傳說之屬

書經二十卷　（漢）孔安國傳　清永懷堂刻本
三冊

330000－1795－0000287　書0028　經部/書
類/傳說之屬

尚書考異六卷　（明）梅鷟撰　清光緒十八年
(1892)浙江書局刻本　四冊

330000－1795－0000288　書0016　經部/書
類/傳說之屬

書經精華六卷　（清）薛嘉穎撰　清道光七年
(1827)姑蘇會文堂刻本　四冊

330000－1795－0000289　書0017　經部/書
類/傳說之屬

尚書離句六卷　（清）錢在培輯解　清刻本
一冊　存三卷(四至六)

330000－1795－0000291　書0029　經部/書
類/傳說之屬

尚書大傳四卷　（漢）鄭玄注　**尚書大傳補遺**

一卷　（清）盧見曾撰　**尚書大傳考異一卷續
補遺一卷**　（清）盧文弨撰　清嘉慶五年
(1800)愛日艸盧刻本　一冊

330000－1795－0000292　詩0002　經部/
叢編

倣宋相臺五經九十七卷附考證　清乾隆四十
八年(1783)武英殿刻本　十冊　存一種

330000－1795－0000293　書0030　經部/書
類/傳說之屬

書經集傳六卷　（宋）蔡沈撰　清刻本　一冊
存二卷(二至三)

330000－1795－0000294　書0031　經部/書
類/分篇之屬

禹貢會箋十二卷圖一卷山水总目一卷　（清）
徐文靖撰　（清）趙弁訂　清同治十三年
(1874)慈溪何氏常惺惺齋刻本　一冊　存五
卷(一至五)

330000－1795－0000295　詩0003　經部/詩
類/傳說之屬

欽定詩經傳說彙纂二十一卷首二卷詩序二卷
　（清）聖祖玄燁定　（清）王鴻緒　（清）揆
敘總裁　清同治七年(1868)馬新貽刻本　十
三冊　存二十一卷(首一至二,三、五至十八、
二十、二十一,詩序一至二)

330000－1795－0000296　書0032　經部/書
類/傳說之屬

書經精義四卷首一卷末一卷　（清）黃淦纂
清嘉慶九年(1804)刻本　二冊

330000－1795－0000297　書0033　經部/書
類/傳說之屬

書經旁訓辨體合訂□□卷　（清）徐立綱輯
清聚珍堂刻本　一冊　存二卷(三至四)

330000－1795－0000298　書0034　經部/書
類/傳說之屬

尚書句解六卷　（清）錢在培輯解　清光緒二
十六年(1900)棣華齋刻本　二冊

330000－1795－0000299　書0035　經部/書
類/傳說之屬

書經增訂旁訓四卷　（清）徐立綱撰　清咸豐二年(1852)寧郡汲綆齋刻本　一冊　存二卷（一至二）

330000－1795－0000300　書 0036　經部/書類/傳說之屬

書經精義四卷首一卷末一卷　（清）黃淦纂　清刻本　一冊　存二卷（四、末）

330000－1795－0000301　書 0037　經部/書類/傳說之屬

書經精華六卷　（清）薛嘉穎撰　清掃葉山房刻本　三冊　存五卷（二至六）

330000－1795－0000302　詩 0004　經部/小學類/文字之屬/說文/專著

苗氏說文四種　（清）苗夔撰　清道光至咸豐壽陽祁氏漢專亭刻本　二冊　存二種

330000－1795－0000303　書 0039　經部/書類/傳說之屬

書經精華六卷　（清）薛嘉穎撰　清刻本　二冊　存四卷（三至六）

330000－1795－0000304　詩 0005　經部/詩類/傳說之屬

欽定詩經傳說彙纂二十一卷首二卷詩序二卷　（清）聖祖玄燁定　（清）王鴻緒　（清）揆敘總裁　清刻本　十九冊　存二十卷（首一至二，一、三至十、十二至十七、二十、詩序一至二）

330000－1795－0000305　詩 0010　經部/叢編

五經揭要二十九卷　（清）許寶善編　清刻本　二冊　存一種

330000－1795－0000306　詩 0006　經部/詩類/傳說之屬

欽定詩經傳說彙纂二十一卷首二卷詩序二卷　（清）聖祖玄燁定　（清）王鴻緒　（清）揆敘總裁　清同治七年(1868)馬新貽刻本　十六冊

330000－1795－0000307　詩 0009　經部/詩類/傳說之屬

詩經揭要四卷　（清）周蕙田撰　清乾隆五十四年(1789)自怡軒刻本　三冊

330000－1795－0000308　詩 0011　經部/詩類/傳說之屬

嚴氏詩緝補義八卷　（清）劉燦編　清嘉慶十六年(1811)鎮海劉氏墨莊刻本　三冊　存六卷（一至二、五至八）

330000－1795－0000309　詩 0008　集部/總集類/氏族之屬

侯官陳氏遺書二十種　（清）陳壽祺　（清）陳喬樅撰　清嘉慶至同治三山陳氏刻光緒八年(1882)彙印本　八冊　存一種

330000－1795－0000310　詩 0007　經部/詩類/傳說之屬

欽定詩經傳說彙纂二十一卷首二卷詩序二卷　（清）聖祖玄燁定　（清）王鴻緒　（清）揆敘總裁　清雍正五年(1727)刻本　二十冊

330000－1795－0000311　詩 0012　經部/詩類/傳說之屬

詩緝三十六卷　（宋）嚴粲撰　清嘉慶十五年(1810)谿上聽彝堂刻本　十二冊

330000－1795－0000312　詩 0026　經部/叢編

重刊宋本十三經注疏四百十六卷附十三經注疏校勘記四百十六卷　（清）阮元撰　（清）盧宣旬摘錄　校勘記識語四卷　（清）汪文臺撰　清同治十二年(1873)江西書局刻本　二十四冊　存一種

330000－1795－0000313　詩 0027　經部/詩類/傳說之屬

詩經集傳八卷　（宋）朱熹撰　清同治五年(1866)金陵書局鉛印本　四冊

330000－1795－0000314　詩 0028　經部/詩類/詩序之屬

詩序廣義二十四卷　（清）姜炳璋撰　清嘉慶二十年(1815)姜人寬尊行堂刻本　十二冊

330000－1795－0000315　詩 0029　經部/詩類/傳說之屬

詩義記講四卷　（清）楊文定講授　（清）夏宗瀾記　清刻本　一冊

330000－1795－0000316　詩 0030　類叢部/叢書類/彙編之屬

半厂叢書初編十種　（清）譚獻編　清同治至光緒仁和譚氏刻本　一冊　存一種

330000－1795－0000317　詩 0031　經部/叢編

詩經提綱一卷周禮提綱一卷　（清）姜炳璋撰　清同治九年（1870）經訓書屋刻本　一冊　存一卷（周禮提綱）

330000－1795－0000318　詩 0018　經部/詩類/傳說之屬

詩經集傳八卷　（宋）朱熹撰　清光緒三年（1877）上洋文正堂刻本　四冊

330000－1795－0000319　詩 0019　經部/詩類/傳說之屬

欽定詩經傳說彙纂二十一卷首二卷詩序二卷　（清）聖祖玄燁定　（清）王鴻緒　（清）揆敘總裁　清同治七年（1868）馬新貽刻本　十六冊

330000－1795－0000320　詩 0034　經部/詩類/傳說之屬

毛詩稽古編三十卷　（清）陳啟源撰　（清）龐佑清校　清光緒九年（1883）上海同文書局石印本　八冊

330000－1795－0000321　詩 0013　經部/叢編

五經體注大全五種三十二卷　（清）嚴氏家塾主人輯　清光緒五年（1879）慈水古草堂刻本　四冊　存一種

330000－1795－0000322　詩 0035　類叢部/叢書類/彙編之屬

武英殿聚珍版書一百三十八種　清乾隆浙江刻本　一冊　存一種

330000－1795－0000323　詩 0032　經部/詩類/傳說之屬

陳氏毛詩五種本　（清）陳奐撰　清道光至咸豐陳氏掃葉山莊刻本　十六冊　存一種

330000－1795－0000324　詩 0033　經部/詩類/傳說之屬

詩益二十卷　（清）劉始興集補　清刻本　八冊

330000－1795－0000325　詩 0014　經部/叢編

五經體注大全五種三十二卷　（清）嚴氏家塾主人輯　清光緒元年（1875）石印本　四冊　存一種

330000－1795－0000326　詩 0015　經部/詩類/傳說之屬

詩經精義四卷首一卷末一卷　（清）黃淦撰　清嘉慶七年（1802）刻本　二冊

330000－1795－0000328　詩 0022　經部/詩類/傳說之屬

詩經音註辨正八卷　（清）□□撰　清汲綆齋刻本　二冊　存五卷（四至八）

330000－1795－0000329　詩 0023　經部/詩類/傳說之屬

詩經集傳八卷　（宋）朱熹撰　清寧郡簡香齋刻本　八冊　存四卷（一至四）

330000－1795－0000330　詩 0017　經部/叢編

詩經提綱一卷周禮提綱一卷　（清）姜炳璋撰　清同治九年（1870）經訓書屋刻本　一冊　存一卷（詩經提綱）

330000－1795－0000331　詩 0024　子部/儒家類/儒學之屬/蒙學

便蒙詩經正文□□卷　（清）□□撰　清四明三元堂刻本　一冊　存一卷（一）

330000－1795－0000335　詩 0052　經部/詩類/傳說之屬

詩經精華十卷　（清）薛嘉穎輯　清道光五年（1825）光霽堂刻本　一冊　存二卷（三至四）

330000－1795－0000336　詩 0044　經部/詩類/傳說之屬

詩經二十卷　（漢）毛亨傳　（漢）鄭玄箋　清永懷堂刻本　一冊　存五卷（十六至二十）

330000－1795－0000337　詩 0053　經部/詩類/傳說之屬

詩經集傳八卷　（宋）朱熹撰　清同治十三年（1874）埽葉山房刻本　一冊　存一卷（一）

330000－1795－0000338　詩 0054　經部/叢編

五經體注大全五種三十二卷　（清）嚴氏家塾主人輯　清學者堂刻本　一冊　存一種

330000－1795－0000339　詩 0055　經部/詩類/傳說之屬

詩經集傳八卷詩序辨說一卷　（宋）朱熹撰　清刻本　一冊　存一卷（序辨）

330000－1795－0000340　詩 0045　經部/叢編

監本五經便蒙五種　（清）□□撰　清三味堂刻本　一冊　存一種

330000－1795－0000341　詩 0046　經部/詩類/傳說之屬

詩經音註辨正八卷　（清）□□撰　清汲綆齋刻本　三冊　存六卷（三至八）

330000－1795－0000342　詩 0036　經部/詩類/傳說之屬

初刻黃維章先生詩經娜嬛體註八卷　（明）黃文煥輯　（清）范翔重訂　詩經集傳八卷（宋）朱熹撰　清杭城聚文堂刻本　四冊

330000－1795－0000344　詩 0038　經部/詩類/傳說之屬

詩經集傳八卷　（宋）朱熹撰　清慎詒堂刻本　二冊　存三卷（三至五）

330000－1795－0000345　詩 0039　經部/叢編

五經體注大全五種三十二卷　（清）嚴氏家塾主人輯　清學者堂刻本　二冊　存一種

330000－1795－0000346　詩 0040　經部/詩類/傳說之屬

詩說滙五卷　（清）張象魏輯　清刻本　二冊　存二卷（四至五）

330000－1795－0000347　周禮 0005　經部/周禮類/傳說之屬

周禮精義六卷首一卷　（清）黃淦撰　清嘉慶十二年（1807）刻本　清王墉跋　二冊

330000－1795－0000348　詩 0047　經部/詩類/傳說之屬

初刻黃維章先生詩經娜嬛體註八卷　（明）黃文煥輯　（清）范翔重訂　詩經集傳八卷（宋）朱熹撰　清杭城聚文堂刻本　二冊

330000－1795－0000350　詩 0042　經部/詩類/傳說之屬

讀詩質疑三十一卷首十五卷末一卷　（清）嚴虞惇撰　（清）嚴有禧輯　清刻本　十冊

330000－1795－0000351　詩 0020　經部/詩類/傳說之屬

御案詩經備旨八卷　（清）鄒聖脉纂輯　（清）鄒廷猷編次　清刻本　一冊　存三卷（六至八）

330000－1795－0000352　詩 0049　經部/詩類/傳說之屬

詩經二十卷　（漢）毛亨傳　（漢）鄭玄箋　清永懷堂刻本　三冊

330000－1795－0000353　詩 0048　經部/詩類/傳說之屬

詩經集傳八卷　（宋）朱熹撰　清清溪李氏涿州衙刻本　四冊

330000－1795－0000355　詩 0051　經部/叢編

監本五經便蒙五種　（清）□□撰　清蔾照樓刻本　一冊　存一種

330000－1795－0000356　子 0387　子部/宗教類/佛教之屬/經咒

慈悲金剛懺儀三卷　清末刻本　一冊

330000－1795－0000357　禮 0021　經部/禮記類/傳說之屬

欽定禮記義疏八十二卷首一卷　（清）聖祖玄燁撰　清刻本　四十二冊

330000－1795－0000358　四書0161　經部/四書類/論語之屬/專著

鄉黨圖考十卷　（清）江永撰　清道光五年(1825)文元堂刻本　一冊　存三卷(一至三)

330000－1795－0000359　禮0019　經部/周禮類/傳說之屬

周禮精華六卷　（清）陳龍標輯　清刻本　五冊　存五卷(二至六)

330000－1795－0000360　禮0030　經部/大戴禮記類/傳說之屬

大戴禮記補注十三卷　（清）孔廣森撰　清嘉慶五年(1800)刻本　四冊

330000－1795－0000361　禮0031　經部/禮記類/傳說之屬

禮記陳氏集說十卷　（元）陳澔撰　清同治五年(1866)金陵書局刻本　十冊

330000－1795－0000362　禮0020　經部/禮記類/傳說之屬

禮記三十六卷　（漢）鄭玄注　（清）王闓運箋　清光緒二十六年(1900)成都呂翼文刻本　七冊　存二十三卷(一、三至四、八至十六、二十二至三十二)

330000－1795－0000363　禮0032　經部/儀禮類/傳說之屬

儀禮章句十七卷　（清）吳廷華撰　清乾隆二十二年(1757)東壁書莊刻本　五冊

330000－1795－0000364　禮0023　經部/禮記類/傳說之屬

禮記集說十卷　（元）陳澔撰　清刻本　十冊

330000－1795－0000365　禮0025　經部/禮記類/傳說之屬

禮記揭要六卷　（清）周薫田輯　清乾隆五十七年(1792)自怡軒刻本　六冊

330000－1795－0000366　禮0041　經部/禮記類/傳說之屬

禮記析疑四十八卷　（清）方苞撰　清刻本　八冊

330000－1795－0000367　禮0026　經部/禮記類/傳說之屬

禮記揭要六卷　（清）周薫田輯　清刻本　四冊

330000－1795－0000368　禮0027　經部/三禮總義類/通論之屬

三禮述註三種七十一卷　（清）李光坡撰　清乾隆八年至三十二年(1743－1767)清白堂刻本　八冊　存一種

330000－1795－0000369　禮0028　經部/叢編

倣宋相臺五經九十七卷附考證　清乾隆四十八年(1783)武英殿刻本　十冊　存一種

330000－1795－0000370　禮0029　經部/大戴禮記類/傳說之屬

大戴禮記十三卷　（漢）戴德撰　（北周）盧辯注　清刻本　二冊

330000－1795－0000371　禮0035　經部/三禮總義類/通禮雜禮之屬

五禮通考二百六十二卷首四卷總目二卷　（清）秦薫田撰　讀禮通考一百二十卷　（清）徐乾學撰　清刻本　十冊　存二十三卷(二百二十至二百四十二)

330000－1795－0000372　禮0042　經部/儀禮類/傳說之屬

儀禮析疑十七卷　（清）方苞撰　清刻本　六冊　存十三卷(一至十三)

330000－1795－0000374　禮0040　經部/周禮類/傳說之屬

周禮正義八十六卷　（清）孫詒讓撰　清光緒三十一年(1905)鉛印本　十八冊　存七十六卷(一至七十六)

330000－1795－0000375　禮0024　經部/儀禮類/傳說之屬

欽定儀禮義疏四十八卷首二卷　（清）朱軾等撰　清紫陽書院刻本　三十冊

330000 - 1795 - 0000376 禮 0043 經部/禮記類/分篇之屬

月令明義四卷 （明）黄道周輯 （清）鄭開極重訂 清康熙三十二年（1693）芥舟刻本 二冊

330000 - 1795 - 0000377 禮 0044 經部/儀禮類/傳說之屬

儀禮經注一隅二卷 （清）朱駿聲撰 清道光二十九年（1849）朱氏家塾刻本 一冊

330000 - 1795 - 0000378 禮 0045 經部/叢編

重刊宋本十三經注疏四百十六卷附十三經注疏校勘記四百十六卷 （清）阮元撰 （清）盧宣旬摘錄 **校勘記識語四卷** （清）汪文臺撰 清同治十二年（1873）江西書局刻本 十六冊 存一百卷（儀禮疏一至五十、儀禮疏校勘記一至五十）

330000 - 1795 - 0000379 禮 0075 經部/禮記類/傳說之屬

禮記四十九卷 （漢）鄭玄注 （明）金蟠校 清永懷堂刻本 八冊

330000 - 1795 - 0000380 叢編 0060 經部/叢編

重刊宋本十三經注疏四百十六卷附十三經注疏校勘記四百十六卷 （清）阮元撰 （清）盧宣旬摘錄 **校勘記識語四卷** （清）汪文臺撰 清嘉慶二十年（1815）南昌府學刻本 六冊 存一種

330000 - 1795 - 0000381 禮 0073 經部/周禮類/傳說之屬

周禮精華六卷 （清）陳龍標輯 清光趕堂刻本 五冊 存五卷（二至六）

330000 - 1795 - 0000382 禮 0068 經部/三禮總義類/通論之屬

三禮陳數求義三十卷 （清）林喬蔭撰 清嘉慶八年（1803）誦芬堂刻本 十六冊

330000 - 1795 - 0000383 禮 0078 經部/禮記類/傳說之屬

禮記集解六十一卷尚書顧命解一卷 （清）孫希旦撰 **敬軒先生行狀一卷** （清）孫衣言撰 清咸豐十年至同治七年（1860 - 1868）瑞安孫氏盤谷草堂刻本 十三冊 存五十二卷（一至十三、十七至十九、二十四至四十一、四十五至六十一，尚書顧命解）

330000 - 1795 - 0000384 禮 0081 經部/周禮類/傳說之屬

周禮六卷 （漢）鄭玄注 （唐）陸德明音義 清光緒八年（1882）錦江書局刻本 六冊

330000 - 1795 - 0000385 禮 0069 類叢部/叢書類/自著之屬

清芬樓（釣臺遺書）六種 （清）任啟運撰 清乾隆三十八年至嘉慶二十二年（1773 - 1817）刻本 十冊 存一種

330000 - 1795 - 0000386 禮 0084 經部/大戴禮記類/分篇之屬

夏小正通釋一卷 （清）梁章鉅撰 清光緒十三年（1887）浙江書局刻本 一冊

330000 - 1795 - 0000387 禮 0062 經部/儀禮類/傳說之屬

坊記集傳二卷 （明）黄道周輯 清刻本 一冊

330000 - 1795 - 0000388 禮 0077 類叢部/叢書類/彙編之屬

武英殿聚珍版書一百三十八種 清乾隆浙江刻本 一冊 存一種

330000 - 1795 - 0000389 禮 0080 經部/禮記類/正文之屬

禮記正文□□卷 （清）□□撰 清奎照樓刻本 一冊 存一卷（三）

330000 - 1795 - 0000390 禮 0067 經部/禮記類/傳說之屬

禮記集說十卷 （元）陳澔撰 清同治十三年（1874）湖南書局刻本 十冊

330000 - 1795 - 0000391 禮 0059 經部/三禮總義類/通論之屬

三禮述註三種七十一卷 （清）李光坡撰 清

乾隆八年至三十二年(1743－1767)清白堂刻本　十二冊　存一種

330000－1795－0000392　禮0060　經部/三禮總義類/通論之屬

三禮述註三種七十一卷　（清）李光坡撰　清乾隆八年(1743)清白堂刻本　八冊　存二十四卷(周禮述註一至二十四)

330000－1795－0000393　禮0086　經部/叢編

十三經古注二百九十卷　（明）葛鼐　（明）金蟠校　明崇禎十二年(1639)金蟠刻清同治八年(1869)浙江書局重修本　一冊　存一種

330000－1795－0000394　禮0039　經部/禮記類/分篇之屬

儒行集傳二卷　（清）黃道周輯　清刻本　一冊　存一卷(上)

330000－1795－0000395　禮0038　經部/周禮類/分篇之屬

考工記車制圖解二卷　（清）阮元撰　清乾隆七錄書館刻本　一冊

330000－1795－0000396　禮0037　經部/周禮類/分篇之屬

考工記車制圖解二卷　（清）阮元撰　清乾隆七錄書館刻本　一冊

330000－1795－0000397　禮0066　經部/儀禮類/傳說之屬

欽定儀禮義疏四十八卷首二卷　（清）朱軾等撰　清刻本　十九冊　存二十三卷(十二至三十三、四十五)

330000－1795－0000398　集0396　集部/別集類/清別集

澤雅堂文集八卷　（清）施補華撰　清光緒十九年(1893)刻本　二冊

330000－1795－0000399　禮0053　經部/叢編

石齋先生經傳九種　（明）黃道周撰　清康熙三十二年(1693)晉安鄭肇刻道光二十八年(1848)長洲彭蘊章補刻印本　二冊　存二種

330000－1795－0000400　禮0074　經部/周禮類/傳說之屬

周官精義十二卷　（清）連斗山輯　清刻本　六冊

330000－1795－0000401　禮0072　經部/周禮類/傳說之屬

宋葉文康公禮經會元節本四卷　（宋）葉時撰　（清）陸隴其點定　（清）許元淮刪節並評　清乾隆五十四年(1789)桐柏山房刻本　四冊

330000－1795－0000402　集0030　集部/總集類/郡邑之屬

東甌先正文錄十二卷栝蒼先正文錄三卷補遺一卷　（明）陳遇春輯　清刻本　十冊　缺五卷(一至二、栝蒼先正文錄一至三)

330000－1795－0000403　禮0079　經部/三禮總義類/通禮雜禮之屬

四禮初稿四卷　（明）宋纁撰　清刻本　一冊

330000－1795－0000405　禮0052　經部/叢編

九經補注　（清）姜兆錫撰　清雍正至乾隆寅清樓刻本　十三冊　存一種

330000－1795－0000407　禮0082　經部/禮記類/傳說之屬

禮記恒解四十九卷　（清）劉沅輯註　清光緒三十一年(1905)豫誠堂刻本　十冊

330000－1795－0000408　禮0085　經部/禮記類/傳說之屬

禮記四十九卷　（漢）鄭玄注　（明）金蟠校　清永懷堂刻本　一冊　存三卷(六至八)

330000－1795－0000409　禮0058　經部/禮記類/傳說之屬

禮記集說十卷　（元）陳澔撰　清清溪李氏涿州衙刻本　十冊

330000－1795－0000410　禮0087　經部/三禮總義類/通論之屬

三禮類綜四卷　（清）黃暹撰　清乾隆五十二年(1787)懷澄書屋刻本　四冊

330000－1795－0000411　禮0061　經部/周禮類/傳說之屬

周禮六卷　（漢）鄭玄注　（唐）陸德明音義　清嘉慶十一年（1806）張青選清芬閣刻本　六冊

330000－1795－0000412　禮0088　經部/叢編

御纂七經　（清）李光地等撰　清同治六年至九年（1867－1870）浙江書局刻本　二十三冊　存一種

330000－1795－0000413　禮0063　經部/叢編

御纂七經　（清）李光地等撰　清同治十一年（1872）江西書局刻本　十九冊　存一種

330000－1795－0000414　禮0089　經部/叢編

御纂七經　（清）李光地等撰　清刻本　十六冊　存一種

330000－1795－0000415　禮0076　經部/周禮類/傳說之屬

周官經疏備要六卷首一卷　（清）顧大治編　清刻本　一冊　存二卷（三至四）

330000－1795－0000417　禮0056　類叢部/叢書類/自著之屬

抗希堂十六種　（清）方苞撰　清康熙至嘉慶刻彙印本　八冊　存一種

330000－1795－0000418　禮0055　經部/禮記類/分篇之屬

緇衣集傳四卷　（清）黃道周輯　（清）鄭開極重訂　清刻本　四冊

330000－1795－0000419　禮0057　經部/禮記類/傳說之屬

禮記省度四卷　（清）彭頤撰　清乾隆二十四年（1759）芸經堂刻朱墨套印本　四冊

330000－1795－0000420　禮0051　經部/叢編

九經補注　（清）姜兆錫撰　清雍正至乾隆寅清樓刻本　十六冊　存一種

330000－1795－0000421　禮0090　經部/三禮總義類/通禮雜禮之屬

禮書一百五十卷　（宋）陳祥道撰　清嘉慶九年（1804）福清韶溪郭龍光校經堂刻本　二十冊

330000－1795－0000422　禮0093　經部/儀禮類/傳說之屬

欽定儀禮義疏四十八卷首二卷　（清）朱軾等撰　清刻本　二十八冊

330000－1795－0000423　禮0107　經部/儀禮類/傳說之屬

儀禮十七卷　（漢）鄭玄注　（明）金蟠（明）葛鼐訂　清永懷堂刻本　四冊

330000－1795－0000424　禮0094　經部/禮記類/傳說之屬

禮記體註大全四卷　（清）范紫登撰　（清）曹士瑋纂輯　（清）徐旦參訂　清汲綆齋刻本　四冊

330000－1795－0000425　禮0106　經部/周禮類/傳說之屬

周禮四十二卷　（漢）鄭玄注　（唐）陸德明音義　清永懷堂刻本　四冊

330000－1795－0000426　禮0095　經部/叢編

御纂七經　（清）李光地等撰　清石印本　三冊　存一種

330000－1795－0000427　叢0099　經部/群經總義類/傳說之屬

七經精義　（清）黃淦撰　清嘉慶七年至十二年（1802－1807）尊德堂刻本　一冊　存一種

330000－1795－0000428　禮0101　經部/禮記類/傳說之屬

禮記便讀二卷　（清）王一清輯　清刻本　一冊

330000－1795－0000429　禮0051　經部/禮記類/傳說之屬

禮記增訂旁訓六卷　（清）徐立綱撰　清養正堂刻本　一冊　存一卷（六）

330000 – 1795 – 0000430　禮 0070　經部/禮記類/傳說之屬

禮記增訂旁訓六卷　（清）徐立綱撰　清三益齊刻本　一冊　存一卷（六）

330000 – 1795 – 0000431　禮 0104　經部/周禮類/傳說之屬

周禮便讀三卷　（清）王一清撰　清刻本　一冊

330000 – 1795 – 0000432　禮 0104　經部/周禮類/傳說之屬

周禮精華六卷　（清）陳龍標輯　清光韙堂刻本　一冊　存一卷（四）

330000 – 1795 – 0000433　禮 0103　經部/周禮類/傳說之屬

周禮節訓六卷　（清）黃叔琳輯　（清）姚培謙重訂　清書業德刻本　一冊　存三卷（四至六）

330000 – 1795 – 0000434　禮 0091　經部/禮記類/傳說之屬

禮記集說十卷　（元）陳澔撰　清康熙九年（1670）崇道堂刻本　二冊　存三卷（一至二、七）

330000 – 1795 – 0000435　禮 0097　經部/禮記類/傳說之屬

禮記集說十卷　（元）陳澔撰　清同治三年（1864）緯文堂刻本　十冊

330000 – 1795 – 0000436　禮 0098　經部/周禮類/傳說之屬

周禮精華六卷　（清）陳龍標輯　清書業德刻本　四冊　存四卷（二至五）

330000 – 1795 – 0000437　禮 0100　經部/禮記類/傳說之屬

禮記精義六卷首一卷　（清）黃淦撰　清刻本　二冊

330000 – 1795 – 0000438　禮 0102　經部/禮記類/傳說之屬

禮記省度四卷　（清）彭頤撰　清乾隆五十年（1785）莆田書屋刻朱墨套印本　四冊

330000 – 1795 – 0000439　禮 0096　類叢部/叢書類/彙編之屬

正誼堂全書六十三種續刻五種　（清）張伯行編　（清）楊浚重編　清同治五年（1866）福州正誼書院刻同治八年至光緒十三年（1869 – 1887）續刻本　一冊　存一種

330000 – 1795 – 0000440　禮 0064　經部/叢編

御纂七經　（清）李光地等撰　清康熙至乾隆內府刻本　三十二冊　存一種

330000 – 1795 – 0000441　史 0020　史部/地理類/方志之屬/郡縣志

[雍正]寧波府志三十六卷首一卷　（清）曹秉仁等修　（清）萬經等纂　清刻本　十六冊

330000 – 1795 – 0000442　禮 0034　經部/三禮總義類/通禮雜禮之屬

五禮通考二百六十二卷首四卷總目二卷（清）秦蕙田撰　**讀禮通考一百二十卷**　（清）徐乾學撰　清乾隆金匱秦蕙田味經窩刻本九十冊

330000 – 1795 – 0000443　禮 0036　經部/三禮總義類/通禮雜禮之屬

讀禮通考一百二十卷　（清）徐乾學撰　清康熙三十五年（1696）崑山徐氏刻本　三十冊

330000 – 1795 – 0000444　禮 0014　經部/儀禮類/傳說之屬

儀禮十七卷　（漢）鄭玄注　**附校錄一卷續校一卷**　（清）黃丕烈撰　清同治九年（1870）楚北崇文書局刻本　二冊

330000 – 1795 – 0000445　禮 0003　經部/叢編

御纂七經　（清）李光地等撰　清同治六年至九年（1867 – 1870）浙江書局刻本　二十三冊　存一種

330000 – 1795 – 0000446　叢 0083　類叢部/類書類/通類之屬

古今類書纂要增刪十二卷　（明）璩崑玉輯　明崇禎七年（1634）刻本　六冊

330000－1795－0000447　春秋 0009　經部/春秋左傳類/傳說之屬

春秋左傳(春秋左傳杜林詳註)五十卷　（晉）杜預　（宋）林堯叟補註　清刻本　十二冊

330000－1795－0000449　春秋 0008　經部/春秋總義類/傳說之屬

春秋屬辭辨例編六十卷首二卷　（清）張應昌撰　清咸豐五年(1855)刻本　二十七冊　存五十五卷(首一至二,一至三十六、四十一至五十七)

330000－1795－0000450　春秋 0010　經部/春秋左傳類/傳說之屬

左傳杜解補正三卷九經誤字一卷石經考一卷　（清）顧炎武撰　清石印本　一冊

330000－1795－0000451　春秋 0011　經部/春秋總義類/傳說之屬

春秋傳三十卷　（宋）胡安國撰　清清溪李氏涿州衙刻本　六冊

330000－1795－0000452　春秋 0012　經部/春秋總義類/傳說之屬

春秋直解十二卷　（清）方苞撰　清石印本　五冊　存十卷(三至十二)

330000－1795－0000453　春秋 0013　經部/春秋總義類/傳說之屬

春秋比事目錄四卷　（清）方苞撰　（清）王兆符　（清）程崟編錄　清刻本　二冊

330000－1795－0000454　春秋 0014　類叢部/叢書類/自著之屬

朱氏羣書六種　（清）朱駿聲撰　清刻本　一冊　存三種

330000－1795－0000456　春秋 0019　經部/春秋總義類/傳說之屬

春秋揭要二卷　（清）周薫田輯　清乾隆五十七年(1792)自怡軒刻本　一冊

330000－1795－0000457　春秋 0026　經部/春秋左傳類/傳說之屬

春秋左傳五十卷　（晉）杜預集解　（明）葛鼐訂　清永懷堂刻本　一冊　存三卷(四至六)

330000－1795－0000458　春秋 0001　經部/春秋總義類/傳說之屬

春秋三傳十六卷首一卷　（清）伊秉綬題　清嘉慶十年(1805)刻本　十冊

330000－1795－0000459　春秋 0002　經部/春秋左傳類/傳說之屬

左傳舊疏考正八卷　（清）劉文淇撰　清光緒三年(1877)湖北崇文書局刻本　四冊

330000－1795－0000460　春秋 0003　經部/春秋左傳類/傳說之屬

曲江書屋新訂批註左傳快讀十八卷首一卷　（清）李紹崧輯　清刻本　十六冊

330000－1795－0000462　春秋 0025　經部/春秋左傳類/傳說之屬

如酉所刻諸名家評點春秋綱目左傳句解彙雋六卷　（清）韓菼撰　清刻本　二冊

330000－1795－0000464　春秋 0027　經部/春秋左傳類/傳說之屬

春秋左傳五十卷　（晉）杜預註　（宋）林堯叟補註　（唐）陸德明音義　（明）鍾惺　（明）孫鑛　（明）韓范評點　清三餘堂刻本　一冊　存四卷(二十七至三十)

330000－1795－0000465　春秋 0029　經部/春秋總義類/傳說之屬

春秋旁訓欽遵御案四傳合訂四卷　清懋德堂刻本　一冊　存二卷(三至四)

330000－1795－0000466　春秋 0030　經部/春秋左傳類/傳說之屬

左氏節萃十卷　（清）凌璿玉撰　清刻本　一冊　存二卷(九至十)

330000－1795－0000467　春秋 0006　經部/春秋總義類/傳說之屬

春秋三傳揭要六卷　（清）周薫田輯　清刻本　二冊

330000－1795－0000468　春秋 0007　經部/春秋總義類/傳說之屬

欽定春秋傳說彙纂三十八卷首二卷　（清）王掞等撰　清康熙六十年(1721)武英殿刻本

三冊　存三卷(首一至二、一)

330000－1795－0000469　春秋 0005　經部/
春秋左傳類/傳說之屬

春秋大事表五十卷附錄一卷 （清）顧棟高輯
清乾隆萬卷樓刻本　二十四冊

330000－1795－0000470　春秋 0033　經部/
春秋總義類/傳說之屬

欽定春秋傳說彙纂三十八卷首二卷 （清）王
掞等撰　清康熙六十年(1721)武英殿刻本
二冊　存二卷(十四、十七)

330000－1795－0000471　春秋 0032　經部/
春秋總義類/傳說之屬

春秋通論四卷 （清）方苞撰　清刻本　二冊

330000－1795－0000472　春秋 0034　經部/
春秋總義類/傳說之屬

欽定春秋傳說彙纂三十八卷首二卷 （清）王
掞等撰　清同治九年(1870)浙江撫署刻本
二十冊

330000－1795－0000473　春秋 0038　經部/
春秋左傳類/傳說之屬

左繡三十卷首一卷 （清）馮李驊 （清）陸浩
評輯　清宣統上海會文堂石印本　三冊　存
十卷(五至八、十七至二十、二十九至三十)

330000－1795－0000474　春秋 0039　經部/
春秋左傳類/傳說之屬

**如西所刻諸名家評點春秋綱目左傳句解彙雋
六卷** （清）韓菼撰　清刻本　二冊　存二卷
(一、四)

330000－1795－0000475　春秋 0031　經部/
春秋總義類/傳說之屬

董子春秋繁露十七卷附錄一卷 （漢）董仲舒
撰　清刻本　二冊

330000－1795－0000476　春秋 0037　經部/
春秋左傳類/傳說之屬

春秋左傳(春秋左傳杜林合註)五十卷 （晉）
杜預 （宋）林堯叟補註　清紫學園刻本　三
冊　存十三卷(十二至十六、三十至三十三、
四十七至五十)

330000－1795－0000477　春秋 0035　經部/
春秋左傳類/傳說之屬

評點春秋綱目左傳句解彙雋六卷 （清）韓菼
撰　清令德堂刻本　四冊　存四卷(三至六)

330000－1795－0000478　春秋 0036　經部/
春秋左傳類/傳說之屬

春秋杜林左傳匯紮三十卷 （清）周正思合纂
清刻本　四冊　存十一卷(四至九、十五至
十九)

330000－1795－0000480　春秋 0050　經部/
春秋左傳類/傳說之屬

評點春秋綱目左傳句解彙雋六卷 （清）韓菼
撰　清令德堂刻本　一冊　存一卷(三)

330000－1795－0000481　春秋 0048　經部/
春秋總義類/專著之屬

春秋繁露十七卷 （漢）董仲舒撰　清刻本
一冊　存七卷(一至七)

330000－1795－0000482　春秋 0041　經部/
春秋總義類/傳說之屬

董子春秋繁露十七卷附錄一卷 （漢）董仲舒
撰　清光緒二十三年(1897)圖書集成局鉛印
本　一冊

330000－1795－0000483　孝經 0004　經部/
孝經類/傳說之屬

御註孝經一卷 （清）世祖福臨撰　清光緒三
十二年(1906)寧波江北岸鈞和石印本　一冊

330000－1795－0000486　孝經 0001　經部/
孝經類/傳說之屬

孝經一卷 （唐）玄宗李隆基注 （宋）司馬光
指解 （宋）范祖禹說　**孝經大義一卷** （元）
董鼎注　**孝經一卷** （元）吳澄學　**晦菴先生
所定古文孝經句解一卷** （宋）朱申註　清通
志堂刻本　一冊

330000－1795－0000487　四書 0004　經部/
四書類/總義之屬/傳說

四書集註十九卷 （宋）朱熹撰　清光緒三十
二年(1906)上海商務印書館鉛印本　六冊

330000－1795－0000488　春秋 0072　經部/

春秋左傳類/傳說之屬

評點春秋綱目左傳句解彙雋六卷　（清）韓菼撰　清末石印本　五冊　存五卷（二至六）

330000－1795－0000489　四書0033　經部/四書類/總義之屬/傳說

四書集註十九卷　（宋）朱熹撰　清同治十三年（1874）寧郡簡香齋刻本　六冊

330000－1795－0000490　四書0032　經部/四書類/總義之屬/傳說

四書摭餘說七卷　（清）曹之升撰　清刻本　四冊

330000－1795－0000491　春秋0070　經部/春秋左傳類/傳說之屬

春秋左傳五十卷　（晉）杜預註　（宋）林堯叟補註　（唐）陸德明音義　（明）鍾惺　（明）孫鑛　（明）韓范評點　清校經山房石印本　四冊　存二十五卷（八至十四、二十一至二十六、三十三至四十四）

330000－1795－0000492　四書0073　經部/四書類/總義之屬/傳說

四書朱子本義匯參四十三卷首四卷　（清）王步青輯　清敦復堂刻本　六冊　存十五卷（孟子一至十五）

330000－1795－0000493　四書0072　經部/四書類/總義之屬/傳說

駁呂留良四書講義八卷　（清）朱軾　（清）吳襄撰　清雍正刻本　六冊　存六卷（大學、中庸、上論一至二、下論、上孟）

330000－1795－0000494　四書0050　經部/四書類/總義之屬/傳說

四書體註合講十九卷　（清）翁復編　清末杜月樓刻本　五冊　存十七卷（論語一至十、孟子一至七）

330000－1795－0000495　四書0049　經部/四書類/總義之屬/傳說

四書體註合講十九卷　（清）翁復編　清酌雅齋刻本　六冊

330000－1795－0000496　四書0048　經部/

四書類/總義之屬/傳說

四書典故辨正二十卷附錄一卷　（清）周柄中撰　清道光文萃堂刻本　三冊　存八卷（十二至十四、十七至二十,附錄）

330000－1795－0000497　集0022　史部/史評類/史論之屬

刻歷朝捷祿大成二卷　（明）顧充撰　清刻本　四冊

330000－1795－0000498　春秋0066　經部/春秋左傳類/傳說之屬

春秋左傳（精校左傳杜林合註）五十卷　（晉）杜預　（宋）林堯叟註釋　（唐）陸德明音義　（明）鍾惺　（明）孫鑛　（明）韓范評點　清刻本　一冊　存四卷（二十七至三十）

330000－1795－0000499　春秋0069　經部/春秋穀梁傳類/傳說之屬

春秋穀梁傳二十卷　（晉）范甯集解　（明）金蟠訂　清永懷堂刻本　二冊　存十四卷（一至十四）

330000－1795－0000500　四書0046　經部/四書類/總義之屬/傳說

四書人物考四十卷　（明）薛應旂撰　清刻本　六冊

330000－1795－0000501　春秋0051　經部/春秋左傳類/傳說之屬

評點春秋綱目左傳句解彙雋六卷　（清）韓菼撰　清刻本　一冊　存一卷（六）

330000－1795－0000502　春秋0049　經部/春秋左傳類/傳說之屬

春秋左傳五十卷　（晉）杜預註　（宋）林堯叟補註　（唐）陸德明音義　（明）鍾惺　（明）孫鑛　（明）韓范評點　清末李光明家刻本　七冊　存三十一卷（四至八、十三至十六、二十五至四十六）

330000－1795－0000503　春秋0052　經部/春秋左傳類/傳說之屬

春秋左傳註疏六十卷　（晉）杜預注　（唐）陸德明音義　（唐）孔穎達疏　清同治十年

（1871）刻本　一冊　存二卷（二十七至二十八）

330000－1795－0000504　春秋 0053　經部/春秋左傳類/傳說之屬

曲江書屋新訂批註左傳快讀十八卷首一卷（清）李紹崧輯　清宣統元年（1909）上海書局石印本　十二冊

330000－1795－0000505　四書 0074　經部/四書類/總義之屬/傳說

四書朱子本義匯參四十三卷首四卷（清）王步青輯　清敦復堂刻本　一冊　存一卷（孟子三）

330000－1795－0000506　四書 0064　經部/四書類/孟子之屬/傳說

增補蘇批孟子二卷孟子年譜一卷（宋）蘇洵撰　（清）趙大浣增補　清刻朱墨套印本　一冊　存一卷（下孟一）

330000－1795－0000507　四書 0063　類叢部/類書類/專類之屬

四書典制類聯音註三十三卷（清）閻其淵輯　清刻本　一冊　存二卷（二十二至二十三）

330000－1795－0000508　四書 0062　經部/四書類/論語之屬/傳說

論語緒言二卷（清）張秉直撰　清道光十五年（1835）石印本　一冊

330000－1795－0000511　春秋 0059　經部/春秋左傳類/傳說之屬

春秋左傳三十卷（晉）杜預集解　（明）金蟠訂　清永懷堂刻本　九冊　存二十七卷（一至三、七至三十）

330000－1795－0000512　四書 0060　經部/四書類/總義之屬/傳說

四書考二十八卷考異一卷（明）陳仁錫撰　清刻本　二冊　存四卷（四至七）

330000－1795－0000513　四書 0059　經部/四書類/總義之屬/傳說

集虛齋四書口義十卷（清）方楘如撰　（清）于光華編　清乾隆五十八年（1793）刻本　三

冊　存四卷（一至二、五、七）

330000－1795－0000514　四書 0058　經部/四書類/總義之屬/傳說

四書典林三十卷四書古人典林十二卷（清）江永輯　清嘉慶七年（1802）博古堂刻本　一冊　存二卷（古人典林一至二）

330000－1795－0000515　春秋 0040　經部/春秋左傳類/傳說之屬

評點春秋綱目左傳句解彙雋六卷（清）韓菼撰　清令德堂刻本　二冊　存二卷（二、四）

330000－1795－0000516　四書 0057　經部/四書類/孟子之屬/傳說

載詠樓重鎸硃批孟子二卷（宋）蘇洵撰　清康熙三十三年（1694）刻朱墨套印本　二冊

330000－1795－0000517　四書 0056　經部/四書類/總義之屬/傳說

四書考彙刪六卷（清）臧廷鑑輯　清刻本　二冊　存四卷（三至六）

330000－1795－0000518　春秋 0062　經部/春秋左傳類/傳說之屬

太史張天如詳節春秋綱目句解左傳彙雋六卷（明）張溥重訂　（清）韓菼重編　清刻本　二冊　存二卷（二至三）

330000－1795－0000521　春秋 0064　經部/春秋公羊傳類/傳說之屬

春秋公羊傳十二卷（漢）何休注　（明）閔齊伋裁注　**春秋公羊傳攷一卷**（明）閔齊伋撰　清尺木堂刻本　二冊

330000－1795－0000522　春秋 0061　經部/春秋公羊傳類/傳說之屬

春秋公羊註疏二十八卷（漢）何休注　（唐）陸德明音義　（唐）徐彥疏　清刻本　一冊　存三卷（一至三）

330000－1795－0000524　四書 0052　經部/四書類/總義之屬/專著

四書典制辨正四卷（清）毛奇齡撰　清刻本　一冊　存二卷（三至四）

330000－1795－0000525　春秋0063　經部/
春秋公羊傳類/傳說之屬

春秋公羊傳二十八卷　(漢)何休學　(明)金
蟠訂　清永懷堂刻本　三冊

330000－1795－0000526　春秋0071　經部/
春秋穀梁傳類/傳說之屬

春秋穀梁傳十二卷攷一卷　(明)閔齊伋裁注
並撰攷　清刻本　二冊

330000－1795－0000527　春秋0073　經部/
春秋左傳類/傳說之屬

評點春秋綱目左傳句解彙雋六卷　(清)韓菼
撰　清刻本　一冊　存一卷(二)

330000－1795－0000528　四書0038　經部/
四書類/總義之屬/傳說

註釋校正華英四書四卷　(英國)雷祈師譯
清光緒二十五年(1899)上海書局石印本　六冊

330000－1795－0000529　四書0001　經部/
四書類/總義之屬/傳說

經筵進講原本六卷　(明)張居正撰　清乾隆
三十一年(1766)金間玉樹堂刻本　十二冊

330000－1795－0000530　春秋0055　經部/
春秋左傳類/傳說之屬

左傳選十四卷　(清)儲欣評選　清刻本　五
冊　存六卷(九至十四)

330000－1795－0000532　春秋0054　經部/
春秋左傳類/傳說之屬

曲江書屋新訂批註左傳快讀十八卷首一卷
(清)李紹崧輯　清宣統元年(1909)上海書局
石印本　十一冊　存十八卷(首,一至五、七
至十八)

330000－1795－0000533　四書0075　經部/
四書類/總義之屬/傳說

四書朱子異同條辨四十卷　(清)李沛霖
(清)李禎訂　清康熙近臂堂刻本　三十冊
存三十一卷(中庸二至三,論語一至三、九至
二十,孟子一至十四)

330000－1795－0000535　四書0002　經部/
四書類/總義之屬/傳說

四書解疑十七卷補典三卷　(清)黃梅峰撰
清嘉慶刻本　四冊　存十一卷(八至十七、補
典一)

330000－1795－0000536　禮0011　經部/周
禮類/傳說之屬

周禮政要二卷　(清)孫詒讓撰　清光緒二十
八年(1902)瑞安普通學堂刻本　二冊

330000－1795－0000537　經0002　類叢部/
叢書類/彙編之屬

雅雨堂藏書十三種　(清)盧見曾編　清乾隆
二十一年(1756)德州盧氏雅雨堂刻增修本
五冊　存一種

330000－1795－0000539　禮0012　經部/周
禮類/傳說之屬

周官精義十二卷　(清)連斗山輯　清同治十
年(1871)孫觀粵東臬署刻本　六冊

330000－1795－0000540　禮0013　經部/群
經總義類/傳說之屬

七經精義　(清)黃淦撰　清嘉慶九年至十二
年(1804－1807)慈溪養正堂掃葉山房刻本
二冊　存一種

330000－1795－0000542　四書0031　經部/
四書類/總義之屬/傳說

四書朱子本義匯參四十三卷首四卷　(清)王
步青輯　清敦復堂刻本　二十六冊　缺八卷
(論語六至七,孟子首、一至五)

330000－1795－0000543　四書0030　經部/
四書類/總義之屬/傳說

四書朱子本義匯參四十三卷首四卷　(清)王
步青輯　清敦復堂刻本　五冊　存九卷(孟
子五至十三)

330000－1795－0000544　春秋0044　經部/
春秋左傳類/傳說之屬

寄傲山房塾課纂輯春秋十二卷　(清)鄒聖脉
纂輯　(清)鄒可庭編次　清光緒五年(1879)
慈水古草堂刻本　六冊

330000－1795－0000545　孝經0014　經部/
孝經類/傳說之屬

孝經衍義一百卷首二卷　（清）葉方藹　（清）張英監修　（清）韓菼編纂　清康熙刻本　三十二冊

四書改錯二十二卷　（清）毛奇齡撰　清嘉慶十六年(1811)金孝柏學圃刻本　八冊

四書明儒大全精義三十八卷　（明）湯傳楶撰　清康熙四十四年(1705)刻本　二十冊

呂晚邨先生四書講義四十三卷　（清）呂留良撰　（清）陳鑨編次　清康熙呂氏天蓋樓刻本　六冊

春秋左傳(春秋左傳杜林合註)五十卷　（晉）杜預　（宋）林堯叟補註　清光緒元年(1875)石印本　四冊

四書經註集證十九卷　（清）吳昌宗撰　清刻本　五冊　存七卷(孟子一至三、六至七,論語八至九)

四書經註集證十九卷　（清）吳昌宗撰　清嘉慶三年(1798)江都汪廷機刻本　十冊　存八卷(孟子一至五、七,論語三至四)

四書便蒙七卷　（宋）朱熹注　清寧郡簡香齋刻本　一冊　存一卷(中庸)

杜工部五言詩選直解三卷七言詩選直解二卷　（唐）杜甫撰　（清）范廷謀註釋　年譜一卷　（清）范廷謀訂　清雍正稼石堂刻本　五冊

日講四書解義二十六卷　（清）喇沙里　（清）陳廷敬等撰　清刻本　二冊　存四卷(六至七、二十五至二十六)

四書訓義三十六卷稗疏二卷考異一卷　（宋）朱熹撰　（清）王夫子訓義　清刻本　二十三冊　存三十四卷(三至三十六)

弱水集詩八卷　（清）屈復撰　清刻本　二冊

論語集註十卷　（宋）朱熹撰　清三昧堂刻本　二冊

酌雅齋四書遵註合講十九卷　（清）翁復編　清石印本　六冊

論語集註十卷　（宋）朱熹撰　清刻本　一冊

四書朱子本義匯參四十三卷首四卷　（清）王步青輯　清光緒十三年(1887)上海同文書局石印本　四冊　存五卷(大學首、一,論語一至二,孟子二)

四書體註合講十九卷　（清）翁復編　清酌雅齋刻本　二冊　存四卷(孟子四至七)

本　二冊　存十卷(論語一至十)

330000－1795－0000586　四書0086　經部/
四書類/總義之屬/傳說

四書體註合講十九卷　(清)翁復編　清石印
本　二冊　存七卷(論語一至五、孟子六至
七)

330000－1795－0000587　四書0085　經部/
四書類/總義之屬/傳說

四書體註合講十九卷　(清)翁復編　清光緒
五年(1879)四明茹古齋鉛印本　一冊　存三
卷(孟子一至三)

330000－1795－0000588　四書0069　經部/
四書類/總義之屬/傳說

四書味根錄三十七卷　(清)金澂撰　清石印
本　四冊　存三十卷(孟子一至十、論語一至
二十)

330000－1795－0000590　四書0121　經部/
四書類/總義之屬/傳說

四書正體十九卷附四書正體校定　(清)呂世
鏞輯　清三元堂刻本　一冊　存三卷(孟子
一至三)

330000－1795－0000591　集0094　集部/總
集類/選集之屬/斷代

全唐詩九百卷目錄十二卷　(清)曹寅等輯
清康熙四十四年至四十六年(1705－1707)揚
州詩局刻本　一百二十冊

330000－1795－0000595　四書0010　經部/
四書類/總義之屬/傳說

四書經註集證十九卷　(清)吳昌宗撰　清嘉
慶三年(1798)江都汪廷機刻本　七冊　存十
三卷(大學,中庸,論語一至五、八至十,孟子
三至五)

330000－1795－0000596　四書0150　經部/
四書類/總義之屬/傳說

四書箋解十一卷　(清)王夫之撰　清光緒二
十年(1894)鄂藩官廨刻本　三冊　存七卷
(一至七)

330000－1795－0000597　四書0132　經部/

四書類/總義之屬/傳說

四書體註合講十九卷　(清)翁復編　清石印
本　一冊　存五卷(論語六至十)

330000－1795－0000598　四書0097　經部/
四書類/總義之屬/傳說

四書味根錄三十七卷　(清)金澂撰　清石印
本　一冊　存二卷(論語十一至十二)

330000－1795－0000599　四書0079　經部/
四書類/總義之屬/傳說

四書人物類典串珠四十卷　(清)臧志仁輯
清刻本　五冊　存十八卷(一至二、五至十
四、二十五至三十)

330000－1795－0000600　四書0096　經部/
四書類/總義之屬/傳說

酌雅齋四書遵註合講十九卷　(清)翁復編
清酌雅齋刻本　一冊　存五卷(論語一至五)

330000－1795－0000602　四書0146　經部/
四書類/孟子之屬/傳說

孟子集註七卷　(宋)朱熹撰　清正誼山房洛
誦軒刻本　二冊　存四卷(四至七)

330000－1795－0000603　四書0098　經部/
四書類/總義之屬/傳說

四書古註羣義彙解九種九十四卷　(清)□□
輯　清光緒十六年(1890)珍藝書局鉛印本
二冊

330000－1795－0000604　史0049　史部/紀
傳類/正史之屬

明史稿三百十卷目錄三卷　(清)王鴻緒撰
清雍正敬慎堂刻本　四十冊

330000－1795－0000605　史0148　史部/地
理類/山川之屬/水志

水經注四十卷補遺一卷附錄二卷　(北魏)酈
道元撰　(清)全祖望校　清光緒十四年
(1888)薛福成寧波崇實書院刻本　二冊　存
七卷(六至八、十七至二十)

330000－1795－0000607　史0020　史部/傳
記類/總傳之屬/通代

增廣尚友錄統編二十二卷　(清)應祖錫輯

清光緒二十八年（1902）鴻寶齋石印本　十二冊

330000－1795－0000608　四書0133　經部/四書類/總義之屬/傳說

四書體註合講十九卷　（清）翁復編　清光緒五年（1879）四明茹古齋鉛印本　五冊　存十七卷（論語一至十、孟子一至七）

330000－1795－0000609　四書0093　經部/四書類/孟子之屬/傳說

孟子集註七卷　（宋）朱熹撰　清刻本　一冊存一卷（一）

330000－1795－0000610　四書0092　類叢部/類書類/專類之屬

四書典制類聯音註三十三卷　（清）閻其淵輯　清刻本　一冊　存三卷（三十一至三十三）

330000－1795－0000613　四書0077　經部/四書類/總義之屬/傳說

集虛齋四書口義十卷　（清）方棨如撰　（清）于光華編　清乾隆五十三年（1788）新安姚一桂務本堂刻本　三冊　存四卷（一至二、五至六）

330000－1795－0000614　禮0022　經部/周禮類/分篇之屬

考工記圖二卷　（清）戴震撰　清聚奎樓刻本二冊

330000－1795－0000615　四書0102　經部/四書類/論語之屬/專著

鄉黨圖考十卷　（清）江永撰　清刻本　一冊存二卷（九至十）

330000－1795－0000616　四書0081　經部/四書類/總義之屬/傳說

新訂四書補註備旨十卷　（明）鄧林撰　（清）杜定基增訂　清光緒四年（1878）刻本　四冊存八卷（大學、中庸、論語一至四、孟子一至二）

330000－1795－0000617　四書0089　經部/四書類/總義之屬/傳說

便蒙四書正文四種　清刻本　一冊　存一種

330000－1795－0000618　經0017　類叢部/叢書類/彙編之屬

祕書廿一種　（清）汪士漢編　清刻本　二冊存一種

330000－1795－0000619　經0016　經部/儀禮類/傳說之屬

寄傲山房塾課纂輯禮記全文備旨十一卷　（清）鄒聖脉纂輯　（清）鄒廷猷編次　清乾隆二十九年（1764）刻本　四冊

330000－1795－0000621　集0093　集部/總集類/選集之屬/通代

歷代詩家五十六卷二集八十六卷　（清）戴明說　（清）范士楫　（清）魏允升輯　清順治十三年（1656）海虞毛氏汲古閣刻本　二十四冊

330000－1795－0000622　四書0127　經部/四書類/總義之屬/傳說

四書人名考二十卷　（清）胡之煜等輯撰　清嘉慶八年（1803）薊州陳氏刻本　一冊　存二卷（十九至二十）

330000－1795－0000623　四書0076　經部/四書類/總義之屬/傳說

四書味根錄三十七卷　（清）金澂撰　清石印本　一冊　存四卷（孟子十一至十四）

330000－1795－0000624　禮0001　經部/禮記類/傳說之屬

欽定禮記義疏八十二卷首一卷　（清）聖祖玄燁撰　清光緒二十年（1894）上海萬選書局石印本　八冊

330000－1795－0000625　四書0129　經部/四書類/論語之屬/傳說

增訂二論詳解四卷　（清）劉忠輯　清光緒三十年（1904）三讓書局刻本　三冊　存三卷（一至三）

330000－1795－0000626　四書0101　經部/四書類/論語之屬/傳說

論語二十卷　（三國魏）何晏集解　清永懷堂刻本　一冊

330000－1795－0000628　四書0126　經部/

四書類/總義之屬/傳說

新訂四書補註備旨十卷 （明）鄧林撰 （清）杜定基增訂 清刻本 一冊 存二卷（孟子一至二）

330000－1795－0000629 四書 0087 經部/四書類/總義之屬/傳說

酌雅齋四書遵註合講十九卷 （清）翁復編 清酌雅齋刻本 一冊 存二卷（孟子四至五）

330000－1795－0000630 四書 0130 經部/四書類/論語之屬/傳說

增訂二論詳解四卷 （清）劉忠輯 清光緒六年（1880）紫文閣刻本 二冊 存二卷（一、三）

330000－1795－0000631 集 0462 集部/總集類/選集之屬/斷代

國初十大家詩鈔十種 （清）王相編 清道光十年（1830）秀水王氏信芳閣木活字印本 三冊 存一種

330000－1795－0000632 四書 0084 經部/四書類/總義之屬/傳說

四書味根錄三十七卷 （清）金澍撰 清光緒鴻寶齋石印本 一冊 存五卷（論語六至十）

330000－1795－0000633 四書 0135 經部/四書類/總義之屬/傳說

四書體註合講十九卷 （清）翁復編 清光緒五年（1879）四明茹古齋鉛印本 一冊 存二卷（孟子六至七）

330000－1795－0000634 史 0087 史部/紀傳類/別史之屬

南唐書十八卷音釋一卷 （宋）陸游撰 （元）戚光音釋 清汲古閣刻本 二冊

330000－1795－0000635 四書 0025 經部/四書類/總義之屬/傳說

四書味根錄三十七卷 （清）金澍撰 清咸豐十一年（1861）五雲樓刻本 十冊

330000－1795－0000636 經 0041 經部/群經總義類/傳說之屬

皇朝五經彙解二百七十卷 （清）朱鏡清輯

清光緒十四年（1888）上海鴻文書局石印本 三十一冊 存二百六十二卷（一至五、十四至二百七十）

330000－1795－0000637 五經總義 0024 經部/叢編

萬充宗先生經學五書五種十九卷 （清）萬斯大撰 清乾隆二十四年至二十六年（1759－1761）辨志堂刻本 四冊

330000－1795－0000638 五經總義 0023 類叢部/叢書類/自著之屬

春在堂全書三十六種 （清）俞樾撰 清同治至光緒刻本 十三冊 存一種

330000－1795－0000640 五經總義 0002 類叢部/叢書類/彙編之屬

抱經堂叢書十六種 （清）盧文弨編 清乾隆至嘉慶刻彙印本 十二冊 存一種

330000－1795－0000641 五經總義 0016 經部/群經總義類/傳說之屬

經義述聞三十二卷 （清）王引之撰 清末刻本 十七冊 缺一卷（一）

330000－1795－0000642 五經總義 0059 經部/群經總義類/傳說之屬

皇朝五經彙解二百七十卷 （清）朱鏡清輯 清光緒十九年（1893）上海蜚英館石印本 三十一冊 缺八卷（一百八十一至一百八十八）

330000－1795－0000643 五經總義 0015 經部/群經總義類/傳說之屬

經義述聞三十二卷 （清）王引之撰 清末刻本 十六冊

330000－1795－0000644 經 0058 經部/群經總義類/傳說之屬

經義述聞三十二卷 （清）王引之撰 清末文瑞樓石印本 十三冊 存二十二卷（二至三、八至十三、十五至十八、二十一至二十五、二十八至三十二）

330000－1795－0000645 經 0052 類叢部/類書類/專類之屬

五經類編二十八卷 （清）周世樟撰 清雍正

二年(1724)穀詒堂刻本　八冊　存二十三卷
(一至二十、二十四至二十六)

330000－1795－0000646　經 0050　類叢部/
叢書類/自著之屬

春在堂全書三十六種　(清)俞樾撰　清同治
至光緒刻本　五冊　存一種

330000－1795－0000647　經 0046　經部/群
經總義類/文字音義之屬

重校十三經不貳字一卷　(清)李鴻藻輯　清
光緒十二年(1886)刻本　一冊

330000－1795－0000648　經 0065　經部/
叢編

五經體註大全四十卷　(清)嚴氏家塾主人輯
清光緒五年(1879)慈水古草堂刻本　八冊
存四種

330000－1795－0000649　經 0047　經部/群
經總義類/文字音義之屬

釀齋訓蒙雜編五種　(清)鮑東里撰　清光緒
二十八年(1902)成都書局刻本　一冊　存
一種

330000－1795－0000650　四書 0080　經部/
四書類/總義之屬/傳說

四書體註合講十九卷　(清)翁復編　清光緒
五年(1879)味蘭軒刻本　五冊　缺二卷(孟
子四至五)

330000－1795－0000651　五經總義 0005　類
叢部/叢書類/自著之屬

春在堂全書三十六種　(清)俞樾撰　清同治
至光緒刻本　十八冊　存一種

330000－1795－0000652　五經總義 0045　經
部/叢編

欽定篆文六經四書十種　(清)李光地等輯
清光緒九年(1883)上海同文書局石印本
十冊

330000－1795－0000654　五經總義 0020　經
部/叢編

通志堂經解一百四十種一千八百六十卷
(清)納蘭成德輯　清康熙十九年(1680)通志

堂刻本　二冊　存一種

330000－1795－0000655　五經總義 0019　經
部/叢編

通志堂經解一百四十種一千八百六十卷
(清)納蘭成德輯　清康熙十九年(1680)通志
堂刻本　二冊　存一種

330000－1795－0000656　五經總義 0018　經
部/叢編

通志堂經解一百四十種一千八百六十卷
(清)納蘭成德輯　清康熙十九年(1680)通志
堂刻本　二冊　存一種

330000－1795－0000657　五經總義 0017　經
部/群經總義類/圖說之屬

六經圖考六卷　(宋)楊甲撰　(宋)毛邦翰補
清康熙六十一年(1722)禮耕堂刻本　六冊

330000－1795－0000658　經 0031　經部/
叢編

五經體註大全四十卷　(清)嚴氏家塾主人輯
清光緒十八年(1892)鴻寶齋石印本　八冊
存四種

330000－1795－0000659　經 0036　經部/
叢編

秦板九經五十卷　(明)秦鏷訂正　清觀成堂
刻本　十冊

330000－1795－0000660　禮 0015　經部/禮
記類/傳說之屬

全本禮記體註十卷　(清)徐瑄撰　清刻本
五冊　存六卷(三至八)

330000－1795－0000661　經 0033　經部/群
經總義類/圖說之屬

經義圖說八卷　(清)吳寶謨輯　清嘉慶二十
四年(1819)江都陳逢衡刻本　十五冊

330000－1795－0000662　經 0034　子部/雜
著類/雜纂之屬

經餘必讀二十卷　(清)雷琳　(清)錢樹棠
(清)錢樹立輯　清嘉慶八年(1803)刻本　九
冊　缺二卷(續編七至八)

330000－1795－0000663　五經總義0027　經部/群經總義類/傳說之屬

經傳繹義五十卷　（清）陳煒撰　清嘉慶九年(1804)校字齋刻本　二十八冊

330000－1795－0000664　經0022　經部/叢編

通志堂經解一百四十種一千八百六十卷　（清）納蘭成德輯　清康熙十九年(1680)通志堂刻本　一冊　存一種

330000－1795－0000665　經0014　經部/群經總義類/文字音義之屬

經典釋文三十卷　（唐）陸德明撰　清刻本　九冊

330000－1795－0000666　經0037　史部/傳記類/總傳之屬/歷代

五經古人典林六卷　（清）何松編　清光緒元年(1875)慈谿何氏刻本　二冊

330000－1795－0000667　群經0019　經部/叢編

通志堂經解一百四十種一千八百六十卷　（清）納蘭成德輯　清康熙十九年(1680)通志堂刻本　二冊　存一種

330000－1795－0000668　經0040　經部/叢編

五經典林五十四卷　（清）何松編　清光緒元年(1875)慈谿何氏刻本　十七冊　存五十二卷(一至二十六、二十九至五十四)

330000－1795－0000669　五經總義0062　經部/群經總義類/傳說之屬

經解□□卷　（清）□□撰　清刻本　一冊　存一卷(三)

330000－1795－0000671　五經總義0054　類叢部/叢書類/彙編之屬

嘯園叢書五十七種　（清）葛元煦編　清刻本　一冊　存一種

330000－1795－0000672　五經總義0030　經部/群經總義類/傳說之屬

七經精義　（清）黃淦撰　清刻本　八冊　存

六種

330000－1795－0000673　五經總義0029　經部/群經總義類/傳說之屬

七經精義　（清）黃淦撰　清嘉慶七年至十二年(1802－1807)尊德堂刻本　六冊　存五種

330000－1795－0000674　五經總義0032　集部/別集類/清別集

一鐙精舍甲部藁五卷　（清）何秋濤撰　清光緒五年(1879)淮南書局刻本　一冊

330000－1795－0000675　五經總義0006　類叢部/叢書類/自著之屬

春在堂全書三十六種　（清）俞樾撰　清同治至光緒刻本　十六冊　存一種

330000－1795－0000676　經0042　經部/群經總義類/傳說之屬

皇朝五經彙解二百七十卷　（清）朱鏡清輯　清刻本　十四冊　存一百六十四卷(五至一百六十八)

330000－1795－0000677　經0035　經部/叢編

聚錦堂六經　清刻本　十九冊　存五種

330000－1795－0000678　五經總義0009　經部/群經總義類/文字音義之屬

重校十三經不貳字一卷　（清）李鴻藻輯　清光緒元年(1875)刻本　一冊

330000－1795－0000680　五經總義0008　經部/群經總義類/文字音義之屬

重校十三經不貳字一卷　（清）李鴻藻輯　清光緒元年(1875)刻本　一冊

330000－1795－0000681　經0056　經部/叢編

重刊宋本十三經注疏四百十六卷附十三經注疏校勘記四百十六卷　（清）阮元撰　（清）盧宣旬摘錄　**校勘記識語四卷**　（清）汪文臺撰　清光緒十三年(1887)上海脈望仙館石印本　四冊　存四種

330000－1795－0000682　經0038　經部/

叢編

五經體註大全四十卷 （清）嚴氏家塾主人輯
清光緒五年(1879)慈水古草堂刻本 十八
冊 存二十九卷(春秋一至九,書經一至四,
詩經二至三、六至八,禮記二至五、七至十,周
易二至四)

330000－1795－0000683 經 0003 類叢部/
類書類/專類之屬

五經類編二十八卷 （清）周世樟撰 清雍正
二年(1724)刻本 十冊 存二十一卷(一、九
至二十八)

330000－1795－0000684 五經總義 0007 經
部/叢編

通志堂經解一百四十種一千八百六十卷
（清）納蘭成德輯 清康熙十九年(1680)通志
堂刻本 三冊 存一種

330000－1795－0000685 五經總義 0013 經
部/群經總義類/文字音義之屬

羣經識小五卷附錄二卷補遺一卷 （清）李惇
撰 清道光六年(1826)高郵李培紫安愚堂刻
本 二冊

330000－1795－0000686 五經總義 0012 經
部/群經總義類/傳說之屬

說經二十六卷說莊三卷說騷一卷說文一卷
（清）韓泰青撰 清乾隆四十四年(1779)省能
齋刻本 三冊 存十五卷(一至十、說莊一至
三、說騷、說文)

330000－1795－0000687 五經總義 0001 經
部/叢編

通藝錄十九種附二種 （清）程瑤田撰 清刻
本 十二冊

330000－1795－0000688 五經總義 0010 類
叢部/叢書類/自著之屬

達㲉就正編四種 （清）王朝榘輯 清嘉慶五
年(1800)萬年王朝榘尋孔顏樂處刻本 四冊
存二種

330000－1795－0000689 叢編 0012 經部/
叢編

**重刊宋本十三經注疏四百十六卷附十三經注
疏校勘記四百十六卷** （清）阮元撰 （清）盧
宣旬摘錄 **校勘記識語四卷** （清）汪文臺撰
清嘉慶二十年(1815)南昌府學刻本 九冊
存二種

330000－1795－0000690 叢編 0025 經部/
叢編

**重刊宋本十三經注疏四百十六卷附十三經注
疏校勘記四百十六卷** （清）阮元撰 （清）盧
宣旬摘錄 **校勘記識語四卷** （清）汪文臺撰
清光緒十三年(1887)上海脈望仙館石印本
三十二冊

330000－1795－0000691 叢編 0013 經部/
叢編

**重刊宋本十三經注疏四百十六卷附十三經注
疏校勘記四百十六卷** （清）阮元撰 （清）盧
宣旬摘錄 **校勘記識語四卷** （清）汪文臺撰
清嘉慶二十年(1815)南昌府學刻本 九十
四冊 存七種

330000－1795－0000692 編年 0001 史部/
編年類/通代之屬

資治通鑑二百九十四卷目錄三十卷 （宋）司
馬光撰 （元）胡三省音註 **通鑑釋文辯誤十
二卷** （元）胡三省撰 清同治十年(1871)湖
北崇文書局刻本 一百三冊 缺三十三卷
(一百三十五至一百三十七、目錄一至三十)

330000－1795－0000693 史 0008 史部/地
理類/山川之屬/水志

西湖志纂十五卷首一卷末一卷 （清）沈德潛
（清）傅王露等撰 清刻本 四冊 存十三
卷(三至十五)

330000－1795－0000697 史 0002 史部/地
理類/方志之屬/通志

[雍正]敕修浙江通志二百八十卷首三卷
（清）李衛 （清）嵇曾筠等修 （清）沈翼機
（清）傅王露等纂 清乾隆元年(1736)刻本
十六冊 存四十卷(十一至二十、五十一至
五十三、五十八至六十、六十四至六十六、八
十一至八十二、一百二十至一百二十二、一百

四十七至一百五十、一百八十七至一百八十八、一百九十九至二百一、二百二十八至二百三十二、二百六十九至二百七十)

330000－1795－0000698　史0001　史部/地理類/方志之屬/通志

[雍正]敕修浙江通志二百八十卷首三卷　(清)李衛　(清)嵇曾筠等修　(清)沈翼機　(清)傅王露等纂　清光緒二十五年(1899)浙江書局刻本　一百二十冊

330000－1795－0000699　史0053　類叢部/叢書類/彙編之屬

湖海樓叢書十二種　(清)陳春編　清嘉慶蕭山陳氏刻二十四年(1819)彙印本　一冊　存一種

330000－1795－0000701　家0339　史部/傳記類/總傳之屬/家乘

[浙江奉化]毛氏宗譜六卷　(清)□□纂修　清抄本　一冊

330000－1795－0000702　史0045　史部/地理類/方志之屬/郡縣志

[光緒]餘姚縣志二十七卷首一卷末一卷　(清)周炳麟修　(清)邵友濂　(清)孫德祖纂　清光緒二十五年(1899)刻本　十三冊　存十八卷(一至二、九至二十四)

330000－1795－0000703　史0047　史部/地理類/方志之屬/郡縣志

[光緒]寧海縣志二十四卷首一卷　(清)王瑞成　(清)程雲驤修　(清)張濬等纂　清光緒刻本　七冊　存十四卷(一至二、七至九、十二至十六、十九至二十二)

330000－1795－0000704　史0048　史部/地理類/方志之屬/郡縣志

[光緒]鎮海縣志四十卷　(清)于萬川修　(清)俞樾等纂　清光緒五年(1879)鯤池書院刻本　十六冊

330000－1795－0000705　史0046　史部/地理類/方志之屬/郡縣志

[光緒]慈谿縣志五十六卷附編一卷　(清)楊泰亨　(清)馮可鏞纂　(清)劉一桂校補　清光緒二十五年(1899)德潤書院刻本　二十二冊　存五十三卷(一至二十六、三十一至五十六,附編)

330000－1795－0000706　史0009　史部/地理類/方志之屬/郡縣志

[光緒]奉化縣志四十卷首一卷　(清)李前泮修　張美翊等纂　清光緒三十四年(1908)刻本　十二冊

330000－1795－0000707　史0021　史部/地理類/專志之屬/寺觀

雪竇寺誌十卷　(清)釋行正輯　(清)釋行恂增輯　清康熙刻本　一冊　存三卷(六至八)

330000－1795－0000708　史0016　史部/地理類/方志之屬/郡縣志

[光緒]奉化縣志四十卷首一卷　(清)李前泮修　張美翊等纂　清光緒三十四年(1908)刻本　二冊　存六卷(三至五、十六至十八)

330000－1795－0000709　史0011　史部/地理類/方志之屬/郡縣志

[光緒]奉化縣志四十卷首一卷　(清)李前泮修　張美翊等纂　清光緒三十四年(1908)刻本　十二冊

330000－1795－0000710　史0012　史部/地理類/方志之屬/郡縣志

[光緒]奉化縣志四十卷首一卷　(清)李前泮修　張美翊等纂　清光緒三十四年(1908)刻本　九冊　存二十九卷(三至三十一)

330000－1795－0000712　史0013　史部/地理類/方志之屬/郡縣志

[光緒]奉化縣志四十卷首一卷　(清)李前泮修　張美翊等纂　清光緒三十四年(1908)刻本　三冊　存九卷(三至八、十六至十八)

330000－1795－0000714　史0015　史部/地理類/方志之屬/郡縣志

[光緒]奉化縣志四十卷首一卷　(清)李前泮修　張美翊等纂　清光緒三十四年(1908)刻本　三冊　存十卷(十六至十八、二十三至二

十九)

330000－1795－0000716　史0014　史部/地理類/方志之屬/郡縣志

[光緒]奉化縣志四十卷首一卷　（清）李前泮修　張美翊等纂　清光緒三十四年(1908)刻本　三冊　存十一卷(九至十二、十六至二十二)

330000－1795－0000717　史0007　史部/傳記類/總傳之屬/斷代

國朝先正事略六十卷　（清）李元度撰　清同治五年至八年(1866－1869)循陔草堂刻本　二十四冊

330000－1795－0000718　史0065　史部/地理類/山川之屬/山志

廣雁蕩山誌二十八卷首一卷末一卷　（清）曾唯輯　清乾隆二十五年(1760)刻本　六冊　缺九卷(八至十三、十九至二十一)

330000－1795－0000722　史0004　史部/傳記類/總傳之屬/斷代

國朝先正事略六十卷　（清）李元度撰　清光緒二十九年(1903)上海務本山房印書局鉛印本　三冊　存十四卷(一至五、十一至十九)

330000－1795－0000725　史0003　史部/傳記類/總傳之屬/斷代

國朝先正事略六十卷　（清）李元度撰　清光緒元年(1875)石印本　八冊

330000－1795－0000726　史0064　史部/地理類/方志之屬/郡縣志

於潛縣志十六卷首一卷末一卷　（清）蔣光弼修　清刻本　一冊　存一卷(首)

330000－1795－0000728　史0001　史部/傳記類/總傳之屬/斷代

國朝先正事略六十卷　（清）李元度撰　清光緒九年(1883)蛟川方氏刻本　二十四冊

330000－1795－0000730　史0027　史部/地理類/方志之屬/郡縣志

[光緒]忠義鄉志二十卷首一卷　（清）吳文江纂　清光緒二十七年(1901)刻民國二十六年

(1937)印本　一冊　存四卷(九至十二)

330000－1795－0000732　史0026　史部/地理類/方志之屬/郡縣志

[光緒]忠義鄉志二十卷首一卷　（清）吳文江纂　清光緒二十七年(1901)刻民國二十六年(1937)印本　五冊　存十六卷(五至二十)

330000－1795－0000733　史0069　史部/地理類/方志之屬/郡縣志

[同治]景寧縣志十四卷首一卷末一卷　（清）周杰修　（清）嚴用光等纂　清同治十一年至十二年(1872－1873)刻本　八冊

330000－1795－0000735　史0063　史部/地理類/方志之屬/郡縣志

咸淳臨安志一百卷　（宋）潛說友纂　校栞咸淳臨安志札記三卷　（清）黃士珣撰　清道光十年(1830)錢唐汪氏振綺堂刻同治六年(1867)補刻本(卷六十四、九十、九十八至一百原缺)　二十四冊　存九十九卷(一至八十九、九十一至九十七、札記一至三)

330000－1795－0000737　史0054　史部/地理類/方志之屬/郡縣志

[光緒]諸暨縣志六十一卷　陳遹聲修　（清）蔣鴻藻纂　清宣統三年(1911)刻本　十八冊

330000－1795－0000738　史0055　史部/地理類/方志之屬/郡縣志

[光緒]上虞縣志校續五十卷首一卷末一卷（清）儲家藻修　（清）徐致靖纂　清光緒二十四年至二十五年(1898－1899)刻本　二十冊

330000－1795－0000739　史0017　史部/傳記類/總傳之屬/通代

尚友錄二十二卷補遺一卷　（明）廖用賢輯（清）張伯琮補輯　清石印本　十冊　存十九卷(四至二十二)

330000－1795－0000740　史0071　史部/地理類/方志之屬/郡縣志

[同治]湖州府志九十六卷首一卷　（清）宗源瀚　（清）楊榮緒　（清）郭式昌修　（清）周學濬　（清）陸心源　（清）汪曰楨纂　清刻本

十八冊　存四十四卷(五十三至九十六)

330000－1795－0000743　史 0073　史部/地理類/方志之屬/郡縣志

[同治]建昌府志十卷首一卷　（清）邵子彝修　（清）魯琪光纂　清同治十一年(1872)刻本　二十八冊

330000－1795－0000744　史 0079　史部/地理類/方志之屬/郡縣志

[嘉慶]重刊江寧府志五十六附校勘記一卷　（清）呂燕昭主修　（清）姚鼐纂　清光緒六年(1880)刻本　十一冊　存五十一卷(六至五十六)

330000－1795－0000745　史 0080　史部/地理類/方志之屬/郡縣志

[同治]續纂江寧府志十五卷首一卷　（清）蔣啟勛　（清）趙佑宸修　（清）汪士鐸等纂　清光緒六年(1880)刻十年(1884)印本　十二冊

330000－1795－0000746　史 0078　史部/地理類/山川之屬/水志

莫愁湖志六卷首一卷　（清）馬士圖撰　清光緒八年(1882)刻本　一冊　缺二卷(五至六)

330000－1795－0000750　史 0142　史部/地理類/總志之屬/斷代

皇朝輿地略一卷附皇朝內府輿地圖縮摹本一卷皇朝輿地韻編一卷　（清）李申等撰　清道光十一年(1831)辨志書塾刻本　三冊

330000－1795－0000751　史 0076　史部/地理類/方志之屬/郡縣志

[光緒]無錫金匱縣志四十卷首一卷附編六卷　（清）裴大中　（清）倪咸生修　（清）秦緗業等纂　清光緒七年(1881)刻本　十八冊　缺四卷(附編三至六)

330000－1795－0000753　史 0084　史部/地理類/方志之屬/郡縣志

[咸豐]重修興化縣志十卷　（清）梁園棣修　（清）鄭之僑　（清）趙彥俞纂　清咸豐二年(1852)刻本　八冊

330000－1795－0000754　史 0085　史部/地

理類/雜志之屬

廣陵通典十卷　（清）汪中撰　清同治八年(1869)揚州書局刻本　二冊

330000－1795－0000755　史 0086　史部/地理類/雜志之屬

廣陵通典十卷　（清）汪中撰　清同治八年(1869)揚州書局刻本　二冊

330000－1795－0000756　史 0141　史部/地理類/外紀之屬

海國圖志一百卷　（清）魏源撰　清光緒十三年(1887)巴蜀善成堂刻本　二十四冊

330000－1795－0000758　史 0103　史部/地理類/雜志之屬

闕里纂要四卷　（清）孔衍瑚輯　清康熙三十三年(1694)刻本　二冊

330000－1795－0000760　史 0117　史部/地理類/總志之屬/斷代

元和郡縣圖志四十卷目錄二卷　（唐）李吉甫撰　闕卷逸文一卷　（清）孫星衍輯　元和郡縣補志九卷　（清）嚴觀輯　清光緒六年(1880)金陵書局刻本(原缺卷十九至二十、二十三至二十四、三十五至三十六)　八冊

330000－1795－0000762　史 0118　史部/地理類/總志之屬/斷代

元和郡縣圖志四十卷目錄二卷　（唐）李吉甫撰　闕卷逸文一卷　（清）孫星衍輯　元和郡縣補志九卷　（清）嚴觀輯　清光緒六年(1880)金陵書局刻本(原缺卷十九至二十、二十三至二十四、三十五至三十六)　八冊

330000－1795－0000763　史 0110　史部/地理類/方志之屬/郡縣志

[道光]禹州志二十六卷增續二卷　（清）朱煒修　（清）姚椿等纂　清道光十五年(1835)刻本　十二冊

330000－1795－0000764　史 0113　史部/地理類/方志之屬/郡縣志

[道光]保安州志八卷首一卷　（清）楊桂森纂修　清道光十五年(1835)刻本　四冊

330000 – 1795 – 0000765　　史 0114　　史部/地理類/方志之屬/郡縣志

[光緒]保安州續志四卷首一卷　　（清）尋鑾晉（清）張毓生纂修　　清光緒三年(1877)刻本　　一冊

330000 – 1795 – 0000766　　史 0104　　類叢部/叢書類/彙編之屬

正誼堂全書六十三種續刻五種　　（清）張伯行編　　（清）楊浚重編　　清同治五年(1866)福州正誼書院刻同治八年至光緒十三年(1869 – 1887)續刻本　　二冊　　存一種

330000 – 1795 – 0000768　　史 0147　　史部/地理類/山川之屬/水志

水經注四十卷補遺一卷附錄二卷　　（北魏）酈道元撰　　（清）全祖望校　　清光緒十四年(1888)薛福成寧波崇實書院刻本　　十三冊　　存三十卷(二至五、九至十三、二十至四十)

330000 – 1795 – 0000769　　史 0140　　史部/地理類/外紀之屬

海國圖志一百卷　　（清）魏源撰　　清同治七年(1868)刻本　　二十四冊

330000 – 1795 – 0000772　　史 0119　　史部/地理類/總志之屬/斷代

乾隆府廳州縣圖志五十卷　　（清）洪亮吉撰　　清刻本　　六冊　　存二十六卷(四至十一、二十四至三十六、四十二至四十六)

330000 – 1795 – 0000775　　史 0224　　史部/地理類/水利之屬

揚州水道記四卷　　（清）劉文淇撰　　清道光十七年(1837)欲寡過齋刻同治十一年(1872)淮南書局補刻本　　二冊

330000 – 1795 – 0000776　　史 0122　　史部/地理類/方志之屬/通志

[道光]廣東通志三百三十四卷首一卷　　（清）阮元修　　（清）陳昌齊等纂　　清同治三年(1864)刻本　　九十六冊　　存二百八十一卷(二至二十二、二十九至六十、八十五至一百七十三、一百九十六至三百三十四)

330000 – 1795 – 0000777　　史 0088　　史部/地理類/遊記之屬/紀行

蜀道驛程記二卷　　（清）王士禎撰　　清刻本　　一冊

330000 – 1795 – 0000779　　史 0090　　史部/地理類/方志之屬/郡縣志

[光緒]增修灌縣志十四卷首一卷　　（清）莊思恒修　　（清）鄭珶山纂　　清光緒十二年(1886)刻本　　一冊　　存四卷(首、一至三)

330000 – 1795 – 0000780　　史 0091　　史部/地理類/方志之屬/郡縣志

[道光]保寧府志六十二卷　　（清）黎學錦（清）徐雙桂等修　　（清）史觀等纂　　清道光元年(1821)刻本　　十五冊

330000 – 1795 – 0000781　　史 0120　　史部/地理類/方志之屬/郡縣志

[光緒]山西通志一百八十四卷首一卷　　（清）曾國荃　　（清）張煦等修　　（清）王軒　　（清）楊篤等纂　　清光緒十八年(1892)刻本　　七十七冊

330000 – 1795 – 0000783　　史 0092　　史部/載記類

華陽國志十二卷（晉）常璩撰　　補三州郡縣目錄一卷　　（清）廖寅撰　　清嘉慶十九年(1814)題襟館刻本　　五冊

330000 – 1795 – 0000785　　史 0097　　史部/地理類/方志之屬/通志

[雍正]陝西通志一百卷首一卷　　（清）劉於義修　　（清）沈青崖纂　　清雍正十三年(1735)刻本　　三十冊　　存三十一卷(首,一至十、三十一至五十)

330000 – 1795 – 0000788　　史 0137　　史部/地理類/總志之屬/斷代

方輿紀要不分卷　　（清）顧祖禹撰　　清職思堂刻本　　二冊

330000 – 1795 – 0000789　　史 0136　　史部/地理類/總志之屬/通代

讀史方輿紀要九卷　　（清）顧祖禹撰　　清嘉慶

十年(1805)友蘭堂刻本　七冊　缺一卷(五)

330000－1795－0000790　史0255　史部/地理類/輿圖之屬/全國

歷代地理沿革圖一卷　(清)六嚴繪　(清)馬徵麟增輯　清同治十年（1871）金陵刻本　一冊

330000－1795－0000791　史0254　史部/地理類/輿圖之屬/全國

歷代地理沿革圖一卷　(清)六嚴繪　(清)馬徵麟增輯　清同治十年（1871）金陵刻本　一冊

330000－1795－0000792　史0126　史部/地理類/外紀之屬

日本國志四十卷首一卷　(清)黃遵憲輯　清光緒二十四年(1898)上海圖書集成印書局鉛印本　三冊　存三十一卷(十至四十)

330000－1795－0000793　史0123　史部/地理類/方志之屬/郡縣志

[光緒]嘉應州志三十二卷首一卷　(清)吳宗焯　(清)李慶榮修　(清)溫仲和纂　清光緒二十七年(1901)刻本　七冊　存十五卷(四至六、八至十三、二十至二十三、二十八至二十九)

330000－1795－0000794　史0124　類叢部/叢書類/自著之屬

北江全集七種　(清)洪亮吉撰　清乾隆至嘉慶刻彙印本　四冊　存一種

330000－1795－0000795　史0127　史部/地理類/雜志之屬

嶺南叢述六十卷　(清)鄧淳輯　清道光十年(1830)養拙山房刻本　十八冊

330000－1795－0000796　史0044　史部/地理類/山川之屬/山志

明州阿育王山志十卷　(明)郭子章撰　明州阿育王山續志六卷　(清)釋畹荃撰　明萬曆刻清乾隆續刻本　六冊

330000－1795－0000797　史0139　史部/地理類/雜志之屬

日下舊聞四十二卷補遺四十二卷　(清)朱彝尊輯　(清)朱昆田補遺　清康熙二十七年(1688)刻本　十六冊

330000－1795－0000798　史0133　史部/地理類/外紀之屬

地球韻言四卷　(清)張士瀛撰　清末石印本　一冊　存二卷(三至四)

330000－1795－0000799　史0132　史部/地理類/外紀之屬

中外輿地通考不分卷　(清)龔柴　(清)許彬撰　清光緒二十五年(1899)石印本　六冊

330000－1795－0000800　叢0130　類叢部/叢書類/家集之屬

李氏五種　(清)李兆洛撰　清同治九年至十一年(1870－1872)合肥李鴻章刻本　八冊　存二種

330000－1795－0000801　史0134　類叢部/叢書類/彙編之屬

廣雅書局叢書一百五十九種　徐紹棨編　清光緒廣雅書局刻民國九年(1920)番禺徐紹棨彙編重印本　一冊　存一種

330000－1795－0000803　史0131　史部/雜史類/外紀之屬

皇朝藩部要略十八卷世系表四卷　(清)祁韻士撰　清光緒十年(1884)浙江書局刻本　七冊　缺三卷(要略六至八)

330000－1795－0000811　史0171　史部/地理類/外紀之屬

瀛環志略十卷　(清)徐繼畬撰　清同治十二年(1873)揆雲樓刻本　一冊　存三卷(八至十)

330000－1795－0000813　經0037　經部/四書類/論語之屬/傳說

論語古訓十卷附一卷　(清)陳鱣撰　清嘉慶元年(1796)刻本　二冊

330000－1795－0000814　四書0015　經部/四書類/總義之屬/傳說

四書講義困勉錄三十七卷續困勉錄六卷附錄

一卷　（清）陸隴其撰　（清）陸公鏐編　清美錦堂刻本　二十冊

330000－1795－0000815　四書0016　經部/四書類/總義之屬/傳說

四書或問語類大全合訂四十一卷　（清）黃越撰　清刻本　二十四冊

330000－1795－0000816　四書0036　經部/四書類/總義之屬/傳說

四書經典通考不分卷　（清）陸文籀輯　清嘉慶十二年(1807)木活字印本　六冊

330000－1795－0000817　四書0020　經部/四書類/總義之屬/傳說

四書集疏附正二十二卷　（清）張秉直撰　清道光十五年(1835)刻本　九冊

330000－1795－0000818　四書0034　經部/四書類/總義之屬/傳說

日講四書解義二十六卷　（清）喇沙里　（清）陳廷敬等撰　清刻本　十一冊　存二十三卷（一、四至十一、十三至二十六）

330000－1795－0000819　四書0019　經部/四書類/總義之屬/傳說

四書釋地一卷續一卷又續二卷三續一卷附孟子生卒年月考一卷　（清）閻若璩撰　清刻本　四冊

330000－1795－0000820　四書0035　經部/四書類/總義之屬/傳說

四書明儒大全精義三十八卷　（明）湯傳楫撰　清康熙四十四年(1705)刻本　十九冊　缺一卷（大學）

330000－1795－0000821　史0001　史部/政書類/通制之屬

九通二千三百二十一卷　（清）□□輯　清光緒八年至二十二年(1882－1896)浙江書局刻本　二十四冊　存二百卷（通典一至二百）

330000－1795－0000822　史部政書0022　史部/政書類/通制之屬

九通二千三百二十一卷　（清）□□輯　清光緒八年至二十二年(1882－1896)浙江書局刻本　四十一冊　存一百卷（皇朝通典一至一百）

330000－1795－0000823　史部政書0005　史部/政書類/通制之屬

皇朝通典一百卷　（清）嵇璜　（清）曹仁虎等纂修　清刻本　二十四冊

330000－1795－0000824　史部政書0002　史部/政書類/通制之屬

九通二千三百二十一卷　（清）□□輯　清光緒八年至二十二年(1882－1896)浙江書局刻本　四十九冊　存二百卷（通典一至二百）

330000－1795－0000826　史部政書0003　史部/政書類/通制之屬

九通二千三百二十一卷　（清）□□輯　清光緒八年至二十二年(1882－1896)浙江書局刻本　四十冊

330000－1795－0000828　史0011　史部/編年類/通代之屬

讀通鑑綱目條記二十卷首一卷　（清）李述來撰　清刻本　六冊

330000－1795－0000833　史0108　史部/傳記類/總傳之屬/通代

增廣古今人物論三十六卷與增廣古今人物論續編十二卷　（清）願學齋同人輯　清光緒二十八年(1902)石印本　二冊　存五卷（續編一至五）

330000－1795－0000834　史0019　史部/史評類/史論之屬

歷代史論一編四卷　（明）張溥撰　清刻本　一冊　存二卷（三至四）

330000－1795－0000836　經0097　經部/春秋左傳類/傳說之屬

東萊博議四卷首一卷　（宋）呂祖謙撰　**增補虛字註釋一卷**　（清）馮泰松點定　清光緒二十七年(1901)上海同文書局石印本　一冊

330000－1795－0000837　經0091　經部/春秋左傳類/傳說之屬

東萊博議四卷　（宋）呂祖謙撰　**增補虛字註**

釋一卷 （清）馮泰松點定 清光緒三十一年
(1905)上海商務印書館鉛印本 一冊

330000－1795－0000844 經 0099 經部/春
秋左傳類/傳說之屬

東萊先生左氏博議二十五卷首一卷 （宋）呂
祖謙撰 清道光十九年(1839)錢唐瞿氏清吟
閣刻本 一冊 存七卷(十三至十九)

330000－1795－0000845 史 0001 史部/史
評類/史論之屬

古今史論大觀前編十五卷後編十七卷 （清）
雷瑨輯 清光緒二十七年(1901)硯耕山莊石
印本 六冊 存十五卷(前編一至十五)

330000－1795－0000846 史 0002 史部/史
評類/史論之屬

古今史論大觀前編十五卷後編十七卷 （清）
雷瑨輯 清光緒二十七年(1901)硯耕山莊石
印本 六冊 存十七卷(後編一至十七)

330000－1795－0000847 史 0003 史部/史
評類/史論之屬

史通通釋二十卷 （清）浦起龍撰 清上海中
華書局石印本 七冊 缺三卷(八至十)

330000－1795－0000848 史 0004 史部/史
評類/史論之屬

史通通釋二十卷 （清）浦起龍撰 清上海棋
盤街文瑞樓石印本 七冊 缺三卷(十三至
十五)

330000－1795－0000849 史 0005 史部/史
評類/史論之屬

史通削繁四卷 （清）紀昀撰 清刻本 一冊
存一卷(二)

330000－1795－0000852 春秋 0056 經部/
春秋左傳類/傳說之屬

春秋左傳(春秋左傳杜林詳註)五十卷 （晉）
杜預 （宋）林堯叟補註 清寧波汲綆齋刻本
十四冊

330000－1795－0000853 四書 0009 經部/
四書類/總義之屬/傳說

四書經註集證十九卷 （清）吳昌宗撰 清嘉

慶三年(1798)江都汪廷機刻本 十六冊

330000－1795－0000854 史 0095 史部/政
書類/通制之屬

二十四史九通政典類要合編三百二十卷
（清）黃書霖輯 清約雅堂石印本 五十九冊
缺四卷(二百五十七至二百六十)

330000－1795－0000855 子 0333 子部/醫
家類/類編之屬

沈氏尊生書五種 （清）沈金鰲撰輯 清刻本
二冊 存一種

330000－1795－0000856 史 0091 史部/政
書類/儀制之屬/典禮

南巡盛典一百二十卷 （清）高晉等纂修 清
乾隆三十六年(1771)武英殿刻本 四十八冊

330000－1795－0000857 史 0093 史部/紀
事本末類/斷代之屬

皇清開國方略三十二卷首一卷 （清）阿桂等
撰 清乾隆五十一年(1786)刻本 六冊

330000－1795－0000858 史 0096 史部/政
書類/通制之屬

二十四史九通政典類要合編三百二十卷
（清）黃書霖輯 清約雅堂石印本 二冊 存
一百九卷(一百二十一至二百二十九)

330000－1795－0000859 史 0094 史部/政
書類/通制之屬

九通提要十二卷 （清）柴紹炳纂 清光緒二
十八年(1902)鉛印本 六冊

330000－1795－0000860 史 0098 類叢部/
叢書類/自著之屬

庸庵全集七種 （清）薛福成撰 清光緒石印
本 一冊 存一種

330000－1795－0000862 史 0097 史部/政
書類/儀制之屬/專志/科舉校規

三場程式一卷 （清）蔣益澧撰 清光緒元年
(1875)刻本 一冊

330000－1795－0000863 史 0100 新學/
學校

州縣學校謀始一卷　（清）方旭撰　清光緒二十九年（1903）成都官書局鉛印本　一冊

330000－1795－0000864　史0092　史部/政書類/通制之屬

三國會要二十二卷首一卷　楊晨撰　清光緒刻本　五冊

330000－1795－0000865　史0009　史部/政書類/通制之屬

九通二千三百二十一卷　（清）□□輯　清光緒八年至二十二年（1882－1896）浙江書局刻本　一百冊　存一種

330000－1795－0000866　史0036　集部/總集類/選集之屬/斷代

皇朝經世文編一百二十卷姓名總目二卷生存姓名一卷　（清）賀長齡輯　清道光七年（1827）刻本　六十四冊

330000－1795－0000867　四書0007　經部/四書類/總義之屬/傳說

四書集註十九卷　（宋）朱熹撰　清愷元堂刻本　六冊

330000－1795－0000868　經0028　經部/叢編

可儀堂古文選不分卷　（清）余長城輯　清康熙可儀堂刻本　三冊　存三種

330000－1795－0000869　四書0145　經部/四書類/總義之屬/傳說

四書集註十九卷　（宋）朱熹撰　清刻本　五冊　存十七卷（論語一至十、孟子一至七）

330000－1795－0000870　史0109　經部/四書類/總義之屬/傳說

四書集註十九卷　（宋）朱熹撰　清同治十三年（1874）寧郡簡香齋刻本　二冊　存四卷（孟子四至七）

330000－1795－0000871　史0070　史部/政書類/律令之屬/律例

大清律例增修統纂集成四十卷附督捕則例二卷　（清）姚潤輯　（清）胡璋增輯　清刻本　十一冊　存二十三卷（五、九至十六、二十至

二十二、二十六至三十、三十七至四十，督捕則例一至二）

330000－1795－0000872　史0071　史部/政書類/律令之屬/律例

大清律例增修統纂集成四十卷附督捕則例二卷　（清）姚潤輯　（清）胡璋增輯　清咸豐四年（1854）同文堂書局刻本　十冊　存十八卷（一至二、四至八、十一至十九、三十六至三十七）

330000－1795－0000873　集0097　集部/總集類/選集之屬/通代

古文奇賞二十二卷續古文奇賞三十四卷奇賞齋廣文苑英華二十六卷四續古文奇賞五十三卷　（明）陳仁錫輯　清刻本　一冊　存二卷（奇賞齋廣文苑英華十五至十六）

330000－1795－0000874　經0067　經部/春秋總義類/傳說之屬

春秋文提綱一卷　（清）馬俊良撰　清刻本　一冊

330000－1795－0000875　經0063　經部/群經總義類/文字音義之屬

四書五經論義采新一卷　（清）魏家驊撰　清刻本　一冊

330000－1795－0000876　經0104　經部/四書類/總義之屬/傳說

四書便蒙七卷　（宋）朱熹注　清寧波大西山房刻本　三冊　存四卷（大學、中庸、論語二、孟子一）

330000－1795－0000877　經0021　類叢部/叢書類/自著之屬

陳一齋全集五種　（清）陳梓撰　清嘉慶二十年至二十一年（1815－1816）胡氏敬義堂刻本　二冊　存一種

330000－1795－0000879　史0007　史部/政書類/通制之屬

九通二千三百二十一卷　（清）□□輯　清光緒八年至二十二年（1882－1896）浙江書局刻本　一百九十八冊

寧波市奉化區文物保護管理所等六家收藏單位、舟山市圖書館等二家收藏單位古籍普查登記目錄

330000－1795－0000880　史0045　史部/政書類/通制之屬

奉天礦政調查局規則一卷　清關東印書館刻本　一冊

330000－1795－0000881　史0008　史部/政書類/通制之屬

九通二千三百二十一卷　（清）□□輯　清光緒八年至二十二年（1882－1896）浙江書局刻本　一百九十冊　存一種

330000－1795－0000882　史0046　新學/報章

學部官報不分卷　清光緒三十三年（1907）刻本　一冊

330000－1795－0000883　史0006　史部/政書類/通制之屬

通志二百卷　（宋）鄭樵撰　清刻本　三十冊　存一百八卷（七十四至一百六十、一百六十三至一百八十三）

330000－1795－0000884　史0047　史部/職官類/官制之屬

星軺指掌三卷續一卷　（美國）丁韙良撰（清）聯芳　（清）慶常譯　清光緒元年（1875）刻本　一冊　存一卷（續）

330000－1795－0000885　史0048　新學/交涉/交涉

交涉要覽類編四卷二集二卷　（清）陳鈺輯（清）鄭貞來譯　清光緒二十八年（1902）湖北洋務譯書局鉛印本　二冊　存二卷（一、四）

330000－1795－0000886　史0049　新學/政治法律/律例

日本法規大全一卷　清光緒三十二年（1906）商務印書館影印本　一冊

330000－1795－0000887　史0051　史部/政書類/通制之屬

萬國電報通例一卷　（清）周萬鵬撰　清宣統元年（1909）上海電政局鉛印本　一冊

330000－1795－0000888　史0052　史部/政書類/邦交之屬

各國交涉便法論六卷　（英國）費利摩羅巴德撰　（英國）傅蘭雅譯　（清）錢國祥校　清光緒江南製造總局鉛印本　六冊

330000－1795－0000890　史0069　史部/政書類/律令之屬/律例

大清律例彙輯便覽四十卷附督捕則例二卷五軍道里表一卷三流道里表一卷　清光緒十四年（1888）刻本　十三冊　存十五卷（一至四、六至七、十一至十二、三十三至三十七，五軍道理表，三流道里表）

330000－1795－0000891　史0043　集部/總集類/選集之屬/斷代

皇朝經世文續編一百二十卷　（清）葛士濬輯　清刻本　七冊　存二十四卷（五至七、二十四至二十七、六十九至七十一、九十至九十三、九十八至一百四、一百十三至一百十五）

330000－1795－0000892　史0044　集部/總集類/選集之屬/斷代

皇朝經世文編初續一百二十卷姓名總目二卷生存姓名一卷　（清）饒玉成輯　清刻本　四十冊

330000－1795－0000894　史0039　集部/總集類/選集之屬/斷代

皇朝經世文續編一百二十卷　（清）葛士濬輯　清石印本　九冊　存四十五卷（九至十四、二十一至三十一、三十七至四十、五十二至五十八、七十至七十三、八十四至八十九、一百三至一百九）

330000－1795－0000895　史0040　集部/總集類/選集之屬/斷代

皇朝經世文續編一百二十卷　（清）葛士濬輯　清光緒二十二年（1896）寶善書局石印本　十冊　存七十四卷（一至十二、二十一至三十七、六十至一百四）

330000－1795－0000896　史0041　集部/總集類/選集之屬/斷代

皇朝經世文續編一百二十卷　（清）葛士濬輯　清刻本　六冊　存二十三卷（十九至二十七、五十二至五十六、六十九至七十一、一百

二至一百四、一百七至一百九）

330000 - 1795 - 0000897　史 0042　集部/總集類/選集之屬/斷代

皇朝經世文續編一百二十卷　（清）葛士濬輯　清光緒十二年(1886)刻本　十八冊　存一百十卷(十一至一百二十)

330000 - 1795 - 0000898　史 0077　史部/雜史類/斷代之屬

湘軍志十六卷　王闓運撰　清刻本　四冊

330000 - 1795 - 0000899　史 0074　史部/傳記類/科舉錄之屬/諸貢錄

明貢舉考畧二卷　（清）黃崇蘭輯　清刻本　二冊

330000 - 1795 - 0000900　史 0075　史部/政書類/儀制之屬/專志/科舉校規

國朝貢舉考畧二卷　（清）黃崇蘭輯　清嘉慶八年(1803)涇縣學署刻本　二冊

330000 - 1795 - 0000901　史 0078　史部/雜史類/斷代之屬

湘軍記二十卷　（清）王定安撰　清光緒十五年(1889)江南書局刻本　十二冊

330000 - 1795 - 0000903　史 0136　史部/政書類/邦交之屬

各國和約新編八卷首一卷　（清）望炊輯　清石印本　一冊　存二卷(七至八)

330000 - 1795 - 0000904　史 0137　新學/交涉/案牘

中外通商始末記二十卷　（清）王之春纂　清光緒二十一年(1895)寶善書局石印本　一冊　存三卷(一至三)

330000 - 1795 - 0000907　史 0015　史部/政書類/通制之屬

九通二千三百二十一卷　（清）□□輯　清光緒八年至二十二年(1882 - 1896)浙江書局刻本　一百六十冊　存三百卷(皇朝文獻通考一至三百)

330000 - 1795 - 0000908　史 0012　史部/政

書類/通制之屬

九通二千三百二十一卷　（清）□□輯　清光緒八年至二十二年(1882 - 1896)浙江書局刻本　一百四十六冊　存三百四十八卷(文獻通考一至三百四十八)

330000 - 1795 - 0000909　史 0016　史部/政書類/通制之屬

皇朝文獻通考三百卷　（清）嵇璜　（清）曹仁虎等纂修　清乾隆二十七年(1762)刻本　五十九冊　存一百八十一卷(一至七十八、一百九十二至二百十、二百十五至二百四十九、二百五十二至三百)

330000 - 1795 - 0000910　史 0073　史部/政書類/公牘檔冊之屬

欽定戶部則例一百三十四卷　（清）蔡履元等纂修　清嘉慶十七年(1812)刻本　六十六冊

330000 - 1795 - 0000921　史 0037　集部/總集類/選集之屬/斷代

皇朝經世文編一百二十卷姓名總目二卷生存姓名一卷　（清）賀長齡輯　清刻本　八冊　存八十卷(二十至二十九、四十至八十八、一百至一百二十)

330000 - 1795 - 0000922　史 0033　史部/政書類/通制之屬

臨監條款一卷　清光緒二十三年(1897)刻本　一冊

330000 - 1795 - 0000923　史 0132　史部/政書類/儀制之屬/專志/科舉校規

監臨條約點名時辰標燈起數卷袋貼式一卷　清刻本　一冊

330000 - 1795 - 0000924　史 0035　集部/總集類/課藝之屬

近科全題新策法程不分卷　（清）劉坦之評點　清刻本　四冊

330000 - 1795 - 0000925　史 0038　集部/總集類/選集之屬/斷代

皇朝經世文編一百二十卷姓名總目二卷生存姓名一卷　（清）賀長齡輯　清光緒二十五年

（1899）上海中西書局石印本　十冊　存五十二卷（一至五、十一至二十、三十一至三十五、四十六至五十五、七十六至八十五、一百一至一百五、一百十六至一百二十,總目一至二）

330000－1795－0000926　史 0029　史部/政書類/公牘檔冊之屬

浙江諮議局議決案不分卷　（清）浙江諮議局編　清宣統鉛印本　一冊

330000－1795－0000927　史 0030　史部/政書類/邦計之屬/賦稅

浙江清理財政說明書不分卷　（清）浙江清理財政局編　清宣統元年（1909）石印本　六冊

330000－1795－0000929　史 0019　史部/政書類/儀制之屬/專志/科舉校規

欽定學政全書八十卷　（清）素爾訥等纂修清刻本　四冊　存二十三卷（五至八、二十三至四十一）

330000－1795－0000930　史 0020　史部/政書類/儀制之屬/專志/科舉校規

欽定學政全書八十卷　（清）素爾訥等纂修清刻本　六冊　存三十九卷（四十二至八十）

330000－1795－0000931　史 0021　史部/政書類/儀制之屬/專志/科舉校規

欽定學政全書八十六卷首一卷　（清）童璜等撰　清嘉慶十七年（1812）武英殿刻本　十六冊

330000－1795－0000932　史 0023　史部/編年類/斷代之屬

皇朝政典挈要八卷　（日本）增田貢撰　（清）毛淦補編　清石印本　一冊　存一卷（七）

330000－1795－0000933　史 0024　史部/編年類/斷代之屬

皇朝政典挈要八卷　（日本）增田貢撰　（清）毛淦補編　清光緒二十八年（1902）知新書局刻朱墨套印本　四冊

330000－1795－0000934　史 0025　史部/職官類/官箴之屬

實政錄七卷　（明）呂坤撰　清同治十一年

（1872）浙江書局刻本　五冊　存六卷（一、三至七）

330000－1795－0000935　史 0026　史部/政書類/通制之屬

福惠全書三十二卷　（清）黃六鴻撰　清刻本七冊　存二十一卷（十二至三十二）

330000－1795－0000936　史 0027　史部/政書類/通制之屬

文獻通考正續合纂四十四卷　（清）郎星等輯清刻本　六冊　存二十二卷（續文獻通考纂一至二十二）

330000－1795－0000937　史 0028　史部/政書類/律令之屬/律例

治浙成規八卷　清道光刻本　八冊

330000－1795－0000938　史 0010　史部/政書類/通制之屬

皇朝通志一百二十六卷　（清）嵇璜　（清）曹仁虎等纂修　清乾隆四十八年（1783）刻本二十四冊

330000－1795－0000941　史 0072　史部/政書類/律令之屬/律例

大清律例增修統纂集成四十卷附督捕則例二卷　（清）姚潤輯　（清）胡璋增輯　清咸豐五年（1855）刻本　二十四冊

330000－1795－0000942　史 0011　史部/政書類/通制之屬

九通二千三百二十一卷　（清）□□輯　清光緒八年至二十二年（1882－1896）浙江書局刻本　四十冊　存一百二十六卷（皇朝通志一至一百二十六）

330000－1795－0000943　史 0013　史部/政書類/通制之屬

文獻通考二十四卷　（元）馬端臨撰　清刻本十三冊　存十四卷（五至八、十二、十四至十六、十八至二十三）

330000－1795－0000944　史 0014　史部/政書類/通制之屬

九通二千三百二十一卷　（清）□□輯　清光

緒八年至二十二年（1882－1896）浙江書局刻本　一百二十冊　存一種

330000－1795－0000945　史0012　史部/編年類/通代之屬

御批歷代通鑑輯覽一百二十卷　（清）傅恒等撰　清刻本　三冊　存六卷（六十三至六十四、七十七至七十八、八十一至八十二）

330000－1795－0000947　史0037　史部/編年類/通代之屬

尺木堂綱鑑易知錄九十二卷明鑑易知錄十五卷　（清）吳乘權等輯　清刻本　一冊　存二卷（綱鑑易知錄三十七至三十八）

330000－1795－0000948　史0038　史部/編年類/通代之屬

尺木堂綱鑑易知錄九十二卷明鑑易知錄十五卷　（清）吳乘權等輯　清刻本　八冊　存十七卷（綱鑑易知錄二至三、十二至十三、四十七至四十八、五十一至五十二、五十七至六十、七十四至七十六、八十五至八十六）

330000－1795－0000949　史0040　史部/編年類/通代之屬

尺木堂綱鑑易知錄九十二卷明鑑易知錄十五卷　（清）吳乘權等輯　清刻本　六冊　存十五卷（綱鑑易知錄二十八至三十三、五十七至五十九、六十五至六十八、七十七至七十八）

330000－1795－0000950　史0041　史部/編年類/通代之屬

尺木堂綱鑑易知錄九十二卷明鑑易知錄十五卷　（清）吳乘權等輯　清石印本　一冊　存六卷（綱鑑易知錄六十八至七十三）

330000－1795－0000951　經0061　經部/群經總義類/文字音義之屬

經藝備格不分卷　（清）藝圃主人輯　清末石印本　一冊

330000－1795－0000952　經0066　類叢部/類書類/專類之屬

經典萃華六卷　（清）方苹野撰　清道光十七年（1837）刻本　一冊

330000－1795－0000953　史0042　史部/編年類/通代之屬

尺木堂綱鑑易知錄九十二卷明鑑易知錄十五卷　（清）吳乘權等輯　清刻本　一冊　存三卷（綱鑑易知錄五至七）

330000－1795－0000954　史0044　史部/編年類/通代之屬

尺木堂綱鑑易知錄九十二卷明鑑易知錄十五卷　（清）吳乘權等輯　清石印本　一冊　存十四卷（綱鑑易知錄六十四至七十七）

330000－1795－0000955　史0045　史部/編年類/通代之屬

尺木堂綱鑑易知錄九十二卷明鑑易知錄十五卷　（清）吳乘權等輯　清刻本　一冊　存七卷（綱鑑易知錄八十六至九十二）

330000－1795－0000956　史0046　史部/編年類/通代之屬

尺木堂綱鑑易知錄九十二卷明鑑易知錄十五卷　（清）吳乘權等輯　清石印本　一冊　存六卷（綱鑑易知錄五十四至五十九）

330000－1795－0000957　史0047　史部/編年類/通代之屬

尺木堂綱鑑易知錄九十二卷明鑑易知錄十五卷　（清）吳乘權等輯　清石印本　二冊　存十四卷（綱鑑易知錄十三至十九、四十八至五十四）

330000－1795－0000958　史0048　史部/編年類/通代之屬

尺木堂綱鑑易知錄九十二卷明鑑易知錄十五卷　（清）吳乘權等輯　清石印本　一冊　存七卷（七十五至八十一）

330000－1795－0000959　史0039　史部/編年類/通代之屬

尺木堂綱鑑易知錄九十二卷明鑑易知錄十五卷　（清）吳乘權等輯　清刻本　二十一冊　存九十卷（綱鑑易知錄一至二、五至九十二）

330000－1795－0000960　史0035　史部/編年類/通代之屬

尺木堂綱鑑易知錄九十二卷明鑑易知錄十五卷　（清）吳乘權等輯　清光緒二十四年（1898）上海宏文閣石印本　十二冊　存七十七卷（綱鑑易知錄一至四、十二至三十二、四十至五十九、六十七至九十二,明鑑易知錄一至六）

330000－1795－0000961　史 0013　史部/編年類/通代之屬

御批歷代通鑑輯覽一百二十卷　（清）傅恒等撰　清光緒三十年（1904）通文書局石印本　十三冊　存五十三卷（五至九、十五至五十七、一百十六至一百二十）

330000－1795－0000962　史 0014　史部/編年類/通代之屬

御批歷代通鑑輯覽一百二十卷　（清）傅恒等撰　清石印本　七冊　存四十二卷（七十九至一百二十）

330000－1795－0000963　史 0031　史部/編年類/通代之屬

資治通鑑二百九十四卷目錄三十卷　（宋）司馬光撰　清刻本　一冊　存五卷（目錄二十三至二十七）

330000－1795－0000964　史 0029　史部/編年類/通代之屬

資治通鑑二百九十四卷目錄三十卷　（宋）司馬光撰　清刻本　一冊　存八卷（目錄二十三至三十）

330000－1795－0000965　史 0030　史部/編年類/通代之屬

資治通鑑二百九十四卷目錄三十卷　（宋）司馬光撰　清刻本　三冊　存二十三卷（目錄八至三十）

330000－1795－0000966　史 0033　史部/編年類/通代之屬

御批資治通鑑綱目全書一百九卷　（清）聖祖玄燁撰　清光緒二十八年（1902）上海經香閣石印本　十六冊

330000－1795－0000968　史 0023　史部/編年類/通代之屬

綱鑑正史約三十六卷　（明）顧錫疇撰　（清）陳弘謀增訂　甲子紀元一卷　（清）陳弘謀撰　清同治八年（1869）浙江書局刻本　十九冊　存三十五卷（一至十八、二十一至三十六,甲子紀元）

330000－1795－0000969　史 0005　史部/編年類/通代之屬

續資治通鑑二百二十卷　（清）畢沅撰　清光緒十四年（1888）上海蜚英館石印本　十九冊　存二百九卷（一至一百二十三、一百三十五至二百二十）

330000－1795－0000970　史 0021　史部/編年類/通代之屬

御批歷代通鑑輯覽一百二十卷　（清）傅恒等撰　清刻本　四十冊

330000－1795－0000971　史 0020　史部/編年類/通代之屬

御批歷代通鑑輯覽一百二十卷　（清）傅恒等撰　清光緒三十年（1904）上海商務印書館鉛印本　三十五冊　存一百六卷（一至十五、二十二至二十四、二十七至四十四、四十八至八十一、八十五至一百二十）

330000－1795－0000972　史 0011　史部/編年類/通代之屬

御批歷代通鑑輯覽一百二十卷　（清）傅恒等撰　清刻本　九冊　存四十四卷（十三至三十三、四十四至六十六）

330000－1795－0000973　史 0016　史部/編年類/通代之屬

御批歷代通鑑輯覽一百二十卷　（清）傅恒等撰　清石印本　十七冊　存八十五卷（十一至六十五、九十一至一百二十）

330000－1795－0000974　史 0017　史部/編年類/通代之屬

御批歷代通鑑輯覽一百二十卷　（清）傅恒等撰　清光緒二十七年（1901）慎記書莊石印本　二十冊

330000 – 1795 – 0000977　史 0009　史部/編
年類/通代之屬

資治通鑑補二百九十四卷　（明）嚴衍撰　清
光緒二十八年（1902）上海益智書局石印本
四十二冊　存二百六十卷（四至八十一、八十
七至九十二、九十八至一百三十五、一百四十
三至一百四十九、一百五十八至一百七十七、
一百八十四至二百九十四）

330000 – 1795 – 0000978　史 0062　子部/
叢編

子書二十三種　（清）浙江書局編　清光緒二
十三年（1897）上海圖書集成局鉛印本　二冊

330000 – 1795 – 0000979　史 0019　史部/編
年類/通代之屬

御批歷代通鑑輯覽一百二十卷　（清）傅恒等
撰　清光緒三十一年（1905）上海商務印書館
鉛印本　三十八冊　存一百十四卷（一至六
十三、六十七至一百十七）

330000 – 1795 – 0000980　史 0028　史部/編
年類/通代之屬

資治通鑑二百九十四卷目錄三十卷　（宋）司
馬光撰　（元）胡三省音注　**續資治通鑑二百
二十卷**　（清）畢沅撰　清光緒三十三年
（1907）上海蜚英館石印本　四冊

330000 – 1795 – 0000982　史 0004　史部/編
年類/通代之屬

續資治通鑑二百二十卷　（清）畢沅撰　清刻
本　一冊　存六卷（二百十五至二百二十）

330000 – 1795 – 0000983　史 0024　史部/編
年類/通代之屬

綱鑑正史約三十六卷　（明）顧錫疇撰　（清）
陳弘謀增訂　**甲子紀元一卷**　（清）陳弘謀撰
清同治八年（1869）浙江書局刻本　十九冊
存三十六卷（一至三十六）

330000 – 1795 – 0000985　史 0050　史部/編
年類/通代之屬

**尺木堂綱鑑易知錄九十二卷明鑑易知錄十五
卷**　（清）吳乘權等輯　清刻本　二冊　存五
卷（明鑑易知錄五至六、九至十一）

330000 – 1795 – 0000986　史 0051　史部/編
年類/斷代之屬

**尺木堂綱鑑易知錄九十二卷明鑑易知錄十五
卷**　（清）吳乘權等輯　清刻本　一冊　存三
卷（明鑑易知錄十三至十五）

330000 – 1795 – 0000987　史 0057　史部/編
年類/斷代之屬

明紀六十卷　（清）陳鶴輯　（清）陳克家補
清同治十年（1871）江蘇書局刻本　五冊　存
十五卷（一至十五）

330000 – 1795 – 0000988　史 0058　史部/編
年類/通代之屬

資治通鑑釋文三十卷　（宋）史炤撰　清光緒
十五年（1889）鉛印本　五冊　存二十三卷
（一至二十三）

330000 – 1795 – 0000989　史 0064　子部/
叢編

二十二子（二十二子彙函）　（清）浙江書局編
清光緒元年至三年（1875 – 1877）浙江書局
刻本　四冊　存一種

330000 – 1795 – 0000990　史 0060　史部/編
年類/通代之屬

資治通鑑外紀十卷目錄五卷　（宋）劉恕撰
清嘉慶十六年（1811）吳郡山淵堂刻本　五冊

330000 – 1795 – 0000991　史 0059　史部/
叢編

校刊資治通鑑全書八種　（清）胡元常輯　清
光緒十四年（1888）長沙楊氏刻本　二冊　存
一種

330000 – 1795 – 0000992　史 0061　史部/編
年類/斷代之屬

竹書紀年二卷　（南朝梁）沈約注　**附集異記
一卷**　（唐）薛用弱撰　清刻本　一冊

330000 – 1795 – 0000993　史 0063　子部/
叢編

二十二子（二十二子彙函）　（清）浙江書局編
清光緒元年至三年（1875 – 1877）浙江書局
刻本　二冊　存一種

330000－1795－0000994　史 0065　史部/編年類/通代之屬

四裔編年表四卷　李鳳苞輯　清光緒二十三年(1897)石印本　一冊　存一卷(三)

330000－1795－0000995　子 0029　類叢部/類書類/通類之屬

御定駢字類編二百四十卷　（清）吳士玉（清）沈宗敬等奉敕輯　清光緒十三年(1887)上海同文書局石印本　十七冊　存八十七卷（一至三十一、四十七至五十六、六十二至六十五、七十二至七十七、九十九至一百三、一百十八至一百二十三、一百二十八至一百四十三、一百六十一至一百六十五、一百七十二至一百七十五）

330000－1795－0000996　子 0004　類叢部/類書類/專類之屬

子史精華一百六十卷　（清）吳士玉（清）吳襄等輯　清光緒十三年(1887)上海積山書局石印本　八冊

330000－1795－0000997　子 0007　類叢部/類書類/通類之屬

山堂肆考二百四十卷　（明）彭大翼撰　（明）張幼學編　清刻本　一冊　存四卷（三十至三十三）

330000－1795－0000998　子 0005　類叢部/類書類/專類之屬

子史精華一百六十卷　（清）吳士玉（清）吳襄等輯　清光緒十三年(1887)上海積山書局石印本　八冊

330000－1795－0000999　子 0002　類叢部/類書類/通類之屬

冊府元龜一千卷目錄十卷　（宋）王欽若等輯　清刻本　一冊　存五卷（三百八十八至三百九十二）

330000－1795－0001000　子 0044　類叢部/類書類/通類之屬

駢體典林富豔二十八卷　（清）□□輯　清刻本　二冊　存十七卷（一至九、十五至二十二）

330000－1795－0001001　子 0045　類叢部/類書類/專類之屬

類類聯珠初編三十二卷二編十二卷　（清）李塈編　（清）李椿林增補　清刻本　二冊　存二十一卷（初編二十四至三十二、二編一至十二）

330000－1795－0001002　子 0033　類叢部/類書類/通類之屬

策府統宗六十五卷目錄一卷　（清）劉昌齡輯　清光緒十七年(1891)同文書局石印本　六冊　存十五卷（一至五、十七至二十、六十至六十五）

330000－1795－0001003　子 0020　類叢部/類書類/專類之屬

韻府約編二十四卷　（清）鄧愷輯　清咸豐元年(1851)刻本　二十四冊

330000－1795－0001004　子 0046　類叢部/類書類/通類之屬

註釋白眉故事十卷　（明）許以忠輯　清康熙四十一年(1702)聚錦堂刻本　五冊　存八卷（一至二、五至十）

330000－1795－0001005　子 0039　類叢部/類書類/通類之屬

類林新詠三十六卷　（清）姚之駰撰　清刻本　十五冊　存三十五卷（二至三十六）

330000－1795－0001006　子 0037　集部/總集類/選集之屬/通代

分類賦學雞跖集三十卷附錄一卷　（清）張維城輯　清刻本　三冊　存十四卷（三至九、二十五至三十,附錄）

330000－1795－0001007　子 0034　集部/總集類/選集之屬/通代

分類賦學雞跖集三十卷附錄一卷　（清）張維城輯　清光緒八年(1882)四明汲綆齋刻本　五冊　存十四卷（一、八至十、十六至二十五）

330000－1795－0001008　子 0035　集部/總集類/選集之屬/通代

雞跖賦續刻二十八卷擬古二卷　（清）應泰泉

輯　清同治十三年(1874)蘭言室刻本　五冊
　存十五卷(一至四、八至十、十五至十七、二
　十至二十四)

330000－1795－0001009　子 0031　經部/四
書類/總義之屬/傳說
　四書類典賦二十四卷　(清)甘籹撰　清乾隆
　十一年(1746)刻本　十二冊

330000－1795－0001010　子 0027　類叢部/
類書類/專類之屬
　事物異名錄四十卷　(清)厲荃輯　(清)關槐
　增輯　清乾隆五十三年(1788)刻本　八冊
　存二十八卷(一至二十八)

330000－1795－0001011　子 0003　類叢部/
類書類/通類之屬
　帝王經世圖譜十六卷　(宋)唐仲友撰　清道
　光二十八年(1848)清吟閣刻本　六冊

330000－1795－0001013　史 0016　史部/史
表類/通代之屬
　歷代帝王年表不分卷　(清)齊召南撰　清乾
　隆三十年(1765)刻本　一冊

330000－1795－0001014　史 0019　史部/傳
記類/總傳之屬/通代
　增廣尚友錄統編二十二卷　(清)應祖錫輯
　清光緒二十八年(1902)鴻寶齋石印本　十
　二冊

330000－1795－0001015　史 0006　史部/傳
記類/總傳之屬/斷代
　國朝先正事略六十卷　(清)李元度撰　清同
　治五年至八年(1866－1869)循陔草堂刻本
　一冊　存一卷(一)

330000－1795－0001016　史 0009　史部/傳
記類/總傳之屬/斷代
　國朝先正事略續編三十卷　朱孔彰撰　清光
　緒二十六年(1900)石印本　一冊　存二卷
　(一至二)

330000－1795－0001018　四書 0047　集部/
總集類/課藝之屬
　巧搭從新不分卷　(清)□□撰　清道光十六

年(1836)刻本　四冊

330000－1795－0001019　史 0002　史部/傳
記類/總傳之屬/斷代
　國朝先正事略六十卷　(清)李元度撰　清光
　緒九年(1883)蛟川方氏刻本　二十四冊

330000－1795－0001020　禮 0036　經部/三
禮總義類/通禮雜禮之屬
　讀禮通考一百二十卷　(清)徐乾學撰　清康
　熙三十五年(1696)崑山徐氏刻本　三十冊

330000－1795－0001021　四書 0066　經部/
四書類/總義之屬/傳說
　四書集註大全四十三卷　(明)胡廣等輯　清
　詩瘦閣刻本　十二冊　存十九卷(大學或問
　一、中庸章句大全一、或問一、讀中庸法一、孟
　子集註大全一至十四、序說一)

330000－1795－0001022　編年 0036　史部/
編年類/通代之屬
　尺木堂綱鑑易知錄九十二卷明鑑易知錄十五
　卷　(清)吳乘權等輯　清暨陽聚珍堂刻本
　五十五冊　存九十卷(綱鑑易知錄一、四至九
　十二)

330000－1795－0001023　編年 0024　史部/
編年類/通代之屬
　御批歷代通鑑輯覽一百二十卷　(清)傅恒等
　撰　清末浙江書局刻本　四十八冊

330000－1795－0001024　編年 0022　史部/
編年類/通代之屬
　御批歷代通鑑輯覽一百二十卷　(清)傅恒等
　撰　清同治十年(1871)潯陽方氏芋栗園刻本
　一百二十一冊

330000－1795－0001025　編年 0032　史部/
編年類/通代之屬
　御批資治通鑑綱目全書一百九卷　(清)聖祖
　玄燁撰　清康熙四十六年(1707)刻本　八
　十冊

330000－1795－0001026　編年 0034　史部/
編年類/通代之屬
　御批資治通鑑綱目全書一百九卷　(清)聖祖

寧波市奉化區文物保護管理所等六家收藏單位、舟山市圖書館等二家收藏單位古籍普查登記目錄

玄燁撰　清嘉慶八年(1803)敬書堂刻本　一百二十冊

330000－1795－0001027　編年0015　史部/編年類/通代之屬

御批歷代通鑑輯覽一百二十卷　(清)傅恒等撰　清末浙江書局刻本　四十八冊

330000－1795－0001028　經0053　經部/群經總義類/文字音義之屬

經籍籑詁一百六卷補遺一百六卷首一卷　(清)阮元撰　清光緒十四年(1888)上海鴻寶齋石印本　十一冊　缺十六卷(九十九至一百六、補遺九十九至一百六)

330000－1795－0001030　五經總義0011　經部/群經總義類/石經之屬

唐石經考正一卷　(清)王朝榘述　清嘉慶五年(1800)尋孔顏樂處刻本　一冊

330000－1795－0001031　子0022　類叢部/類書類/專類之屬

省軒考古類編十二卷　(清)柴紹炳撰　(清)姚廷謙評　清雍正三年(1725)刻本　五冊

330000－1795－0001032　子0023　類叢部/類書類/專類之屬

省軒考古類編十二卷　(清)柴紹炳撰　(清)姚廷謙評　清刻本　二冊　存五卷(四至六、十至十一)

330000－1795－0001035　史0352　史部/地理類/總志之屬/斷代

大清一統志四百二十四卷　(清)和珅等纂修　清光緒二十三年(1897)杭州竹簡齋石印本　三十八冊　存三百二十七卷(一至十七、五十八至三百六十七)

330000－1795－0001036　史0025　史部/編年類/通代之屬

廣註綱鑑總論四卷　(清)薛振聲撰　清廣益書局石印本　一冊　存一卷(一)

330000－1795－0001037　史0026　史部/編年類/通代之屬

綱鑑總論二卷　(清)周茂才撰　清光緒三十

年(1904)上海書局石印本　一冊　存一卷(上)

330000－1795－0001039　史0260　史部/傳記類/科舉錄之屬/歷科鄉試錄

[光緒丁酉科]浙江鄉試硃卷一卷　(清)□□撰　清光緒刻本　一冊

330000－1795－0001040　類書0028　類叢部/類書類/通類之屬

御定駢字類編二百四十卷　(清)吳士玉(清)沈宗敬等奉敕輯　清刻本　一百二十冊

330000－1795－0001041　子0012　類叢部/類書類/通類之屬

淵鑑類函四百五十卷目錄四卷　(清)張英(清)王士禎等輯　清清吟堂刻本　一百三十五冊　存四百三十二卷(一至一百十三、一百二十一至一百四十六、一百五十二至三百三十、三百三十七至四百五十)

330000－1795－0001042　子0054　類叢部/類書類/專類之屬

精校新增繪圖幼學故事瓊林四卷首一卷　(明)程登吉撰　(清)鄒聖脈增補　清光緒三十年(1904)石印本　五冊

330000－1795－0001043　子0053　類叢部/類書類/專類之屬

新增繪圖幼學故事瓊林四卷首一卷　(清)程登吉撰　(清)鄒聖脈增補　清光緒三十年(1904)上海鴻寶齋石印本　一冊　存一卷(首)

330000－1795－0001045　子0068　類叢部/類書類/通類之屬

三味堂幼學須知直解二卷　(清)程允升撰(清)唐良瑜　(清)唐良瑚集注　清三味堂刻本　一冊　存一卷(下)

330000－1795－0001047　子0066　類叢部/類書類/專類之屬

重增幼學故事瓊林四卷首一卷　(清)程登吉撰　(清)鄒聖脈增補　清上海錦章書局刻本　一冊

330000－1795－0001050　子0063　類叢部/類書類/專類之屬

新增繪圖幼學故事瓊林四卷首一卷 （清）程登吉撰 （清）鄒聖脈增補 清石印本 一冊

330000－1795－0001051　子0062　類叢部/類書類/專類之屬

新增繪圖幼學故事瓊林四卷首一卷 （清）程登吉撰 （清）鄒聖脈增補 清石印本 一冊 存三卷(首、一至二)

330000－1795－0001052　子0061　類叢部/類書類/通類之屬

古鹽補留堂精校新增繪圖幼學故事瓊林四卷首一卷 （清）程允升撰 （清）鄒聖脈增補 清石印本 一冊

330000－1795－0001053　子0011　類叢部/類書類/專類之屬

子史精華一百六十卷 （清）吳士玉 （清）吳襄等輯 清雍正五年(1727)刻本 三十五冊 存一百二十卷(一至五十九、七十五至八十七、一百十三至一百六十)

330000－1795－0001054　子0069　類叢部/類書類/通類之屬

事類賦三十卷 （宋）吳淑撰並注 清乾隆五十四年(1789)劍光閣刻本 四冊 存二十五卷(一至六、十二至三十)

330000－1795－0001055　子0001　類叢部/類書類/通類之屬

北堂書鈔一百六十卷 （唐）虞世南撰 （清）孔廣陶校注 清光緒十四年(1888)南海孔氏三十有三萬卷堂刻本 二十冊

330000－1795－0001056　子0041　類叢部/類書類/通類之屬

文章潤色九卷 清光緒十一年(1885)四明暢懷書屋銅版石印本 一冊

330000－1795－0001057　子0042　類叢部/類書類/專類之屬

新刻詩賦料三種 清嘉慶二十一年(1816)葆石居刻本 一冊 存一種

330000－1795－0001058　子0043　類叢部/類書類/通類之屬

文料大成四卷 （清）□□輯 清光緒十九年(1893)上海書局石印本 一冊 存三卷(一至三)

330000－1795－0001059　子0050　子部/儒家類/儒學之屬/蒙學

寄傲山房塾課新增幼學故事瓊林四卷首一卷 （明）程登吉撰 （清）鄒聖脈增補 清嘉慶元年(1796)刻甬郡汲纏齋印本 四冊

330000－1795－0001063　子0057　類叢部/類書類/專類之屬

新增繪圖幼學故事瓊林四卷首一卷 （清）程登吉撰 （清）鄒聖脈增補 清石印本 一冊

330000－1795－0001064　子0056　類叢部/類書類/專類之屬

新增繪圖幼學故事瓊林四卷首一卷 （清）程登吉撰 （清）鄒聖脈增補 清浙紹奎照石印本 一冊 存二卷(二至三)

330000－1795－0001065　子0055　類叢部/類書類/專類之屬

新增繪圖幼學故事瓊林四卷首一卷 （清）程登吉撰 （清）鄒聖脈增補 清上海章福記石印本 一冊

330000－1795－0001066　子0010　類叢部/類書類/通類之屬

子史輯要題解合編四卷 （清）胡本淵編 清刻本 一冊

330000－1795－0001069　子0040　子部/道家類

文子纘義十二卷 （宋）杜道堅撰 清光緒二十三年(1897)文瑞樓鉛印本 一冊

330000－1795－0001070　子0043　類叢部/叢書類/彙編之屬

崇文書局彙刻書(三十三種叢書、湖北書局所刻書)三十三種 （清）崇文書局編 清光緒元年(1875)湖北崇文書局刻本 二冊 存一種

330000－1795－0001071　子0009　類叢部/
類書類/專類之屬

子史精華一百六十卷　（清）吳士玉　（清）吳
襄等輯　清雍正五年(1727)刻本　二十一冊
　存一百三十八卷(一至二十四、三十五至六
十七、七十四至一百四十七、一百五十四至一
百六十)

330000－1795－0001073　史0353　史部/地
理類/總志之屬/斷代

大清一統志表一卷　（清）徐午撰　清乾隆五
十八年(1793)刻本　十一冊

330000－1795－0001080　史0250　史部/政
書類/邦交之屬

使俄草八卷　（清）王之春撰　清光緒二十一
年(1895)石印本　二冊　存四卷(一至二、五
至六)

330000－1795－0001083　子0067　類叢部/
類書類/專類之屬

新增繪圖幼學故事瓊林四卷首一卷　（清）程
登吉撰　（清）鄒聖脈增補　清石印本　一冊
　存一卷(二)

330000－1795－0001086　子0021　類叢部/
類書類/專類之屬

格致鏡原一百卷　（清）陳元龍撰　清康熙五
十六年(1717)刻雍正十三年(1735)印本　二
十四冊

330000－1795－0001087　子0070　類叢部/
類書類/專類之屬

子史精華一百六十卷　（清）吳士玉　（清）吳
襄等輯　清光緒十三年(1887)上海蜚英館石
印本　六冊　存一百二十卷(一至二十、四十
一至一百四十)

330000－1795－0001088　子0006　類叢部/
類書類/專類之屬

子史精華一百六十卷　（清）吳士玉　（清）吳
襄等輯　清光緒二十二年(1896)寶文書局石
印本　八冊

330000－1795－0001090　子0005　子部/雜

著類/雜纂之屬

益智編四十一卷　（明）孫能傳輯　清光緒十
七年(1891)石印本　十二冊

330000－1795－0001091　子0014　類叢部/
類書類/專類之屬

新增說文韻府羣玉二十卷　（元）陰時夫輯
（元）陰中夫注　清刻本　十八冊

330000－1795－0001093　史0049　史部/編
年類/通代之屬

**尺木堂綱鑑易知錄九十二卷明鑑易知錄十五
卷**　（清）吳乘權等輯　清光緒二十四年
(1898)上海宏文閣石印本　二冊　存十五卷
(明鑑易知錄一至十五)

330000－1795－0001094　子0038　類叢部/
類書類/通類之屬

古事比五十二卷　（清）方中德輯　清光緒二
十九年(1903)上海益智書局石印本　五冊

330000－1795－0001095　子0032　類叢部/
類書類/通類之屬

增廣四書典腋二十卷　（清）松軒主人撰　清
道光十一年(1831)刻本　六冊

330000－1795－0001096　子0030　類叢部/
類書類/通類之屬

小嫏嬛山館彙刊類書十二種　（清）小嫏嬛山
館編　清咸豐元年(1851)刻本　八冊

330000－1795－0001097　史0020　史部/紀
傳類/正史之屬

四史四百十五卷　（漢）班固撰　（唐）顏師古
注　清光緒二十八年(1902)竢實齋石印本
十二冊　存一種

330000－1795－0001099　史0028　史部/紀
傳類/正史之屬

四史四百十五卷　（南朝宋）范曄撰　（唐）李
賢注　清光緒十八年(1892)武林竹簡齋石印
本　一冊　存一種

330000－1795－0001100　史0027　史部/紀
傳類/正史之屬

二十四史附考證　清光緒二十八年(1902)史

學會社石印本　八冊　存一種

330000－1795－0001101　史 0026　史部/紀傳類/正史之屬

四史四百十五卷　（南朝宋）范曄撰　（唐）李賢注　清光緒十三年（1887）金陵書局刻本　十六冊　存一種

330000－1795－0001102　史 0018　史部/紀傳類/正史之屬

二十四史　清同治至光緒五省官書局刻光緒五年（1879）湖北書局彙印本　十六冊　存一種

330000－1795－0001103　史 0040　史部/紀傳類/正史之屬

南北史補志十四卷附贊一卷　（清）汪士鐸撰　清光緒四年（1878）淮南書局刻本　六冊

330000－1795－0001104　史 0019　史部/紀傳類/正史之屬

漢書一百二十卷　（漢）班固撰　（唐）顏師古注　清光緒十三年（1887）金陵書局刻本　十六冊

330000－1795－0001105　史 0031　史部/紀傳類/正史之屬

四史四百十五卷　（晉）陳壽著　（東晉）裴松之注　清光緒十三年（1887）江南書局刻本　八冊　存一種

330000－1795－0001106　史 0024　史部/紀傳類/正史之屬

後漢書九十卷　（南朝宋）范曄撰　（唐）李賢注　志三十卷　（晉）司馬彪撰　（南朝梁）劉昭注　清刻本　一冊　存三卷（三十九至四十一）

330000－1795－0001107　史 0025　史部/紀傳類/正史之屬

四史四百十五卷　（唐）李賢注　（南朝宋）范曄撰　清同治八年（1869）金陵書局刻本　十六冊　存一種

330000－1795－0001108　史 0013　史部/紀傳類/正史之屬

校刊史記集解索隱正義札記五卷　（清）張文虎撰　清同治十一年（1872）金陵書局刻本　二冊

330000－1795－0001109　史 0011　史部/紀傳類/正史之屬

史記一百三十卷首一卷　（漢）司馬遷撰　（南朝宋）裴駰集解　（唐）司馬貞索隱　（唐）張守節正義　清三畏堂刻本　二十冊　存七十二卷（首、一至七十一）

330000－1795－0001111　史 0033　史部/紀傳類/正史之屬

二十四史　清同治至光緒五省官書局刻光緒五年（1879）湖北書局彙印本　二十冊　存一種

330000－1795－0001112　史 0033　史部/紀傳類/正史之屬

二十四史　清同治至光緒五省官書局刻光緒五年（1879）湖北書局彙印本　二十冊　存一種

330000－1795－0001113　史 0032　史部/紀傳類/正史之屬

三國志證聞三卷　（清）錢儀吉撰　清光緒十一年（1885）江蘇書局刻本　二冊

330000－1795－0001114　史 0003　類叢部/叢書類/彙編之屬

古香齋袖珍十種　（漢）司馬遷撰　（南朝宋）裴駰集解　（唐）司馬貞索隱　（唐）張守節正義　清同治至光緒南海孔氏刻本　二十四冊　存一種

330000－1795－0001115　史 0005　史部/紀傳類/正史之屬

四史四百十五卷　（漢）司馬遷撰　清光緒十三年（1887）金陵書局刻本　清徐時棟題跋　二十冊　存一種

330000－1795－0001116　史 0045　史部/紀傳類/正史之屬

五代史七十四卷　（宋）歐陽修撰　（宋）徐無黨注　清嘉慶二十年（1815）萍鄉劉氏雲牲書

寧波市奉化區文物保護管理所等六家收藏單位、舟山市圖書館等二家收藏單位古籍普查登記目錄

屋刻道光八年(1828)重修本　四十冊

330000－1795－0001117　史 0034　史部/紀傳類/正史之屬

二十四史　清同治至光緒五省官書局刻光緒五年(1879)湖北書局彙印本　十六冊　存一種

330000－1795－0001118　史 0042　史部/紀傳類/正史之屬

唐書二百二十五卷　(宋)歐陽修　(宋)宋祁等撰　清同治十二年(1873)浙江書局刻本　四十冊

330000－1795－0001121　類書 0036　集部/總集類/選集之屬/通代

分類賦學雞跖集三十卷附錄一卷　(清)張維城輯　清刻本　二冊　存九卷(二至三、十八至二十四)

330000－1795－0001122　子 0052　類叢部/類書類/專類之屬

新增繪圖幼學故事瓊林四卷首一卷　(清)程登吉撰　(清)鄒聖脈增補　清光緒二十六年(1900)上海千傾堂石印本　一冊　存一卷(首)

330000－1795－0001123　類書 0015　類叢部/類書類/專類之屬

佩文韻府一百六卷　(清)張玉書　(清)蔡升元等輯　**韻府拾遺一百六卷**　(清)汪灝(清)何焯等輯　清刻本　八十五冊　存七十三卷(佩文韻府一至五十六、八十五至一百一)

330000－1795－0001125　類書 0072　類叢部/類書類/通類之屬

太平御覽一千卷目錄十五卷　(宋)李昉等輯　清嘉慶十一年(1806)刻本　一百二冊

330000－1795－0001126　四書 0028　經部/四書類/總義之屬/傳說

增訂四書集註大全四十二卷　(明)胡廣等輯(清)汪份增訂　清康熙長洲汪氏遹喜齋刻本　三十冊　缺一卷(孟子集註大全一)

330000－1795－0001127　史 0002　史部/目錄類/總錄之屬/官修

欽定四庫全書簡明目錄二十卷　(清)紀昀等撰　清刻本　九冊　存十六卷(三至四、七至二十)

330000－1795－0001128　四書 0143　經部/四書類/總義之屬/傳說

繪圖四書速成新體讀本　(清)王有宗　(清)施崇恩校訂　清光緒三十一年(1905)上海彪蒙書室石印本　十二冊　存七卷(孟子一至七)

330000－1795－0001129　四書 0159　經部/四書類/總義之屬/傳說

易簡堂四書遵註合講十九卷　(清)翁復編清酌雅齋刻本　六冊

330000－1795－0001130　禮 0010　經部/禮記類/傳說之屬

禮記增訂旁訓六卷　(清)徐立綱撰　清匠門書屋刻本　六冊

330000－1795－0001132　四書 0029　經部/四書類/總義之屬/傳說

四書朱子本義匯參四十三卷首四卷　(清)王步青輯　清道光四年(1824)書業堂刻本　二十五冊　存三十二卷(大學首、一至三,論語六至二十,孟子首、一至十二)

330000－1795－0001134　小學 0148　經部/小學類/音韻之屬/韻書

詩韻集成十卷　(清)余照輯　清同治十一年(1872)奎照樓刻本　二冊

330000－1795－0001135　子 0051　類叢部/類書類/專類之屬

新增繪圖幼學故事瓊林四卷首一卷　(清)程登吉撰　(清)鄒聖脈增補　清光緒二十六年(1900)上海千頃堂石印本　一冊　存一卷(首)

330000－1795－0001136　小學 0164　經部/小學類/音韻之屬/韻書

音韻合註四書一卷五經一卷　(清)鄒岳舜輯

清刻本　一冊　存一卷(四書)

330000－1795－0001137　史 0001　史部/目錄類/專錄之屬

經義考三百卷 （清）朱彝尊撰　**經義考總目二卷** （清）盧見曾編　清刻本　四十八冊

330000－1795－0001138　史 0003　史部/目錄類/總錄之屬/私撰

書目答問五卷別錄一卷國朝著述諸家姓名略一卷 （清）張之洞撰　清刻本　一冊　存一卷(史部)

330000－1795－0001146　史 0025　史部/金石類/總志之屬/文字

金石文字記六卷 （清）顧炎武撰　清刻本　二冊

330000－1795－0001147　史 0026　史部/金石類/金之屬/圖像

陶齋吉金錄八卷 （清）端方撰　清光緒三十四年(1908)上海有正書局石印本　八冊

330000－1795－0001148　史 0027　史部/金石類/金之屬/圖像

陶齋吉金續錄二卷 （清）端方撰　清宣統元年(1909)上海有正書局石印本　二冊

330000－1795－0001149　史 0028　史部/金石類/總志之屬/目錄

二銘艸堂金石聚十六卷 （清）張德容輯　清刻本　五冊　存五卷(二、四至七)

330000－1795－0001151　史 0009　史部/紀傳類/正史之屬

二十四史　清同治至光緒五省官書局刻光緒五年(1879)湖北書局彙印本　八冊　存一種

330000－1795－0001152　史 0023　史部/紀傳類/正史之屬

四史四百十五卷 （漢）班固撰　（唐）顏師古注　清光緒二十八年(1902)竢實齋石印本　八冊　存一種

330000－1795－0001153　時令 0001　史部/時令類

月令粹編二十四卷圖說一卷 （清）秦嘉謨撰　清嘉慶十七年(1812)江都秦嘉謨琳琅仙館刻本　八冊

330000－1795－0001154　史 0021　史部/目錄類/書志之屬/提要

直齋書錄解題二十二卷 （宋）陳振孫撰　清刻本　十冊

330000－1795－0001155　史 0001　史部/職官類/官制之屬

歷代職官表六卷 （清）黃本驥纂　清刻本　三冊

330000－1795－0001156　史 0002　史部/職官類/官制之屬

官制議十四卷　康有為撰　清光緒三十年(1904)廣智書局鉛印本　一冊

330000－1795－0001157　史 0020　類叢部/叢書類/彙編之屬

崇文書局彙刻書(三十三種叢書、湖北書局所刻書)三十三種 （清）崇文書局編　清光緒元年(1875)湖北崇文書局刻本　四冊　存一種

330000－1795－0001158　史 0043　史部/紀傳類/正史之屬

二十四史　清同治至光緒五省官書局刻光緒五年(1879)湖北書局彙印本　十六冊　存一種

330000－1795－0001159　史 0041　史部/紀傳類/正史之屬

二十四史　清同治至光緒五省官書局刻光緒五年(1879)湖北書局彙印本　四十冊　存一種

330000－1795－0001160　史 0022　史部/紀傳類/正史之屬

四史四百十五卷 （漢）班固撰　（唐）顏師古注　清光緒十四年(1888)上海蜚英館石印本　五冊　存一種

330000－1795－0001161　史 0044　史部/紀傳類/正史之屬

五代史七十四卷　（宋）歐陽修撰　（宋）徐無黨注　清同治十一年（1872）湖北崇文書局刻本　八冊

330000－1795－0001162　史0053　史部/紀傳類/正史之屬

明史三百三十二卷　（清）張廷玉等撰　清刻本　一冊　存五卷（一百二十四至一百二十八）

330000－1795－0001164　史0051　史部/史抄類

史記菁華錄六卷　（清）姚祖恩輯　清光緒二十二年（1896）上海書局石印本　一冊

330000－1795－0001165　史0050　史部/史抄類

史記菁華錄六卷　（清）姚祖恩輯　清光緒十三年（1887）上海蜚英館石印本　二冊　存二卷（一、三）

330000－1795－0001166　史0049　類叢部/叢書類/家集之屬

李氏五種　（清）李兆洛撰　清同治九年至十一年（1870－1872）合肥李鴻章刻本　一冊　存一種

330000－1795－0001167　史0048　類叢部/叢書類/家集之屬

李氏五種　（清）李兆洛撰　清同治九年至十一年（1870－1872）合肥李鴻章刻本　一冊　存一種

330000－1795－0001168　史0047　史部/史表類/通代之屬

歷代紀元彙考八卷　（清）萬斯同撰　孫鏘校補　皇朝紀元彙考一卷　（清）李哲濬撰　清光緒二十三年（1897）瀚洲李氏刻本　一冊

330000－1795－0001169　史0106　史部/傳記類/總傳之屬/儒林

學宮輯畧六卷　（清）余丙捷撰　（清）李元春增輯　清終慕堂刻本　四冊

330000－1795－0001171　史0097　史部/傳記類/總傳之屬/家乘

純德彙編七卷首一卷　（清）董華鈞輯　純德彙編續刻一卷　（清）董景沛輯　清刻本　一冊　存三卷（四至六）

330000－1795－0001172　史0096　史部/傳記類/總傳之屬/家乘

純德彙編七卷首一卷　（清）董華鈞輯　純德彙編續刻一卷　（清）董景沛輯　清刻本　二冊　存四卷（四至七）

330000－1795－0001173　史0095　史部/傳記類/總傳之屬/家乘

純德彙編七卷首一卷　（清）董華鈞輯　純德彙編續刻一卷　（清）董景沛輯　清嘉慶二十三年（1818）春暉堂刻本　四冊

330000－1795－0001174　史0094　史部/傳記類/總傳之屬/家乘

純德彙編七卷首一卷　（清）董華鈞輯　純德彙編續刻一卷　（清）董景沛輯　清嘉慶二十三年（1818）春暉堂刻本　四冊

330000－1795－0001175　史0093　史部/傳記類/總傳之屬/家乘

純德彙編七卷首一卷　（清）董華鈞輯　純德彙編續刻一卷　（清）董景沛輯　清嘉慶二十三年（1818）春暉堂刻本　四冊

330000－1795－0001176　史0092　史部/傳記類/總傳之屬/家乘

純德彙編七卷首一卷　（清）董華鈞輯　純德彙編續刻一卷　（清）董景沛輯　清嘉慶二十三年（1818）春暉堂刻本　四冊

330000－1795－0001177　史0091　史部/傳記類/總傳之屬/家乘

純德彙編七卷首一卷　（清）董華鈞輯　純德彙編續刻一卷　（清）董景沛輯　清嘉慶二十三年（1818）春暉堂刻本　四冊

330000－1795－0001179　史0026　史部/傳記類/總傳之屬/通代

廿二史言行略四十二卷　（清）過元旼輯　清嘉慶十五年（1810）拜經齋刻本　十二冊

330000－1795－0001180　史0025　史部/傳

記類/總傳之屬/仕宦

**宋名臣言行錄前集十卷後集十四卷續集八卷
別集二十六卷外集十七卷** （宋）□□輯　清
刻本　四冊　存二十四卷(前集一至十、後集
一至十四)

330000－1795－0001181　史 0017　史部/史
抄類

史記選六卷 （清）儲欣選評　清乾隆四十五
年(1780)受祉堂刻本　三冊

330000－1795－0001183　史 0015　史部/史
抄類

史記菁華錄六卷 （清）姚祖恩輯　清光緒二
十二年(1896)新化三味堂刻本　六冊

330000－1795－0001192　史 0073　新學/
學校

**光緒叁拾貳年電報總局學堂刻癸卯彙考冊不
分卷** （清）電報總局學堂刻　清光緒三十二
年(1906)石印本　一冊

330000－1795－0001193　史 0072　新學/
學校

**光緒叁拾貳年電報總局學堂刻癸卯彙考冊不
分卷** （清）電報總局學堂刻　清光緒三十二
年(1906)石印本　一冊

330000－1795－0001194　史 0070　史部/傳
記類/總傳之屬/斷代

漁洋感舊集小傳四卷補遺一卷 （清）王士禎
撰　清宣統二年(1910)上海國學扶輪社石印
本　二冊

330000－1795－0001195　史 0036　史部/紀
傳類/正史之屬

二十四史 清同治至光緒五省官書局刻光緒
五年(1879)湖北書局彙印本　六冊　存一種

330000－1795－0001196　史 0035　史部/紀
傳類/正史之屬

南齊書五十九卷 （南朝梁）蕭子顯撰　清光
緒二十八年(1902)竢實齋石印本　一冊　存
三十二卷(二十八至五十九)

330000－1795－0001197　史 0037　史部/紀

傳類/正史之屬

二十四史 清同治至光緒五省官書局刻光緒
五年(1879)湖北書局彙印本　十一冊　存
一種

330000－1795－0001198　史 0039　史部/紀
傳類/正史之屬

二十四史 清同治至光緒五省官書局刻光緒
五年(1879)湖北書局彙印本　七冊　存一種

330000－1795－0001199　史 0038　史部/紀
傳類/正史之屬

二十四史 清同治至光緒五省官書局刻光緒
五年(1879)湖北書局彙印本　八冊　存一種

330000－1795－0001200　史 0007　史部/紀
傳類/正史之屬

史記一百三十卷 （漢）司馬遷撰　（南朝宋）
裴駰集解　（唐）司馬貞索隱　（唐）張守節正
義　清同治九年(1870)湖北崇文書局刻本
二十三冊　存一百二十五卷(一至一百二十
五)

330000－1795－0001202　史 0067　史部/傳
記類/總傳之屬/忠孝

旌忠錄[陳良謨]五卷首一卷 （清）陳祖確輯
清光緒五年(1879)四明倉基陳氏木活字印
本　二冊

330000－1795－0001203　史 0066　史部/傳
記類/總傳之屬/忠孝

旌忠錄[陳良謨]五卷首一卷 （清）陳祖確輯
清光緒五年(1879)四明倉基陳氏木活字印
本　二冊

330000－1795－0001204　史 0065　史部/傳
記類/總傳之屬/仕宦

貳臣傳十二卷逆臣傳四卷 （清）國史館撰
清都城琉璃廠半松居士刻本　八冊

330000－1795－0001207　史 0046　類叢部/
叢書類/自著之屬

潛研堂全書十六種 （清）錢大昕撰　清乾隆
至嘉慶刻本　二十冊　存一種

330000－1795－0001208　類書 0016　類叢

部/類書類/專類之屬

佩文韻府一百六卷 （清）張玉書 （清）蔡升元等輯 **韻府拾遺一百六卷** （清）汪灝（清）何焯等輯 清刻本 一百九十八冊 存九十五卷(佩文韻府一至七十二、八十至九十六、一百一至一百六)

330000－1795－0001209 史 0026 經部/叢編

重刊宋本十三經注疏四百十六卷附十三經注疏校勘記四百十六卷 （清）阮元撰 （清）盧宣旬摘錄 **校勘記識語四卷** （清）汪文臺撰 清光緒十三年(1887)上海脈望仙館石印本 二十冊 缺六十一一卷(附釋音毛詩注疏一至十五、附校勘記二十五至七十)

330000－1795－0001210 類書 0059 類叢部/類書類/通類之屬

玉海二百卷附刻辭學指南四卷詩考一卷詩地理考六卷漢藝文志考證十卷通鑑地理通釋十四卷漢制考四卷踐阼篇一卷周易鄭康成注一卷姓氏急就篇二卷急就篇補注四卷周書王會補注一卷小學紺珠十卷六經天文編二卷通鑑荅問五卷 （宋）王應麟撰 清嘉慶十一年(1806)江寧藩署刻本 八十三冊 存一百九十一卷(玉海一至一百六十六、一百六十八至一百九十二)

330000－1795－0001211 史 0220 史部/地理類/輿圖之屬/道里

秦蜀驛程後記二卷 （清）王士禛撰 清刻本 一冊

330000－1795－0001212 史 0249 類叢部/叢書類/自著之屬

北江全集七種 （清）洪亮吉撰 清乾隆至嘉慶刻彙印本 一冊 存一種

330000－1795－0001213 史 0248 類叢部/叢書類/彙編之屬

廣雅書局叢書一百五十九種 徐紹棨編 清光緒廣雅書局刻民國九年(1920)番禺徐紹棨彙編重印本 三冊 存一種

330000－1795－0001214 史 0250 類叢部/

叢書類/自著之屬

北江全集七種 （清）洪亮吉撰 清乾隆至嘉慶刻彙印本 一冊 存一種

330000－1795－0001215 史 0034 史部/傳記類/總傳之屬/儒林

程子年譜二種十二卷首一卷終一卷 （清）池生春 （清）諸星杓編 清咸豐五年(1855)味經室刻本 五冊

330000－1795－0001216 史 0033 史部/傳記類/別傳之屬/年譜

黃梨洲先生年譜三卷 （清）黃炳垕撰 清同治十二年(1873)刻本 一冊

330000－1795－0001218 史 0031 類叢部/叢書類/自著之屬

全謝山二種 （清）全祖望撰 清嘉慶十九年(1814)刻本 一冊 存一種

330000－1795－0001219 史 0030 史部/傳記類/總傳之屬/家乘

考訂朱子世家一卷 （清）江永撰 清同治五年(1866)望三益齋刻本 一冊

330000－1795－0001220 史 0029 史部/傳記類/總傳之屬/儒林

歷代賢儒景行錄二卷 （清）邊鳴珂撰 清咸豐十年(1860)刻本 二冊

330000－1795－0001221 史 0028 子部/儒家類/儒學之屬/勸學

士鑑錄四卷 （清）尹會一輯 清刻本 一冊

330000－1795－0001222 史 0027 史部/史抄類

綱目四鑑錄十六卷 （清）尹會一輯 清乾隆刻本 一冊 存四卷(臣鑑錄一至四)

330000－1795－0001224 史 0035 史部/傳記類/別傳之屬/年譜

歷代名人年譜十卷附存疑及生卒年月無攷一卷 （清）吳榮光撰 清刻本 十冊

330000－1795－0001225 史 0020 史部/地理類/方志之屬/郡縣志

[乾隆]西寧府新志四十卷　（清）楊應琚纂修
　清刻本　五冊　存九卷（二十二至三十）

330000－1795－0001227　史0021　史部/傳
記類/總傳之屬/仕宦
歷代名臣言行錄二十四卷　（清）朱桓編輯
清光緒二十八年（1902）上海寶善書局石印本
　十冊

330000－1795－0001228　史0022　史部/傳
記類/總傳之屬/仕宦
歷代名臣言行錄二十四卷　（清）朱桓輯　清
光緒鉛印本　一冊　存二卷（三至四）

330000－1795－0001229　史0023　史部/傳
記類/總傳之屬/仕宦
歷代名臣言行錄二十四卷　（清）朱桓輯　清
嘉慶十二年（1807）刻本　十一冊　存九卷
（一、四至六、十三至十五、二十一至二十二）

330000－1795－0001230　史0024　史部/傳
記類/總傳之屬/仕宦
歷代名臣言行錄二十四卷首一卷　（清）朱桓
輯　清光緒三十年（1904）上海商務印書館石
印本　七冊　存二十二卷（首，一至十、十四
至二十四）

330000－1795－0001231　史0053　史部/傳
記類/別傳之屬/事狀
李鴻章（中國四十年來大事記）十二章　梁啟
超撰　清末鉛印本　一冊

330000－1795－0001232　史0052　史部/傳
記類/別傳之屬/事狀
李鴻章（中國四十年來大事記）十二章　梁啟
超撰　清末鉛印本　一冊

330000－1795－0001233　史0051　史部/傳
記類/別傳之屬/事狀
劉坤一傳一卷　梁啟超著　清光緒二十九年
（1903）石印本　一冊

330000－1795－0001237　子0026　子部/儒
家類/儒家之屬
孔子家語十卷　題（三國魏）王肅注　清刻本
　二冊　存四卷（五至六、九至十）

330000－1795－0001239　子0029　子部/儒
家類/儒家之屬
孔子集語十七卷　（清）孫星衍輯　清光緒二
十三年（1897）文瑞樓石印本　一冊　存八卷
（十至十七）

330000－1795－0001240　史0031　子部/
叢編
子書二十八種　（清）文瑞樓編　清光緒二十
二年至三十四年（1896－1908）鉛印本　一冊
　存一種

330000－1795－0001241　史0042　新學/史
志/別國史
各國時事類編十八卷　（清）沈純輯　清光緒
二十一年（1895）上海書局石印本　一冊　存
三卷（一至三）

330000－1795－0001242　史0049　史部/傳
記類/別傳之屬/事狀
道國元公濂溪周夫子[敦頤]志十五卷首一卷
　（清）吳大鎔修　（清）常在輯　清刻本
五冊

330000－1795－0001243　史0048　史部/傳
記類/總傳之屬/郡邑
劉先生志一卷劉後主志一卷大同志一卷李志
一卷漢中士女志一卷西州後賢志一卷　（晉）
常璩撰　清刻本　一冊

330000－1795－0001244　集0047　類叢部/
叢書類/自著之屬
諸葛忠武侯全集二十卷首三卷　（三國蜀）諸
葛亮撰　（清）張澍輯　清同治元年（1862）聚
珍齋木活字印本　一冊　存一卷（全集一）

330000－1795－0001245　史0012　類叢部/
叢書類/彙編之屬
宜稼堂叢書七種　（清）郁松年編　清道光二
十年至二十二年（1840－1842）上海郁氏刻本
　二十四冊　存一種

330000－1795－0001246　史0010　類叢部/
叢書類/彙編之屬
宜稼堂叢書七種　（清）郁松年編　清道光二

寧波市奉化區文物保護管理所等六家收藏單位、舟山市圖書館等二家收藏單位古籍普查登記目錄

十年至二十二年(1840－1842)上海郁氏刻本
二十三册　存一種

330000－1795－0001247　史0011　類叢部/
叢書類/彙編之屬

宜稼堂叢書七種　（清）郁松年編　清道光二
十年至二十二年(1840－1842)上海郁氏刻本
八册　存一種

330000－1795－0001248　史0009　類叢部/
叢書類/彙編之屬

宜稼堂叢書七種　（清）郁松年編　清道光二
十年至二十二年(1840－1842)上海郁氏刻本
二十四册　存一種

330000－1795－0001249　史0014　史部/紀
傳類/正史之屬

明史稿三百十卷目錄三卷　（清）王鴻緒撰
清雍正敬慎堂刻本　四册　存十七卷(一百
四十八至一百五十一、一百六十七至一百七
十九)

330000－1795－0001250　史0026　史部/載
記類

契丹國志二十七卷　（宋）葉隆禮撰　清乾隆
五十八年(1793)承恩堂刻本　四册

330000－1795－0001251　史0007　史部/紀
傳類/別史之屬

弘簡錄二百五十四卷　（明）邵經邦撰　清刻
本　八十册

330000－1795－0001252　史0025　史部/紀
傳類/正史之屬

明史稿三百十卷目錄三卷　（清）王鴻緒撰
清雍正敬慎堂刻本　二十七册　存一百五卷
（本紀十四至十九，志一至二十、三十九至七
十二，列傳十三至二十、六十一至六十四、一
百十五至一百三十三、一百七十一至一百八
十一，目錄上中下）

330000－1795－0001257　史0189　類叢部/
類書類/專類之屬

年華錄四卷　（清）全祖望輯　清嘉慶二十年
(1815)日新堂刻本　二册

330000－1795－0001258　史0187　史部/政
書類/邦交之屬

中西事物紀要二十四卷　（清）夏燮撰　清光
緒二十三年(1897)上海書局石印本　四册

330000－1795－0001259　史0184　新學/格
致總

西學通考三十六卷　（清）胡兆鸞輯　清石印
本　四册　存十七卷(二十至三十六)

330000－1795－0001260　史0185　新學/史
志/諸國史

泰西新史攬要二十四卷　（英國）馬懇西撰
(英國)李提摩太釋　清光緒二十四年(1898)
上海廣學會石印本　三册　存十一卷(一至
三、七至九、二十至二十四)

330000－1795－0001264　史0105　史部/雜
史類/通代之屬

華盛頓泰西史畧八卷　（美國）厄爾文撰
（清）黎汝謙　（清）蔡國昭譯　清光緒二十三
年(1897)新學會社石印本　三册　存六卷
(一至四、七至八)

330000－1795－0001265　史0004　史部/紀
傳類/正史之屬

四史四百十五卷　（清）張廷玉等編　清光緒
十四年(1888)上海蜚英館石印本　四十八册

330000－1795－0001266　史0001　史部/紀
傳類/正史之屬

欽定二十四史　清光緒二十八年(1902)上海
文瀾書局石印本　一百十五册　存二十四種

330000－1795－0001268　史0006　史部/紀
傳類/正史之屬

二十四史　清同治至光緒五省官書局刻光緒
五年(1879)湖北書局彙印本　二十册　存
一種

330000－1795－0001269　史0032　子部/
叢編

韓晏合編二種　（清）吳鼏編　清嘉慶全椒吳
氏刻本　二册　存一種

330000－1795－0001270　子0030　子部/儒

家類/儒家之屬

孔子集語十七卷 （清）孫星衍輯　清刻本
三冊　存十二卷（六至十七）

330000－1795－0001271　子0028　子部/儒
家類/儒家之屬

孔子家語十卷 題（三國魏）王肅注　清刻本
四冊

330000－1795－0001272　子0027　子部/儒
家類/儒家之屬

孔氏家語十卷 題（三國魏）王肅注　清道光
三十年（1850）天祿齋刻本　二冊

330000－1795－0001273　子0020　子部/小
說家類/異聞之屬

山海經十八卷 （晉）郭璞傳　清刻本　二冊
存十六卷（三至十八）

330000－1795－0001274　子0019　子部/小
說家類/異聞之屬

山海經十八卷 （晉）郭璞傳　清光緒三年
（1877）浙江書局刻本　三冊

330000－1795－0001275　史0035　子部/
叢編

二十二子（二十二子彙函） （清）浙江書局編
清光緒元年至三年（1875－1877）浙江書局
刻本　一冊　存一種

330000－1795－0001276　史0034　子部/
叢編

二十二子（二十二子彙函） （清）浙江書局編
清光緒元年至三年（1875－1877）浙江書局
刻本　一冊　存一種

330000－1795－0001277　史0033　子部/
叢編

二十二子（二十二子彙函） （清）浙江書局編
清光緒元年至三年（1875－1877）浙江書局
刻本　一冊　存一種

330000－1795－0001278　子0017　子部/雜
家類

呂氏春秋二十六卷 （漢）高誘注　**校考一卷**
（清）畢沅輯　清光緒二十三年（1897）文瑞

樓鉛印本　四冊　缺一卷（校考）

330000－1795－0001279　史0017　史部/史
抄類

戰國策纂四卷 （明）張榜輯　清刻本　二冊

330000－1795－0001280　史0016　史部/雜
史類/斷代之屬

戰國策十卷 （宋）鮑彪校注　（元）吳師道補
正　清蘇州綠蔭堂刻本　八冊

330000－1795－0001282　史0001　史部/雜
史類/斷代之屬

國語二十一卷 （三國吳）韋昭注　（宋）宋庠
補音　清蘇州綠蔭堂刻本　三冊

330000－1795－0001284　史0014　史部/雜
史類/斷代之屬

振綺堂遺書五種 （清）汪遠孫撰　清道光刻
民國十一年（1922）錢塘汪氏彙印本　一冊
存一種

330000－1795－0001285　史0008　史部/雜
史類/斷代之屬

國語二十一卷 （三國吳）韋昭注　**校刊明道
本韋氏解國語札記一卷** （清）黃丕烈撰　**明
道本考異四卷** （清）汪遠孫撰　清光緒三年
（1877）永康胡氏退補齋刻本　四冊

330000－1795－0001286　史0188　史部/雜
史類/通代之屬

古皇紀暑一卷 （清）□□撰　清抄本　一冊

330000－1795－0001287　子0018　子部/小
說家類/異聞之屬

山海經十八卷 （晉）郭璞傳　清光緒二十三
年（1897）文瑞樓石印本　一冊

330000－1795－0001289　史0175　子部/雜
家類

齊書五卷 （清）吳天成撰　清光緒二十七年
（1901）刻本　三冊　存三卷（一至二、四）

330000－1795－0001291　史0177　史部/詔
令奏議類/詔令之屬

內閣撰擬文字二卷二編二卷附編一卷 （清）

鮑康輯 清同治七年至十一年(1868－1872)
刻本 五冊

330000－1795－0001292 史 0176 史部/詔
令奏議類/詔令之屬
內閣撰擬文字二卷 （清）鮑康輯 清同治七
年(1868)刻本 二冊

330000－1795－0001293 史 0178 史部/雜
史類/通代之屬
史畧歌論十二卷首一卷 （清）裘曰和輯 清
道光二十一年(1841)聰訓堂石印本 六冊

330000－1795－0001294 史 0253 新學/史
志/諸國史
萬國史記二十卷 （日本）岡本監輔撰 清刻
本 一冊 存四卷(五至八)

330000－1795－0001296 史 0011 史部/雜
史類/斷代之屬
戰國策三十三卷 （漢）高誘注 **重刻剡川姚**
氏本戰國策札記三卷 （清）黃丕烈撰 清光
緒二十二年(1896)上海鴻寶齋石印本 五冊

330000－1795－0001297 史 0007 史部/雜
史類/斷代之屬
國語二十一卷 （三國吳）韋昭注 **校刊明道**
本韋氏解國語札記一卷 （清）黃丕烈撰 **明**
道本考異四卷 （清）汪遠孫撰 清光緒二十
三年(1897)上海鴻寶齋石印本 三冊

330000－1795－0001300 史 0014 史部/史
抄類
戰國策選四卷 （清）儲欣評選 清刻本 一
冊 存二卷(三至四)

330000－1795－0001301 史 0005 史部/雜
史類/斷代之屬
國語選四卷 （清）儲欣評 清刻本 一冊
存二卷(三至四)

330000－1795－0001302 史 0002 史部/雜
史類/斷代之屬
國語二十一卷 （三國吳）韋昭注 （宋）宋庠
補音 清刻本 五冊

330000－1795－0001303 子 0018 子部/
叢編
二十二子(二十二子彙函) （清）浙江書局編
清光緒元年至三年(1875－1877)浙江書局
刻本 六冊 存一種

330000－1795－0001304 子 0026 子部/
叢編
二十二子(二十二子彙函) （清）浙江書局編
清光緒元年至三年(1875－1877)浙江書局
刻本 一冊 存一種

330000－1795－0001305 子 0027 子部/
叢編
二十二子(二十二子彙函) （清）浙江書局編
清光緒元年至三年(1875－1877)浙江書局
刻本 一冊 存一種

330000－1795－0001306 子 0097 子部/藝
術類/書畫之屬/畫錄
虛齋名畫錄十六卷 龐元濟輯 清宣統元年
(1909)龐氏刻本 八冊 存八卷(一至八)

330000－1795－0001307 子 0096 子部/藝
術類/書畫之屬
讀畫錄四卷 （清）周亮工撰 清石印本
一冊

330000－1795－0001309 子 0098 子部/藝
術類/書畫之屬/題跋
廣川畫跋六卷 （宋）董逌撰 清刻本 一冊
存一卷(四)

330000－1795－0001310 子 0095 史部/傳
記類/總傳之屬/技藝
國朝畫徵錄三卷續錄二卷 （清）張庚撰 **明**
人附錄一卷 （明）黎遂球 （明）袁樞撰 清
乾隆四年(1739)睢州蔣泰、湯之昱刻本 二
冊 缺一卷(明人附錄)

330000－1795－0001311 子 0094 子部/藝
術類/書畫之屬/總論
畫禪室隨筆四卷 （明）董其昌撰 （清）楊補
輯 清康熙五十九年(1720)刻本 一冊

330000－1795－0001312 子 0063 子部/雜

著類/雜說之屬

墨子閒詁十五卷目錄一卷附錄一卷後語二卷
（清）孫詒讓撰　清末掃葉山房石印本　三冊　存五卷（十至十四）

330000－1795－0001313　子0070　子部/道家類

莊子集解八卷　王先謙撰　清宣統元年（1909）上海掃葉山房石印本　四冊

330000－1795－0001314　子0068　子部/道家類

莊子集解八卷　王先謙撰　清宣統元年（1909）上海掃葉山房石印本　四冊

330000－1795－0001316　子0065　子部/雜著類/雜說之屬

墨子閒詁十五卷目錄一卷附錄一卷後語二卷
（清）孫詒讓撰　清宣統二年（1910）瑞安孫氏刻本　八冊

330000－1795－0001317　子0064　子部/雜著類/雜說之屬

墨子閒詁十五卷目錄一卷附錄一卷後語二卷
（清）孫詒讓撰　清光緒三十三年（1907）瑞安孫氏刻本　八冊

330000－1795－0001318　子0132　子部/兵家類/兵法之屬

孫子十家註十三卷　（漢）曹操等撰　**敘錄一卷**（清）畢以珣撰　**遺說一卷**（宋）鄭友賢撰　清育文書局石印本　二冊

330000－1795－0001319　子0133　子部/兵家類/兵法之屬

孫子十家註十三卷　（漢）曹操等撰　**敘錄一卷**（清）畢以珣撰　**遺說一卷**（宋）鄭友賢撰　清中華書局石印本　一冊　存二卷（十至十一）

330000－1795－0001320　子0137　子部/叢編

二十二子（二十二子彙函）　（清）浙江書局編　清光緒元年至三年（1875－1877）浙江書局刻本　六冊　存一種

330000－1795－0001321　子0138　類叢部/叢書類/彙編之屬

岱南閣叢書二十種　（清）孫星衍編　清乾隆至嘉慶蘭陵孫氏刻本　四冊　存一種

330000－1795－0001322　經0127　類叢部/叢書類/彙編之屬

崇文書局彙刻書（三十三種叢書、湖北書局所刻書）三十三種　（清）崇文書局編　清光緒元年（1875）湖北崇文書局刻本　二冊　存一種

330000－1795－0001323　子0129　子部/法家類

韓非子集解二十卷首一卷　（清）王先慎撰　清光緒二十二年（1896）刻本　六冊

330000－1795－0001324　子0135　子部/兵家類/兵法之屬

孫子十家註十三卷　（漢）曹操等撰　**敘錄一卷**（清）畢以珣撰　**遺說一卷**（宋）鄭友賢撰　清刻本　五冊　存十一卷（一至四、七至十三）

330000－1795－0001325　子0130　子部/叢編

十子全書　（清）王子興編　清嘉慶九年（1804）姑蘇王氏聚文堂刻本　三冊　存一種

330000－1795－0001326　子0131　子部/叢編

十子全書　（清）王子興編　清嘉慶九年（1804）姑蘇王氏聚文堂刻本　四冊　存一種

330000－1795－0001327　子0118　子部/叢編

子書二十八種　（清）育文書局編　清宣統元年至三年（1909－1911）上海育文書局石印本　二冊　存一種

330000－1795－0001328　子0119　子部/叢編

子書二十三種　（清）浙江書局編　清光緒二十三年（1897）上海圖書集成局鉛印本　二冊　存一種

330000 – 1795 – 0001329　子 0120　子部/法家類

韓非子二十卷　（戰國）韓非著　清石印本
一册　存七卷（七至十三）

330000 – 1795 – 0001330　子 0121　子部/叢編

二十二子(二十二子彙函)　（清）浙江書局編
清光緒元年至三年(1875 – 1877)浙江書局
刻本　五册　存一種

330000 – 1795 – 0001331　子 0082　子部/叢編

子書二十三種　（清）浙江書局編　清光緒二十三年(1897)上海圖書集成局鉛印本　一册
存二種

330000 – 1795 – 0001332　子 0083　子部/叢編

子書二十三種　（清）浙江書局編　清光緒二十三年(1897)上海圖書集成局鉛印本　一册
存二種

330000 – 1795 – 0001333　子 0084　子部/叢編

子書二十五種　（清）鴻文書局編　清育文書局石印本　一册　存一種

330000 – 1795 – 0001334　子 0085　子部/叢編

二十二子(二十二子彙函)　（清）浙江書局編
清光緒元年至三年(1875 – 1877)浙江書局
刻本　一册　存一種

330000 – 1795 – 0001335　史 0118　史部/雜史類/通代之屬

所知錄六卷　（清）錢澄之撰　清宣統三年(1911)上海新學會社鉛印本　二册

330000 – 1795 – 0001336　史 0117　史部/傳記類/總傳之屬/儒林

**國朝漢學師承記八卷國朝經師經義目錄一卷
國朝宋學淵源記二卷附記一卷**　（清）江藩撰
清光緒二十二年(1896)周大文堂刻本
三册

330000 – 1795 – 0001338　史 0250　史部/政書類/邦交之屬

使俄草八卷　（清）王之春撰　清光緒二十一年(1895)石印本　四册

330000 – 1795 – 0001340　史 0158　新學/史志/別國史

支那通史七卷　（日本）那珂通世編　清石印本　一册　存一卷（三）

330000 – 1795 – 0001341　史 0149　子部/雜著類/雜說之屬

危言四卷　湯震撰　清光緒十六年(1890)上海刻本　二册

330000 – 1795 – 0001344　史 0046　史部/雜史類/通代之屬

國史啟蒙問答十八卷　（清）吳韋懷輯　清光緒三十二年(1906)上海吳雲記書局石印本
一册

330000 – 1795 – 0001345　史 0173　史部/雜史類/通代之屬

史鑑節要六卷　（清）鮑東里撰　清刻本　一册　存二卷（三至四）

330000 – 1795 – 0001355　史 0180　新學/史志/諸國史

萬國史記二十卷　（日本）岡本監輔撰　清刻本　一册　存四卷（一至四）

330000 – 1795 – 0001356　史 0181　史部/雜史類/通代之屬

天祿閣外史八卷　題(漢)黃憲撰　清刻本
一册　存三卷（三至五）

330000 – 1795 – 0001357　史 0070　新學/史志/諸國史

西洋歷史教科書二卷中西名表一卷　（英國）
默爾化撰　（清）出洋學生編輯所譯　清鉛印本　二册

330000 – 1795 – 0001370　子 0160　子部/藝術類/遊藝之屬/棋弈

四子譜二卷　（清）過百齡輯　清宣統三年(1911)上海千頃堂石印本　二册

330000－1795－0001376　史 0196　新學/史志/戰記

中國六十年戰史十三章　（英國）艾特華斯撰　史悠明　（清）程履祥譯校　清光緒二十九年（1903）上海美華書館鉛印本　一冊

330000－1795－0001377　史 0185　新學/史志/諸國史

泰西新史攬要二十四卷　（英國）馬懇西撰（英國）李提摩太釋　清光緒二十三年（1897）上海美華書館鉛印本　一冊　存目錄

330000－1795－0001378　史 0135　類叢部/類書類/專類之屬

初學行文語類四卷　（清）孫埏編　清刻本　一冊

330000－1795－0001379　子 0088　子部/儒家類/儒學之屬/經濟

賈子新書十卷　（漢）賈誼撰　清光緒二十三年（1897）文瑞樓鉛印本　一冊

330000－1795－0001380　子 0089　子部/儒家類/儒學之屬/經濟

賈子新書十卷　（漢）賈誼撰　清光緒二十三年（1897）文瑞樓鉛印本　一冊

330000－1795－0001381　子 0090　子部/叢編

子書二十八種　（清）育文書局編　清宣統元年至三年（1909－1911）上海育文書局石印本　一冊　存一種

330000－1795－0001382　子 0091　子部/儒家類/儒學之屬/經濟

新書十卷　（漢）賈誼撰　清光緒元年（1875）浙江書局刻本　二冊

330000－1795－0001383　子 0093　子部/叢編

子書二十三種　（清）浙江書局編　清光緒二十三年（1897）上海圖書集成局鉛印本　一冊　存一種

330000－1795－0001384　子 0092　子部/叢編

子書二十三種　（清）浙江書局編　清光緒二十三年（1897）上海圖書集成局鉛印本　一冊　存一種

330000－1795－0001385　子 0095　子部/叢編

二十二子（二十二子彙函）　（清）浙江書局編　清光緒元年至三年（1875－1877）浙江書局刻本　一冊　存一種

330000－1795－0001386　子 0096　子部/儒家類/儒學之屬/經濟

中說十卷　（隋）王通撰　（宋）阮逸注　清光緒十六年（1890）貴陽陳氏影宋刻本　一冊

330000－1795－0001387　子 0097　子部/叢編

十子全書　（清）王子興編　清嘉慶九年（1804）姑蘇王氏聚文堂刻本　一冊　存一種

330000－1795－0001388　子 0116　子部/儒家類/儒家之屬

荀子二十卷首一卷　（唐）楊倞注　王先謙集解　清光緒十七年（1891）刻本　六冊

330000－1795－0001389　子 0117　子部/叢編

十子全書　（清）王子興編　清嘉慶九年（1804）姑蘇王氏聚文堂刻本　四冊　存一種

330000－1795－0001396　子 0172　子部/藝術類/書畫之屬/書法書品

翰林要訣一卷　（清）龍啓瑞　（清）祁世長撰　清光緒十二年（1886）石印本　一冊

330000－1795－0001397　子 0043　子部/藝術類/書畫之屬/畫譜

芥子園畫傳六卷　（清）王概等編繪　清宣統元年（1909）上海章福記石印本　三冊　存五卷（一至二、四至六）

330000－1795－0001404　子 0012　子部/叢編

十子全書　（清）王子興編　清嘉慶九年（1804）姑蘇王氏聚文堂刻本　一冊　存一種

330000－1795－0001405　子0028　子部/叢編

十子全書　（清）王子興編　清嘉慶九年(1804)姑蘇王氏聚文堂刻本　一冊　存一種

330000－1795－0001407　子0106　子部/叢編

刪定荀子一卷刪定管子一卷　（清）方苞撰　清乾隆元年(1736)刻本　一冊

330000－1795－0001408　子0105　子部/叢編

十子全書　（清）王子興編　清嘉慶九年(1804)姑蘇王氏聚文堂刻本　八冊　存一種

330000－1795－0001409　子0046　子部/叢編

十二子全書　（北周）周鶚熊等撰　清嘉慶十五年(1810)三槐堂刻本　二冊　存十二種

330000－1795－0001411　子0045　子部/叢編

諸子平議三十五卷　（清）俞樾撰　清同治十年(1871)刻本　三冊　存十卷(一至三、二十九至三十五)

330000－1795－0001417　子0045　子部/藝術類/書畫之屬/畫譜

芥子園畫傳初集六卷二集九卷三集六卷　（清）王槩　（清）王蓍　（清）王臬輯　清光緒十二年(1886)上海文興書局石印本　十二冊　缺七卷(二集五至九、三集五至六)

330000－1795－0001420　子0034　子部/藝術類/書畫之屬/畫譜

芥子園畫傳初集六卷二集九卷三集四卷續集二卷　（清）王槩　（清）王蓍　（清）王臬輯　清光緒十三年至十四年(1887－1888)鴻文書局石印本　十一冊　缺一卷(初集五)

330000－1795－0001422　子0109　子部/叢編

子書二十五種　（清）鴻文書局編　清育文書局石印本　二冊　存一種

330000－1795－0001423　子0110　子部/儒家類/儒家之屬

荀子二十卷校勘補遺一卷　（唐）楊倞注　（清）盧文弨　（清）謝墉輯校並補遺　清光緒二十三年(1897)文瑞樓鉛印本　二冊

330000－1795－0001425　子0114　子部/儒家類/儒家之屬

荀子二十卷首一卷　（唐）楊倞注　王先謙集解　清末上海掃葉山房石印本　六冊　存十九卷(二至二十)

330000－1795－0001429　子0077　子部/叢編

子書二十三種　（清）浙江書局編　清光緒二十三年(1897)上海圖書集成局鉛印本　四冊　存一種

330000－1795－0001431　子0080　子部/道家類

莊子南華真經三卷　（晉）郭象注　清光緒元年(1875)湖北崇文書局刻本　二冊

330000－1795－0001432　子0081　子部/叢編

十子全書　（清）王子興編　清嘉慶九年(1804)姑蘇王氏聚文堂刻本　四冊　存一種

330000－1795－0001433　子0011　子部/叢編

子書二十三種　（清）浙江書局編　清光緒二十三年(1897)上海圖書集成局鉛印本　一冊　存一種

330000－1795－0001434　子0001　子部/儒家類/儒家之屬

荀子二十卷校勘補遺一卷　（唐）楊倞注　（清）盧文弨　（清）謝墉輯校並補遺　清光緒二十三年(1897)文瑞樓鉛印本　二冊

330000－1795－0001435　子0005　子部/兵家類/兵法之屬

孫子十家註十三卷　（漢）曹操等撰　**敘錄一卷**　（清）畢以珣撰　**遺說一卷**　（宋）鄭友賢撰　清光緒二十三年(1897)文瑞樓石印本　二冊

330000 - 1795 - 0001436　子 0006　子部/兵家類/兵法之屬

孫吳司馬法八卷　（清）孫星衍輯　清同治十年(1871)淮南書局刻本　一冊　存三卷(孫子一至三)

330000 - 1795 - 0001437　子 0007　子部/法家類

管子二十四卷　（唐）房玄齡注　清光緒二十三年(1897)圖書集成局石印本　三冊

330000 - 1795 - 0001438　子 0009　子部/叢編

子書二十三種　（清）浙江書局編　清光緒二十三年(1897)上海圖書集成局鉛印本　二冊　存一種

330000 - 1795 - 0001439　子 0002　子部/叢編

二十二子(二十二子彙函)　（清）浙江書局編　清光緒元年至三年(1875 - 1877)浙江書局刻本　四冊　存一種

330000 - 1795 - 0001440　子 0003　子部/法家類

尸子二卷存疑一卷　（清）汪繼培輯　清光緒三年(1877)浙江書局刻本　一冊

330000 - 1795 - 0001441　子 0008　子部/叢編

二十二子(二十二子彙函)　（清）浙江書局編　清光緒元年至三年(1875 - 1877)浙江書局刻本　六冊　存一種

330000 - 1795 - 0001442　子 0010　子部/叢編

二十二子(二十二子彙函)　（清）浙江書局編　清光緒元年至三年(1875 - 1877)浙江書局刻本　六冊　存一種

330000 - 1795 - 0001445　子 0014　子部/雜著類/雜說之屬

尹文子一卷　清抄本　一冊

330000 - 1795 - 0001446　子 0099　子部/法家類

管子二十四卷　（唐）房玄齡注　清光緒二十九年(1903)新政書局石印本　四冊

330000 - 1795 - 0001448　子 0103　子部/法家類

管子二十四卷　（唐）房玄齡注　清刻本　一冊　存三卷(二十二至二十四)

330000 - 1795 - 0001449　子 0104　子部/叢編

刪定荀子一卷刪定管子一卷　（清）方苞撰　清刻本　一冊　存一卷(管子)

330000 - 1795 - 0001452　子 0054　子部/叢編

二十二子(二十二子彙函)　（清）浙江書局編　清光緒元年至三年(1875 - 1877)浙江書局刻本　一冊　存一種

330000 - 1795 - 0001453　子 0053　子部/叢編

二十二子(二十二子彙函)　（清）浙江書局編　清光緒元年至三年(1875 - 1877)浙江書局刻本　三冊　存一種

330000 - 1795 - 0001454　子 0055　子部/叢編

子書二十三種　（清）浙江書局編　清光緒二十三年(1897)上海圖書集成局鉛印本　一冊　存一種

330000 - 1795 - 0001457　子 0100　子部/法家類

管子二十四卷　（唐）房玄齡注　清育文書局石印本　二冊　存十五卷(十至二十四)

330000 - 1795 - 0001458　子 0069　子部/道家類

莊子集解八卷　王先謙撰　清宣統元年(1909)上海掃葉山房石印本　四冊

330000 - 1795 - 0001461　子 0073　子部/道家類

莊子集釋十卷　（清）郭慶藩撰　清光緒二十年(1894)思賢講舍刻本　五冊　存五卷(二、四至六、十)

330000 – 1795 – 0001462　子 0075　　子部/
叢編

子書二十三種　（清）浙江書局編　清光緒二十三年(1897)上海圖書集成局鉛印本　二冊　存一種

330000 – 1795 – 0001463　子 0072　　子部/道家類

莊子集釋十卷　（清）郭慶藩撰　清光緒二十年(1894)掃葉山房石印本　八冊

330000 – 1795 – 0001464　子 0043　　類叢部/叢書類/彙編之屬

崇文書局彙刻書(三十三種叢書、湖北書局所刻書)三十三種　（清）崇文書局編　清光緒元年(1875)湖北崇文書局刻本　二冊　存一種

330000 – 1795 – 0001465　子 0033　　子部/叢編

二十二子(二十二子彙函)　（清）浙江書局編　清光緒二十三年(1897)文瑞樓石印本　一冊　存一種

330000 – 1795 – 0001466　子 0040　　子部/道家類

文子纘義十二卷　（宋）杜道堅撰　清光緒二十三年(1897)文瑞樓鉛印本　一冊

330000 – 1795 – 0001467　子 0025　　子部/道家類

老子道德經二卷　（三國魏）王弼注　清末掃葉山房石印本　一冊　存一卷(上)

330000 – 1795 – 0001468　子 0036　　子部/叢編

二十二子(二十二子彙函)　（清）浙江書局編　清光緒元年至三年(1875 – 1877)浙江書局刻本　一冊　存一種

330000 – 1795 – 0001469　子 0035　　子部/叢編

二十二子(二十二子彙函)　（清）浙江書局編　清光緒元年至三年(1875 – 1877)浙江書局刻本　二冊　存一種

330000 – 1795 – 0001470　子 0038　　子部/叢編

十子全書　（清）王子興編　清嘉慶九年(1804)姑蘇王氏聚文堂刻本　二冊　存一種

330000 – 1795 – 0001471　子 0041　　子部/叢編

二十二子(二十二子彙函)　（清）浙江書局編　清光緒元年至三年(1875 – 1877)浙江書局刻本　一冊　存一種

330000 – 1795 – 0001472　子 0030　　子部/道家類

太上道德經淺注二卷　清刻本　二冊

330000 – 1795 – 0001473　子 0037　　類叢部/叢書類/彙編之屬

石研齋四種　（清）秦恩復編　清乾隆至道光江都秦氏享帚精舍刻本　二冊　存一種

330000 – 1795 – 0001474　新學 0303　　新學/電學

電學須知一卷　（英國）傅蘭雅撰　清光緒十三年(1887)石印本　一冊

330000 – 1795 – 0001475　新學 0302　　新學/電學

電學綱目一卷　（英國）田大里撰　（英國）傅蘭雅口譯　（清）周郇筆述　清刻本　一冊

330000 – 1795 – 0001476　新學 0301　　新學/工藝/雜藝

電氣鍍金略法一卷　（英國）華特撰　（英國）傅蘭雅口譯　（清）周郇筆述　清鉛印本　一冊

330000 – 1795 – 0001477　新學 0300　　新學/電學

電學三卷首一卷　（英國）瑙挨德撰　（英國）傅蘭雅口譯　（清）徐建寅筆述　清光緒二十二年(1896)上海璣衡堂石印本　二冊

330000 – 1795 – 0001479　新學 0180　　新學/商務

貨幣□□卷　清末鉛印本　一冊　存一卷(二)

330000－1795－0001480　新學 0179　新學/商務/商學

國債□□卷　清刻本　一冊　存一卷（四）

330000－1795－0001481　新學 0178　新學/雜著/雜記

益智奇書一卷　（清）懺情生編輯　清刻本　一冊

330000－1795－0001482　子 0173　史部/政書類/軍政之屬/兵制

管刻易言二卷　（清）杞憂生撰　清管可壽齋刻本　一冊

330000－1795－0001483　子 0170　子部/雜家類

袖珍精本了凡四訓一卷　（明）袁了凡撰　清刻本　一冊

330000－1795－0001485　子 0168　子部/雜著類/雜纂之屬

縣黨應酬六卷　（清）鄧炳震編輯　清石印本　一冊　存一卷（一）

330000－1795－0001487　子 0149　子部/儒家類/儒學之屬/禮教

聖諭廣訓直解一卷　（清）世宗胤禛撰　（清）□□直解　清光緒三十年（1904）寧波鈞和印刷所鉛印本　一冊

330000－1795－0001488　新學 0148　新學/算學/數學

增訂格物入門七卷　（美國）丁韙良撰　清光緒十五年（1889）同文館石印本　四冊　存四卷（二、五至七）

330000－1795－0001489　集 0141　類叢部/類書類/通類之屬

策學纂要十六卷　（清）戴朋　（清）黃卷輯　清乾隆三十七年（1772）刻本　一冊　存二卷（一至二）

330000－1795－0001490　集 0135　類叢部/類書類/專類之屬

胭脂牡丹六卷　（清）韓鄂撰　清刻本　二冊　存二卷（四至五）

330000－1795－0001492　新學 0146　新學/動植物學/植物學

全圖植物歌畧一卷　清光緒二十四年（1898）刻本　一冊

330000－1795－0001495　新學 0151　新學/光學

光學二卷附視學諸器圖說一卷　（英國）田大里輯　（美國）金楷理口譯　（清）趙元益筆述　清同治九年（1870）江南機器製造總局刻本　二冊

330000－1795－0001496　新學 0153　新學/學校

設學總義章一卷　清刻本　一冊

330000－1795－0001497　新學 0154　新學/全體學

省身指掌九卷　（美國）傅恒理撰　清光緒三十四年（1908）上海梅花書館鉛印本　一冊

330000－1795－0001498　子 0155　子部/宗教類/其他宗教之屬/基督教

理窟九卷　（清）李秌撰　清末鉛印本　一冊　存二卷（三至四）

330000－1795－0001499　子 0156　子部/雜家類

羣學肄言十六卷　（英國）斯賓塞爾撰　嚴復譯　清光緒二十九年（1903）北京文明書局鉛印本　四冊

330000－1795－0001501　子 0140　子部/小說家類/雜事之屬

新撰俗語正訛一卷　（清）石成金撰　清刻本　一冊

330000－1795－0001502　子 0139　子部/儒家類/儒學之屬/蒙學

童蒙記誦編二卷　（清）周保璋撰　清光緒二十七年（1901）刻本　二冊

330000－1795－0001504　子 0002　子部/雜著類/雜纂之屬

益智編四十一卷　（明）孫能傳輯　清光緒十七年（1891）石印本　十二冊

330000－1795－0001505　子 0002　子部/雜
著類/雜纂之屬

益智編四十一卷　（明）孫能傳輯　清光緒十
七年(1891)石印本　十二冊

330000－1795－0001509　子 0251　類叢部/
類書類/專類之屬

新增應酬彙選五卷　（清）陸九如纂輯　（清）
茹古齋主人重訂　清上海廣益書局石印本
一冊

330000－1795－0001510　子 0495　類叢部/
類書類/專類之屬

新增應酬彙選五卷　（清）陸九如纂輯　（清）
茹古齋主人重訂　清刻本　一冊　存一卷
（二）

330000－1795－0001511　子 0276　子部/雜
著類/雜說之屬

盛世危言十四卷　（清）鄭觀應輯撰　清石印
本　一冊　存二卷(十二至十三)

330000－1795－0001512　子 0275　子部/雜
著類/雜纂之屬

芹宮新譜二卷　（清）鄭一鵬撰　清刻本　一
冊　存一卷(上)

330000－1795－0001513　集 0352　集部/總
集類/尺牘之屬

一筆寫算一卷　（清）盧再豐撰　清刻本
一冊

330000－1795－0001514　子 0353　子部/雜
著類/雜纂之屬

分類文料大醇□□卷　清刻本　一冊　存一
卷(六)

330000－1795－0001516　新學 0183　新學/
器學/熱學

蒸汽罐一卷　清抄本　一冊

330000－1795－0001517　子 0500　類叢部/
類書類/通類之屬

增補萬寶全書二十卷　（明）陳繼儒撰　（清）
毛煥文增補　清刻本　二冊　存八卷(二至
九)

330000－1795－0001518　子 0500　類叢部/
類書類/通類之屬

增補萬寶全書二十卷　（明）陳繼儒撰　（清）
毛煥文增補　清刻本　一冊　存一卷(一)

330000－1795－0001519　子 0171　新學/理
學/理學

哲學新詮一卷　（日本）中島力撰　（清）田吳
炤譯　清光緒三十一年(1905)上海商務印書
館鉛印本　一冊

330000－1795－0001520　子 0138　子部/雜
著類/雜纂之屬

安樂銘不分卷　（清）王正朋撰　清咸豐十年
(1860)刻本　一冊

330000－1795－0001522　集 0132　集部/詩
文評類/詩評之屬

詩法入門四卷首一卷　（清）游藝輯　清刻本
三冊

330000－1795－0001524　新學 0134　新學/
化學/化學

化學初階四卷　（美國）嘉約翰口譯　（清）何
瞭然筆述　清刻本　一冊　存一卷(三)

330000－1795－0001525　集 0177　集部/小
說類/短篇之屬

繡像南唐演義薛家將十卷一百回　清刻本
三冊　存三卷(二至四)

330000－1795－0001526　新學 0181　集部/
小說類/長篇之屬

增評補像全圖金玉緣一百二十回首一卷
（清）曹霑　（清）高鶚撰　（清）王希廉
（清）張新之　（清）姚燮評　清末石印本
一冊

330000－1795－0001530　集 0170　集部/小
說類/長篇之屬

增像全圖東漢演義四卷六十四回　（明）謝詔
撰　清光緒六年(1880)上海書局石印本
一冊

330000－1795－0001531　集 0172　集部/小
說類/長篇之屬

四雪草堂重訂通俗隋唐演義十卷一百回
（清）褚人穫撰　清刻本　一冊　存四卷（一
至四）

330000－1795－0001532　集0171　集部/小
說類/長篇之屬

精忠演義説岳武穆王全傳□□卷　清刻本
一冊　存一卷（二）

330000－1795－0001533　集0173　集部/小
說類/長篇之屬

四雪草堂重訂通俗隋唐演義十卷一百回
（清）褚人穫撰　清刻本　一冊　存五卷（三
至七）

330000－1795－0001534　集0174　集部/小
說類/長篇之屬

四雪草堂重訂通俗隋唐演義十卷一百回
（清）褚人穫撰　清刻本　一冊　存二卷（三
至四）

330000－1795－0001535　集0165　集部/小
說類/長篇之屬

增訂繪圖精忠説岳全傳八卷八十回　（清）錢
彩撰　清刻本　二冊　存四卷（五至八）

330000－1795－0001538　集0234　集部/小
說類/長篇之屬

增像玉茗堂批點按鑑參補南宋志傳十卷五十
回　（明）研石山樵訂正　清末石印本　四冊

330000－1795－0001539　集0209　集部/小
說類/長篇之屬

繪圖明珠緣六卷五十回　（明）李清著　清末
石印本　一冊　存一卷（四）

330000－1795－0001540　集0211　集部/曲
類/彈詞之屬

新增繡像玉連環四卷四十回　（清）朱素仙撰
清刻本　一冊　存二卷（三至四）

330000－1795－0001543　集0206　集部/小
說類/長篇之屬

異説五虎平西珍珠旗演義狄青前傳四卷一百
二十回　清石印本　一冊　存一卷（四）

330000－1795－0001544　集0202　集部/小
說類/短篇之屬

改良繪圖今古奇觀二卷　清刻本　一冊　存
一卷（下）

330000－1795－0001545　集0203　集部/小
說類/短篇之屬

今古奇觀四十卷　（明）抱甕老人輯　清刻本
三冊　存十二卷（二至五、十一至十四、十
八至二十一）

330000－1795－0001546　集0227　集部/小
說類/短篇之屬

繪圖今古奇觀六卷四十回　（明）抱甕老人輯
清刻本　一冊　存一卷（二）

330000－1795－0001547　集0228　集部/小
說類/短篇之屬

繪圖今古奇觀二卷四十回　（明）抱甕老人輯
清刻本　一冊　存一卷（下）

330000－1795－0001549　集0198　集部/小
說類/長篇之屬

繡像評演接續後部濟公傳十二卷一百二十回
（清）郭廣瑞撰　清刻本　一冊　存一卷
（五）

330000－1795－0001550　集0229　集部/小
說類/長篇之屬

繡像金鞭記十卷　清刻本　三冊　存三卷
（一、三、十）

330000－1795－0001553　集0187　集部/小
說類/短篇之屬

聊齋志異新評十六卷　（清）蒲松齡撰　（清）
王士禛評　（清）呂湛恩注　（清）但明論批
清刻本　一冊　存一卷（六）

330000－1795－0001554　集0176　集部/小
說類/長篇之屬

鐫李卓吾批點殘唐五代史演義傳八卷六十回
（明）羅貫中撰　（明）李贄評　清刻本　一
冊　存二卷（七至八）

330000－1795－0001555　子0008　子部/藝
術類/書畫之屬/畫譜

詩中畫二卷　（清）馬濤繪　清光緒十一年（1885）石印本　一冊

330000－1795－0001556　子0009　子部/藝術類/書畫之屬/畫譜

詩中畫二卷　（清）馬濤繪　清光緒十一年（1885）石印本　一冊

330000－1795－0001567　子0007　子部/叢編

子書二十三種　（清）浙江書局編　清光緒二十三年（1897）上海圖書集成局鉛印本　一冊　存一種

330000－1795－0001569　子0009　子部/叢編

二十二子（二十二子彙函）　（清）浙江書局編　清光緒元年至三年（1875－1877）浙江書局刻本　一冊　存一種

330000－1795－0001570　子0010　子部/雜家類

漱經齋座右銘類編一卷續編一卷　（清）汪汲撰　清刻本　一冊

330000－1795－0001572　子0013　子部/雜著類/雜說之屬

老學庵筆記二卷　（宋）陸遊撰　清宣統三年（1911）掃葉山房石印本　二冊

330000－1795－0001573　子0014　子部/雜著類/雜說之屬

老學庵筆記十卷　（宋）陸遊撰　清刻本　一冊　存一卷（四）

330000－1795－0001574　子0015　子部/儒家類/儒學之屬/經濟

新纂門目五臣音註揚子法言十卷　（漢）揚雄撰　（晉）李軌　（唐）柳宗元　（宋）宋咸（宋）吳祕　（宋）司馬光注　清嘉慶九年（1804）寶慶經綸堂刻本　二冊

330000－1795－0001575　子0016　經部/叢編

重刊宋本十三經注疏四百十六卷附十三經注疏校勘記四百十六卷　（清）阮元撰　（清）盧

宣句摘錄　校勘記識語四卷　（清）汪文臺撰　清同治五年（1866）福州正誼書院刻同治八年至光緒十三年（1869－1887）續刻本　一冊　存一種

330000－1795－0001576　子0018　子部/雜著類/雜考之屬

十駕齋養新錄二十卷餘錄三卷　（清）錢大昕撰　錢辛楣先生年譜一卷　（清）錢大昕編（清）錢慶曾校註　竹汀居士年譜續編一卷（清）錢慶曾撰　清光緒二年（1876）浙江書局刻本　八冊

330000－1795－0001577　子0019　子部/雜著類/雜考之屬

十駕齋養新錄二十卷餘錄三卷　（清）錢大昕撰　清刻本　六冊

330000－1795－0001579　子0021　子部/儒家類/儒學之屬/性理

呻吟語六卷　（明）呂坤撰　清刻本　三冊存三卷（二、五至六）

330000－1795－0001580　子0023　類叢部/叢書類/自著之屬

南江邵氏遺書十四種　（清）邵晉涵撰　清乾隆至嘉慶邵氏家刻本　二冊　存一種

330000－1795－0001581　子0024　子部/儒家類/儒學之屬/蒙學

小學六卷附文公朱夫子年譜一卷小學總論一卷　（清）高愈注　清刻本　二冊　缺一卷（總論）

330000－1795－0001582　子0022　子部/儒家類/儒學之屬/性理

榕村講授三卷　（清）李光地輯　清刻本　二冊　存二卷（一至二）

330000－1795－0001583　子0027　子部/儒家類/儒學之屬/經濟

繹志十九卷　（清）胡承諾撰　清同治十一年（1872）浙江書局刻本　八冊

330000－1795－0001585　子0045　子部/儒家類/儒學之屬/性理

二程全書六十七卷　（宋）程顥　（宋）程頤撰
（宋）朱熹輯　清康熙呂氏寶誥堂刻本　六
冊　存六種

330000－1795－0001587　史 0029　史部/傳
記類/總傳之屬/儒林

宋元學案一百卷首一卷考畧一卷　（清）黃宗
羲撰　（清）全祖望修定　（清）王梓材
(清)馮雲濠校並考　清道光二十六年(1846)
道州何氏刻本　二十四冊

330000－1795－0001588　子 0038　子部/儒
家類/儒學之屬/性理

慈溪黃氏日抄分類九十七卷古今紀要十九卷
　（宋）黃震撰　清乾隆三十二年(1767)新安
汪佩鍔珠樹堂刻本（卷八十一、八十九、九十
二原缺）　三十二冊

330000－1795－0001589　子 0037　子部/雜
著類/雜考之屬

讀書雜志八十二卷餘編二卷　（清）王念孫撰
　清同治九年(1870)金陵書局刻本　二十
四冊

330000－1795－0001590　子 0039　子部/儒
家類/儒學之屬/性理

淵鑒齋御纂朱子全書六十六卷　（清）李光地
等纂修　清刻本　二十四冊

330000－1795－0001591　史 0045　史部/傳
記類/總傳之屬/儒林

明儒學案六十二卷師說一卷附案一卷　（清）
黃宗羲撰　清康熙三十年(1691)萬言、三十
二年(1693)賈樸、雍正十三年至乾隆四年
(1735－1739)慈溪鄭性二老閣刻本　二十
四冊

330000－1795－0001592　子 0050　子部/雜
著類/雜考之屬

困學紀聞注二十卷　（清）翁元圻撰　清道光
五年(1825)餘姚翁氏守福堂刻本　十三冊
缺一卷(十三)

330000－1795－0001593　子 0048　子部/雜
著類/雜考之屬

困學紀聞二十卷　（宋）王應麟撰　（清）閻若
璩箋　（清)何焯評　清刻本　三冊　缺四卷
(一至四)

330000－1795－0001594　子 0030　子部/儒
家類/儒學之屬/性理

學蔀通辯前編三卷後編三卷終編三卷續編三
卷　（明)陳建撰　清刻本　二冊

330000－1795－0001595　子 0032　子部/雜
著類/雜考之屬

讀書叢錄二十四卷　（清)洪頤煊撰　清光緒
十三年(1887)吳氏醉六堂刻本　九冊

330000－1795－0001596　子 0035　子部/雜
家類

洪容齋筆記　（宋)洪邁撰　清洪氏刻本　十
二冊　存五種

330000－1795－0001598　子 0033　子部/雜
著類/雜考之屬

讀書脞錄七卷　（清)孫志祖撰　清光緒十三
年(1887)吳氏醉六堂刻本　三冊

330000－1795－0001599　子 0034　子部/儒
家類/儒學之屬/禮教/女範

狀元閣女四書四卷　（清)王相箋註　清光緒
六年(1880)李光明莊刻本　二冊

330000－1795－0001600　子 0031　子部/儒
家類/儒學之屬/性理

薛文清公讀書錄八卷　（明)薛瑄撰　清正誼
堂刻本　一冊　存四卷(五至八)

330000－1795－0001601　子 0052　史部/職
官類/官箴之屬

學仕遺規四卷　（清)陳弘謀輯　清刻本　二
冊　存二卷(二至三)

330000－1795－0001602　子 0053　子部/儒
家類/儒學之屬/禮教

五種遺規　（清)陳弘謀並撰　清乾隆培遠
堂刻彙印本　一冊

330000－1795－0001603　子 0054　子部/儒
家類/儒學之屬/俗訓

寧波市奉化區文物保護管理所等六家收藏單位、舟山市圖書館等二家收藏單位古籍普查登記目錄

訓俗遺規摘鈔二卷　（清）陳弘謀撰輯　清刻本　二冊

330000－1795－0001604　子0055　類叢部/叢書類/自著之屬

培遠堂全集二十種　（清）陳弘謀撰　清道光十七年(1837)培遠堂刻本　一冊　存一卷

330000－1795－0001605　子0056　子部/儒家類/儒學之屬/禮教

五種遺規　（清）陳弘謀輯並撰　清光緒二十年至二十六年(1894－1900)刻本　十一冊　缺一卷(學仕遺規一)

330000－1795－0001606　子0029　史部/職官類/官箴之屬

從政遺規二卷　（清）陳弘謀撰　清退思堂刻本　二冊

330000－1795－0001607　子0058　子部/儒家類/儒學之屬/禮教

四種遺規摘鈔　（清）陳弘謀編　（清）劉肇紳摘抄　清嘉慶十九年(1814)刻本　三冊

330000－1795－0001608　子0080　史部/職官類/官箴之屬

從政遺規摘鈔二卷補鈔一卷　（清）陳弘謀撰　清刻本　二冊

330000－1795－0001609　子0079　子部/儒家類/儒學之屬/禮教

五種遺規　（清）陳弘謀輯並撰　清光緒二十一年(1895)浙江書局刻本　一冊　存一種

330000－1795－0001610　子0084　子部/叢編

二十二子(二十二子彙函)　（清）浙江書局編　清光緒元年至三年(1875－1877)浙江書局刻本　一冊　存一種

330000－1795－0001612　子0091　子部/叢編

子書百家　（清）崇文書局編　清光緒元年(1875)湖北崇文書局刻本　一冊　存二種

330000－1795－0001613　子0089　子部/儒家類/儒學之屬/性理

儒門日誦一卷　（清）孫鏘編　清杭州停雲軒刻本　一冊

330000－1795－0001614　子0085　子部/儒家類/儒學之屬/禮教/家訓

家庭講話三卷　（清）陸一亭撰　清光緒元年(1875)刻本　一冊

330000－1795－0001616　子0086　類叢部/叢書類/彙編之屬

正誼堂全書六十三種續刻五種　（清）張伯行編　（清）楊浚重編　清同治五年(1866)福州正誼書院刻同治八年至光緒十三年(1869－1887)續刻本　一冊　存一種

330000－1795－0001617　子0047　子部/雜著類/雜考之屬

校訂困學紀聞集證二十卷　（宋）王應麟撰　（清）閻若璩等箋　（清）萬希槐集證　清咸豐二年(1852)金閶小西山房刻本　二冊

330000－1795－0001618　集0199　集部/小說類/長篇之屬

繡像評演濟公前傳四卷　（清）郭廣瑞撰　清刻本　一冊　存一卷(四)

330000－1795－0001619　集0219　集部/曲類/彈詞之屬

繪圖英雄奇緣十卷五十七回　（清）隨安散人撰　清刻本　一冊　存二卷(八至九)

330000－1795－0001620　子0075　子部/儒家類/儒學之屬/性理

增批性理論一卷　（清）汪作楫撰　清咸豐二年(1852)京都琉璃廠刻本　一冊

330000－1795－0001623　集0223　集部/小說類/長篇之屬

繪圖說唐前傳四卷六十八回　（清）□□撰　清上海鴻寶齋石印本　一冊　存一卷(二)

330000－1795－0001625　集0232　集部/小說類/長篇之屬

繪圖第一情書聽月樓全傳四卷二十回　（清）□□撰　清刻本　二冊　存二卷(二至三)

330000－1795－0001626　　史 0077　　經部/三禮總義類/通禮雜禮之屬

朱子家禮八卷首一卷　（宋）朱熹撰　（明）丘濬輯　（明）楊延筠補　清紫陽書院刻本　五冊

330000－1795－0001627　　集 0245　　集部/小說類/長篇之屬

繪圖三門街全傳　（清）□□撰　清刻本　一冊　存二種

330000－1795－0001628　　子 0065　　子部/雜著類/雜考之屬

日知錄集釋三十二卷刊誤二卷續刊誤二卷　（清）黃汝成撰　清光緒三年(1877)高要馮譽驥署鉛印本　十六冊

330000－1795－0001629　　史 0041　　史部/傳記類/總傳之屬/儒林

宋元學案一百卷首一卷考畧一卷　（清）黃宗羲撰　（清）全祖望修定　（清）王梓材（清）馮雲濠校並考　清光緒五年(1879)長沙寄廬刻本　十三冊　存二十四卷(首,一至四、十至十六、三十至三十一、四十四至四十八、八十二至八十五,考畧)

330000－1795－0001630　　子 0087　　子部/雜著類/雜考之屬

困學紀聞二十卷　（宋）王應麟撰　（清）閻若璩箋　（清）何焯評　清乾隆桐鄉汪垕桐華書塾刻本　六冊

330000－1795－0001631　　集 0204　　集部/小說類/短篇之屬

繪圖今古奇觀六卷四十回　（明）抱甕老人輯　清石印本　一冊　存一卷(三)

330000－1795－0001632　　子 0072　　子部/儒家類/儒學之屬/性理

御纂性理精義十二卷　（清）李光地等纂修　清康熙五十六年(1717)內府刻本　五冊

330000－1795－0001634　　子 0062　　子部/雜著類/雜考之屬

日知錄集釋三十二卷刊誤二卷續刊誤二卷

（清）黃汝成撰　清光緒二十一年(1895)上海點石齋石印本　五冊

330000－1795－0001638　　子 0071　　子部/儒家類/儒學之屬/性理

御纂性理精義十二卷　（清）李光地等纂修　清康熙五十六年(1717)內府刻本　六冊

330000－1795－0001640　　子 0069　　子部/雜著類/雜考之屬

日知錄三十二卷　（清）顧炎武撰　清刻本　一冊　存二卷(十四至十五)

330000－1795－0001641　　子 0070　　子部/儒家類/儒學之屬/性理

御纂性理精義十二卷　（清）李光地等纂修　清康熙五十六年(1717)內府刻本　一冊　存一卷(一)

330000－1795－0001643　　子 0098　　子部/雜著類/雜說之屬

論衡三十卷　（漢）王充撰　清刻本　六冊

330000－1795－0001644　　子 0076　　子部/儒家類/儒學之屬/性理

性理大全標題彙纂十四卷　（清）梁兆熊纂錄　清刻本　三冊　存八卷(二至四、八至十、十三至十四)

330000－1795－0001646　　子 0074　　子部/儒家類/儒學之屬/性理

性理大中二十八卷首一卷　（清）應撝謙撰　清康熙二十五年(1686)刻本　十二冊

330000－1795－0001647　　子 0097　　子部/雜著類/雜說之屬

論衡三十卷　（漢）王充撰　清刻本　九冊

330000－1795－0001651　　子 0073　　子部/儒家類/儒學之屬/性理

御纂性理精義十二卷　（清）李光地等纂修　清刻本　五冊　缺一卷(一)

330000－1795－0001654　　子 0061　　子部/雜著類/雜考之屬

困學紀聞注二十卷　（清）翁元圻撰　清道光

五年(1825)餘姚翁氏守福堂刻本　十二冊

330000－1795－0001657　子0060　子部/雜
著類/雜考之屬

日知錄集釋三十二卷刊誤二卷續刊誤二卷
(清)黃汝成撰　清同治八年(1869)廣州述古
堂刻本　十六冊

330000－1795－0001658　子0059　子部/雜
著類/雜考之屬

日知錄集釋三十二卷刊誤二卷續刊誤二卷
(清)黃汝成撰　清道光十四年至十八年
(1834－1838)嘉定黃氏西谿草廬刻本　十
六冊

330000－1795－0001660　史0123　史部/紀
傳類/正史之屬

四史四百十五卷　(晉)陳壽撰　(宋)裴松之
注　清光緒二十八年(1902)竢實齋石印本
四冊　存一種

330000－1795－0001661　集0121　集部/小
說類/長篇之屬

四大奇書第一種十九卷首一卷一百二十回
(明)羅本撰　(清)毛宗崗評　清掃葉山房刻
本　二十冊

330000－1795－0001663　集0149　集部/小
說類/長篇之屬

東周列國全志二十三卷一百八回　(清)蔡奡
評點　清刻本　二十二冊　存二十一卷(一
至十一、十三至二十二)

330000－1795－0001664　子0461　類叢部/
叢書類/彙編之屬

說鈴前集三十七種後集十六種　(清)吳震方
編　清同治七年(1868)大文堂刻本　十二冊
存十九種

330000－1795－0001670　地理0061　史部/
地理類/總志之屬/斷代

大清一統志四百二十四卷　(清)和珅等纂修
清刻本　一百五十一冊　缺二十五卷(十
八至四十二)

330000－1795－0001671　集0052　集部/小
說類/長篇之屬

第一才子書十六卷首一卷一百二十回　(明)
羅本撰　(清)毛宗崗評　清光緒二十一年
(1895)錬石書局石印本　十六冊　存十六卷
(首、二至十六)

330000－1795－0001672　地理0059　史部/
地理類/雜志之屬

瀛壖雜志六卷　(清)王韜撰　清光緒元年
(1875)刻本　二冊

330000－1795－0001674　子0004　子部/兵
家類/兵法之屬

洴澼百金方十四卷首一卷　(清)袁宮桂撰
清刻本　六冊　存十一卷(四至十四)

330000－1795－0001675　子0001　子部/兵
家類/兵法之屬

紀效新書十八卷首一卷　(明)戚繼光撰　清
照曠閣刻本　六冊

330000－1795－0001676　子0023　類叢部/
叢書類/自著之屬

農政通行章程五卷　(清)□□輯　清光緒三
十一年(1905)刻本　一冊

330000－1795－0001679　地理0053　史部/
地理類/總志之屬/斷代

輿地紀勝二百卷首一卷　(宋)王象之撰　清
咸豐五年(1855)南海伍崇曜粵雅堂刻本(原
缺十三至十六、五十至五十四、一百三十六至
一百四十四、一百六十八至一百七十三、一百
九十三至二百)　二十二冊

330000－1795－0001680　地理0057　史部/
地理類/外紀之屬

海國圖志六十卷　(清)魏源撰　清道光二十
九年(1849)古微堂刻本　二十冊

330000－1795－0001681　地理0060　史部/
地理類/總志之屬/斷代

太平寰宇記二百卷目錄二卷　(宋)樂史撰
清乾隆五十八年(1793)化龍池刻本　四十冊

330000－1795－0001683　地理0054　史部/
地理類/總志之屬/通代

153

讀史方輿紀要一百三十卷輿圖要覽四卷
(清)顧祖禹撰　清敷文閣刻本　四十六冊
存一百四卷(一至三、六至十八、二十一至四
十七、五十至七十六、七十九至九十四、一百
十三至一百三十)

330000－1795－0001685　地理0055　史部/
地理類/總志之屬/通代

歷代地理沿革表四十七卷　(清)陳芳績撰
清道光十三年(1833)虞山張氏萬卷樓刻本
十六冊

330000－1795－0001687　地理0058　史部/
地理類/外紀之屬

漢西域圖考七卷首一卷　(清)李光廷撰　清
同治九年(1870)刻本　四冊

330000－1795－0001688　子0011　子部/雜
著類/雜說之屬

池北偶談二十六卷　(清)王士禛撰　清宣統
二年(1910)上海震東學社石印本　六冊

330000－1795－0001690　地理0068　史部/
地理類/外紀之屬

日本國志四十卷首一卷　(清)黃遵憲輯　清
光緒二十四年(1898)浙江書局刻本　十冊

330000－1795－0001693　地理0070　史部/
地理類/山川之屬/水志

靳文襄公治河方畧十卷首一卷　(清)靳輔撰
　(清)崔應階編　清乾隆三十二年(1767)聽
泉齋刻本　八冊

330000－1795－0001695　史0009　類叢部/
叢書類/自著之屬

藤花亭十七種　(清)梁廷枏纂　清道光八年
至十三年(1828－1833)刻本　十二冊　存
一種

330000－1795－0001696　子0008　子部/雜
著類/雜說之屬

定香亭筆談四卷　(清)阮元撰　清刻本　二
冊　存二卷(三至四)

330000－1795－0001697　子0005　類叢部/
叢書類/彙編之屬

唐人說薈一百六十四種　(清)陳世熙編　清
宣統三年(1911)掃葉山房石印本　十六冊

330000－1795－0001699　史0039　史部/史
抄類

南北史捃華八卷　(清)周嘉猷輯　清浙省聚
文堂刻本　二冊

330000－1795－0001700　集0071　集部/小
說類/長篇之屬

增像全圖加批西遊記十二卷一百回　(明)吳
承恩撰　(清)陳士斌詮解　清末石印本　七
冊　存七卷(二至四、六、九、十一至十二)

330000－1795－0001702　集0081　集部/小
說類/長篇之屬

繡像封神演義十卷一百回　(明)許仲琳撰
(明)鍾惺評　清刻本　六冊　存四卷(二至
四、十)

330000－1795－0001703　集0077　子部/小
說家類/異聞之屬

燕山外史註釋八卷　(清)陳球撰　(清)傅聲
谷注　清光緒五年(1879)刻本　三冊　存六
卷(一至二、五至八)

330000－1795－0001705　子0007　子部/雜
著類/雜纂之屬

智囊補二十八卷　(明)馮夢龍輯　清刻本
八冊　存十九卷(一至二、五至十九、二十五
至二十六)

330000－1795－0001706　集0048　集部/小
說類/長篇之屬

增像全圖三國志演義第一才子書十二卷一百
二十回首一卷　(明)羅本撰　(清)毛宗崗評
　清宣統元年(1909)上海章福記石印本　十
一冊　存十二卷(首,一至七、九至十二)

330000－1795－0001707　子0101　集部/曲
類/寶卷之屬

何仙姑寶卷二卷　(清)□□撰　清光緒三十
年(1904)蘇城瑪瑙經房刻本　一冊

330000－1795－0001708　子0021　子部/雜
著類/雜說之屬

履園叢話二十四卷　（清）錢泳撰　清道光十八年(1838)刻本　六冊　存十七卷(一至二、十至二十四)

330000－1795－0001709　子0037　子部/雜著類/雜說之屬

池北偶談二十六卷　（清）王士禛撰　清刻本　一冊　存三卷(八至十)

330000－1795－0001710　集0221　集部/曲類/彈詞之屬

繡像雙珠鳳全傳十二卷八十回　（清）一葉主人撰　清刻本　一冊　存一卷(三)

330000－1795－0001716　子0002　子部/天文曆算類/曆法之屬

欽定授時通考七十八卷　（清）鄂爾泰等撰　清刻本　十九冊　缺四卷(一至四)

330000－1795－0001724　集0030　子部/小說家類/雜事之屬

今世說八卷　（清）王晫撰　清刻本　二冊

330000－1795－0001730　子0003　子部/兵家類/兵法之屬

武備輯要六卷　（清）許學范撰　清刻本　二冊

330000－1795－0001731　地理0065　史部/地理類/外紀之屬

外藩紀略二卷　（清）椿園氏撰　清刻本　一冊

330000－1795－0001732　地理0066　集部/小說類/長篇之屬

臺灣外記三十卷　（清）江日昇撰　清道光十三年(1833)求無不獲齋刻本　十冊

330000－1795－0001735　子0008　新學/兵制/槍炮

德國格魯森廠創製新法快礮圖說不分卷　（清）德商禮和洋行識　清光緒二十三年(1897)石印本　一冊

330000－1795－0001737　子0008　新學類/兵製/海軍

英國水師考不分卷　（英國）巴那比　（美國）克理撰　（英國）傅蘭雅　（清）鍾天緯譯　清光緒十二年(1886)上海製造局石印本　二冊

330000－1795－0001739　子0010　新學類/兵製/海軍

英國水師考不分卷　（英國）巴那比　（美國）克理撰　（英國）傅蘭雅　（清）鍾天緯譯　清光緒十二年(1886)上海製造局石印本　一冊

330000－1795－0001740　地理0069　史部/地理類/山川之屬/水志

水經注四十卷補遺一卷附錄二卷　（北魏）酈道元撰　（清）全祖望校　清光緒十四年(1888)薛福成寧波崇實書院刻本　十六冊

330000－1795－0001741　子0001　子部/農家農學類/總論之屬

農政全書六十卷　（明）徐光啓撰　清道光二十三年(1843)王壽康曙海樓刻本　十八冊　存五十五卷(一至十、十六至六十)

330000－1795－0001742　子0005　史部/傳記類/總傳之屬

求闕齋弟子記三十二卷　（清）王定安撰　清光緒二年(1876)都門刻本　十六冊

330000－1795－0001744　新學0129　新學/雜著/小說

三味堂日記故事四卷　（清）□□撰　清道光三年(1823)三味堂刻本　一冊

330000－1795－0001745　子0133　子部/小說家類/諧謔之屬

新訂解人頤廣集八卷　（清）胡澹菴輯　（清）錢德蒼重訂　清經綸堂刻本　一冊　存二卷(一至二)

330000－1795－0001747　新學0130　新學/雜著/小說

奎元堂日記故事四卷　（清）□□撰　清刻本　一冊

330000－1795－0001748　史0049　史部/紀傳類/正史之屬

北齊書五十卷　（唐）李百藥撰　清刻本

四冊

330000－1795－0001749　子0128　子部/小說家類/雜事之屬

海上群芳譜四卷　（清）懺情侍者撰　清光緒十年(1884)刻本　一冊

330000－1795－0001750　地理0056　史部/地理類/總志之屬/通代

天下郡國利病書一百二十卷　（清）顧炎武撰　清刻本　六十四冊

330000－1795－0001751　集0139　集部/小說類/短篇之屬

孟姜女萬里尋夫一卷　（清）□□撰　清石印本　一冊

330000－1795－0001754　子0112　子部/小說家類/雜事之屬

列仙傳二卷　（漢）劉向撰　清刻本　一冊

330000－1795－0001755　史0004　史部/編年類/斷代之屬

東華錄三十二卷　（清）蔣良騏撰　清刻本　七冊　缺四卷(一至四)

330000－1795－0001756　史0018　史部/雜史類/斷代之屬

小腆紀年附考二十卷　（清）徐鼒撰　清咸豐十一年(1861)刻本　十二冊

330000－1795－0001757　小學0016　經部/小學類/訓詁之屬/爾雅

爾雅正義二十卷　（清）邵晉涵撰　**爾雅釋文三卷**　（唐）陸德明撰　清乾隆五十三年(1788)邵氏面水層軒刻本　九冊　缺三卷(爾雅釋文一至三)

330000－1795－0001758　小學0017　經部/小學類/訓詁之屬/爾雅

爾雅正義二十卷　（清）邵晉涵撰　**爾雅釋文三卷**　（唐）陸德明撰　清乾隆五十三年(1788)邵氏面水層軒刻本　一冊

330000－1795－0001759　周禮0004　類叢部/叢書類/自著之屬

抗希堂十六種　（清）方苞撰　清康熙至嘉慶刻彙印本　十一冊　存二種

330000－1795－0001760　周禮0003　經部/周禮類/傳說之屬

周官精義十二卷　（清）連斗山輯　清乾隆四十一年(1776)刻本　五冊　存十卷(一至十)

330000－1795－0001761　禮0007　經部/禮記類/傳說之屬

禮記集說十卷　（元）陳澔撰　清刻本　八冊　缺二卷(一、八)

330000－1795－0001762　史0002　類叢部/叢書類/彙編之屬

抱經堂叢書十六種　（清）盧文弨編　清乾隆至嘉慶刻彙印本　二冊　存一種

330000－1795－0001763　史0001　類叢部/叢書類/彙編之屬

抱經堂叢書十六種　（清）盧文弨編　清乾隆至嘉慶刻彙印本　二冊　存一種

330000－1795－0001764　史0003　類叢部/叢書類/彙編之屬

崇文書局彙刻書(三十三種叢書、湖北書局所刻書)三十三種　（清）崇文書局編　清光緒元年(1875)湖北崇文書局刻本　二冊　存一種

330000－1795－0001765　史0024　史部/雜史類/通代之屬

重訂路史全本四十七卷　（宋）羅泌撰　（宋）羅苹注　（明）吳弘基等重編　清刻本　十六冊

330000－1795－0001766　史0025　史部/雜史類/通代之屬

重訂路史全本四十七卷　（宋）羅泌撰　（宋）羅苹注　（明）吳弘基等重編　清嘉慶六年(1801)酉山堂刻本　二十二冊　缺四卷(前紀七至九、發揮四)

330000－1795－0001767　子0390　子部/小說家類/雜事之屬

右台仙館筆記十六卷　（清）俞樾撰　清宣統

二年(1910)上海朝記書莊石印本　七冊　存十四卷(一至二、五至十六)

330000－1795－0001768　史0020　史部/雜史類/斷代之屬

皇朝紀略一卷　(清)何琪輯　清光緒二十七年(1901)上海普通學書室鉛印本　一冊

330000－1795－0001769　史0019　新學/史志/別國史

支那全史七卷　(日本)藤田久道編次　清光緒二十七年(1901)教育世界社石印本　一冊

330000－1795－0001770　子0118　子部/儒家類/儒學之屬/蒙學

學堂日記圖說不分卷　(清)梁溪晦齋氏輯　清末石印本　一冊

330000－1795－0001775　史0006　史部/紀傳類/別史之屬

弘簡錄二百五十四卷　(明)邵經邦撰　清刻本　八十冊

330000－1795－0001776　新學0120　新學/雜著/小說

巴黎茶花女遺事一卷　(法國)小仲馬撰　(清)曉齋主人口述　林紓筆授　清光緒二十七年(1901)玉情瑤怨館石印本　一冊

330000－1795－0001777　子0010　子部/雜著類/雜說之屬

池北偶談二十六卷　(清)王士禛撰　清刻本　七冊　存二十三卷(一至十四、十八至二十六)

330000－1795－0001778　史0039　史部/紀傳類/正史之屬

十七史一千五百七十四卷　(明)毛晉編　明崇禎至清順治琴川毛氏汲古閣刻本　二百六十五冊　存十六種

330000－1795－0001779　史0001　史部/紀傳類/正史之屬

明史稿三百十卷目錄三卷　(清)王鴻緒撰　清雍正敬慎堂刻本　一百冊

330000－1795－0001780　經0021　經部/叢編

十三經讀本一百二十九卷附校刊記十四卷　(清)丁寶楨等校並撰　清同治十一年(1872)山東書局刻本　六十六冊

330000－1795－0001781　史0005　史部/紀傳類/正史之屬

東觀漢記二十四卷　(漢)劉珍等撰　清刻本　四冊

330000－1795－0001782　史0031　史部/紀傳類/正史之屬

後漢書補逸二十一卷　(清)姚之駰輯　清刻本　八冊

330000－1795－0001783　子0126　子部/儒家類/儒學之屬/禮教

繪圖孝弟圖說一卷　(清)□□撰　清潤華印書局石印本　一冊

330000－1795－0001784　集0108　集部/小說類/長篇之屬

海上塵天影六十卷　(清)鄒弢撰　清光緒二十年(1894)亞非爾丹督理鑑石印本　十二冊

330000－1795－0001786　集0108　子部/小說家類/異聞之屬

燕山外史註釋八卷　(清)陳球撰　(清)傅聲谷注　清光緒三十二年(1906)上海海左書局石印本　四冊

330000－1795－0001787　子0107　子部/雜著類/雜編之屬

音釋坐花誌果八卷　(清)汪道鼎　(清)鷲峰樵者撰　清光緒十四年(1888)廣百宋齋石印本　二冊

330000－1795－0001792　集0420　集部/小說類/長篇之屬

大明正德皇游江南傳七卷四十五回　(清)何夢梅撰　清刻本　一冊　存三卷(二至四)

330000－1795－0001795　集0095　集部/小說類/長篇之屬

增像全圖東漢演義四卷六十四回　(明)謝詔

撰　清石印本　二冊

330000－1795－0001796　子0261　子部/宗教類/佛教之屬/總錄

藍關寶卷二卷　（清）煙波釣徒風月主人撰
清刻本　一冊　存一卷（二）

330000－1795－0001797　子0260　集部/曲類/寶卷之屬

太華山紫金嶺兩世修行劉香寶卷全集二卷
（清）□□撰　清刻本　一冊　存一卷（上）

330000－1795－0001800　集0299　集部/曲類/彈詞之屬

增像繪圖雙珠球十二卷四十九回　（清）黃予貞撰　清刻本　一冊　存三卷（四至六）

330000－1795－0001801　集0142　集部/小說類/長篇之屬

四大奇書第一種十九卷首一卷一百二十回
（明）羅本撰　（清）毛宗崗評　清刻本　一冊
存一卷（七）

330000－1795－0001802　集0056　集部/曲類/彈詞之屬

新增全圖珍珠塔後傳麒麟豹六卷六十回
（清）馬永清撰　清石印本　一冊　存二卷
（四至五）

330000－1795－0001803　集0164　集部/小說類/短篇之屬

詳註聊齋志異圖詠十六卷首一卷　（清）蒲松齡撰　（清）呂湛恩注　（清）徐潤編　清石印本　三冊　存十一卷（四至十四）

330000－1795－0001808　子0430　子部/小說家類/雜事之屬

情天寶鑑二十四卷　（明）馮夢龍輯　清石印本　一冊　存四卷（十至十三）

330000－1795－0001809　經0008　經部/叢編

十三經註疏三百三十三卷　（明）□□輯　明崇禎元年至十二年（1628－1639）毛氏汲古閣刻本　六十一冊　存七種

330000－1795－0001810　集0434　集部/小說類/長篇之屬

繡像四續清烈傳四卷四十回　（清）□□輯
清石印本　一冊

330000－1795－0001812　子0259　子部/宗教類/道教之屬/戒律

陰隲果報圖注不分卷　（明）顏正注　（清）黃正元集證　（清）吳友如繪　清光緒十七年（1891）石印本　一冊

330000－1795－0001814　史0045　史部/紀傳類/正史之屬

十七史一千五百七十四卷　（明）毛晉編　明崇禎至清順治琴川毛氏汲古閣刻本　一百冊　存六種

330000－1795－0001815　子0387　集部/小說類/長篇之屬

繪圖萬花樓傳十四卷六十八回　（清）李雨堂撰　清石印本　一冊　存一卷（二）

330000－1795－0001816　小學0014　經部/小學類/訓詁之屬/爾雅

爾雅註疏十一卷　（晉）郭璞註　（宋）邢昺疏
清光緒八年（1882）崇德書院刻本　四冊

330000－1795－0001817　子0388　集部/曲類/寶卷之屬

雌雄盃寶卷二集四卷　清石印本　一冊　存一卷（下）

330000－1795－0001819　集0396　集部/小說類/長篇之屬

繡像繪圖乾隆巡幸江南記八卷七十五回
（清）□□輯　清末石印本　一冊　存二卷
（七至八）

330000－1795－0001825　集0091　集部/小說類/長篇之屬

繡像西漢演義四卷一百回　（明）甄偉撰　清石印本　一冊

330000－1795－0001826　集0089　集部/小說類/長篇之屬

繪圖西漢演義四卷一百回　（明）甄偉撰　清

上海錦章圖書局石印本　一冊

330000－1795－0001827　集0088　集部/小說類/長篇之屬

繪圖西漢演義四卷一百回　（明）甄偉撰　清石印本　一冊

330000－1795－0001828　集0185　集部/小說類/短篇之屬

詳註聊齋志異圖詠十六卷首一卷　（清）蒲松齡撰　（清）呂湛恩注　（清）徐潤編　清石印本　一冊　存四卷（一至四）

330000－1795－0001829　子0150　集部/小說類/長篇之屬

東周列國全志二十三卷一百八回　（清）蔡奡評點　清石印本　一冊　存一卷（三）

330000－1795－0001830　集0145　集部/小說類/長篇之屬

第一才子書六十卷首一卷一百二十回　（明）羅本撰　（清）毛宗崗評　清石印本　一冊　存七卷（二十九至三十五）

330000－1795－0001831　子0131　史部/傳記類/總傳之屬/仕宦

公侯鑒三卷　（清）余治輯　清同治五年（1866）刻姑蘇圓妙觀得見齋印本　一冊

330000－1795－0001832　集0137　子部/小說家類/異聞之屬

燕山外史註釋八卷　（清）陳球撰　（清）傅聲谷注　清刻本　一冊　存二卷（一至二）

330000－1795－0001834　集0058　集部/戲劇類/雜劇之屬

增批繪像第六才子書八卷　（元）王德信撰　（元）關漢卿撰　清石印本　四冊　存七卷（一、三至八）

330000－1795－0001837　集0055　集部/小說類/長篇之屬

紅樓夢一百二十回　（清）曹霑　（清）高鶚撰　清石印本　十七冊　存六十四回（十三至二十四、二十九至三十六、七十三至九十六、一百一至一百二十）

330000－1795－0001838　子0020　子部/雜著類/雜說之屬

寶存四卷　（清）胡式鈺撰　清道光二十一年（1841）刻本　一冊

330000－1795－0001840　子0024　子部/小說家類/異聞之屬

閱微草堂筆記二十四卷　（清）紀昀撰　清刻本　二冊　存四卷（十二至十三、十七至十八）

330000－1795－0001843　史0013　史部/紀傳類/正史之屬

二十四史　清乾隆四年（1739）武英殿刻本　五百三十五冊　缺六十六卷（史記一至四十二，明史二百八十九至二百九十五，陳書一至六、十八至二十八）

330000－1795－0001845　子0710　子部/小說家類/異聞之屬

紅蓮寺□□卷　（清）□□撰　清刻本　一冊　存一集（下）

330000－1795－0001846　地理0042　史部/地理類/方志之屬/通志

[雍正]敕修浙江通志二百八十卷首三卷　（清）李衛　（清）嵇曾筠等修　（清）沈翼機　（清）傅王露等纂　清乾隆元年（1736）刻本　九十八冊　缺六卷（五十三至五十六、二百七十七至二百七十八）

330000－1795－0001847　集0205　集部/小說類/長篇之屬

新鎸異說五虎平西珍珠旗演義狄青前傳十四卷一百二十回　清刻本　九冊　存九卷（二至四、八、十至十四）

330000－1795－0001848　地理0044　史部/地理類/山川之屬/水志

西湖志四十八卷　（清）李衛　（清）程元章修　（清）傅王露撰　清雍正十三年（1735）兩浙鹽驛道庫刻本　二十四冊

330000－1795－0001849　集0159　集部/小說類/長篇之屬

結水滸全傳七十卷一百四十回末一卷　（清）俞萬春撰　清刻本　一冊　存四卷（六十四至六十七）

330000－1795－0001850　地理 0045　史部/地理類/山川之屬/水志

西湖志四十八卷　（清）李衛　（清）程元章修　（清）傅王露撰　清刻本　二十四冊

330000－1795－0001851　集 0160　集部/小說類/長篇之屬

繡像後西遊記六卷四十回　（清）天花才子評點　清石印本　一冊　存一卷（六）

330000－1795－0001852　集 0156　集部/小說類/長篇之屬

評註圖像水滸傳七十五卷七十回首一卷　（元）施耐庵撰　（清）金人瑞評　清末上海中新書局鉛印本　四冊　存二十四卷（首，一至十、二十三至三十五）

330000－1795－0001858　集 0030　集部/小說類/長篇之屬

繪圖增像加批西遊記八卷一百回　（明）吳承恩撰　（清）陳士斌詮解　清石印本　四冊　存四卷（二至四、六）

330000－1795－0001860　集 0079　子部/小說家類/異聞之屬

燕山外史註釋八卷　（清）陳球撰　（清）傅聲谷注　清刻本　一冊　存二卷（五至六）

330000－1795－0001861　子 0103　子部/小說家類/雜事之屬

剪桐載筆一卷　（明）王象晉撰　清刻本　一冊

330000－1795－0001862　集 0102　集部/小說類/長篇之屬

四大奇書第一種十九卷首一卷一百二十回　（明）羅本撰　（清）毛宗崗評　清石印本　三冊　存三卷（二至三、五）

330000－1795－0001864　地理 0047　史部/地理類/方志之屬/郡縣志

[嘉慶]西安縣志四十八卷首一卷　（清）姚寶

煟修　（清）范崇楷等纂　清嘉慶十六年（1811）刻本　十一冊　缺四卷（十至十三）

330000－1795－0001865　史 0007　史部/紀事本末類/通代之屬

繹史一百六十卷附世系圖一卷年表一卷　（清）馬驌撰　清刻本　四十八冊

330000－1795－0001866　編年 0007　史部/編年類/斷代之屬

三朝北盟會編二百五十卷　（宋）徐夢莘撰　清刻本　四十冊

330000－1795－0001867　集 0063　集部/別集類/清別集

南雷文定前集十一卷後集四卷三集三卷四集四卷附錄一卷　（清）黃宗羲撰　清康熙二十七年（1688）靳治荊刻本　五冊　存十八卷（前集一至十一、後集一至四、三集一至三）

330000－1795－0001868　史 0041　集部/總集類/氏族之屬

新城王氏家集四十種　（清）□□編　明崇禎至清康熙刻彙印本　一冊　存一種

330000－1795－0001869　子 0056　子部/雜著類/雜說之屬

香祖筆記十二卷　（清）王士禎撰　清刻本　五冊　缺二卷（九至十）

330000－1795－0001870　小學 0019　經部/小學類/文字之屬/說文/傳說

說文解字十五卷標目一卷　（漢）許慎撰　（宋）徐鉉等校定　清初海虞毛氏汲古閣刻本　八冊

330000－1795－0001871　小學 0020　經部/小學類/文字之屬/字書/字體

六書通十卷　（清）閔齊伋撰　（清）畢弘述篆訂　清刻本　五冊

330000－1795－0001873　史 0027　史部/編年類/斷代之屬

東華錄三十二卷　（清）蔣良騏撰　清刻本　十一冊　缺三卷（一至三）

330000－1795－0001874　傳記0023　史部/傳記類/總傳之屬/仕宦

宋名臣言行錄前集十卷後集十四卷續集八卷別集二十六卷外集十七卷　（宋）□□輯　清古吳聚錦堂刻本　二十冊

330000－1795－0001875　集0074　集部/詞類/總集之屬

昭代詞選三十八卷　（清）蔣重光輯　清乾隆三十二年(1767)經鉏堂刻本　十二冊

330000－1795－0001877　四書0011　經部/四書類/論語之屬/傳說

論語集註十卷　（宋）朱熹撰　清石印本　一冊　存五卷（六至十）

330000－1795－0001878　小學0018　經部/小學類/文字之屬/說文/專著

說文通檢十四卷首一卷末一卷　（清）黎永椿撰　清光緒二年(1876)崇文書局刻本　一冊

330000－1795－0001879　四書0012　經部/四書類/孟子之屬/傳說

孟子集註七卷　（宋）朱熹撰　清石印本　二冊

330000－1795－0001880　春秋0010　經部/春秋總義類/傳說之屬

春秋傳三十卷　（宋）胡安國撰　清刻本　五冊

330000－1795－0001881　經0009　經部/詩類/傳說之屬

詩經集傳八卷　（宋）朱熹撰　清刻本　四冊

330000－1795－0001882　集0072　集部/總集類/選集之屬/斷代

明詩綜一百卷　（清）朱彝尊輯　（清）汪森等評　清康熙刻乾隆西泠吳氏清來堂印本　二十九冊　缺十八卷（十五至十六、八十二至九十七）

330000－1795－0001883　地理0038　史部/地理類/方志之屬/郡縣志

咸淳臨安志一百卷　（宋）潛說友纂　**校栞咸淳臨安志札記三卷**　（清）黃士珣撰　清道光十年(1830)錢唐汪氏振綺堂刻同治六年(1867)補刻本（卷六十四、九十、九十八至一百原缺）　二十四冊　存一百卷（咸淳臨安志一至一百）

330000－1795－0001885　地理0051　史部/地理類/方志之屬/郡縣志

[光緒]奉化縣志四十卷首一卷　（清）李前泮修　張美翊等纂　清光緒三十四年(1908)刻本　五冊　存七卷（八至十四）

330000－1795－0001886　類書0078　類叢部/叢書類/彙編之屬

說郛一百二十弓一千二百八十種　（明）陶珽編　**說郛續四十六弓五百三十八種**　（明）陶珽編　（清）李際期重訂　明末刻清初李際期宛委山堂續刻彙印本　十三冊　存十三種

330000－1795－0001888　傳記0021　史部/傳記類/總傳之屬/仕宦

今獻備遺四十二卷　（明）項篤壽撰　明萬曆十一年(1583)項氏萬卷堂刻本　二冊　存六卷（一、二十至二十四）

330000－1795－0001889　集0073　集部/總集類/郡邑之屬

松風餘韻五十卷末一卷　（清）姚弘緒輯　清嘉慶十年(1805)寶善堂刻本　十二冊

330000－1795－0001890　集0066　集部/別集類/唐五代別集

白香山詩長慶集二十卷後集十七卷別集一卷補遺二卷　（唐）白居易撰　（清）汪立名編訂　清康熙四十一年至四十二年(1702－1703)汪立名一隅草堂刻本　五冊　存二十四卷（長慶集一至十、後集一至十四）

330000－1795－0001891　史0006　史部/紀事本末類/斷代之屬

聖武記十四卷　（清）魏源撰　清道光二十四年(1844)京都琉璃廠刻本　十冊

330000－1795－0001892　史0005　史部/紀事本末類/斷代之屬

左傳紀事本末五十三卷　（清）高士奇撰　清

刻本　十二冊

330000－1795－0001893　史0002　史部/雜史類/斷代之屬

南疆繹史勘本三十卷首二卷　（清）溫睿臨撰　（清）李瑤勘定　**繹史摭遺十八卷卹諡考八卷**　（清）李瑤撰　清道光十年(1830)都城琉璃廠半松居士木活字印本　十六冊

330000－1795－0001894　集0061　集部/別集類/清別集

海會中峰國師梅花百詠不分卷　（清）海會中峰國師撰　清嘉慶九年(1804)刻本　一冊

330000－1795－0001895　集0085　集部/總集類/選集之屬/通代

雜錄不分卷　清抄本　一冊

330000－1795－0001896　易0082　經部/易類/傳說之屬

誠齋易傳二十卷　（宋）楊萬里撰　清鶴麗山房抄本　一冊　存四卷(十七至二十)

330000－1795－0001897　集0060　集部/別集類/清別集

曝書亭集八十卷附錄一卷　（清）朱彝尊撰　**笛漁小稾十卷**　（清）朱昆田撰　清刻本　十一冊

330000－1795－0001898　史0009　史部/紀事本末類/斷代之屬

平定粵匪紀略十八卷附記四卷　（清）杜文瀾撰　清同治八年(1869)羣玉齋木活字印本　八冊

330000－1795－0001899　史0004　史部/紀事本末類/斷代之屬

遼史紀事本末四十卷首一卷　（清）李有棠編　清光緒十九年(1893)同文書局石印本　四冊

330000－1795－0001900　史0008　史部/史評類/史論之屬

歷朝總論不分卷　清抄本　一冊

330000－1795－0001901　子0081　子部/術數類/命書相書之屬

潤經不分卷　清抄本　一冊

330000－1795－0001902　子0080　子部/雜家類

困學齋雜錄一卷　（元）鮮於樞撰　清抄本　一冊

330000－1795－0001903　集0084　集部/別集類/唐五代別集

李嶠雜詠二卷　（唐）李嶠撰　清抄本　一冊

330000－1795－0001904　五經總義0083　經部/群經總義類/傳說之屬

駁五經異義一卷補遺一卷　（漢）鄭玄撰　（清）王復補遺　清抄本　一冊

330000－1795－0001905　史0013　史部/紀傳類/別史之屬

西魏書二十四卷敘錄一卷　（清）謝啟昆撰　清乾隆六十年(1795)謝啟昆樹經堂刻本　六冊

330000－1795－0001906　子0073　子部/叢編

六子書　（明）顧春編　明嘉靖十二年(1533)顧春世德堂刻本　二冊　存一種

330000－1795－0001907　集0088　集部/別集類/唐五代別集

杜工部五言詩選直解三卷七言詩選直解二卷　（唐）杜甫撰　（清）范廷謀註釋　**年譜一卷**　（清）范廷謀訂　清雍正稼石堂刻本　一冊　存二卷(五言詩選直解一、年譜)

330000－1795－0001908　集0089　集部/別集類/清別集

句餘土音三卷　（清）全祖望撰　（清）董秉純重編　清嘉慶十九年(1814)刻本　三冊

330000－1795－0001909　集0091　集部/別集類/明別集

劉蕺山先生集二十四卷首一卷　（明）劉宗周撰　清乾隆十六年(1751)證人堂刻本　八冊

330000－1795－0001910　史0107　史部/紀

傳類/正史之屬

後漢書九十卷 (南朝宋)范曄撰 (唐)李賢注 志三十卷 (晉)司馬彪撰 (南朝梁)劉昭注 清刻本 二冊 存十一卷(三十三至三十八、七十五至七十九)

330000－1795－0001911 史 0108 史部/紀傳類/正史之屬

二十四史附考證 清刻本 一冊 存一種

330000－1795－0001913 子 0078 集部/小說類/短篇之屬

聊齋志異新評十六卷 (清)蒲松齡撰 (清)王士慎評 (清)呂湛恩注 (清)但明論批 清光緒三年(1877)廣順但氏刻朱墨套印本 十六冊

330000－1795－0001914 類書 0082 子部/雜著類/雜纂之屬

益智編四十一卷 (明)孫能傳輯 清光緒十七年(1891)石印本 十二冊

330000－1795－0001915 子 0080 集部/小說類/長篇之屬

四大奇書第一種五十一卷一百二十回 (明)羅本撰 (清)金人瑞批 (清)毛宗崗評 清經綸堂刻本 二十冊

330000－1795－0001916 子 0100 子部/術數類/占卜之屬

卜筮正宗十四卷 (清)王維德撰 清康熙四十八年(1709)刻本 一冊 存四卷(一至四)

330000－1795－0001918 集 0124 集部/曲類/彈詞之屬

繡像九美圖全傳十二卷七十五回 (清)曹春江編 清刻本 四冊 存四卷(二、四、八、十二)

330000－1795－0001919 集 0441 集部/小說類/長篇之屬

繡像二十續濟公傳四卷 (清)□□輯 清石印本 一冊 存三卷(一至三)

330000－1795－0001920 集 0440 集部/小說類/長篇之屬

繡像十四續濟公傳四卷 (清)□□撰 清石印本 一冊

330000－1795－0001921 集 0201 集部/小說類/長篇之屬

繡像十六續濟公傳四卷 (清)□□撰 清石印本 一冊 存二卷(三至四)

330000－1795－0001922 集 0200 集部/小說類/長篇之屬

繡像十三續濟公傳四卷 (清)□□撰 清石印本 一冊 存二卷(二、四)

330000－1795－0001923 集 0180 集部/小說類/長篇之屬

增評加批金玉緣圖說十六卷一百二十回首一卷 (清)曹霑 (清)高鶚撰 (清)蝶薌仙史評訂 清末石印本 四冊 存四卷(四至六、九)

330000－1795－0001924 集 0193 集部/小說類/長篇之屬

新輯繪圖全續彭公案後部四卷八十一回 (清)貪夢道人撰 清光緒石印本 一冊

330000－1795－0001925 子 0100 子部/宗教類/道教之屬/戒律

太上寶筏圖說八卷首一卷 (清)黃正元纂 (清)毛金蘭補 清光緒十八年(1892)上海同文書局石印本 三冊

330000－1795－0001927 集 0103 集部/小說類/長篇之屬

鐫李卓吾批點殘唐五代史演義傳八卷六十回 (明)羅貫中撰 (明)李贄評 清刻本 一冊 存二卷(七至八)

330000－1795－0001932 子 0177 經部/易類/易占之屬

焦氏易林十六卷 (漢)焦贛撰 易林元籥十測一卷 (明)盛如林撰 清嘉慶十三年(1808)刻本 三冊 存十三卷(一至四、九至十六,易林元籥十測)

330000－1795－0001940 子 0082 子部/術數類/命書相書之屬

水鏡集約篇四卷　（清）范騋撰　清刻本　三冊　存三卷（一至三）

330000－1795－0001941　子0084　子部/術數類/命書相書之屬

水鏡集四卷　（清）范騋撰　清刻本　一冊　存一卷（四）

330000－1795－0001942　子0083　子部/術數類/命書相書之屬

水鏡集四卷　（清）范騋撰　清刻本　一冊　存一卷（二）

330000－1795－0001945　子0071　子部/術數類/占候之屬

增補全書□□卷　清刻本　一冊　存五卷（十七至二十一）

330000－1795－0001946　子0095　子部/術數類/占卜之屬

新編玄機妙訣斷易黃金策三卷　清刻本　一冊

330000－1795－0001949　子0080　子部/術數類/雜術之屬

中元戊寅通書一卷　清刻本　一冊

330000－1795－0001950　子0102　子部/術數類/命書相書之屬

新鐫神峯張先生通考闢謬命理正宗大全六卷　（明）張楠撰　清光緒三十二年（1906）上海書局石印本　一冊

330000－1795－0001951　子0103　子部/術數類/命書相書之屬

重鐫神峯通考命理正宗六卷　（明）張楠撰　清刻本　一冊　存一卷（三）

330000－1795－0001952　子0101　子部/術數類/命書相書之屬

重鐫神峯張先生通考闢謬命理正宗大全六卷　（明）張楠撰　清刻本　一冊　存一卷（二）

330000－1795－0001953　子0077　子部/農家農學類/園藝之屬/總志

佩文齋廣羣芳譜一百卷目錄二卷　（清）汪灝

等撰　清刻本　二十四冊

330000－1795－0001960　子0068　子部/天文曆算類/曆法之屬

欽定萬年書一卷　清石印本　一冊

330000－1795－0001965　子0104　子部/術數類/命書相書之屬

新鐫神峯張先生通考闢謬命理正宗大全六卷　（明）張楠撰　清善成堂刻本　六冊

330000－1795－0001967　子0106　子部/術數類/命書相書之屬

選舉良辰一卷　（清）永吉齋輯　清抄本　一冊

330000－1795－0001968　子0107　子部/術數類/命書相書之屬

新鐫神峯張先生通考闢謬命理正宗大全六卷　（明）張楠撰　清宣統二年（1910）鑄記書局石印本　四冊

330000－1795－0001969　子0081　子部/術數類/陰陽五行之屬

增補歷法鰲頭通書大全十卷　（明）熊宗立撰　清刻本　一冊　存一卷（二）

330000－1795－0001970　子0056　子部/天文曆算類/曆法之屬

新鐫曆法便覽象吉備要通書大全二十九卷　（清）魏鑑撰　清石印本　四冊　存十卷（一至九、十一）

330000－1795－0001971　子0018　子部/術數類/相宅相墓之屬

地理精微集六卷　（清）盛廷譓撰　（清）陳景新重編　清光緒二十四年（1898）江寧藩署刻本　四冊

330000－1795－0001973　子0016　子部/術數類/相宅相墓之屬

地理辨正疏五卷首一卷末一卷　（清）張心言撰　清道光九年（1829）培杏書屋刻本　二冊　存四卷（首、一至三）

330000－1795－0001974　子0015　子部/術

數類/相宅相墓之屬

地理辨正疏五卷首一卷末一卷 （清）張心言
撰　清道光九年(1829)培杏書屋刻本　四冊

330000－1795－0001975　子 0022　子部/術
數類/相宅相墓之屬

地理㪯索四卷 （清）李光旭撰　清竹素園刻
本　一冊　存二卷(三至四)

330000－1795－0001977　子 0020　子部/術
數類/相宅相墓之屬

地理索隱一卷 （明）無着禪師撰　清抄本
一冊

330000－1795－0001978　子 0023　子部/術
數類/相宅相墓之屬

重刊人子須知資孝地理心學統宗十六卷
（明）徐善繼　（明）徐善述撰　清刻本　二冊
存二卷(九、十六)

330000－1795－0001979　子 0011　子部/術
數類/相宅相墓之屬

地理五訣八卷 （清）趙廷棟撰　清亦西齋刻
本　二冊

330000－1795－0001980　子 0012　子部/術
數類/相宅相墓之屬

地理辨正五卷 （清）蔣平階補傳　（清）姜垚
辨正　清掃葉山房刻本　二冊

330000－1795－0001981　子 0013　子部/術
數類/相宅相墓之屬

地理辨正五卷 （清）蔣平階補傳　（清）姜垚
辨正　清刻本　一冊　存二卷(一至二)

330000－1795－0001982　子 0010　子部/術
數類/相宅相墓之屬

地理五訣八卷 （清）趙廷棟撰　清翡翠山房
刻本　三冊　存六卷(一至二、五至八)

330000－1795－0001983　經 0017　經部/易
類/傳說之屬

易經體註合參四卷 （清）來爾繩纂輯　清刻
本　一冊

330000－1795－0001985　史 0249　史部/雜

史類/通代之屬

聖駕南巡錄一卷 （明）陸深撰　清康熙四十
四年(1705)刻本　四冊

330000－1795－0001986　子 0009　子部/術
數類/相宅相墓之屬

地理五訣八卷 （清）趙廷棟撰　清刻本　一
冊　存二卷(七至八)

330000－1795－0001992　子 0003　子部/術
數類/相宅相墓之屬

地理五十段四卷 （清）李德貞撰　清汲緶齋
刻本　二冊

330000－1795－0001993　子 0002　子部/術
數類/相宅相墓之屬

山洋指迷原本四卷 （明）周景一撰　（清）俞
歸璞　（清）吳卿瞻增注　清乾隆五十二年
(1787)英秀堂刻本　二冊

330000－1795－0001996　集 0055　類叢部/
叢書類/彙編之屬

武英殿聚珍版書一百三十八種　清乾隆武英
殿木活字印本　一冊　存一種

330000－1795－0001997　集 0062　集部/別
集類/清別集

笛漁小稿十卷 （清）朱昆田撰　清康熙五十
三年(1714)刻本　一冊

330000－1795－0001998　集 0065　集部/別
集類/清別集

牧齋初學集詩註二十卷 （清）錢謙益撰
（清）錢曾箋註　清刻本　八冊

330000－1795－0001999　集 0059　集部/別
集類/宋別集

施註蘇詩四十二卷目錄二卷 （宋）蘇軾撰
（宋）施元之　（宋）顧禧注　（清）顧嗣立
（清）邵長蘅　（清）宋至補　**蘇詩續補遺二卷**
（清）馮景補註　**王註正譌一卷** （清）邵長
蘅撰　**東坡先生年譜一卷** （宋）王宗稷編
清康熙三十八年(1699)宋犖刻金閭步月樓印
本　十四冊

330000－1795－0002001　集 0092　集部/總

集類/選集之屬/斷代

中州集十卷首一卷中州樂府一卷 （金）元好問輯　明末海虞毛氏汲古閣刻本　七冊　存八卷(首,一至二、五至九)

330000－1795－0002002　春秋0097　經部/春秋左傳類/傳說之屬

春秋左傳註疏六十卷 （晉）杜預注　（唐）陸德明音義　（唐）孔穎達疏　清刻本　十冊　存三十卷(一至二、六至十二、十六至三十六)

330000－1795－0002004　集0002　集部/別集類/漢魏六朝別集

陶淵明集十卷 （晉）陶潛撰　清宣統二年(1910)上海易著堂書局石印本　二冊　存四卷(三至四、九至十)

330000－1795－0002006　集0003　集部/別集類/漢魏六朝別集

庾子山集十六卷總釋一卷 （北周）庾信撰　（清）倪璠註　**年譜一卷** （清）倪璠撰　清刻本　四冊　缺九卷(八至十六)

330000－1795－0002011　集0057　集部/別集類/唐五代別集

杜詩詳註二十五卷首一卷附錄二卷 （唐）杜甫撰　（清）仇兆鰲輯注　清道光刻本　十四冊

330000－1795－0002012　集0058　集部/別集類/唐五代別集

杜詩詳註二十五卷首一卷附錄二卷 （唐）杜甫撰　（清）仇兆鰲輯注　清道光刻本　十六冊

330000－1795－0002015　集0039　集部/別集類/唐五代別集

昌黎先生集四十卷外集十卷遺文一卷 （唐）韓愈撰　（宋）廖瑩中校正　**朱子校昌黎先生集傳一卷** （宋）朱熹撰　**韓集點勘四卷** （清）陳景雲撰　清宣統三年(1911)上海掃葉山房石印本　十二冊

330000－1795－0002018　集0075　集部/別集類/宋別集

旴江先生全集三十七卷外集三卷門人錄一卷 （宋）李覯撰　**旴江先生年譜一卷** （宋）陳次公編　清刻本　八冊　缺一卷(門人錄)

330000－1795－0002019　子0001　子部/術數類/相宅相墓之屬

山洋指迷原本四卷 （明）周景一撰　（清）俞歸璞　（清）吳卿瞻增注　清同治七年(1868)樺山翰寶樓刻本　一冊　存二卷(一至二)

330000－1795－0002020　集0076　集部/別集類/宋別集

岳忠武王文集八卷首一卷末一卷 （宋）岳飛撰　（清）黃邦寧輯　清刻本　四冊

330000－1795－0002022　集0077　集部/別集類/宋別集

岳忠武王文集八卷首一卷末一卷 （宋）岳飛撰　（清）黃邦寧輯　清刻本　四冊

330000－1795－0002024　集0078　集部/別集類/宋別集

岳忠武王文集八卷首一卷末一卷 （宋）岳飛撰　（清）黃邦寧輯　清光緒十二年(1886)上海簡玉山房刻本　四冊

330000－1795－0002025　集0079　集部/詞類/別集之屬

山中白雲詞八卷 （宋）張炎撰　清玉玲瓏閣刻本　一冊

330000－1795－0002027　集0080　集部/詞類/別集之屬

山中白雲詞八卷 （宋）張炎撰　清寶書堂刻本　一冊

330000－1795－0002028　集0081　集部/別集類/宋別集

道鄉文集四十卷補遺一卷附錄一卷 （宋）鄒浩撰　清道光十一年(1831)鄒氏留餘堂刻本　八冊

330000－1795－0002029　子0087　子部/術數類/陰陽五行之屬

欽定協紀辨方書三十六卷 （清）允祿　（清）張照等纂修　清石印本　二冊　存七卷(一

至七）

330000－1795－0002033　集 0018　集部/別
集類/唐五代別集

**溫飛卿詩集七卷別集一卷集外詩一卷附錄諸
家詩評一卷**　（唐）溫庭筠撰　（明）曾益注
（清）顧予咸補注　（清）顧嗣立續注　清宣統
二年(1910)掃葉山房石印本　四冊　缺一卷
（諸家詩評）

330000－1795－0002034　集 0019　集部/別
集類/唐五代別集

**溫飛卿詩集七卷別集一卷集外詩一卷附錄諸
家詩評一卷**　（唐）溫庭筠撰　（明）曾益注
（清）顧予咸補注　（清）顧嗣立續注　清宣統
二年(1910)掃葉山房石印本　三冊　缺二卷
（詩集二至三）

330000－1795－0002036　集 0020　集部/別
集類/唐五代別集

**溫飛卿詩集七卷別集一卷集外詩一卷附錄諸
家詩評一卷**　（唐）溫庭筠撰　（明）曾益注
（清）顧予咸補注　（清）顧嗣立續注　清康熙
三十六年(1697)長洲顧氏秀野草堂刻本　一
冊　存五卷（詩集五至七、別集、集外詩）

330000－1795－0002038　集 0021　集部/別
集類/唐五代別集

唐陸宣公集二十二卷　（唐）陸贄撰　清光緒
二十四年(1898)上海著易堂石印本　四冊

330000－1795－0002039　子 0138　子部/術
數類/命書相書之屬

秘本大清相法□□卷　清刻本　一冊　存一
卷（四）

330000－1795－0002040　集 0022　集部/別
集類/唐五代別集

香山詩鈔二十卷　（唐）白居易撰　（清）楊大
鶴選　清刻本　一冊　存三卷（一至三）

330000－1795－0002042　集 0025　集部/總
集類/選集之屬/通代

唐宋大家全集錄十種（唐宋十大家全集錄）
（清）儲欣編　清刻本　一冊　存一種

330000－1795－0002043　集 0024　集部/別
集類/唐五代別集

習之先生文集二卷　（唐）李翱撰　清宣統三
年(1911)上海會文堂書局石印本　二冊

330000－1795－0002044　集 0026　集部/別
集類/唐五代別集

可之先生文集二卷　（唐）孫樵撰　清宣統二
年(1910)上海會文堂石印本　一冊

330000－1795－0002048　子 0146　子部/術
數類/命書相書之屬

袁柳莊先生神相全編三卷　（明）袁忠徹撰
清刻本　一冊　存二卷（中、下）

330000－1795－0002052　子 0160　子部/術
數類/相宅相墓之屬

雪心賦正解四卷　（唐）卜應天撰　（清）孟浩
註　**辯論三十篇一卷**　（清）孟浩撰　清康熙
十九年(1680)文德堂刻本　二冊

330000－1795－0002053　子 0158　子部/儒
家類/儒學之屬/禮教

元宰必讀書不分卷　（清）彭凝祉撰　清嘉慶
五年(1800)刻本　一冊

330000－1795－0002054　子 0159　子部/術
數類/相宅相墓之屬

雪心賦正解四卷　（唐）卜應天撰　（清）孟浩
註　**辯論三十篇一卷**　（清）孟浩撰　清刻本
　一冊　存二卷（一、辯論三十篇）

330000－1795－0002055　經 0157　經部/易
類/傳說之屬

鄭氏爻辰補六卷圖一卷　（清）戴棠撰　清道
光二十九年(1849)燕山書屋刻本　二冊　存
四卷（一至三、圖）

330000－1795－0002056　子 0156　子部/術
數類/命書相書之屬

五星集腋四卷　（清）廖冀亨輯　清刻本　一
冊　存一卷（三）

330000－1795－0002057　子 0155　子部/術
數類/陰陽五行之屬

通德類情十三卷　（清）沈重華輯　清刻本

三冊　存六卷(二、九至十三)

330000－1795－0002058　子0150　子部/術數類/命書相書之屬

新刻合併官板音義評註淵海子平五卷 （宋）徐升編　清刻本　一冊　存三卷(三至五)

330000－1795－0002059　子0137　子部/術數類/陰陽五行之屬

選時造命四卷 （清）魏青江撰　清乾隆七年(1742)刻本　四冊

330000－1795－0002060　子0136　子部/術數類/陰陽五行之屬

選時造命四卷 （清）魏青江撰　清乾隆七年(1742)刻本　四冊

330000－1795－0002061　子0135　子部/術數類/相宅相墓之屬

陰宅集要四卷 （清）姚廷鑾撰　清刻本　一冊　存一卷(一)

330000－1795－0002062　子0134　子部/術數類/相宅相墓之屬

陰宅集要四卷 （清）姚廷鑾撰　清乾隆十七年(1752)片山書樓刻本　四冊

330000－1795－0002064　集0162　集部/別集類/明別集

王文成公全書三十八卷 （明）王守仁撰　清宣統元年(1909)上海集成圖書公司影印本　十二冊

330000－1795－0002065　集0163　集部/別集類/明別集

王文成公全書三十八卷 （明）王守仁撰　清宣統元年(1909)上海集成圖書公司影印本　十二冊

330000－1795－0002066　叢0002　集部/總集類/選集之屬/通代

唐宋大家全集錄十種(唐宋十大家全集錄) （清）儲欣編　清光緒八年(1882)江蘇書局刻本　十二冊　存五種

330000－1795－0002069　集0029　集部/別

集類/唐五代別集

樊川詩集四卷外集一卷別集一卷補遺一卷 （唐）杜牧撰　（清）馮集梧注　清刻本　四冊

330000－1795－0002070　集0030　集部/別集類/唐五代別集

李義山詩集三卷 （唐）李商隱撰　（清）朱鶴齡箋注　（清）沈厚塽輯評　**李義山詩譜一卷附錄諸家詩評一卷**　清同治九年(1870)廣州倅署刻三色套印本　四冊

330000－1795－0002071　集0031　集部/別集類/唐五代別集

李義山詩集三卷 （唐）李商隱撰　（清）朱鶴齡箋注　（清）沈厚塽輯評　**李義山詩譜一卷附錄諸家詩評一卷**　清同治九年(1870)廣州倅署刻三色套印本　二冊　存二卷(中、下)

330000－1795－0002072　集0032　集部/別集類/唐五代別集

李義山詩集十六卷 （唐）李商隱撰　（清）姚培謙箋　清乾隆五年(1740)姚氏松桂讀書堂刻本　四冊

330000－1795－0002073　集0033　集部/別集類/唐五代別集

樊南文集箋註八卷 （唐）李商隱撰　（清）馮浩編　清乾隆德聚堂刻本　四冊

330000－1795－0002074　叢0003　集部/別集類/明別集

王文成公全書三十八卷 （明）王守仁撰　清光緒浙江書局刻本　二十一冊　缺五卷(一至三、七至八)

330000－1795－0002075　叢0004　集部/別集類/明別集

王文成公全書三十八卷 （明）王守仁撰　清光緒浙江書局刻本　十六冊　缺九卷(九至十一、十四至十七、二十九至三十)

330000－1795－0002076　集0069　集部/別集類/宋別集

王臨川全集一百卷目錄二卷 （宋）王安石撰

清光緒九年(1883)聽香館刻本　十六冊

330000－1795－0002077　集0071　集部/別集類/宋別集

宋王忠文公文集五十卷目錄四卷　（宋）王十朋撰　**梅溪王忠文公年譜一卷**　（清）徐炯文編　清光緒二年(1876)溫州梅溪書院刻本十六冊

330000－1795－0002079　子0089　子部/術數類/陰陽五行之屬

欽定協紀辨方書三十六卷　（清）允祿　（清）張照等纂修　清乾隆六年(1741)刻本　三十一冊　存三十四卷(一至二十九、三十二至三十六)

330000－1795－0002081　集0169　集部/別集類/明別集

王陽明先生文鈔二十卷　（明）王守仁撰　清刻本　十冊

330000－1795－0002082　子0034　子部/術數類/相宅相墓之屬

水龍經五卷　（清）蔣平階輯　清咸豐五年(1855)上海節孝祠刻本　四冊

330000－1795－0002083　集0161　集部/別集類/明別集

陽明先生文集十六卷目錄二卷附陽明先生年譜二卷　（明）王守仁撰　清刻本　十六冊缺二卷(年譜一至二)

330000－1795－0002084　傳記0001　史部/傳記類/總傳之屬/通代

古品節錄六卷　（清）松筠撰　清刻本　六冊

330000－1795－0002085　子0033　子部/術數類/相宅相墓之屬

龍經三卷　題(唐)楊筠松撰　（宋）吳景鸞圖解　（明）吳嵩集注　清抄本　一冊

330000－1795－0002086　子0030　子部/術數類/相宅相墓之屬

青囊心印二卷　（清）王宗臣撰　清刻本二冊

330000－1795－0002088　子0031　子部/術數類/陰陽五行之屬

天玉經內傳心印四卷　（唐）楊益撰　（清）王宗臣註　清刻本　一冊

330000－1795－0002089　子0029　子部/術數類/命書相書之屬

富貴圖一卷　清抄本　一冊

330000－1795－0002090　集0114　集部/別集類/宋別集

文山先生全集十七卷　（宋）文天祥撰　清道光二十五年(1845)延慶堂刻二十六年(1846)文晟增刻本　十六冊

330000－1795－0002092　子0027　子部/術數類/相宅相墓之屬

增補地理直指原真大全三卷首一卷　（清）釋徹瑩撰　清末石印本　一冊

330000－1795－0002093　子0026　子部/術數類/相宅相墓之屬

增補地理直指原真大全三卷首一卷　（清）釋徹瑩撰　清末石印本　一冊

330000－1795－0002094　叢0006　類叢部/叢書類/彙編之屬

宜稼堂叢書七種　（清）郁松年編　清道光二十年至二十二年(1840－1842)上海郁氏刻本十五冊　存一種

330000－1795－0002096　集0118　集部/別集類/元別集

松雪齋集十卷外集一卷　（元）趙孟頫撰　清清德堂刻本　四冊

330000－1795－0002097　子0041　子部/術數類/相宅相墓之屬

山法全書十九卷首二卷　（清）葉泰輯　清刻本　二冊　存三卷(首上、下,十二)

330000－1795－0002098　子0040　子部/術數類/相宅相墓之屬

地理三會集三卷　（明）張互撰　清刻本　一冊　存一卷(中)

330000－1795－0002099　集 0119　集部/別集類/元別集

鐵厓樂府註十卷咏史註八卷逸編註八卷
（元）楊維楨撰　（清）樓卜瀍註　清乾隆三十九年（1774）聯桂堂刻光緒十四年（1888）諸暨樓氏崇德堂重修本　六冊

330000－1795－0002100　子 0039　子部/術數類/相宅相墓之屬

羅經指南撥霧集三卷　（清）葉泰撰　清康熙三十二年（1693）經綸堂刻本　二冊

330000－1795－0002101　集 0120　集部/別集類/明別集

楊鐵崖古樂府三卷　（元）楊維楨撰　明刻本　一冊

330000－1795－0002102　集 0121　集部/別集類/明別集

新喻梁石門先生集十卷首一卷末一卷　（明）梁寅撰　清乾隆十五年（1750）刻本　四冊　存八卷（首、一至七）

330000－1795－0002104　集 0054　集部/別集類/唐五代別集

駱侍御全集四卷　（唐）駱賓王撰　**駱侍御文集考異一卷**　（清）陳坡撰　清道光二十九年（1849）梅林駱氏滋德堂刻本　四冊

330000－1795－0002105　集 0055　集部/別集類/唐五代別集

駱賓王文集十卷　（唐）駱賓王撰　**考異一卷**　（清）顧廣圻撰　清宣統三年（1911）上海文瑞樓石印本　二冊

330000－1795－0002107　集 0044　集部/別集類/唐五代別集

新刊五百家註音辯昌黎先生文集四十卷　（唐）韓愈撰　（宋）魏仲舉輯注　清刻本　十二冊

330000－1795－0002110　集詩 0052　集部/詩文評類/詩評之屬

小滄浪詩話四卷　（清）張燮承撰　清刻本　一冊

330000－1795－0002116　集詩 0006　集部/詩文評類/制藝之屬

制義叢話二十四卷題名一卷　（清）梁章鉅撰　清道光二十三年（1843）知足知不足齋刻本　八冊

330000－1795－0002117　集詩 0005　類叢部/叢書類/郡邑之屬

台州叢書（名山堂叢書）九種　（清）宋世犖編　清嘉慶至道光臨海宋氏刻本　一冊　存一種

330000－1795－0002118　集 0007　集部/總集類/選集之屬/通代

重訂文選集評十五卷首一卷末一卷　（清）于光華輯　清乾隆四十六年（1781）心簡齋刻本　十六冊

330000－1795－0002119　集 0115　集部/別集類/金別集

遺山先生詩集二十卷補遺一卷　（金）元好問撰　清宣統元年至二年（1909－1910）山陰周肇祥刻本　六冊

330000－1795－0002120　子 0037　子部/術數類/相宅相墓之屬

新訂王氏羅經透解二卷首一卷　（清）王道亨撰　清刻本　二冊　存二卷（一至二）

330000－1795－0002124　子 0105　子部/醫家類/方書之屬/單方驗方

丹溪心法附餘二十四卷首一卷　（明）方廣輯　清福建寶章堂刻本　二十四冊

330000－1795－0002125　子 0043　子部/術數類/相宅相墓之屬

地理立義鉛彈子砂水要訣□□卷　（清）張九儀撰　清刻本　三冊　存五卷（一至五）

330000－1795－0002128　子 0038　子部/術數類/陰陽五行之屬

增廣玉匣記通書六卷　（晉）許遜撰　清刻本　二冊　存四卷（一至二、四至五）

330000－1795－0002136　子 0052　子部/術數類/陰陽五行之屬

增廣玉匣記通書六卷　（晉）許遜撰　清刻本
一冊　存三卷（三至五）

330000－1795－0002140　子0046　子部/術
數類/陰陽五行之屬

新訂崇正闢謬通書十四卷　（清）李奉來編輯
清刻本　一冊　存三卷（五至七）

330000－1795－0002141　子0045　子部/術
數類/陰陽五行之屬

新訂崇正闢謬通書十四卷　（清）李奉來編輯
清刻本　三冊　存五卷（六至十）

330000－1795－0002150　子0116　子部/宗
教類/道教之屬/眾術

性命雙修萬神圭旨四卷　清刻本　一冊

330000－1795－0002153　子0117　子部/宗
教類/道教之屬/眾術

性命圭旨四卷　（明）尹真人秘授　清揚州文
富堂刻本　四冊

330000－1795－0002154　子0122　子部/術
數類/陰陽五行之屬

奇門遁甲統宗十二卷　題（三國蜀）諸葛亮撰
清刻本　一冊　存二卷（三至四）

330000－1795－0002155　子0120　子部/術
數類/陰陽五行之屬

董氏諏吉新書一卷　（明）董潛撰　清光緒二
十年（1894）刻　二冊

330000－1795－0002158　子0124　子部/術
數類/相宅相墓之屬

陽宅大成四種　（清）魏青江撰　清刻本　二
冊　存一種

330000－1795－0002159　子0125　子部/術
數類/相宅相墓之屬

陽宅大成四種　（清）魏青江撰　清刻本　二
冊　存一種

330000－1795－0002160　子0126　子部/術
數類/相宅相墓之屬

陽宅大成四種　（清）魏青江撰　清刻本　一
冊　存一種

330000－1795－0002161　子0127　子部/術
數類/相宅相墓之屬

陽宅大成四種　（清）魏青江撰　清刻本　一
冊　存一種

330000－1795－0002162　子0130　子部/術
數類/相宅相墓之屬

陽宅大成四種　（清）魏青江撰　清同人堂刻
本　四冊　存一種

330000－1795－0002163　子0129　子部/術
數類/相宅相墓之屬

陽宅大成四種　（清）魏青江撰　清刻本　三
冊　存一種

330000－1795－0002164　子0128　子部/術
數類/相宅相墓之屬

陽宅難症秘書一卷　清光緒三十三年（1907）
抄本　一冊

330000－1795－0002165　叢0007　類叢部/
叢書類/自著之屬

左文襄公全集　（清）左宗棠撰　清光緒刻本
一百二十八冊

330000－1795－0002166　集0085　集部/別
集類/宋別集

元豐類稿五十卷　（宋）曾鞏撰　清光緒十六
年（1890）慈利漁浦書院刻本　十二冊

330000－1795－0002168　叢0008　類叢部/
叢書類/自著之屬

曾文正公全集十六種　（清）曾國藩撰　清同
治至光緒傳忠書局刻本　一百二十七冊　存
十四種

330000－1795－0002169　集0084　集部/別
集類/宋別集

林和靖詩集四卷拾遺一卷附錄一卷　（宋）林
逋撰　清宣統二年（1910）上海文瑞樓石印本
二冊

330000－1795－0002170　集0147　集部/總
集類/郡邑之屬

容城三賢集十二卷　（清）張斐然　（清）楊莅
編　清康熙刻本　一冊　存二卷（容城忠愍

楊先生文集三至四）

330000－1795－0002171　子0148　子部/儒家類/儒學之屬/蒙學

龍文鞭影二卷　（明）蕭有良撰　（清）楊臣諍增訂　清弁山書樓刻本　一冊　存一卷（下）

330000－1795－0002172　集0146　集部/別集類/明別集

楊忠愍公全集四卷　（明）楊繼盛撰　清光緒二年(1876)願學堂刻本　一冊　存二卷（一至二）

330000－1795－0002173　集0145　集部/別集類/明別集

楊忠愍公全集四卷　（明）楊繼盛撰　清光緒二年(1876)願學堂刻本　二冊

330000－1795－0002174　集0144　集部/別集類/明別集

楊忠愍公全集四卷　（明）楊繼盛撰　清道光刻本　四冊

330000－1795－0002175　子0139　史部/史評類/史論之屬

千百年眼十二卷　（明）張燧撰　清石印本　一冊　存六卷(七至十二)

330000－1795－0002176　集0140　集部/別集類/明別集

瓶花齋集十卷　（明）袁宏道撰　清宣統三年(1911)抱殘守缺齋石印本　二冊　存四卷（一至四）

330000－1795－0002177　集0141　集部/別集類/明別集

瓶花齋集十卷　（明）袁宏道撰　清宣統三年(1911)抱殘守缺齋石印本　二冊　存四卷（一、五至七）

330000－1795－0002178　集0142　集部/別集類/明別集

疑雨集四卷　（明）王彥泓撰　清宣統二年(1910)上海掃葉山房石印本　二冊

330000－1795－0002180　集0149　集部/

集類/明別集

青邱高季迪先生詩集十八卷遺詩一卷扣舷集一卷鳧藻集五卷附錄一卷　（明）高啟撰（清）金檀輯注　**青邱高季迪年譜一卷**　（清）金檀編　清雍正六年至七年(1728－1729)金氏文瑞樓刻本　十二冊

330000－1795－0002181　集0125　類叢部/叢書類/自著之屬

梓溪文鈔二種　（明）舒芬撰　明萬曆四十八年(1620)舒瑮刻本　十三冊

330000－1795－0002182　集0097　類叢部/叢書類/彙編之屬

武英殿聚珍版書一百三十八種　清乾隆浙江刻本　四冊　存一種

330000－1795－0002184　集0098　集部/別集類/宋別集

重刊橫浦先生文集二十卷　（宋）張九成撰　**重刊橫浦先生家傳一卷**　（宋）張榕述　清刻本　二冊

330000－1795－0002185　集0154　集部/別集類/明別集

震川先生集三十卷別集十卷附錄一卷補編一卷　（明）歸有光撰　（清）歸莊校勘　（清）錢謙益選定　（清）歸珮編輯　清光緒六年(1880)常熟歸氏刻本　十六冊

330000－1795－0002186　集0152　集部/別集類/明別集

震川大全集三十卷別集十卷補集八卷餘集八卷先太僕評點史記例意一卷歸震川先生論文章體則一卷　（明）歸有光撰　清刻本　十八冊

330000－1795－0002187　集0226　集部/別集類/清別集

曾文正公家書十卷附大事記四卷家訓二卷榮哀錄不分卷　（清）曾國藩撰　清光緒十九年(1893)上海圖書集成印書局鉛印本　二冊　存四卷(一至二、九至十)

330000－1795－0002190　叢0010　類叢部/

叢書類/自著之屬

曾文正公四種 （清）曾國藩撰 清光緒三十一年(1905)上海商務印書館鉛印本 八冊

330000－1795－0002194 叢0011 類叢部/叢書類/自著之屬

曾文正公四種 （清）曾國藩撰 清光緒三十一年(1905)上海商務印書館鉛印本 五冊 存二種

330000－1795－0002195 集0230 集部/別集類/清別集

曾文正公家書十卷附大事記四卷家訓二卷榮哀錄不分卷 （清）曾國藩撰 清光緒十九年(1893)上海圖書集成印書局鉛印本 七冊 缺二卷(家訓一至二)

330000－1795－0002200 集0313 集部/別集類/清別集

韞山堂文集八卷 （清）管世銘撰 清光緒十七年(1891)周光濂存厚堂刻本 四冊

330000－1795－0002201 集0314 集部/別集類/清別集

韞山堂文集八卷 （清）管世銘撰 清光緒十七年(1891)周光濂存厚堂刻本 四冊

330000－1795－0002202 集0336 集部/別集類/清別集

曲園擬墨一卷 （清）俞樾撰 清光緒十八年(1892)浙江書局刻本 一冊

330000－1795－0002203 集0335 集部/別集類/清別集

曲園四書文一卷 （清）俞樾撰 清光緒十八年(1892)浙江書局刻本 一冊

330000－1795－0002207 集0206 集部/別集類/清別集

曾文正公文鈔四卷附刻一卷 （清）曾國藩撰 清同治十二年(1873)刻本 四冊

330000－1795－0002208 集0205 集部/別集類/清別集

曾文正公文集三卷首一卷 （清）曾國藩撰 （清）李瀚章輯 清同治二年(1863)傳忠書局

刻本 三冊

330000－1795－0002209 子0171 子部/術數類/命書相書之屬

三命通會十二卷 （明）萬民英撰 清刻本 二冊 存二卷(十一至十二)

330000－1795－0002215 子0178 子部/術數類/占卜之屬

新增梅花數五卷 （宋）邵雍撰 清聚益堂刻本 二冊

330000－1795－0002216 子0161 子部/宗教類/其他宗教之屬/基督教

理窟九卷 （清）李杕撰 清末鉛印本 一冊 存三卷(七至九)

330000－1795－0002217 子0162 子部/術數類/占卜之屬

河洛理數七卷 （宋）陳摶撰 清刻本 三冊 存四卷(二至三、六至七)

330000－1795－0002218 子0163 子部/宗教類/道教之屬/雜著

丹桂籍不分卷 （清）□□撰 清咸豐三年(1853)鄞芹香齋刻本 一冊

330000－1795－0002221 子0166 子部/宗教類/道教之屬/經文

三聖經靈驗圖注一卷 （清）□□撰 清光緒三十二年(1906)宏大書局石印本 一冊

330000－1795－0002222 子0167 子部/雜著類/雜說之屬

三元秘授六卷首一卷 （清）張氏撰 清百忍堂刻本 一冊 存三卷(首、一至二)

330000－1795－0002225 子0168 子部/宗教類/道教之屬/雜著

道書試金石□□卷 （清）傅金銓撰 清善成堂刻本 一冊 存一卷(末)

330000－1795－0002226 子0182 類叢部/類書類/通類之屬

三才發秘九卷 （清）陳雯撰 清康熙三十六年(1697)刻本 六冊

330000－1795－0002227　子0181　子部/術數類/數學之屬

集注太玄十卷　（宋）司馬光撰　清光緒元年（1875）湖北崇文書局刻本　二冊

330000－1795－0002228　子0180　子部/術數類/數學之屬

集注太玄十卷　（宋）司馬光撰　清光緒元年（1875）湖北崇文書局刻本　二冊

330000－1795－0002229　子0179　子部/叢編

子書百家　（清）崇文書局編　清光緒元年（1875）湖北崇文書局刻本　四冊　存一種

330000－1795－0002230　集0105　集部/別集類/宋別集

雙溪集十二卷　（宋）王炎撰　清康熙五十七年（1718）婺源王氏刻本　六冊

330000－1795－0002231　集0106　集部/別集類/宋別集

呂東萊先生文集二十卷首一卷　（宋）呂祖謙撰　（清）王崇炳輯　清雍正元年（1723）金華陳思鑪敬勝堂刻本　四冊

330000－1795－0002232　集0110　類叢部/叢書類/自著之屬

陸放翁全集六種　（宋）陸游撰　明末海虞毛氏汲古閣刻清初毛扆增刻彙印本　二冊　存一種

330000－1795－0002234　集0104　集部/別集類/宋別集

水心文集二十九卷　（宋）葉適撰　清乾隆二十年（1755）刻本　十二冊

330000－1795－0002236　集0082　集部/別集類/宋別集

司馬溫公文集八十卷目錄二卷　（宋）司馬光撰　清刻本　十五冊　存五十二卷（一至六、二十六至二十九、三十三至七十四）

330000－1795－0002239　集0156　集部/別集類/明別集

方正學先生遜志齋集二十四卷拾補一卷外紀一卷　（明）方孝孺撰　（明）張紹謙纂定　清刻本　二十冊

330000－1795－0002240　集0160　集部/別集類/清別集

道援堂詩集十三卷　（清）屈大均撰　清刻本　六冊

330000－1795－0002242　集詩0017　集部/詩文評類/文評之屬

文心雕龍十卷　（南朝梁）劉勰撰　清光緒三年（1877）湖北崇文書局刻本　二冊

330000－1795－0002248　集詩0018　集部/詩文評類/文評之屬

文心雕龍十卷　（南朝梁）劉勰撰　（清）黃叔琳輯注　清乾隆六年（1741）北平黃氏養素堂刻本　二冊

330000－1795－0002250　集詩0016　集部/詩文評類/文評之屬

文心雕龍十卷　（南朝梁）劉勰撰　（清）黃叔琳輯注　（清）紀昀評　清道光十三年（1833）盧坤兩廣節署刻朱墨套印本　四冊

330000－1795－0002251　子0009　子部/雜著類/雜纂之屬

應酬尺牘彙選八卷　（清）陸九如纂輯　清同治七年（1868）尺木堂刻本　三冊

330000－1795－0002252　集0059　集部/別集類/唐五代別集

杜詩詳註二十五卷首一卷附錄二卷　（唐）杜甫撰　（清）仇兆鰲輯注　清道光刻本　三冊　存七卷（十四至十五、二十一至二十五）

330000－1795－0002255　新學0001　新學/理學/理學

天演論二卷　（英國）赫胥黎撰　嚴復譯　清光緒三十二年（1906）上海商務印書館鉛印本　一冊

330000－1795－0002257　子0086　子部/小說家類/瑣語之屬

醒世瑣談一卷　（清）楊修誠撰　清光緒二十四年（1898）中國聖教書會鉛印本　一冊

330000－1795－0002265　集 0102　類叢部/叢書類/彙編之屬

國粹叢書四十九種　（清）國學保存會編　清光緒至宣統鉛印本　四冊

330000－1795－0002266　史 0225　史部/政書類/律令之屬/法驗

洗冤錄集證二卷　（清）郎錦騏纂輯　清刻本　一冊　存一卷（上）

330000－1795－0002267　集 0045　集部/別集類/唐五代別集

重刊五百家註音辯昌黎先生文集四十卷　（唐）韓愈撰　（宋）魏仲舉輯注　清刻本　十六冊

330000－1795－0002269　子 0013　新學/學校

增訂第三版和文漢讀法不分卷　清光緒二十七年（1901）石印本　一冊

330000－1795－0002273　子 0008　子部/雜著類/雜說之屬

浮邱子十二卷　（清）湯鵬撰　（清）湯俶昭等輯　清宣統二年（1910）掃葉山房石印本　六冊

330000－1795－0002274　集詩 0050　集部/詩文評類/詩評之屬

司空詩品註釋一卷　（唐）司空圖撰　清同治十年（1871）綠潤堂刻本　一冊

330000－1795－0002277　集 0034　集部/別集類/唐五代別集

李義山詩文集詳註十三卷　（唐）李商隱撰（清）馮浩編　清刻本　四冊　存四卷（玉谿生詩箋註首、一至三）

330000－1795－0002278　集 0035　集部/別集類/唐五代別集

李義山詩文集詳註十三卷　（唐）李商隱撰（清）馮浩編　清刻本　三冊　存三卷（玉谿生詩箋註首、二至三）

330000－1795－0002279　集 0036　集部/別集類/唐五代別集

韓集點勘四卷　（清）陳景雲撰　清同治九年（1870）江蘇書局刻本　一冊

330000－1795－0002280　集 0065　集部/別集類/唐五代別集

杜律通解四卷　（唐）杜甫撰　（清）李文煒箋釋　清刻本　三冊　缺一卷（三）

330000－1795－0002281　集 0067　集部/別集類/唐五代別集

讀杜心解六卷首二卷　（清）浦起龍撰　清寧我齋刻本　五冊　存四卷（一至四）

330000－1795－0002282　集 0068　集部/別集類/唐五代別集

李長吉歌詩四卷首一卷外集一卷　（唐）李賀撰　（清）王琦彙解　清乾隆王氏寶笏樓刻本　一冊　存一卷（三）

330000－1795－0002284　集 0063　集部/別集類/唐五代別集

九家集注杜詩三十六卷　（唐）杜甫撰　（宋）郭知達集注　清刻本　九冊　存十九卷（一至十九）

330000－1795－0002285　集 0113　集部/別集類/宋別集

晦庵先生朱文公文集一百卷續集五卷別集七卷目錄二卷　（宋）朱熹撰　（清）臧眉錫等訂　清康熙二十七年（1688）蔡方炳刻本　四十八冊

330000－1795－0002286　集 0088　集部/別集類/宋別集

蘇文忠公詩編註集成四十六卷集成總案四十五卷諸家雜綴酌存一卷蘇海識餘四卷賤詩圖一卷　（宋）蘇軾撰　（清）王文誥輯注　清嘉慶二十四年（1819）武林王氏韻山堂刻道光補刻本　三十二冊

330000－1795－0002287　集 0109　類叢部/叢書類/自著之屬

陸放翁全集六種　（宋）陸游撰　明末海虞毛氏汲古閣刻清初毛扆增刻彙印本　十六冊　存一種

330000－1795－0002288　集 0107　集部/別集類/宋別集

劍南詩鈔六卷　（宋）陸游撰　（清）楊大鶴選　清敬業齋刻本　四冊　缺二卷（五言絕句、七言絕句）

330000－1795－0002292　集 0092　集部/別集類/宋別集

角山樓蘇詩評註彙鈔二十卷附錄三卷目錄二卷　（宋）蘇軾撰　（清）趙克宜輯訂　清刻本　三冊　存九卷（六至八、十二至十七）

330000－1795－0002293　子 0127　子部/儒家類/儒學之屬/禮教

呂書四種合刻　（清）栗毓美輯　清道光七年（1827）渾源栗毓美開封府署刻本　一冊

330000－1795－0002294　集 0128　集部/別集類/明別集

去偽齋文集十卷　（明）呂坤撰　清刻本　三冊　存三卷（八至十）

330000－1795－0002295　子 0131　子部/雜著類/雜說之屬

菜根譚一卷　（明）洪應明撰　清刻本　一冊

330000－1795－0002297　史 0005　史部/詔令奏議類/奏議之屬

奏議輯覽初編□□卷　（清）李宗棠纂訂　清刻本　一冊　存一卷（十五）

330000－1795－0002298　史 0002　史部/詔令奏議類/奏議之屬

歷代名臣奏議三百二十卷　（明）黃淮　（明）楊士奇等輯　（清）張溥刪正　明崇禎東觀閣刻本　三冊　存十二卷（六十二至六十八、一百九十九至二百一、二百五十三至二百五十四）

330000－1795－0002299　史 0008　史部/詔令奏議類/奏議之屬

論對錄重鑴十一卷首一卷末一卷　（明）張孚敬輯　清道光十七年（1837）刻本　四冊

330000－1795－0002300　史 0007　史部/詔令奏議類/奏議之屬

奏疏錄要二卷　（清）友竹齋主人輯　清光緒二十一年（1895）上海書局石印本　一冊　存一卷（上）

330000－1795－0002301　史 0006　史部/詔令奏議類/奏議之屬

同治中興京外奏議約編八卷　（清）陳弢輯　清光緒元年（1875）篋劍囊琴之室刻本　八冊

330000－1795－0002302　史 0003　史部/詔令奏議類/奏議之屬

靳文襄公奏疏八卷　（清）靳輔撰　清刻本　七冊　存七卷（一至七）

330000－1795－0002303　史 0004　史部/詔令奏議類/奏議之屬

曾文正公奏議十卷首一卷末一卷　（清）曾國藩撰　（清）薛福成編　清同治十二年至十三年（1873－1874）蘇郡刻本　十冊

330000－1795－0002305　子 0220　類叢部/類書類/專類之屬

新刻通用尺素見心集三卷　（清）汪文芳輯　清同治八年（1869）刻本　二冊　存二卷（一至二）

330000－1795－0002306　子 0219　子部/雜家類

臨池一助集聯二卷　（清）花隱居士撰　清同治八年（1869）刻本　二冊

330000－1795－0002308　集 0095　集部/別集類/宋別集

宛陵先生文集六十卷拾遺一卷附錄一卷　（宋）梅堯臣撰　清刻本　十一冊　缺五卷（一至五）

330000－1795－0002309　子 0183　子部/天文曆算類/曆法之屬

新鐫曆法便覽象吉備要通書大全二十九卷　（清）魏鑑撰　清石印本　三冊　存五卷（六至九、十一）

330000－1795－0002310　集 0099　集部/別集類/宋別集

南澗甲乙稿二十二卷　（宋）韓元吉撰　清刻

寧波市奉化區文物保護管理所等六家收藏單位、舟山市圖書館等二家收藏單位古籍普查登記目錄

本 八冊

330000－1795－0002313 集 0053 集部/別集類/唐五代別集

唐駱先生文集六卷 （唐）駱賓王撰 清刻本 六冊

330000－1795－0002316 集 0049 集部/別集類/唐五代別集

昌黎先生詩集注十一卷年譜一卷 （唐）韓愈撰 （清）顧嗣立刪補 清道光十六年（1836）膡德堂刻朱墨套印本 四冊

330000－1795－0002317 子 0228 子部/雜著類/雜編之屬

酬世寶籍二卷增註七字蒙求一卷 （清）□□撰 清光緒二十九年（1903）刻本 一冊

330000－1795－0002318 子 0227 子部/儒家類/儒學之屬/蒙學

七字蒙求一卷 （清）□□撰 清光緒十三年（1887）刻本 一冊

330000－1795－0002319 集 0048 集部/別集類/唐五代別集

韓昌黎集四十卷 （唐）韓愈撰 清刻本 二冊 存十九卷（十一至二十、三十二至四十）

330000－1795－0002320 子 0210 子部/雜著類/雜編之屬

不求人不分卷 （清）□□撰 清末石印本 一冊

330000－1795－0002321 集 0037 集部/別集類/唐五代別集

昌黎先生集四十卷外集十卷遺文一卷 （唐）韓愈撰 （宋）廖瑩中校正 **朱子校昌黎先生集傳一卷** （宋）朱熹撰 清同治八年（1869）江蘇書局刻本 九冊 缺四卷（九至十二）

330000－1795－0002322 子 0211 子部/雜家類

萬事不求人不分卷 （清）□□撰 清石印本 一冊

330000－1795－0002323 集 0038 集部/別

集類/唐五代別集

昌黎先生集四十卷外集十卷遺文一卷 （唐）韓愈撰 （宋）廖瑩中校正 **朱子校昌黎先生集傳一卷** （宋）朱熹撰 清同治八年（1869）江蘇書局刻本 十冊

330000－1795－0002327 子 0004 子部/雜著類/雜說之屬

淮南子二十一卷 （漢）劉安撰 （漢）高誘注 （清）莊逵吉校 清光緒二十三年（1897）上海圖書集成局石印本 三冊

330000－1795－0002328 子 0032 類叢部/叢書類/彙編之屬

續知不足齋叢書十七種 （清）高承勳編 清渤海高氏刻本 三冊 存一種

330000－1795－0002329 子 0033 類叢部/類書類/通類之屬

增廣留青新集二十四卷 （清）伊□□重編 （清）沈鼎銘 （清）馮善長校讎 清光緒二十五年（1899）石印本 五冊 存十卷（一至二、七至十、十九至二十、二十三至二十四）

330000－1795－0002332 集 0069 集部/別集類/宋別集

寇忠愍公詩集三卷 （宋）寇準撰 清宣統三年（1911）中華圖書館影印本 二冊

330000－1795－0002333 集 0134 集部/別集類/明別集

天益山堂遺集十卷續刻一卷 （明）馮元仲撰 清乾隆八年（1743）刻本 一冊 存二卷（九至十）

330000－1795－0002334 子 0155 子部/術數類/陰陽五行之屬

通德類情十三卷 （清）沈重華輯 清刻本 二冊 存三卷（二、九至十）

330000－1795－0002335 子 0135 子部/雜著類/雜纂之屬

清窻齋心賞編一卷 （明）王象晉輯 清刻本 一冊

330000－1795－0002336 子 0115 子部/術

數類/陰陽五行之屬

通德類情十三卷 （清）沈重華輯　清刻本
一冊　存一卷（十一）

330000－1795－0002337　子0206　新學類/
格致總

重增格物入門七卷 （美國）丁韙良撰　清光
緒二十五年（1899）上海大華書局鉛印本　二
冊　存二卷（二、六）

330000－1795－0002338　集0136　集部/別
集類/清別集

青霞館集八卷 （清）吳麟瑞撰　**樹萱軒詩稿
一卷** （清）吳為龍撰　**巳晚亭詩鈔一卷**
（清）吳朝銓撰　清道光四年（1824）刻本
二冊

330000－1795－0002340　集0137　集部/別
集類/明別集

太乙山房文集十四卷 （明）陳際泰撰　清刻
本　六冊

330000－1795－0002341　集0138　集部/別
集類/明別集

玉茗堂全集四十六卷 （明）湯顯祖撰　清刻
本　十冊　存三十二卷（文一至十六、詩一至
十六）

330000－1795－0002343　集0148　集部/別
集類/唐五代別集

王右丞集二十八卷首一卷末一卷 （唐）王維
撰　（清）趙殿成箋注　清刻本　十二冊

330000－1795－0002345　子0036　史部/政
書類/儀制之屬

**欽定詞館儀式一卷探杏譜一卷翰林要訣一卷
重校臨文便覽一卷** （清）□□輯　清光緒十
一年（1885）刻本　一冊　存一卷（探杏譜）

330000－1795－0002346　集0068　集部/別
集類/宋別集

王臨川全集一百卷目錄二卷 （宋）王安石撰
清光緒九年（1883）聽香館刻本　十四冊
缺十七卷（十七至二十五、八十至八十七）

330000－1795－0002348　子0039　子部/雜

著類/雜考之屬

札逐十二卷 （清）孫詒讓撰　清光緒二十年
（1894）籀高刻二十一年（1895）重修本　四冊

330000－1795－0002349　叢0025　集部/別
集類/宋別集

**歐陽文忠公全集一百五十三卷首一卷附錄五
卷** （宋）歐陽修撰　清光緒十九年（1893）澹
雅書局刻本　三十二冊

330000－1795－0002351　集0070　集部/別
集類/宋別集

宋王忠文公文集五十卷目錄四卷 （宋）王十
朋撰　**梅溪王忠文公年譜一卷** （清）徐炳文
編　清雍正六年（1728）唐傳鉎刻鶚就堂印本
十五冊　缺四卷（文集一至四）

330000－1795－0002352　子0102　子部/儒
家類/儒學之屬/勸學

輶軒語一卷 （清）張之洞撰　清光緒元年
（1875）刻本　一冊

330000－1795－0002353　子0040　子部/雜
著類/雜說之屬

菰中隨筆一卷 （清）顧炎武撰　清道光十二
年（1832）鄂氏刻本　一冊

330000－1795－0002354　集0090　集部/別
集類/宋別集

蘇文忠詩合註五十卷首一卷目錄一卷 （宋）
蘇軾撰　（清）馮應榴輯　清乾隆五十八年
（1793）桐鄉馮氏踵息齋刻本　二十三冊　缺
二卷（二十三至二十四）

330000－1795－0002355　子0042　類叢部/
叢書類/彙編之屬

抱經堂叢書十六種 （清）盧文弨編　清乾隆
至嘉慶刻彙印本　二冊　存一種

330000－1795－0002356　集0091　集部/別
集類/宋別集

蘇東坡詩集注三十二卷失編一卷 （宋）蘇軾
撰　（宋）呂祖謙編　（宋）王十朋集注　**年譜
一卷** （宋）王宗謖編　清乾隆四十七年
（1782）樂全堂刻本　十二冊

330000－1795－0002357　子0043　子部/雜家類

白虎通疏證十二卷　（清）陳立撰　清光緒元年(1875)淮南書局刻本　四冊

330000－1795－0002358　子0010　子部/叢編

十子全書　（清）王子興編　清嘉慶九年(1804)姑蘇王氏聚文堂刻本　六冊　存一種

330000－1795－0002366　集0251　集部/總集類/尺牘之屬

音註小倉山房尺牘八卷　（清）袁枚撰　（清）胡光斗箋釋　清咸豐九年(1859)山陰胡氏青蘿室刻本　二冊　存四卷(一至二、七至八)

330000－1795－0002370　集詩0001　集部/詩文評類/詩評之屬

隨園詩話十六卷補遺十卷　（清）袁枚撰　清光緒十八年(1892)勤裕堂鉛印本　二冊　存十卷(一至五、十至十四)

330000－1795－0002377　集0258　集部/別集類/清別集

管注秋水軒尺牘四卷續刻一卷　（清）許思湄撰　（清）婁世瑞注釋　（清）管斯駿補注　清光緒十四年(1888)上海簡玉山房刻朱墨套印本　一冊　存一卷(一)

330000－1795－0002378　集0257　集部/別集類/清別集

管注秋水軒尺牘四卷續刻一卷　（清）許思湄撰　（清）婁世瑞注釋　（清）管斯駿補注　清光緒二十年(1894)蠡城春草堂刻朱墨套印本　一冊　存三卷(一至二、四)

330000－1795－0002379　叢0273　類叢部/類書類/專類之屬

尺牘輯要六卷首三卷　（清）虞世英輯　清刻本　一冊　存二卷(三至四)

330000－1795－0002383　叢0338　類叢部/叢書類/自著之屬

第一樓叢書三十卷　（清）俞樾撰　清同治十年(1871)刻本　八冊

330000－1795－0002384　叢0337　類叢部/叢書類/自著之屬

德清俞蔭甫所著書　（清）俞樾撰　清同治十年(1871)刻本　九冊　存七種

330000－1795－0002386　集0153　集部/別集類/明別集

震川大全集三十卷別集十卷補集八卷餘集八卷先太僕評點史記例意一卷歸震川先生論文章體則一卷　（明）歸有光撰　清宣統二年(1910)國學扶輪社石印本　十二冊

330000－1795－0002387　集0150　集部/別集類/明別集

高季迪先生大全集十八卷　（明）高啟撰　清康熙許氏竹素園刻本　六冊

330000－1795－0002388　集0151　集部/別集類/明別集

吳歈小草十卷　（明）婁堅撰　清刻本　三冊

330000－1795－0002389　集0123　集部/別集類/明別集

左忠貞公集十一卷　（明）左懋第撰　清道光二十七年(1847)湘鄉詠史齋刻本　四冊

330000－1795－0002390　集0124　集部/別集類/明別集

左忠毅公集五卷　（明）左光斗撰　清道光二十六年(1846)湘鄉詠史齋刻本　四冊

330000－1795－0002392　集0234　集部/別集類/清別集

袁太史時文不分卷　（清）袁枚撰　（清）秦大士編　清末隨園刻本　一冊

330000－1795－0002393　史0235　類叢部/叢書類/自著之屬

隨園三十八種　（清）袁枚撰　清光緒十八年(1892)勤裕堂鉛印本　一冊　存一種

330000－1795－0002394　集0248　集部/詩文評類/詩評之屬

隨園詩話十六卷補遺十卷　（清）袁枚撰　清刻本　一冊　存四卷(補遺一至四)

330000－1795－0002398　集 0310　集部/別集類/清別集

韞山堂時文初集二卷二集四卷三集二卷
（清）管世銘撰　清韞山堂刻本　二冊　存四卷（初集一至二、三集一至二）

330000－1795－0002399　集 0311　集部/別集類/清別集

韞山堂時文初集二卷二集四卷三集二卷
（清）管世銘撰　清同治四年（1865）藻春堂刻本　四冊

330000－1795－0002400　集 0167　集部/別集類/清別集

韞山堂時文初集二卷二集四卷三集二卷
（清）管世銘撰　清刻本　三冊　缺二卷（初集一至二）

330000－1795－0002401　集詩 0002　集部/詩文評類/詩評之屬

隨園詩話十六卷補遺十卷　（清）袁枚撰　清光緒十八年（1892）勤裕堂鉛印本　二冊　存十一卷（一至五、十五至十六，補遺一至四）

330000－1795－0002403　集 0256　集部/總集類/尺牘之屬

小倉山房尺牘六卷　（清）袁枚撰　清乾隆五十四年（1789）隨園刻本　二冊

330000－1795－0002404　集 0236　集部/別集類/清別集

袁文箋正十六卷補注一卷　（清）袁枚撰　（清）石韞玉箋　清光緒十四年（1888）上海蜚英館石印本　一冊　存五卷（一至五）

330000－1795－0002412　集 0122　集部/別集類/明別集

劉子全書四十卷首一卷　（明）劉宗周撰　（清）董瑒編　清道光四年至十五年（1824－1835）蕭山王宗炎等刻本　十六冊

330000－1795－0002413　集 0424　集部/別集類/清別集

亭林詩集五卷　（清）顧炎武撰　清刻本　二冊

330000－1795－0002414　集 0422　集部/別集類/清別集

亭林詩集五卷文集六卷餘集一卷　（清）顧炎武撰　清上海文瑞樓石印本　四冊

330000－1795－0002415　集 0421　集部/別集類/清別集

亭林詩集五卷文集六卷餘集一卷　（清）顧炎武撰　清上海文瑞樓石印本　四冊

330000－1795－0002416　集 0425　集部/別集類/清別集

亭林文集六卷　（清）顧炎武撰　清刻本　二冊

330000－1795－0002421　集詩 0576　集部/詩文評類/詩評之屬

藝苑名言八卷首一卷　（清）蔣瀾撰　清刻本　一冊　存二卷（五至六）

330000－1795－0002423　集 0580　集部/別集類/清別集

少岳賦草續集一卷　（清）夏思沺撰　清刻本　一冊

330000－1795－0002424　子 0581　子部/雜著類/雜纂之屬

傳家寶初集八卷二集八卷三集八卷四集八卷　（清）石成金撰　清刻本　二冊　存二卷（二集八、三集二）

330000－1795－0002425　集叢部 0588　類叢部/叢書類/彙編之屬

花雨樓叢鈔十一種續鈔十一種附一種　（清）張壽榮編　清光緒八年至十四年（1882－1888）蛟川張氏花雨樓刻本　二冊　存一種

330000－1795－0002426　集 0589　集部/別集類/清別集

弢園文錄八卷文錄外編十二卷　（清）王韜撰　清鉛印本　一冊　存二卷（外編三至四）

330000－1795－0002428　集 0595　集部/別集類/清別集

月船居士詩稿四卷首一卷末一卷　（清）盧鎬撰　清刻本　二冊

330000 - 1795 - 0002434　集 0566　集部/別集類/清別集

白華山人詩集十六卷詩說二卷　（清）厲志撰
清刻本　二冊　存九卷(五至七、十三至十六,詩說一至二)

330000 - 1795 - 0002435　集 0607　子部/儒家類/儒學之屬/禮教

勸孝懲淫文不分卷　（清）守樸山人撰　清光緒三年(1877)刻本　一冊

330000 - 1795 - 0002436　集 0647　集部/別集類/清別集

敬恕堂詩存六卷　（清）方積撰　清嘉慶十九年(1814)刻本　二冊

330000 - 1795 - 0002437　集 0610　集部/別集類/清別集

清儀閣雜詠不分卷　（清）張廷濟撰　清道光十九年(1839)刻本　一冊

330000 - 1795 - 0002438　史 0611　集部/總集類/郡邑之屬

谿上遺聞集錄十卷別錄二卷　（清）尹元煒撰
谿上詩輯十四卷續編二卷補編一卷　（清）尹元煒　（清）馮本懷編　清道光二十八年至二十九年(1848 - 1849)慈谿馮本懷抱珠樓刻本　一冊　存三卷(遺聞集錄四至六)

330000 - 1795 - 0002441　集 0614　集部/曲類/曲韻曲譜曲律之屬

樂府傳聲一卷　（清）徐大椿撰　清刻本
一冊

330000 - 1795 - 0002444　集 0617　集部/別集類/清別集

十國宮詞一卷　（清）吳省蘭撰　清同治十二年(1873)淮南書局刻本　一冊

330000 - 1795 - 0002448　集 0622　集部/別集類/清別集

嚙梅吟二卷　（清）釋敬安撰　清光緒七年(1881)四明刻本　一冊

330000 - 1795 - 0002449　集 0621　集部/別集類

散原精舍詩二卷　陳三立撰　清宣統元年(1909)鉛印本　一冊　存一卷(上)

330000 - 1795 - 0002450　集 0401　集部/別集類/清別集

廉亭文集八卷　（清）張裕釗撰　（清）查燕緒編　清宣統三年(1911)上海掃葉山房石印本　二冊

330000 - 1795 - 0002451　集 0412　集部/別集類/清別集

廉亭文集八卷　（清）張裕釗撰　（清）查燕緒編　清宣統三年(1911)上海掃葉山房石印本　一冊　存四卷(五至八)

330000 - 1795 - 0002452　集 0439　集部/別集類/清別集

茗柯文初編一卷二編二卷三編一卷四編一卷　（清）張惠言撰　清宣統三年(1911)上海掃葉山房石印本　二冊

330000 - 1795 - 0002453　集 0490　集部/別集類/清別集

犢山文稿不分卷　（清）周鎬撰　清三益堂刻本　四冊

330000 - 1795 - 0002454　子 0037　子部/天文曆算類/天文之屬

高厚蒙求九種　（清）徐朝俊撰　清同治五年(1866)雲間徐氏刻本　四冊　存八種

330000 - 1795 - 0002455　叢 0493　類叢部/叢書類/自著之屬

犢山類薰五種　（清）周鎬撰　清嘉慶二十二年(1817)啟秀堂刻本　四冊

330000 - 1795 - 0002456　集 0495　集部/別集類/清別集

知足齋詩集二十卷詩續集四卷文集六卷進呈文稿二卷　（清）朱珪撰　**年譜三卷**　（清）朱錫經等述　清嘉慶九年(1804)阮元刻十一年(1806)大興朱氏增修本　六冊　存十二卷(詩續集一至四、文集一至六、進呈文稿一至二)

330000 - 1795 - 0002457　集 0501　類叢部/叢書類/彙編之屬

花雨樓叢鈔十一種續鈔十一種附一種　（清）
張壽榮編　清光緒八年至十四年（1882 -
1888）蛟川張氏花雨樓刻本　二冊　存一種

330000 - 1795 - 0002459　集 0504　集部/別
集類/清別集

碧梧齋文稿不分卷　（清）李承烈撰　清道光
十五年（1835）刻本　一冊

330000 - 1795 - 0002460　集 0505　集部/別
集類/清別集

鏡西漫稿不分卷　（清）鏡西撰　清嘉慶十四
年（1809）刻本　一冊

330000 - 1795 - 0002463　集 0668　集部/別
集類

漪香山館文集不分卷　吳曾祺撰　清宣統二
年（1910）上海商務印書館鉛印本　一冊

330000 - 1795 - 0002464　集 0670　集部/別
集類/清別集

疏影樓詞四種　（清）姚燮撰　清上湖草堂刻
本　一冊　存二種

330000 - 1795 - 0002466　集 0674　集部/別
集類/清別集

依雲樓詩鈔二卷　（清）譚為麟撰　清刻本
一冊　存一卷（一）

330000 - 1795 - 0002467　集 0677　子部/儒
家類/儒學之屬/勸學

先正讀書訣一卷　（清）周永年輯　清光緒四
年（1878）刻本　一冊

330000 - 1795 - 0002468　集 0676　集部/別
集類/清別集

候濤山房吟草十二卷　（清）謝佑琦撰　清刻
本　二冊

330000 - 1795 - 0002469　集 0675　集部/別
集類/清別集

吟梅唫草不分卷　（清）李國模撰　清光緒三
十三年（1907）石印本　一冊

330000 - 1795 - 0002471　集 0686　集部/總
集類/選集之屬/斷代

國初十大家詩鈔十種　（清）王相編　清道光
十年（1830）秀水王氏信芳閣木活字印本　一
冊　存一種

330000 - 1795 - 0002473　集 0685　集部/別
集類/清別集

續選吳先生文不分卷　（清）吳敏樹撰　清光
緒九年（1883）抄本　一冊

330000 - 1795 - 0002477　子 0056　類叢部/
叢書類/彙編之屬

宜稼堂叢書七種　（清）郁松年編　清道光二
十年至二十二年（1840 - 1842）上海郁氏刻本
二冊　存一種

330000 - 1795 - 0002478　集 0689　集部/別
集類/清別集

運甓齋詩彙八卷　（清）陳勸撰　清光緒十年
（1884）刻本　一冊

330000 - 1795 - 0002479　集 0688　子部/雜
著類/雜纂之屬

王太蒙先生類纂批評灼艾集十八卷　（明）萬
表輯　明刻本　二冊　存四卷（七至十）

330000 - 1795 - 0002480　集 0689　集部/別
集類/清別集

槃薖紀事初彙四卷　（清）湯紀尚撰　清光緒
十一年（1885）蘇州刻本　二冊

330000 - 1795 - 0002483　子 0024　類叢部/
叢書類/彙編之屬

抱經堂叢書十六種　（清）盧文弨編　清乾隆
至嘉慶刻彙印本　二冊　存一種

330000 - 1795 - 0002484　子 0028　子部/雜
家類

分甘餘話四卷　（清）王士禎撰　清刻本　一
冊　存一卷（四）

330000 - 1795 - 0002485　經 0029　類叢部/
類書類/專類之屬

稱謂錄三十二卷　（清）梁章鉅撰　清光緒元
年至十年（1875 - 1884）福州梁恭辰刻本
八冊

330000－1795－0002491　子 0381　新學/工藝/雜藝

西藝知新二十二卷　（英國）諾格德撰　（英國）傅蘭雅口譯　（清）徐壽筆述　清刻本　一冊　存二卷(六至七)

330000－1795－0002493　子 0005　子部/雜著類/雜說之屬

淮南子二十一卷　（漢）劉安撰　（漢）高誘注　（清）莊逵吉校　清光緒二年(1876)浙江書局刻本　五冊　存十八卷(四至二十一)

330000－1795－0002494　子 0007　子部/雜著類/雜說之屬

淮南子二十一卷　（漢）劉安撰　（漢）高誘注　（清）莊逵吉校　清光緒二年(1876)浙江書局刻本　五冊　存十七卷(一至十七)

330000－1795－0002495　子 0009　子部/雜著類/雜說之屬

淮南鴻烈解二十一卷　（漢）劉安撰　清刻本　七冊　存十九卷(三至二十一)

330000－1795－0002496　子 0009　新學/算學/數學

數學啟蒙二卷　（英國）偉烈亞力撰　清刻本　一冊　存一卷(二)

330000－1795－0002497　子 0008　新學/算學/數學

數學啟蒙二卷　（英國）偉烈亞力撰　清石印本　一冊　存一卷(二)

330000－1795－0002498　子 0007　類叢部/叢書類/彙編之屬

宜稼堂叢書七種　（清）郁松年編　清道光二十年至二十二年(1840－1842)上海郁氏刻本　一冊　存一種

330000－1795－0002499　子 0005　子部/天文曆算類/算書之屬

數書九章十八卷札記四卷　（宋）秦九韶撰　清道光二十二年(1842)刻本　五冊

330000－1795－0002500　子 0003　子部/天文曆算類/算書之屬

量法須知一卷　（英國）傅蘭雅撰　清光緒十三年(1887)刻本　一冊

330000－1795－0002501　子 0004　子部/天文曆算類/算書之屬

學算筆談十二卷　（清）華蘅芳撰　清石印本　一冊　存三卷(四至六)

330000－1795－0002502　子 0002　子部/天文曆算類/算書之屬

指南筆法大全□□卷　清刻本　一冊　存三卷(一至三)

330000－1795－0002503　子 0038　子部/天文曆算類/曆法之屬

麐史麻準四卷　（清）黃炳垕撰　清光緒二年(1876)刻本　二冊

330000－1795－0002504　子 0039　新學/圖學/測繪

測繪海圖全法八卷附一卷　（英國）華爾敦撰　（英國）傅蘭雅口譯　（清）趙元益筆述　清光緒二十五年(1899)江南製造局刻本　六冊

330000－1795－0002506　子 0034　新學/算學/數學

最新全圖簡明算法九九便蒙不分卷　清光緒三十四年(1908)石印本　一冊

330000－1795－0002507　子 0011　子部/天文曆算類/算書之屬

新編筭學啟蒙三卷總括一卷　（元）朱世傑編撰　（清）羅士琳附釋　（清）鄒祖蔭注　清道光十九年(1839)刻本　三冊

330000－1795－0002510　集 0773　集部/別集類/宋別集

王臨川全集一百卷目錄二卷　（宋）王安石撰　清光緒九年(1883)聽香館刻本　十六冊

330000－1795－0002511　集 0605　集部/別集類/清別集

紅杏詞二卷附天台紀游一卷　（清）李方湛撰　清嘉慶九年(1804)刻本　一冊

330000－1795－0002512　集 0650　集部/別

集類/清別集
南雷文定前集十一卷後集四卷三集三卷四集四卷附錄一卷 （清）黄宗羲撰　清康熙二十七年（1688）靳治荆刻本　八册

330000－1795－0002519　集0640　集部/詞類/别集之屬
寄籠詞四卷 （清）孫德祖撰　清同治九年（1870）山陰許純模刻本　一册

330000－1795－0002520　集0641　集部/詞類/别集之屬
鶴緣詞一卷 （清）吕耀斗撰　清光緒二十六年（1900）吕氏敬止堂刻本　一册

330000－1795－0002524　集0645　集部/别集類/清別集
愛蓮詩鈔七卷 （清）徐佩鉞撰　清嘉慶十一年（1806）南白草堂刻本　一册　存四卷（一至四）

330000－1795－0002526　叢0702　類叢部/叢書類/自著之屬
煙嶼樓集四種 （清）徐時棟撰　清同治至光緒刻彙印本　四册　存一種

330000－1795－0002527　叢0703　類叢部/叢書類/自著之屬
煙嶼樓集四種 （清）徐時棟撰　清同治至光緒刻彙印本　十二册　存一種

330000－1795－0002530　集0636　集部/别集類/清別集
陳康祺文集不分卷 （清）陳康祺撰　清抄本　一册

330000－1795－0002533　集0003　集部/總集類/選集之屬/通代
全上古三代秦漢三國六朝文七百四十一卷 （清）嚴可均輯　清光緒十三年至十九年（1887－1893）黄岡王氏廣州廣雅書局本　一百册

330000－1795－0002537　集0701　集部/詞類/别集之屬
曝書亭集詞註七卷 （清）朱彝尊撰　（清）李富孫注　清嘉慶十九年（1814）嘉興李氏校經廎刻道光九年（1829）補刻本　四册

330000－1795－0002541　新學0022　新學/算學/代數
代數備旨不分卷 （美國）狄考文選譯　（清）鄒立文　（清）生福維筆述　清光緒二十九年（1903）上海美華書館鉛印本　一册

330000－1795－0002542　新學0023　新學/算學/代數
代數備旨不分卷 （美國）狄考文選譯　（清）鄒立文　（清）生福維筆述　清光緒三十四年（1908）上海美華書館鉛印本　二册

330000－1795－0002543　子0024　新學/算學/代數
代數術二十五卷首一卷 （英國）華里司輯　（英國）傅蘭雅口譯　（清）華衡芳筆述　清同治十二年（1873）江南製造總局刻本　六册

330000－1795－0002544　子0025　子部/天文曆算類/算書之屬
衡齋算學遺書合刻二種 （清）汪萊撰　清咸豐四年（1854）夏燮鄱陽縣署刻本　二册　存一種

330000－1795－0002545　子0026　子部/天文曆算類/算書之屬
觀我生室匯稿 （清）羅士琳撰　清道光刻本　三册　存一種

330000－1795－0002546　子0001　子部/天文曆算類/算書之屬
簡香齋新刻算法統宗指南大全□□卷 （清）□□撰　清刻本　一册　存四卷（一至四）

330000－1795－0002548　子0017　子部/天文曆算類/算書之屬
衍元海鑑十二種附二種 （清）李鏐輯　清光緒五年（1879）木活字印本　五册　存二種

330000－1795－0002551　子0013　子部/天文曆算類/算書之屬
量倉通法五卷 （清）張作楠撰　（清）江臨泰補圖　清刻本　四册

330000－1795－0002553　集 0602　集部/別集類/清別集

嗣徽集不分卷 （清）鐵漢撰　**詒煒集不分卷** （清）許振禕撰　清光緒三十年(1904)石印本　一冊

330000－1795－0002555　史 0601　史部/詔令奏議類/奏議之屬

校邠盧抗議一卷 （清）馮桂芬撰　清刻本　一冊

330000－1795－0002556　集 0637　集部/別集類/清別集

舊雨草堂時文不分卷 （清）陳康祺撰　清同治九年(1870)刻本　二冊

330000－1795－0002558　集 0632　集部/別集類/清別集

張太史塾課八卷 （清）張江撰　清刻本　二冊　存五卷(二至三、六至八)

330000－1795－0002559　經 0036　經部/春秋左傳類/傳說之屬

春秋左傳杜林滙余三十卷 （清）周正思合纂　**增補左繡三十卷** （清）馮李驊 （清）陸浩評輯　清刻本　四冊　存三十卷(四至十八、增補左繡四至十八)

330000－1795－0002560　經 0037　經部/春秋左傳類/傳說之屬

春秋左傳(春秋左傳杜林合註)五十卷 （晉）杜預 （宋）林堯叟補註　清刻本　三冊　存十三卷(十二至十六、三十至三十三、四十七至五十)

330000－1795－0002562　集 0710　類叢部/叢書類/自著之屬

王漁洋遺書三十八種 （清）王士禎撰　清刻本　一冊　存一種

330000－1795－0002564　子 0012　子部/天文曆算類/算書之屬

翠薇山房數學十四種 （清）張作楠撰　清嘉慶至道光金華張氏翠薇山房刻本　十六冊

330000－1795－0002565　集 0711　集部/別

集類/清別集

漁洋山人精華錄訓纂十卷目錄二卷年譜注補二卷辯訛一卷 （清）王士禎撰　（清）惠棟注補　清乾隆惠氏紅豆齋刻本　一冊　存一卷(精華錄一)

330000－1795－0002566　史 0001　史部/詔令奏議類/奏議之屬

歷代名臣奏議三百五十卷 （明）黃淮 （明）楊士奇等輯　（清）張溥刪正　明崇禎東觀閣刻本　七十五冊　存二百九十三卷(一至三、十五至二十一、二十六至七十七、八十至一百二十一、一百二十七至一百五十三、一百五十九至一百六十一、一百六十四至一百七十、一百七十四至二百二十三、二百三十七至二百五十二、二百五十四至二百五十八、二百六十三至三百三十三、三百四十一至三百五十)

330000－1795－0002567　集 0410　類叢部/叢書類/自著之屬

紀慎齋先生全集十二種續集七種 （清）紀大奎撰　清嘉慶十三年(1808)刻本　六冊　存一種

330000－1795－0002569　集 0406　集部/別集類/清別集

善卷堂四六十卷 （清）陸繁弨撰　（清）吳自高注　清道光二年(1822)刻本　四冊

330000－1795－0002570　集 0403　集部/別集類/清別集

柏梘山房文集十六卷文續集一卷詩集十卷詩續集二卷駢體文二卷 （清）梅曾亮撰　清宣統三年(1911)上海國學扶輪社石印本　七冊　缺三卷(文續集、駢體文一至二)

330000－1795－0002577　集 0538　集部/別集類/清別集

湛園未定藁六卷 （清）姜宸英撰　清宣統二年(1910)寧波汲綆齋書局、上海國學扶輪社石印本　六冊

330000－1795－0002581　集 0476　集部/別集類/清別集

鐵橋漫稿八卷 （清）嚴可均撰　清光緒十一

年(1885)長洲蔣氏心矩齋刻本　四冊

330000－1795－0002582　集 0475　集部/別集類/清別集
卷施閣詩集二十卷文甲集十卷文乙集十卷附鮚軒詩八卷　(清)洪亮吉撰　清乾隆六十年(1795)貴陽藚署刻本　三冊　存十二卷(十四至十七、鮚軒詩一至八)

330000－1795－0002583　集 0473　集部/別集類/清別集
卷施閣文甲集十卷乙集十卷年譜一卷　(清)洪亮吉撰　清光緒三年至五年(1877－1879)洪用懃授經堂刻本　二冊　存六卷(甲集一至五、年譜)

330000－1795－0002584　集 0472　集部/別集類/清別集
更生齋詩八卷　(清)洪亮吉撰　清刻本　一冊　存三卷(一至三)

330000－1795－0002585　集 0470　集部/別集類/清別集
佩蘅詩鈔八卷　(清)寶鋆撰　清咸豐九年(1859)刻本　四冊

330000－1795－0002586　集 0477　集部/別集類/清別集
陳檢討集二十卷　(清)陳維崧撰　(清)程師恭注　清刻本　四冊　存九卷(一至六、九至十一)

330000－1795－0002587　集 0478　集部/別集類/清別集
陳檢討集二十卷　(清)陳維崧撰　(清)程師恭注　清刻本　二冊　存五卷(一至五)

330000－1795－0002588　集 0479　集部/別集類/清別集
湖海樓全集五十一卷　(清)陳維崧撰　清乾隆六十年(1795)浩然堂刻本　十六冊

330000－1795－0002589　集 0459　集部/別集類/清別集
文貞公集十二卷　(清)張玉書撰　清乾隆五十七年(1792)松蔭堂刻本　六冊

330000－1795－0002590　集 0460　集部/總集類/選集之屬/斷代
國初十大家詩鈔十種　(清)王相編　清道光十年(1830)秀水王氏信芳閣木活字印本　二冊　存一種

330000－1795－0002591　集 0461　集部/總集類/選集之屬/斷代
國初十大家詩鈔十種　(清)王相編　清道光十年(1830)秀水王氏信芳閣木活字印本　三冊　存一種

330000－1795－0002592　集 0458　集部/別集類/清別集
碧琅玕吟館詩注二卷　(清)錫齡撰　(清)鮑蘭生注　清刻本　二冊

330000－1795－0002593　集 0457－1　集部/別集類/清別集
飲雪軒詩集四卷　(清)楊泰亨撰　清宣統二年(1910)經畬家塾刻本　一冊

330000－1795－0002594　集 0457　集部/別集類/清別集
飲雪軒詩集四卷　(清)楊泰亨撰　清宣統二年(1910)經畬家塾刻本　一冊

330000－1795－0002597　集 0454　集部/別集類/清別集
柈湖文集十二卷　(清)吳敏樹撰　清光緒十九年(1893)思賢講舍刻本　四冊

330000－1795－0002598　集 0453　集部/別集類/清別集
青欀山房詩鈔十一卷附壽詩一卷　(清)馬士龍撰　清光緒元年(1875)刻本　二冊

330000－1795－0002600　集 0469　集部/別集類/清別集
青墅詩稿四卷　(清)李燧撰　清道光十三年(1833)河南府署刻本　二冊

330000－1795－0002601　集 0467　類叢部/叢書類/家集之屬
沈端恪公遺書二種　(清)沈曰富編　清同治十二年(1873)浙江書局刻本　二冊

330000－1795－0002602　集 0468　集部/別集類/清別集

胡文忠公遺集十卷首一卷　（清）胡林翼撰　（清）閻敬銘　（清）厲雲官　（清）盛康輯　清同治五年(1866)刻本　八冊

330000－1795－0002603　新學 0560　新學/議論/通論

飲冰室自由書二卷　梁啟超撰　清末鉛印本　一冊

330000－1795－0002606　子 0021　子部/醫家類/綜合之屬/通論

御纂醫宗金鑑九十卷首一卷　（清）吳謙等纂修　清光緒十八年(1892)上海圖書集成書局鉛印本　十六冊　存六十一卷(首、一至二十四、三十四至三十五、三十九至六十二、七十一至七十四,外五至七、十四至十六)

330000－1795－0002607　子 0008　子部/醫家類/方書之屬/歷代方書

唐王燾先生外臺秘要方四十卷　（唐）王燾撰　明崇禎十三年(1640)程氏經餘居刻本　三十二冊

330000－1795－0002608　子 0003　子部/叢編

二十二子(二十二子彙函)　（清）浙江書局編　清光緒元年至三年(1875－1877)浙江書局刻本　六冊　存一種

330000－1795－0002609　子 0002　子部/叢編

二十二子(二十二子彙函)　（清）浙江書局編　清光緒元年至三年(1875－1877)浙江書局刻本　六冊　存一種

330000－1795－0002610　子 0034　子部/醫家類/本草之屬/歷代綜合本草

本草綱目五十二卷附圖三卷瀕湖脈學一卷　(明)李時珍撰　**萬方鍼線八卷**　（清）蔡烈先輯　清同人堂刻本　四十八冊

330000－1795－0002611　子 0016　子部/醫家類/綜合之屬/通論

御纂醫宗金鑑九十卷首一卷　（清）吳謙等纂修　清刻本　六十三冊　存八十九卷(首,一至四、七至九十)

330000－1795－0002613　子 0469　子部/醫家類/醫經之屬/内經

素問靈樞類纂約註三卷　（清）汪昂撰　清刻本　一冊　存一卷(二)

330000－1795－0002614　子 0004　子部/醫家類/醫經之屬/内經

黃帝内經素問集注九卷黃帝内經靈樞集注九卷　（清）張志聰撰　清石印本　十六冊

330000－1795－0002615　子 0018　子部/醫家類/綜合之屬/通論

御纂醫宗金鑑九十卷首一卷　（清）吳謙等纂修　清刻本　十六冊　存十六卷(六十一至七十六)

330000－1795－0002616　子 0017　子部/醫家類/綜合之屬/通論

御纂醫宗金鑑九十卷首一卷　（清）吳謙等纂修　清光緒九年(1883)上海掃葉山房刻本　三十二冊　存五十卷(首,二至三、五至十五、十九至三十五、三十八至四十九、五十一至五十六、五十八)

330000－1795－0002617　子 0019　子部/醫家類/綜合之屬/通論

御纂醫宗金鑑九十卷首一卷　（清）吳謙等纂修　清刻本　二冊　存二卷(十五至十六)

330000－1795－0002618　子 0033　子部/醫家類/綜合之屬/通論

御纂醫宗金鑑續編十四卷首一卷　（清）吳謙等纂修　清刻本　三冊　存六卷(首,一至二、十、十三至十四)

330000－1795－0002619　子 0061　子部/醫家類/類編之屬

南雅堂醫書全集十六種　（清）陳念祖撰　清南雅堂刻本　一冊　存一種

330000－1795－0002620　子 0060　子部/醫家類/本草之屬/神農本草經

本草三家合註六卷首一卷 （清）郭汝聰撰 清光緒二十九年（1903）上海陶明書記石印本 一冊 存五卷（首、一至四）

330000－1795－0002621 子0058 子部/醫家類/方書之屬/單方驗方

本草萬方鍼線八卷 （清）蔡烈先輯 清石印本 一冊 存四卷（五至八）

330000－1795－0002622 子0057 子部/醫家類/本草之屬/歷代綜合本草

本草問答二卷 （清）唐宗海撰 清光緒三十四年（1908）上海千頃堂書局石印本 一冊

330000－1795－0002625 子0085 子部/醫家類/本草之屬/本草藥性

增補雷公炮製藥性賦解六卷 （明）李中梓撰 清刻本 一冊 存三卷（四至六）

330000－1795－0002626 子0100 子部/醫家類/綜合之屬/通論

辨證奇聞十卷 （清）陳士鐸撰 （清）錢松刪定 清宣統元年（1909）上海廣益書局石印本 三冊 存五卷（五至八、十）

330000－1795－0002628 子0110 子部/醫家類/類編之屬

中西醫學叢書 南通大學醫學院編 清光緒石印本 一冊 存一種

330000－1795－0002630 子0063 子部/醫家類/本草之屬/歷代綜合本草

本經逢原四卷 （清）張璐撰 清康熙三十四年（1695）金閶書業堂刻本 四冊

330000－1795－0002631 子0062 子部/醫家類/本草之屬/神農本草經

本草經疏輯要十卷 （清）吳世鎧撰 清嘉慶十四年（1809）書帶草堂刻本 六冊

330000－1795－0002632 子0056 子部/醫家類/本草之屬/歷代綜合本草

本草備要八卷附圖一卷 （清）汪昂撰 清咸豐四年（1854）寶善堂刻本 四冊

330000－1795－0002633 子0064 子部/醫家類/類編之屬

張氏醫書七種 （清）張璐等撰 清康熙四十八年（1709）金閶寶翰樓刻本 十六冊 存一種

330000－1795－0002634 集0735 集部/別集類/清別集

望溪先生文集十八卷集外文十卷集外文補遺二卷年譜二卷 （清）方苞撰 清咸豐元年（1851）戴鈞衡刻二年（1852）增刻本 十六冊

330000－1795－0002635 集0734 集部/別集類/清別集

方望溪文鈔六卷首一卷 （清）方苞撰 清宣統二年（1910）上海國學扶輪社鉛印本 五冊

330000－1795－0002636 集0733 集部/別集類/清別集

方望溪文鈔六卷首一卷 （清）方苞撰 清宣統二年（1910）上海國學扶輪社鉛印本 四冊 缺一卷（三）

330000－1795－0002637 集0731 類叢部/叢書類/自著之屬

抗希堂十六種 （清）方苞撰 清康熙至嘉慶刻彙印本 十冊 存一種

330000－1795－0002638 集0740 集部/別集類/清別集

御製詩五集一百卷目錄十二卷 （清）高宗弘曆撰 清刻本 一冊 存二卷（二十七至二十八）

330000－1795－0002639 集0733 集部/別集類/清別集

御製詩三集一百卷目錄十二卷 （清）高宗弘曆撰 清刻本 一冊 存一卷（目錄十）

330000－1795－0002640 叢0736 類叢部/叢書類/自著之屬

潛研堂全書十六種 （清）錢大昕撰 清乾隆至嘉慶刻本 十二冊 存一種

330000－1795－0002641 子0020 子部/醫家類/綜合之屬/通論

御纂醫宗金鑑九十卷首一卷 （清）吳謙等纂

修　清刻本　十二冊

330000－1795－0002643　子0112　子部/醫家類/綜合之屬/合刻、合抄

景岳全書六十四卷　（明）張介賓撰　清康熙四十九年(1710)學海樓刻本　十六冊　存四十六卷（一至十八、二十七至三十八、四十五至五十一、五十四至六十一、六十四）

330000－1795－0002661　子0085　子部/醫家類/類編之屬

喻氏醫書三種　（明）喻昌撰　清光緒三十三年(1907)上海校經山房石印本　一冊　存一種

330000－1795－0002662　集0786　集部/總集類/選集之屬/斷代

林嚴文鈔四卷　林紓　嚴復撰　清宣統元年(1909)上海國學扶輪社鉛印本　一冊　存一卷（四）

330000－1795－0002663　子0011　子部/醫家類/類編之屬

醫門棒喝二種　（清）章楠撰　清刻本　一冊　存一種

330000－1795－0002670　子0014　子部/醫家類/類編之屬

醫門棒喝二種　（清）章楠撰　清宣統元年(1909)蠡城三友益齋石印本　一冊　存一種

330000－1795－0002672　子0367　子部/醫家類/類編之屬

喻氏醫書三種　（明）喻昌撰　清光緒三十三年(1907)上海校經山房石印本　一冊　存一種

330000－1795－0002674　子0102　子部/醫家類/綜合之屬/通論

嵩崖尊生書十五卷　（明）景日昣撰　清刻本　一冊　存二卷（十四至十五）

330000－1795－0002675　集0778　集部/別集類/清別集

定盦文集三卷續集四卷補編四卷續錄一卷古今體詩二卷雜詩一卷詞選一卷詞錄一卷附孝

珙手抄詞一卷文拾遺一卷　（清）龔自珍撰

定盦先生年譜一卷　吳昌綬編　清宣統二年(1910)上海國學扶輪社鉛印本　七冊

330000－1795－0002676　子0109　子部/醫家類/診法之屬/脈經脈訣

四診抉微八卷附管窺附餘一卷　（清）林之翰撰　清近文堂刻本　四冊

330000－1795－0002677　集0775　集部/別集類/宋別集

臨川先生全集錄四卷　（宋）王安石撰　（清）儲欣輯　清光緒八年(1882)江蘇書局刻本二冊

330000－1795－0002679　集0780　集部/別集類/明別集

新刻張太岳先生詩文集四十七卷　（明）張居正撰　清刻本　十六冊

330000－1795－0002680　子0108　子部/醫家類/方書之屬/單方驗方

蘭臺軌範八卷　（清）徐大椿撰　清石印本三冊　存三卷（一至三）

330000－1795－0002681　子0006　子部/叢編

子書二十八種　（清）育文書局編　清宣統元年至三年(1909－1911)上海育文書局石印本　一冊　存一種

330000－1795－0002682　子0010　子部/醫家類/方書之屬/歷代方書

唐王燾先生外臺秘要方四十卷　（唐）王燾撰　清石印本　四冊　存十卷（十四至十六、二十二至二十六、三十二至三十三）

330000－1795－0002683　子0103　子部/醫家類/醫理之屬/病源病機

巢氏諸病源候總論五十卷　（隋）巢元方等撰　清嘉慶十四年(1809)吳門經義齋刻本四冊

330000－1795－0002684　子0104　子部/醫家類/類編之屬

東垣十書附二種二十二卷　（明）王宇泰訂正

清萃華堂刻本　十一冊　存九種

330000－1795－0002685　子0086　子部/醫家類/綜合之屬/通論

醫門法律六卷　（清）喻昌撰　清刻本　九冊

330000－1795－0002686　子0107　子部/醫家類/方書之屬/單方驗方

蘭臺軌範八卷　（清）徐大椿撰　清刻本四冊

330000－1795－0002688　子0017　子部/醫家類/綜合之屬/通論

醫宗必讀五卷首一卷　（明）李中梓撰　清刻本　一冊　存一卷（三）

330000－1795－0002689　子0018　子部/醫家類/綜合之屬/通論

鴻文堂詳校醫宗必讀十卷　（明）李中梓撰　清刻本　一冊　存二卷（三至四）

330000－1795－0002690　子0101　子部/醫家類/綜合之屬/通論

嵩崖尊生書十五卷　（明）景日昣撰　清刻本八冊

330000－1795－0002692　子0028　子部/醫家類/綜合之屬/通論

御纂醫宗金鑑九十卷首一卷　（清）吳謙等纂修　清石印本　五冊　存十七卷（十六至十九、三十四至三十五、三十九至四十九）

330000－1795－0002693　子0027　子部/醫家類/綜合之屬/通論

御纂醫宗金鑑九十卷首一卷　（清）吳謙等纂修　清石印本　二冊　存十卷（五十九至六十八）

330000－1795－0002696　子0023　子部/醫家類/綜合之屬/通論

御纂醫宗金鑑十六卷　（清）吳謙等纂修　清宣統二年（1910）鑄記石印本　二冊

330000－1795－0002701　子0006　子部/醫家類/醫經之屬/內經

重訂駱龍吉内經拾遺方論四卷　（宋）駱龍吉撰　（明）劉浴德　（明）朱練訂　清乾隆四十一年（1776）刻本　一冊

330000－1795－0002702　子0005　子部/叢編

二十二子（二十二子彙函）　（清）浙江書局編　清光緒元年至三年（1875－1877）浙江書局刻本　二冊　存一種

330000－1795－0002703　子0014　子部/醫家類/綜合之屬/通論

瀛經堂詳校醫宗必讀十卷　（明）李中梓撰　清刻本　一冊　存二卷（五至六）

330000－1795－0002704　子0012　子部/醫家類/綜合之屬/通論

詳校醫宗必讀十卷　（明）李中梓撰　清刻本　四冊　存八卷（一至四、七至十）

330000－1795－0002705　子0010　子部/醫家類/類編之屬

醫門棒喝二種　（清）章楠撰　清道光十九年（1839）俙山書屋刻本　八冊　存一種

330000－1795－0002706　子0009　子部/醫家類/類編之屬

醫門棒喝二種　（清）章楠撰　清同治六年（1867）聚文堂刻本　四冊　存一種

330000－1795－0002707　子0019　子部/醫家類/醫經之屬/內經

類經三十二卷　（明）張介賓類注　**類經圖翼十一卷附翼四卷**　（明）張介賓撰　清刻本二冊　存四卷（附翼一至四）

330000－1795－0002708　子0020　子部/醫家類/醫經之屬/內經

類經三十二卷　（明）張介賓類注　**類經圖翼十一卷附翼四卷**　（明）張介賓撰　清刻本六冊　存十一卷（圖翼一至十一）

330000－1795－0002709　子0015　子部/醫家類/醫經之屬/內經

類經三十二卷　（明）張介賓類注　**類經圖翼十一卷附翼四卷**　（明）張介賓撰　清嘉慶四年（1799）金閶萃英堂刻本　十六冊

330000－1795－0002710　子0569　子部/雜著類/雜說之屬

中國魂二卷　梁啟超編　清光緒二十九年(1903)上海廣智書局鉛印本　一冊　存一卷(上)

330000－1795－0002717　集0548　集部/別集類/清別集

秋夢齋吟草二卷　(清)王渭撰　清道光十四年(1834)漱六堂刻本　二冊

330000－1795－0002720　集0510　集部/別集類/清別集

牧齋初學集詩註二十卷有學集詩註十四卷　(清)錢謙益撰　(清)錢曾箋註　清康熙刻玉詔堂印本　六冊　存十四卷(有學集詩註一至十四)

330000－1795－0002721　叢0550　類叢部/叢書類/彙編之屬

湘漊館叢書　清光緒刻本　一冊　存一種

330000－1795－0002725　集0499　集部/總集類/選集之屬/斷代

國初十大家詩鈔十種　(清)王相編　清道光十年(1830)秀水王氏信芳閣木活字印本　二冊　存一種

330000－1795－0002726　子0076　子部/醫家類/本草之屬/本草藥性

雷公炮製藥性解六卷　(明)李中梓撰　清刻本　二冊

330000－1795－0002729　集0500　集部/別集類/清別集

遺山詩四卷　(清)阮襄撰　清信芳閣刻本　二冊

330000－1795－0002731　子0049　子部/醫家類/本草之屬/歷代綜合本草

本草從新十八卷　(清)吳儀洛輯　清刻本　六冊

330000－1795－0002732　集0497　類叢部/叢書類/彙編之屬

抱經堂叢書十六種　(清)盧文弨編　清乾隆

至嘉慶刻彙印本　三冊　存一種

330000－1795－0002735　叢0456　類叢部/叢書類/自著之屬

鹿洲全集七種　(清)藍鼎元撰　清閩漳素位堂刻本　十四冊　存四種

330000－1795－0002736　子0066　子部/醫家類/本草之屬/歷代綜合本草

珍珠囊指掌補遺藥性賦四卷　(金)李杲輯
雷公炮製藥性解六卷　(明)李中梓輯　清光緒十三年(1887)掃葉山房刻本　三冊　存八卷(珍珠囊指掌補遺藥性賦一至二、雷公炮製藥性解一至六)

330000－1795－0002737　子0053　子部/醫家類/類編之屬

吳氏醫學述　(清)吳儀洛輯　清同文堂刻本　六冊　存一種

330000－1795－0002738　子0051　子部/醫家類/本草之屬/歷代綜合本草

本草從新十八卷　(清)吳儀洛輯　清光緒七年(1881)恒德堂刻本　六冊

330000－1795－0002739　子0050　子部/醫家類/本草之屬/歷代綜合本草

本草從新十八卷　(清)吳儀洛輯　清刻本　一冊　存三卷(十六至十八)

330000－1795－0002740　集0407　集部/別集類/清別集

陶園文集八卷詩集二十四卷詩餘二卷附六如亭傳奇二卷　(清)張九鉞撰　清道光二十三年(1843)張氏賜錦樓刻本　十六冊

330000－1795－0002741　子0048　子部/醫家類/本草之屬/歷代綜合本草

本草從新十八卷　(清)吳儀洛輯　清刻本　二冊

330000－1795－0002742　子0052　子部/醫家類/類編之屬

吳氏醫學述　(清)吳儀洛輯　清嘉慶二十二年(1817)山淵刻本　六冊　存一種

330000－1795－0002743　子0079　子部/醫家類/方書之屬/單方驗方

醫方湯頭歌括一卷經絡歌訣一卷　（清）汪昂撰　清康熙十九年（1680）書業堂刻本　一冊

330000－1795－0002744　子0080　子部/醫家類/方書之屬/單方驗方

醫方湯頭歌訣一卷經絡歌訣一卷　（清）汪昂撰　清刻本　一冊

330000－1795－0002745　子0083　子部/醫家類/方書之屬/歷代方書

醫方集解三卷　（清）汪昂撰　清康熙二十一年（1682）還讀齋刻本　三冊

330000－1795－0002747　子0069　子部/醫家類/本草之屬/歷代綜合本草

珍珠囊指掌補遺藥性賦四卷　（金）李杲輯**雷公炮製藥性解六卷**　（明）李中梓輯　清光緒三十一年（1905）福記書局石印本　一冊存四卷（珍珠囊指掌補遺藥性賦一至四）

330000－1795－0002749　叢0463　類叢部/叢書類/自著之屬

古愚老人消夏錄十七種　（清）汪汲撰輯　清乾隆至嘉慶古愚山房刻本　四冊　存九種

330000－1795－0002750　子0070　子部/醫家類/本草之屬/歷代綜合本草

珍珠囊指掌補遺藥性賦四卷　（金）李杲輯**雷公炮製藥性解六卷**　（明）李中梓輯　清光緒三十一年（1905）福記書局石印本　一冊存四卷（珍珠囊指掌補遺藥性賦一至四）

330000－1795－0002751　子0032　子部/醫家類/綜合之屬/通論

御纂醫宗金鑑九十卷首一卷　（清）吳謙等纂修　清刻本　一冊　存一卷（八十九）

330000－1795－0002752　集0464　集部/詞類/別集之屬

新樂府詞一卷　（清）萬斯同撰　清同治八年（1869）刻本　一冊

330000－1795－0002753　集0464－1　集部/詞類/別集之屬

330000－1795－0002754　新樂府詞一卷　（清）萬斯同撰　清同治八年（1869）刻本　一冊

330000－1795－0002755　集0371　集部/別集類/清別集

有正味齋駢體文二十四卷續集八卷詩集十六卷詩續集八卷詞集八卷詞續集二卷詞外集二卷外集五卷　（清）吳錫麟撰　清嘉慶十三年（1808）刻本　十六冊

330000－1795－0002756　子0030　子部/醫家類/綜合之屬/通論

御纂醫宗金鑑九十卷首一卷　（清）吳謙等纂修　清刻本　三冊　存四卷（六十一、六十三、七十一至七十二）

330000－1795－0002757　集0372　集部/別集類/清別集

鑑止水齋集二十卷　（清）許宗彥撰　清咸豐八年（1858）德清許延毅刻本　六冊

330000－1795－0002758　子0093　子部/醫家類/類編之屬

中西匯通醫書五種　（清）唐宗海撰　清光緒三十四年（1908）上海千頃堂書局石印本　一冊　存一種

330000－1795－0002759　子0092　子部/醫家類/類編之屬

中西匯通醫書五種　（清）唐宗海撰　清光緒三十四年（1908）上海千頃堂書局石印本　二冊　存一種

330000－1795－0002761　子0091　子部/醫家類/類編之屬

中西匯通醫書五種　（清）唐宗海撰　清光緒三十四年（1908）上海千頃堂書局石印本　二冊　存一種

330000－1795－0002766　子0089　子部/醫家類/綜合之屬/通論

辨證奇聞十卷　（清）陳士鐸撰　（清）錢松刪定　清宣統元年（1909）上海廣益書局石印本　二冊

330000－1795－0002772　子0100　子部/醫

家類/類編之屬

當歸草堂醫學叢書初編十種 （清）丁丙編
清光緒四年(1878)錢塘丁氏當歸草堂刻本
一冊　存一種

330000－1795－0002774　子 0099　子部/醫
家類/本草之屬/本草藥性

藥性總義不分卷 （清）□□撰　清抄本
一冊

330000－1795－0002775　集 0318　集部/別
集類/清別集

惜抱軒集八十八卷 （清）姚鼐撰　清光緒三
十三年(1907)上海校經山房刻本　十六冊

330000－1795－0002776　叢 0319　類叢部/
叢書類/自著之屬

惜抱軒全集十種 （清）姚鼐撰　清刻本　二
冊　存五種

330000－1795－0002777　子 0098　子部/醫
家類/綜合之屬/通論

玉楸藥解八卷 （清）黃元御撰　清宣統元年
(1909)上海江左書林石印本　一冊

330000－1795－0002778　子 0106　子部/醫
家類/綜合之屬/通論

醫貫砭二卷 （清）徐大椿撰　清刻本　一冊

330000－1795－0002779　集 0320　集部/總
集類/尺牘之屬

惜抱先生尺牘八卷 （清）姚鼐撰　清刻本
二冊　存四卷(五至八)

330000－1795－0002780　子 0105　子部/醫
家類/綜合之屬/通論

醫貫砭二卷 （清）徐大椿撰　清刻本　一冊

330000－1795－0002781　叢 0232　類叢部/
叢書類/自著之屬

左文襄公全集 （清）左宗棠撰　清光緒刻本
一百二十六冊

330000－1795－0002782　子 0097　子部/醫
家類/類編之屬

沈氏尊生書五種 （清）沈金鰲撰輯　清刻本

三冊　存一種

330000－1795－0002784　子 0096　子部/醫
家類/類編之屬

沈氏尊生書五種 （清）沈金鰲撰輯　清刻本
六冊　存一種

330000－1795－0002785　集 0347　集部/別
集類/清別集

香屑集十八卷首一卷末一卷 （清）黃之雋撰
（清）陳邦直注　清同治十年(1871)近文堂
刻本　三冊　存十四卷(首,一至四、十至十
八)

330000－1795－0002787　集 0249　集部/別
集類/清別集

張文襄公詩集四卷 （清）張之洞撰　清宣統
二年(1910)南皮張氏鉛印本　二冊

330000－1795－0002789　子 0037　子部/醫
家類/本草之屬/歷代綜合本草

本草綱目五十二卷 （明）李時珍撰　清刻本
六冊　存五卷(一至三、二十六、五十二)

330000－1795－0002791　子 0046　子部/醫
家類/本草之屬/歷代綜合本草

本草從新十八卷 （清）吳儀洛輯　清刻本
二冊　存九卷(十至十八)

330000－1795－0002792　子 0045　子部/醫
家類/本草之屬/歷代綜合本草

本草從新十八卷 （清）吳儀洛輯　清末石印
本　二冊　存十一卷(四至九、十四至十八)

330000－1795－0002793　子 0044　子部/醫
家類/本草之屬/歷代綜合本草

本草從新十八卷 （清）吳儀洛輯　清末石印
本　一冊

330000－1795－0002794　集 0352　集部/別
集類/清別集

**述學內篇三卷外篇一卷補遺一卷別錄一卷附
錄一卷校勘記一卷** （清）汪中撰　（清）汪喜
孫編　清同治八年(1869)揚州書局刻本
一冊

330000－1795－0002797　集 0353　集部/別集類/清別集

蓮龕集十六卷首一卷　（清）李來泰撰　（清）李盛泰輯　清刻本　四冊　存十二卷（五至十六）

330000－1795－0002798　集 0354　集部/別集類

散原精舍詩二卷　陳三立撰　清宣統元年（1909）鉛印本　二冊

330000－1795－0002799　子 0036　子部/醫家類/本草之屬/歷代綜合本草

本草綱目五十二卷　（明）李時珍撰　清刻本　三冊　存十六卷（二至四、七至十三、四十七至五十二）

330000－1795－0002800　集 0355　集部/別集類/清別集

孟塗前集十卷後集二十二卷文集十卷駢體文二卷　（清）劉開撰　清道光六年（1826）姚氏檗山草堂刻本　八冊

330000－1795－0002802　集 0356　集部/別集類/清別集

大雲山房文稿初集四卷二集四卷　（清）惲敬撰　清光緒十四年（1888）官書處刻本　八冊

330000－1795－0002804　集 0445　集部/別集類/清別集

謫麐堂遺集四卷　（清）戴望撰　清宣統三年（1911）歸安陸氏刻本　二冊

330000－1795－0002805　子 0042　子部/醫家類/類編之屬

吳氏醫學述　（清）吳儀洛輯　清刻本　五冊　存一種

330000－1795－0002808　子 0041　子部/醫家類/本草之屬/歷代綜合本草

本草綱目拾遺十卷　（清）趙學敏輯　清刻本　五冊　存六卷（三至八）

330000－1795－0002810　集 0346　集部/別集類/清別集

養雲山館試帖四卷　（清）許球撰　清刻本

四冊

330000－1795－0002811　集 0345　集部/別集類/清別集

養雲山館試帖四卷　（清）許球撰　清光緒五年（1879）刻本　二冊　存二卷（一至二）

330000－1795－0002812　集 0359　集部/別集類

湘綺樓文集八卷詩集十四卷箋啟八卷　王闓運撰　清宣統二年（1910）上海國學扶輪社石印本　十二冊

330000－1795－0002813　集 0366　集部/別集類/清別集

鮚埼亭詩集十卷　（清）全祖望撰　清光緒十六年（1890）慈谿童氏大鄮山館刻本　四冊

330000－1795－0002814　集 0368　集部/別集類/清別集

句餘土音三卷　（清）全祖望撰　（清）董秉純重編　清嘉慶十九年（1814）刻本　三冊

330000－1795－0002815　集 0365　集部/別集類/清別集

鮚埼亭詩集十卷　（清）全祖望撰　清光緒十六年（1890）慈谿童氏大鄮山館刻本　一冊　存二卷（六至七）

330000－1795－0002816　子 0388　子部/宗教類/道教之屬/戒律

暗室燈二卷　（清）深山居士輯　清光緒二十二年（1896）千歲坊文光齋刻本　二冊

330000－1795－0002818　集 0364　集部/別集類/清別集

鮚埼亭集外編五十卷　（清）全祖望撰　（清）董秉純編　（清）蔣學鏞審訂　（清）汪繼培重編　清刻本　五冊　存十三卷（一至十、十四至十六）

330000－1795－0002819　子 0353　子部/醫家類/綜合之屬/通論

新刊增補萬病回春原本八卷　（明）龔廷賢編　清咸豐十年（1860）聯墨堂刻本　七冊　存七卷（一至二、四至八）

330000－1795－0002823　子0403　子部/醫家類/方書之屬/單方驗方

葉種德堂丸散膏丹全錄一卷　（清）葉種德堂主人輯　清光緒十三年(1887)葉種德堂刻本　一冊

330000－1795－0002825　集0660　類叢部/叢書類/彙編之屬

正誼堂全書六十三種續刻五種　（清）張伯行編　（清）楊浚重編　清同治五年(1866)福州正誼書院刻同治八年至光緒十三年(1869－1887)續刻本　一冊　存一種

330000－1795－0002827　集0657　集部/總集類/彙編之屬

檉華館試帖彙鈔輯注十卷　（清）路德撰　清道光刻本　一冊　存二卷(一至二)

330000－1795－0002829　史0655　史部/傳記類/科舉錄之屬/歷科會試錄

[光緒丁丑科]會試硃卷一卷　（清）王繼香撰　清光緒刻本　一冊

330000－1795－0002833　集0651　集部/別集類

畏廬文集一卷　林紓撰　清宣統二年(1910)上海商務印書館鉛印本　一冊

330000－1795－0002834　集0678　集部/別集類/清別集

逸雲居士詩編不分卷年譜一卷　（清）孫蔚撰　清嘉慶十年(1805)刻本　二冊

330000－1795－0002838　集0452　集部/別集類/清別集

尊聞居士集八卷　（清）羅有高撰　（清）彭紹升編　清光緒八年(1882)彭祖賢刻本　二冊

330000－1795－0002839　集0442　集部/別集類/清別集

寒香館文鈔八卷詩鈔四卷　（清）賀熙齡撰　**皇清誥授朝議大夫掌四川道監察御史加二級前翰林院編修京畿道監察御史提督湖北學政賀蔗農先生崇祀鄉賢錄一卷**　清道光二十八年(1848)刻本　四冊

330000－1795－0002840　集0450　集部/別集類/清別集

西江詩稿二十八卷續編一卷文稿三十二卷附編一卷　（清）王家振撰　清光緒三十四年(1908)慈谿王氏柜柳山館木活字印本　六冊　存三十三卷(文稿一至三十二、附編)

330000－1795－0002841　集0449　類叢部/叢書類/彙編之屬

半厂叢書初編十種　（清）譚獻編　清同治至光緒仁和譚氏刻本　三冊　存一種

330000－1795－0002842　集0448　集部/別集類/清別集

南江文鈔十二卷詩鈔四卷南江札記四卷　（清）邵晉涵撰　（清）胡敬輯　清嘉慶八年(1803)邵氏面水層軒刻道光十二年(1832)胡敬印本　十冊　存十六卷(文鈔一至十二、詩鈔一至四)

330000－1795－0002843　集0441　集部/別集類/清別集

吳摯甫尺牘五卷補遺一卷論兒書一卷　（清）吳汝綸撰　清宣統二年(1910)上海國學扶輪社石印本　十二冊

330000－1795－0002844　集0742　集部/別集類/清別集

味餘書室全集定本四十卷目錄四卷隨筆二卷　（清）仁宗顒琰撰　（清）慶桂等編　清嘉慶五年(1800)刻本　二十四冊

330000－1795－0002845　集0428　集部/別集類/清別集

三魚堂文集十二卷外集六卷附錄一卷　（清）陸隴其撰　清嘉慶至道光老掃葉山房刻本　十冊

330000－1795－0002847　集0488　集部/別集類/清別集

戴南山文鈔六卷　（清）戴名世撰　清宣統二年(1910)上海國學扶輪社鉛印本　三冊

330000－1795－0002849　集0429　集部/別集類/清別集

滑疑集八卷　（清）韓錫胙撰　（清）宗稷辰重編　清同治十三年（1874）潚江處州府署刻本　四冊

330000－1795－0002854　集 0437　集部/總集類/選集之屬/通代

近光集八卷補二卷　（清）汪士鋐輯　（清）吳鼎科選　清刻本　四冊

330000－1795－0002855　集 0438　集部/別集類/清別集

最樂堂文集五卷　（清）喬光烈撰　（清）牛運震評　清刻本　三冊

330000－1795－0002856　集 0440　集部/別集類/清別集

茗柯文初編一卷二編二卷三編一卷四編一卷　（清）張惠言撰　清光緒七年（1881）刻本　二冊

330000－1795－0002857　集 0722　集部/別集類/清別集

西河文選十一卷　（清）毛奇齡撰　（清）汪霦等選　清乾隆四十八年（1783）萬卷樓刻本　三冊　存六卷（三至四、六至九）

330000－1795－0002858　集 0723　集部/別集類/清別集

西河文選十一卷　（清）毛奇齡撰　（清）汪霦等選　清乾隆四十八年（1783）萬卷樓刻本　四冊

330000－1795－0002859　集 0720　集部/別集類/清別集

帶經堂集九十二卷　（清）王士禛撰　（清）程哲校編　清康熙四十九年至五十一年（1710－1712）程氏七略書堂刻乾隆十二年（1747）黃晟重修本　二十三冊　缺四卷（鹽尾續詩七至十）

330000－1795－0002860　集 0071　集部/總集類/選集之屬/斷代

元詩選初集一百十四卷二集一百三卷三集一百三卷首一卷　（清）顧嗣立輯　清康熙三十三年（1694）顧氏秀野草堂刻本　三十二冊

330000－1795－0002861　叢 0077　類叢部/叢書類/彙編之屬

稗海四十八種續集二十二種　（明）商濬編　明萬曆商氏半埜堂刻清康熙至乾隆修補重訂本　七十七冊　存六十八種

330000－1795－0002862　集 0726　類叢部/叢書類/自著之屬

桐城吳先生全書六種附二種　（清）吳汝綸撰　清光緒三十年（1904）王恩紱等刻本　十九冊　存五種

330000－1795－0002863　集 0170　集部/別集類/明別集

王陽明先生全集二十二卷首一卷　（明）王守仁撰　（清）俞嶙輯　清餘姚黃氏敦厚堂刻本　四十冊

330000－1795－0002864　集 0100　集部/總集類/選集之屬/通代

古文辭類纂七十四卷　（清）姚鼐輯　續古文辭類纂三十四卷　王先謙輯　清光緒三十三年（1907）上海商務印書館鉛印本　十二冊

330000－1795－0002865　子 0156　子部/醫家類/醫經之屬/内經

靈素提要淺註十二卷　（清）陳念祖集註（清）陳元犀參訂　清光緒十八年（1892）上海圖書集成書局石印本　一冊　存五卷（一至五）

330000－1795－0002871　子 0341　子部/醫家類/綜合之屬/通論

紹興醫學會課藝四卷　（清）何炳元評　清宣統二年（1910）浙東書局鉛印本　一冊

330000－1795－0002872　集 0123　集部/總集類/選集之屬/通代

本堂古文觀止六卷　（清）吳乘權　（清）吳大職輯　清同治七年（1868）裕德堂刻本　六冊

330000－1795－0002873　集 0125　集部/總集類/選集之屬/通代

古文觀止十二卷　（清）吳乘權　（清）吳大職輯　清浙寧汲綆齋刻本　二冊

330000－1795－0002874　子0342　新學/醫學/衛生學

衛生學問答二卷　（清）丁福保纂　清光緒二十七年(1901)無錫疇隱盧石印本　一冊

330000－1795－0002875　集0126　集部/總集類/選集之屬/通代

繪圖增批古文觀止十二卷　（清）吳乘權（清）吳大職輯　清光緒三十四年(1908)浙紹明達書莊石印本　六冊

330000－1795－0002876　子0437　子部/醫家類/類編之屬

古今醫統正脈全書　（明）王肯堂編　清刻本　一冊　存一種

330000－1795－0002880　集0122　集部/總集類/選集之屬/通代

續古文辭類纂二十八卷　（清）黎庶昌輯　清光緒二十一年(1895)金陵狀元閣刻本　十二冊

330000－1795－0002886　子0531　子部/醫家類/外科之屬/外科方

外科症治全生集四卷　（清）王維德撰　清刻本　一冊

330000－1795－0002887　集0073　集部/總集類/選集之屬/通代

涵芬樓古今文鈔一百卷　吳曾祺輯　清宣統二年(1910)上海商務印書館鉛印本　一百冊

330000－1795－0002895　子0387　子部/醫家類/溫病之屬/瘟疫

隨息居重訂霍亂論四卷　（清）王士雄撰　霍亂括要一卷　（清）岳晉昌撰　清刻本　一冊

330000－1795－0002896　集0099　集部/總集類/選集之屬/通代

古文辭類纂七十五卷　（清）姚鼐輯　**校勘記一卷**　（清）李承淵撰　清同治八年(1869)刻本　十六冊

330000－1795－0002898　集0098　集部/總集類/選集之屬/通代

古文辭類纂七十五卷　（清）姚鼐輯　**校勘記一卷**　（清）李承淵撰　清光緒二十七年(1901)滁州李氏求要堂刻本　十二冊

330000－1795－0002900　集0002　集部/總集類/彙編之屬

宋詩鈔初集八十四種　（清）呂留良（清）吳之振（清）吳爾堯編　清康熙十年(1671)洲錢吳氏鑑古堂刻本　二十四冊

330000－1795－0002902　集0165　集部/總集類/尺牘之屬

國朝名人小簡二卷　吳曾祺輯　清宣統二年(1910)上海商務印書局鉛印本　一冊　存一卷(二)

330000－1795－0002903　子0165　子部/醫家類/傷寒金匱之屬/金匱要略

金匱要略淺註補正九卷　（漢）張機撰　（清）陳念祖注　（清）唐宗海補注　清末石印本　二冊　存六卷(四至九)

330000－1795－0002904　子0160　子部/雜著類/雜纂之屬

應酬尺牘彙選八卷　（清）陸九如纂輯　清同治七年(1868)尺木堂刻本　一冊　存二卷(一至二)

330000－1795－0002907　子0215　子部/醫家類/婦科之屬/產科

產科心法二卷　（清）汪喆撰　清光緒十六年(1890)刻本　一冊

330000－1795－0002910　子0216　子部/醫家類/婦科之屬/產科

胤產全書□□卷　（清）王肯堂撰　清刻本　二冊　存二卷(一至二)

330000－1795－0002911　子0174　子部/醫家類/類編之屬

南雅堂醫書全集十六種　（清）陳念祖撰　清南雅堂刻本　二冊　存一種

330000－1795－0002912　子0175　子部/醫家類/方書之屬/單方驗方

時方妙用四卷　（清）陳念祖撰　清刻本　二冊

330000－1795－0002913　子0176　子部/醫家類/方書之屬/單方驗方

時方歌括二卷　（清）陳念祖撰　清刻本　一冊

330000－1795－0002916　子0177　子部/醫家類/類編之屬

陳修園醫書三十二種　（清）陳念祖等撰　清刻本　一冊　存四種

330000－1795－0002917　集0066　集部/總集類/選集之屬/通代

文選六十卷　（南朝梁）蕭統輯　（唐）李善注
文選考異十卷　（清）胡克家撰　清光緒六年（1880）四明林植梅刻本　三冊　存九卷（文選二至十）

330000－1795－0002918　集0088　集部/總集類/選集之屬/通代

古文析義十六卷　（清）林雲銘輯並注　清刻本　六冊

330000－1795－0002919　集0047　集部/總集類/選集之屬/斷代

國朝文棟八卷　（清）胡嘉銓輯　清刻本　一冊　存二卷（三至四）

330000－1795－0002921　叢0049　新學/雜著/叢編

新政應試必讀六種六卷　（清）顧厚焜撰　清光緒二十七年（1901）石印本　一冊　存一卷（三）

330000－1795－0002922　子0178　子部/醫家類/類編之屬

陳修園醫書二十八種　（清）陳念祖等撰　清末石印本　一冊　存六種

330000－1795－0002923　子0179　子部/醫家類/類編之屬

陳修園醫書四十種　（清）陳念祖等撰　清末石印本　一冊　存一種

330000－1795－0002924　子0180　子部/醫家類/類編之屬

陳修園醫書四十八種　（清）陳念祖等撰　清末石印本　一冊　存一種

330000－1795－0002925　集0050　集部/總集類/選集之屬/斷代

本朝應制琳瑯集□□卷　（清）曹洪祖輯　清刻本　一冊　存六卷（七至十二）

330000－1795－0002926　集0042　集部/總集類/選集之屬/通代

經史百家雜鈔二十六卷　（清）曾國藩輯　清光緒三十二年（1906）上海商務印書館鉛印本　一冊　存三卷（十三至十五）

330000－1795－0002927　子0181　子部/醫家類/類編之屬

秘本眼科捷徑一卷　（清）□□撰　**傷寒舌鑑一卷**　（清）張登誕撰　**達生編一卷**　（清）□□撰　**增廣大生要旨一卷**　（清）亟齋居士編　清刻本　一冊

330000－1795－0002929　子0182　子部/醫家類/眼科之屬

眼科百問二卷　（清）王子固輯　清刻本　一冊

330000－1795－0002930　集0011　集部/總集類/選集之屬/斷代

初唐四傑文集二十一卷　（清）□□編　清光緒五年（1879）淮南書局刻本　三冊

330000－1795－0002931　子0183　子部/醫家類/眼科之屬

銀海指南四卷　（清）顧錫撰　清上海廣益書局石印本　一冊

330000－1795－0002932　集0009　集部/總集類/選集之屬/通代

唐宋八家文讀本三十卷　（清）沈德潛輯　清光緒二十八年（1902）寧波汲綆齋石印本　四冊

330000－1795－0002933　集0010　集部/總集類/選集之屬/通代

唐宋八家文讀本十卷　（清）沈德潛輯　清光緒二十四年（1898）上海鴻文書局石印本　六冊

330000－1795－0002934　子 0184　子部/醫家類/眼科之屬

銀海精微二卷　題(唐)孫思邈撰　清刻本　一冊

330000－1795－0002935　集 0021　集部/總集類/選集之屬/通代

唐宋八大家類選十四卷　(清)儲欣輯　清刻本　一冊　存二卷(三至四)

330000－1795－0002936　子 0154　子部/醫家類/類編之屬

陳修園醫書七十種　(清)陳念祖等撰　清上海廣益書局石印本　七冊　存十五種

330000－1795－0002937　集 0018　集部/總集類/選集之屬/通代

文選六十卷　(南朝梁)蕭統輯　(唐)李善注　**文選考異十卷**　(清)胡克家撰　清宣統三年(1911)上海會文堂粹記石印本　十三冊　缺十二卷(五至十二、四十七至五十)

330000－1795－0002938　集 0012　集部/總集類/郡邑之屬

松陵文錄二十四卷　(清)凌淦輯　清同治十三年(1874)刻本　十二冊

330000－1795－0002939　集 0102　集部/總集類/選集之屬/通代

古文辭類纂七十四卷　(清)姚鼐輯　**續古文辭類纂三十四卷**　王先謙輯　清光緒十八年(1892)吳縣朱記榮上海刻席氏掃葉山房印本　十二冊　缺三十四卷(續古文辭類纂一至三十四)

330000－1795－0002940　集 0102　集部/總集類/選集之屬/通代

古文辭類纂七十四卷　(清)姚鼐輯　**續古文辭類纂三十四卷**　王先謙輯　清光緒三十三年(1907)上海商務印書館鉛印本　十二冊

330000－1795－0002941　集 0764　集部/別集類/唐五代別集

柳文四十三卷別集二卷外集二卷附錄一卷　(唐)柳宗元撰　清同治六年(1867)廷桂刻七

年(1868)補刻本　十二冊

330000－1795－0002943　子 0157　子部/醫家類/醫經之屬/内經

靈素提要淺註十二卷　(清)陳念祖集註　(清)陳元犀參訂　清同治四年(1865)石印本　一冊　存四卷(一至四)

330000－1795－0002944　子 0158　子部/醫家類/傷寒金匱之屬/傷寒論

長沙方歌括六卷　(清)陳念祖撰　清南雅堂刻本　二冊　存四卷(一至二、五至六)

330000－1795－0002949　集 0763　集部/別集類/唐五代別集

李太白文集三十六卷　(唐)李白撰　(清)王琦輯注　清刻本　十二冊

330000－1795－0002952　子 0162　子部/醫家類/傷寒金匱之屬/金匱要略

金匱要略淺注十卷　(漢)張機撰　(清)陳念祖注　清道光十七年(1837)刻本　五冊

330000－1795－0002953　子 0163　子部/醫家類/傷寒金匱之屬/金匱要略

金匱要略淺注十卷　(漢)張機撰　(清)陳念祖注　清末石印本　一冊

330000－1795－0002955　集 0023　集部/總集類/選集之屬/斷代

湖海文傳七十五卷　(清)王昶輯　清道光十七年(1837)經訓堂刻同治五年(1866)印本　十六冊

330000－1795－0002957　子 0172　子部/醫家類/綜合之屬/通論

醫學從眾錄八卷　(清)陳念祖撰　清道光二十五年(1845)南雅堂刻本　四冊

330000－1795－0002958　子 0173　子部/醫家類/綜合之屬/通論

醫學從眾錄八卷　(清)陳念祖撰　清石印本　一冊

330000－1795－0002959　集 0766　集部/別集類/唐五代別集

韓集點勘四卷 （清）陳景雲撰　清同治九年（1870）江蘇書局刻本　一冊

330000－1795－0002960　集0765　集部/總集類/選集之屬/通代

唐宋大家全集錄十種(唐宋十大家全集錄)（清）儲欣編　清刻本　四冊　存一種

330000－1795－0002961　子0167　子部/醫家類/傷寒金匱之屬/金匱要略

金匱方歌括六卷 （清）陳念祖撰　清道光十六年（1836）南雅堂刻本　三冊

330000－1795－0002962　子0168　子部/醫家類/傷寒金匱之屬/金匱要略

金匱方歌括六卷首一卷 （清）陳念祖撰　清末石印本　一冊

330000－1795－0002963　子0169　子部/醫家類/傷寒金匱之屬/金匱要略

金匱方歌括六卷首一卷 （清）陳念祖撰　清末石印本　一冊

330000－1795－0002964　子0170　子部/醫家類/類編之屬

南雅堂醫書全集十六種 （清）陳念祖撰　清南雅堂刻本　四冊　存一種

330000－1795－0002966　子0207　子部/醫家類/婦科之屬/通論

濟陰綱目十四卷 （明）武之望撰　（清）汪淇箋釋　**保生碎事一卷** （清）汪淇輯　清刻本　五冊　存十卷(二至九、十二至十三)

330000－1795－0002969　子0210　子部/醫家類/婦科之屬/產科

增廣大生要旨五卷 （清）唐千頃撰　（清）葉灝增訂　清咸豐九年（1859）寶賢堂刻本　二冊

330000－1795－0002972　子0213　子部/醫家類/類編之屬

當歸草堂醫學叢書初編十種 （清）丁丙編　清光緒四年（1878）錢塘丁氏當歸草堂刻本　一冊　存一種

330000－1795－0002973　子0214　子部/醫家類/婦科之屬/產科

急救仙方六卷附產寶諸方一卷　清光緒四年（1878）當歸草堂刻本　一冊

330000－1795－0002974　子0444　子部/醫家類/推拿按摩外治之屬

推拿廣意三卷 （清）熊應雄輯　（清）陳世凱訂　清刻本　一冊

330000－1795－0002975　子0440　子部/醫家類/方書之屬/單方驗方

葛祖回生集二卷 （清）陳杰集　清刻本　一冊　存一卷(下)

330000－1795－0002978　子0467　子部/醫家類/綜合之屬/通論

醫學源流論二卷 （清）徐大椿撰　清刻本　一冊　存一卷(二)

330000－1795－0002979　子0439　子部/醫家類/綜合之屬/通論

醫醇賸義四卷醫方論四卷 （清）費伯雄撰　清刻本　一冊　存一卷(醫醇賸義四)

330000－1795－0002980　子0338　子部/醫家類/方書之屬/單方驗方

增輯普濟應驗良方八卷 （清）德軒氏輯　清光緒十六年（1890）象山善怡堂刻本　一冊

330000－1795－0002981　子0337　子部/醫家類/類編之屬

重鐫壽世編三卷　清光緒二十三年（1897）上海著易堂書局鉛印本　一冊

330000－1795－0002982　子0415　子部/醫家類/方書之屬/單方驗方

普濟應驗良方十一卷 （清）德軒氏輯　清咸豐七年（1857）浙寧主人刻本　一冊

330000－1795－0002983　子0416　子部/醫家類/方書之屬/單方驗方

普濟應驗良方十一卷 （清）德軒氏輯　清咸豐七年（1857）浙寧主人刻本　一冊

330000－1795－0002987　子0412　子部/醫

家類/綜合之屬/通論

醫方論四卷 （清）費伯雄撰　清石印本
一冊

330000－1795－0002989　子0406　子部/醫
家類/類編之屬

當歸草堂醫學叢書初編十種 （清）丁丙編
清光緒四年(1878)錢塘丁氏當歸草堂刻本
一冊　存一種

330000－1795－0002992　子0372　子部/醫
家類/綜合之屬/通論

醫學心悟六卷 （清）程國彭撰　清刻本　二
冊　存二卷(二至三)

330000－1795－0002993　子0370　子部/醫
家類/醫話醫論之屬

冷廬醫話五卷 （清）陸以湉撰　清末上海千
頃堂書局石印本　二冊

330000－1795－0003002　集0063　集部/總
集類/選集之屬/通代

文選六十卷 （南朝梁）蕭統輯　（唐）李善注
　文選考異十卷 （清）胡克家撰　清光緒六
年(1880)四明林植梅刻本　二冊　存五卷
(一至二、二十七至二十九)

330000－1795－0003003　子0503　子部/醫
家類/醫案之屬

續名醫類案三十六卷 （清）魏之琇撰　清石
印本　三冊　存九卷(四至六、十九至二十
一、三十一至三十三)

330000－1795－0003004　集0068　集部/總
集類/選集之屬/通代

憑山閣增輯留青新集三十卷 （清）陳枚選
（清）陳德裕增輯　清刻本　二冊　存五卷
(十五十二、十五至十六)

330000－1795－0003005　集0067　類叢部/
類書類/專類之屬

重編留青新集二十四卷 （清）馮善長輯　清
末鉛印本　一冊　存二卷(三至四)

330000－1795－0003007　集0043　集部/總
集類/選集之屬/通代

經史百家雜鈔二十六卷 （清）曾國藩輯　清
光緒三十二年(1906)上海商務印書館鉛印本
四冊

330000－1795－0003009　子0171　子部/醫
家類/綜合之屬/通論

醫學實在易八卷 （清）陳念祖撰　清刻本
一冊

330000－1795－0003010　集0064　集部/總
集類/選集之屬/通代

重訂文選集評十五卷首一卷末一卷 （清）于
光華輯　清光緒十五年(1889)善成堂刻本
十五冊　缺一卷(二)

330000－1795－0003011　集0006　集部/楚
辭類

楚辭章句十七卷 （漢）王逸撰　（宋）洪興祖
補注　清光緒九年(1883)長沙書堂山館刻本
六冊

330000－1795－0003013　子0272　子部/醫
家類/方書之屬/單方驗方

雜病證治類方八卷 （明）王肯堂撰　清康熙
五十年(1711)金壇虞氏刻本　三冊　存四卷
(一至二、五至六)

330000－1795－0003014　子0109　子部/醫
家類/類編之屬

沈氏尊生書五種 （清）沈金鰲撰輯　清刻本
一冊　存一種

330000－1795－0003016　子0495　子部/醫
家類/方書之屬/單方驗方

集驗簡易良方四卷首一卷 （清）德豐輯　清
進化書局石印本　一冊　存一卷(二)

330000－1795－0003018　集0131　集部/總
集類/選集之屬/通代

古文觀止十二卷 （清）吳乘權　（清）吳大職
輯　清浙寧汲綆齋刻本　一冊　存二卷(七
至八)

330000－1795－0003020　集0760　集部/別
集類/清別集

紅豆村人詩稿十四卷 （清）袁樹撰　清光緒

十八年(1892)著易堂鉛印本　一冊

330000－1795－0003022　集0752　集部/別集類/清別集

少㟴賦草四卷　（清）夏思沺撰　清咸豐四年(1854)刻本　一冊　存二卷(一至二)

330000－1795－0003024　集0755　類叢部/叢書類/自著之屬

隨園三十八種　（清）袁枚撰　清光緒十八年(1892)勤裕堂鉛印本　一冊　存一種

330000－1795－0003027　集0754　類叢部/叢書類/自著之屬

隨園三十八種　（清）袁枚撰　清光緒十八年(1892)勤裕堂鉛印本　一冊　存一種

330000－1795－0003030　集0757　類叢部/叢書類/自著之屬

王漁洋遺書三十八種　（清）王士禎撰　清刻本　一冊　存一種

330000－1795－0003032　集0758　集部/別集類/清別集

越中吟一卷續編一卷後編一卷　（清）孫熊撰　清嘉慶十三年至十八年(1808－1813)編柳居刻本　一冊　缺一卷(後編)

330000－1795－0003034　集0759　集部/別集類/清別集

復堂類集文四卷詩九卷詞二卷日記六卷　（清）譚獻撰　清光緒十一年(1885)刻本　一冊　存二卷(日記五至六)

330000－1795－0003035　子0360　子部/醫家類/方書之屬/單方驗方

驗方新編十六卷首一卷　（清）鮑相璈輯　清光緒三年(1877)上海通時書局石印本　一冊　存四卷(首、一至三)

330000－1795－0003036　集0138　集部/總集類/郡邑之屬

蛟川先正文存二十卷補遺一卷　（清）陳繼聰編　清光緒八年(1882)刻本　五冊　存十卷(五至十四)

330000－1795－0003037　子0271　子部/醫家類/醫理之屬/綜合

醫林改錯二卷　（清）王清任撰　清同治七年(1868)粵東三元堂刻本　二冊

330000－1795－0003040　集0340　集部/別集類/清別集

巢經巢詩鈔九卷後集四卷　（清）鄭珍撰　清刻本　一冊　存四卷(後集一至四)

330000－1795－0003042　子0443　子部/醫家類/方書之屬/單方驗方

十三科絳雪園古方選註不分卷　（清）王子接撰　清掃葉山房刻本　四冊

330000－1795－0003048　集0341　類叢部/叢書類/自著之屬

西堂全集四種附一種　（清）尤侗撰　清刻本　一冊　存二種

330000－1795－0003050　集0342　類叢部/叢書類/自著之屬

西堂全集四種附一種　（清）尤侗撰　清刻本　五冊　存二種

330000－1795－0003051　子0205　子部/醫家類/婦科之屬/通論

女科要旨四卷　（清）陳念祖撰　清道光二十一年(1841)南雅堂刻本　一冊　存二卷(一至二)

330000－1795－0003053　集0036　集部/總集類/選集之屬/通代

近光集二十八卷　（清）汪士鋐輯　（清）徐修仁注　清刻本　三冊　存十四卷(六至九、十四至十八、二十四至二十八)

330000－1795－0003055　集0037　集部/總集類/選集之屬/斷代

切問齋文鈔三十卷　（清）陸燿輯　清刻本　二冊　存八卷(二十三至三十)

330000－1795－0003057　集0040　集部/總集類/選集之屬/通代

奇賞齋廣文苑英華二十六卷　（明）陳仁錫輯　清刻本　五冊　存十四卷(一至五、九至十

一、十六至十八、二十四至二十六）

330000 – 1795 – 0003060　集 0025　類叢部/
叢書類/郡邑之屬

金華叢書六十八種　（清）胡鳳丹編　清同治
七年至光緒八年（1868 – 1882）永康胡氏退補
齋刻民國補刻本　八冊　存一種

330000 – 1795 – 0003067　集 0137　集部/總
集類/選集之屬/通代

聚珍堂古文觀止十二卷　（清）吳乘權　（清）
吳大職輯　清刻本　一冊　存一卷（七）

330000 – 1795 – 0003069　集 0138　集部/總
集類/選集之屬/通代

聚珍堂古文觀止十二卷　（清）吳乘權　（清）
吳大職輯　清刻本　四冊　存八卷（五至十
二）

330000 – 1795 – 0003072　集 0135　集部/總
集類/選集之屬/通代

友益齋古文觀止十二卷　（清）吳乘權　（清）
吳大職輯　清刻本　四冊　存八卷（一至二、
五至十）

330000 – 1795 – 0003073　子 0150　子部/醫
家類/類編之屬

中西匯通醫書五種　（清）唐宗海撰　清光緒
三十四年（1908）上海千頃堂書局石印本　三
冊　存一種

330000 – 1795 – 0003074　集 0136　集部/總
集類/選集之屬/通代

聚珍堂古文觀止十二卷　（清）吳乘權　（清）
吳大職輯　清刻本　五冊　缺二卷（一至二）

330000 – 1795 – 0003075　子 0151　子部/醫
家類/傷寒金匱之屬/傷寒論

傷寒真方歌括六卷　（清）陳念祖撰　清咸豐
九年（1859）味根齋刻本　一冊

330000 – 1795 – 0003078　子 0152　子部/醫
家類/類編之屬

陳修園醫書七十種　（清）陳念祖等撰　清咸
豐六年（1856）石印本　一冊　存二種

330000 – 1795 – 0003079　子 0126　子部/醫
家類/綜合之屬/合刻、合抄

景岳全書六十四卷　（明）張介賓撰　清刻本
二冊　存四卷（二十四至二十五、五十五至
五十六）

330000 – 1795 – 0003080　集 0132　集部/總
集類/選集之屬/通代

古文觀止十二卷　（清）吳乘權　（清）吳大職
輯　清刻本　三冊　存六卷（七至十二）

330000 – 1795 – 0003082　子 0194　子部/醫
家類/傷寒金匱之屬/傷寒論

寒溫條辨七卷　（清）楊璿撰　清文聚堂刻本
一冊　存一卷（一）

330000 – 1795 – 0003086　子 0486　子部/醫
家類/眼科之屬

銀海精微二卷　題（唐）孫思邈撰　清刻本
一冊

330000 – 1795 – 0003087　子 0185　子部/醫
家類/眼科之屬

傅氏眼科審視瑤函六卷首一卷　（明）傅仁宇
撰　（明）林長生校補　清上海錦章圖書局石
印本　一冊　存二卷（首、一）

330000 – 1795 – 0003088　子 0186　子部/醫
家類/溫病之屬/其他溫疫病證

溫病條辨六卷首一卷　（清）吳瑭撰　清光緒
十九年（1893）上海圖書集成印書局石印本
一冊　存二卷（首、一）

330000 – 1795 – 0003089　子 0187　子部/醫
家類/溫病之屬/其他溫疫病證

溫病條辨六卷首一卷　（清）吳瑭撰　清石印
本　三冊　存三卷（二至三、五）

330000 – 1795 – 0003090　子 0228　子部/醫
家類/溫病之屬/其他溫疫病證

溫病條辨六卷首一卷　（清）吳瑭撰　清宣統
三年（1911）上海會文堂石印本　四冊

330000 – 1795 – 0003091　子 0190　子部/醫
家類/溫病之屬/其他溫疫病證

溫病條辨六卷首一卷　（清）吳瑭撰　清刻本

一冊　存二卷(首、一)

330000－1795－0003092　子 0191　子部/醫家類/溫病之屬/其他溫疫病證

溫病條辨六卷首一卷 （清）吳瑭撰　清刻本
四冊

330000－1795－0003093　子 0192　子部/醫家類/溫病之屬/其他溫疫病證

溫熱經緯五卷 （清）王士雄撰　清光緒三十年(1904)石印本　四冊

330000－1795－0003095　子 0250　子部/醫家類/方書之屬/單方驗方

咽喉秘集二卷 （清）海山仙館輯　清刻本
一冊　存一卷(上)

330000－1795－0003101　子 0127　子部/醫家類/綜合之屬/合刻、合抄

景岳全書六十四卷 （明）張介賓撰　清刻本
二冊　存六卷(二十九至三十四)

330000－1795－0003102　子 0128　子部/醫家類/綜合之屬/合刻、合抄

景岳全書六十四卷 （明）張介賓撰　清刻本
一冊　存二卷(三十九至四十)

330000－1795－0003104　子 0130　子部/醫家類/綜合之屬/雜著

筆花醫鏡四卷 （清）江涵暾撰　清光緒十一年(1885)紹郡墨潤堂刻本　一冊

330000－1795－0003106　子 0132　子部/醫家類/傷寒金匱之屬/傷寒論

傷寒明理論三卷藥方論一卷 （金）成無己撰
清刻本　一冊　存三卷(明理論一至三)

330000－1795－0003108　子 0133　子部/醫家類/傷寒金匱之屬/傷寒論

傷寒證治準繩八卷 （明）王肯堂輯　清刻本
一冊　存一卷(二)

330000－1795－0003109　子 0134　子部/醫家類/類編之屬

古今醫統正脈全書 （明）王肯堂編　清刻本
一冊　存一種

330000－1795－0003110　子 0135　子部/醫家類/傷寒金匱之屬/傷寒論

傷寒心悟四卷 （清）汪純粹撰　清杭城並育堂刻本　四冊

330000－1795－0003111　集 0520　集部/總集類/選集之屬/通代

得月樓賦甲編不分卷乙編不分卷丙編不分卷丁編不分卷 （清）張元灝選評　清刻本
一冊

330000－1795－0003112　子 0136　子部/醫家類/傷寒金匱之屬/傷寒論

傷寒附翼二卷 （清）柯琴撰　清刻本　二冊

330000－1795－0003113　子 0137　子部/醫家類/傷寒金匱之屬/傷寒論

傷寒論翼二卷 （清）柯琴撰　清刻本　一冊

330000－1795－0003114　子 0138　子部/醫家類/傷寒金匱之屬/傷寒論

傷寒論註四卷 （清）柯琴撰　清刻本　二冊
存二卷(一、四)

330000－1795－0003115　子 0139　子部/醫家類/傷寒金匱之屬/傷寒論

傷寒論註四卷 （清）柯琴撰　清刻本　一冊
存一卷(三)

330000－1795－0003116　子 0143　子部/醫家類/傷寒金匱之屬/傷寒論

傷寒論六卷 （漢）張機撰　（清）張志聰註釋
（清）高世栻纂集　清刻本　六冊

330000－1795－0003118　子 0145　子部/醫家類/傷寒金匱之屬/傷寒論

傷寒辯證四卷 （清）陳堯道撰　清嘉慶十一年(1806)刻本　四冊

330000－1795－0003119　集 0093　集部/總集類/選集之屬/通代

古文苑二十一卷 （宋）章樵注　清光緒十二年(1886)江蘇書局刻本　四冊

330000－1795－0003120　集 0715　集部/別集類/清別集

考功集選四卷　（清）王士錄撰　（清）王士禎選　清刻本　二冊

330000－1795－0003121　子 0146　子部/醫家類/傷寒金匱之屬/傷寒論

張仲景傷寒論辯證廣註十四卷首一卷中寒論辯證廣註三卷首一卷　（清）汪琥撰　清刻本　二冊　存五卷（傷寒論辯證廣註三至七）

330000－1795－0003122　集 0714　集部/別集類/清別集

漁洋山人詩集二十二卷　（清）王士禎撰　清康熙八年(1669)吳郡沂詠堂刻後印本　四冊

330000－1795－0003124　集 0746　集部/別集類/唐五代別集

重刊校正笠澤叢書四卷補遺詩一卷續補遺一卷　（唐）陸龜蒙撰　清大疊山房刻本　二冊

330000－1795－0003125　集 0744　集部/別集類/清別集

樂善堂全集定本三十卷　（清）高宗弘曆撰　清刻本　五冊　存十五卷（八至十九、二十八至三十）

330000－1795－0003128　集 0745　集部/別集類/清別集

復堂類集文四卷詩九卷詞二卷日記六卷　（清）譚獻撰　清光緒十一年(1885)刻本　五冊　缺二卷（日記五至六）

330000－1795－0003132　集 0743　集部/別集類/漢魏六朝別集

蔡中郎集十卷末一卷外紀一卷外集四卷　（漢）蔡邕撰　清光緒十六年(1890)番禺陶氏愛廬刻本　五冊

330000－1795－0003135　集 0751　集部/別集類/宋別集

王臨川全集二十四卷　（宋）王安石撰　清宣統三年(1911)上海掃葉山房石印本　一冊　存一卷（十八）

330000－1795－0003138　史 0750　史部/詔令奏議類/奏議之屬

彭剛直公奏稿八卷　（清）彭玉麟撰　（清）俞

樾輯　清光緒十七年(1891)吳下刻本　四冊

330000－1795－0003140　集 0007　集部/總集類/選集之屬/斷代

唐文粹一百卷　（宋）姚鉉輯　補遺二十六卷　（清）郭麐輯　清光緒九年至十一年(1883－1885)江蘇書局刻本　二十冊

330000－1795－0003141　子 0509　子部/醫家類/醫案之屬

臨證指南醫案八卷　（清）葉桂撰　（清）徐大椿評　清刻本　三冊　存三卷（二至三、六）

330000－1795－0003142　子 0266　子部/醫家類/類編之屬

薛氏醫按二十四種　（明）吳琯編　清刻本　五冊　存七種

330000－1795－0003143　集 0029　集部/總集類/郡邑之屬

東甌先正文錄十二卷栝蒼先正文錄三卷補遺一卷　（明）陳遇春輯　清刻本　三冊　存三卷（栝蒼先正文錄一至三）

330000－1795－0003144　集 0714　類叢部/叢書類/自著之屬

王漁洋遺書三十八種　（清）王士禎撰　清刻本　三冊　存一種

330000－1795－0003145　子 0268　子部/醫家類/綜合之屬/通論

古今名醫彙粹八卷　（清）羅美輯　清道光三年(1823)刻本　七冊　存七卷（一至四、六至八）

330000－1795－0003146　集 0718　集部/總集類/選集之屬/斷代

大司寇新城王公載書圖詩不分卷　（清）張起麟等撰　（清）禹之鼎繪圖　贈行詩一卷（清）陳廷敬等撰　賜沐紀程一卷　（清）王士禎撰　池北書庫記一卷　（清）朱彝尊撰　清康熙刻本　一冊

330000－1795－0003149　集 0717　類叢部/叢書類/自著之屬

王漁洋遺書三十八種　（清）王士禎撰　清刻

本 一冊 存一種

330000－1795－0003151 集 0716 集部/別集類/清別集

蕭亭詩選四卷 （清）張實居撰 （清）王士禎選 清刻本 二冊

330000－1795－0003152 子 0227 子部/醫家類/兒科之屬

隨地保嬰摘要一卷 （清）葉貞一識 清咸豐三年(1853)刻本 一冊

330000－1795－0003154 集 0024 集部/總集類/選集之屬/斷代

湖海文傳七十五卷 （清）王昶輯 清道光十七年(1837)經訓堂刻同治五年(1866)印本 十六冊

330000－1795－0003156 集 0499 集部/別集類/清別集

畲經堂詩集六卷 （清）朱景英撰 清刻本 二冊

330000－1795－0003158 子 0508 子部/醫家類/醫案之屬

臨證指南醫案八卷 （清）葉桂撰 （清）徐大椿評 清刻本 一冊 存一卷(一)

330000－1795－0003159 子 0507 子部/醫家類/醫案之屬

臨證指南醫案八卷首一卷 （清）葉桂撰 （清）徐大椿評 清光緒三十二年(1906)上海龍文書局石印本 一冊 存二卷(首、一)

330000－1795－0003160 集 0398 集部/別集類/清別集

沈寄盧詩文集二十二卷 （清）沈寓撰 清乾隆十九年(1754)白華莊刻本 八冊

330000－1795－0003163 叢 0400 類叢部/叢書類/自著之屬

施愚山先生全集五種附一種 （清）施閏章撰 清康熙至乾隆刻彙印本 十二冊 存二種

330000－1795－0003167 子 0223 子部/醫家類/婦科之屬/廣嗣

寧坤秘笈三卷附濟世論一卷任氏世傳傷寒祕方一卷 （清）竹林寺僧撰 清刻本 一冊

330000－1795－0003169 子 0234 子部/醫家類/兒科之屬/通論

鼎鍥幼幼集成六卷 （清）陳復正輯 清光緒三十四年(1908)益元堂刻本 六冊

330000－1795－0003171 集 0442 集部/總集類/選集之屬/通代

咏物詩選註釋八卷 （清）俞琰輯 （清）易開緒 （清）孫洊鳴注 清刻本 二冊 存四卷(三至六)

330000－1795－0003172 子 0236 子部/醫家類/兒科之屬/通論

鼎鍥幼幼集成六卷 （清）陳復正輯 清刻本 一冊 存一卷(四)

330000－1795－0003173 子 0515 子部/醫家類/兒科之屬/通論

幼科鈠鏡六卷 （清）夏鼎撰 清刻本 一冊 存四卷(二至五)

330000－1795－0003174 子 0237 子部/醫家類/兒科之屬/通論

幼科鈠鏡六卷 （清）夏鼎撰 清英德堂刻本 一冊

330000－1795－0003178 子 0240 子部/醫家類/兒科之屬/痘疹

引痘略一卷附圖一卷 （清）邱熺撰 清刻本 一冊

330000－1795－0003179 子 0241 子部/醫家類/兒科之屬/痘疹

增補痘疹玉髓金鏡錄真本三卷 （明）翁仲仁撰 清刻本 一冊 存二卷(中、下)

330000－1795－0003180 子 0242 子部/醫家類/兒科之屬/痘疹

鄭氏瘄畧一卷附錄一卷 （清）鄭啟壽撰 清同治九年(1870)汲綆齋刻本 一冊

330000－1795－0003181 子 0243 子部/醫家類/兒科之屬/痘疹

鄭氏瘄畧一卷附錄一卷 （清）鄭啟壽撰 清
同治九年（1870）汲綆齋刻本 一冊

330000－1795－0003187 子 0249 子部/醫
家類/兒科之屬/痘疹

管見錄麻疹七卷 清抄本 一冊

330000－1795－0003190 子 0220 子部/醫
家類/婦科之屬/通論

女科輯要二卷 （清）沈又彭撰 清光緒七年
（1881）維揚宏文齋刻本 二冊

330000－1795－0003193 集 0085 集部/總
集類/選集之屬/通代

古文筆法八卷首一卷 （清）李扶九輯 清光
緒三十二年（1906）上海通時書局石印本
四冊

330000－1795－0003194 集 0441 集部/總
集類/選集之屬/通代

咏物詩選註釋八卷 （清）俞琰輯 （清）易開
縉 （清）孫洧鳴注 清刻本 一冊 存四卷
（五至八）

330000－1795－0003195 集 0513 集部/總
集類/選集之屬/通代

賦學正鵠集釋十一卷 （清）李元度輯 清刻
本 二冊 存三卷（三、九至十）

330000－1795－0003201 集 0521 集部/總
集類/選集之屬/通代

得月樓賦甲編不分卷乙編不分卷丙編不分卷
丁編不分卷 （清）張元灝選評 清刻本
一冊

330000－1795－0003202 集 0444 類叢部/
叢書類/自著之屬

隨園三十種 （清）袁枚撰 清刻本 一冊
存一種

330000－1795－0003203 史 0197 史部/政
書類/公牘檔冊之屬

奉化學務調查表不分卷 （清）奉化勸學所撰
清宣統元年（1909）鉛印本 二冊

330000－1795－0003206 叢 0526 類叢部/

類書類/專類之屬

新刻重校增補圓機活法詩學全書二十四卷新
刊校正增補圓機詩韻活法全書十四卷 （明）
王世貞校正 清刻本 一冊 存二卷（詩學
全書七至八）

330000－1795－0003207 叢 0046 類叢部/
叢書類/彙編之屬

知不足齋叢書一百九十六種 （清）鮑廷博編
（清）鮑士恭續編 清乾隆三十七年至道光
三年（1772－1823）長塘鮑氏刻彙印本 七冊
存十二種

330000－1795－0003209 子 0152 子部/雜
家類

桂杏聯芳譜新編二卷 （清）徐謙輯 清光緒
七年（1881）刻本 二冊

330000－1795－0003210 集 0508 類叢部/
叢書類/彙編之屬

半廠叢書初編十種 （清）譚獻編 清同治至
光緒仁和譚氏刻本 二冊 存一種

330000－1795－0003211 子 0036 子部/道
家類

老子道德經解二卷首一卷 （明）釋德清撰
清光緒十二年（1886）金陵刻經處刻本 二冊

330000－1795－0003212 集 0425 集部/總
集類/課藝之屬

仁在堂詩不分卷 （清）路德輯 清刻本
一冊

330000－1795－0003214 集 0440 集部/總
集類/酬唱之屬

荔支唱和冊不分卷 （清）□□撰 清光緒八
年（1882）榕江絜園刻本 一冊

330000－1795－0003217 集 0438 類叢部/
叢書類/彙編之屬

半廠叢書初編十種 （清）譚獻編 清同治至
光緒仁和譚氏刻本 一冊 存一種

330000－1795－0003218 集 0437 集部/總
集類/酬唱之屬

攀轅圖題詠不分卷 （清）陳徵芝等撰 清嘉

慶二十年(1815)編柳居刻本　一冊

330000－1795－0003219　集 0436　集部/總
集類/酬唱之屬

攀轅圖題詠不分卷　(清)陳微芝等撰　清嘉
慶二十年(1815)編柳居刻本　一冊

330000－1795－0003223　子 0299　子部/宗
教類/佛教之屬/經

大方廣佛華嚴經八十卷　(唐)釋實叉難陀譯
清末刻本　十八冊

330000－1795－0003226　集 0307　集部/總
集類/課藝之屬

雪鴻社墨選不分卷　(清)□□撰　清刻本
二冊

330000－1795－0003227　集 0265　經部/四
書類/中庸之屬/傳說

中庸範圍不分卷　(清)□□撰　清刻本
一冊

330000－1795－0003228　集 0267　集部/總
集類/課藝之屬

金鈴集十二卷　(清)張綸編　(清)張維城箋
注　清刻本　一冊　存四卷(九至十二)

330000－1795－0003230　集 0274　經部/
叢編

五經文選□□卷　(清)□□撰　清刻本　一
冊　存一卷(書經一)

330000－1795－0003231　集 0306　集部/總
集類/選集之屬/斷代

古草堂墨選不分卷　(清)□□撰　清同治十
二年(1873)刻本　二冊

330000－1795－0003232　集 0316　集部/總
集類/課藝之屬

孝廉堂課藝不分卷　(清)□□撰　清刻本
二冊

330000－1795－0003233　集 0246　集部/總
集類/課藝之屬

四明課藝四卷　(清)□□撰　清光緒石印本
一冊　存二卷(一至二)

330000－1795－0003234　集 0309　集部/總
集類/課藝之屬

三朝墨準新編不分卷　(清)翁心存撰　清光
緒元年(1875)刻本　六冊

330000－1795－0003235　集 0313　集部/總
集類/選集之屬/斷代

新選秋詩又新集二卷　(清)葉乃喜輯　清刻
本　一冊　存一卷(上)

330000－1795－0003236　集 0312　集部/總
集類/課藝之屬

墨卷瑾瑜不分卷　(清)黃英鎮等撰　清刻本
一冊

330000－1795－0003237　集 0313　集部/總
集類/課藝之屬

四明課藝合選不分卷　(清)□□輯　清同治
十二年(1873)刻本　四冊

330000－1795－0003238　叢 0263　類叢部/
類書類/通類之屬

增廣策學總纂大成四十六卷　(清)蔡壽祺輯
清光緒十四年(1888)聞見齋石印本　一冊
存十一卷(二十至三十)

330000－1795－0003239　集 0311　集部/總
集類/選集之屬

文選不分卷　(清)□□撰　清刻本　一冊

330000－1795－0003240　集 0301　史部/傳
記類/科舉錄之屬

浙西校士錄不分卷　(清)浙江提督學院編
清光緒三十年(1904)石印本　一冊

330000－1795－0003241　集 0319　集部/總
集類/課藝之屬

四明課藝四卷　(清)□□輯　清光緒石印本
一冊　存一卷(四)

330000－1795－0003242　集 0317　集部/總
集類/課藝之屬

四明課藝四卷　(清)□□撰　清光緒石印本
一冊　存一卷(四)

330000－1795－0003243　集 0302　集部/總

集類/課藝之屬

鄉墨金錕不分卷 （清）鮑敦甫評輯　清刻本
　一冊

330000 – 1795 – 0003244　史 0304　史部/傳
記類/科舉錄之屬/歷科鄉試錄

[光緒戊子科]浙江闈墨不分卷　清光緒四明
茹古齋刻本　一冊

330000 – 1795 – 0003245　集 0266　集部/總
集類/課藝之屬

範圍補選不分卷　清刻本　一冊

330000 – 1795 – 0003246　集 0274　集部/總
集類/彙編之屬

巾箱合璧續編不分卷　清道光四年（1824）刻
本　一冊

330000 – 1795 – 0003247　集 0282　集部/總
集類/課藝之屬

巧搭從新不分卷　（清）□□撰　清刻本
　一冊

330000 – 1795 – 0003248　集 0285　集部/總
集類/課藝之屬

新選小題金粉不分卷　（清）魏和齋鑒定　清
咸豐四年（1854）亦政堂刻本　二冊

330000 – 1795 – 0003249　叢 0286　類叢部/
類書類/通類之屬

文腋類編十卷　（清）劉燕輯　清刻本　一冊
　存一卷（十）

330000 – 1795 – 0003250　集 0287　集部/總
集類/彙編之屬

增廣詩句題解彙編四卷姓氏考一卷　（清）同
文書局編　清石印本　一冊　存一卷（四）

330000 – 1795 – 0003251　集 0288　類叢部/
類書類/專類之屬

文選錦字二十一卷　（明）凌迪知輯　清石印
本　一冊　存九卷（六至十四）

330000 – 1795 – 0003252　叢 0289　類叢部/
類書類/專類之屬

文林綺繡大觀　（清）鴻寶齋書局輯　清光緒

二十二年（1896）鴻寶齋書局石印本　一冊
存一種

330000 – 1795 – 0003253　集 0308　集部/總
集類/課藝之屬

舫廬墨選不分卷　（清）張壽榮編　清刻本
　一冊

330000 – 1795 – 0003254　集 0322　集部/總
集類/制藝之屬

先匹典型不分卷　清刻本　一冊

330000 – 1795 – 0003256　集 0431　集部/總
集類/酬唱之屬

木瓜唱和詩不分卷　清乾隆五十四年（1789）
刻本　一冊

330000 – 1795 – 0003258　集 0428　集部/總
集類/選集之屬/通代

同館賦鈔不分卷　（清）張端卿等撰　（清）戴
彬元等書　清光緒十二年（1886）刻本　一冊

330000 – 1795 – 0003259　子 0382　集部/總
集類/選集之屬/通代

新鐫全像千家詩二卷　清簡香齋刻本　一冊
　存一卷（一）

330000 – 1795 – 0003260　子 0382 – 1　集部/
總集類/選集之屬/通代

新鐫全像千家詩二卷　清簡香齋刻本　一冊
　存一卷（一）

330000 – 1795 – 0003264　集 0385　集部/總
集類/選集之屬/通代

新鐫五言千家詩會義直解二卷　（清）王相選
注　清刻本　一冊

330000 – 1795 – 0003265　集 0386　集部/總
集類/選集之屬/通代

增補重訂千家詩註解二卷　（清）任來吉選
（清）王相注　清光緒五年（1879）浙寧簡香齋
刻本　一冊

330000 – 1795 – 0003267　集 0388　集部/總
集類/選集之屬/通代

古唐詩合解古詩四卷唐詩十二卷　（清）王堯

衢注　清刻本　一冊　存四卷(古詩一至四)

330000－1795－0003268　集 0389　集部/總集類/選集之屬/通代

古唐詩合解古詩四卷唐詩十二卷 （清）王堯衢注　清刻本　一冊　存四卷(古詩一至四)

330000－1795－0003269　集 0390　集部/總集類/選集之屬/通代

古唐詩合解古詩四卷唐詩十二卷 （清）王堯衢注　清刻本　一冊　存二卷(古詩一至二)

330000－1795－0003270　集 0405　集部/總集類/選集之屬/通代

阮亭選古詩三十二卷 （清）王士禛輯　清康熙天藜閣刻乾隆元年(1736)印本　五冊

330000－1795－0003271　集 0406　集部/總集類/選集之屬/斷代

宋四名家詩 （清）周之鱗 （清）柴升編　清刻本　六冊

330000－1795－0003272　集 0407　集部/總集類/選集之屬/斷代

宋四名家詩 （清）周之鱗 （清）柴升編　清有文堂刻本　六冊

330000－1795－0003273　集 0408　集部/詩文評類/詩評之屬

宋詩紀事一百卷 （清）厲鶚 （清）馬曰琯輯　清乾隆十一年(1746)厲氏樊榭山房刻本　三十二冊

330000－1795－0003274　集 0379　集部/總集類/彙編之屬

唐詩百名家全集 （清）席啓寓輯　清康熙四十一年(1702)洞庭席氏琴川書屋刻本　四十冊　存九十五種

330000－1795－0003275　集 0392　集部/總集類/選集之屬/通代

古唐詩合解古詩四卷唐詩十二卷 （清）王堯衢注　清刻本　一冊　存四卷(古詩一至四)

330000－1795－0003276　集 0391　集部/總集類/選集之屬/通代

古唐詩合解古詩四卷唐詩十二卷 （清）王堯衢注　清刻本　一冊　存四卷(古詩一至四)

330000－1795－0003277　集 0393　集部/總集類/選集之屬/通代

古唐詩合解古詩四卷唐詩十二卷 （清）王堯衢注　清刻本　一冊　存五卷(唐诗八至十二)

330000－1795－0003278　集 0394　集部/總集類/選集之屬/通代

古唐詩合解古詩四卷唐詩十二卷 （清）王堯衢注　清嘉慶九年(1804)飛鴻堂刻本　一冊　存四卷(唐诗九至十二)

330000－1795－0003279　集 0395　集部/總集類/選集之屬/通代

古唐詩合解古詩四卷唐詩十二卷 （清）王堯衢注　清刻本　一冊　存一卷(唐詩十二)

330000－1795－0003284　集 0401　集部/總集類/選集之屬/通代

古唐詩合解古詩四卷唐詩十二卷 （清）王堯衢注　清光緒九年(1883)刻本　六冊

330000－1795－0003285　集 0402　集部/總集類/選集之屬/通代

古唐詩合解古詩四卷唐詩十二卷 （清）王堯衢注　清光緒二十一年(1895)溧陽聚寶齋刻本　四冊　存九卷(唐詩一至九)

330000－1795－0003286　集 0403　集部/總集類/選集之屬/通代

古唐詩合解古詩四卷唐詩十二卷 （清）王堯衢注　清道光七年(1827)文萃堂刻本　六冊

330000－1795－0003287　集 0404　集部/總集類/選集之屬/通代

古唐詩合解古詩四卷唐詩十二卷 （清）王堯衢注　清刻本　五冊　存十四卷(古詩一至四、唐詩三至十二)

330000－1795－0003288　集 0509　集部/總集類/選集之屬/通代

歷朝賦楷八卷首一卷 （清）王修玉輯　清有文堂刻本　七冊　缺一卷(四)

330000 – 1795 – 0003289　集 0523　集部/總
集類/選集之屬/通代

七十家賦鈔六卷　（清）張惠言輯　清光緒八
年(1882)廣東載文堂刻本　四冊

330000 – 1795 – 0003292　集 0455　集部/總
集類/郡邑之屬

吳中女士詩鈔　（清）任兆麟　（清）張滋蘭輯
　清乾隆五十四年(1789)刻本　四冊　存十
一種

330000 – 1795 – 0003293　集 0426　集部/總
集類/選集之屬/斷代

本朝館閣詩二十卷附錄一卷　（清）阮學浩
（清）阮學濬輯　**續附錄一卷**　（清）阮芝生
（清）阮葵生　（清）曹文植輯　清乾隆二十三
年(1758)困學書屋刻本　十三冊　存二十卷
（一至二十）

330000 – 1795 – 0003295　集 0514　集部/總
集類/選集之屬/斷代

本朝館閣賦前集十二卷　（清）葉抱崧　（清）
程洵等輯　清乾隆二十九年(1764)困學齋刻
本　六冊

330000 – 1795 – 0003296　集 0515　集部/總
集類/選集之屬/斷代

本朝館閣賦後集七卷補遺一卷附錄一卷
（清）周日溙　（清）程琰等輯　清乾隆三十三
年(1768)困學齋刻本　五冊

330000 – 1795 – 0003298　集 0516　集部/總
集類/選集之屬/斷代

本朝館閣賦前集十二卷　（清）葉抱崧　（清）
程洵等輯　清乾隆二十九年(1764)困學齋刻
本　七冊　缺二卷（四至五）

330000 – 1795 – 0003300　子 0275　子部/宗
教類/佛教之屬/經疏

藥師琉璃光如來本願功德經一卷　（唐）釋玄
奘譯　清刻本　一冊

330000 – 1795 – 0003303　子 0239　子部/宗
教類/佛教之屬/總錄

教觀綱宗一卷　（明）釋智旭撰　清刻本

一冊

330000 – 1795 – 0003304　子 0240　子部/宗
教類/佛教之屬/經

大方廣圓覺修多羅了義經二卷　（唐）釋佛陀
多羅譯　清刻本　一冊

330000 – 1795 – 0003305　子 0241　集部/曲
類/寶卷之屬

江南松江府上海縣太平邨修行蘭英二卷　清
刻本　一冊

330000 – 1795 – 0003308　子 0267　子部/宗
教類/佛教之屬/經疏

釋門應用文疏四種　（清）植弇編集　清同治
八年至十年(1869 – 1871)杭州昭慶寺刻本
一冊　存一種

330000 – 1795 – 0003311　子 0317　子部/宗
教類/佛教之屬/總錄

大願船□□卷　清刻本　一冊　存一卷（四）

330000 – 1795 – 0003315　集 0477　集部/總
集類/選集之屬/斷代

明詩別裁集十二卷　（清）沈德潛　（清）周準
輯　清刻本　六冊

330000 – 1795 – 0003316　子 0321　集部/曲
類/寶卷之屬

彌勒佛說地藏十王寶卷二卷　清刻本　一冊
　存一卷（下）

330000 – 1795 – 0003318　子 0322　子部/宗
教類/佛教之屬/總錄

一切經音義一百卷　（唐）釋慧琳撰　清刻本
　四冊　存八卷（七十三至七十四、八十一至
八十六）

330000 – 1795 – 0003320　子 0325　子部/宗
教類/佛教之屬/經

妙法蓮華經七卷　（後秦）釋鳩摩羅什譯　清
刻本　三冊

330000 – 1795 – 0003323　子 0295　子部/宗
教類/佛教之屬/經

妙法蓮華經七卷　（後秦）釋鳩摩羅什譯　清

刻本　一冊　存三卷(五至七)

330000－1795－0003325　子0268　子部/宗教類/道教之屬/戒律

最樂篇一卷　(清)興同會輯　清嘉慶十三年(1808)刻本　一冊

330000－1795－0003329　子0247　子部/宗教類/佛教之屬/經

摩訶般若波羅蜜多心經一卷　(明)何道全注　清光緒四年(1878)寧郡述古堂刻本　一冊

330000－1795－0003330　子0248　子部/宗教類/道教之屬/戒律

暗室燈二卷　(清)深山居士輯　清項尔康刻本　一冊

330000－1795－0003331　子0249　子部/雜著類/雜說之屬

增訂敬信錄不分卷　(清)周鼎臣輯　清同治四年(1865)刻本　一冊

330000－1795－0003332　子0250　子部/宗教類/佛教之屬/經疏

西方要決科註二卷　題(唐)釋窺基撰　清刻本　一冊

330000－1795－0003333　子0252　子部/宗教類/佛教之屬/諸宗

淨業知津一卷闢邪一卷　(清)釋悟開撰　清同治十三年(1874)金陵刻經處刻本　一冊

330000－1795－0003334　子0253　子部/宗教類/佛教之屬/諸宗

淨土境觀要門一卷　(元)釋懷則撰　清刻本　一冊

330000－1795－0003335　子0254　子部/宗教類/佛教之屬/總錄

天機二卷　清刻本　一冊

330000－1795－0003336　子0255　子部/宗教類/佛教之屬/論疏

起信論一心二門大意一卷　(梁)釋智愷撰　清刻本　一冊

330000－1795－0003338　子0258　子部/宗教類/佛教之屬/經咒

密呪圓因往生集一卷　(西夏)釋智廣　(西夏)釋慧真集　(西夏)釋金剛幢譯　清刻本　一冊

330000－1795－0003339　子0259　子部/宗教類/佛教之屬/經疏

禮釋迦牟尼佛真身舍利塔寶號一卷　(清)釋元賢撰　阿育王舍利瑞應集一卷　(清)釋妙然輯　清光緒元年(1875)刻本　一冊　存一卷(禮釋迦牟尼佛真身舍利塔寶號)

330000－1795－0003340　子0260　子部/宗教類/佛教之屬/經疏

金剛經句解儷不分卷　清刻本　一冊

330000－1795－0003344　集0511　集部/總集類/選集之屬/通代

御定歷代賦彙一百四十卷外集二十卷逸句二卷補遺二十二卷目錄三卷　(清)陳元龍輯　清光緒十二年(1886)雙梧書屋石印本　十六冊

330000－1795－0003345　集0504　集部/詞類/總集之屬

明詞綜十二卷　(清)王昶輯　清嘉慶七年(1802)三泖漁莊刻本　三冊

330000－1795－0003346　集0503　集部/詞類/總集之屬

明詞綜十二卷　(清)王昶輯　清同治四年(1865)亦西齋刻本　二冊

330000－1795－0003347　集0502　集部/詞類/總集之屬

詞綜三十八卷　(清)朱彝尊輯　(清)汪森增定　(清)柯崇樸編次　(清)周篔辨譌　(清)王昶補纂　清同治四年(1865)亦西齋刻本　十冊

330000－1795－0003348　集0505　集部/詞類/總集之屬

國朝詞綜四十八卷二集八卷　(清)王昶輯　清嘉慶七年(1802)三泖漁莊刻本　十二冊

330000－1795－0003349　集0494　集部/詞

類/類編之屬

三家宮詞三卷二家宮詞二卷 （明）毛晉編
清同治十二年(1873)淮南書局刻本　一冊

330000－1795－0003350　集0494－1　集部/
詞類/類編之屬

三家宮詞三卷二家宮詞二卷 （明）毛晉編
清同治十二年(1873)淮南書局刻本　一冊

330000－1795－0003355　集0501　集部/詞
類/總集之屬

詞綜三十八卷 （清）朱彝尊輯　（清）汪森增
定　（清）柯崇樸編次　（清）周篔辨譌
（清）王昶補纂　清碧梧書屋刻本　九冊

330000－1795－0003356　集0499　集部/詞
類/詞譜之屬

詞律二十卷 （清）萬樹撰　清康熙萬氏堆絮
園刻保滋堂印本　十二冊

330000－1795－0003357　集0506　集部/詞
類/總集之屬

國朝詞綜四十八卷二集八卷 （清）王昶輯
清同治四年(1865)亦西齋刻本　十冊　存四
十七卷(一至四十三、二集一至四)

330000－1795－0003358　集0443　類叢部/
叢書類/自著之屬

隨園三十種 （清）袁枚撰　清刻本　八冊
存一種

330000－1795－0003360　集0496　集部/詞
類/類編之屬

浙西六家詞七種十九卷 （清）龔翔麟編　清
康熙龔氏玉玲瓏閣刻本　三冊　存六種

330000－1795－0003361　集0497　集部/詞
類/類編之屬

清綺軒詞選十三卷 （清）夏秉衡輯　清刻本
四冊

330000－1795－0003362　子0296　子部/宗
教類/佛教之屬/經

**大佛頂如來密因修證了義諸菩薩萬行首楞嚴
經十卷** （唐）釋般刺密帝譯　（唐）釋彌伽釋
迦譯語　（唐）釋懷迪證譯　（唐）房融筆受

（明）王應乾參標　清刻本　一冊　存一卷
(七)

330000－1795－0003363　集0495　集部/詞
類/總集之屬

古今詞滙初編十二卷二編四卷三編八卷
（清）卓回輯　清刻本　五冊　缺六卷(初編
一至六)

330000－1795－0003364　子0234　子部/宗
教類/佛教之屬/論疏

大乘百法明門論贅言一卷 （唐）釋玄奘譯
（明）釋明昱集解　清刻本　一冊

330000－1795－0003365　子0273　子部/宗
教類/佛教之屬/經咒

大悲懺法不分卷　清光緒十二年(1886)刻本
四冊

330000－1795－0003367　集0464　集部/總
集類/課藝之屬

增補詩句題解韻編二十二卷 （清）□□撰
清刻本　一冊　存三卷(二十至二十二)

330000－1795－0003368　集0468　集部/總
集類/選集之屬/斷代

七家詩選七卷 （清）張熙宇輯評　清刻朱墨
套印本　一冊　存二種

330000－1795－0003369　子0274　子部/宗
教類/佛教之屬/經

求生淨土三時繫念法三卷　清刻本　一冊

330000－1795－0003372　集0491　集部/總
集類/選集之屬/通代

古文關鍵二卷 （宋）呂祖謙輯　清宣統元年
(1909)上海緯文閣書局石印本　三冊

330000－1795－0003373　子0276　子部/宗
教類/佛教之屬/經咒

地藏菩薩本願懺儀一卷　清刻本　二冊

330000－1795－0003379　集0089　集部/總
集類/選集之屬/通代

三餘堂古文析義十六卷 （清）林雲銘評註
清刻本　二冊　存五卷(六至七、十至十二)

330000 – 1795 – 0003381　集 0329　集部/總集類/選集之屬/斷代

宋四六選二十四卷　（清）彭元瑞　（清）曹振鏞輯　清刻本　十二冊

330000 – 1795 – 0003382　子 0280　子部/宗教類/佛教之屬/總錄

西方確指一卷　題（清）覺明妙行菩薩撰　（清）釋常攝輯　清道光十四年（1834）刻本　一冊

330000 – 1795 – 0003383　集 0326　集部/總集類/選集之屬/通代

忠雅堂評選四六法海八卷　（清）蔣士銓評選　清光緒八年（1882）刻本　八冊

330000 – 1795 – 0003385　子 0282　子部/宗教類/佛教之屬/經

維摩詰所說經三卷　（後秦）釋鳩摩羅什譯　清同治九年（1870）金陵刻經處刻本　一冊

330000 – 1795 – 0003386　集 0327　集部/總集類/選集之屬/通代

忠雅堂評選四六法海八卷　（清）蔣士銓評選　清光緒十年（1884）深柳讀書堂刻朱墨套印本　七冊　缺一卷（七）

330000 – 1795 – 0003390　子 0286　子部/宗教類/佛教之屬/論疏

咒疏四種　（清）沈維樹輯　清三峯寺刻本　一冊　存一種

330000 – 1795 – 0003393　子 0290　子部/宗教類/佛教之屬/諸宗

重訂西方公據二卷　（清）彭紹升輯　清光緒十三年（1887）揚州藏經禪院刻本　一冊

330000 – 1795 – 0003395　集 0246　集部/總集類/課藝之屬

考卷脫穎三集□□卷　（清）馬堃等撰　清刻本　二冊　存三卷（大學、孟子、論語）

330000 – 1795 – 0003397　集 0247　集部/總集類/課藝之屬

搭題生機不分卷　（清）張江等撰　清刻本　一冊

330000 – 1795 – 0003398　集 0244　集部/總集類/課藝之屬

新選小題枝玉集四卷　（清）吳次歐　（清）顧聽泉編次　清道光二十二年（1842）刻本　四冊

330000 – 1795 – 0003400　集 0245　集部/總集類/課藝之屬

小題新穎四卷　（清）□□撰　清道光二十四年（1844）寧城汲綆齋刻本　四冊

330000 – 1795 – 0003402　集 0324　集部/總集類/選集之屬/斷代

八家四六文註八卷首一卷　（清）吳鼒輯　（清）許貞幹注　**補註一卷**　陳衍撰　清光緒十八年（1892）上海圖書集成印書局鉛印本　七冊

330000 – 1795 – 0003404　集 0325　集部/總集類/選集之屬/斷代

後八家四六文鈔八卷　（清）張壽榮輯　清光緒七年（1881）刻本　五冊

330000 – 1795 – 0003406　集 0331　集部/總集類/選集之屬/斷代

國朝八家四六文鈔八種　（清）吳鼒編　清光緒五年（1879）紫文閣補刻本　四冊

330000 – 1795 – 0003409　集 0332　集部/詩文評類/彙編之屬

四六叢話三十三卷選詩叢話一卷　（清）孫梅撰　清嘉慶三年（1798）吳興舊言堂刻本　四冊　存二十五卷（一至二十五）

330000 – 1795 – 0003410　集 0330　集部/總集類/選集之屬/斷代

宋四六選二十四卷　（清）彭元瑞　（清）曹振鏞輯　清刻本　十冊　存二十卷（一至十一、十六至二十四）

330000 – 1795 – 0003414　集 0262　史部/傳記類/科舉錄之屬/歷科鄉試錄

[咸豐辛酉科]浙江闈墨不分卷　（清）董瑞鑒定　清同治元年（1862）聚奎堂刻本　一冊

330000 – 1795 – 0003415　史 0261　史部/傳

記類/科舉錄之屬/歷科鄉試錄

[光緒丙子正科]浙江闈墨不分卷 （清）王潘鑒定 清光緒二年（1876）聚奎堂刻本 三冊

330000－1795－0003417 史 0259 史部/傳記類/科舉錄之屬/歷科鄉試錄

光緒丙子科浙江鄉試硃卷不分卷 （清）何文瀾閱 清光緒刻本 二冊

330000－1795－0003418 史 0261－2 史部/傳記類/科舉錄之屬/歷科鄉試錄

[光緒乙酉正科]浙江闈墨不分卷 （清）白潘鑒定 清光緒聚奎堂刻本 一冊

330000－1795－0003419 史 0261－1 史部/傳記類/科舉錄之屬/歷科鄉試錄

[光緒甲午科]浙江闈墨不分卷 （清）秦梁閱 清光緒二十年（1894）聚奎堂刻本 一冊

330000－1795－0003421 集 0258 史部/傳記類/科舉錄之屬/歷科鄉試錄

湖南闈墨三卷 （清）曹華編 清光緒五年（1879）衡鑑堂刻本 一冊

330000－1795－0003424 史 0257 史部/傳記類/科舉錄之屬/歷科會試錄

同治癸酉科會試硃卷不分卷 清刻本 一冊

330000－1795－0003426 子 0224 子部/宗教類/道教之屬/眾術

玄妙鏡入道真詮三卷 （清）李昌仁撰 清明善書局刻本 一冊

330000－1795－0003427 集 0256 集部/總集類/制藝之屬

鄉會墨腴不分卷 清狀元閣刻本 二冊

330000－1795－0003428 集 0253 史部/傳記類/科舉錄之屬

鄉會墨選不分卷 清咸豐八年（1858）刻本 一冊

330000－1795－0003430 史 0252 史部/傳記類/科舉錄之屬/歷科會試錄

[光緒丙戌科]會試闈墨不分卷 （清）大總裁鑒定 清光緒十二年（1886）聚奎堂刻本

一冊

330000－1795－0003431 史 0255 史部/傳記類/科舉錄之屬/歷科鄉試錄

道光甲辰科廣東鄉試硃卷不分卷 清道光刻本 一冊

330000－1795－0003434 史 0254 史部/傳記類/科舉錄之屬/歷科會試錄

同治乙丑科會試墨卷不分卷 清同治四年（1865）琉璃廠刻本 一冊

330000－1795－0003435 史 0251 史部/傳記類/科舉錄之屬/歷科會試錄

[同治辛未科]會試闈墨不分卷 （清）大總裁鑒定 清同治十年（1871）聚奎堂刻本 一冊

330000－1795－0003436 史 0250 史部/傳記類/科舉錄之屬/歷科會試錄

[光緒甲辰恩科]會試闈墨不分卷 清光緒三十年（1904）文寶書局石印本 一冊

330000－1795－0003437 子 0232 子部/宗教類/佛教之屬/經

妙法蓮華經七卷 （後秦）釋鳩摩羅什譯 清刻本 一冊 存二卷（三至四）

330000－1795－0003439 集 0249 子部/儒家類/儒學之屬/蒙學

巧搭脫穎集不分卷 （清）李秬香編 清道光六年（1826）映雪齋刻本 二冊

330000－1795－0003441 集 0248 集部/總集類/課藝之屬

近科全題新策法程不分卷 （清）劉坦之評點 清乾隆三十年（1765）藜照樓刻本 五冊

330000－1795－0003443 集 0419 集部/總集類/選集之屬/斷代

國朝五言長律膚鬬集十六卷 （清）張日珣（清）邱先德輯 清刻本 十二冊

330000－1795－0003444 集 0420 集部/總集類/郡邑之屬

谿上遺聞集錄十卷別錄二卷 （清）尹元煒撰 谿上詩輯十四卷續編二卷補編一卷 （清）

尹元煒　（清）馮本懷編　清道光二十八年至二十九年(1848－1849)慈谿馮本懷抱珠樓刻本　十二冊

330000－1795－0003446　集0421　集部/總集類/選集之屬/斷代

湖海詩傳四十六卷　（清）王昶輯　清同治四年(1865)亦西齋刻本　十六冊

330000－1795－0003447　集0422　集部/總集類/選集之屬/斷代

排律初津四卷　（清）金鳳沼編並註　清刻本　三冊　存三卷(二至四)

330000－1795－0003448　集0517　集部/總集類/選集之屬/斷代

本朝館閣賦後集七卷補遺一卷附錄一卷
（清）周日溰　（清）程琰等輯　清乾隆三十三年(1768)困學齋刻本　二冊　存四卷(一至二、五至六)

330000－1795－0003449　集0525　集部/曲類/曲韻曲譜曲律之屬

納書楹曲譜全集二十二卷　（清）葉堂撰　清刻本　一冊　存一卷(續集二)

330000－1795－0003450　經0031　經部/小學類/文字之屬/字書/字典

康熙字典十二集三十六卷總目一卷檢字一卷辨似一卷等韻一卷補遺一卷備考一卷　（清）張玉書等纂修　清末石印本　二冊　存十五卷(子集上中下、丑集上中下、寅集上中下、卯集上中下、辰集上中下)

330000－1795－0003451　經0026　經部/小學類/文字之屬/字書/字典

字彙十二集首一卷末一卷　（明）梅膺祚撰　清刻本　二冊　存二卷(丑、亥)

330000－1795－0003452　集0226　集部/總集類/課藝之屬

墨卷揀金三集不分卷　（清）方汝翼等撰　清刻本　一冊

330000－1795－0003453　集0227　集部/總集類/課藝之屬

墨卷集不分卷　（清）黃永年等撰　清刻本　一冊

330000－1795－0003455　集0228　集部/總集類/課藝之屬

錦溪書院課藝不分卷　（清）□□撰　清刻本　一冊

330000－1795－0003456　集0229　集部/總集類/課藝之屬

戢山書院課藝不分卷　（清）□□撰　清刻本　二冊

330000－1795－0003458　集0340　類叢部/類書類/專類之屬

皇朝駢文類苑十四卷首一卷　（清）姚燮選　清刻本　十一冊　缺一卷(首)

330000－1795－0003459　子0064　子部/宗教類/佛教之屬/經疏

金剛般若波羅蜜經一卷附金剛經旁解一卷
（清）湯韠召輯註　清道光二年(1822)刻本　一冊

330000－1795－0003461　集0334　類叢部/叢書類/自著之屬

隨園三十八種　（清）袁枚撰　清光緒十八年(1892)勤裕堂鉛印本　一冊　存一種

330000－1795－0003462　集0337　集部/總集類/選集之屬/通代

駢體文鈔三十一卷　（清）李兆洛輯　清道光元年(1821)合河康氏家塾刻同治六年(1867)婁江徐氏補刻本　七冊　存二十八卷(一至二十八)

330000－1795－0003464　集0338　集部/總集類/選集之屬/通代

駢體文鈔三十一卷　（清）李兆洛輯　清道光元年(1821)合河康氏家塾刻同治六年(1867)婁江徐氏補刻本　十冊

330000－1795－0003465　子0066　子部/宗教類/佛教之屬/經疏

釋氏十三經註疏　（唐）釋玄奘譯　清同治至光緒三十四年(1908)金陵刻經處刻本　一冊

存一種

330000－1795－0003466　集 0339　集部/總集類/選集之屬/斷代

國朝駢體正宗十二卷　（清）曾燠輯　清同治十三年(1874)聚賢堂刻本　六冊

330000－1795－0003468　子 0061　子部/宗教類/佛教之屬/諸宗

龍舒增廣淨土文十二卷　（宋）王日休撰　**佛說阿彌陀經一卷**　（後秦）釋鳩摩羅什譯　清刻本　一冊　存五卷(一至五)

330000－1795－0003469　集 0341　類叢部/類書類/專類之屬

皇朝駢文類苑十四卷首一卷　（清）姚燮選　清光緒九年(1883)刻本　二十三冊　缺一卷(十四)

330000－1795－0003470　集 0344　集部/詩文評類/詩評之屬

全唐詩話六卷　（宋）尤袤撰　（明）毛晉訂　清宣統三年(1911)三樂堂石印本　六冊

330000－1795－0003471　集 0242　集部/總集類/課藝之屬

小題課本初集不分卷　（清）沈鴻雲編次　清刻本　一冊

330000－1795－0003472　集 0238　集部/總集類/課藝之屬

小題正鵠初集不分卷二集不分卷三集不分卷四集不分卷　（清）李元度輯　清光緒六年(1880)刻本　二冊　存二集(初、三)

330000－1795－0003473　集 0237　集部/總集類/課藝之屬

試帖金鍼八卷　（清）陸文彬編註　清嘉慶二十五年(1820)戲墨齋刻本　一冊　存三卷(一至三)

330000－1795－0003474　集 0230　集部/總集類/制藝之屬

直省墨卷奪標不分卷　（清）朱茞申評選　清同治十三年(1874)崇德書院刻本　四冊

330000－1795－0003475　子 0041　子部/宗教類/佛教之屬/諸宗

龍舒增廣淨土文十二卷　（宋）王日休撰　**佛說阿彌陀經一卷**　（後秦）釋鳩摩羅什譯　清刻本　二冊　存十二卷(一至十二)

330000－1795－0003476　子 0040　子部/宗教類/佛教之屬/總錄

彌陀經疏鈔事義四卷　清刻本　四冊

330000－1795－0003477　子 0039　子部/宗教類/佛教之屬/經

金剛般若波羅蜜經一卷　（後秦）釋鳩摩羅什譯　清同治十三年(1874)刻本　四冊

330000－1795－0003478　子 0038　子部/宗教類/佛教之屬/經疏

大方廣圓覺修多羅了義經略疏二卷　（唐）釋宗密撰　清刻本　二冊

330000－1795－0003479　子 0233　子部/宗教類/佛教之屬/論

過去現在未來三千佛名經三卷　（南朝梁）釋□□譯　清刻本　一冊

330000－1795－0003482　子 0179　子部/宗教類/佛教之屬/經咒

觀音大士得道壬申寶懺二卷　清末刻本　一冊

330000－1795－0003483　子 0180　子部/宗教類/佛教之屬/經咒

慈悲甘露三昧水懺法三卷　清末刻本　一冊

330000－1795－0003484　子 0181　子部/宗教類/佛教之屬/經疏

齋天法義一卷　清光緒三十二年(1906)刻本　一冊

330000－1795－0003486　子 0290　子部/宗教類/佛教之屬/經疏

一切經音義二十五卷　（唐）釋玄應撰　補訂　**新譯大方廣佛華嚴經音義二卷**　（唐）釋慧苑撰　**華嚴經音義敘錄一卷**　（清）臧庸輯　刻　**華嚴經音義校勘記一卷**　（清）曹籀撰　清刻本　二冊　存五卷(二十一至二十五)

330000－1795－0003488　子0036　子部/宗教類/道教之屬/雜著

心傳韻語五卷　（清）何謙撰　清刻本　二冊　存一卷（二）

330000－1795－0003489　子0036　子部/宗教類/佛教之屬/諸宗

指月錄三十二卷　（明）瞿汝稷輯　清同治十一年（1872）杭州昭慶寺慧空經房刻本　十冊

330000－1795－0003490　集0236　集部/總集類/課藝之屬

上海求志書院課藝四卷　清光緒五年（1879）刻本　二冊　存二卷（夏季、秋季課藝）

330000－1795－0003491　集0233　集部/總集類/課藝之屬

紫陽書院課藝八集不分卷　（清）朱文炳（清）許郊編校　（清）吳左泉鑒定　清光緒十八年（1892）刻本　一冊

330000－1795－0003492　集0232　集部/總集類/課藝之屬

嶽麓書院課藝不分卷　清刻本　三冊

330000－1795－0003493　集0231　集部/總集類/課藝之屬

江漢書院課藝十六卷　清刻本　二冊　存四卷（十一至十二、十五至十六）

330000－1795－0003494　集0191　集部/別集類/清別集

述學內篇三卷外篇一卷補遺一卷別錄一卷附錄一卷校勘記一卷　（清）汪中撰　（清）汪喜孫編　清同治八年（1869）揚州書局刻本　二冊

330000－1795－0003495　集0192　集部/別集類/明別集

隴首集一卷　（明）王與胤撰　清刻本　一冊

330000－1795－0003496　集0189　集部/總集類/課藝之屬

仁在堂時藝核不分卷　（清）路德輯　清道光二十二年（1842）來鹿堂刻本　一冊

330000－1795－0003497　集0187　子部/藝術類/遊藝之屬/聯語

精選國民適用新對聯不分卷　（清）崇文軒主人選輯　清刻本　一冊

330000－1795－0003498　集0224　史部/傳記類/科舉錄之屬

狀元策不分卷（道光乙未科、丙申科、戊戌科、辛丑科、甲辰科、乙巳科、丁未科、庚戌科、咸豐壬子科、癸丑科、丙辰科、己未科、庚申科、同治壬戌科、癸亥科、乙丑科、戊辰科、辛未科、甲戌科、光緒丙子科、丁丑科、庚辰科、癸未科、丙戌科、己丑科、庚寅科、壬辰科）　清光緒二十年（1894）刻本　八冊

330000－1795－0003513　集0369　集部/詩文評類/詩評之屬

唐人五言排律詩論三卷　（清）蔣鵬翮編　清刻本　二冊　缺一卷（一）

330000－1795－0003514　集0370　集部/總集類/選集之屬/斷代

唐詩三百首續選一卷　（清）于慶元編　清刻本　一冊

330000－1795－0003515　集0371　集部/總集類/選集之屬/斷代

唐詩三百首續選一卷　（清）于慶元編　清刻本　一冊

330000－1795－0003518　集0374　集部/總集類/選集之屬/通代

宋元明詩三百首六卷　（清）朱梓　（清）冷昌言輯　清光緒元年（1875）虞山黃氏藝文堂刻本　一冊　存四卷（一至四）

330000－1795－0003519　集0375　集部/總集類/選集之屬/斷代

明三十家詩選初集八卷二集八卷　（清）汪端輯　清同治十二年（1873）蘊蘭吟館刻本　三冊　存六卷（初集一至二、五至六，二集五至六）

330000－1795－0003520　集0376　集部/總集類/選集之屬/斷代

七家試帖輯註彙鈔九卷　（清）張熙宇輯評
（清）王植桂輯注　清刻本　八冊

330000－1795－0003521　集0378　史部/史評類/詠史之屬

南宋襍事詩七卷　（清）沈嘉轍等撰　清武林芹香齋刻本　四冊

330000－1795－0003522　集0206　集部/總集類/制藝之屬

制義類編四卷　清刻本　一冊　存二卷（三至四）

330000－1795－0003523　集0204　集部/總集類/課藝之屬

國朝文才調集不分卷　（清）許振褘輯　清光緒二十年（1894）上洋鴻文書局石印本　三冊

330000－1795－0003524　集0197　集部/總集類/選集之屬/斷代

林嚴文鈔四卷　林紓　嚴復撰　清宣統元年（1909）上海國學扶輪社鉛印本　三冊　存三卷（一至三）

330000－1795－0003525　集0195　集部/總集類/課藝之屬

辨志文會課藝初集六卷　（清）葉意深等撰（清）宗源瀚輯　清光緒六年至七年（1880－1881）刻本　一冊　存三卷（漢學、宋學、史學）

330000－1795－0003526　集0194　集部/總集類/課藝之屬

目耕齋讀本初集不分卷二刻不分卷　（清）徐楷評註　（清）沈叔眉選刊　清刻本　一冊　存二刻

330000－1795－0003527　集0193　集部/總集類/課藝之屬

八銘堂塾鈔初集不分卷二集不分卷　（清）吳戀政編　清乾隆五十九年（1794）武林會成堂刻本　一冊

330000－1795－0003528　集0342　集部/總集類/選集之屬/斷代

重訂唐詩別裁集二十卷　（清）沈德潛輯　清

刻本　三冊　存六卷（一、十五至十七、十九至二十）

330000－1795－0003529　集0344　集部/總集類/選集之屬/斷代

全唐詩鈔八十卷補遺十六卷　（清）吳成儀輯　清刻本　十四冊　存六十一卷（二至十一、十六至二十八、三十八至四十五、五十至五十六、六十至六十三、七十至七十六，補遺五至十六）

330000－1795－0003530　集0346　集部/總集類/選集之屬/斷代

唐詩諧律二卷　（清）沈寶青選　清光緒十六年（1890）溧陽沈氏刻本　二冊

330000－1795－0003531　集0347　集部/總集類/選集之屬/斷代

唐詩初選二卷　（清）孫洙編　（清）吳宗麟重編　清同治三年（1864）可久長室刻本　三冊

330000－1795－0003533　集0349　集部/總集類/選集之屬/通代

古詩源十四卷　（清）沈德潛輯　清光緒十七年（1891）刻本　四冊

330000－1795－0003534　集0350　集部/總集類/選集之屬/通代

古詩源十四卷　（清）沈德潛輯　清刻本　三冊　缺三卷（一至三）

330000－1795－0003535　集0351　集部/總集類/選集之屬/通代

古詩源十四卷　（清）沈德潛輯　清刻本　二冊　存八卷（一至八）

330000－1795－0003536　集0207　集部/總集類/課藝之屬

時藝核續編不分卷　清宏盛堂刻本　一冊

330000－1795－0003537　集0208　集部/總集類/課藝之屬

目耕齋讀本初集不分卷二刻不分卷　（清）徐楷評註　（清）沈叔眉選刊　清汲綆齋刻本　一冊　存初集

330000 – 1795 – 0003539　集 0210　　子部/儒家類/儒學之屬/蒙學

第一簡明論說啟蒙二卷　胡朝陽編　清宣統三年(1911)新學會社鉛印本　一冊　存一卷(下)

330000 – 1795 – 0003540　集 0211　　集部/總集類/課藝之屬

幼童舉業啟悟集四卷　（清）汪孝移編　清三餘堂刻本　二冊

330000 – 1795 – 0003542　子 0213　　子部/宗教類/道教之屬/雜著

心傳韻語五卷　（清）何謙撰　清刻本　一冊　存一卷(二)

330000 – 1795 – 0003543　集 0215　　集部/總集類/酬唱之屬

孫玉叟先生六秩徵詩啟不分卷　清刻本　一冊

330000 – 1795 – 0003545　集 0221　　史部/傳記類/總傳之屬/忠孝

顯忠錄七卷　（清）戴嘉珍輯　清忠裔堂石印本　一冊

330000 – 1795 – 0003546　集 0315　　集部/總集類/課藝之屬

繩正堂墨繩二集不分卷　（清）傅梅卿評選　清光緒十五年(1889)刻本　三冊

330000 – 1795 – 0003547　集 0475　　集部/總集類/選集之屬/通代

五朝詩別裁集　（清）□□輯　清刻本　四冊　存一種

330000 – 1795 – 0003548　集 0481　　集部/總集類/選集之屬/斷代

欽定國朝詩別裁集三十二卷　（清）沈德潛纂評　清刻本　三冊　存六卷(三至四、十一至十二、十七至十八)

330000 – 1795 – 0003549　集 0478　　集部/總集類/選集之屬/斷代

欽定國朝詩別裁集三十二卷　（清）沈德潛纂評　清刻本　十四冊　存二十八卷(一至十二、十五至三十)

330000 – 1795 – 0003550　集 0476　　集部/總集類/選集之屬/通代

五朝詩別裁集　（清）□□輯　清刻本　四冊　存一種

330000 – 1795 – 0003551　集 0314　　集部/總集類/課藝之屬

繩正堂墨繩新編不分卷　（清）傅梅卿評選　清同治十年(1871)刻本　五冊

330000 – 1795 – 0003552　集 0416　　集部/總集類/選集之屬/斷代

國初十大家詩鈔十種　（清）王相編　清道光十年(1830)秀水王氏信芳閣木活字印本　三冊　存一種

330000 – 1795 – 0003553　集 0415　　集部/總集類/選集之屬/斷代

卷勺園集三卷續補一卷　（清）劉茂榕撰　清道光元年(1821)刻本　二冊

330000 – 1795 – 0003554　集 0414　　集部/總集類/郡邑之屬

國朝天台詩存十四卷補遺一卷　（清）金文田輯　清光緒三十四年(1908)木活字印本　四冊

330000 – 1795 – 0003555　集 0413　　集部/總集類/郡邑之屬

武定明詩鈔四卷國朝武定詩鈔十二卷補鈔一卷　（清）李衍孫輯　清刻本　四冊　存十三卷(國朝武定詩鈔一至十二、補鈔)

330000 – 1795 – 0003556　集 0412　　集部/總集類/郡邑之屬

武定明詩鈔四卷國朝武定詩鈔十二卷補鈔一卷　（清）李衍孫輯　清刻本　一冊　存四卷(明詩鈔一至四)

330000 – 1795 – 0003557　集 0095　　集部/總集類/選集之屬/通代

古文析觀詳解六卷　（清）章懋勳注　清乾隆七年(1742)三餘堂刻本　五冊　缺一卷(四)

330000－1795－0003558　集 0411　集部/總集類/選集之屬/斷代

國朝詩鐸二十六卷首一卷　（清）張應昌輯　清同治八年(1869)永康應氏秀芝堂刻本　十四冊

330000－1795－0003559　集 0094　集部/總集類/選集之屬/通代

續古文苑二十卷　（清）孫星衍輯　清光緒九年(1883)江蘇書局刻本　六冊

330000－1795－0003560　集 0081　集部/總集類/郡邑之屬

兩浙輶軒錄四十卷補遺十卷　（清）阮元輯　清嘉慶仁和朱氏碧溪草堂錢塘陳氏種榆仙館刻本　三十冊

330000－1795－0003561　集 0079　集部/總集類/選集之屬/斷代

南宋文範七十卷外編四卷作者考二卷　（清）莊仲方輯　清刻本　四十冊

330000－1795－0003564　集 0328　集部/總集類/選集之屬/通代

八代詩選二十卷　王闓運輯　清光緒十六年(1890)江蘇書局刻本　八冊

330000－1795－0003565　集 0345　集部/總集類/選集之屬/斷代

唐詩貫珠六十卷　（清）胡以梅輯並箋釋　清康熙五十四年(1715)蘇州胡氏素心堂刻本　十二冊

330000－1795－0003567　集 0071　集部/總集類/選集之屬/斷代

國朝文錄八十二卷　（清）姚椿輯　清光緒二十六年(1900)掃葉山房石印本　八冊　存三十五卷(一至三十五)

330000－1795－0003568　類書 0069　類叢部/類書類/專類之屬

重編留青新集二十四卷　（清）馮善長輯　清光緒十六年(1890)上海鉛印本　八冊　存十六卷(一至六、九至十四、二十一至二十四)

330000－1795－0003570　集 0065　集部/別集類/清別集

崇實齋初編不分卷　（清）陸鍾渭等撰　清末刻本　六冊

330000－1795－0003572　集 0417　經部/詩類/詩序之屬

詩序廣義二十四卷　（清）姜炳璋撰　清嘉慶二十年(1815)姜人寬尊行堂刻本　六冊

330000－1795－0003573　集 0378　集部/別集類/清別集

許竹贊時文不分卷　（清）許景澄撰　清同治九年(1870)刻本　一冊

330000－1795－0003576　集 0383　集部/別集類/清別集

寒村詩文選三十六卷　（清）鄭梁撰　清康熙鄭氏二老閣刻增修本　十六冊

330000－1795－0003577　集 0380　集部/別集類/清別集

道古堂文集四十六卷詩集二十六卷　（清）杭世駿撰　清乾隆刻本　十六冊

330000－1795－0003578　集 0381　集部/別集類/清別集

紀曉嵐詩註釋四卷　（清）紀曉嵐撰　（清）郭斌評註　清嘉慶二年(1797)刻朱墨套印本　二冊　存二卷(一至二)

330000－1795－0003579　集 0370　集部/別集類/清別集

有正味齋駢體文箋注十六卷補注一卷　（清）吳錫麒撰　（清）葉聯芬注　清道光二十年(1840)慈谿葉氏刻本　六冊

330000－1795－0003580　集 0369　集部/別集類/清別集

有正味齋駢體文箋注十六卷補注一卷　（清）吳錫麒撰　（清）葉聯芬注　清道光二十年(1840)慈谿葉氏刻本　六冊

330000－1795－0003581　集 0028　集部/詩文評類/文評之屬

國文學四卷　姚永樸編　清宣統二年(1910)京師法政學堂鉛印本　一冊

330000－1795－0003582　集 0393　集部/總集類/選集之屬/斷代

繪水集三卷　（清）王之佐編　清道光刻本　一冊

330000－1795－0003583　集 0396　集部/別集類/清別集

純齋集十四卷　（清）趙嘉程撰　清刻本　三冊　存十一卷（一至十一）

330000－1795－0003584　集 0397　集部/別集類

綴學堂初彙四卷　陳漢章撰　清光緒十九年（1893）象山陳氏刻本　二冊

330000－1795－0003586　集 0387　集部/別集類/清別集

白湖詩稿八卷文稿八卷　（清）葉燕撰　清嘉慶二十三年（1818）葉氏又次居刻本　三冊　存八卷（文稿一至八）

330000－1795－0003587　集 0388　集部/別集類/清別集

白湖詩稿八卷文稿八卷　（清）葉燕撰　清嘉慶二十三年（1818）葉氏又次居刻本　三冊　存八卷（文稿一至八）

330000－1795－0003589　集 0391　類叢部/叢書類/彙編之屬

抱經堂叢書十六種　（清）盧文弨編　清乾隆至嘉慶刻彙印本　一冊　存一種

330000－1795－0003590　集 0392　集部/別集類/清別集

壹齋集四十卷奏御集二卷賦一卷畫品一卷畫友錄一卷游黃山記一卷泛槳錄二卷蕭湯二老遺詩合編二卷兩朝恩賚記一卷　（清）黃鉞撰　清刻本　八冊

330000－1795－0003591　子 0706　子部/雜著類/雜說之屬

香祖筆記十二卷　（清）王士禎撰　清宣統三年（1911）上海掃葉山房石印本　四冊

330000－1795－0003595　集 0700　集部/別集類/清別集

曝書亭集箋注二十三卷　（清）朱彝尊撰　（清）孫銀槎輯注　清嘉慶五年（1800）三有堂刻九年（1804）補刻本　八冊

330000－1795－0003601　集 0712　集部/別集類/清別集

帶經堂集九十二卷　（清）王士禎撰　（清）程哲校編　清乾隆十三年（1748）刻本　二十冊

330000－1795－0003602　集 0377　集部/別集類/清別集

習苦齋詩集八卷古文四卷　（清）戴熙撰　清同治六年（1867）錢塘張曜刻本　四冊

330000－1795－0003604　子 0286　類叢部/類書類/專類之屬

新刻通用尺素見心集三卷　（清）汪文芳輯　清刻本　三冊

330000－1795－0003605　集 0285　集部/別集類/清別集

知愧軒尺牘十六卷　（清）管士駿撰　清刻本　一冊　存五卷（五至九）

330000－1795－0003609　集 0014　集部/總集類/選集之屬/通代

文選六十卷　（南朝梁）蕭統輯　（唐）李善注　（清）何焯評　清乾隆三十七年（1772）長洲葉樹藩海錄軒刻朱墨套印本　一冊　存四卷（三十一至三十四）

330000－1795－0003610　集 0013　集部/總集類/選集之屬/通代

文選六十卷　（南朝梁）蕭統輯　（唐）李善注　（清）何焯評　清刻本　二冊　存五卷（三十一至三十五）

330000－1795－0003611　集 0016　集部/總集類/選集之屬/通代

文選六十卷　（南朝梁）蕭統輯　（唐）李善注　（清）何焯評　清葉氏海錄軒刻朱墨套印本　八冊　存三十卷（十一至十四、三十五至六十）

330000－1795－0003612　集 0015　集部/總集類/選集之屬/通代

文選六十卷　（南朝梁）蕭統輯　（唐）李善注
　文選考異十卷　（清）胡克家撰　清刻本
十二冊　缺三十五卷（一至三十五）

330000 – 1795 – 0003613　集 0384　集部/別
集類/清別集

思綺堂文集十卷　（清）章藻功撰　清康熙六
十一年(1722)聚錦堂刻本　六冊　存六卷
（一至二、七至十）

330000 – 1795 – 0003614　集 0376　集部/別
集類/清別集

揅經室一集十四卷二集八卷三集五卷四集二
卷四集詩十一卷續集九卷再續集六卷外集五
卷　（清）阮元撰　（清）阮亨輯　清道光三年
(1823)儀徵阮氏文選樓刻十年(1830)續刻本
七冊　存二十一卷（一集一至十四、二集一
至四、續集二至四）

330000 – 1795 – 0003615　集 0375　集部/總
集類/課藝之屬

學海堂集十六卷　（清）阮元輯　清道光五年
(1825)啟秀山房刻本　八冊

330000 – 1795 – 0003616　集 0374　集部/別
集類/清別集

靈巖山人詩集四十卷　（清）畢沅撰　清嘉慶
四年(1799)畢氏經訓堂刻本　七冊

330000 – 1795 – 0003617　集 0061　集部/總
集類/選集之屬/通代

重訂文選集評十五卷首一卷末一卷　（清）于
光華輯　清同治七年(1868)緯文堂刻本　十
冊　缺七卷（十至十五、末）

330000 – 1795 – 0003618　集 0062　集部/總
集類/選集之屬/通代

文選六十卷　（南朝梁）蕭統輯　（唐）李善注
（清）何焯評　清光緒十一年(1885)上海同
文書局石印本　八冊　存四十九卷（一至三
十、三十七至五十五）

330000 – 1795 – 0003619　集 0080　集部/總
集類/選集之屬/通代

文選六十卷　（南朝梁）蕭統輯　（唐）李善注

（清）何焯評　清葉氏海錄軒刻朱墨套印本
六冊　存三十卷（十一至十五、二十一至二
十五、三十六至五十五）

330000 – 1795 – 0003620　子 0186　子部/宗
教類/道教之屬/雜著

文昌帝君童蒙必讀書□□卷　清刻本　一冊
存一卷（三）

330000 – 1795 – 0003622　子 0188　子部/宗
教類/道教之屬/戒律

玉歷鈔傳警世不分卷　（清）李天錫撰　清刻
本　一冊

330000 – 1795 – 0003631　子 0161　子部/宗
教類/道教之屬/眾術

周易參同契分章註解三卷　（元）陳致虛撰
（清）傅金銓批　清道光三十年(1850)刻本
一冊

330000 – 1795 – 0003635　子 0152　子部/宗
教類/佛教之屬/總錄

重訂教乘法數十二卷　（清）釋超海等輯　清
光緒三十四年(1908)常州天寧寺刻本　六冊

330000 – 1795 – 0003636　子 0036　子部/儒
家類/儒學之屬/禮教

醒世良言不分卷　清光緒元年(1875)刻本
一冊

330000 – 1795 – 0003640　子 0156　集部/曲
類/寶卷之屬

珠塔寶卷全集一卷　清刻本　一冊

330000 – 1795 – 0003641　子 0157　子部/宗
教類/佛教之屬/經

大方廣圓覺修多羅了義經二卷　（唐）釋佛陀
多羅譯　清刻本　一冊

330000 – 1795 – 0003643　子 0159　子部/儒
家類/儒學之屬/俗訓

增廣好生錄六卷　（清）周思義輯　（清）高觀
海增纂　清刻本　一冊

330000 – 1795 – 0003644　子 0067　子部/宗
教類/佛教之屬/經疏

佛說阿彌陀經摘要易解一卷附淨土詩一卷
（清）釋真嵩撰　毘陵天寧定念禪和尚語錄一卷　（清）釋真禪撰　清光緒五年（1879）刻本　一冊

330000－1795－0003645　子0068　子部/宗教類/佛教之屬/經

地藏菩薩本願經三卷　（唐）釋實叉難陀譯　清光緒三十年（1904）金陵刻經房刻本　一冊

330000－1795－0003646　子0069　子部/宗教類/佛教之屬/經

摩訶般若波羅蜜多心經一卷　（明）何道全注　清同治十三年（1874）吳文錦齋刻本　一冊

330000－1795－0003647　子0071　子部/宗教類/佛教之屬/論疏

大乘起信論纂註二卷　（天竺）馬鳴菩薩造（南朝陳）釋真諦譯　（明）釋真界纂註　清光緒十一年（1885）金陵刻經處刻本　一冊

330000－1795－0003648　子0073　子部/宗教類/佛教之屬/經疏

金剛般若波羅蜜經破空論一卷心經釋要一卷波羅蜜經觀心釋一卷　（明）釋智旭撰　清刻本　一冊

330000－1795－0003649　子0072　子部/宗教類/佛教之屬/論疏

大乘起信論直解二卷　（明）釋德清撰　清光緒十六年（1890）金陵刻經處刻本　一冊

330000－1795－0003653　子0324　子部/宗教類/佛教之屬/經

慧命經一卷　（清）柳華陽撰　清刻本　一冊

330000－1795－0003654　子0327　子部/宗教類/道教之屬/雜著

心傳韻語五卷　（清）何謙撰　清刻本　一冊　存一卷（三）

330000－1795－0003655　子0328　子部/宗教類/佛教之屬/總錄

天機二卷　清刻本　一冊

330000－1795－0003657　子0330　子部/宗

教類/道教之屬/戒律

太上感應篇直講一卷首一卷　清刻本　一冊

330000－1795－0003661　子0301　子部/宗教類/佛教之屬/經

佛說大方等大集菩薩念佛三昧經十卷　（隋）釋達磨笈多譯　清刻本　二冊

330000－1795－0003665　子0305　史部/地理類/專志之屬/寺觀

阿育王舍利瑞應集一卷　（清）釋妙然輯　舍利塔號畧註一卷　（清）釋元賢撰　清刻本　一冊

330000－1795－0003666　子0306　子部/宗教類/佛教之屬/總錄

佛教初學課本一卷註一卷　（清）楊文會撰　清光緒三十二年（1906）刻本　一冊

330000－1795－0003667　子0307　子部/宗教類/佛教之屬/經咒

慈悲道塲懺法十卷　（南朝梁）武帝蕭衍撰　清刻本　四冊

330000－1795－0003668　子0308　子部/宗教類/佛教之屬/經咒

慈悲道塲懺法十卷　（南朝梁）武帝蕭衍撰　清刻本　二冊　存七卷（一至七）

330000－1795－0003670　子0311　子部/宗教類/佛教之屬/大藏

過去莊嚴劫千佛名經□□卷現在賢劫千佛名經□□卷未來星宿劫千佛名經□□卷　題（南朝宋）畺良耶舍譯　清刻本　三冊

330000－1795－0003671　子0312　子部/宗教類/佛教之屬/總錄

五大部直音二卷附諸般經懺直音一卷　清刻本　一冊

330000－1795－0003672　子0313　子部/宗教類/佛教之屬/諸宗

禪門日誦一卷　清刻本　一冊

330000－1795－0003673　子0314　子部/宗教類/佛教之屬/諸宗

禪門日誦一卷　清光緒二十六年（1900）刻本
　二冊

330000 - 1795 - 0003674　子 0315　子部/宗
教類/佛教之屬/經

大方廣圓覺修多羅了義經二卷　（唐）釋佛陀
多羅譯　清刻本　一冊

330000 - 1795 - 0003679　子 0170　子部/宗
教類/佛教之屬/經

大方廣圓覺修多羅了義經二卷　（唐）釋佛陀
多羅譯　清刻本　一冊

330000 - 1795 - 0003681　子 0172　子部/宗
教類/佛教之屬/經

維摩詰所說經三卷　（後秦）釋鳩摩羅什譯
清同治九年(1870)金陵刻經處刻本　一冊

330000 - 1795 - 0003682　子 0174　類叢部/
叢書類/彙編之屬

惜陰軒叢書三十四種續編一種　（清）李錫齡
編　清光緒十四年（1888）長沙惜陰書局刻本
　二冊　存一種

330000 - 1795 - 0003683　子 0010　子部/宗
教類/佛教之屬/論疏

大乘起信論義記七卷別記一卷　（唐）釋法藏
撰　清光緒二十三年至二十四年（1897 -
1898）金陵刻經處刻本　一冊　存四卷（五至
七、別記）

330000 - 1795 - 0003684　子 0009　子部/宗
教類/道教之屬/戒律

救生船四卷　清刻本　三冊　存三卷（二至
四）

330000 - 1795 - 0003686　子 0007　子部/宗
教類/佛教之屬/諸宗

註心賦四卷　（宋）釋延壽撰　清光緒三年
（1877）金陵刻經處刻本　四冊

330000 - 1795 - 0003688　子 0005　子部/宗
教類/佛教之屬/經疏

妙法蓮華經要解七卷　（宋）釋戒環解　清光
緒三十四年（1908）刻本　六冊

330000 - 1795 - 0003689　子 0036　子部/宗
教類/佛教之屬/總錄

佛爾雅八卷　（清）周春撰　清宣統二年
(1910)國學扶輪社鉛印本　二冊

330000 - 1795 - 0003691　子 0003　子部/道
家類

南華簡鈔（南華經）四卷　（清）徐廷槐輯注
清刻本　三冊

330000 - 1795 - 0003692　子 0002　類叢部/
叢書類/彙編之屬

半畝園叢書三十種　（清）吳坤修編　清同治
新建吳氏皖城刻本　四冊　存一種

330000 - 1795 - 0003693　子 0001　子部/道
家類

莊子內篇註四卷　（明）釋德清撰　清光緒十
四年（1888）金陵刻經處刻本　二冊

330000 - 1795 - 0003695　子 0019　子部/宗
教類/道教之屬/戒律

太上感應篇圖說一卷　清刻本　一冊

330000 - 1795 - 0003696　子 0018　子部/宗
教類/道教之屬/戒律

暗室燈二卷　（清）深山居士輯　清刻本
一冊

330000 - 1795 - 0003697　子 0017　子部/宗
教類/佛教之屬/諸宗

禪源諸詮集都序四卷　（唐）釋宗密撰　清光
緒十八年（1892）金陵刻經處刻本　一冊

330000 - 1795 - 0003698　子 0015　子部/宗
教類/佛教之屬/經疏

大方廣圓覺修多羅了義經近釋六卷　（明）釋
通潤撰　清光緒十二年（1886）金陵刻經處刻
本　二冊

330000 - 1795 - 0003699　子 0013　子部/宗
教類/佛教之屬/總錄

顯密圓通成佛心要集二卷　（遼）釋道殿輯
清同治十一年（1872）金陵刻經處刻本　一冊

330000 - 1795 - 0003704　叢 0012　類叢部/

叢書類/彙編之屬

問經堂叢書八種 （清）孫馮翼編 清嘉慶承
德孫氏刻本 十冊 存八種

330000－1795－0003705 叢 0011 類叢部/
叢書類/彙編之屬

昭代叢書甲集五十種乙集四十種丙集五十六
種 （清）張潮編 清刻本 十二冊 存甲集
五十種、乙集四十種

330000－1795－0003706 叢 0053 類叢部/
叢書類/彙編之屬

玉函山房輯佚書六百二十二種附一種 （清）
馬國翰輯 清光緒九年(1883)長沙娜嬛館刻
本 一百冊

330000－1795－0003808 子 0045 子部/雜
著類/雜纂之屬

經餘必讀八卷二編八卷 （清）雷琳 （清）錢
樹棠 （清）錢樹立輯 經餘必讀三編四卷
（清）趙在翰輯 清光緒二年(1876)汲綆齋刻
本 十冊

330000－1795－0003810 集 0528 集部/別
集類/清別集

存我軒偶錄不分卷 （清）陸鍾渭撰 清光緒
二十九年(1903)崇實學社石印本 一冊

330000－1795－0003812 史 0079 史部/傳
記類/別傳之屬/事狀

袁太夫人榮哀錄一卷 孫鏘編 清宣統二年
(1910)四明七千卷樓鉛印本 二冊

330000－1795－0003813 集 0087 集部/別
集類/清別集

浮槎閣集十七卷附錄二卷 （清）鄔鳴雷撰
清光緒二十三年(1897)環江書屋木活字印本
二冊 存五卷(四至六、附錄一至二)

330000－1795－0003821 子 0133 子部/術
數類/相宅相墓之屬

陽宅集成八卷 （清）姚廷鑾輯 清乾隆十六
年(1751)刻本 八冊

330000－1795－0003826 集 0082 集部/別
集類/元別集

松鄉先生文集十卷 （元）任士林撰 清光緒
十六年(1890)刻本 四冊

330000－1795－0003846 集 0083 集部/別
集類/宋別集

林和靖詩集四卷拾遺一卷附錄一卷 （宋）林
逋撰 清宣統二年(1910)上海文瑞樓石印本
二冊

330000－1795－0003847 集 0089 集部/別
集類/清別集

鮚埼亭集三十八卷經史問答十卷鮚埼亭集外
編五十卷 （清）全祖望撰 首一卷 （清）董
秉純撰 清嘉慶九年(1804)餘姚史夢蛟借樹
山房刻同治十一年(1872)印本(《經史問答》
爲清乾隆三十年董秉純刻本) 十二冊 存
三十九卷(鮚埼亭集首、一至三十八)

330000－1795－0003849 叢 0038 類叢部/
叢書類/彙編之屬

藝海珠塵二百六種 （清）吳省蘭編 清嘉慶
南匯吳氏聽彝堂刻本 六十四冊

330000－1795－0003850 叢 0037 類叢部/
叢書類/自著之屬

甌北全集八種 （清）趙翼撰 清乾隆至嘉慶
湛貽堂刻本 六十冊

330000－1795－0003851 叢 0051 類叢部/
叢書類/彙編之屬

文選樓叢書三十三種 （清）阮亨編 清嘉慶
至道光阮元刻道光二十二年(1842)阮亨彙印
本 十七冊 存九種

330000－1795－0003867 集 0079 史部/傳
記類/別傳之屬/年譜

陳本堂先生年譜一卷 （清）趙霈濤輯 清光
緒二十一年(1895)石印本 一冊

330000－1795－0003872 集 0085 集部/別
集類/元別集

松鄉先生文集十卷 （元）任士林撰 清光緒
十六年(1890)刻本 二冊

330000－1795－0003876 集 0088 集部/別
集類/清別集

樂潛盧詩集一卷　（清）王思仲撰　清刻本
一冊

330000－1795－0003878　叢0005　類叢部/
叢書類/自著之屬

蛾術堂集十四種二十四卷　（清）沈豫撰　清
道光十八年（1838）刻本　六冊

330000－1795－0003879　叢0004　類叢部/
叢書類/彙編之屬

檀几叢書五十種二集五十種餘集四十七種附
政十種　（清）王晫　（清）張潮編　清康熙霞
舉堂刻本　十二冊　存五十一種

330000－1795－0003880　叢0003　類叢部/
叢書類/自著之屬

二思堂叢書六種五十一卷　（清）梁章鉅撰
清光緒元年（1875）浙江書局刻本　十四冊
存五種

330000－1795－0003882　叢0019　子部/
叢編

二十五子彙函　（清）鴻文書局編　清光緒十
九年（1893）上海鴻文書局石印本　十九冊
存二十四種

330000－1795－0003883　叢0022　類叢部/
叢書類/彙編之屬

賜硯堂叢書新編四十種　（清）顧沅編　清道
光十年（1830）長州顧氏刻本　八冊

330000－1795－0003884　叢0006　類叢部/
叢書類/彙編之屬

湖海樓叢書十二種　（清）陳春編　清嘉慶蕭
山陳氏刻二十四年（1819）彙印本　二十三冊
存十一種

330000－1795－0003885　叢0018　子部/
叢編

二十五子彙函　（清）育文書局編　清光緒二
十年（1894）上海育文書局石印本　十六冊
存二十四種

330000－1795－0003886　叢0042　子部/
叢編

二十五子彙函　（清）育文書局編　清光緒二

十年（1894）上海育文書局石印本　十四冊
存十五種

330000－1795－0003895　叢0078　類叢部/
叢書類/彙編之屬

漢魏叢書三十八種　（明）程榮編　明萬曆二
十年（1592）新安程氏刻本　七十八冊

330000－1795－0003896　集0121　史部/傳
記類/別傳之屬/事狀

袁太夫人榮哀錄一卷　孫鏘編　清宣統二年
（1910）四明七千卷樓鉛印本　一冊

330000－1795－0003897　叢0001　類叢部/
叢書類/彙編之屬

函海一百五十二種　（清）李調元編　清乾隆
綿州李氏萬卷樓刻嘉慶十四年（1809）李鼎
元、道光五年（1825）李朝夔重校補刻本　一
百四十四冊

330000－1795－0003899　史0199　史部/政
書類/公牘檔冊之屬

奉化學務調查表不分卷　（清）奉化勸學所撰
清宣統元年（1909）鉛印本　一冊

330000－1795－0003900　集0118　集部/總
集類/課藝之屬

錦溪書院課藝不分卷　（清）□□撰　清刻本
一冊

330000－1795－0003903　集0077　集部/別
集類/宋別集

舒文靖集二卷事實冊一卷　（宋）舒璘撰　附
錄三卷　（清）徐時棟輯　校勘記三卷　（清）
孫鏘撰　清光緒二十二年（1896）四明孫氏七
千卷樓刻本　四冊

330000－1795－0003904　子0071　子部/雜
著類/雜說之屬

無罪草不分卷　（清）吳莊撰　清刻本　三冊

330000－1795－0003905　集0080　集部/別
集類/宋別集

本堂先生文集九十六卷首一卷佚文一卷佚詩
一卷　（宋）陳著撰　附錄二卷校錄二卷
（清）樊景瑞撰　清光緒十九年（1893）四明陳

氏刻本(卷九十五至九十六原缺) 八册 缺三十六卷(六至十六、三十七至四十六、七十四至八十、八十七至九十四)

330000－1795－0003907 集0084 集部/別集類/元別集

剡源佚文二卷佚詩六卷 (元)戴表元撰
(清)孫鏘編 清光緒二十一年(1895)刻本
一册

330000－1795－0003908 集0081 類叢部/叢書類/彙編之屬

宜稼堂叢書七種 (清)郁松年編 清道光二十年至二十二年(1840－1842)上海郁氏刻本 八册 存一種

330000－1795－0003921 叢0043 子部/叢編

子書二十三種 (清)浙江書局編 清光緒二十三年(1897)上海圖書集成局鉛印本 二十一册 存十四種

330000－1795－0003922 叢0020 類叢部/叢書類/彙編之屬

春暉堂叢書十二種 (清)徐渭仁編 清道光至咸豐上海徐渭仁刻同治九年至十年(1870－1871)徐允臨補刻彙印本 十二册

330000－1795－0003923 史0032 史部/地理類/方志之屬/郡縣志

[乾隆]奉化縣志十四卷首一卷 (清)曹膏
(清)唐宇霖修 (清)陳琦纂 清乾隆三十八年(1773)刻本 六册

330000－1795－0003924 史0047 史部/地理類/方志之屬/郡縣志

[光緒]忠義鄉志二十卷首一卷 (清)吳文江纂 清光緒二十七年(1901)刻民國二十六年(1937)印本 六册

330000－1795－0003925 叢0044 經部/叢編

皇清經解一百八十種 (清)阮元輯 清石印本 十一册 存八十三種

330000－1795－0003926 集0058 集部/總

集類/課藝之屬

格致書院課藝不分卷 (清)王韜編 清光緒二十年(1894)石印本 四册 存壬辰、戊子、辛卯

330000－1795－0003930 叢0044－1 經部/叢編

皇清經解一百八十種 (清)阮元輯 清石印本 二册 存十九種

330000－1795－0003933 史0043 史部/地理類/專志之屬/寺觀

明州岳林寺志六卷 (清)戴明琮撰 清康熙二十六年(1687)刻本 一册

330000－1795－0003934 叢0044－2 經部/叢編

皇清經解一百八十種 (清)阮元輯 清石印本 一册 存十三種

330000－1795－0003936 叢0772 集部/總集類/郡邑之屬

臨川文選十一卷 (清)劉玉瓚編 清刻本 六册

330000－1795－0003937 家0001 史部/傳記類/總傳之屬/家乘

[浙江奉化]奉川丁氏宗譜不分卷 (清)嚴舜佐纂修 清嘉慶十三年(1808)抄本 二册

330000－1795－0003938 家0002 史部/傳記類/總傳之屬/家乘

[浙江奉化]奉川丁氏宗譜六卷 (清)嚴明坊纂修 清咸豐二年(1852)佑啓堂木活字印本 二册

330000－1795－0003939 家0003 史部/傳記類/總傳之屬/家乘

[浙江奉化]奉川丁氏宗譜六卷 (清)嚴明坊纂修 清咸豐二年(1852)佑啓堂木活字印本 二册

330000－1795－0003940 家0004 史部/傳記類/總傳之屬/家乘

[浙江奉化]奉川丁氏宗譜六卷 (清)張翊聖纂修 清光緒十年(1884)佑啓堂木活字印本

四冊

330000－1795－0003945　經0003　經部/大
戴禮記類/傳說之屬

大戴禮記十三卷　（漢）戴德撰　（北周）盧辯
注　清刻本　一冊　存七卷（七至十三）

330000－1795－0003946　家0005　史部/傳
記類/總傳之屬/家乘

［浙江奉化］奉川丁氏宗譜六卷　（清）張翊聖
纂修　清光緒十年（1884）佑啓堂木活字印本
四冊

330000－1795－0003947　家0006　史部/傳
記類/總傳之屬/家乘

［浙江奉化］奉川丁氏宗譜六卷　（清）張翊聖
纂修　清光緒十年（1884）佑啓堂木活字印本
二冊　存二卷（五至六）

330000－1795－0003948　家0007　史部/傳
記類/總傳之屬/家乘

［浙江奉化］奉川丁氏宗譜六卷　（清）丁士明
主修　（清）丁瑞璜纂　清宣統二年（1910）佑
啓堂木活字印本　四冊

330000－1795－0003949　家0008　史部/傳
記類/總傳之屬/家乘

［浙江奉化］奉川丁氏宗譜六卷　（清）丁士明
主修　（清）丁瑞璜纂　清宣統二年（1910）佑
啓堂木活字印本　四冊

330000－1795－0003950　家0009　史部/傳
記類/總傳之屬/家乘

［浙江奉化］奉川丁氏宗譜六卷　（清）丁士明
主修　（清）丁瑞璜纂　清宣統二年（1910）佑
啓堂木活字印本　四冊

330000－1795－0003954　集0083　集部/別
集類/元別集

剡源集三十卷附佚詩六卷佚文二卷　（元）戴
表元撰　清刻本　三冊　存十三卷（四至十
二、十八至二十一）

330000－1795－0003955　集0082　集部/別
集類/元別集

剡源集三十卷附佚詩六卷佚文二卷　（元）戴
表元撰　清刻本　六冊　缺十卷（十三至十
七、二十二至二十六）

330000－1795－0003956　集0078　集部/別
集類/宋別集

舒文靖集二卷事實冊一卷　（宋）舒璘撰　**附
錄三卷**　（清）徐時棟輯　**校勘記三卷**　（清）
孫鏘撰　清光緒二十二年（1896）四明孫氏七
千卷樓刻本　二冊

330000－1795－0003957　史0044　史部/地
理類/專志之屬/寺觀

雪竇寺誌十卷　（清）釋行正輯　（清）釋行恂
增輯　清康熙刻本　三冊

330000－1795－0003960　子0014　子部/雜
著類/雜考之屬

敦書呫聞二卷附瀛洲呫聞一卷　楊晨撰　清
石印本　一冊

330000－1795－0003961　史0004　史部/目
錄類/總錄之屬/私撰

**書目答問五卷別錄一卷國朝著述諸家姓名略
一卷**　（清）張之洞撰　清刻本　一冊

330000－1795－0003964　家0150　史部/傳
記類/總傳之屬/家乘

［浙江奉化］華山張氏宗譜不分卷　（清）吳佑
庭編纂　清咸豐十年（1860）張鼎堂抄本
一冊

330000－1795－0003967　家0153　史部/傳
記類/總傳之屬/家乘

［浙江鄞州］鳳山張氏宗譜二卷　（清）張紹經
主修　（清）張紹亨編纂　清同治十年（1871）
植本堂木活字印本　一冊

330000－1795－0003968　家0013　史部/傳
記類/總傳之屬/家乘

［浙江奉化］連山萬竹馬氏家乘不分卷　（清）
王梅江編纂　清光緒三十一年（1905）抄本
一冊

330000－1795－0003971　家0016　史部/傳
記類/總傳之屬/家乘

［浙江奉化］峨陽方氏宗譜不分卷　（清）方欲

仁主修　（清）陳錦瀾編纂　清同治五年
（1866）抄本　一冊

330000 - 1795 - 0003975　家 0020　史部/傳
記類/總傳之屬/家乘

[浙江奉化]西錦王氏宗譜十卷首一卷　（清）
周貞傳纂修　清嘉慶二十年（1815）抄本
二冊

330000 - 1795 - 0003976　家 0021　史部/傳
記類/總傳之屬/家乘

[浙江奉化]西錦王氏宗譜十卷首一卷　（清）
嚴英輝纂修　清道光二十年（1840）抄本
二冊

330000 - 1795 - 0003977　家 0022　史部/傳
記類/總傳之屬/家乘

[浙江奉化]西錦王氏宗譜十卷首一卷　（清）
吳熾昌纂修　清光緒四年（1878）孝感堂木活
字印本　二冊

330000 - 1795 - 0003978　家 0023　史部/傳
記類/總傳之屬/家乘

[浙江奉化]西錦王氏宗譜十卷首一卷　（清）
吳熾昌纂修　清光緒四年（1878）孝感堂木活
字印本　二冊

330000 - 1795 - 0003979　家 0024　史部/傳
記類/總傳之屬/家乘

[浙江奉化]西錦王氏宗譜十卷首一卷　（清）
吳熾昌纂修　清光緒四年（1878）孝感堂木活
字印本　二冊　存二卷(一至二)

330000 - 1795 - 0003981　家 0154　史部/傳
記類/總傳之屬/家乘

[浙江鄞州]鳳山張氏宗譜三卷　（清）張鳳江
主修　（清）石秉衡編纂　清光緒二十七年
（1901）植本堂木活字印本　二冊

330000 - 1795 - 0003986　家 0157　史部/傳
記類/總傳之屬/家乘

[浙江奉化]西錦陳氏宗譜十卷　（清）王清熊
纂修　清咸豐八年（1858）新邑孝謹堂木活字
印本　一冊

330000 - 1795 - 0003987　家 0158　史部/傳

記類/總傳之屬/家乘

[浙江奉化]西錦陳氏宗譜十卷　（清）蕭怡雲
纂修　清光緒十五年（1889）咸正堂木活字印
本　一冊

330000 - 1795 - 0003990　家 0161　史部/傳
記類/總傳之屬/家乘

[浙江奉化]奉川峨陽陳氏宗譜不分卷　（清）
陳濬之纂修　清咸豐三年（1853）抄本　一冊

330000 - 1795 - 0003991　家 0162　史部/傳
記類/總傳之屬/家乘

[浙江奉化]峨陽陳氏宗譜不分卷　王憲章纂
修　清光緒二十九年（1903）抄本　一冊

330000 - 1795 - 0003995　家 0166　史部/傳
記類/總傳之屬/家乘

[浙江奉化]降渚吳氏路下房譜一卷　（清）林
翰芳編纂　清光緒十九年（1893）抄本　一冊

330000 - 1795 - 0004004　家 0034　史部/傳
記類/總傳之屬/家乘

[浙江奉化]王氏美房宗譜十卷　（清）王祿嘉
主修　清光緒十九年（1893）善富堂木活字印
本　一冊

330000 - 1795 - 0004009　家 0341　史部/傳
記類/總傳之屬/家乘

[浙江奉化]竹嶺毛氏家譜六卷　（清）王寅輯
修　清抄本　一冊

330000 - 1795 - 0004013　家 0173　史部/傳
記類/總傳之屬/家乘

[浙江奉化]渭溪單氏宗譜十五卷　（清）方守
章編纂　清乾隆二十一年（1756）南明孝謹堂
木活字印本　三冊

330000 - 1795 - 0004014　家 0174　史部/傳
記類/總傳之屬/家乘

[浙江奉化]晦溪單氏宗譜五卷　（清）單存三
主修　（清）竺時醇編纂　清同治十年（1871）
木活字印本　五冊

330000 - 1795 - 0004015　家 0175　史部/傳
記類/總傳之屬/家乘

[浙江奉化]晦溪單氏宗譜五卷　（清）單存三

寧波市奉化區文物保護管理所等六家收藏單位、舟山市圖書館等二家收藏單位古籍普查登記目錄

主修　（清）竺時醇編纂　清同治十年(1871)
木活字印本　四冊

330000－1795－0004016　家0176　史部/傳
記類/總傳之屬/家乘

[浙江奉化]晦溪單氏宗譜五卷　（清）單存三
主修　（清）竺時醇編纂　清同治十年(1871)
木活字印本　二冊　存二卷(一、三)

330000－1795－0004017　家0177　史部/傳
記類/總傳之屬/家乘

[浙江奉化]晦溪單氏宗譜五卷　（清）單存三
主修　（清）竺時醇編纂　清同治十年(1871)
木活字印本　二冊　存二卷(三、五)

330000－1795－0004018　家0178　史部/傳
記類/總傳之屬/家乘

[浙江奉化]晦溪單氏宗譜四卷　（清）竺時醇
　（清）單修竹編纂　清同治十一年(1872)木
活字印本　二冊

330000－1795－0004019　家0039　史部/傳
記類/總傳之屬/家乘

[浙江奉化]箭嶺王氏竹溪先生家譜不分卷
（清）王宗喬纂修　清道光二十五年(1845)抄
本　一冊

330000－1795－0004020　家0180　史部/傳
記類/總傳之屬/家乘

[浙江奉化]晦溪單氏宗譜六卷　（清）單仁富
主修　（清）胡秉奎編纂　清光緒二十七年
(1901)敦敘堂木活字印本　五冊

330000－1795－0004021　家0181　史部/傳
記類/總傳之屬/家乘

[浙江奉化]晦溪單氏宗譜六卷　（清）單仁富
主修　（清）胡秉奎編纂　清光緒二十七年
(1901)敦敘堂木活字印本　二冊　存二卷
(一、五)

330000－1795－0004022　家0040　史部/傳
記類/總傳之屬/家乘

[浙江奉化]箭嶺王氏竹溪先生家譜不分卷
（清）王宗喬纂修　清道光二十五年(1845)抄
本　一冊

330000－1795－0004023　家0182　史部/傳
記類/總傳之屬/家乘

[浙江奉化]晦溪單氏宗譜六卷　（清）單仁富
主修　（清）胡秉奎編纂　清光緒二十七年
(1901)敦敘堂木活字印本　一冊　存一卷
(一)

330000－1795－0004024　家0041　史部/傳
記類/總傳之屬/家乘

[浙江奉化]箭嶺王氏宗譜五卷首一卷　（清）
王啟通纂修　清光緒三年(1877)樹本堂抄本
　一冊

330000－1795－0004028　家0186　史部/傳
記類/總傳之屬/家乘

[浙江奉化]晦溪單氏宗譜四卷　（清）單修槐
主修　（清）周清華編纂　清光緒三十二年
(1906)沃洲敬承堂木活字印本　二冊

330000－1795－0004029　家0042　史部/傳
記類/總傳之屬/家乘

[浙江奉化]箭嶺王氏家乘不分卷　（清）王學
羲纂修　清光緒三十年(1904)抄本　一冊

330000－1795－0004030　家0187　史部/傳
記類/總傳之屬/家乘

[浙江奉化]晦溪單氏宗譜四卷　（清）單修槐
主修　（清）周清華編纂　清光緒三十二年
(1906)沃洲敬承堂木活字印本　二冊

330000－1795－0004041　家0049　史部/傳
記類/總傳之屬/家乘

[浙江奉化]小萬竹王氏宗譜六卷　（清）王鏞
纂修　清光緒三十一年(1905)木活字印本
三冊

330000－1795－0004042　家0050　史部/傳
記類/總傳之屬/家乘

[浙江奉化]小萬竹王氏宗譜六卷　（清）王鏞
纂修　清光緒三十一年(1905)木活字印本
一冊　存五卷(一至五)

330000－1795－0004056　集0078　集部/總
集類/彙編之屬

宋詩鈔初集八十四種　（清）呂留良　（清）吳

之振 （清）吳爾堯編 清康熙十年(1671)洲錢吳氏鑑古堂刻本 三十一冊 存三十七種

330000－1795－0004060 家0194 史部/傳記類/總傳之屬/家乘

[浙江奉化]龜洲竺氏宗譜不分卷 （清）竺欽編纂 清同治六年(1867)保艾堂木活字印本 一冊

330000－1795－0004061 家0195 史部/傳記類/總傳之屬/家乘

[浙江奉化]竺氏宗譜不分卷 清咸豐三年(1853)萃渙堂抄本 一冊

330000－1795－0004063 家0197 史部/傳記類/總傳之屬/家乘

[浙江奉化]西錦周氏宗譜四卷首一卷 （清）嚴翼塈編纂 清光緒二十六年(1900)木活字印本 一冊

330000－1795－0004064 家0198 史部/傳記類/總傳之屬/家乘

[浙江奉化]西錦周氏宗譜四卷首一卷 （清）嚴翼塈編纂 清光緒二十六年(1900)木活字印本 一冊

330000－1795－0004080 家0067 史部/傳記類/總傳之屬/家乘

[浙江奉化]連山桐坑王氏宗譜三卷首一卷 （清）王竹嶼纂修 清咸豐三年(1853)抄本 一冊

330000－1795－0004081 家0068 史部/傳記類/總傳之屬/家乘

[浙江奉化]連山桐坑王氏宗譜三卷首一卷 （清）王竹嶼纂修 清咸豐三年(1853)抄本 一冊

330000－1795－0004082 家0069 史部/傳記類/總傳之屬/家乘

[浙江奉化]連山桐坑王氏宗譜一卷 （清）羅桐林纂修 清光緒二年(1876)抄本 一冊

330000－1795－0004083 家0070 史部/傳記類/總傳之屬/家乘

[浙江奉化]桐溪王氏宗譜不分卷 （清）王學

精主修 （清）徐寬章編纂 清光緒二年(1876)抄本 一冊

330000－1795－0004084 家0071 史部/傳記類/總傳之屬/家乘

[浙江奉化]桐溪王氏宗譜不分卷 （清）王學精主修 （清）徐寬章編纂 清光緒二年(1876)抄本 一冊

330000－1795－0004085 家0072 史部/傳記類/總傳之屬/家乘

[浙江奉化]王氏宗譜不分卷 （清）王梅江纂修 清光緒十八年(1892)抄本 一冊

330000－1795－0004088 家0075 史部/傳記類/總傳之屬/家乘

[浙江奉化]王氏樓隘支譜不分卷 （清）王孝先纂修 清咸豐三年(1853)抄本 一冊

330000－1795－0004089 家0076 史部/傳記類/總傳之屬/家乘

[浙江奉化]王氏通譜一百六卷 （清）王庸敬纂修 清光緒二十年(1894)槐政堂木活字印本 八十一冊

330000－1795－0004091 家0078 史部/傳記類/總傳之屬/家乘

[浙江鄞縣]陶公山王氏宗譜四卷首一卷 （清）王有鰲主修 （清）沙孝賓編纂 清光緒十五年(1889)樹德堂木活字本 三冊

330000－1795－0004093 家0080 史部/傳記類/總傳之屬/家乘

[浙江奉化]鮚埼馮氏宗譜不分卷 （清）吳培基編纂 清嘉慶元年(1796)抄本 一冊

330000－1795－0004097 家0081 史部/傳記類/總傳之屬/家乘

[浙江奉化]鮚埼馮氏家乘不分卷 （清）吳培基編纂 清嘉慶元年(1796)抄本 一冊

330000－1795－0004098 家0082 史部/傳記類/總傳之屬/家乘

[浙江奉化]鮚埼馮氏重修宗譜不分卷 （清）馮昌華主修 （清）王樹槐編纂 清道光十五年(1835)抄本 一冊

330000－1795－0004099　　家 0083　　史部/傳記類/總傳之屬/家乘

[浙江奉化]鮚埼馮氏重修宗譜四卷首一卷
（清）馮家寶主修　　（清）王安瀾編纂　清同治五年(1866)余慶堂抄本　　一冊

330000－1795－0004117　　家 0093　　史部/傳記類/總傳之屬/家乘

[浙江奉化]文昌劉氏宗譜十五卷首一卷
（清）劉智德主修　　（清）劉懋全編纂　清嘉慶十一年(1806)旌義堂木活字印本　　一冊

330000－1795－0004119　　家 0094　　史部/傳記類/總傳之屬/家乘

[浙江奉化]文昌劉氏宗譜十五卷首一卷
（清）劉聲遙編纂　　清光緒三十四年(1908)新邑誠心堂木活字印本　　二冊　存七卷(首、十至十五)

330000－1795－0004120　　家 0095　　史部/傳記類/總傳之屬/家乘

[浙江奉化]棠溪江氏分房宗譜二卷　（清）□□纂修　清道光王致堂抄本　　一冊

330000－1795－0004122　　家 0097　　史部/傳記類/總傳之屬/家乘

[浙江奉化]續修許氏宗譜三卷　（清）周承漠　（清）單開訓編纂　清嘉慶二十二年(1817)木活字印本　　一冊

330000－1795－0004123　　家 0098　　史部/傳記類/總傳之屬/家乘

[浙江奉化]溪西許氏宗譜四卷　（清）許行嘉主修　　（清）竺時醇編纂　清光緒三年(1877)永思堂木活字印本　　三冊

330000－1795－0004125　　家 0099　　史部/傳記類/總傳之屬/家乘

[浙江奉化]溪西許氏宗譜四卷　（清）許行嘉主修　　（清）竺時醇編纂　清光緒三年(1877)永思堂木活字印本　　一冊　存一卷(三)

330000－1795－0004131　　家 0102　　史部/傳記類/總傳之屬/家乘

[浙江奉化]高街孫氏房譜六卷首一卷　（清）

孫光俊纂修　　清光緒二十二年(1896)垂裕堂木活字印本　　一冊

330000－1795－0004133　　家 0103　　史部/傳記類/總傳之屬/家乘

[浙江奉化]泉溪孫氏宗譜□□卷　（清）□□纂修　清光緒二十五年(1899)木活字印本　一冊　存二卷(十四至十五)

330000－1795－0004148　　家 0110　　史部/傳記類/總傳之屬/家乘

[浙江奉化]塘灣汪氏宗譜七卷首一卷　（清）江濤纂修　清嘉慶二十三年(1818)木活字印本　　一冊

330000－1795－0004149　　家 0111　　史部/傳記類/總傳之屬/家乘

[浙江奉化]塘灣汪氏宗譜八卷首一卷　（清）周步瀛纂修　清道光二十八年(1848)抄本　一冊

330000－1795－0004150　　家 0112　　史部/傳記類/總傳之屬/家乘

[浙江奉化]塘灣汪氏宗譜八卷首一卷　（清）周步瀛纂修　清道光二十八年(1848)抄本　一冊

330000－1795－0004151　　家 0113　　史部/傳記類/總傳之屬/家乘

[浙江奉化]四明沈氏宗譜□□卷　（清）□□纂修　清康熙二十三年(1684)抄本　　一冊

330000－1795－0004152　　家 0114　　史部/傳記類/總傳之屬/家乘

[浙江奉化]沈氏宗譜不分卷　（清）□□纂修　清抄本　　一冊

330000－1795－0004153　　家 0115　　史部/傳記類/總傳之屬/家乘

[浙江奉化]雙溪沈氏孟西信房譜四卷　（清）楊文燦編纂　清同治九年(1870)抄本　　一冊

330000－1795－0004154　　家 0116　　史部/傳記類/總傳之屬/家乘

[浙江奉化]甲岙沈孟西信房譜不分卷　（清）沈開壽主修　　王省三編纂　清宣統二年

（1910）抄本　二冊

330000－1795－0004161　家0123　史部/傳記類/總傳之屬/家乘

[浙江奉化]沈氏小房支譜不分卷　（清）沈夢龍編纂　清道光二十五年(1845)繼志堂抄本　一冊

330000－1795－0004162　家0124　史部/傳記類/總傳之屬/家乘

[浙江奉化]沈氏小房支譜不分卷　（清）沈鎬編纂　清同治十一年(1872)抄本　一冊

330000－1795－0004163　家0125　史部/傳記類/總傳之屬/家乘

[浙江奉化]沈氏小房支譜不分卷　（清）沈彰傑主修　（清）陳瑞穹編纂　清光緒三十年(1904)抄本　一冊

330000－1795－0004165　家0127　史部/傳記類/總傳之屬/家乘

[浙江奉化]沈氏耕心堂家譜不分卷　（清）裘鯉登編纂　清道光七年(1827)稿本　一冊

330000－1795－0004166　家0128　史部/傳記類/總傳之屬/家乘

[浙江奉化]沈氏宗譜不分卷　（清）童克誠編纂　稿本　一冊

330000－1795－0004167　家0129　史部/傳記類/總傳之屬/家乘

[浙江奉化]沈氏耕心堂世系圖不分卷　（清）沈彰顏編纂　清同治五年(1866)稿本　一冊

330000－1795－0004168　家0130　史部/傳記類/總傳之屬/家乘

[浙江奉化]沈氏宗譜不分卷　（清）沈鎬編纂　清光緒二十三年(1897)耕心堂抄本　一冊

330000－1795－0004170　家0132　史部/傳記類/總傳之屬/家乘

[浙江奉化]沈氏採訪譜不分卷　（清）□□纂修　清光緒二十三年(1897)稿本　一冊

330000－1795－0004174　家0136　史部/傳記類/總傳之屬/家乘

[浙江奉化]四明沈氏宗譜一卷　（清）□□纂修　清末抄本　一冊

330000－1795－0004183　家0137　史部/傳記類/總傳之屬/家乘

[浙江奉化]剡城李氏宗譜不分卷　（清）嚴明坊纂修　清咸豐八年(1858)抄本　一冊

330000－1795－0004191　家0251　史部/傳記類/總傳之屬/家乘

[浙江嵊州]剡北徐氏宗譜三卷　（清）徐欽龍主修　（清）徐祖培編纂　清乾隆四十二年(1777)順德堂木活字印本　二冊

330000－1795－0004192　家0252　史部/傳記類/總傳之屬/家乘

[浙江嵊州]剡北徐氏宗譜六卷　（清）徐春榮等纂修　清光緒二十年(1894)順德堂木活字印本　四冊

330000－1795－0004193　家0254　史部/傳記類/總傳之屬/家乘

[浙江奉化]橫山錢氏宗譜不分卷　（清）錢章迎主修　（清）葉敏齋編纂　清光緒五年(1879)余慶堂抄本　一冊

330000－1795－0004194　家0138　史部/傳記類/總傳之屬/家乘

[浙江奉化]剡城李氏宗譜六卷　（清）李廷芳主修　（清）李賢仁編纂　清同治六年(1867)木活字印本　一冊

330000－1795－0004195　家0255　史部/傳記類/總傳之屬/家乘

[浙江奉化]奉川茂林連山康氏宗譜二十七卷　（清）康高侯主修　（清）石緒壁編纂　清嘉慶七年(1802)木活字印本　一冊

330000－1795－0004196　家0139　史部/傳記類/總傳之屬/家乘

[浙江奉化]剡城李氏宗譜六卷　（清）李廷芳主修　（清）李賢仁編纂　清同治六年(1867)木活字印本　一冊

330000－1795－0004198　家0141　史部/傳記類/總傳之屬/家乘

[浙江奉化]泉溪楊氏支譜八卷首一卷　（清）楊占亨編纂　清光緒二十五年（1899）報本堂木活字印本　一冊

330000－1795－0004200　家0256　史部/傳記類/總傳之屬/家乘

[浙江奉化]連山萬竹社稼畈康氏宗譜六卷（清）羅錦雲纂　清咸豐二年（1852）抄本　一冊

330000－1795－0004201　家0257　史部/傳記類/總傳之屬/家乘

[浙江奉化]連山康氏宗譜三卷末一卷　清光緒抄本　一冊

330000－1795－0004202　家0258　史部/傳記類/總傳之屬/家乘

[浙江奉化]連山康氏宗譜三卷末一卷　清光緒抄本　一冊

330000－1795－0004207　家0263　史部/傳記類/總傳之屬/家乘

[浙江奉化]登溪閣氏宗譜五卷　（清）王樹槐編纂　清道光二十年（1840）抄本　一冊

330000－1795－0004208　家0264　史部/傳記類/總傳之屬/家乘

[浙江奉化]登溪閣氏宗譜五卷　（清）羅錦雲編纂　清同治十二年（1873）世恩堂抄本　一冊

330000－1795－0004209　家0265　史部/傳記類/總傳之屬/家乘

[浙江奉化]閣氏宗譜九卷首一卷　（清）閣欽化主修　（清）毛鳳喈編纂　清光緒二十七年（1901）世恩堂抄本　一冊

330000－1795－0004210　家0266　史部/傳記類/總傳之屬/家乘

[浙江奉化]閣氏宗譜九卷首一卷　（清）閣欽化主修　（清）毛鳳喈編纂　清光緒二十七年（1901）世恩堂抄本　一冊

330000－1795－0004214　家0270　史部/傳記類/總傳之屬/家乘

[浙江奉化]斯氏房譜不分卷　清光緒二十四年（1898）木活字印本　一冊

330000－1795－0004215　家0271　史部/傳記類/總傳之屬/家乘

[浙江奉化]董氏宗譜四卷　（清）董世安主修（清）阮世賢編纂　清光緒三十二年（1906）木活字印本　一冊

330000－1795－0004216　家0272　史部/傳記類/總傳之屬/家乘

[浙江奉化]董氏宗譜不分卷　（清）董世安主修　（清）阮世賢編纂　清光緒三十二年（1906）抄本　一冊

330000－1795－0004219　家0275　史部/傳記類/總傳之屬/家乘

[浙江奉化]奉化連山中心嶴董氏宗譜二卷王登雲纂修　清同治九年（1870）正誼堂木活字印本　一冊

330000－1795－0004220　家0276　史部/傳記類/總傳之屬/家乘

[浙江奉化]奉化連山中心嶴董氏宗譜二卷王登雲纂修　清同治九年（1870）正誼堂木活字印本　一冊

330000－1795－0004222　家0143　史部/傳記類/總傳之屬/家乘

[浙江奉化]奉川土埭張氏宗譜不分卷　（清）張進賢編纂　清道光二十九年（1849）抄本　一冊

330000－1795－0004224　家0144　史部/傳記類/總傳之屬/家乘

[浙江奉化]土埭張氏支譜不分卷　（清）胡煥順編纂　清光緒十四年（1888）務本堂抄本　一冊

330000－1795－0004225　家0145　史部/傳記類/總傳之屬/家乘

[浙江奉化]土埭張氏支譜不分卷　（清）張翊聖編纂　清光緒十四年（1888）木活字印本　一冊

330000－1795－0004226　家0279　史部/傳記類/總傳之屬/家乘

[浙江新昌]雪溪董氏宗譜十二卷　（清）董良虬編纂　清嘉慶十六年(1811)思本堂木活字印本　五冊

330000－1795－0004228　家 0280　史部/傳記類/總傳之屬/家乘

[浙江新昌]雪溪董氏宗譜十二卷　（清）董宏慶主修　（清）舒帷編纂　清同治十年(1871)木活字印本　十二冊

330000－1795－0004230　家 0281　史部/傳記類/總傳之屬/家乘

[浙江奉化]晦溪蔣氏宗譜六卷　（清）王恭椿纂修　清乾隆五十九年(1794)刻本　一冊

330000－1795－0004231　家 0282　史部/傳記類/總傳之屬/家乘

[浙江匯溪]晦溪蔣氏宗譜六卷　（清）江珍武編纂　清道光六年(1826)西山堂抄本　一冊

330000－1795－0004234　家 0285　史部/傳記類/總傳之屬/家乘

[浙江奉化]西蔣蔣氏宗譜三卷　（清）周國瑞編纂　清光緒十六年(1890)新邑纘承堂活字印本　一冊

330000－1795－0004235　家 0286　史部/傳記類/總傳之屬/家乘

[浙江奉化]塘頭壹支蔣氏宗譜不分卷　清光緒抄本　一冊

330000－1795－0004236　家 0287　史部/傳記類/總傳之屬/家乘

[浙江奉化]蔣氏宗譜不分卷　（清）陳午暉編纂　清宣統二年(1910)抄本　一冊

330000－1795－0004237　家 0288　史部/傳記類/總傳之屬/家乘

[浙江奉化]蔣氏宗譜不分卷　（清）陳午暉編纂　清宣統二年(1910)抄本　一冊

330000－1795－0004244　家 0295　史部/傳記類/總傳之屬/家乘

[浙江寧海]廟嶺程氏宗譜不分卷　（清）竺企山編纂　清抄本　一冊

330000－1795－0004246　家 0297　史部/傳記類/總傳之屬/家乘

[浙江奉化]馬站程氏宗譜不分卷　（清）程際盛主修　（清）程隆豪編纂　清乾隆五十九年(1794)抄本　一冊

330000－1795－0004247　家 0298　史部/傳記類/總傳之屬/家乘

[浙江奉化]馬站程氏宗譜不分卷　（清）毛振雍編纂　清咸豐十年(1860)抄本　一冊

330000－1795－0004248　家 0299　史部/傳記類/總傳之屬/家乘

[浙江奉化]馬站程氏宗譜不分卷　（清）毛振雍編纂　清咸豐十年(1860)抄本　一冊

330000－1795－0004249　家 0300　史部/傳記類/總傳之屬/家乘

[浙江奉化]馬站程氏宗譜不分卷　（清）毛振雍編纂　清咸豐十年(1860)抄本　一冊

330000－1795－0004250　家 0301　史部/傳記類/總傳之屬/家乘

[浙江奉化]馬站程氏宗譜一卷首一卷　（清）程隆絢主修　（清）王梅江編纂　清光緒十六年(1890)抄本　一冊

330000－1795－0004251　家 0302　史部/傳記類/總傳之屬/家乘

[浙江奉化]馬站程氏宗譜一卷首一卷　（清）程隆絢主修　（清）王梅江編纂　清光緒十六年(1890)抄本　一冊

330000－1795－0004252　家 0303　史部/傳記類/總傳之屬/家乘

[浙江奉化]馬站程氏宗譜一卷首一卷　（清）程隆絢主修　（清）王梅江編纂　清光緒十六年(1890)抄本　一冊

330000－1795－0004258　家 0309　史部/傳記類/總傳之屬/家乘

[浙江奉化]峨陽樓氏宗譜不分卷　清抄本　一冊

330000－1795－0004259　家 0310　史部/傳記類/總傳之屬/家乘

[浙江奉化]峨陽樓氏宗譜不分卷　樓天文主修　清抄本　一冊

330000－1795－0004260　家0311　史部/傳記類/總傳之屬/家乘
[浙江奉化]峨陽樓氏宗譜不分卷　清咸豐抄本　一冊

330000－1795－0004261　家0312　史部/傳記類/總傳之屬/家乘
[浙江奉化]峨陽樓氏宗譜不分卷　清咸豐抄本　一冊

330000－1795－0004262　家0313　史部/傳記類/總傳之屬/家乘
[浙江奉化]峨陽樓氏宗譜不分卷　清光緒抄本　一冊

330000－1795－0004263　家0314　史部/傳記類/總傳之屬/家乘
[浙江奉化]峨陽樓氏宗譜不分卷　（清）樓元卿主修　（清）范鳳翔編纂　清光緒二十八年(1902)晝錦堂木活字印本　四冊

330000－1795－0004264　家0315　史部/傳記類/總傳之屬/家乘
[浙江奉化]峨陽樓氏宗譜不分卷　（清）樓元卿主修　（清）范鳳翔編纂　清光緒二十八年(1902)晝錦堂木活字印本　四冊

330000－1795－0004265　家0316　史部/傳記類/總傳之屬/家乘
[浙江奉化]峨陽樓氏宗譜不分卷　（清）樓元卿主修　（清）范鳳翔編纂　清光緒二十八年(1902)晝錦堂木活字印本　三冊

330000－1795－0004266　家0317　史部/傳記類/總傳之屬/家乘
[浙江奉化]峨陽樓氏宗譜不分卷　（清）樓元卿主修　（清）范鳳翔編纂　清光緒二十八年(1902)晝錦堂木活字印本　三冊

330000－1795－0004267　家0318　史部/傳記類/總傳之屬/家乘
[浙江奉化]峨陽樓氏宗譜不分卷　（清）樓元卿主修　（清）范鳳翔編纂　清光緒二十八年(1902)晝錦堂木活字印本　二冊

330000－1795－0004268　家0319　史部/傳記類/總傳之屬/家乘
[浙江奉化]峨陽樓氏宗譜不分卷　（清）樓元卿主修　（清）范鳳翔編纂　清光緒二十八年(1902)晝錦堂木活字印本　四冊

330000－1795－0004269　家0320　史部/傳記類/總傳之屬/家乘
[浙江奉化]峨陽樓氏宗譜不分卷　（清）樓元卿主修　（清）范鳳翔編纂　清光緒二十八年(1902)晝錦堂木活字印本　一冊

330000－1795－0004270　家0321　史部/傳記類/總傳之屬/家乘
[浙江奉化]峨陽樓氏宗譜不分卷　（清）樓元卿主修　（清）范鳳翔編纂　清光緒二十八年(1902)晝錦堂木活字印本　四冊

330000－1795－0004280　家0331　史部/傳記類/總傳之屬/家乘
[浙江奉化]錦西戴氏宗譜六卷　（清）嚴英偉　（清）嚴英輝纂修　清道光七年(1827)孝謹堂木活字印本　一冊

330000－1795－0004281　家0332　史部/傳記類/總傳之屬/家乘
[浙江奉化]錦西戴氏宗譜六卷　（清）嚴明坊纂修　清同治八年(1869)木活字印本　一冊

330000－1795－0004284　集0510　集部/總集類/選集之屬/通代
御定歷代賦彙一百四十卷外集二十卷逸句二卷補遺二十二卷目錄三卷　（清）陳元龍輯　清刻本　二十五冊　存一百四十九卷(一至二十八、三十九至一百三十三,外集一至二十,補遺一至四,目錄一至二)

330000－1795－0004285　集0110　集部/總集類/選集之屬/斷代
皇清文穎續編一百八卷首五十六卷目錄十卷　（清）董誥等輯　清嘉慶十五年(1810)刻本　七十七冊

330000－1795－0004286　集0063　集部/總

集類/選集之屬/通代

漢魏六朝一百三家集（漢魏六朝百三名家集） （明）張溥編　清光緒三年(1877)滇南唐氏壽考堂刻本　四十冊　存六十六種

330000－1795－0004287　集 0575　子部/宗教類/佛教之屬/總錄

來果禪師語錄七卷 （清）來果撰　（清）達本編輯　清光緒十八年(1892)鉛印本　二冊

330000－1795－0004289　集 0239　集部/總集類/課藝之屬

小題正鵠初集不分卷二集不分卷三集不分卷四集不分卷 （清）李元度輯　清刻本　七冊　缺一集(四)

330000－1795－0004290　集 0238　集部/總集類/彙編之屬

古文抄錄不分卷 （□）□□抄　清抄本　一冊

330000－1795－0004292　集 0234　集部/總集類/課藝之屬

紫陽書院課藝八集不分卷 （清）朱文炳（清）許郊編校　（清）吳左泉鑒定　清光緒十八年(1892)刻本　二冊

330000－1795－0004293　集 0235　集部/總集類/課藝之屬

紫陽書院課藝八集不分卷 （清）朱文炳（清）許郊編校　（清）吳左泉鑒定　清光緒十八年(1892)刻本　四冊

330000－1795－0004294　叢 0724　類叢部/叢書類/自著之屬

西河合集一百十九種 （清）毛奇齡撰　清康熙李塨等刻本　一百十二冊　存一百十種

330000－1795－0004296　集 0157　集部/總集類/題詠之屬

尺牘句解初集四卷 （清）桃花館主編　（清）少溪氏選注　清末石印本　一冊　存一卷(四)

330000－1795－0004300　叢 0024　經部/叢編

皇清經解一百九十卷首一卷正訛記一卷 （清）阮元輯　清光緒十四年(1888)石印本　二十四冊

330000－1795－0004302　叢 0015　經部/叢編

皇清經解一千四百卷首一卷 （清）阮元輯　清道光九年(1829)廣東學海堂刻本　三百冊　缺一百二卷(一百十二至一百三十二、二百三十二至二百三十四、三百十八至三百二十九、五百六十六至五百八十、六百三十六至六百四十、六百六十九、七百六十八至七百七十六、八百十八至八百二十九、八百四十二至八百六十三、一千二百八十至一千二百八十一)

330000－1795－0004303　叢 0028　經部/叢編

皇清經解一百九十卷首一卷正訛記一卷 （清）阮元輯　清光緒十一年(1885)上海點石齋石印本　二十三冊

330000－1795－0004304　叢 0025　經部/叢編

皇清經解續編一千四百三十卷 王先謙輯　清光緒十五年(1889)上海蜚英館石印本(原缺卷三十)　三十二冊

330000－1795－0004307　叢 0021　類叢部/叢書類/彙編之屬

經訓堂叢書二十一種 （清）畢沅編　清乾隆至嘉慶鎮洋畢氏刻本　三十四冊　存十七種

330000－1795－0004312　集 0106　集部/總集類/選集之屬/通代

古文辭類纂十五卷 （清）姚鼐輯　**續古文辭類纂十卷** 王先謙輯　清光緒二十年(1894)上海圖書集成印書局鉛印本　十冊

330000－1795－0004314　叢 0344　類叢部/叢書類/自著之屬

西堂全集四種附一種 （清）尤侗撰　清刻本　十六冊　存三種

330000－1795－0004315　叢 0343　類叢部/叢書類/自著之屬

西堂全集四種附一種 （清）尤侗撰 清文富堂刻本 二十二冊 存三種

330000－1795－0004316 集 0101 集部/別集類/宋別集

舒文靖公類稿四卷 （宋）舒璘撰 **附錄三卷** （清）徐時棟輯 清刻本 一冊

330000－1795－0004317 集 0039 史部/紀傳類/正史之屬

舊五代史一百五十卷目錄二卷 （宋）薛居正等撰 清刻本 十四冊

330000－1795－0004318 史 0037 史部/紀傳類/正史之屬

前漢書一百卷 （漢）班固撰 （唐）顏師古注 清刻本 三十一冊 存九十九卷（一至十八、二十至一百）

330000－1795－0004319 子 0014 子部/宗教類/佛教之屬/論

禪宗正指三卷 題阿難陀尊者降乩撰 （清）劉體恕輯 清道光三十年（1850）刻本 一冊

330000－1795－0004320 子 0079 子部/小說家類/雜事之屬

世說新語補二十卷附釋名一卷 （南朝宋）劉義慶撰 （南朝梁）劉孝標注 （明）何良俊增補 （明）王世貞定 （明）王世懋批釋 清刻本 六冊

330000－1795－0004321 集 0057 集部/別集類/清別集

林蕙堂文集十二卷 （清）吳綺撰 清乾隆三十九年（1774）衷白堂刻本 六冊

330000－1795－0004322 集 0075 集部/總集類/郡邑之屬

甬上耆舊詩三十卷 （清）胡文學 （清）李鄴嗣輯 清康熙十五年（1676）胡氏敬義堂刻本 十冊

330000－1795－0004323 經 0006 經部/書類/傳說之屬

尚書後案三十卷附後辨一卷 （清）王鳴盛學 清刻本 七冊 缺二卷（一至二）

330000－1795－0004324 集 0085 類叢部/叢書類/彙編之屬

武英殿聚珍版書一百三十八種 清乾隆浙江刻本 十冊 存一種

330000－1795－0004325 經 0008 經部/詩類/傳說之屬

毛詩稽古編三十卷 （清）陳啟源撰 （清）麗佑清校 清嘉慶十八年（1813）麗佑清刻本 八冊

330000－1795－0004326 集 0069 集部/總集類/選集之屬/斷代

西漢文二十卷東漢文二十卷 （明）張采輯 明崇禎六年（1633）刻本 四十冊

330000－1795－0004327 集 0070 集部/總集類/選集之屬/斷代

感舊集十六卷 （清）王士禎輯 （清）盧見曾補傳 清乾隆十七年（1752）德州盧氏刻本 八冊

330000－1795－0004328 集 0181 集部/別集類/明別集

學古緒言二十五卷 （明）婁堅撰 明崇禎刻本 七冊

330000－1795－0004329 經 0005 經部/書類/傳說之屬

尚書古文疏證九卷 （清）閻若璩撰 **朱子古文書疑一卷** （清）閻詠輯 清眷西堂刻本（卷三原缺） 八冊 缺一卷（朱子古文書疑）

330000－1795－0004330 史 0071 史部/地理類/山川之屬/水志

水道提綱二十八卷 （清）齊召南撰 清乾隆四十一年（1776）傳經書屋刻本 八冊

330000－1795－0004331 集 0090 集部/別集類/明別集

歸先生文集三十二卷附錄一卷 （明）歸有光撰 清雨金堂刻本 四冊 存十一卷（一、五至十四）

330000－1795－0004332 子 0075 子部/醫家類/醫案之屬

寓意草一卷　（明）喻昌撰　清刻本　三冊

330000－1795－0004333　史0040　史部/紀傳類/正史之屬

史記奇鈔十四卷　（明）陳仁錫輯　清刻本十二冊

330000－1795－0004334　經0007　經部/書類/分篇之屬

禹貢錐指二十卷略例一卷圖一卷　（清）胡渭撰　清康熙漱六軒刻本　十二冊

330000－1795－0004335　子0076　子部/醫家類/方書之屬/歷代方書

原病集六卷　（明）唐椿撰　明崇禎六年(1633)唐敏學刻本　四冊　缺一卷(貞類鈐方一)

330000－1795－0004336　子0074　子部/雜著類/雜考之屬

義門讀書記五十八卷　（清）何焯撰　（清）蔣維鈞輯　清刻本　十二冊

330000－1795－0004337　經0010　經部/春秋總義類/傳說之屬

春秋衡庫三十卷附錄三卷備錄一卷　（明）馮夢龍輯　清刻本　十一冊　缺五卷(三至七)

330000－1795－0004338　史0052　史部/紀傳類/正史之屬

遼史一百十六卷　（元）脫脫等撰　明嘉靖八年(1529)南京國子監刻本　八冊

330000－1795－0004339　集0064　集部/別集類/清別集

湯子遺書十卷附年譜一卷附錄一卷　（清）湯斌撰　（清）王廷燦增輯　清康熙愛日堂刻本　四冊

330000－1795－0004340　經0003　經部/易類/傳說之屬

御纂周易折中二十二卷首一卷　（清）李光地等纂　清康熙五十四年(1715)內府刻本　十二冊

330000－1795－0004341　集0058　集部/別

集類/清別集

西陂類稿五十卷　（清）宋犖撰　清刻本　十五冊　缺四卷(四十七至五十)

330000－1795－0004343　子0047　子部/醫家類/本草之屬/歷代綜合本草

本草從新十八卷　（清）吳儀洛輯　清刻本一冊　存四卷(十二至十五)

330000－1795－0004352　史0245　史部/金石類/石之屬/文字

石鼓文釋存一卷補注一卷　（清）張燕昌撰清光緒二十八年(1902)貴池劉世珩刻本一冊

330000－1795－0004353　子0121　子部/藝術類/書畫之屬

衡山先生三絕冊一卷　（明）文徵明撰　清刻本　三冊

330000－1795－0004356　子0084　子部/醫家類/傷寒金匱之屬/傷寒論

尚論張仲景傷寒論重編三百九十七法二卷後四卷首一卷　（清）喻昌撰　清刻本　八冊

330000－1795－0004358　集0303　集部/總集類/選集之屬/通代

雞跖賦續刻二十八卷擬古二卷　（清）應泰泉輯　清刻本　一冊　存二卷(六至七)

330000－1795－0004359　史0290　史部/傳記類/科舉錄之屬

[光緒二十九年]癸卯直墨采真不分卷　（清）京都大學堂評選　清光緒石印本　二冊

330000－1795－0004360　集0474　集部/總集類/選集之屬/斷代

重訂唐詩別裁集二十卷　（清）沈德潛輯　清刻本　十冊

330000－1795－0004362　集0028　集部/小說類/長篇之屬

增評加批金玉緣圖說十六卷一百二十回首一卷　（清）曹霑　（清）高鶚撰　（清）蝶薌仙史評訂　清末石印本　一冊　存一卷(十)

330000－1795－0004365　集 0353　集部/總集類/選集之屬/通代

御選唐宋詩醇四十七卷目錄二卷　（清）高宗弘曆輯　清刻本　二冊　存四卷(一至四)

330000－1795－0004367　子 0144　子部/術數類/陰陽五行之屬

欽定協紀辨方書三十六卷　（清）允祿　（清）張照等纂修　清刻本　三冊　存十二卷(八至十五、三十三至三十六)

330000－1795－0004370　子 0290　子部/宗教類/佛教之屬/諸宗

念佛往生西方公據不分卷　（清）沈清塵等輯　清刻本　一冊

330000－1795－0004374　子 0264　子部/佛教之屬/經

大佛頂如來密因修證了義諸菩薩萬行首楞嚴經十卷　（唐）釋般剌密帝譯　（唐）釋彌伽釋迦譯語　（唐）釋懷迪證譯　（唐）房融筆受　（明）王應乾參標　清光緒三十一年(1905)浙寧三寶經房刻本　三冊

330000－1795－0004375　子 0017　子部/術數類/相宅相墓之屬

嚴陵張九儀地理穿山透地真傳不分卷　（清）張鳳藻撰　清刻本　一冊

330000－1795－0004376　子 0046　子部/醫家類/綜合之屬/通論

御纂醫宗金鑑九十卷首一卷　（清）吳謙等纂修　清刻本　一冊　存二卷(六十七至六十八)

330000－1795－0004378　史 0128　史部/政書類/邦交之屬

使俄草八卷　（清）王之春撰　清光緒二十一年(1895)石印本　二冊　存四卷(一至二、五至六)

330000－1795－0004383　集 0145　集部/小說類/長篇之屬

東周列國全志二十七卷一百八回　（清）蔡奡評點　清刻本　一冊　存一卷(六)

330000－1795－0004384　集 0144　集部/戲劇類/雜劇之屬

西廂記不分卷　（元）王德信撰　清抄本　一冊

330000－1795－0004400　集 0128　集部/小說類/長篇之屬

增評加批金玉緣圖說十六卷一百二十回首一卷　（清）曹霑　（清）高鶚撰　（清）蝶薌仙史評訂　清末石印本　一冊　存四卷(十三至十六)

330000－1795－0004408　集 0121　集部/小說類/長篇之屬

繡像東周列國志二十七卷一百八回　（清）蔡奡評點　清光緒三十一年(1905)上海商務印書館鉛印本　六冊　存十三卷(三至五、十四至二十一、二十四至二十五)

330000－1795－0004418　子 0234　子部/宗教類/佛教之屬/諸宗

相宗八要直解八卷　（明）釋智旭撰　清刻本　一冊　存四卷(一至四)

330000－1795－0004420　子 0095　子部/醫家類/類編之屬

沈氏尊生書五種　（清）沈金鰲撰輯　清刻本　二冊　存一種

330000－1795－0004423　集 0031　子部/藝術類/書畫之屬/畫譜

芥子園畫傳初集六卷二集九卷三集六卷　（清）王槩　（清）王蓍　（清）王臬輯　清末石印本　九冊　存十六卷(初集三、二集一至九、三集一至六)

330000－1795－0004424　子 0032　子部/藝術類/書畫之屬/畫譜

芥子園畫傳初集六卷二集九卷三集六卷　（清）王槩　（清）王蓍　（清）王臬輯　清末石印本　一冊　存一卷(三集三)

330000－1795－0004429　子 0337　子部/宗教類/佛教之屬/經咒

大悲無礙陀螺尼寶懺合帙不分卷　清刻本

一冊

330000－1795－0004432　子0337－1　子部/宗教類/佛教之屬/經咒

大悲無礙陀螺尼寶懺合帙不分卷　清刻本
一冊

330000－1795－0004433　子0337－2　子部/宗教類/佛教之屬/經咒

大悲無礙陀螺尼寶懺合帙不分卷　清刻本
一冊

330000－1795－0004434　子0337－3　子部/宗教類/佛教之屬/經咒

大悲無礙陀螺尼寶懺合帙不分卷　清刻本
一冊

330000－1795－0004435　子0337－4　子部/宗教類/佛教之屬/經咒

大悲無礙陀螺尼寶懺合帙不分卷　清刻本
一冊

330000－1795－0004436　子0337－6　子部/宗教類/佛教之屬/經咒

大悲無礙陀螺尼寶懺合帙不分卷　清刻本
一冊

330000－1795－0004437　子0337－5　子部/宗教類/佛教之屬/經咒

大悲無礙陀螺尼寶懺合帙不分卷　清刻本
一冊

330000－1795－0004438　子0337－7　子部/宗教類/佛教之屬/經咒

大悲無礙陀螺尼寶懺合帙不分卷　清刻本
一冊

330000－1795－0004439　子0337－8　子部/宗教類/佛教之屬/經咒

大悲無礙陀螺尼寶懺合帙不分卷　清刻本
一冊

330000－1795－0004440　子0337－9　子部/宗教類/佛教之屬/經咒

大悲無礙陀螺尼寶懺合帙不分卷　清刻本
一冊

330000－1795－0004441　子0337－10　子部/宗教類/佛教之屬/經咒

大悲無礙陀螺尼寶懺合帙不分卷　清刻本
一冊

330000－1795－0004442　子0337－11　子部/宗教類/佛教之屬/經咒

大悲無礙陀螺尼寶懺合帙不分卷　清刻本
一冊

330000－1795－0004446　集0209　集部/總集類/選集之屬/通代

咏物詩選註釋八卷　(清)俞琰輯　(清)易開緗　(清)孫洯鳴注　清刻本　二冊　存四卷(一至四)

330000－1795－0004447　經0210　經部/周禮類/傳說之屬

周禮正義八十六卷　(清)孫詒讓撰　清光緒鉛印本　二冊　存十卷(七十七至八十六)

330000－1795－0004448　子0211　子部/雜著類/雜編之屬

酬世寶籍二卷增註七字蒙求一卷　(清)□□撰　清光緒二十九年(1903)刻本　一冊

330000－1795－0004451　經0213　經部/叢編

九經補注　(清)姜兆錫撰　清雍正至乾隆寅清樓刻本　一冊　存一種

330000－1795－0004452　叢0214　類叢部/類書類/專類之屬

詩學含英十四卷　(清)劉文蔚輯　清靈蘭堂刻本　一冊　存四卷(五至八)

330000－1795－0004453　經0215　經部/小學類/文字之屬/字書/字典

康熙字典十二集三十六卷總目一卷檢字一卷辨似一卷等韻一卷補遺一卷備考一卷　(清)張玉書等纂修　清末石印本　一冊　存六卷(未集上中下、申集上中下)

330000－1795－0004454　集0216　類叢部/叢書類/自著之屬

陸放翁全集六種　(宋)陸遊撰　明末海虞毛

氏汲古閣刻清初毛扆增刻彙印本　一冊　存一種

330000－1795－0004455　集 0217　類叢部/叢書類/自著之屬

衡齋遺書　（清）汪萊撰　清咸豐刻本　一冊　存一種

330000－1795－0004456　子 0065　子部/醫家類/本草之屬/歷代綜合本草

珍珠囊指掌補遺藥性賦四卷　（金）李杲輯

雷公炮製藥性解六卷　（明）李中梓輯　清光緒五年（1879）上洋紫文閣刻本　二冊　存四卷（珍珠囊指掌補遺藥性賦一至四）

330000－1795－0004458　子 0057　子部/儒家類/儒學之屬/禮教/家訓

陳氏四種遺規　（清）陳弘謀輯　清乾隆七年（1742）刻本　五冊　存三種

330000－1795－0004460　史 0383　史部/地理類/方志之屬/郡縣志

[光緒]奉化縣志四十卷首一卷　（清）李前泮修　張美翊等纂　清光緒三十四年（1908）刻本　一冊　存三卷（三至五）

330000－1795－0004462　子 0042　子部/術數類/相宅相墓之屬

地理辨正五卷　（清）蔣平階補傳　（清）姜垚辨正　清可久堂刻本　二冊　缺二卷（四至五）

330000－1795－0004464　集 0040　集部/別集類/唐五代別集

昌黎先生集四十卷外集十卷遺文一卷　（唐）韓愈撰　（宋）廖瑩中校正　**朱子校昌黎先生集傳一卷**　（宋）朱熹撰　**韓集點勘四卷**（清）陳景雲撰　清宣統三年（1911）上海掃葉山房石印本　四冊　存二十卷（一至二十）

330000－1795－0004465　子 0027　子部/宗教類/佛教之屬/總錄

御選語錄十九卷　（清）世宗胤禛輯　清刻本　二冊　存七卷（三至八、十三）

330000－1795－0004466　子 0354　子部/宗教類/佛教之屬/總錄

御選語錄十九卷　（清）世宗胤禛輯　清刻本　一冊　存六卷（三至八）

330000－1795－0004468　子 0342　子部/宗教類/佛教之屬/經

佛說高王觀世音經一卷　清刻本　一冊

330000－1795－0004469　子 0343　子部/宗教類/佛教之屬/經

慈悲道場水懺三卷　清刻本　三冊

330000－1795－0004470　子 0344　類叢部/叢書類/彙編之屬

函海一百五十二種　（清）李調元編　清乾隆綿州李氏萬卷樓刻嘉慶十四年（1809）李鼎元、道光五年（1825）李朝夔重校補刻本　一冊　存一種

330000－1795－0004471　子 0345　子部/宗教類/佛教之屬/經

慈悲道場水懺三卷　清刻本　一冊

330000－1795－0004472　子 0346　子部/宗教類/佛教之屬/經咒

瑜伽燄口施食要集一卷　（清）釋德基輯　（清）釋寶華述　清刻本　一冊

330000－1795－0004473　子 0347　子部/宗教類/佛教之屬/大藏

徑山藏　明萬曆十七年（1589）至清乾隆五臺山嘉興徑山等地刻本　二冊　存一種

330000－1795－0004474　子 0348　子部/宗教類/佛教之屬/經

大寶積經一百二十卷　（唐）釋菩提流志等譯　清刻本　二冊　存十卷（六至十、十五至十九）

330000－1795－0004475　子 0349　子部/宗教類/佛教之屬/經

慈悲報恩法懺三卷　清刻本　三冊

330000－1795－0004476　經 0350　經部/小學類/文字之屬/字書/字典

康熙字典十二集三十六卷總目一卷檢字一卷

辨似一卷等韻一卷補遺一卷備考一卷 （清）張玉書等纂修 清刻本 十六冊 存十七卷（子集下、丑集上下、寅集中下、卯集上下、巳集上下、午集中下、未集中下、申集上、戌集下,檢字,辨似）

330000－1795－0004482 子0355 子部/宗教類/佛教之屬/經咒

慈悲金剛懺儀三卷 清末刻本 一冊

330000－1795－0004483 子0355－1 子部/宗教類/佛教之屬/經咒

慈悲金剛懺儀三卷 清末刻本 一冊

330000－1795－0004485 子0357 子部/宗教類/佛教之屬/經咒

慈悲十王懺法三卷 清刻本 一冊

330000－1795－0004486 子0358 子部/宗教類/佛教之屬/經咒

慈悲十王妙懺法三卷 清刻本 一冊

330000－1795－0004487 子0358－1 子部/宗教類/佛教之屬/經咒

慈悲十王妙懺法三卷 清刻本 一冊

330000－1795－0004488 子0359 子部/宗教類/佛教之屬/經咒

慈悲十王妙懺法三卷 清刻本 一冊

330000－1795－0004489 子0309 子部/宗教類/佛教之屬/經咒

藥師懺三卷 清刻本 一冊

330000－1795－0004490 子0309－1 子部/宗教類/佛教之屬/經咒

藥師懺三卷 清刻本 一冊

330000－1795－0004491 子0360 子部/宗教類/佛教之屬/經咒

慈悲金剛懺儀三卷 清末刻本 一冊

330000－1795－0004493 子0360－1 子部/宗教類/佛教之屬/經咒

慈悲金剛懺儀三卷 清末刻本 一冊

330000－1795－0004494 子0362 子部/道家類

南華真經旁注五卷 （明）方虛名撰 明萬曆二十二年(1594)刻本 一冊 存二卷(一至二)

330000－1795－0004497 子0363 子部/宗教類/佛教之屬/經

佛說梵網經二卷 （後秦）釋鳩摩羅什譯 清光緒二十七年(1901)刻本 一冊 存一卷(下)

330000－1795－0004498 子0363 子部/宗教類/佛教之屬/經

復菴和尚華嚴綸貫一卷 （宋）釋復菴撰 **華嚴普賢行願懺儀一卷** （晉）釋淨源編集 清刻本 一冊

330000－1795－0004504 子0369 子部/宗教類/其他宗教之屬

教外別傳□□卷 清刻本 一冊 存二卷(九至十)

330000－1795－0004505 子0159 子部/宗教類/佛教之屬/律

受持大涅槃經懺悔儀一卷繞塔散花佛事一卷禮佛舍利寶塔懺悔行儀一卷 （清）釋實賢撰 清光緒釋敏曦刻本 一冊

330000－1795－0004506 子0159－1 子部/宗教類/佛教之屬/律

受持大涅槃經懺悔儀一卷繞塔散花佛事一卷禮佛舍利寶塔懺悔行儀一卷 （清）釋實賢撰 清光緒釋敏曦刻本 一冊

330000－1795－0004507 子0159－2 子部/宗教類/佛教之屬/律

受持大涅槃經懺悔儀一卷繞塔散花佛事一卷禮佛舍利寶塔懺悔行儀一卷 （清）釋實賢撰 清光緒釋敏曦刻本 一冊

330000－1795－0004509 子0371 子部/宗教類/佛教之屬/經咒

瑜伽燄口施食要集一卷 （清）釋德基輯 (清)釋寶華述 清刻本 一冊

330000－1795－0004511 子0373 子部/宗教類/佛教之屬/經疏

藥師琉璃光如來本願功德經一卷 （唐）釋玄

奘譯　清刻本　一冊

330000－1795－0004513　子0375　子部/宗
教類/佛教之屬/經
文殊師利所說不思議佛境界經二卷　（隋）菩
提留志等譯　清刻本　一冊

330000－1795－0004515　子0377　子部/宗
教類/佛教之屬/大藏
徑山藏　（宋）施護等譯　明萬曆十七年
（1589）至清乾隆五臺山嘉興徑山等地刻本
一冊　存一種

330000－1795－0004516　子0378　子部/宗
教類/佛教之屬/大藏
徑山藏　（唐）澄觀撰　明萬曆十七年（1589）
至清乾隆五臺山嘉興徑山等地刻本　一冊
存一種

330000－1795－0004522　子0388　子部/宗
教類/佛教之屬/經
大乘本生心地觀經八卷　（唐）釋般若等譯
清刻本　一冊

330000－1795－0004526　子0392　子部/宗
教類/佛教之屬/經疏
妙法蓮華經弘傳序解不分卷　（清）釋瑛弘撰
清刻本　一冊

330000－1795－0004528　子0394　子部/宗
教類/佛教之屬/經
妙法蓮華經七卷　（後秦）釋鳩摩羅什譯　清
光緒二十六年（1900）刻本　三冊　存五卷
（一至三、六至七）

330000－1795－0004530　子0396　子部/宗
教類/佛教之屬/律
受持大涅槃經懺悔儀一卷繞塔散花佛事一卷
禮佛舍利寶塔懺悔行儀一卷　（清）釋實賢撰
清光緒釋敏曦刻本　一冊

330000－1795－0004534　子0402　新學/理
學/文學
訂正中等國文典三卷　（日本）三土忠造撰
清光緒二十七年（1901）石印本　三冊

餘姚市文物保護管理所

古籍普查登記目録

全國古籍普查登記目録·浙江寧波

國家圖書館出版社
National Library of China Publishing House

《餘姚市文物保護管理所古籍普查登記目録》
編委會

主　　編：李安軍

副主編：謝向杰　馬曉紅

編　　委：朱　贇　戴秋羽　李小仙　許獻明

　　　　　翁桑煥　何曙春　陳王勤　黄銀春

《餘姚市文物保護管理所古籍普查登記目録》

前　言

　　餘姚素有文獻名邦之美譽,藏書文化歷史悠久。餘姚市文物保護管理所現存古籍主要由原梨洲文獻館及五桂樓藏書組成,總藏量爲34009册(其中10144册爲民國時期傳統裝幀書籍)。據資料記載,黄澄量在清嘉慶年間曾對五桂樓藏書進行整理編目。之後,黄承乙整理舊藏,重新編寫《姚江黄氏五桂樓書目》,於光緒二十一年(1895)付印。1930年,明史專家黄雲眉與施涵雲對五桂樓藏書進行整理,有《清理黄氏五桂樓圖書》報告一文。中華人民共和國成立後,分别於1954年、1962年、1971年、1992年進行過整理編目。梨洲文獻館曾於1976年組織過一次較爲系統的編目整理。

　　隨着全國古籍保護工作的全面實施,根據《浙江省文化廳關於開展全省古籍普查項目申報的通知》(浙文社〔2011〕77號)、《浙江省古籍普查項目管理辦法》(浙古保〔2012〕1號)的精神,我所於2012年4月申報了古籍普查項目,制訂工作計劃,并於2015年11月完成了全部館藏古籍的普查著録工作。

　　此書目共收録本館數據1783條24103册,其中經部250條3351册,史部354條8597册,子部353條2630册,集部566條4572册,類叢部215條4827册,新學45條126册。從版本類型看,稿本21條48册,抄本43條100册,元刻本2條123册,明刻本64條1444册,其餘爲清刻本、鉛印本及石印本。其中,《黄梨洲先生宋元學案元孫稗圭校補稿》五十五卷等12部古籍入選《浙江省珍貴古籍名録》。我所收藏的一批餘姚地方名人稿本,如清同治七年(1868)朱衍緒撰《二百八十峰詩屋近體未定稿》,清乾隆黄璋撰《周易象述》,清黄炳垕編《黄忠端公年譜》二卷等,這些古籍對於研究餘姚地方名人學術文化具有重要意義,是不可多得的第一手資料。另外,我所還藏有譜牒50多部,多爲餘姚及其周邊地區,涉及王、黄、葉、干、史、朱、謝等20多種姓氏,這些存世的譜牒收録了大量有關餘姚地區歷史人物、天災人禍、風俗民情及鹽場作坊等方面的珍貴資料,具有重要的文獻價值。

　　古籍保護任重道遠。由於歷史原因,我所館藏古籍破損較爲嚴重,新館重建後,保存條件得到大大提升。本次普查幫助我們對自己的家底有了更爲客觀清晰的認識,爲下一步有針對性地做好古籍保護、利用奠定了基礎。爲此,在普查結束後,我所結合浙江省古籍修復站建設,購置工具、培訓專業人員,逐步開展古籍基礎維護工作。與此同時,積極與民間古籍藏家聯繫互動,聯合舉辦各類古籍臨時展覽,宣傳古籍保護的意義。建立梨洲文獻館古籍資源庫網上檢索平臺,充分利用現代化技術做到古籍的利用和保護兩不誤。

此次普查工作瑣碎繁雜,馬曉紅、朱贇、戴秋羽、李小仙、許獻明、翁桑焕、何曙春、陳王勤、黄銀春等9名普查人員不辭勞苦、兢兢業業,歷時四年,將館藏書籍數據全部登録完成,在此一并深表謝意。

由於本書的數據采集出自多人之手,能力有限,雖經反復校對覆核,仍難免有錯誤之處,敬祈方家批評指正。

餘姚市文物保護管理所
2017 年 11 月

252

330000 – 1715 – 0000002　0080　經部/易類/傳說之屬

周易本義四卷附圖說一卷卦歌一卷筮儀一卷
（宋）朱熹撰　清刻本　一冊

330000 – 1715 – 0000003　0001　經部/易類/分篇之屬

周易象辭不分卷周易尋門餘論二卷圖學辯惑一卷　（清）黃宗炎撰　稿本　七冊

330000 – 1715 – 0000004　0002　經部/叢編

通志堂經解一百四十種一千八百六十卷
（清）納蘭成德輯　清刻本　四冊　存一種

330000 – 1715 – 0000005　0140　經部/春秋左傳類/傳說之屬

曲江書屋新訂批註左傳快讀十八卷首一卷
（清）李紹崧輯　清宣統元年（1909）上海書局石印本　十一冊　缺二卷（十二至十三）

330000 – 1715 – 0000006　0079　經部/易類/傳說之屬

周易本義四卷附圖說一卷新增圖說一卷卦歌一卷　（宋）朱熹撰　清光緒十九年（1893）浙江書局刻本　二冊

330000 – 1715 – 0000007　0036　史部/紀傳類/正史之屬

孫月峯先生批評漢書一百卷　（漢）班固撰
（明）孫鑛評　明末馮元仲天益山刻本　二十冊

330000 – 1715 – 0000008　0077　經部/叢編

十三經註疏三百三十三卷　（明）□□輯　清嘉慶三年（1798）金閶書業堂刻本　六冊　存一種

330000 – 1715 – 0000009　0084　經部/易類/傳說之屬

讀易管窺四卷　（清）朱金卿撰　稿本　姜枝先題簽　一冊　存一卷（一）

330000 – 1715 – 0000010　0081　經部/叢編

十三經讀本一百五十二卷　（清）□□編　清同治金陵書局刻本　二冊　存一種

330000 – 1715 – 0000011　0312　經部/春秋左傳類/傳說之屬

春秋左傳五十卷　（晉）杜預註　（宋）林堯叟補註　（唐）陸德明音義　（明）鍾惺　（明）孫鑛　（明）韓范評點　清末李光明家刻本　十冊　存三十九卷（九至三十五、三十九至五十）

330000 – 1715 – 0000012　0083　經部/易類/傳說之屬

新刻來瞿唐先生易註十五卷首一卷末一卷
（明）來知德撰　清刻本　八冊

330000 – 1715 – 0000013　0085　經部/易類/傳說之屬

張皋文箋易詮全集十八種六十卷　（清）張惠言撰　清嘉慶至道光刻本　四冊　存二種

330000 – 1715 – 0000014　0086　經部/易類/傳說之屬

易義無忘錄三卷首一卷　（清）蔣珥撰　清道光二十一年（1841）姚江蔣氏齒德堂刻本　二冊　存三卷（一至三）

330000 – 1715 – 0000015　0087、0258、1531、2714　類叢部/叢書類/彙編之屬

花雨樓叢鈔十一種續鈔十一種附一種　（清）張壽榮編　清光緒八年至十四年（1882 – 1888）蛟川張氏花雨樓刻本　十二冊　存五種

330000 – 1715 – 0000016　0538　史部/詔令奏議類/詔令之屬

硃批諭旨不分卷　（清）鄂爾泰等輯　清光緒十三年（1887）上海點石齋石印本　六十冊

330000 – 1715 – 0000017　0094　經部/書類/傳說之屬

書經集傳六卷　（宋）蔡沈撰　清光緒十九年（1893）浙江書局刻本　四冊

330000 – 1715 – 0000018　0095　經部/書類/傳說之屬

尚書古文疏證九卷　（清）閻若璩撰　**朱子古文書疑一卷**　（清）閻詠輯　清嘉慶元年

餘姚市文物保護管理所古籍普查登記目錄

（1796）吳人驪津門刻本（卷三原缺）　十冊

330000－1715－0000019　0105　經部/詩類/傳說之屬

欽定詩經傳說彙纂二十一卷首二卷詩序二卷
（清）聖祖玄燁定　（清）王鴻緒　（清）揆敘總裁　清雍正刻本　二十四冊

330000－1715－0000020　0107　經部/詩類/傳說之屬

陳氏毛詩五種本　（清）陳奐撰　清道光至咸豐陳氏掃葉山莊刻本　十二冊　存一種

330000－1715－0000023　0182　經部/群經總義類/文字音義之屬

經典釋文三十卷　（唐）陸德明撰　清刻本十二冊

330000－1715－0000024　0118　經部/周禮類/傳說之屬

周官精義十二卷　（清）連斗山輯　清乾隆四十一年（1776）刻本　六冊

330000－1715－0000025　0119、0143　經部/叢編

九經補注　（清）姜兆錫撰　清雍正至乾隆寅清樓刻本　十冊　存二種

330000－1715－0000026　0130　經部/三禮總義類/通禮雜禮之屬

五禮通考二百六十二卷首四卷總目二卷
（清）秦蕙田撰　**讀禮通考一百二十卷**　（清）徐乾學撰　清乾隆金匱秦蕙田味經窩刻本四十冊　存一百十九卷（三十五至六十六、九十三至一百二十一、一百八十至二百三十七）

330000－1715－0000027　0197　經部/小學類/訓詁之屬/爾雅

爾雅郭注義疏二十卷　（清）郝懿行撰　清光緒十四年（1888）湖北官書處刻本　八冊

330000－1715－0000028　0131　經部/三禮總義類/通禮雜禮之屬

讀禮通考一百二十卷　（清）徐乾學撰　清康熙三十五年（1696）崑山徐氏刻本　三十冊

330000－1715－0000029　0122　經部/禮記類/傳說之屬

禮記集說十卷　（元）陳澔撰　清光緒十二年（1886）湖北官書處刻本　十冊

330000－1715－0000031　0132　經部/禮記類/傳說之屬

禮記集說十卷　（元）陳澔撰　清刻本　十冊

330000－1715－0000034　0252　經部/小學類/音韻之屬/韻書

集漢魏六朝唐人通用古韻不分卷　（明）李因篤撰　清抄本　一冊

330000－1715－0000038　0193　經部/小學類/訓詁之屬/爾雅

爾雅正義二十卷　（清）邵晉涵撰　**爾雅釋文三卷**　（唐）陸德明撰　清乾隆五十三年（1788）邵氏面水層軒刻本　八冊

330000－1715－0000039　0191　經部/小學類/訓詁之屬/爾雅

爾雅正義二十卷　（清）邵晉涵撰　**爾雅釋文三卷**　（唐）陸德明撰　清乾隆五十三年（1788）邵氏面水層軒刻本　八冊

330000－1715－0000040　0192　經部/小學類/訓詁之屬/爾雅

爾雅正義二十卷　（清）邵晉涵撰　**爾雅釋文三卷**　（唐）陸德明撰　清乾隆五十三年（1788）邵氏面水層軒刻本　八冊

330000－1715－0000041　0194　經部/小學類/訓詁之屬/爾雅

爾雅正義二十卷　（清）邵晉涵撰　**爾雅釋文三卷**　（唐）陸德明撰　清乾隆五十三年（1788）邵氏面水層軒刻本　七冊　缺三卷（爾雅釋文一至三）

330000－1715－0000042　0223　經部/小學類/文字之屬/說文/傳說

說文繫傳四十卷　（南唐）徐鍇撰　（南唐）朱翱反切　清光緒九年（1883）江蘇書局刻本五冊　存十九卷（一至十九）

330000－1715－0000043　0216　經部/小學

類/文字之屬/說文/傳說

說文解字義證五十卷 （清）桂馥撰　清同治九年(1870)湖北崇文書局刻本　三十二冊

330000－1715－0000045　0215　經部/小學類/文字之屬/說文/傳說

段注說文解字三十卷六書音均表五卷汲古閣說文訂一卷 （清）段玉裁撰　**說文部目分韻一卷** （清）陳煥編　清光緒十六年(1890)石印本　七冊

330000－1715－0000046　0211　經部/小學類/文字之屬/說文/傳說

說文解字十五卷標目一卷 （漢）許慎撰　（宋）徐鉉等校定　清同治十三年(1874)東吳浦氏刻本　三冊

330000－1715－0000047　0218　經部/小學類/文字之屬/說文/專著

說文通檢十四卷首一卷末一卷 （清）黎永椿撰　清光緒十六年(1890)石印本　一冊

330000－1715－0000048　0217　經部/小學類/文字之屬/說文/傳說

說文段注撰要九卷 （清）馬壽齡撰　清光緒十六年(1890)石印本　二冊

330000－1715－0000049　0224　經部/小學類/文字之屬/說文/專著

說文通檢十四卷首一卷末一卷 （清）黎永椿撰　清光緒二年(1876)崇文書局刻本　二冊

330000－1715－0000051　0233　經部/小學類/文字之屬/字書/字體

隸辨八卷 （清）顧藹吉撰　清乾隆八年(1743)天都黃晟刻本　八冊

330000－1715－0000052　0238　經部/小學類/文字之屬/字書/字典

康熙字典十二集三十六卷總目一卷檢字一卷辨似一卷等韻一卷補遺一卷備考一卷 （清）張玉書等纂修　清道光七年(1827)刻本　四十冊

330000－1715－0000053　0239　經部/小學類/文字之屬/字書/字典

康熙字典十二集三十六卷總目一卷檢字一卷辨似一卷等韻一卷補遺一卷備考一卷 （清）張玉書等纂修　清末上海商務印書館石印本　七冊

330000－1715－0000054　0128、0129　經部/叢編

御纂七經 （清）李光地等撰　清紫陽書院刻本　九十冊　存一種

330000－1715－0000055　0249　經部/小學類/音韻之屬/古今韻說

音學五書 （清）顧炎武撰　清光緒十一年(1885)四明觀稼樓刻本　十二冊

330000－1715－0000056　0235　經部/小學類/文字之屬/字書/通論

字學舉隅不分卷 （清）黃本驥　（清）龍啟瑞撰　清咸豐二年(1852)京都琉璃廠刻本　一冊

330000－1715－0000057　0256　經部/書類/分篇之屬

禹貢錐指二十卷略例一卷圖一卷 （清）胡渭撰　清康熙漱六軒刻本　十冊　存十卷(十一至二十)

330000－1715－0000058　0262　經部/詩類/詩序之屬

詩序廣義二十四卷 （清）姜炳璋撰　清嘉慶二十年(1815)姜人寬尊行堂刻本　九冊　缺二卷(十九至二十)

330000－1715－0000059　0967－3　史部/編年類/通代之屬

御批歷代通鑑輯覽一百二十卷 （清）傅恒等撰　清石印本　二冊　存六卷(六至十、二十二)

330000－1715－0000060　0222　經部/小學類/文字之屬/說文/傳說

王氏說文三種一百三卷 （清）王筠撰　清道光至咸豐刻同治四年(1865)彙印本　十一冊　存一種

330000－1715－0000061　0225　經部/小學

類/文字之屬/說文/專著

說文新附攷六卷續攷一卷 （清）鈕樹玉撰
清同治十三年（1874）湖北崇文書局刻本
二冊

330000－1715－0000063　0202　子部/儒家
類/儒學之屬/蒙學

**小學六卷附文公朱夫子年譜一卷小學總論一
卷** （清）高愈注　清同治十一年（1872）浙江
書局刻本　二冊

330000－1715－0000064　0291　經部/小學
類/音韻之屬/韻書

佩文詩韻釋要五卷 （清）周兆基輯　清宣統
三年（1911）商務印書館影印本　二冊

330000－1715－0000065　0301　經部/春秋
左傳類/傳說之屬

春秋左傳杜注三十卷首一卷 （清）姚培謙撰
　清光緒九年（1883）江南書局刻本　七冊
缺九卷（十三至十八、二十二至二十四）

330000－1715－0000066　0102　經部/詩類/
傳說之屬

詩經集傳八卷 （宋）朱熹撰　清光緒三年
（1877）永康胡氏退補齋刻本　四冊

330000－1715－0000067　0288　經部/小學
類/文字之屬/字書/字體

隸辨八卷 （清）顧藹吉撰　清同治十二年
（1873）漁古山房刻本　八冊

330000－1715－0000068　0289　經部/小學
類/文字之屬/字書/字體

隸辨八卷 （清）顧藹吉撰　清同治十二年
（1873）聚賢齋刻本　六冊　存六卷（一至三、
六至八）

330000－1715－0000069　0099　經部/詩類/
傳說之屬

詩經集傳八卷附圖考一卷 （宋）朱熹撰　清
光緒十九年（1893）紹興墨潤堂刻本　四冊

330000－1715－0000070　0100　經部/詩類/
傳說之屬

詩經集傳八卷 （宋）朱熹撰　清光緒三十一

年（1905）掃葉山房刻本　四冊

330000－1715－0000072　0006　史部/紀事
本末類/斷代之屬

明朝紀事本末八十卷 （清）谷應泰撰　清順
治十五年（1658）築益堂刻本　二十四冊

330000－1715－0000073　0199　類叢部/叢
書類/彙編之屬

**崇文書局彙刻書（三十三種叢書、湖北書局所
刻書）三十三種** （清）崇文書局編　清光緒
元年（1875）湖北崇文書局刻民國元年（1912）
鄂官書處重印本　一冊　存一種

330000－1715－0000075　0181　經部/四書
類/孟子之屬/傳說

孟子集註七卷 （宋）朱熹撰　清光緒十八年
（1892）浙江書局刻本　三冊

330000－1715－0000076　0010　史部/詔令
奏議類/詔令之屬

皇明寶訓 （明）呂本等輯　明萬曆三十年
（1602）秣陵周氏大有堂刻梅墅石渠閣重修本
　二冊　存一種

330000－1715－0000077　0012　史部/雜史
類/通代之屬

路史四十七卷 （宋）羅泌撰　（宋）羅苹注
明萬曆三十九年（1611）廣陵喬可傳刻本　十
二冊　存四十五卷（前紀一至九、後紀一至十
三、國名紀一至七、發揮一至六、餘論一至十）

330000－1715－0000078　0009　史部/雜史
類/通代之屬

十國春秋一百十四卷目錄一卷 （清）吳任臣
譔　清康熙十七年（1678）彙賢齋刻本　清吳
農祥題　十五冊

330000－1715－0000079　0008　史部/傳記
類/別傳之屬/年譜

倪文貞公年譜四卷 （清）倪會鼎編　清木活
字印本　一冊

330000－1715－0000080　0013　史部/政書
類/通制之屬

文獻通考三百四十八卷首一卷 （元）馬端臨

撰　明嘉靖馮天馭刻萬曆至崇禎遞修本　一百冊

330000－1715－0000081　0018　子部/雜家類

呂氏春秋二十六卷　(漢)高誘注　明萬曆七年(1579)虞德燁等刻本　五冊　缺三卷(十五至十七)

330000－1715－0000082　0031　集部/總集類/選集之屬/斷代

西漢文二十卷東漢文二十卷　(明)張采輯　明崇禎六年(1633)刻本　清景山批　十冊　存二十卷(西漢文一至二十)

330000－1715－0000083　0050　史部/金石類/石之屬/文字

隸釋二十七卷隸續二十一卷　(宋)洪适撰　清乾隆四十二年至四十三年(1777－1778)汪日秀樓松書屋刻本(隸續卷九至十原缺)　十四冊

330000－1715－0000084　0126　經部/周禮類/傳說之屬

周禮政要二卷　(清)孫詒讓撰　清光緒二十八年(1902)瑞安普通學堂刻本　二冊

330000－1715－0000085　0127　經部/周禮類/傳說之屬

周禮政要四卷　(清)孫詒讓撰　清光緒三十年(1904)上海書局石印本　二冊

330000－1715－0000086　0221　經部/小學類/文字之屬/說文/專著

讀說文雜識一卷　(清)許棫撰　清光緒七年(1881)刻本　一冊

330000－1715－0000087　0183　類叢部/叢書類/彙編之屬

崇文書局彙刻書(三十三種叢書、湖北書局所刻書)三十三種　(清)崇文書局編　清光緒元年(1875)湖北崇文書局刻民國元年(1912)鄂官書處重印本　一冊　存一種

330000－1715－0000088　0228　經部/小學類/文字之屬/字書/字典

書契原恉十四卷　(清)陳致煒撰　清咸豐五年(1855)刻北涇艸堂印本　四冊

330000－1715－0000089　0226　經部/小學類/文字之屬/說文/傳說

王氏說文三種一百三卷　(清)王筠撰　清道光至咸豐刻同治四年(1865)彙印本　十六冊　存一種

330000－1715－0000093　0314/2　經部/小學類/文字之屬/字書/字典

康熙字典十二集三十六卷總目一卷檢字一卷辨似一卷等韻一卷補遺一卷備考一卷　(清)張玉書等纂修　清光緒十六年(1890)上洋鴻寶齋石印本　二冊　存十二卷(未集上中下、申集上中下、酉集上中下、戌集上中下)

330000－1715－0000094　0314/1　經部/小學類/文字之屬/字書/字典

康熙字典十二集三十六卷總目一卷檢字一卷辨似一卷等韻一卷補遺一卷備考一卷　(清)張玉書等纂修　清光緒十四年(1888)上海圖書集成印書局鉛印本　九冊　缺九卷(丑集上中下、未集上中下、戌集上中下)

330000－1715－0000096　0314/3、0349/4　經部/小學類/文字之屬/字書/字典

康熙字典十二集三十六卷總目一卷檢字一卷辨似一卷等韻一卷補遺一卷備考一卷　(清)張玉書等纂修　清道光七年(1827)刻本　五冊　存五卷(丑集上下、酉集上中下)

330000－1715－0000097　0264　經部/三禮總義類/名物制度之屬

九旗古義述一卷　(清)孫詒讓撰　清光緒二十八年(1902)孫籀廎刻本　一冊

330000－1715－0000098　0011　史部/地理類/方志之屬/郡縣志

[乾隆]餘姚志四十卷　(清)唐若瀛修(清)邵晉涵纂　清乾隆四十六年(1781)刻本　八冊

330000－1715－0000100　0034　子部/醫家類/本草之屬/歷代綜合本草

本草綱目五十二卷首一卷 （明）李時珍撰
清初刻本 四十八冊

330000 – 1715 – 0000102 0250 經部/小學
類/音韻之屬/韻書
古韻通八卷附正音切韻復古編一卷 （明）柴
紹炳撰 清乾隆四十一年(1776)刻本 八冊

330000 – 1715 – 0000103 0138 經部/春秋
左傳類/傳說之屬
讀左補義五十卷首一卷 （清）姜炳璋輯 清
乾隆三十八年(1773)刻本 十六冊

330000 – 1715 – 0000104 0019、0261、0902
類叢部/類書類/通類之屬
玉海二百卷附刻辭學指南四卷詩考一卷詩地
理考六卷漢藝文志考證十卷通鑑地理通釋十
四卷漢制考四卷踐阼篇一卷周易鄭康成注一
卷姓氏急就篇二卷急就篇補注四卷周書王會
補注一卷小學紺珠十卷六經天文編二卷通鑑
荅問五卷 （宋）王應麟撰 元至元六年
(1340)慶元路儒學刻明清遞修本(玉海卷一
百七十七至一百八十辭學指南卷四詩考卷一
漢藝文志考證卷一至十配清刻本) 六十三
冊 存二百十五卷(玉海一至二百、辭學指南
一至四、詩考、漢藝文志考證一至十)

330000 – 1715 – 0000105 0349/1 經部/小
學類/文字之屬/字書/字典
康熙字典十二集三十六卷總目一卷檢字一卷
辨似一卷等韻一卷補遺一卷備考一卷 （清）
張玉書等纂修 清光緒六年(1880)上海點石
齋石印本 二冊 存二十一卷(子集上中下、
丑集上中下、寅集上中下、午集上中下、未集
上中下、申集上中下、總目,檢字,等韻)

330000 – 1715 – 0000106 0349/2 經部/小
學類/文字之屬/字書/字典
康熙字典十二集三十六卷總目一卷檢字一卷
辨似一卷等韻一卷補遺一卷備考一卷 （清）
張玉書等纂修 清末石印本 一冊 存九卷
(卯集上中下、辰集上中下、巳集上中下)

330000 – 1715 – 0000107 0349/3 經部/小
學類/文字之屬/字書/字典

康熙字典十二集三十六卷總目一卷檢字一卷
辨似一卷等韻一卷補遺一卷備考一卷 （清）
張玉書等纂修 清末石印本 一冊 存八卷
(戌集上中下,亥集上中下,補遺,備考)

330000 – 1715 – 0000108 0468、0469 史部/
編年類/通代之屬
資治通鑑綱目五十九卷續編二十七卷末一卷
 （明）陳仁錫評閱 （宋）朱熹撰 清初崇道
堂刻本 一百五十冊

330000 – 1715 – 0000109 0032 集部/總集
類/選集之屬/斷代
全唐詩九百卷目錄十二卷 （清）曹寅等輯
清康熙四十四年至四十六年(1705 – 1707)揚
州詩局刻本 一百二十冊

330000 – 1715 – 0000112 0281 子部/儒家
類/儒學之屬/蒙學
龍文鞭影二卷 （明）蕭有良撰 （清）楊臣靜
增訂 龍文鞭影二集二卷 （清）李暉吉
（清）徐瓚輯 清光緒三年(1877)掃葉山房刻
本 二冊 存二卷(龍文鞭影二集上、下)

330000 – 1715 – 0000113 0049 史部/地理
類/方志之屬/郡縣志
[乾隆]紹興府志八十卷首一卷 （清）李亨特
修 （清）平恕 （清）徐嵩纂 清乾隆五十七
年(1792)刻本 四十八冊

330000 – 1715 – 0000115 0020 類叢部/類
書類/專類之屬
古今名喻八卷 （明）吳仕期輯 明萬曆吳氏
耕野堂刻本 一冊 存二卷(一至二)

330000 – 1715 – 0000117 0048 史部/地理
類/方志之屬/通志
[雍正]敕修浙江通志二百八十卷首三卷
（清）李衛 （清）嵇曾筠等修 （清）沈翼機
（清）傅王露等纂 清乾隆元年(1736)刻本
九十五冊 缺十三卷(九至十五、五十三至
五十六、二百二十九至二百三十)

330000 – 1715 – 0000118 0040、0041、0042、
0043、0044、0045、0046、0047、0097、0149、0198

經部/叢編

十三經註疏三百三十三卷 （明）□□輯 明崇禎元年至十二年(1628－1639)毛氏汲古閣刻本 一百四十五冊 存十一種

330000－1715－0000120 0785 史部/政書類/律令之屬/律例

大清光緒新法令十三卷附錄一卷 商務印書館編譯所編 清宣統二年(1910)上海商務印書館鉛印本 二十冊

330000－1715－0000121 0004 經部/小學類/音韻之屬/注音

類音八卷 （清）潘耒撰 清康熙五十一年(1712)吳江潘氏遂初堂刻雍正鴛湖蘇歊堂印本 四冊

330000－1715－0000122 0220 類叢部/叢書類/彙編之屬

金峨山館叢書(望三益齋叢書)十一種 （清）郭傳璞編 清光緒八年至十六年(1882－1890)鄞郭氏刻二十年(1894)鎮海邵氏彙印本 一冊 存二種

330000－1715－0000123 0280 經部/小學類/訓詁之屬/爾雅

爾雅直音二卷 （清）孫侃輯 清乾隆六十年(1795)刻本 一冊

330000－1715－0000124 0344 類叢部/叢書類/彙編之屬

師伏堂叢書十五種 （清）皮錫瑞撰 清光緒十九年至三十三年(1893－1907)善化皮氏刻本 清陶觀儀題簽 三冊 存一種

330000－1715－0000125 0272 經部/四書類/論語之屬/專著

鄉黨圖考十卷 （清）江永撰 清乾隆五十二年(1787)潛德堂刻本 四冊

330000－1715－0000126 0038 史部/傳記類/別傳之屬/年譜

黃忠端公年譜二卷 （清）黃炳垕編 稿本 一冊

330000－1715－0000127 0115、0120 經部/

叢編

十三經古注二百九十卷 （明）葛鼎 （明）金蟠校 明崇禎十二年(1639)金蟠刻清同治八年(1869)浙江書局重修本 八冊 存二種

330000－1715－0000128 0190 經部/四書類/論語之屬/傳說

朱子論語集注訓詁攷二卷 （清）潘衍桐輯 清光緒十七年(1891)浙江書局刻本 一冊

330000－1715－0000129 0343 經部/詩類/傳說之屬

詩經集傳八卷 （宋）朱熹撰 清光緒十九年(1893)浙江書局刻本 四冊

330000－1715－0000130 0346 經部/書類/傳說之屬

書經集傳六卷 （宋）蔡沈撰 清康熙十二年(1673)慎怡堂刻本 四冊

330000－1715－0000134 0022 集部/別集類/宋別集

施註蘇詩四十二卷目錄二卷 （宋）蘇軾撰 （宋）施元之 （宋）顧禧注 （清）顧嗣立 （清）邵長蘅 （清）宋至補 蘇詩續補遺二卷 （清）馮景補註 王註正譌一卷 （清）邵長蘅撰 東坡先生年譜一卷 （宋）王宗稷編 清康熙三十八年(1699)宋犖刻金閶步月樓印本 十二冊 缺五卷(三十八至四十二)

330000－1715－0000136 0467 史部/編年類/通代之屬

通鑑綱目一百十一卷首一卷末一卷資治通鑑綱目前編二十五卷 （明）陳仁錫評 清嘉慶八年(1803)宏道堂刻本 十冊 存二十五卷(資治通鑑綱目前編一至二十五)

330000－1715－0000137 0200 經部/小學類/訓詁之屬/群雅

五雅全書 （明）郎奎金輯 清嘉慶九年(1804)刻本 七冊

330000－1715－0000138 0141 經部/春秋左傳類/傳說之屬

春秋左傳(春秋左傳杜林合註)五十卷 （晉）

杜預 （宋）林堯叟補註 清嘉慶二十一年(1816)吳郡山淵堂刻本 八冊

330000－1715－0000139 0137 經部/春秋左傳類/傳說之屬

春秋左傳(春秋左傳杜林合註)五十卷 （晉）杜預 （宋）林堯叟補註 清宣統二年(1910)上海掃葉山房石印本 十二冊

330000－1715－0000141 0273 經部/四書類/總義之屬/傳說

四書釋地一卷續一卷又續二卷三續一卷附孟子生卒年月考一卷 （清）閻若璩撰 清刻本 二冊 存四卷(四書釋地、續、三續、附)

330000－1715－0000142 0039 集部/詞類/詞譜之屬

詞律二十卷 （清）萬樹撰 清康熙萬氏堆絮園刻本 二十冊

330000－1715－0000143 0025 集部/別集類/清別集

曝書亭集八十卷附錄一卷 （清）朱彝尊撰 **笛漁小藁十卷** （清）朱昆田撰 清康熙五十三年(1714)朱稻孫刻雍正印本 十五冊

330000－1715－0000144 0116 經部/周禮類/傳說之屬

周禮政要二卷 （清）孫詒讓撰 清光緒二十八年(1902)瑞安普通學堂刻本 二冊

330000－1715－0000145 0473 史部/編年類/通代之屬

尺木堂綱鑑易知錄九十二卷明鑑易知錄十五卷 （清）吳乘權等輯 清光緒二十七年(1901)上海商務印書館鉛印本 十六冊

330000－1715－0000147 0196 經部/小學類/訓詁之屬/爾雅

爾雅郭注義疏二十卷 （清）郝懿行撰 清光緒十四年(1888)湖北官書處刻本 八冊

330000－1715－0000148 0195 經部/小學類/訓詁之屬/爾雅

爾雅郭注義疏二十卷 （清）郝懿行撰 清光緒十年(1884)榮縣蜀南閣刻本 八冊

330000－1715－0000151 0075 集部/別集類/明別集

餘姚黃忠端公集六卷 （明）黃尊素撰 清光緒十三年(1887)姚江黃氏正氣堂刻本 二冊

330000－1715－0000152 0060 史部/傳記類/總傳之屬/家乘

黃氏續錄五卷首一卷 （清）黃百家撰 清康熙四十二年(1703)刻本 二冊

330000－1715－0000153 0021 集部/楚辭類

楚辭集註八卷辯證二卷後語六卷 （宋）朱熹撰 明萬曆二十五年(1597)吉府刻本 四冊 缺二卷(後語五至六)

330000－1715－0000154 0165 經部/叢編

十三經讀本 清同治十一年(1872)山東書局刻民國十四年(1925)張宗昌石印本 六十九冊

330000－1715－0000155 0133 經部/春秋左傳類/傳說之屬

春秋左傳杜注三十卷首一卷 （清）姚培謙撰 清光緒十九年(1893)浙江書局刻本 十冊

330000－1715－0000156 0063 集部/總集類/郡邑之屬

國朝姚江詩存十二卷 （清）張廷枚輯 清乾隆三十八年(1773)張氏寶墨齋刻本 四冊

330000－1715－0000157 1335 子部/醫家類/方書之屬/歷代方書

醫方集解二十一卷 （清）汪昂撰 清光緒五年(1879)掃葉山房刻本 六冊

330000－1715－0000158 0167 經部/叢編

重刊宋本十三經注疏四百十六卷附十三經注疏校勘記四百十六卷 （清）阮元撰 （清）盧宣句摘錄 **校勘記識語四卷** （清）汪文臺撰 清光緒十三年(1887)上海脈望仙館石印本 三十二冊

330000－1715－0000159 0255 經部/三禮總義類/名物制度之屬

天子肆獻裸饋食禮三卷 （清）任啟運撰 清

光緒十一年(1885)浙江書局刻本　　一冊

330000－1715－0000160　　0311　　經部/叢編

重刊宋本十三經注疏四百十六卷附十三經注
疏校勘記四百十六卷　　(清)阮元撰　　(清)盧
宣句摘錄　校勘記識語四卷　　(清)汪文臺撰
　　清光緒十三年(1887)上海脈望仙館石印本
二十六冊　　存十二種

330000－1715－0000161　　0035　　子部/雜
家類

白虎通德論二卷　　(漢)班固撰　　明萬曆新都
俞元符刻本　　二冊

330000－1715－0000162　　0061　　集部/別集
類/明別集

倪小野先生全集八卷　　(明)倪宗正撰　　(清)
倪繼宗編次　　清康熙四十九年(1710)倪繼宗
清暉樓刻本　　四冊

330000－1715－0000163　　0026　　集部/別集
類/清別集

鄂文端公遺稿六卷　　(清)鄂爾泰撰　　(清)楊
潮觀　(清)顧光旭詮次　　清乾隆三十九年
(1774)葆真堂刻本　　二冊

330000－1715－0000165　　0123、0302、0303、
0304、0306、0307、0308、0309　　經部/叢編

重刊宋本十三經注疏四百十六卷附十三經注
疏校勘記四百十六卷　　(清)阮元撰　　(清)盧
宣句摘錄　校勘記識語四卷　　(清)汪文臺撰
　　清光緒十三年(1887)上海脈望仙館石印本
十九冊　　存九種

330000－1715－0000166　　0171　　經部/四書
類/總義之屬/傳說

增訂批點四書讀本十九卷　　(宋)朱熹集注
(清)裘紹箕增訂　　清同治四年(1865)廣豐至
誠堂刻本　　五冊

330000－1715－0000168　　0015　　子部/儒家
類/儒學之屬/性理

性理大全書七十卷　　(明)胡廣等撰　　明刻本
二十四冊

330000－1715－0000169　　0023　　集部/別集

類/明別集

黃陶庵先生全集二十二卷　　(明)黃淳耀撰
清乾隆寶山學藏板刻本　　五冊

330000－1715－0000170　　0305、0310　　經部/
叢編

重刊宋本十三經注疏四百十六卷附十三經注
疏校勘記四百十六卷　　(清)阮元撰　　(清)盧
宣句摘錄　校勘記識語四卷　　(清)汪文臺撰
　　清光緒十三年(1887)上海脈望仙館石印本
四冊　　存二種

330000－1715－0000171　　0242、0243、0495、
1215　　類叢部/叢書類/自著之屬

番禺陳氏東塾叢書初函四種附一種　　(清)陳
澧撰　　清咸豐至光緒刻本　　九冊

330000－1715－0000172　　0027　　集部/別集
類/清別集

海峰文集八卷　　(清)劉大櫆撰　　清乾隆三十
三年(1768)縹碧軒刻本　　四冊

330000－1715－0000173　　1256、1257、1269
子部/醫家類/綜合之屬/通論

醫林指月十二種　　(清)王琦編　　清乾隆三十
二年(1767)寶笏樓刻本　　三冊　　存三種

330000－1715－0000174　　0007　　史部/雜史
類/通代之屬

鮑氏國策十卷　　(宋)鮑彪校注　　明嘉靖七年
(1528)龔雷刻本　　二冊

330000－1715－0000175　　0037　　類叢部/類
書類/專類之屬

新增說文韻府羣玉二十卷　　(元)陰時夫輯
(元)陰中夫注　　明萬曆十八年(1590)王元貞
刻本　　十冊

330000－1715－0000176　　0024　　集部/別集
類/明別集

倪文正公遺稿三卷　　(明)倪元璐撰　　清康熙
刻本　　二冊

330000－1715－0000177　　0251　　類叢部/叢
書類/自著之屬

番禺陳氏東塾叢書初函四種附一種　　(清)陳

澧撰　清咸豐至光緒刻本　六冊　存二種

330000－1715－0000178　0033　集部/別集類/清別集

南雷文定前集十一卷後集四卷三集三卷四集四卷附錄一卷　（清）黃宗羲撰　清康熙二十七年（1688）靳治荊刻本　四冊　存十六卷（前集一至十一、後集一至四、附錄）

330000－1715－0000179　0014　子部/儒家類/儒學之屬/性理

新吾先生呻吟語不分卷附錄明職一卷　（明）呂坤撰　（清）陳世倬輯　清雍正六年（1728）刻本　四冊

330000－1715－0000180　0056　集部/總集類/氏族之屬

黃氏攟殘集七卷附六卷　（清）黃宗羲輯　清康熙四十一年（1702）黃炳抑抑堂刻本　一冊

330000－1715－0000181　0052　類叢部/類書類/通類之屬

增訂二三場羣書備考四卷　（明）袁黃撰　（明）袁儼注　（明）沈昌世增　明崇禎十五年（1642）沈昌世致和堂刻本　四冊

330000－1715－0000182　0057　集部/別集類/明別集

月峰先生居業編四卷　（明）孫鑛撰　明萬曆刻本　四冊

330000－1715－0000183　0017　經部/樂類/樂理之屬

樂典三十六卷　（明）黃佐撰　清初抄本　十六冊

330000－1715－0000184　0051　集部/總集類/選集之屬/斷代

明文海目錄四卷　（清）諸如綏輯　清抄本　四冊

330000－1715－0000185　0028、2019　集部/別集類/清別集

南雷文案十卷外卷一卷吾悔集四卷撰杖集一卷子劉子行狀二卷南雷詩曆三卷　（清）黃宗

羲撰　清康熙施敬刻本　邵綬青題簽　二冊　存七卷（文案八至十、文案外卷、詩曆一至三）

330000－1715－0000186　0058　集部/別集類/明別集

月峰先生居業次編四卷　（明）孫鑛撰　明萬曆四十年（1612）呂胤筠刻本　四冊

330000－1715－0000187　0173　經部/四書類/總義之屬/傳說

四書集註十九卷　（宋）朱熹撰　清光緒三年（1877）永康胡氏退補齋刻本　六冊

330000－1715－0000188　0054　集部/別集類/清別集

焚餘偶存草不分卷　（清）黃炳垕撰　稿本　一冊

330000－1715－0000189　0066　集部/別集類/清別集

惜陰書屋詩草不分卷　（清）羅繼章撰　清乾隆稿本　一冊

330000－1715－0000190　0062　集部/別集類/明別集

趙攷古先生遺集六卷首一卷續集一卷　（明）趙撝謙撰　清抄本　一冊

330000－1715－0000191　0059　史部/傳記類/別傳之屬/年譜

補讀室自訂年譜不分卷　（清）朱蘭撰　清咸豐稿本　□先題簽並記　三冊

330000－1715－0000192　0072　史部/傳記類/別傳之屬/事狀

明遺民族祖楚嶼先生家傳不分卷　（清）朱衍緒撰　清同治稿本　一冊

330000－1715－0000193　0071　史部/傳記類/別傳之屬/年譜

南江先生年譜初稿一卷附詩文佚一卷　（清）朱蘭撰　稿本　黃雲眉跋　一冊

330000－1715－0000194　0065　集部/別集類/清別集

書癭樓詩橐不分卷 （清）胡德輝撰 清末抄本 三冊

330000－1715－0000195 0064 集部/別集類/清別集

書癭樓文橐不分卷 （清）胡德輝撰 清末抄本 二冊

330000－1715－0000196 0070 經部/易類/專著之屬

鄭易引申十二卷 （清）胡德輝撰 清抄本 十一冊

330000－1715－0000197 2388 集部/別集類/清別集

袁文彙註八卷 （明）袁煒撰 清抄本 八冊

330000－1715－0000198 0069 經部/小學類/訓詁之屬/群雅

小爾雅衍義不分卷 （清）胡聯桂撰 （清）胡德輝補 清抄本 一冊

330000－1715－0000199 0053 史部/傳記類/別傳之屬/事狀

自述一百韻不分卷 （清）黃炳垕撰 稿本 一冊

330000－1715－0000200 0578 史部/傳記類/別傳之屬/年譜

黃梨洲先生年譜三卷 （清）黃炳垕撰 稿本 一冊

330000－1715－0000201 0577 史部/傳記類/別傳之屬/年譜

黃梨洲先生年譜稿不分卷 （清）朱蘭撰 清抄本 一冊

330000－1715－0000202 0227 史部/目録類/專録之屬

小學考五十卷 （清）謝啟昆撰 清咸豐二年(1852)謝氏樹經堂刻本 二十冊

330000－1715－0000203 2728 集部/別集類/清別集

大椿山房詩鈔不分卷 （清）朱衍緒撰 附近春寬夫殘詩一卷 （清）朱枚 （清）朱偉然撰

清抄本 一冊

330000－1715－0000205 0074 史部/傳記類/日記之屬

朱鎮夫先生日記（隨侍尊翁久香先生任安徽學政時所記）不分卷 （清）朱衍緒撰 稿本 一冊

330000－1715－0000206 0068 史部/傳記類/總傳之屬/家乘

[浙江餘姚]燭溪胡氏宗譜三卷 （清）胡啓俊纂修 清嘉慶十七年(1812)繼序堂木活字印本 二冊 存二卷(一至二)

330000－1715－0000207 0076－1 集部/別集類/清別集

黃梨洲先生南雷文約四卷 （清）黃宗羲撰 清乾隆鄭性刻本 三冊 存三卷(一至三)

330000－1715－0000208 0076－2 集部/別集類/清別集

黃梨洲先生南雷文約四卷 （清）黃宗羲撰 清乾隆鄭性刻本 一冊 存二卷(三至四)

330000－1715－0000209 0859 集部/總集類/酬唱之屬

稀齡祝雅不分卷 （清）黃炳垕撰 稿本 一冊

330000－1715－0000210 0016 史部/傳記類/總傳之屬/儒林

黃梨洲先生宋元學案元孫稺圭校補稿五十五卷 （清）黃宗羲撰 （清）黃百家纂輯 (清)全祖望續修 （清）黃璋校補 稿本 二十冊

330000－1715－0000211 0472 史部/編年類/通代之屬

兩朝御批通鑑輯覽一百二十卷 （清）傅恒等撰 清宣統元年(1909)上海公記書局石印本 二十四冊

330000－1715－0000212 0005 史部/紀傳類/正史之屬

後漢書九十卷 （南朝宋）范曄撰 （唐）李賢注 志三十卷 （晉）司馬彪撰 （南朝梁）劉

昭注 明天啟刻本 二十冊

330000 - 1715 - 0000213 0860 類叢部/叢
書類/自著之屬

留書種閣集九種 （清）黃炳垕撰 清同治六
年至光緒二十年（1867 - 1894）餘姚黃氏留書
種閣刻本 一冊 存一種

330000 - 1715 - 0000214 0003 經部/四書
類/總義之屬/傳說

四書註疏大全合纂三十七卷首一卷 （明）張
溥纂 明崇禎刻本 十六冊

330000 - 1715 - 0000215 0999 史部/目錄
類/總錄之屬/私撰

國朝經籍志不分卷 （清）朱味蓮 （清）朱子
健編 稿本 一冊

330000 - 1715 - 0000216 0169 經部/四書
類/總義之屬/傳說

四書古註羣義彙解九種九十四卷 （清）□□
輯 清光緒二十八年（1902）上海藻文書局石
印本 七冊 存七種

330000 - 1715 - 0000217 0219 經部/小學
類/文字之屬/說文/專著

**說文通訓定聲十八卷分部柬韻一卷說雅一卷
古今韻準一卷** （清）朱駿聲撰 （清）朱鏡蓉
參訂 **行述一卷** 朱孔彰撰 清道光二十九
年（1849）刻咸豐元年（1851）朱孔彰臨嘯閣補
刻本 二十五冊

330000 - 1715 - 0000218 0294、0295、0296、
0297 經部/叢編

五經旁訓 （清）徐立綱撰 清乾隆四十七年
（1782）吳郡張氏匠門書屋刻本 十一冊 存
四種

330000 - 1715 - 0000219 0292 經部/叢編

五經合纂大成 （清）同文書局主人輯 清光
緒十一年（1885）上海同文書局石印本 十七
冊 缺八卷（首，書經一、五至六；春秋十三至
十六）

330000 - 1715 - 0000221 0927 史部/地理
類/方志之屬/郡縣志

[光緒]**餘姚縣志二十七卷首一卷末一卷**
（清）周炳麟修 （清）邵友濂 （清）孫德祖
纂 清光緒二十五年（1899）刻本 十六冊

330000 - 1715 - 0000222 0671 史部/地理
類/方志之屬/郡縣志

[雍正]**寧波府志三十六卷首一卷** （清）曹秉
仁等修 （清）萬經等纂 清道光二十六年
（1846）刻本 十一冊 缺十一卷（八至九、十
三至十四、三十至三十六）

330000 - 1715 - 0000223 0533 史部/傳記
類/總傳之屬/儒林

明儒學案六十二卷師說一卷附案一卷 （清）
黃宗羲撰 清康熙三十年（1691）萬言、三十
二年（1693）賈樸、雍正十三年至乾隆四年
（1735 - 1739）慈溪鄭性二老閣刻光緒八年
（1882）馮全垓修補本 二十一冊 存五十三
卷（十一至六十二、附案）

330000 - 1715 - 0000224 1175 史部/傳記
類/總傳之屬/儒林

宋元學案一百卷首一卷考畧一卷 （清）黃宗
羲撰 （清）全祖望修定 （清）王梓材
（清）馮雲濠校並考 清光緒五年（1879）長沙
寄廬刻本 四十八冊

330000 - 1715 - 0000226 0174 經部/四書
類/總義之屬/傳說

四書典故辨正二十卷附錄一卷 （清）周柄中
撰 清道光文萃堂刻本 六冊

330000 - 1715 - 0000227 0532 史部/傳記
類/總傳之屬/儒林

明儒學案六十二卷師說一卷附案一卷 （清）
黃宗羲撰 清康熙三十年（1691）萬言、三十
二年（1693）賈樸、雍正十三年至乾隆四年
（1735 - 1739）慈溪鄭性二老閣刻本 三十
二冊

330000 - 1715 - 0000228 0210 經部/小學
類/文字之屬/說文/專著

說文辨字正俗八卷 （清）李富孫撰 清嘉慶
二十一年（1816）校經廎刻本 四冊

330000－1715－0000229　0208　　經部/小學類/文字之屬/字書/字典

六書會原十卷首一卷　（清）潘肇豐撰　清嘉慶六年(1801)刻鳴鳳堂印本　四冊

330000－1715－0000230　0213　　經部/小學類/文字之屬/說文/專著

說文部首韻語不分卷　（清）黃壽鳳撰　（清）顧恩來書　清同治十一年(1872)賴氏湖州刻本　一冊

330000－1715－0000231　0214　　經部/小學類/文字之屬/說文/專著

說文字原韻表二卷　（清）胡重撰　清嘉慶十六年(1811)秀水金氏月香書屋刻本　一冊

330000－1715－0000233　0461　　史部/編年類/通代之屬

資治通鑑二百九十四卷目錄三十卷　（宋）司馬光撰　（元）胡三省音注　**續資治通鑑二百二十卷**　（清）畢沅撰　清光緒十四年(1888)上海蜚英館石印本　四十冊　缺二百二十卷（續資治通鑑一至二百二十）

330000－1715－0000234　0463　　史部/編年類/通代之屬

資治通鑑二百九十四卷目錄三十卷　（宋）司馬光撰　（元）胡三省音注　清光緒二十六年(1900)上海圖書集成印書局鉛印本　三十三冊　缺八十卷（一至八十）

330000－1715－0000235　0400、0413、0423、0424、0425、0426、0427、0432、0433、0437、0438、0443、0444、0447、0448、0449、0452、0454、0492、0493、0494、1098　史部/紀傳類/正史之屬

二十四史　清光緒十年(1884)上海同文書局石印本　六百四十一冊　存二十二種

330000－1715－0000236　0470　　史部/編年類/通代之屬

御批歷代通鑑輯覽一百二十卷　（清）傅恒等撰　清光緒十三年(1887)上海同文書局石印本　二十冊

330000－1715－0000237　0147　　經部/叢編

重刊宋本十三經注疏四百十六卷附十三經注疏校勘記四百十六卷　（清）阮元撰　（清）盧宣旬摘錄　**校勘記識語四卷**　（清）汪文臺撰　清嘉慶二十年(1815)南昌府學刻本　三冊　存一種

330000－1715－0000238　0471　　史部/編年類/通代之屬

御批歷代通鑑輯覽一百二十卷　（清）傅恒等撰　清光緒三十一年(1905)上海商務印書館鉛印本　三十九冊　存一百十七卷（四至一百二十）

330000－1715－0000239　0160　　集部/別集類/清別集

鮚埼亭集三十八卷經史問答十卷鮚埼亭集外編五十卷　（清）全祖望撰　**首一卷**　（清）董秉純撰　清嘉慶九年(1804)餘姚史夢蛟借樹山房刻同治十一年(1872)印本（《經史問答》爲清乾隆三十年董秉純刻本）　二冊　存十卷（經史問答一至十）

330000－1715－0000240　0474　　史部/編年類/通代之屬

尺木堂綱鑑易知錄九十二卷明鑑易知錄十五卷　（清）吳乘權等輯　清光緒二十七年(1901)上海商務印書館鉛印本　十六冊

330000－1715－0000242　0428、0429、0430、0431、0434、0436、0439、0442、0446、0450、0451、0453、0455、1005、1009　史部/紀傳類/正史之屬

二十四史　清光緒二十八年(1902)武林竹簡齋石印本　一百十七冊　存十五種

330000－1715－0000245　0201　　經部/小學類/訓詁之屬/爾雅

爾雅正郭三卷　（清）潘衍桐撰　清光緒十七年(1891)刻本　一冊

330000－1715－0000246　0409　　史部/史抄類

史記菁華錄六卷　（清）姚祖恩輯　清光緒十八年(1892)煥文書局石印本　六冊

330000－1715－0000247　0763、0764、0766、0768、0769、0771、0773、0776、0778　史部/政書類/通制之屬

九通二千三百二十一卷　（清）□□輯　清光緒二十八年(1902)上海鴻寶書局石印本　二百四冊

330000－1715－0000248　0657、0658、0660、0663、0665、0668、0670　史部/地理類/方志之屬/郡縣志

宋元四明六志　（清）徐時棟輯　清咸豐四年(1854)甬上徐氏煙嶼樓刻本　三十三冊　存七種

330000－1715－0000249　0491　史部/紀事本末類/通代之屬

繹史一百六十卷附世系圖一卷年表一卷　（清）馬驌撰　清光緒十五年(1889)金匱浦氏刻本　四十冊

330000－1715－0000250　0675　史部/地理類/方志之屬/郡縣志

[光緒]餘姚縣志二十七卷首一卷末一卷　（清）周炳麟修　（清）邵友濂　（清）孫德祖纂　清光緒二十五年(1899)刻本　十六冊

330000－1715－0000251　0676　史部/地理類/方志之屬/郡縣志

[光緒]餘姚縣志二十七卷首一卷末一卷　（清）周炳麟修　（清）邵友濂　（清）孫德祖纂　清光緒二十五年(1899)刻本　十六冊

330000－1715－0000252　0928　史部/地理類/方志之屬/郡縣志

[光緒]餘姚縣志二十七卷首一卷末一卷　（清）周炳麟修　（清）邵友濂　（清）孫德祖纂　清光緒二十五年(1899)刻本　十冊　缺九卷(三至八、二十至二十二)

330000－1715－0000253　0475－1　史部/編年類/通代之屬

尺木堂綱鑑易知錄九十二卷明鑑易知錄十五卷　（清）吳乘權等輯　清康熙暨陽聚珍堂刻本　四十六冊　存九十二卷(綱鑑易知錄一至九十二)

330000－1715－0000254　0544　集部/總集類/選集之屬/斷代

皇朝經世文三編八十卷　（清）陳忠倚輯　清光緒二十七年(1901)上海書局石印本　十六冊

330000－1715－0000255　0555　史部/傳記類/總傳之屬/斷代

國朝先正事略六十卷　（清）李元度撰　清光緒十三年(1887)上海點石齋石印本　八冊

330000－1715－0000256　0490　史部/紀事本末類/斷代之屬

聖武記十四卷　（清）魏源撰　清道光二十六年(1846)古微堂刻本　十二冊

330000－1715－0000257　0561　史部/傳記類/總傳之屬/仕宦

貳臣傳十二卷逆臣傳四卷　（清）國史館撰　清刻本　六冊　存十二卷(一至十二)

330000－1715－0000258　0560　史部/傳記類/總傳之屬/仕宦

貳臣傳十二卷逆臣傳四卷　（清）國史館撰　清刻本　二冊　存四卷(逆臣傳一至四)

330000－1715－0000259　0509　史部/紀傳類/正史之屬

明史稿三百十卷目錄三卷　（清）王鴻緒撰　清雍正敬慎堂刻本　四十八冊

330000－1715－0000261　0067　集部/別集類/清別集

薦青山人遺稿不分卷　（清）李鍇撰　稿本　清陳梓題跋　一冊

330000－1715－0000262　0562　史部/傳記類/別傳之屬/事狀

宗聖志二十卷　（清）王定安編　清光緒十六年(1890)金陵刻本　六冊

330000－1715－0000263　0521　史部/雜史類/斷代之屬

戰國策三十三卷　（漢）高誘注　**重刻剡川姚氏本戰國策札記三卷**　（清）黃丕烈撰　清光緒二十八年(1902)新化三味書室刻本　六冊

330000－1715－0000264　0522　史部/雜史
類/斷代之屬

戰國策三十三卷　（漢）高誘注　**重刻剡川姚
氏本戰國策札記三卷**　（清）黃丕烈撰　清宣
統元年（1909）上海鴻寶齋石印本　四冊

330000－1715－0000265　0556　史部/傳記
類/總傳之屬/斷代

國朝先正事略六十卷首一卷　（清）李元度
撰　**續編四卷**　朱孔彰撰　清光緒二十五
年（1899）石印本　四冊　存六十卷（一至六
十）

330000－1715－0000266　0627　史部/時
令類

月令粹編二十四卷圖說一卷　（清）秦嘉謨撰
　清嘉慶十七年（1812）江都秦嘉謨琳琅仙館
刻本　六冊　缺五卷（二十至二十四）

330000－1715－0000267　0626　史部/時
令類

月令粹編二十四卷圖說一卷　（清）秦嘉謨撰
　清嘉慶十七年（1812）江都秦嘉謨琳琅仙館
刻本　八冊

330000－1715－0000268　0519　史部/雜史
類/斷代之屬

戰國策三十三卷　（漢）高誘注　**重刻剡川姚
氏本戰國策札記三卷**　（清）黃丕烈撰　清同
治八年（1869）湖北崇文書局刻本　五冊

330000－1715－0000271　0656、0659、0661、
0662、0664、0666、0667、0669　史部/地理類/
方志之屬/郡縣志

宋元四明六志　（清）徐時棟輯　清咸豐四年
（1854）甬上徐氏煙嶼樓刻光緒五年（1879）印
本（［大德］昌國州圖志首一卷末一卷、［延
祐］四明志卷九至十一原缺）　四十冊

330000－1715－0000272　0557　史部/傳記
類/總傳之屬/斷代

國朝先正事略六十卷　（清）李元度撰　清光
緒十二年（1886）石印本　十冊

330000－1715－0000273　0558　史部/傳記

類/總傳之屬/斷代

國朝先正事略六十卷　（清）李元度撰　清同
治五年至八年（1866－1869）循陔草堂刻本
（卷三至六配清刻本）　十四冊　存三十八卷
（一、三至六、十八至二十二、二十七至五十
四）

330000－1715－0000274　0554　史部/傳記
類/總傳之屬/斷代

國朝先正事略八卷　（清）李元度撰　**續編四
卷**　朱孔彰撰　清光緒二十八年（1902）廣益
書局石印本　十冊

330000－1715－0000275　0553　史部/傳記
類/別傳之屬/年譜

孟子年譜考三卷　（清）黃智烜撰　清抄本
一冊　存二卷（時事下、年譜考略）

330000－1715－0000276　0846　史部/傳記
類/別傳之屬/年譜

舜水先生年譜稿不分卷　（清）朱蘭撰　（清）
朱彥均訂　稿本　清朱彥均題簽　一冊

330000－1715－0000277　0552　史部/傳記
類/別傳之屬/年譜

孟子年譜考三卷　（清）黃智烜撰　清抄本
一冊

330000－1715－0000278　0682　史部/地理
類/方志之屬/郡縣志

［光緒］慈谿縣志五十六卷附編一卷　（清）楊
泰亨　（清）馮可鏞纂　（清）劉一桂校補　清
光緒二十五年（1899）德潤書院刻本　二十
四冊

330000－1715－0000279　0515　史部/編年
類/斷代之屬

十朝東華錄五百二十五卷　王先謙　潘頤福
撰　清光緒十三年（1887）廣百宋齋鉛印本
一百冊

330000－1715－0000280　0502、0503、0507、
0508　史部/紀傳類/別史之屬

宋遼金元別史五種　（清）席世臣輯　清乾隆
至嘉慶南沙席氏掃葉山房刻本　三十六冊

存四種

330000－1715－0000281　0514　史部/編年類/斷代之屬

東華録四十五卷東華續録七十五卷　王先謙編　清光緒石印本　六十冊

330000－1715－0000286　0517　史部/雜史類/斷代之屬

國語二十一卷　（三國吳）韋昭注　**校刊明道本韋氏解國語札記一卷**　（清）黄丕烈撰　**明道本考異四卷**　（清）汪遠孫撰　清同治八年（1869）湖北崇文書局刻本　五冊

330000－1715－0000287　0759、0765、0767、0770、0772、0775、0777、0779、1062　史部/政書類/通制之屬

九通二千三百二十一卷　（清）□□輯　清光緒二十七年（1901）上海圖書集成局鉛印本二百八十五冊　缺一百十五卷（通典一百三十六至一百四十六，欽定續通典一至七、三十二至四十四，皇朝通典五十至五十五，通志二十五至三十、一百五十三至一百六十一，欽定續通志二百六十三至二百七十二、四百三十一至四百四十六，皇朝通志十八至三十五，文獻通考三百四十七至三百四十八，考證一至三，欽定續文獻通考一百一至一百六，皇朝文獻通考四十四至四十六、一百五十九至一百六十三）

330000－1715－0000288　0870　史部/地理類/專志之屬/書院

姚江書院志畧二卷　（清）董瑒　（清）邵廷采輯　清康熙三十年（1691）刻本　二冊

330000－1715－0000292　0573、0576、0876、1742、1775、1780、2648　類叢部/叢書類/自著之屬

留書種閣集九種　（清）黄炳垕撰　清同治六年至光緒二十年（1867－1894）餘姚黃氏留書種閣刻本　八冊　存七種

330000－1715－0000294　0575、0862、0877、1352、1367、1748、2646　類叢部/叢書類/自著之屬

留書種閣集九種　（清）黄炳垕撰　清同治六年至光緒二十年（1867－1894）餘姚黃氏留書種閣刻本　七冊　存七種

330000－1715－0000295　0572、0574、0878、1368、1747、2647　類叢部/叢書類/自著之屬

留書種閣集九種　（清）黄炳垕撰　清同治六年至光緒二十年（1867－1894）餘姚黃氏留書種閣刻本　六冊　存六種

330000－1715－0000296　0570　類叢部/叢書類/自著之屬

留書種閣集九種　（清）黄炳垕撰　清同治六年至光緒二十年（1867－1894）餘姚黃氏留書種閣刻本　一冊　存一種

330000－1715－0000297　0571　類叢部/叢書類/自著之屬

留書種閣集九種　（清）黄炳垕撰　清同治六年至光緒二十年（1867－1894）餘姚黃氏留書種閣刻本　一冊　存一種

330000－1715－0000298　0569　類叢部/叢書類/自著之屬

留書種閣集九種　（清）黄炳垕撰　清同治六年至光緒二十年（1867－1894）餘姚黃氏留書種閣刻本　一冊　存一種

330000－1715－0000299　0774　史部/政書類/通制之屬

文獻通考三百四十八卷首一卷　（元）馬端臨撰　清光緒二十年（1894）上海點石齋石印本　二十冊

330000－1715－0000300　1746　子部/天文曆算類/曆法之屬

麾史麻準四卷　（清）黄炳垕撰　清抄本　二冊

330000－1715－0000301　1776　子部/天文曆算類/曆法之屬

交食捷算四卷　（清）黄炳垕撰　清抄本　一冊

330000－1715－0000303　0760　史部/政書類/通制之屬

三通考輯要七十六卷　湯壽潛輯　清光緒二
十五年(1899)圖書集成局鉛印本　三十冊

330000－1715－0000304　0672　史部/地理
類/方志之屬/郡縣志

[同治]鄞縣志七十五卷　（清）戴枚修
（清）張恕　（清）董沛等纂　清光緒三年
(1877)刻四年(1878)增刻本　三十四冊

330000－1715－0000309　0761　史部/政書
類/通制之屬

三通考輯要七十六卷　湯壽潛輯　清光緒二
十五年(1899)圖書集成局鉛印本　三十冊

330000－1715－0000310　0762　史部/政書
類/通制之屬

三通考輯要七十六卷　湯壽潛輯　清光緒二
十五年(1899)圖書集成局鉛印本　三十冊

330000－1715－0000311　0708　史部/地理
類/山川之屬/水志

湖山便覽十二卷　（清）翟灝等撰　清光緒元
年(1875)杭州王維翰槐蔭堂刻本　六冊

330000－1715－0000312　0873　史部/地理
類/山川之屬/水志

湖山便覽十二卷　（清）翟灝等撰　清光緒元
年(1875)杭州王維翰槐蔭堂刻本　三冊　存
六卷(一至六)

330000－1715－0000313　0712　史部/地理
類/水利之屬

澮河事例一卷　（清）盛沅纂　清光緒十九年
(1893)刻本　一冊

330000－1715－0000314　0726　史部/地理
類/山川之屬/山志

東山志十卷　（清）謝起龍撰　清宣統二年
(1910)謝璟木活字印本　二冊

330000－1715－0000315　0727　史部/地理
類/山川之屬/山志

重修南海普陀山志二十卷首一卷　（清）秦耀
曾輯　清道光十二年(1832)刻本　四冊

330000－1715－0000317　0731　史部/地理
類/山川之屬/山志

明州阿育王山志十卷　（明）郭子章撰　明州
阿育王山續志六卷　（清）釋畹荃撰　明萬曆
刻清乾隆續刻本　六冊

330000－1715－0000318　0732　史部/地理
類/山川之屬/山志

明州阿育王山志十卷　（明）郭子章撰　明州
阿育王山續志六卷　（清）釋畹荃撰　明萬曆
刻清乾隆續刻本　四冊　存九卷(一至三、八
至十,續志一至三)

330000－1715－0000319　0789　史部/目錄
類/總錄之屬/官修

欽定四庫全書總目二百卷首一卷　（清）紀昀
等撰　清同治七年(1868)廣東書局刻本　一
百二十冊

330000－1715－0000322　0579　史部/傳記
類/別傳之屬/事狀

黃梨洲公事實詠一卷　（清）黃炳垕撰　清咸
豐七年(1857)姚江黃氏刻本　一冊

330000－1715－0000330　0536　史部/詔令
奏議類/奏議之屬

陳臥子先生兵垣奏議二卷　（明）陳子龍撰
清宣統二年(1910)上海時中書局鉛印本　清
閔璽題籤　二冊

330000－1715－0000331　0821　史部/金石
類/郡邑之屬/文字

兩浙金石志十八卷補遺一卷　（清）阮元撰
清光緒十六年(1890)浙江書局刻本　十二冊

330000－1715－0000332　0822　史部/金石
類/郡邑之屬/文字

兩浙金石志十八卷補遺一卷　（清）阮元撰
清光緒十六年(1890)浙江書局刻本　十二冊

330000－1715－0000334　0849　史部/傳記
類/別傳之屬/年譜

皇清敕授修職郎誥封朝儀大夫顯考警石府君
[錢泰吉]年譜一卷　（清）錢應溥撰　清同治
三年(1864)刻本　一冊

330000－1715－0000335　3001　經部/春秋

左傳類/傳說之屬

左氏節萃十卷 （清）凌璿玉撰　清刻本
七冊

330000－1715－0000336　0565、1694　類叢
部/類書類/專類之屬

十七史蒙求合編十六卷 （宋）王令撰　清光
緒五年（1879）粵東文雅齋刻本　六冊

330000－1715－0000337　0960　史部/編年
類/通代之屬

資治通鑑綱目五十九卷 （宋）朱熹撰　（明）
陳仁錫評　**資治通鑑綱目續編一卷**　（明）陳
樫撰　（明）陳仁錫評　**資治通鑑綱目前編二
十五卷**　（明）南軒撰　（明）陳仁錫評　**續資
治通鑑綱目二十七卷**　（明）商輅等撰　（明）
陳仁錫評　清嘉慶十三年（1808）忠信堂刻本
一百八冊　存一百一卷（資治通鑑綱目一
至四、七至五十九，續編，前編一至十、十四至
十五、十八至二十一、二十四至二十五，續資
治通鑑綱目一至五、八至二十七）

330000－1715－0000338　0580　史部/傳記
類/別傳之屬/事狀

**欽賞內閣中書銜庚午科舉人先考蔚亭府君行
述一卷**　（清）黃維瀚撰　**黃孖翁先生傳一卷**
（清）黃德祖撰　清抄本　一冊

330000－1715－0000340　0850　史部/傳記
類/總傳之屬/郡邑

三祠傳輯十二卷　（清）吳大本輯　清嘉慶刻
本　六冊

330000－1715－0000344　0993　史部/目錄
類/專錄之屬

**全上古三代秦漢三國晉南北朝文編目一百三
卷**　（清）嚴可均輯　（清）蔣璁編　清刻本
十一冊　存七十五卷（二十九至一百三）

330000－1715－0000345　1113　史部/地理
類/輿圖之屬/郡縣

湖北全省經緯圖一卷　（清）□□編　清末刻
朱印本　一冊

330000－1715－0000347　1114　史部/地理

類/輿圖之屬/郡縣

湖北全省經緯圖一卷　（清）□□編　清末刻
朱印本　一冊

330000－1715－0000350　0743　新學/雜著/
叢編

西學啓蒙十六種　（英國）赫德編　（英國）艾
約瑟譯　清光緒二十四年（1898）上海圖書集
成印書局鉛印本　一冊　存一種

330000－1715－0000353　0824　經部/春秋
左傳類/傳說之屬

東萊博議四卷　（宋）呂祖謙撰　清光緒七年
（1881）鳳城官舍刻本　舒厚仁題簽　四冊

330000－1715－0000356　0891　史部/職官
類/官箴之屬

牧令書二十三卷首一卷末一卷　（清）徐棟輯
清道光二十八年（1848）刻本　十冊　存十
六卷（首、一至十四、末）

330000－1715－0000359　0869　史部/地理
類/山川之屬/水志

南湖考一卷　（明）陳幼學撰　**節錄餘杭縣南
湖事略一卷南湖誌考一卷**　（清）陳善撰　清
光緒五年（1879）浙江官書局刻本　一冊

330000－1715－0000360　1011　史部/地理
類/方志之屬/郡縣志

[光緒]慈谿縣志五十六卷列傳附編一卷
（清）楊泰亨　（清）馮可鏞纂　（清）劉一桂
校補　清光緒二十五年（1899）德潤書院刻民
國三年（1914）印本　吟芙氏題簽　二十四冊

330000－1715－0000361　0709　史部/地理
類/外紀之屬

海國圖志一百卷首一卷　（清）魏源撰　**續集
二十五卷首一卷**　（英國）麥高爾撰　（美國）
林樂知　（清）瞿昂來譯　清光緒二十四年
（1898）文賢閣石印本　十五冊　缺十三卷
（續集十三至二十五）

330000－1715－0000362　0991　史部/地理
類/雜志之屬

蒙古游牧記十六卷　（清）張穆撰　清同治六

年(1867)壽陽祁氏刻本　二冊　存八卷(五至十二)

330000 – 1715 – 0000363　0853　史部/地理類/輿圖之屬/坤輿

[光緒]江西全省輿圖十四卷首一卷　(清)劉坤一等撰　清同治七年(1868)刻朱墨套印本　十冊

330000 – 1715 – 0000364　1012　史部/地理類/方志之屬/郡縣志

[光緒]慈谿縣志五十六卷列傳附編一卷　(清)楊泰亨　(清)馮可鏞纂　(清)劉一桂校補　清光緒二十五年(1899)德潤書院刻民國三年(1914)印本　二十四冊

330000 – 1715 – 0000365　0944　史部/目錄類/書志之屬/提要

直齋書錄解題二十二卷　(宋)陳振孫撰　清光緒九年(1883)江蘇書局刻本　六冊

330000 – 1715 – 0000366　0952　史部/地理類/方志之屬/郡縣志

[光緒]餘姚鄉土地理歷史合編一卷　(清)謝葆濂編　清光緒三十二年(1906)誠意學堂石印本　一冊

330000 – 1715 – 0000368　0951　史部/地理類/方志之屬/郡縣志

[光緒]餘姚鄉土地理歷史合編一卷　(清)謝葆濂編　清光緒三十二年(1906)誠意學堂石印本　一冊

330000 – 1715 – 0000369　0953　史部/地理類/方志之屬/郡縣志

[光緒]餘姚鄉土地理歷史合編一卷　(清)謝葆濂編　清光緒三十二年(1906)誠意學堂石印本　一冊

330000 – 1715 – 0000372　0585　史部/傳記類/別傳之屬/年譜

楊龜山先生年譜考證一卷　(清)黃璋撰　清乾隆黃璋續鈔堂刻本　一冊

330000 – 1715 – 0000373　0583、0867、2161　類叢部/叢書類/自著之屬

錢頤壽中丞全集正編三種續編二種　(清)錢寶琛撰　清同治七年至光緒六年(1868 – 1880)錢鼎銘刻本　十三冊

330000 – 1715 – 0000380　0563、1129、1135、1138、1141、1144、1145、1148、1151、1153、1155、1156、1218、1219、1222、1230、1372、1487、1490、1493　子部/叢編

子書百家　(清)崇文書局編　清光緒元年(1875)湖北崇文書局刻本　清陳正題跋　八十五冊　存八十五種

330000 – 1715 – 0000385　0584　史部/傳記類/別傳之屬/年譜

誥授中憲大夫先寒村公年譜一卷　(清)鄭勳撰　清嘉慶刻本　一冊

330000 – 1715 – 0000386　0610　史部/傳記類/總傳之屬/家乘

[浙江餘姚]餘姚朱氏宗譜十六卷首一卷　(清)朱蘭等纂修　清同治十二年(1873)一本堂木活字印本　十六冊

330000 – 1715 – 0000387　0687　史部/地理類/方志之屬/郡縣志

[光緒]上虞縣志四十八卷首一卷末一卷　(清)唐煦春修　(清)朱士黻纂　清光緒十七年(1891)刻本　十七冊　缺五卷(四、二十四至二十七)

330000 – 1715 – 0000388　0792　史部/目錄類/總錄之屬/官修

欽定四庫全書簡明目錄二十卷　(清)紀昀等撰　清同治七年(1868)廣東書局刻本　十二冊

330000 – 1715 – 0000393　0617　史部/傳記類/總傳之屬/家乘

[浙江餘姚]三江李氏宗譜二十二卷首一卷末一卷　(清)李廣銓等纂修　清光緒十二年(1886)木活字印本　二十四冊

330000 – 1715 – 0000395　0406　史部/紀傳類/正史之屬

史記一百三十卷　(漢)司馬遷撰　(南朝宋)

裴駰集解 （唐）司馬貞索隱 （唐）張守節正
義 清同治五年至九年(1866－1870)金陵書
局刻本 二十冊

330000－1715－0000400 0922 史部/地理
類/專志之屬/寺觀

聖廟志輯要三十卷 （清）鹿嗣宗等輯 清嘉
慶十九年(1814)刻本 七冊 缺五卷(二十
六至三十)

330000－1715－0000401 0897 史部/傳記
類/總傳之屬/通代

涵芬樓古今文鈔小傳四卷首一卷附錄一卷
商務印書館編譯所編 清宣統三年(1911)上
海商務印書館鉛印本 一冊

330000－1715－0000404 0806 史部/目錄
類/總錄之屬/私撰

五桂樓書目四卷 （清）黃澄量撰 清光緒二
十一年(1895)姚江黃安瀾刻本 一冊

330000－1715－0000405 0749 新學/史志/
別國史

日本新史攬要七卷 （日本）石村貞一編輯
（日本）游瀛主人譯 清光緒二十七年(1901)
石印本 七冊

330000－1715－0000408 0932、0933 史部/
雜史類/外紀之屬

日本新政考二卷 （清）顧厚焜撰 清光緒鉛
印本 二冊

330000－1715－0000409 0618 史部/傳記
類/總傳之屬/家乘

[浙江餘姚]姚江燭溪鄭氏家譜三十卷首一卷
（清）鄭家標等纂修 清宣統三年(1911)錫
類堂木活字印本 十四冊

330000－1715－0000410 0865 史部/傳記
類/總傳之屬/家乘

[浙江餘姚]餘姚朱氏宗譜二十卷首一卷
(清)朱九疇等纂修 清光緒三十年(1904)一
本堂木活字印本 二十冊

330000－1715－0000411 0619 史部/傳記
類/總傳之屬/家乘

[浙江慈溪]慈谿石步葉氏宗譜二十四卷
（清）葉長慶等纂修 清光緒二十九年(1903)
天敘堂木活字印本 二十二冊 缺二卷(一、
十五)

330000－1715－0000412 0807 史部/目錄
類/總錄之屬/私撰

五桂樓書目四卷 （清）黃澄量撰 清抄本
一冊

330000－1715－0000413 0872 史部/地理
類/專志之屬/寺觀

聖廟志輯要三十卷 （清）鹿嗣宗等輯 清嘉
慶十九年(1814)刻本 八冊

330000－1715－0000414 0632 史部/傳記
類/總傳之屬/家乘

[浙江餘姚]餘姚孫境宗譜二十八卷首一卷
(清)孫仰唐等纂修 清光緒二十五年(1899)
燕翼堂木活字印本 二十七冊

330000－1715－0000415 0633 史部/傳記
類/總傳之屬/家乘

[浙江餘姚]餘姚孫境宗譜二十八卷首一卷
(清)孫仰唐等纂修 清光緒二十五年(1899)
燕翼堂木活字印本 十八冊 缺九卷(一至
三、五至十)

330000－1715－0000416 0784 史部/政書
類/通制之屬

欽定大清會典事例一千二百二十卷目錄八卷
（清）崑岡等撰 清宣統元年(1909)上海商
務印書館石印本 一百五十冊

330000－1715－0000418 0457 類叢部/叢
書類/彙編之屬

廣雅書局叢書一百五十九種 徐紹棨編 清
光緒廣雅書局刻民國九年(1920)番禺徐紹棨
彙編重印本 二十四冊 存一種

330000－1715－0000419 0783 史部/政書
類/通制之屬

欽定大清會典一百卷首一卷 （清）崑岡等撰
清宣統三年(1911)上海商務印書館石印本
十冊

330000－1715－0000420　0978　史部/地理類/山川之屬/水志

水經注四十卷補遺一卷附錄二卷　（北魏）酈道元撰　（清）全祖望校　清光緒十四年（1888）薛福成寧波崇實書院刻本　十六冊

330000－1715－0000421　0683　史部/地理類/方志之屬/郡縣志

［光緒］慈谿縣志五十六卷附編一卷　（清）楊泰亨　（清）馮可鏞纂　（清）劉一桂校補　清光緒二十五年（1899）德潤書院刻本　二十四冊

330000－1715－0000422　1139、1142、1146、1152、1231、1489、1508、1585、1586－2、1588、1592、1596、1601－2、1652、1688　子部/叢編

子書百家　（清）崇文書局編　清光緒元年（1875）湖北崇文書局刻本　二十四冊　存二十五種

330000－1715－0000423　0842　史部/編年類/斷代之屬

十朝東華錄五百二十五卷　王先謙　潘頤福撰　清光緒二十年（1894）上海積山書局石印本　四十六冊

330000－1715－0000424　0653－2　史部/地理類/方志之屬/通志

［同治］畿輔通志三百卷首一卷　（清）李鴻章等修　（清）黃彭年等纂　清宣統二年（1910）北洋官報兼印刷局石印本　二百十九冊　缺三十一卷（十至二十四、一百六十一至一百六十二、一百八十三至一百九十六）

330000－1715－0000425　0537　史部/詔令奏議類/詔令之屬

憲廟硃批諭旨不分卷　（清）世宗胤禛批（清）鄂爾泰　（清）張廷玉編次　清光緒十三年（1887）上海廣百宋齋鉛印朱墨套印本　五十六冊

330000－1715－0000426　0710　史部/地理類/山川之屬/水志

水經注四十卷　（北魏）酈道元撰　清乾隆刻本　十六冊

330000－1715－0000428　0055　集部/別集類/清別集

黃蔚亭雜抄不分卷　（清）黃炳垕撰　稿本一冊

330000－1715－0000429　0653－1　史部/地理類/方志之屬/通志

［同治］畿輔通志三百卷首一卷　（清）李鴻章等修　（清）黃彭年等纂　清宣統二年（1910）北洋官報兼印刷局石印本　一冊　存二卷（一百六十八至一百六十九）

330000－1715－0000430　0996　史部/詔令奏議類/奏議之屬

岑襄勤公奏稿三十卷首一卷　（清）岑毓英撰　清光緒二十三年（1897）武昌督糧官署刻朱印本　三十二冊

330000－1715－0000431　0104　經部/詩類/傳說之屬

詩緝三十六卷　（宋）嚴粲撰　清乾隆抄本六冊

330000－1715－0000432　0259　經部/易類/傳說之屬

易學象數論六卷　（清）黃宗羲撰　清抄本一冊　存三卷（一至三）

330000－1715－0000437　0139　經部/春秋左傳類/傳說之屬

欽定春秋左傳讀本三十卷　（清）英和等撰清同治八年（1869）江蘇書局刻本　九冊　存二十七卷（一至二十一、二十五至三十）

330000－1715－0000438　0348、0460、1645子部/叢編

二十二子（二十二子彙函）　（清）浙江書局編清光緒元年至三年（1875－1877）浙江書局刻本　十冊　存三種

330000－1715－0000439　0566　史部/傳記類/總傳之屬/斷代

東林點將錄一卷　（明）王紹徽撰　**昭代名人小傳一卷**　（清）吳修編次　**兩朝剝復錄一卷**（明）吳應箕輯　**欽定逆案一卷**　清抄本

一冊

330000－1715－0000440　0640　史部/傳記類/總傳之屬/家乘

[浙江餘姚]洋溪孫氏家乘七卷　（清）孫嘉善纂修　清光緒二十年（1894）永思堂木活字印本　七冊

330000－1715－0000443　0559　史部/政書類/儀制之屬/專志/科舉校規

國朝貢舉考畧四卷明貢舉考畧二卷　（清）黃崇蘭輯　（清）趙學曾續輯　清光緒五年（1879）金陵文英堂刻本　四冊

330000－1715－0000447　0073　史部/傳記類/日記之屬

客杭日記不分卷附續記不分卷（同治十二年七月十二日至十月初四）　（清）朱衍緒撰稿本　一冊

330000－1715－0000448　0499　類叢部/叢書類/彙編之屬

抱經堂叢書十六種　（清）盧文弨編　清乾隆至嘉慶刻彙印本　四冊　存一種

330000－1715－0000450　0541　集部/總集類/選集之屬/斷代

皇朝經世文編一百二十卷姓名總目二卷生存姓名一卷　（清）賀長齡輯　清光緒二十一年（1895）積山書局石印本　十二冊

330000－1715－0000451　1090　史部/地理類/方志之屬/郡縣志

[光緒]餘姚縣志二十七卷首一卷末一卷　（清）周炳麟修　（清）邵友濂　（清）孫德祖纂　清光緒二十五年（1899）刻本　十五冊　缺六卷（三至八）

330000－1715－0000452　0650　史部/地理類/方志之屬/郡縣志

[康熙]靈壽縣志十卷首一卷末一卷　（清）陸隴其修　（清）傅維檯纂　清抄本　四冊

330000－1715－0000453　1088　史部/地理類/方志之屬/郡縣志

[光緒]餘姚縣志二十七卷首一卷末一卷

（清）周炳麟修　（清）邵友濂　（清）孫德祖纂　清光緒二十五年（1899）刻本　九冊　缺十四卷（一至八、十二至十五、十七、二十四）

330000－1715－0000454　1220　史部/地理類/總志之屬/通代

讀史方輿紀要一百三十卷輿圖要覽四卷　（清）顧祖禹撰　清敷文閣刻本　六十冊

330000－1715－0000455　0925　史部/地理類/方志之屬/郡縣志

[乾隆]餘姚志四十卷　（清）唐若瀛修　（清）邵晉涵纂　清乾隆四十六年（1781）刻本　七冊　存三十四卷（一至四、十一至四十）

330000－1715－0000456　0542　集部/總集類/選集之屬/斷代

皇朝經世文編一百二十卷姓名總目二卷生存姓名一卷　（清）賀長齡輯　清光緒二十二年（1896）上海掃葉山房石印本　二十三冊　缺三卷（姓名總目一至二、生存姓名）

330000－1715－0000457　0649　類叢部/叢書類/自著之屬

北江全集七種　（清）洪亮吉撰　清乾隆至嘉慶刻彙印本　一冊　存一種

330000－1715－0000459　1107　史部/地理類/方志之屬/郡縣志

[乾隆]餘姚志四十卷　（清）唐若瀛修　（清）邵晉涵纂　清乾隆四十六年（1781）刻本　息存老人題簽　一冊　存五卷（三十六至四十）

330000－1715－0000460　1128　史部/地理類/方志之屬/郡縣志

[光緒]餘姚縣志二十七卷首一卷末一卷　（清）周炳麟修　（清）邵友濂　（清）孫德祖纂　清光緒二十五年（1899）刻本　一冊　存二卷（十至十一）

330000－1715－0000461　1115　史部/紀傳類/正史之屬

二十四史　清光緒三十三年（1907）上海華商集成圖書公司鉛印本　三十一冊　存二種

330000 – 1715 – 0000462　0285　經部/小學類/文字之屬/字書/字體

古籀拾遺三卷附宋政和禮器文字考一卷
（清）孫詒讓撰　清光緒十四年至十六年（1888 – 1890）溫州刻本　二冊

330000 – 1715 – 0000464　0923　史部/地理類/雜志之屬

[乾隆]西域記八卷　（清）七十一撰　清嘉慶刻本　二冊

330000 – 1715 – 0000465　2639　集部/別集類/清別集

縮齋文集一卷　（清）黃宗會撰　清抄本　一冊

330000 – 1715 – 0000466　0483　史部/編年類/斷代之屬

三朝北盟會編二百五十卷首一卷　（宋）徐夢莘撰　**校勘記二卷補遺一卷**　（清）袁祖安校勘並補遺　清光緒三年至五年（1877 – 1879）如皋袁越東鉛印本　四十冊

330000 – 1715 – 0000467　1178　史部/傳記類/總傳之屬/儒林

宋元學案一百卷首一卷考畧一卷　（清）黃宗羲撰　（清）全祖望修定　（清）王梓材（清）馮雲濠校並考　清光緒五年（1879）長沙寄廬刻本　張美翊跋　十四冊　缺四十二卷（五十五至八十二、八十七一至一百）

330000 – 1715 – 0000468　0868　史部/地理類/山川之屬/水志

杜白二湖全書一卷　（清）王相能輯　清嘉慶十年（1805）王相能刻本　一冊

330000 – 1715 – 0000469　0093　經部/易類/易占之屬

黃梨洲先生蓍法六種不分卷　（清）黃宗羲撰　清抄本　三冊

330000 – 1715 – 0000470　0155　經部/叢編

五經旁訓　（清）徐立綱撰　清乾隆四十七年（1782）吳郡張氏匠門書屋刻本　二冊　存一種

330000 – 1715 – 0000471　2364　集部/別集類/清別集

思復堂文集十卷附載一卷　（清）邵廷寀撰　清康熙五十年（1711）刻本　四冊

330000 – 1715 – 0000472　2635　集部/別集類/清別集

南江詩鈔四卷　（清）邵晉涵撰　清刻本　一冊　存二卷（一至二）

330000 – 1715 – 0000473　2650　集部/別集類/清別集

南江詩鈔四卷　（清）邵晉涵撰　清刻本　二冊

330000 – 1715 – 0000474　2636　類叢部/叢書類/自著之屬

南江邵氏遺書十四種　（清）邵晉涵撰　清乾隆至嘉慶邵氏家刻本　二冊　存一種

330000 – 1715 – 0000485　0030　集部/總集類/選集之屬/斷代

皇明律詩類抄二十四卷　（明）狄斯彬輯　明萬曆六年（1578）刻本　三冊　存八卷（十七至二十四）

330000 – 1715 – 0000486　1010 – 1、1104　史部/編年類/通代之屬

御批歷代通鑑輯覽一百二十卷　（清）傅恒等撰　清光緒三十年（1904）通文書局石印本　十七冊　缺五十七卷（一至十四、十九至二十二、二十七至三十、三十五至三十八、四十三至四十六、六十一至六十四、六十八至七十三、八十四至九十、九十四至九十九、一百八至一百十一）

330000 – 1715 – 0000488　1010 – 3　史部/編年類/通代之屬

御批歷代通鑑輯覽一百二十卷　（清）傅恒等撰　清末石印本　三冊　存十六卷（五十三至五十七、六十三至六十八、七十四至七十八）

330000 – 1715 – 0000489　0967 – 2　史部/編年類/通代之屬

御批歷代通鑑輯覽一百二十卷 （清）傅恒等撰 清光緒三十年（1904）上海經藝書局石印本 十二冊 存五十八卷（六十三至一百二十）

330000－1715－0000491 0967－1、1010－2、1103 史部/編年類/通代之屬

御批歷代通鑑輯覽一百二十卷 （清）傅恒等撰 清光緒十三年（1887）上海同文書局石印本 十冊 存五十八卷（十五至二十一、二十八至三十三、四十一至五十二、六十三至七十二、七十八至八十三、九十六至一百十二）

330000－1715－0000492 2926 類叢部/叢書類/自著之屬

章氏遺書二種 （清）章學誠撰 清道光十二年至十三年（1832－1833）章華紱刻本 五冊

330000－1715－0000493 0159、2123 集部/別集類/清別集

鮚埼亭集三十八卷經史問答十卷鮚埼亭集外編五十卷 （清）全祖望撰 首一卷 （清）董秉純撰 清嘉慶九年（1804）餘姚史夢蛟借樹山房刻同治十一年（1872）印本（《經史問答》爲清乾隆三十年董秉純刻本） 十二冊 缺五十卷（外編一至五十）

330000－1715－0000495 0970、0973 史部/編年類/通代之屬

尺木堂綱鑑易知錄九十二卷明鑑易知錄十五卷 （清）吳乘權等輯 清光緒二十六年（1900）上海圖書集成印書局鉛印本 十二冊 存八十二卷（綱鑑易知錄二十六至九十二、明鑑易知錄一至十五）

330000－1715－0000496 0505 史部/紀傳類/正史之屬

遼史拾遺二十四卷 （清）厲鶚撰 清光緒元年（1875）江蘇書局刻本 八冊

330000－1715－0000497 0506 史部/紀傳類/正史之屬

遼史拾遺補五卷 （清）楊復吉撰 清光緒三年（1877）江蘇書局刻本 二冊

330000－1715－0000498 0486 史部/紀事本末類

紀事本末五種 （清）□□輯 清同治十二年至十三年（1873－1874）江西書局刻本 四冊 存一種

330000－1715－0000499 0465 史部/編年類/通代之屬

續資治通鑑二百二十卷 （清）畢沅撰 清光緒十四年（1888）上海蕙英館石印本 二十冊

330000－1715－0000500 0464 史部/編年類/通代之屬

續資治通鑑二百二十卷 （清）畢沅撰 清光緒二十六年（1900）上海圖書集成印書局鉛印本 二十八冊

330000－1715－0000501 0029 集部/總集類/選集之屬/通代

大家文選二十二卷 （明）薛甲編 明嘉靖四十四年（1565）刻本 八冊

330000－1715－0000502 0622、0624、0647 類叢部/叢書類/彙編之屬

邵武徐氏叢書二十三種 （清）徐榦編 清光緒邵武徐氏刻本 六冊 存三種

330000－1715－0000503 1125－1 史部/目錄類/總錄之屬/私撰

書目答問五卷別錄一卷國朝著述諸家姓名略一卷 （清）張之洞撰 清光緒四年（1878）上海淞隱閣鉛印本 四冊

330000－1715－0000505 1125－2 史部/目錄類/總錄之屬/私撰

書目答問五卷別錄一卷國朝著述諸家姓名略一卷 （清）張之洞撰 清光緒四年（1878）上海淞隱閣鉛印本 一冊 缺三卷（書目答問一至三）

330000－1715－0000506 0405、0414、0420、1006 史部/紀傳類/正史之屬

二十四史 清光緒三十一年（1905）武林竹簡齋石印本 二十九冊 存四種

330000－1715－0000507 0623、0625、0646

類叢部/叢書類/彙編之屬

邵武徐氏叢書二十三種 (清)徐榦編 清光緒邵武徐氏刻本 五冊 存三種

330000 – 1715 – 0000509　0959　類叢部/叢書類/彙編之屬

知不足齋叢書一百九十六種 (清)鮑廷博編 (清)鮑士恭續編 清乾隆三十七年至道光三年(1772 – 1823)長塘鮑氏刻彙印本 八冊 存一種

330000 – 1715 – 0000510　0410、0435、0441、0445　史部/紀傳類/正史之屬

二十四史 清同治至光緒五省官書局刻光緒五年(1879)湖北書局彙印本 五十九冊 存四種

330000 – 1715 – 0000511　0419　史部/紀傳類/正史之屬

十七史一千五百七十四卷 (明)毛晉編 明崇禎至清順治琴川毛氏汲古閣刻本 十六冊 存一種

330000 – 1715 – 0000513　0416　史部/紀傳類/正史之屬

二十四史 清光緒十三年(1887)金陵書局刻本 十六冊 存一種

330000 – 1715 – 0000516　0652　史部/地理類/總志之屬/斷代

皇朝輿地通考二十三卷 (清)通文書局主人輯 清光緒二十九年(1903)上海通文書局石印本 四十冊

330000 – 1715 – 0000517　0591　史部/傳記類/總傳之屬/家乘

[浙江餘姚]**施氏宗譜十四卷首一卷貽編二卷** (清)施學曾等纂修 清光緒四年(1878)親親堂木活字印本 十冊 缺一卷(首)

330000 – 1715 – 0000518　0651　史部/地理類/輿圖之屬/坤輿

大清中外一統輿圖(皇朝中外壹統輿圖)十六卷 (清)鄒世詒等編 (清)李廷簫增訂 清光緒二十四年(1898)石印本 六冊

330000 – 1715 – 0000519　0350　經部/小學類/文字之屬/字書/字典

字彙十二集首一卷末一卷韻法直圖一卷 (明)梅膺祚撰 **韻法橫圖一卷** (明)李世澤撰 清刻本 一冊 存一卷(子集)

330000 – 1715 – 0000520　0477　史部/編年類/通代之屬

綱鑑會纂三十九卷首一卷 (明)王世貞編 **甲子紀元一卷** (清)陳弘謀輯 清光霽堂刻本 二十四冊 缺十六卷(十五至二十、三十至三十九)

330000 – 1715 – 0000521　0631　史部/傳記類/總傳之屬/家乘

[浙江餘姚]**光緒餘姚豐山毛氏譜十四卷首三卷末一卷** (清)毛雲祥纂修 清光緒三十年(1904)永思堂木活字印本 十七冊

330000 – 1715 – 0000522　0478　史部/編年類/通代之屬

御批增補了凡綱鑑四十卷首一卷 (明)袁黃纂 **御撰資治通鑒綱目三編六卷首一卷附明紀福唐桂三王本末** (清)張廷玉等纂修 清光緒二十七年(1901)上海經義齋石印本 十二冊

330000 – 1715 – 0000523　0479　史部/編年類/通代之屬

御批增補了凡綱鑑四十卷首一卷 (明)袁黃纂 **御撰資治通鑒綱目三編六卷首一卷附明紀福唐桂三王本末** (清)張廷玉等纂修 清光緒二十七年(1901)上海經義齋石印本 十二冊

330000 – 1715 – 0000527　2039　集部/別集類/明別集

王文成公全集十六卷 (明)王守仁撰 清道光六年(1826)湖南湘潭王文德刻本 二十冊

330000 – 1715 – 0000528　0531　史部/傳記類/總傳之屬/儒林

明儒學案六十二卷師說一卷 (清)黃宗義撰 清雍正十三年(1735)紫筠齋刻本 十六冊

330000 - 1715 - 0000529　0644　　史部/傳記類/總傳之屬/忠孝

碧血錄二卷附錄一卷　（明）黃煜輯　（清）傅以禮編　清光緒二十二年(1896)七林書堂刻本　趙中堅題記　二冊

330000 - 1715 - 0000533　0987　　史部/地理類/雜志之屬

王梅溪先生會稽三賦四卷　（宋）王十朋撰（明）南逢吉註　（清）周炳曾增註　清康熙刻本　一冊

330000 - 1715 - 0000534　0926　　史部/地理類/專志之屬/古跡

越中名勝賦一卷　（清）李壽朋撰　清乾隆四十年(1775)刻本　一冊

330000 - 1715 - 0000535　0949　　史部/傳記類/別傳之屬/事狀

傳芳錄一卷　（清）杜甲撰　清道光二十八年(1848)刻本　一冊

330000 - 1715 - 0000536　0961 - 0966　　史部/紀傳類/正史之屬

二十四史　清光緒三十三年(1907)上海華商集成圖書公司鉛印本　八十八冊　存六種

330000 - 1715 - 0000537　0788　　史部/政書類/律令之屬/律例

大清律例彙輯便覽四十卷附督捕則例二卷五軍道里表一卷三流道里表一卷　（清）刑部輯　清同治十一年(1872)湖北讞局刻本　二十四冊　存三十五卷(一至三十五)

330000 - 1715 - 0000540　1105　　史部/地理類/方志之屬/郡縣志

[光緒]奉化縣志四十卷首一卷　（清）李前泮修　張美翊等纂　清光緒三十四年(1908)刻本　一冊　存二卷(三十至三十一)

330000 - 1715 - 0000544　0401、1007　　史部/紀傳類/正史之屬

二十四史　清光緒十八年(1892)武林竹簡齋石印本　十一冊　存二種

330000 - 1715 - 0000546　0968　　史部/編年

類/通代之屬

鼎鍥趙田了凡袁先生編纂古本歷史大方綱鑑補三十九卷首一卷　（明）袁黃纂　**御撰資治通鑑綱目三編二十卷**　（清）張廷玉等編次　清怡蓮堂刻本　十九冊　缺四卷(首、一至三)

330000 - 1715 - 0000547　0839　　史部/雜史類/斷代之屬

小腆紀年附考二十卷　（清）徐鼒撰　清咸豐十一年(1861)刻本　十二冊

330000 - 1715 - 0000551　0982、0989　　史部/詔令奏議類/奏議之屬

曾文正公奏議十卷首一卷末一卷補編四卷（清）曾國藩撰　（清）薛福成編　清同治十三年(1874)上海吳氏醉六堂刻本　十冊　存十二卷(首、奏議一至十、末)

330000 - 1715 - 0000553　0983　　史部/傳記類/總傳之屬/文苑

湖海詩傳小傳六卷　（清）王昶撰　清光緒四年(1878)上海淞隱閣鉛印本　二冊

330000 - 1715 - 0000554　1008 - 1、1097　　史部/紀傳類/正史之屬

四史四百十五卷　清光緒二十八年(1902)涘實齋石印本　七冊　存一種

330000 - 1715 - 0000555　0854　　類叢部/叢書類/彙編之屬

申報館叢書正集五十七種附錄三種　（清）尊聞閣主編　**續集一百四十二種**　（清）蔡爾康編　清同治至光緒上海申報館鉛印本　四冊存一種

330000 - 1715 - 0000556　0833　　史部/史評類/史論之屬

讀史論畧增註三卷　（清）杜詔撰　（清）唐桂註　（清）傅傳增註　清光緒七年(1881)永嘉徐氏刻本　一冊

330000 - 1715 - 0000558　0992　　史部/傳記類/總傳之屬/通代

古品節錄六卷　（清）松筠撰　清嘉慶刻本

六冊

330000 – 1715 – 0000559　0874　史部/地理類/山川之屬/水志

莫愁湖志六卷首一卷　（清）馬士圖撰　清嘉慶二十年(1815)刻松管齋全集本　一冊　缺二卷(五至六)

330000 – 1715 – 0000561　0403、0411 – 1、0415、0422　史部/紀傳類/正史之屬

二十四史　清光緒二十一年(1895)上海畊餘主人石印本　三十二冊　存四種

330000 – 1715 – 0000562　0972　史部/編年類/通代之屬

四裔編年表四卷　李鳳苞輯　清光緒二十三年(1897)石印本　一冊

330000 – 1715 – 0000563　0546　史部/傳記類/總傳之屬/列女

列女傳八卷　（漢）劉向撰　（清）梁端校注　清宣統二年(1910)上海會文堂書局石印本　四冊

330000 – 1715 – 0000565　0525　史部/雜史類/斷代之屬

明季稗史彙編十六種　（清）留雲居士輯　清光緒二十二年(1896)上海圖書集成印書局鉛印本　六冊

330000 – 1715 – 0000566　0607　史部/傳記類/總傳之屬/家乘

[浙江餘姚]姚江四明小嶺褚氏宗譜十三卷　清道光忠清堂木活字印本　十一冊　缺一卷(一)

330000 – 1715 – 0000567　0903　史部/紀傳類/正史之屬

三國志六十五卷　（晉）陳壽撰　（南朝宋）裴松之注　清光緒七年(1881)文雅齋刻本　十二冊

330000 – 1715 – 0000570　1330　子部/醫家類/方書之屬/單方驗方

驗方新編十八卷　（清）鮑相璈輯　清光緒二十三年(1897)上海廣百宋齋石印本　一冊

存十七卷(一至十七)

330000 – 1715 – 0000572　1723　新學/兵制/陸軍

軍隊教育談一卷　（日本）染谷銀三郎撰　（清）廣東督練公所教練處編繹科譯　清光緒三十三年(1907)廣東陸軍速成學堂鉛印本　一冊

330000 – 1715 – 0000573　0786　史部/政書類/律令之屬/律例

大清光緒新法令十三卷附錄一卷　商務印書館編譯所編　清宣統元年(1909)上海商務印書館鉛印本　十九冊

330000 – 1715 – 0000574　0635　史部/傳記類/總傳之屬/家乘

[浙江餘姚]雲樓姚氏宗譜十二卷　（清）姚鳳泉　（清）姚安治主修　清光緒三十四年(1908)耕山堂木活字印本(原缺卷四、八)　六冊

330000 – 1715 – 0000575　0402　史部/紀傳類/正史之屬

二十四史　清光緒十八年(1892)武林竹簡齋石印本　六冊　存一種

330000 – 1715 – 0000576　1338　史部/政書類/律令之屬/法驗

洗冤錄集證二卷　（清）郎錦騏纂輯　清刻本　二冊

330000 – 1715 – 0000578　0440　史部/紀傳類/正史之屬

舊五代史一百五十卷目錄二卷　（宋）薛居正等撰　清嘉慶元年(1796)掃葉山房刻本　二十冊

330000 – 1715 – 0000581　0639　史部/傳記類/總傳之屬/家乘

[浙江餘姚]姚江趙氏宗譜十卷首一卷　（清）趙廣扈等纂修　清光緒二年(1876)木活字印本　六冊

330000 – 1715 – 0000584　0713 – 1　史部/地理類/水利之屬

牟山湖志一卷　（清）劉福升撰　清光緒二十五年（1899）刻本　一冊

330000－1715－0000585　0713－2　史部/地理類/水利之屬

牟山湖志一卷　（清）劉福升撰　清光緒二十五年（1899）刻本　一冊

330000－1715－0000587　0689　史部/地理類/方志之屬/郡縣志

[乾隆]馬巷廳志十八卷首一卷　（清）萬友正纂修　附錄三卷　（清）黃家鼎纂　清光緒九年（1883）丁惠深刻十九年（1893）黃家鼎校補刻本　三冊　存五卷(六至八、附錄二至三)

330000－1715－0000588　1162　子部/儒家類/儒學之屬/性理

淵鑒齋御纂朱子全書六十六卷　（清）李光地等纂修　清康熙刻本　三十一冊　缺二卷（三十八至三十九）

330000－1715－0000589　0755、0781　史部/政書類/通制之屬

東漢會要四十卷　（宋）徐天麟撰　清光緒十年（1884）江蘇書局刻本　八冊

330000－1715－0000590　0754、0780　史部/政書類/通制之屬

西漢會要七十卷　（宋）徐天麟撰　清光緒十年（1884）江蘇書局刻本　十冊

330000－1715－0000593　1242　子部/醫家類/綜合之屬/通論

御纂醫宗金鑑九十卷首一卷　（清）吳謙等纂修　清光緒二十九年（1903）上海醉六堂石印本　十七冊　缺十四卷（十七至二十、五十至五十九）

330000－1715－0000594　0501　類叢部/叢書類/彙編之屬

廣雅書局叢書一百五十九種　徐紹棨編　清光緒廣雅書局刻民國九年（1920）番禺徐紹棨彙編重印本　十二冊　存一種

330000－1715－0000595　0254、0863　類叢部/叢書類/彙編之屬

會稽徐氏鑄學齋叢書十三種　徐維則編　清咸豐至光緒會稽徐氏刻光緒二十六年（1900）彙印本　二冊　存二種

330000－1715－0000597　2704　集部/別集類/清別集

鮚埼亭詩集十卷　（清）全祖望撰　清道光十四年（1834）鄭爾齡箋經閣刻本　四冊

330000－1715－0000598　0516　史部/編年類/斷代之屬

同治朝東華續錄一百卷　王先謙編　清光緒二十四年（1898）文瀾書局石印本　二十四冊

330000－1715－0000599　0757　子部/雜著類/雜說之屬

經史百家序錄六種　邵章輯　清光緒二十八年（1902）會文學社石印本　四冊　存一種

330000－1715－0000600　0756　史部/政書類/通制之屬

皇朝三通序三卷　清光緒二十七年（1901）墨潤堂石印本　三冊

330000－1715－0000601　1526　子部/雜著類/雜考之屬

湛園札記四卷　（清）姜宸英撰　清嘉慶葉元墀鶴麓山房刻本　一冊

330000－1715－0000602　0089　經部/易類/圖說之屬

周易象述不分卷　（清）黃璋撰　稿本　一冊

330000－1715－0000604　1517　子部/雜著類/雜考之屬

困學紀聞注二十卷　（清）翁元圻撰　清道光五年（1825）餘姚翁氏守福堂刻本　十二冊

330000－1715－0000605　1214　史部/傳記類/總傳之屬/儒林

理學宗傳二十六卷　（清）孫奇逢撰　（清）魏一鼇等編　清光緒六年（1880）浙江書局刻本　十二冊

330000－1715－0000607　1176　史部/傳記類/總傳之屬/儒林

宋元學案一百卷首一卷考畧一卷 （清）黃宗
義撰 （清）全祖望修定 （清）王梓材
(清)馮雲濠校並考 清光緒五年(1879)長沙
寄廬刻本 三十一冊 存九十六卷(一至五
十七、六十二至一百)

330000－1715－0000609 1177 史部/傳記
類/總傳之屬/儒林

宋元學案一百卷首一卷考畧一卷 （清）黃宗
義撰 （清）全祖望修定 （清）王梓材
(清)馮雲濠校並考 清光緒五年(1879)長沙
寄廬刻本 十四冊 存三十九卷(八至九、十
一至四十七)

330000－1715－0000611 0148 經部/春秋
公羊傳類/傳說之屬

春秋公羊傳十一卷 （漢）何休注 （唐）陸德
明音義 清光緒十二年(1886)星沙文昌書局
刻本 六冊

330000－1715－0000612 0152 經部/春秋
穀梁傳類/傳說之屬

春秋穀梁傳十二卷 （晉）范甯集解 （唐）陸
德明音義 清光緒十二年(1886)星沙文昌書
局刻本 四冊

330000－1715－0000613 1551 類叢部/類
書類/通類之屬

增補事類統編九十三卷首一卷 （清）黃葆真
輯 清道光二十六年(1846)丹陽黃葆真粵東
敦好堂刻本 四十四冊 缺六卷(十八至十
九、三十至三十一、五十二至五十三)

330000－1715－0000614 1518 子部/雜著
類/雜考之屬

困學紀聞注二十卷 （清）翁元圻撰 清道光
五年(1825)餘姚翁氏守福堂刻本 八冊

330000－1715－0000615 1516 子部/雜著
類/雜考之屬

困學紀聞注二十卷 （清）翁元圻撰 清道光
五年(1825)餘姚翁氏守福堂刻本 十二冊

330000－1715－0000616 1346 子部/醫家
類/方論之屬/單方驗方

重校舊本湯頭歌訣一卷經絡歌訣一卷 （清）
汪昂撰 清上海文益書局石印本 一冊

330000－1715－0000617 1524 子部/雜著
類/雜說之屬

池北偶談二十六卷 （清）王士禛撰 清康熙
四十年(1701)王廷掄刻本 十冊

330000－1715－0000618 1523 子部/雜著
類/雜說之屬

池北偶談二十六卷 （清）王士禛撰 清光緒
二十二年(1896)上海慎記書莊石印本 八冊

330000－1715－0000619 0144、0158 經部/
叢編

九經五十一卷附四卷 （明）秦鑅訂正 明崇
禎十三年(1640)錫山秦鑅求古齋刻本 三冊
存四種附四卷

330000－1715－0000620 1002 史部/雜史
類/斷代之屬

國語二十一卷 （三國吳）韋昭注 校刊明道
本韋氏解國語札記一卷 （清）黃丕烈撰 明
道本考異四卷 （清）汪遠孫撰 清光緒二十
八年(1902)新化三味書室刻本 六冊

330000－1715－0000626 1174 史部/傳記
類/總傳之屬/儒林

宋元學案一百卷首一卷考畧一卷 （清）黃宗
義撰 （清）全祖望修定 （清）王梓材
(清)馮雲濠校並考 清光緒五年(1879)長沙
寄廬刻本 四十四冊

330000－1715－0000628 1277 子部/醫家
類/本草之屬/歷代綜合本草

本草綱目五十二卷首二卷圖三卷 （明）李時
珍撰 本草萬方鍼線八卷 （清）蔡烈先輯
本草綱目拾遺十卷 （清）趙學敏輯 清宣統
三年(1911)上海商務印書館石印本 十七冊
缺六卷(五十一至五十二、圖一至二、萬方
鍼線七至八)

330000－1715－0000629 1282 子部/醫家
類/本草之屬/歷代綜合本草

本草綱目五十二卷首二卷圖三卷 （明）李時

珍撰　**本草萬方鍼線八卷**　（清）蔡烈先輯

本草綱目拾遺十卷　（清）趙學敏輯　清刻本
　十九冊　存三十卷(三、九、十三至十八、二
十二至三十九、四十五至四十七,圖下)

330000－1715－0000630　1195/1　類叢部/
叢書類/自著之屬

甌北全集八種　（清）趙翼撰　清乾隆至嘉慶
湛貽堂刻本　十二冊　存一種

330000－1715－0000631　1195/2　子部/雜
著類/雜考之屬

陔餘叢考四十三卷　（清）趙翼撰　清刻本
十一冊　存二十八卷(十六至四十三)

330000－1715－0000632　1192　子部/雜著
類/雜考之屬

讀書雜志八十二卷餘編二卷　（清）王念孫撰
　清同治九年（1870）金陵書局刻本　二十
四冊

330000－1715－0000634　0835　史部/史評
類/史論之屬

史通削繁四卷　（清）紀昀撰　清光緒元年
（1875）湖北崇文書局刻本　四冊

330000－1715－0000636　0834　史部/史評
類/史論之屬

史通削繁四卷　（清）紀昀撰　清道光十三年
（1833）涿州盧坤兩廣節署刻朱墨套印本
四冊

330000－1715－0000637　0236　經部/小學
類/文字之屬/字書/字體

古籀拾遺三卷附宋政和禮器文字考一卷
（清）孫詒讓撰　清光緒十四年至十六年
（1888－1890）溫州刻本　二冊

330000－1715－0000639　1519　子部/雜著
類/雜考之屬

翁注困學紀聞二十卷首一卷　（宋）王應麟撰
　（清）翁元圻輯　清光緒十五年（1889）上海
點石齋石印本　四冊　存十六卷(五至二十)

330000－1715－0000640　0150、0154　經部/
叢編

十一經音訓　（清）楊國楨等編　清光緒三年
（1877）湖北崇文書局刻本　四冊　存二種

330000－1715－0000642　0841－1　史部/編
年類/斷代之屬

十朝東華錄五百二十五卷　王先謙　潘頤福
撰　清光緒二十年（1894）上海積山書局石印
本　十八冊　存一百卷(咸豐朝一至一百)

330000－1715－0000643　0725　史部/地理
類/方志之屬/郡縣志

[道光]潛山志八卷　（清）高杲　（清）沈煜
纂　清道光十一年（1831）木活字印本　二冊

330000－1715－0000644　0520、1003　類叢
部/叢書類/彙編之屬

士禮居黃氏叢書十九種附四種　（清）黃丕烈
編　清嘉慶至道光吳縣黃氏刻本　七冊　存
二種

330000－1715－0000645　0719　史部/地理
類/水利之屬

**上虞塘工紀畧二卷上虞續塘工紀畧一卷三續
上虞塘工紀畧一卷**　（清）連仲愚撰　清光緒
四年（1878）敬睦堂刻本　一冊

330000－1715－0000646　1668　子部/雜著
類/雜考之屬

困學紀聞注二十卷　（清）翁元圻撰　清道光
五年（1825）餘姚翁氏守福堂刻本　十二冊

330000－1715－0000649　1515　子部/雜著
類/雜考之屬

困學紀聞二十卷　（宋）王應麟撰　（清）閻若
璩箋　（清）何焯評　清同治九年（1870）揚州
書局刻本　四冊

330000－1715－0000650　1322　子部/醫家
類/本草之屬/本草藥性

雷公炮製藥性解六卷　（明）李中梓撰　清末
石印本　一冊

330000－1715－0000651　1669　子部/雜考
類/雜考之屬

困學紀聞注二十卷　（清）翁元圻撰　清道光
五年（1825）餘姚翁氏守福堂刻本　十四冊

330000－1715－0000654　1549　類叢部/類書類/通類之屬

玉海二百四卷附刻十三種　（宋）王應麟撰　**校補玉海瑣記二卷王深甯先生年譜一卷**（清）張大昌撰　清光緒九年至十六年(1883－1890)浙江書局刻本　一百十八冊　缺十四卷（玉海一百五至一百六、通鑑地理通釋十至十四、詩地理考一至六、踐祚篇集解一）

330000－1715－0000656　1120　子部/雜著類/雜考之屬

困學紀聞翁注編目二十六卷首一卷　（清）翁元圻撰　（清）秋樹根齋主人編　清光緒八年(1882)秋樹根齋刻本　一冊　缺十九卷（八至二十六）

330000－1715－0000657　0103、0234、0418、0980、1362　類叢部/類書類/通類之屬

玉海二百四卷附刻十三種　（宋）王應麟撰　**校補玉海瑣記二卷王深甯先生年譜一卷**（清）張大昌撰　清光緒九年至十六年(1883－1890)浙江書局刻本　九冊　存三十六卷（通鑑地理通釋一至十四、漢藝文志攷證一至十、詩地理攷一至六、急就篇一至四、六經天文編一至二）

330000－1715－0000660　0794　史部/目錄類/總錄之屬/私撰

式古堂目錄十七卷　（清）尤瑩編　清光緒十九年(1893)石印本　二冊

330000－1715－0000662　1273　子部/醫家類/類編之屬

沈氏尊生書五種　（清）沈金鰲撰輯　清光緒二十一年(1895)圖書集成書局鉛印本　二十二冊　缺八卷（傷寒論綱目十四至十六、要藥分劑六至十）

330000－1715－0000664　1243　子部/醫家類/綜合之屬/通論

御纂醫宗金鑑九十卷首一卷　（清）吳謙等纂修　清光緒三十二年(1906)上海文新書局石印本　十九冊　缺四卷（三十五至三十八）

330000－1715－0000665　1274　子部/醫家

類/類編之屬

東垣十書附二種二十二卷　（金）李杲撰　清刻本　十五冊　存十種

330000－1715－0000666　1244　子部/醫家類/綜合之屬/通論

御纂醫宗金鑑九十卷首一卷　（清）吳謙等纂修　清末鉛印本　十冊　存四十九卷（一至四十九）

330000－1715－0000667　0253　經部/小學類/文字之屬/字書/字典

大廣益會玉篇三十卷　（南朝梁）顧野王撰　（唐）孫強增字　（宋）陳彭年等重修　**大宋重修廣韻五卷**　（宋）陳彭年等撰　**廣韻校刊札記一卷**　（清）鄧顯鶴撰　清道光三十年(1850)新化鄧顯鶴邵州東山精舍刻本　十冊

330000－1715－0000668　1267　子部/醫家類/綜合之屬/合刻、合抄

景岳全書六十四卷　（明）張介賓撰　清道光元年(1821)掃葉山房刻本　二十四冊

330000－1715－0000670　0748　新學/史志/別國史

東洋史要二卷坿圖一卷　（日本）桑元隲藏撰　樊炳清譯　清光緒二十五年(1899)東文學社石印本　四冊

330000－1715－0000672　1481　子部/農家農學類/園藝之屬/總志

佩文齋廣羣芳譜一百卷目錄二卷　（清）汪灝等撰　清康熙四十七年(1708)內府刻本　四十四冊　存九十三卷（五至八、十一至十四、十八至一百，目錄上下）

330000－1715－0000673　1522　子部/雜著類/雜考之屬

日知錄集釋三十二卷刊誤二卷續刊誤二卷（清）黃汝成撰　清光緒三年(1877)刻本　十六冊

330000－1715－0000674　0567　史部/地理類/遊記之屬/紀行

出使英法義比四國日記六卷（清光緒十六年

283

正月十一日至十七年二月三十日）　（清）薛福成撰　清光緒二十年（1894）孫詒校經堂刻本　六冊

330000－1715－0000675　0543　集部/總集類/選集之屬/斷代

皇朝經世文續編一百二十卷　（清）葛士濬輯　清光緒十四年（1888）掃葉山房鉛印本　二十四冊

330000－1715－0000676　0489　類叢部/叢書類/彙編之屬

半厂叢書初編十種　（清）譚獻編　清同治至光緒仁和譚氏刻本　四冊　存一種

330000－1715－0000677　0586　史部/傳記類/總傳之屬/家乘

四勿祠志八卷　（清）華希閔鑒定　（清）蔣識輯　清木活字印本　一冊　缺二卷（七至八）

330000－1715－0000680　0168　經部/四書類/總義之屬/傳說

四書體註合講十九卷　（清）翁復編　清光緒五年（1879）掃葉山房刻本　六冊

330000－1715－0000681　1132　子部/儒家類/儒家之屬

孔氏家語十卷　題（三國魏）王肅注　清光緒上海同文書局石印本　五冊

330000－1715－0000683　1000　集部/別集類/清別集

新疆賦一卷　（清）徐松撰　清末讀有用書齋刻本　一冊

330000－1715－0000685　1731　子部/儒家類/儒學之屬/性理

王陽明先生傳習錄三卷　（明）王守仁撰　清光緒三十一年（1905）邵陽魏允恭石印本　一冊

330000－1715－0000687　1163　集部/別集類/宋別集

朱子古文讀本六卷　（宋）朱熹撰　（清）周大璋輯　清道光十五年（1835）寶硯齋刻本　六冊

330000－1715－0000689　1185　子部/儒家類/儒學之屬/經濟

黃梨洲先生明夷待訪錄一卷　（清）黃宗羲撰　清刻本　一冊

330000－1715－0000690　0841－2　史部/編年類/斷代之屬

東華續錄一百卷（同治朝）　王先謙編　清光緒二十四年（1898）文瀾書局石印本　二十四冊

330000－1715－0000691　1158　子部/雜著類/雜纂之屬

學範二卷　（明）趙撝謙撰　清初刻本　四冊

330000－1715－0000693　0188　經部/春秋總義類/專著之屬

春秋繁露十七卷　（漢）董仲舒撰　明刻本　二冊

330000－1715－0000694　1191　類叢部/叢書類/自著之屬

陸子全書十八種　（清）陸隴其撰　清光緒許仁沐刻本　二十五冊　存十四種

330000－1715－0000695　1323　子部/醫家類/本草之屬/本草藥性

雷公炮製藥性解六卷　（明）李中梓撰　清末石印本　一冊

330000－1715－0000697　1521　子部/雜著類/雜考之屬

日知錄集釋三十二卷刊誤二卷續刊誤二卷　（清）黃汝成撰　清道光十四年至十八年（1834－1838）嘉定黃氏西谿草廬刻本　十九冊　缺一卷（四）

330000－1715－0000698　0267　經部/春秋左傳類/傳說之屬

春秋左傳五十卷　（晉）杜預註　（宋）林堯叟補註　（唐）陸德明音義　（明）鍾惺　（明）孫鑛　（明）韓范評點　清光緒十一年（1885）五融經館刻本　九冊　缺十五卷（三十三至三十五、三十九至五十）

330000－1715－0000700　1160　子部/儒家

類/儒學之屬/俗訓

人譜一卷人譜類記二卷　（明）劉宗周撰　清光緒十六年（1890）省過堂刻本　二冊

330000－1715－0000701　1161　子部/儒家類/儒學之屬/俗訓

人譜一卷人譜類記二卷　（明）劉宗周撰　清光緒三十二年（1906）石印本　三冊

330000－1715－0000704　1212　子部/儒家類/儒學之屬/性理

近思錄集注十四卷考訂朱子世家一卷　（清）江永撰　**校勘記一卷**（清）王炳撰　清同治八年（1869）江蘇書局刻本　六冊

330000－1715－0000706　1286　子部/醫家類/本草之屬/本草藥性

雷公炮製藥性解六卷　（明）李中梓撰　清末石印本　一冊

330000－1715－0000708　1130　子部/儒家類/儒家之屬

孔氏家語十卷　題（三國魏）王肅注　清同治十二年（1873）善成堂刻本　二冊

330000－1715－0000711　1237　新學/地學/地理學

金石識別十二卷　（美國）代那撰　（美國）瑪高溫口譯　（清）華蘅芳筆述　清光緒二十三年（1897）上海著易堂石印本　四冊

330000－1715－0000712　1227　子部/法家類

韓非子集解二十卷首一卷　（清）王先慎撰　清光緒二十二年（1896）刻本　六冊

330000－1715－0000713　1193、1194　經部/群經總義類/傳說之屬

十三經札記二十二卷附十六卷　（清）朱亦棟撰　清光緒四年（1878）武林竹簡齋刻本　十二冊

330000－1715－0000715　1196　類叢部/叢書類/自著之屬

潛研堂全書十六種　（清）錢大昕撰　清乾隆至嘉慶刻本　八冊　存一種

330000－1715－0000716　1197　子部/儒家類/儒學之屬/性理

漢學商兌三卷　（清）方東樹撰　清光緒八年（1882）四明花雨樓刻本　四冊

330000－1715－0000717　1357　子部/天文曆算類/算書之屬

中西算學大成一百卷　（清）陳維祺等撰　清光緒二十三年（1897）上海博文書局石印本十六冊　缺二十五卷（二十五至三十、五十三至七十一）

330000－1715－0000718　1384　子部/藝術類/書畫之屬/總論

清河書畫舫十二卷　（明）張丑輯　清乾隆二十八年（1763）池北草堂刻本　十二冊

330000－1715－0000720　1381　子部/術數類/命書相書之屬

三命通會十二卷　（明）萬民英撰　清刻本十二冊

330000－1715－0000721　1550　類叢部/類書類/通類之屬

增補事類統編九十三卷首一卷　（清）黃葆真輯　清光緒十四年（1888）上海積山書局石印本　十二冊

330000－1715－0000722　1398　子部/藝術類/書畫之屬/畫錄

虛齋名畫錄十六卷　龐元濟輯　清宣統元年（1909）龐氏刻本　十六冊

330000－1715－0000723　1553　類叢部/類書類/專類之屬

子史精華一百六十卷　（清）吳士玉　（清）吳襄等輯　清雍正五年（1727）刻本　二十一冊　存六十六卷（一至五十二、一百十六至一百二十九）

330000－1715－0000724　1547　史部/傳記類/總傳之屬/姓名

史姓韻編二十四卷　（清）汪輝祖撰　清光緒二十九年（1903）上海文瀾書局石印本　八冊

330000－1715－0000725　1554　類叢部/類

書類/專類之屬

子史精華一百六十卷 （清）吳士玉 （清）吳襄等輯 清雍正五年(1727)刻本 十二冊 存三十二卷(一至三十、三十七至三十八)

330000－1715－0000726 1548 史部/傳記類/總傳之屬/姓名

史姓韻編二十四卷 （清）汪輝祖撰 清光緒二十九年(1903)上海文瀾書局石印本 八冊

330000－1715－0000727 1546 類叢部/類書類/通類之屬

淵鑑類函四十五卷 （清）張英 （清）王士禛等輯 清光緒九年(1883)上海點石齋石印本 九冊 缺十一卷(珍寶部、布帛部、儀飾部、服飾部、器物部、舟部、車部、食物部、五穀部、藥部、菜蔬部)

330000－1715－0000728 2960 經部/詩類/傳說之屬

詩經集傳八卷 （宋）朱熹撰 清乾隆四十七年(1782)敬藝堂刻本 四冊

330000－1715－0000729 1574 史部/傳記類/總傳之屬/通代

校正尚友錄統編二十四卷 （清）潘遵祁輯 清光緒十四年(1888)至宣統上海文瑞樓石印本 十六冊

330000－1715－0000731 1579 類叢部/類書類/專類之屬

佩文韻府一百六卷 （清）張玉書 （清）蔡升元等輯 韻府拾遺一百六卷 （清）汪灝（清）何焯等輯 清光緒八年(1882)上海點石齋石印本 十冊

330000－1715－0000732 1580 類叢部/類書類/專類之屬

佩文韻府一百六卷 （清）張玉書 （清）蔡升元等輯 韻府拾遺一百六卷 （清）汪灝（清）何焯等輯 清光緒八年(1882)上海點石齋石印本 清顧允昌題簽 十冊

330000－1715－0000736 1581 類叢部/類書類/專類之屬

佩文韻府一百六卷 （清）張玉書 （清）蔡升元等輯 韻府拾遺一百六卷 （清）汪灝（清）何焯等輯 清光緒十五年(1889)上海點石齋石印本 二十三冊 存二百十卷(佩文韻府一至九十七、一百至一百六,韻府拾遺一至一百六)

330000－1715－0000737 1582 類叢部/類書類/專類之屬

佩文韻府一百六卷 （清）張玉書 （清）蔡升元等輯 韻府拾遺一百六卷 （清）汪灝（清）何焯等輯 清光緒十三年(1887)上海點石齋石印本 五十七冊

330000－1715－0000738 1671 類叢部/類書類/專類之屬

子史精華一百六十卷 （清）吳士玉 （清）吳襄等輯 清雍正五年(1727)刻本 四十八冊

330000－1715－0000739 1762－1 集部/小說類/長篇之屬

紅樓夢一百二十回 （清）曹霑 （清）高鶚撰 （清）王希廉評 清道光十二年(1832)吳縣王氏刻本 十六冊 缺三十七回(十九至二十四、三十至三十五、四十六至五十一、五十七至六十五、九十五至九十九、一百十六至一百二十)

330000－1715－0000741 1762－2 集部/小說類/長篇之屬

紅樓夢一百二十回 （清）曹霑 （清）高鶚撰 清刻本 三冊 存十五回(二十二至二十六、六十二至六十六、七十七至八十一)

330000－1715－0000742 1743 子部/醫家類/方書之屬/單方驗方

驗方新編二十四卷 （清）鮑相璈輯 清光緒四年(1878)杭州東壁齋刻本 十五冊 存二十三卷(一至十六、十八至二十四)

330000－1715－0000743 1236 新學/礦務/礦學

礦學須知一卷 （英國）傅蘭雅撰 清光緒十九年(1893)刻本 一冊

330000 – 1715 – 0000744　1744　子部/醫家類/方書之屬/單方驗方

驗方新編二十四卷　（清）鮑相璈輯　清光緒四年(1878)杭州東壁齋刻本　三冊　存三卷（一、二十一至二十二）

330000 – 1715 – 0000745　1578　類叢部/類書類/專類之屬

五經類編二十八卷　（清）周世樟撰　清乾隆四十六年(1781)友益齋刻本　十二冊

330000 – 1715 – 0000746　1729　新學/兵制/陸軍

步兵暫行操法三編　清光緒三十二年(1906)廣東陸軍速成學堂鉛印本　一冊

330000 – 1715 – 0000747　1773　類叢部/類書類/通類之屬

淵鑑類函四百五十卷目錄四卷　（清）張英（清）王士禛等輯　清康熙四十九年(1710)刻雍正印本　一百四十二冊　缺九卷(一百十二、三百二十二至三百二十三、三百二十八至三百二十九、三百五十至三百五十二、三百五十五)

330000 – 1715 – 0000749　1465　史部/金石類/金之屬

西清續鑑甲編二十卷附錄一卷　（清）王杰等纂修　清宣統三年(1911)上海商務印書館石印本　三十九冊

330000 – 1715 – 0000750　1262　子部/醫家類/婦科之屬/產科

增補大生要旨五卷　（清）唐千頃撰　（清）馬振蕃續增　清光緒十四年(1888)蘇州錢永思堂刻本　二冊

330000 – 1715 – 0000752　1239　子部/醫家類/傷寒金匱之屬/傷寒論

傷寒來蘇集三種　（清）柯琴撰　清乾隆二十年(1755)崑山馬中驊綏福堂刻本　四冊　存一種

330000 – 1715 – 0000753　1261　子部/醫家類/診法之屬/歷代脈學

脈鏡須知二卷　（清）梅江村撰　（清）劉鳳壽輯　清光緒八年(1882)皖垣鉛印本　一冊

330000 – 1715 – 0000754　1263　子部/醫家類/傷寒金匱之屬/傷寒論

陶節菴傷寒全生集四卷　（明）陶華撰　清眉壽堂刻本　三冊　缺一卷(四)

330000 – 1715 – 0000755　1791　類叢部/類書類/專類之屬

格致鏡原一百卷　（清）陳元龍撰　清光緒十四年(1888)上海大同書局石印本　十六冊

330000 – 1715 – 0000756　1670　類叢部/類書類/通類之屬

策學備纂三十二卷首一卷　（清）蔡啟盛（清）吳潁炎等輯　清光緒二十年(1894)袖海山房石印本　三十二冊

330000 – 1715 – 0000757　1264　子部/醫家類/醫經之屬/內經

素問靈樞類纂約註三卷　（清）汪昂撰　清光緒十三年(1887)掃葉山房刻本　三冊

330000 – 1715 – 0000759　2125　類叢部/叢書類/自著之屬

甌北全集八種　（清）趙翼撰　清光緒三年(1877)滇南唐氏刻本　六十四冊

330000 – 1715 – 0000760　1251、1252　子部/醫家類/類編之屬

喻氏醫書三種　（明）喻昌撰　清乾隆黎川陳守誠刻本　六冊　存二種

330000 – 1715 – 0000761　1085、2126　類叢部/叢書類/自著之屬

甌北全集八種　（清）趙翼撰　清光緒三年(1877)滇南唐氏刻本　五十三冊　缺二十八卷(陔餘叢考十六至四十三)

330000 – 1715 – 0000762　1619　集部/小說類/長篇之屬

東周列國全志二十三卷一百八回　（清）蔡奡評點　清光緒四年(1878)浙寧簡香齋刻本　十八冊　缺四卷(九、十一、十四至十五)

330000 - 1715 - 0000764　1253　子部/醫家類/綜合之屬/通論

景岳全書發揮四卷　（清）葉桂撰　清光緒五年（1879）吳氏醉六堂刻本　四冊

330000 - 1715 - 0000765　1336　子部/醫家類/方書之屬/單方驗方

驗方新編十六卷首一卷　（清）鮑相璈輯　清光緒十六年（1890）刻本　十冊　缺二卷（七至八）

330000 - 1715 - 0000766　1255　子部/醫家類/診法之屬/脈經脈訣

瀕湖脈學一卷奇經八脈攷一卷　（明）李時珍撰　清漁古山房刻本　一冊

330000 - 1715 - 0000767　1370　子部/天文曆算類/曆法之屬

律曆淵源三種　（清）聖祖玄燁撰　清雍正至乾隆內府刻本　二十冊　存一種

330000 - 1715 - 0000769　1327　子部/醫家類/方書之屬/單方驗方

驗方新編十六卷　（清）鮑相璈輯　清同治十一年（1872）邗江問經堂刻本　八冊

330000 - 1715 - 0000771　1369、1371　子部/天文曆算類/曆法之屬

御製律曆淵源五種　（清）允祿　（清）允祉等纂修　清雍正二年（1724）內府刻本　五冊　存一種

330000 - 1715 - 0000774　1281　子部/醫家類/本草之屬/歷代綜合本草

本草從新十八卷　（清）吳儀洛輯　清道光二十六年（1846）瓶花書屋刻同治九年（1870）印本　五冊　缺二卷（三至四）

330000 - 1715 - 0000776　0747　新學/史志/諸國史

萬國史記二十卷　（日本）岡本監輔撰　清光緒二十八年（1902）上海書局石印本　六冊

330000 - 1715 - 0000777　1284　子部/醫家類/本草之屬/本草藥性

長沙藥解四卷　（清）黃元御撰　清光緒二十

年（1894）上海圖書集成印書局鉛印本　一冊

330000 - 1715 - 0000778　0904　史部/地理類/專志之屬/祠墓

岳廟志略十卷首一卷　（清）馮培輯　清嘉慶八年（1803）刻本　四冊

330000 - 1715 - 0000779　1534　子部/雜著類/雜纂之屬

任兆麟述記三卷　（清）任兆麟撰　清光緒二十九年（1903）上海書局石印本　三冊

330000 - 1715 - 0000780　0920、0950　史部/傳記類/總傳之屬/家乘

趨庭記述二卷　（清）經元善輯　清光緒二十三年（1897）上虞經氏刻暨石印本　二冊

330000 - 1715 - 0000781　0318　經部/叢編

五經體註大全四十卷　（清）嚴氏家塾主人輯　清光緒五年（1879）慈水古草堂刻本　十四冊　存四種

330000 - 1715 - 0000782　1260　子部/醫家類/診法之屬/脈經脈訣

洞垣全書脈訣闡微一卷　（清）陳士鐸述　清刻本　一冊

330000 - 1715 - 0000784　0171　經部/四書類/總義之屬/傳說

增訂批點四書讀本十九卷　（宋）朱熹集注（清）裘紹箕增訂　清同治四年（1865）廣豐至誠堂刻本　五冊

330000 - 1715 - 0000785　1123　史部/傳記類/總傳之屬/家乘

[浙江餘姚]姚江梅川龔氏宗譜二十卷首一卷末一卷　（清）龔昕和　（清）龔聖若　（清）龔志廉纂修　清光緒十一年（1885）崇本堂木活字印本　一冊　存二卷（首、一）

330000 - 1715 - 0000786　0282　經部/小學類

小學鉤沈三十九種附六種合十九卷　（清）任大椿撰　（清）王念孫校　清光緒十年（1884）龍氏刻本　二冊

330000－1715－0000787　　1288　　子部/醫家類/醫案之屬

臨證指南醫案十卷種福堂續選臨證指南四卷　（清）葉桂撰　（清）徐大椿評　清末種福堂石印本　五冊　缺二卷(臨證指南醫案一至二)

330000－1715－0000790　　0117　　經部/周禮類/傳說之屬

周官心解二十八卷　（清）蔣載康撰　清嘉慶十一年(1806)經笥堂刻本　六冊

330000－1715－0000791　　1774　　類叢部/類書類/通類之屬

淵鑑類函四百五十卷目錄四卷　（清）張英（清）王士禎等輯　清康熙四十九年(1710)刻本　三十八冊　存一百四十卷(三至六、十六至十八、二十八至三十一、四十六至四十八、五十七至五十八、六十一至六十五、一百三至一百二十五、一百三十三至一百四十、一百五十二至一百五十五、一百六十七至一百七十、二百至二百六、二百二十二至二百二十五、二百三十五至二百五十、二百八十六至二百八十九、三百至三百三、三百七至三百九、三百十五至三百十七、三百三十五至三百四十一、三百五十至三百六十六、三百八十六至三百八十七、三百九十三至三百九十八、四百二十一至四百二十四、四百二十八至四百三十)

330000－1715－0000792　　0530　　史部/傳記類/別傳之屬/事狀

劉大將軍平倭戰記二集不分卷　清石印本一冊　存一集(二)

330000－1715－0000793　　0300　　經部/小學類/文字之屬/說文/專著

說文解字羣經正字二十八卷　（清）邵瑛撰　清嘉慶二十一年(1816)桂隱書屋刻本　一冊　存三卷(三至五)

330000－1715－0000797　　1530　　類叢部/叢書類/彙編之屬

崇文書局彙刻書（三十三種叢書、湖北書局所刻書）三十三種　（清）崇文書局編　清光緒元年(1875)湖北崇文書局刻本　二冊　存一種

330000－1715－0000798　　0121　　類叢部/叢書類/彙編之屬

崇文書局彙刻書（三十三種叢書、湖北書局所刻書）三十三種　（清）崇文書局編　清光緒元年(1875)湖北崇文書局刻民國元年(1912)鄂官書處重印本　四冊　存一種

330000－1715－0000801　　1529　　類叢部/叢書類/彙編之屬

崇文書局彙刻書（三十三種叢書、湖北書局所刻書）三十三種　（清）崇文書局編　清光緒元年(1875)湖北崇文書局刻民國元年(1912)鄂官書處重印本　二冊　存一種

330000－1715－0000804　　1883　　子部/宗教類/佛教之屬/總錄

法苑珠林一百卷　（唐）釋道世撰　清宣統二年(1910)毘陵天寧寺刻本　三十冊

330000－1715－0000806　　1506　　子部/叢編

子書百家　（清）崇文書局編　清光緒元年(1875)湖北崇文書局刻民國元年(1912)鄂官書處重印本　二冊　存一種

330000－1715－0000808　　2239　　集部/總集類/選集之屬/斷代

全唐詩九百卷目錄十二卷　（清）曹寅等輯清乾隆至道光刻本　一百二十冊

330000－1715－0000810　　2118　　集部/別集類/明別集

太史升菴全集八十一卷目錄二卷附年譜一卷　（明）楊慎撰　（明）楊有仁錄　**升菴外集一百卷**　（明）楊慎撰　（明）焦竑編　**太史升菴遺集二十六卷**　（明）楊慎撰　（清）楊金吾（清）楊宗吾輯　清乾隆六十年(1795)新都周氏養拙山房、道光二十四年(1844)桂湖古桂山房刻本　六十四冊

330000－1715－0000813　　0500　　類叢部/叢書類/彙編之屬

崇文書局彙刻書（三十三種叢書、湖北書局所

刻書）三十三種 （清）崇文書局編 清光緒元年（1875）湖北崇文書局刻民國元年（1912）鄂官書處重印本 二冊 存一種

330000－1715－0000816 2463 類叢部/叢書類/彙編之屬

崇文書局彙刻書（三十三種叢書、湖北書局所刻書）三十三種 （清）崇文書局編 清光緒元年（1875）湖北崇文書局刻民國元年（1912）鄂官書處重印本 一冊 存一種

330000－1715－0000821 0246 類叢部/叢書類/彙編之屬

天壤閣叢書二十種 （清）王祖源 （清）王懿榮編 清同治至光緒福山王氏刻彙印本 二冊 存一種

330000－1715－0000823 1249 子部/醫家類/綜合之屬/通論

簡易醫訣四卷 （清）周雲章撰 清宣統元年（1909）周祖祐刻本 四冊

330000－1715－0000824 0248 類叢部/叢書類/彙編之屬

江氏韻書三種六卷 （清）江永撰 清咸豐元年（1851）沔陽陸建瀛木樨香館刻本 四冊

330000－1715－0000825 2131 集部/別集類/清別集

湛園未定藁六卷 （清）姜宸英撰 清康熙二十年（1681）二老閣刻本 六冊

330000－1715－0000827 2129 集部/別集類/清別集

湛園未定藁六卷 （清）姜宸英撰 清康熙二十年（1681）二老閣刻本 六冊

330000－1715－0000828 0599 史部/傳記類/總傳之屬/家乘

[浙江餘姚] 姚江開元王氏宗譜十卷首一卷 （清）王忠橋 （清）王忠標纂修 清光緒二十九年（1903）存本堂木活字印本 四冊

330000－1715－0000829 1474 史部/傳記類/總傳之屬/技藝

墨林今話十八卷 （清）蔣寶齡撰 墨林今話

續編一卷 （清）蔣茝生撰 清宣統三年（1911）掃葉山房石印本 六冊

330000－1715－0000832 1213 子部/儒家類/儒學之屬/性理

近思錄集注十四卷考訂朱子世家一卷 （清）江永撰 校勘記一卷 （清）王炳撰 清末上海文瑞樓石印本 四冊

330000－1715－0000833 0459、0498、0621、0908、1492、1539、1540、1541、1587、1595、1614、1615、1665、1770 類叢部/叢書類/彙編之屬

祕書廿一種 （清）汪士漢編 清嘉慶五年（1800）新安汪氏龍江書屋刻本 十八冊 存二十種

330000－1715－0000835 1376 子部/術數類/陰陽五行之屬

通德類情十三卷 （清）沈重華輯 清刻本 八冊

330000－1715－0000838 1724 新學/兵制/陸軍

軍隊教育談一卷 （日本）染谷銀三郎撰 （清）廣東督練公所教練處編繹科譯 清光緒三十三年（1907）廣東陸軍速成學堂鉛印本 一冊

330000－1715－0000839 1184、2871 類叢部/叢書類/自著之屬

梨洲遺著彙刊二十七種首一卷 （清）黃宗羲撰 薛鳳昌編次 清宣統二年（1910）上海時中書局鉛印本 二十冊

330000－1715－0000840 1477 史部/金石類/總志之屬/通考

金石索十二卷首一卷 （清）馮雲鵬 （清）馮雲鵷輯 清末石印本 七冊 存七卷（金索三、五，石索一、三至六）

330000－1715－0000841 1248 子部/醫家類/本草之屬/本草藥性

太醫院增補青囊藥性賦直解八卷首一卷末一卷 （明）羅必煒訂 清光緒十四年（1888）李

光明莊刻本　四冊

330000－1715－0000844　0078、0096、0142、0153　經部/叢編

重刊宋本十三經注疏四百十六卷附十三經注疏校勘記四百十六卷　（清）阮元撰　（清）盧宣旬摘錄　校勘記識語四卷　（清）汪文臺撰　清嘉慶二十年(1815)南昌府學刻道光六年(1826)盱江朱華臨重校印本　十四冊　存四種

330000－1715－0000845　1377　新學/算學/數學

筆算數學全草詳解三卷　清光緒三十一年(1905)上海彪蒙書室石印本　九冊

330000－1715－0000847　1353　子部/天文曆算類/算書之屬

學彊恕齋筆算十卷　（清）梅啟照輯　清同治十二年(1873)刻本　六冊

330000－1715－0000848　1076　史部/傳記類/總傳之屬/家乘

［浙江餘姚］餘姚彭橋黃氏宗譜七卷末一卷　(清)黃振清　(清)黃孝治纂修　清同治十二年(1873)思孝堂木活字印本　五冊　存四卷(首,三、六至七)

330000－1715－0000849　0184　類叢部/叢書類/彙編之屬

花之安叢書□□種　（德國）花之安撰　清光緒二十二年(1896)上海美華書館鉛印本　四冊　存一種

330000－1715－0000850　1355　子部/天文曆算類/算書之屬

算經十書十種附刻一種　（清）孔繼涵輯　清光緒二十二年(1896)上海鴻寶齋石印本　八冊

330000－1715－0000851　0209　經部/小學類/文字之屬/說文/傳說

說文二徐箋異二十八卷　田潛撰　清宣統二年(1910)石印本　二冊

330000－1715－0000855　0613　史部/傳記類/總傳之屬/家乘

［浙江慈溪］慈溪橫山裘氏宗譜二十一卷首一卷　（清）裘鳴瑋主修　清宣統元年(1909)敦睦堂木活字印本　八冊　存八卷(五至六、八至九、十三至十四、十六至十七)

330000－1715－0000856　1270　子部/醫家類/類編之屬

醫門棒喝二種　（清）章楠撰　清同治六年(1867)聚文堂刻本　四冊　存一種

330000－1715－0000857　1247　子部/醫家類/綜合之屬/通論

羣玉山房重校醫宗必讀十卷　（明）李中梓撰　清光緒九年(1883)羣玉山房刻本　五冊

330000－1715－0000858　1245　子部/醫家類/醫理之屬/綜合

中藏經八卷附華佗內照法一卷　（漢）華佗撰　清光緒六年(1880)上虞徐氏蘭蘭山房刻本　二冊

330000－1715－0000859　0456　史部/紀傳類/正史之屬

明史三百三十二卷　（清）張廷玉等撰　清刻本　三十冊　存一百八十卷(一至一百八十)

330000－1715－0000860　1291　子部/醫家類/醫案之屬

葉氏醫案存真三卷　（清）葉桂撰　**馬氏醫案并附祁案王案一卷**　（清）馬俶等撰　清光緒十二年(1886)常熟抱芳閣刻本　三冊　存三卷(一至三)

330000－1715－0000861　1283、1296、1297、1298、1299　子部/醫家類/類編之屬

黃氏醫書八種　（清）黃元御撰　清光緒二十年(1894)上海圖書集成印書局鉛印本　九冊　存五種

330000－1715－0000862　1275　子部/醫家類/類編之屬

徐氏醫書六種　（清）徐大椿撰　清同治十二年(1873)湖北崇文書局刻本　九冊　存五種

330000－1715－0000863　1271　子部/醫家

類/類編之屬

醫門棒喝二種 （清）章楠撰 清俔山書屋刻本 十二冊 存一種

330000－1715－0000864 1293、1294、1295 子部/醫家類/類編之屬

中西匯通醫書五種 （清）唐宗海撰 清光緒三十四年（1908）上海千頃堂書局石印本 九冊

330000－1715－0000866 1302 子部/醫家類/婦科之屬/通論

女科輯要二卷 （清）沈又彭撰 清同治元年（1862）刻本 二冊

330000－1715－0000867 1272 子部/醫家類/婦科之屬/產科

胎產金針三卷附胎產續要一卷 （清）何榮撰 清光緒七年（1881）刻本 二冊

330000－1715－0000870 1467 史部/金石類/金之屬/文字

積古齋鐘鼎彝器款識十卷 （清）阮元 （清）朱為弼撰 清刻本 四冊

330000－1715－0000872 1552 類叢部/類書類/專類之屬

新增說文韻府羣玉二十卷 （元）陰時夫輯 （元）陰中夫注 清刻本 二十冊

330000－1715－0000873 2961 經部/詩類/傳說之屬

呂氏家塾讀詩記三十二卷 （宋）呂祖謙撰 清嘉慶十六年（1811）溪上聽彝堂重刻明萬曆刻本 十冊

330000－1715－0000874 1250 子部/醫家類/類編之屬

圖註八十一難經辨真四卷圖註脈訣辨真四卷脈訣附方一卷 （明）張世賢撰 瀕湖脈學一卷奇經八脈考一卷 （明）李時珍撰 清文瑞樓刻本 六冊

330000－1715－0000875 1329 子部/醫家類/方書之屬/單方驗方

驗方新編十八卷 （清）鮑相璈輯 清正誼堂

刻本 一冊

330000－1715－0000876 1333 子部/醫家類/類編之屬

壽世彙編五種 （清）祝寶森編 清光緒三十一年（1905）紹興德裕堂刻本 一冊

330000－1715－0000877 1246 子部/醫家類/醫經之屬/難經

圖註八十一難經辨真四卷 （明）張世賢撰 清刻本 一冊

330000－1715－0000878 1332 子部/醫家類/類編之屬

壽世彙編五種 （清）祝寶森編 清光緒三十一年（1905）紹興德裕堂刻本 一冊

330000－1715－0000879 1328 子部/醫家類/方書之屬/單方驗方

普濟應驗良方十一卷 （清）德軒氏輯 清咸豐七年（1857）浙寧主人刻本 一冊

330000－1715－0000880 1331 子部/醫家類/類編之屬

壽世彙編五種 （清）祝寶森編 清光緒三十一年（1905）紹興德裕堂刻本 一冊 存四種

330000－1715－0000881 1278 子部/醫家類/類編之屬

徐靈胎醫學全書十六種 （清）徐大椿撰 清光緒三十三年（1907）上海六藝書局石印本 九冊 存十一種

330000－1715－0000884 1081 史部/傳記類/總傳之屬/家乘

[浙江餘姚]雲樓姚氏宗譜十二卷 （清）姚鳳泉 （清）姚安治主修 清光緒三十四年（1908）耕山堂木活字印本 六冊 缺二卷（四、八）

330000－1715－0000885 0994 史部/傳記類/總傳之屬/斷代

昭代名人尺牘小傳二十四卷 （清）吳修撰 清道光六年（1826）刻本 一冊

330000－1715－0000886 0793 子部/雜著

類/雜考之屬

羣書拾補初編三十七種 （清）盧文弨撰　清光緒十三年（1887）上海蜚英館石印本　八冊

330000－1715－0000889　1563　經部/詩類/專著之屬

毛詩品物圖攷七卷 （日本）崗元鳳纂輯（日本）橘國雄繪圖　清宣統二年（1910）上海掃葉山房石印本　二冊

330000－1715－0000890　1569、1812　類叢部/叢書類/彙編之屬

融經館叢書十一種 （清）徐友蘭編　清光緒六年至十一年（1880－1885）會稽徐氏八杉齋刻本　十二冊　存二種

330000－1715－0000891　0948　史部/傳記類/別傳之屬/事狀

宋儒袁正獻公從祀錄六卷 （清）徐時棟撰清同治十一年（1872）四明袁氏進修堂刻本一冊

330000－1715－0000892　1573　史部/傳記類/總傳之屬/通代

尚友錄二十二卷補遺一卷 （明）廖用賢輯（清）張伯琮補輯　清乾隆浙蘭林天祿齋刻本十冊　存十卷（四至十、二十至二十二）

330000－1715－0000893　1721　新學/兵制/陸軍

交通教範草案七章 兩江督練公所教練處編訂　清末鉛印本　一冊

330000－1715－0000894　1577　經部/小學類/音韻之屬/韻書

佩文廣韻匯編五卷 （清）李元祺輯　清同治十一年（1872）金陵書局刻本　二冊

330000－1715－0000895　1562　史部/編年類/斷代之屬

紀元編三卷末一卷 （清）李兆洛撰　（清）六承如輯　清刻本　一冊　缺一卷（上）

330000－1715－0000898　1570　經部/四書類/總義之屬/傳說

四書典林三十卷四書古人典林十二卷 （清）江永輯　清同治十二年（1873）古董一經室刻本　一冊　存十二卷（古人典林一至十二）

330000－1715－0000900　1722　新學/兵制/陸軍

野外勤務書二卷 （清）北洋陸軍督練處編清光緒三十一年（1905）鉛印本　二冊

330000－1715－0000901　2244　集部/總集類/選集之屬/通代

御選唐宋詩醇四十七卷目錄二卷 （清）高宗弘曆輯　清光緒七年（1881）浙江書局刻本二十冊

330000－1715－0000902　1707　新學/兵制/陸軍

摘譯中隊長對於兵卒之職責 （日本）田中國次郎撰　（清）兩廣教練處編譯　清光緒三十三年（1907）廣東陸軍速成學堂鉛印本　一冊

330000－1715－0000903　1708　新學/兵制/陸軍

摘譯中隊長對於兵卒之職責 （日本）田中國次郎撰　（清）兩廣教練處編譯　清光緒三十三年（1907）廣東陸軍速成學堂鉛印本　一冊

330000－1715－0000904　1728　新學/兵制/陸軍

輜重兵暫行操法六編 清光緒三十二年（1906）廣東陸軍速成學堂鉛印本　一冊

330000－1715－0000905　1727　新學/兵制/陸軍

礮兵暫行操法五編附錄三編 清光緒三十二年（1906）廣東陸軍速成學堂鉛印本　一冊

330000－1715－0000906　1725　新學/兵制/陸軍

工兵暫行操法三編 清光緒三十二年（1906）廣東陸軍速成學堂鉛印本　一冊

330000－1715－0000907　0984　史部/政書類

兩浙宦游紀畧九卷 （清）戴槃撰　清刻本一冊　存一卷（裁嚴郡九姓漁課錄）

330000－1715－0000909　1008－2、1099、1101、1102　史部/紀傳類/正史之屬

二十四史　清石印本　十七冊　存四種

330000－1715－0000910　1726　史部/政書類/軍政之屬/馬政

馬兵暫行操法三編　（清）練兵處軍學司撰　清光緒三十二年(1906)鉛印本　一冊

330000－1715－0000912　1624　子部/宗教類/佛教之屬/經疏

大佛頂如來密因修證了義諸菩薩萬行首楞嚴經正見十卷　（清）釋濟時撰　清光緒二十四年(1898)京都龍泉寺刻本　五冊

330000－1715－0000913　1697　史部/史評類/史論之屬

王安石新法論三編　（日本）高橋作衛撰　（清）陳超譯　清光緒二十八年(1902)上海廣智書局鉛印本　一冊

330000－1715－0000919　2034　集部/別集類/明別集

王文成公全書三十八卷　（明）王守仁撰　清光緒浙江書局刻本　二十四冊

330000－1715－0000920　2097　集部/別集類/宋別集

蘇文忠公詩編註集成四十六卷集成總案四十五卷諸家雜綴酌存一卷蘇海識餘四卷牋詩圖一卷　（宋）蘇軾撰　（清）王文誥輯注　清光緒十四年(1888)浙江書局刻本　二十四冊

330000－1715－0000922　1800　集部/小說類/短篇之屬

詳註聊齋志異圖詠十六卷首一卷　（清）蒲松齡撰　（清）呂湛恩注　（清）徐潤編　清光緒十二年(1886)上海同文書局石印本　八冊

330000－1715－0000923　2024－1　新學/雜著/叢編

西學啓蒙十六種　（英國）赫德編　（英國）艾約瑟譯　清光緒二十二年(1896)上海著易堂書局鉛印本　十六冊

330000－1715－0000924　2041　集部/別集類/明別集

王陽明先生全集二十二卷首一卷　（明）王守仁撰　（清）俞嶙輯　清餘姚黃氏敦厚堂刻本　二十四冊

330000－1715－0000925　1730　集部/總集類/選集之屬/通代

雞跖賦續刻二十八卷擬古二卷　（清）應泰泉輯　清同治十三年(1874)蘭言室刻本　十冊

330000－1715－0000926　1771　子部/小說家類/雜事之屬

虞初新志二十卷虞初續志十二卷　（清）漲潮（清）鄭澍若輯　清咸豐元年(1851)小嫏嬛山館刻本　十二冊

330000－1715－0000927　1380　子部/術數類/命書相書之屬

水鏡集約篇四卷　（清）范騋撰　清大興堂刻本　四冊

330000－1715－0000928　2024－2　新學/雜著/叢編

西學啓蒙十六種　（英國）赫德編　（英國）艾約瑟譯　清光緒二十二年(1896)上海著易堂書局鉛印本　十三冊　存十三種

330000－1715－0000929　1847　子部/天文曆算類/曆法之屬

新鐫曆法便覽象吉備要通書大全二十九卷　（清）魏鑑撰　清同德堂刻本　十二冊

330000－1715－0000931　2042　集部/別集類/明別集

陽明先生集要四種　（明）王守仁撰　（明）施邦曜編　清乾隆五十二年(1787)朱培行濟美堂刻本　十冊

330000－1715－0000933　1685　子部/儒家類/儒學之屬/性理

六事箴言一卷　（清）葉玉屏輯　六事箴言續錄一卷　（清）伍光瑜輯　清光緒五年(1879)黔南杜瑞徵築寶田堂刻本　一冊

330000－1715－0000934　2108　集部/別集類/明別集

王陽明先生全集二十二卷首一卷　（明）王守仁撰　（清）俞嶙輯　清餘姚黃氏敦厚堂刻本　二十四冊

330000－1715－0000935　1686　史部／傳記類／總傳之屬／儒林

學案小識十四卷首一卷末一卷　（清）唐鑑撰　清光緒十年(1884)刻本　十二冊

330000－1715－0000941　1675　史部／傳記類／總傳之屬／歷代

聖賢像贊四卷　（明）呂維祺撰　清光緒四年(1878)曲阜會文堂刻本　四冊　缺一卷(四)

330000－1715－0000942　2100　集部／別集類／宋別集

岳忠武王集八卷年譜一卷　（宋）岳飛撰　（清）梁玉繩輯　清嘉慶十二年(1807)杭州廟塾刻本　二冊

330000－1715－0000943　2040　集部／別集類／明別集

王文成公全集十六卷　（明）王守仁撰　清道光六年(1826)湖南湘潭王文德刻本　八冊　存八卷(一、四至五、十二至十六)

330000－1715－0000944　1693　子部／術數類／相宅相墓之屬

山洋指迷原本四卷　（明）周景一撰　（清）俞歸璞　（清）吳卿瞻增注　清乾隆五十二年(1787)寧郡三味義記刻本　四冊

330000－1715－0000946　1792　集部／總集類／尺牘之屬

翁松禪手劄不分卷　（清）翁同龢撰　清光緒三十四年(1908)上海有正書局石印本　十冊

330000－1715－0000950　2080　集部／別集類／唐五代別集

杜詩詳註二十五卷首一卷附錄二卷　（唐）杜甫撰　（清）仇兆鰲輯注　清康熙刻本　二十三冊

330000－1715－0000951　2098　集部／別集類／宋別集

歐陽文忠公全集一百五十三卷首一卷附錄五卷　（宋）歐陽修撰　清嘉慶二十四年(1819)歐陽衡刻本　二十四冊　存一百十五卷(一至一百十五)

330000－1715－0000952　1621　集部／小說類／長篇之屬

七俠五義傳二十四卷一百二十回　（清）石玉昆撰　（清）俞樾重編　清光緒鉛印本　五冊　存二十卷(一至四、九至二十四)

330000－1715－0000953　1620　集部／小說類／長篇之屬

繡像續小五義一百二十四回　題（清）石玉昆撰　清光緒十八年(1892)上海珍藝書局鉛印本　六冊

330000－1715－0000954　1625　子部／雜著類／雜說之屬

菜根譚一卷　（明）洪應明撰　娑羅館清語一卷　（明）屠隆撰　清光緒十三年(1887)揚州藏經禪院刻本　一冊

330000－1715－0000955　2044　集部／別集類／明別集

陽明先生集要四種　（明）王守仁撰　（明）施邦曜編　清乾隆五十二年(1787)朱培行濟美堂刻本　十五件　存四種

330000－1715－0000958　2079　集部／別集類／唐五代別集

昌黎先生集四十卷外集十卷遺文一卷　（唐）韓愈撰　（宋）廖瑩中校正　朱子校昌黎先生集傳一卷　（宋）朱熹撰　清同治八年(1869)江蘇書局刻本　九冊　缺四卷(昌黎先生集五至八)

330000－1715－0000959　1681　子部／天文曆算類／天文之屬

高厚蒙求九種　（清）徐朝俊撰　清同治五年(1866)雲間徐氏刻本　四冊　存八種

330000－1715－0000960　0954　新學／地學／地志學

地志須知一卷　（英國）傅蘭雅撰　清光緒八年(1882)刻本　一冊

330000－1715－0000961　2094　集部/別集類/宋別集

蘇文忠公詩集五十卷目錄二卷　（宋）蘇軾撰　（清）紀昀評點　清同治八年(1869)韞玉山房粵東省城刻翰墨園朱墨套印本　十冊　缺七卷(十四至二十)

330000－1715－0000962　2081　集部/別集類/唐五代別集

李太白文集三十六卷　（唐）李白撰　（清）王琦輯注　清刻本　十四冊　缺四卷(二十至二十二、三十六)

330000－1715－0000964　1855　子部/雜著類/雜考之屬

札樸十卷　（清）桂馥撰　清嘉慶十八年(1813)山陰李宏信小李山房刻會稽徐氏補刻本　十冊

330000－1715－0000968　2095　集部/別集類/宋別集

蘇文忠詩合註五十卷首一卷目錄一卷　（宋）蘇軾撰　（清）馮應榴輯　清乾隆五十八年(1793)桐鄉馮氏踵息齋刻同治九年(1870)補修本　二十冊

330000－1715－0000970　1677　子部/儒家類/儒學之屬/勸學

教育遺規一卷　（清）王贊元輯　清同治十年(1871)刻本　一冊

330000－1715－0000971　1802　集部/總集類/課藝之屬

歷代名稿彙選七卷　（清）慈水古草堂主人輯　清末石印本　十三冊

330000－1715－0000972　1803　集部/總集類/課藝之屬

歷代名稿彙選續集七卷　（清）慈水草堂主人編　清光緒二十年(1894)積山書局石印本　十三冊

330000－1715－0000973　2090　集部/別集類/宋別集

王臨川文集四卷　（宋）王安石撰　清宣統二

年(1910)上海會文堂書局石印本　四冊

330000－1715－0000974　2078　集部/別集類/唐五代別集

昌黎先生集四十卷外集十卷遺文一卷　（唐）韓愈撰　（宋）廖瑩中校正　**朱子校昌黎先生集傳一卷**　（宋）朱熹撰　清同治八年(1869)江蘇書局刻本　十冊

330000－1715－0000975　2121　集部/別集類/清別集

鮚埼亭集三十八卷經史問答十卷鮚埼亭集外編五十卷　（清）全祖望撰　首一卷　（清）董秉純撰　清嘉慶九年(1804)餘姚史夢蛟借樹山房刻同治十一年(1872)印本(《經史問答》爲清乾隆三十年董秉純刻本)　二十四冊

330000－1715－0000976　2144　集部/別集類/清別集

胡文忠公遺集八十六卷首一卷　（清）胡林翼撰　（清）鄭敦謹　（清）曾國荃輯　（清）胡鳳丹重編　清同治六年(1867)刻本　二十冊　缺二十九卷(六至八、二十七至三十二、三十六至三十八、五十四至七十)

330000－1715－0000977　2089　集部/別集類/宋別集

王臨川全集二十四卷　（宋）王安石撰　清宣統三年(1911)上海掃葉山房石印本　十一冊　缺二卷(十八至十九)

330000－1715－0000980　2124　集部/別集類/清別集

鮚埼亭集三十八卷經史問答十卷鮚埼亭集外編五十卷　（清）全祖望撰　首一卷　（清）董秉純撰　清嘉慶九年(1804)餘姚史夢蛟借樹山房刻同治十一年(1872)印本(《經史問答》爲清乾隆三十年董秉純刻本)　十冊　存三十九卷(鮚埼亭集首、一至三十八)

330000－1715－0000981　2120　集部/別集類/清別集

鮚埼亭集三十八卷經史問答十卷鮚埼亭集外編五十卷　（清）全祖望撰　首一卷　（清）董秉純撰　清嘉慶九年(1804)餘姚史夢蛟借樹

山房刻同治十一年(1872)印本(《經史問答》爲清乾隆三十年董秉純刻本)　十二冊　缺五十卷(鮚埼亭集外編一至五十)

330000－1715－0000982　2122　集部/別集類/清別集

鮚埼亭集三十八卷經史問答十卷鮚埼亭集外編五十卷　(清)全祖望撰　**首一卷**　(清)董秉純撰　清嘉慶九年(1804)餘姚史夢蛟借樹山房刻同治十一年(1872)印本(《經史問答》爲清乾隆三十年董秉純刻本)　十冊　缺六十卷(經史問答一至十、鮚埼亭集外編一至五十)

330000－1715－0000983　2077　集部/別集類/唐五代別集

韓集點勘四卷　(清)陳景雲撰　清同治九年(1870)江蘇書局刻本　一冊

330000－1715－0000984　1593　子部/小說家類/異聞之屬

山海經十八卷　(晉)郭璞傳　清光緒十四年(1888)掃葉山房刻本　四冊

330000－1715－0000985　2023　集部/小說類/長篇之屬

第一才子書六十卷首一卷一百二十回　(明)羅本撰　(清)毛宗崗評　清同治十三年(1874)繡轂順古山房刻本　十五冊　缺三卷(十至十二)

330000－1715－0000986　2101　集部/別集類/宋別集

本堂先生文集九十六卷首一卷佚文一卷佚詩一卷　(宋)陳著撰　**附錄二卷校錄二卷**　(清)樊景瑞撰　清光緒十九年(1893)四明陳氏刻本(卷九十五至九十六原缺)　十二冊

330000－1715－0000987　0918　史部/傳記類/總傳之屬/斷代

思舊錄一卷　(清)黃宗羲撰　清光緒五年(1879)餘姚黃氏五桂樓刻本　一冊

330000－1715－0000988　1368－2　類叢部/叢書類/自著之屬

留書種閣集九種　(清)黃炳垕撰　清同治六年至光緒二十年(1867－1894)餘姚黃氏留書種閣刻本　一冊　存一種

330000－1715－0000990　2257　集部/總集類/郡邑之屬

兩浙輶軒續錄五十四卷補遺六卷　(清)潘衍桐輯　清光緒十七年(1891)浙江書局刻本　四十冊

330000－1715－0000991　2237　集部/總集類/選集之屬/通代

漢魏六朝一百三家集(漢魏六朝百三名家集)　(明)張溥編　清光緒十八年(1892)善化章經濟堂刻本　七十四冊　存七十八種

330000－1715－0000992　1268　子部/醫家類/溫病之屬/其他溫疫病證

溫病條辨六卷首一卷　(清)吳瑭撰　清寧波羣玉山房刻本　一冊　存四卷(三至六)

330000－1715－0000994　2107　集部/別集類/宋別集

劍南詩鈔六卷　(宋)陸游撰　(清)楊大鶴選　清康熙二十四年(1685)毗陵楊氏刻本　八冊

330000－1715－0000996　1705　史部/政書類/軍政之屬/兵制

軍語一卷　(清)北洋陸軍督練處編　清光緒三十一年(1905)鉛印本　一冊

330000－1715－0000998　1351　子部/天文曆算類/曆法之屬

新推交食法一卷　(清)黃宗羲撰　清抄本　一冊

330000－1715－0000999　1704　新學/兵制/陸軍

劍術教範一卷　清光緒三十三年(1907)北洋陸軍編譯局石印本　一冊

330000－1715－0001000　1706　新學/兵制/陸軍

普通目兵須知二卷　田獻章　李炳之　段其樹編　清宣統元年(1909)北洋陸軍編譯局鉛

印本 二冊

330000－1715－0001001 2256 集部／總集類／郡邑之屬

兩浙輶軒錄四十卷補遺十卷 （清）阮元輯 清嘉慶仁和朱氏碧溪草堂錢塘陳氏種榆仙館刻本 二十冊 存四十卷(輶軒錄一至四十)

330000－1715－0001002 1703 新學／兵制／陸軍

三十一年改訂地形偵察一卷 （清）滕利芳校訂 （清）李士銳輯 （清）劉槐森覆校 清光緒三十一年(1905)北洋陸軍學堂印書局石印本 一冊

330000－1715－0001003 1720 新學／兵制／陸軍

步兵工作教範草案一卷 （清）趙其鈞 （清）原尚志輯 清末北洋武備研究所鉛印本 一冊

330000－1715－0001004 1716 新學／兵制／陸軍

步隊彈擊效力學十八章 （清）賀良忠編 （清）金紹曾修 清光緒三十一年(1905)北洋陸軍學堂印書局鉛印本 一冊

330000－1715－0001005 1784 集部／小說類／長篇之屬

增補齊省堂儒林外史六十回 （清）吳敬梓撰 清光緒二十五年(1899)慎記書莊石印本 四冊

330000－1715－0001006 1714 新學／兵制／陸軍

體操法三卷 （清）北洋陸軍教練處撰 （清）賀忠良校訂 清光緒三十三年(1907)兩廣督練公所石印本 一冊

330000－1715－0001007 1709 史部／政書類／軍政之屬／兵制

改訂三版軍隊符號一卷 清光緒三十一年(1905)北洋督練處石印本 一冊

330000－1715－0001008 1789 子部／術數類／命書相書之屬

新刊合併官板音義評注淵海子平五卷 （宋）徐升編 清掃葉山房石印本 四冊

330000－1715－0001009 1813 類叢部／類書類／專類之屬

越郡詩賦題解十四卷 （清）胡肖岩輯 清刻本 一冊

330000－1715－0001010 1710 新學／兵制／陸軍

徵兵準備策五章 清惠愛五約文茂印務局鉛印本 一冊

330000－1715－0001011 1583 類叢部／類書類／專類之屬

佩文韻府一百六卷 （清）張玉書 （清）蔡升元等輯 **韻府拾遺一百六卷** （清）汪灝 （清）何焯等輯 清康熙至雍正刻本 一百十冊 存二百七卷(佩文韻府一至一百六,韻府拾遺一至五、十一至一百六)

330000－1715－0001012 1718 新學／兵制／陸軍

軍刀操法三章 清光緒三十二年(1906)北洋陸軍編譯局石印本 一冊

330000－1715－0001013 1711 史部／政書類／軍政之屬／兵制

軍制學教課書不分卷 （清）北洋將弁學堂撰 清宣統元年(1909)北洋陸軍編譯局鉛印本 一冊

330000－1715－0001014 1712 新學／兵制／陸軍

軍隊內務條例不分卷 （清）北洋陸軍編譯局編譯 清宣統元年(1909)北洋陸軍編譯局鉛印本 一冊

330000－1715－0001016 1719 新學／兵制／陸軍

改訂風紀衛兵暫行試辦章程一卷 清光緒三十四年(1908)北洋陸軍編譯局鉛印本 一冊

330000－1715－0001019 2096 集部／別集類／宋別集

蘇文忠公詩集擇粹十八卷 （宋）蘇軾撰

（清）紀昀評　（清）趙古農擇粹　清嘉慶二十二年（1817）芸香堂刻本　六冊

330000－1715－0001020　1749、1854　類叢部/叢書類/自著之屬

春在堂全書三十六種　（清）俞樾撰　清同治至光緒刻本　九冊　存二種

330000－1715－0001021　2062　集部/別集類/漢魏六朝別集

陶淵明集八卷首一卷末一卷　（晉）陶潛撰　清光緒五年（1879）廣州翰墨園刻朱墨套印本　二冊

330000－1715－0001022　2067　集部/別集類/唐五代別集

昌黎先生集四十卷外集十卷遺文一卷　（唐）韓愈撰　（宋）廖瑩中校正　**朱子校昌黎先生集傳一卷**　（宋）朱熹撰　清宣統二年（1910）上海掃葉山房石印本（卷十五至二十、二十七至四十補配民國石印本）　十冊　缺二卷（二十五至二十六）

330000－1715－0001025　2093　集部/別集類/宋別集

施註蘇詩四十二卷目錄二卷　（宋）蘇軾撰（宋）施元之　（宋）顧禧注　（清）顧嗣立（清）邵長蘅　（清）宋至補　**蘇詩續補遺二卷**　（清）馮景補註　**王註正譌一卷**　（清）邵長蘅撰　**東坡先生年譜一卷**　（宋）王宗稷編清康熙三十八年（1699）宋犖刻金閶步月樓印本　七冊　缺七卷（三十八至四十二、補遺一至二）

330000－1715－0001026　2071　集部/別集類/唐五代別集

樊南文集詳註八卷　（唐）李商隱撰　（清）馮浩編　清乾隆四十五年（1780）德聚堂刻同治七年（1868）馮寶圻補修本　四冊

330000－1715－0001027　1604　子部/小說家類/雜事之屬

世說新語補二十卷附釋名一卷　（南朝宋）劉義慶撰　（南朝梁）劉孝標注　（明）何良俊增補　（明）王世貞定　（明）王世懋批釋　清刻本　九冊　存十八卷（世說新語補三至二十）

330000－1715－0001028　1602　類叢部/叢書類/彙編之屬

崇文書局彙刻書（三十三種叢書、湖北書局所刻書）三十三種　（清）崇文書局編　清光緒元年（1875）湖北崇文書局刻本　四冊　存一種

330000－1715－0001029　1603　子部/小說家類/雜事之屬

世說新語六卷　（南朝宋）劉義慶撰　（南朝梁）劉孝標注　清光緒三年（1877）湖北崇文書局刻崇文書局彙刻書本　陳子𢘆評正四冊

330000－1715－0001030　2119　集部/別集類/清別集

惲子居文鈔四卷　（清）惲敬撰　清宣統二年（1910）國學扶輪社石印本　四冊

330000－1715－0001033　2099　集部/別集類/宋別集

山谷詩內集注二十卷外集注十七卷外集補四卷別集注二卷別集補一卷　（宋）黃庭堅撰（宋）任淵　（宋）史容　（宋）史季溫注　清乾隆北平翁氏刻本　二十冊

330000－1715－0001034　2165　集部/別集類/清別集

復堂類集文四卷詩九卷詞二卷日記六卷金石跋三卷交餘三卷　（清）譚獻撰　清光緒十一年至十三年（1885－1887）刻本　六冊　缺六卷（金石跋一至三、交餘一至三）

330000－1715－0001036　1571　史部/目錄類/專錄之屬

皇清經解橫直縮編目十六卷　（清）凌忠照編　（清）張紹銘分輯　清光緒十八年（1892）上海古香閣石印本　四冊

330000－1715－0001038　1559　類叢部/類書類/專類之屬

韻海大全類脥輯覽不分卷　（清）姚培謙撰　（清）趙克宜增輯　清光緒十二年（1886）上海

積山書局石印本　　六冊

330000 - 1715 - 0001039　1568　　史部/目錄
類/專錄之屬

皇清經解敬修堂編目十六卷　　(清)陶治元編
清光緒十二年(1886)石印本　　四冊

330000 - 1715 - 0001043　2298　　集部/別集
類/清別集

學海堂集十六卷　　(清)阮元輯　　二集二十二
卷　　(清)吳蘭修輯　　三集二十四卷　　(清)張
維屏輯　　四集二十八卷　　(清)金錫齡輯　　清
道光五年(1825)、十八年(1838)、咸豐九年
(1859)、光緒十二年(1886)啟秀山房刻本
四十冊

330000 - 1715 - 0001044　1576　　子部/工藝
類/日用器物之屬

機器錄一卷　　(清)彭湘纂　　清光緒五年
(1879)適寙刻本　　一冊

330000 - 1715 - 0001046　1754　　子部/藝術
類/書畫之屬/題跋

山谷題跋三卷　　(宋)黃庭堅撰　　(清)溫一貞
輯　　清同治十一年(1872)刻本　　一冊　　存一
卷(一)

330000 - 1715 - 0001047　2169　　集部/別集
類/清別集

望溪先生文集十八卷集外文十卷集外文補遺
二卷年譜二卷　　(清)方苞撰　　清咸豐元年
(1851)戴鈞衡刻二年(1852)增刻本　　十五冊
缺二卷(補遺一至二)

330000 - 1715 - 0001049　2114　　類叢書/叢
書類/彙編之屬

宜稼堂叢書七種　　(清)郁松年編　　清道光二
十年至二十二年(1840 - 1842)上海郁氏刻本
十六冊　　存一種

330000 - 1715 - 0001050　1740　　子部/醫家
類/本草之屬/歷代綜合本草

本草分經不分卷　　(清)姚瀾輯　　清光緒十四
年(1888)鉛印本　　一冊

330000 - 1715 - 0001052　2197　　集部/別集
類/明別集

宋文憲公全集八十三卷潛溪錄六卷首一卷
(明)宋濂撰　　(清)孫鏘輯　　清宣統成都刻本
二十四冊　　缺三卷(八十一至八十三)

330000 - 1715 - 0001053　2109　　集部/別集
類/宋別集

象山先生全集三十六卷　　(宋)陸九淵撰　　附
錄少湖徐先生學則辯一卷　　(明)徐階撰　　清
宣統二年(1910)江左書林鉛印本　　八冊

330000 - 1715 - 0001055　2113　　集部/別集
類/元別集

松鄉先生文集十卷　　(元)任士林撰　　清光緒
十六年(1890)刻本　　四冊

330000 - 1715 - 0001056　2163　　集部/別集
類/清別集

敬業堂詩集五十卷　　(清)查慎行撰　　清康熙
五十八年(1719)刻雍正增刻本　　十冊　　缺九
卷(十二至十六、三十六至三十九)

330000 - 1715 - 0001057　1666　　子部/儒家
類/儒學之屬/性理

漢學商兌三卷　　(清)方東樹撰　　清光緒二十
六年(1900)浙江書局刻本　　四冊

330000 - 1715 - 0001058　2143　　集部/別集
類/清別集

胡文忠公遺集十卷首一卷　　(清)胡林翼撰
(清)閻敬銘　　(清)屬雲官　　(清)盛康輯
清同治七年(1868)醉六堂刻本　　十冊

330000 - 1715 - 0001059　1769　　類叢部/叢
書類/自著之屬

書癡樓叢鈔一卷　　(清)胡德輝輯　　清抄本
一冊

330000 - 1715 - 0001060　2075　　集部/別集
類/唐五代別集

白香山詩長慶集二十卷後集十七卷別集一卷
補遺二卷　　(唐)白居易撰　　(清)汪立名編訂
清康熙四十一年至四十二年(1702 - 1703)
汪立名一隅草堂刻本　　七冊　　缺十三卷(長
慶集一至十二、別集)

330000－1715－0001062　1555　經部/小學類/訓詁之屬/方言

越諺三卷越諺賸語二卷　（清）范寅輯　清光緒八年(1882)谷應山房刻本　三冊

330000－1715－0001063　2168　集部/別集類/清別集

綠蘿山莊詩集三十三卷　（清）胡浚撰　清乾隆二十七年(1762)刻本　十冊

330000－1715－0001065　2142　集部/別集類/清別集

胡文忠公遺集十卷首一卷　（清）胡林翼撰（清）閻敬銘　（清）屬雲官　（清）盛康輯清同治七年(1868)醉六堂刻本　八冊

330000－1715－0001066　2141　集部/別集類/清別集

胡文忠公遺集十卷首一卷　（清）胡林翼撰（清）閻敬銘　（清）屬雲官　（清）盛康輯清同治七年(1868)醉六堂刻本　八冊

330000－1715－0001068　1340　子部/醫家類/方書之屬/單方驗方

世補齋不謝方一卷　（清）陸懋修撰　清光緒九年(1883)鉛印本　一冊

330000－1715－0001070　2068　集部/別集類/唐五代別集

昌黎先生詩集注十一卷年譜一卷　（唐）韓愈撰　（清）顧嗣立刪補　清光緒九年(1883)廣州翰墨園刻三色套印本　四冊　缺一卷(年譜)

330000－1715－0001072　2116　集部/別集類/明別集

天益山堂遺集十卷續刻一卷　（明）馮元仲撰　清乾隆八年(1743)刻本　二冊

330000－1715－0001073　2069　集部/別集類/唐五代別集

昌黎先生詩集注十一卷年譜一卷　（唐）韓愈撰　（清）顧嗣立刪補　清光緒九年(1883)廣州翰墨園刻三色套印本　四冊　缺一卷(年譜)

330000－1715－0001075　1308　子部/醫家類/兒科之屬/通論

錢氏小兒藥證直訣三卷　（宋）錢乙撰　（宋）閻孝忠輯　**附方一卷**　（宋）閻孝忠撰　**錢仲陽傳一卷**　（宋）劉跂撰　**董氏小兒斑疹備急方論一卷**　（宋）董汲撰　清光緒十八年(1892)姚江黃氏五桂樓刻本　二冊

330000－1715－0001076　1307　子部/醫家類/兒科之屬/通論

錢氏小兒藥證直訣三卷　（宋）錢乙撰　（宋）閻孝忠輯　**附方一卷**　（宋）閻孝忠撰　**錢仲陽傳一卷**　（宋）劉跂撰　**董氏小兒斑疹備急方論一卷**　（宋）董汲撰　清光緒十八年(1892)姚江黃氏五桂樓刻本　二冊

330000－1715－0001078　1305、1306　子部/醫家類/眼科之屬

傅氏眼科審視瑤函六卷首一卷　（明）傅仁宇撰　（明）林長生校補　清宣統元年(1909)上海會文書局石印本　五冊

330000－1715－0001079　1795　子部/儒家類/儒學之屬/禮教

心影集四卷　（清）李士麟輯　清光緒八年(1882)刻本　一冊

330000－1715－0001080　0855　史部/雜史類/斷代之屬

海東逸史十八卷　（清）翁洲老民撰　清光緒十年(1884)慈谿楊泰亨經畬塾刻民國二十一年(1932)慈谿張英望雲草堂印本　一冊

330000－1715－0001081　2132　集部/別集類/清別集

湛園未定藁六卷　（清）姜宸英撰　清宣統二年(1910)寧波汲綆齋書局、上海國學扶輪社石印本　六冊

330000－1715－0001082　1567　史部/史評類/考訂之屬

廿二史策案十二卷首一卷　（清）王鎏輯　清同治八年(1869)刻本　八冊

330000－1715－0001084　1363　子部/天文

曆算類/算書之屬

星算補遺八集 （清）董毓琦撰　清同治五年(1866)髀算山房刻本　一冊　存三集(一至三)

330000－1715－0001086　2076　集部/別集類/唐五代別集

白香山詩長慶集二十卷後集十七卷別集一卷補遺二卷 （唐）白居易撰　（清）汪立名編訂　清末石印本　六冊　缺二十卷(一至二十)

330000－1715－0001087　1360　新學/天學

天文圖說四卷 （英國）柯雅各撰　（美國）摩嘉立　（清）薛承恩譯　清光緒九年(1883)上海益智書會刻本　一冊

330000－1715－0001088　1359　子部/天文曆算類/算書之屬

衍元海鑑十二種附二種 （清）李鏐輯　清光緒五年(1879)木活字印本　二冊　存一種

330000－1715－0001090　1339　史部/政書類/律令之屬/法驗

洗冤錄補註全纂六卷 （清）王又槐輯　（清）李觀瀾補輯　（清）阮其新補註　清刻本　四冊

330000－1715－0001091　2130　集部/別集類/清別集

湛園未定藁六卷 （清）姜宸英撰　清康熙二十年(1681)二老閣刻本　六冊

330000－1715－0001092　1316　子部/醫家類/針灸之屬/通論

鍼灸大成十二卷 （明）楊繼洲撰　上海簡青齋石印本　一冊

330000－1715－0001093　1318　子部/醫家類/方書之屬/成方藥目

萬承志堂丸散膏丹全集不分卷 （清）萬承志堂編　清光緒十一年(1885)杭州萬承志堂刻本　一冊

330000－1715－0001095　2046　集部/別集類/清別集

黃梨洲先生南雷文約四卷 （清）黃宗羲撰

清乾隆鄭性刻本　四冊

330000－1715－0001096　0681　史部/地理類/方志之屬/郡縣志

[光緒] 慈谿縣志五十六卷列傳附編一卷 （清）楊泰亨　（清）馮可鏞纂　（清）劉一桂校補　清光緒二十五年(1899)德潤書院刻民國三年(1914)印本　一冊　存三卷(九至十一)

330000－1715－0001100　1404　史部/傳記類/總傳之屬/技藝

國朝畫徵錄三卷續錄二卷 （清）張庚撰　明人附錄一卷　（明）黎遂球　（明）袁樞撰　清宣統二年(1910)上海中國書畫會石印本　二冊　缺一卷(明人附錄)

330000－1715－0001102　2508　集部/總集類/選集之屬/斷代

國朝律賦偶箋四卷 （清）沈豐岐撰　清乾隆二十四年(1759)養素齋刻本　四冊

330000－1715－0001104　2270　集部/總集類/選集之屬/通代

文選六十卷 （南朝梁）蕭統輯　（唐）李善注　**文選考異十卷** （清）胡克家撰　清光緒六年(1880)四明林植梅刻本　二十四冊

330000－1715－0001105　2128　集部/別集類/清別集

湛園未定藁六卷 （清）姜宸英撰　清康熙二十年(1681)二老閣刻本　六冊

330000－1715－0001106　1401　集部/總集類/題詠之屬

東坡題跋二卷 （宋）蘇軾撰　（清）溫一貞輯　清同治十一年(1872)又賞齋刻本　二冊

330000－1715－0001107　2271　集部/總集類/選集之屬/通代

文選六十卷 （南朝梁）蕭統輯　（唐）李善注　**文選考異十卷** （清）胡克家撰　清光緒六年(1880)四明林植梅刻本　二十三冊　缺十三卷(五至七、考異一至十)

330000－1715－0001108　2127　集部/別集

類/清別集

湛園未定藁六卷　（清）姜宸英撰　清康熙二十年(1681)二老閣刻本　六冊

330000－1715－0001110　2140　集部/別集類/清別集

卷施閣文乙集八卷　（清）洪亮吉撰　清光緒九年(1883)紫藤花館刻本　二冊　存五卷（一至五）

330000－1715－0001111　0601　史部/傳記類/總傳之屬/家乘

[浙江餘姚]餘姚孝義虹橋葉氏宗譜十四卷　（清）葉覲榮等纂修　清光緒四年(1878)惇裕堂木活字印本　六冊

330000－1715－0001113　2559　集部/總集類/選集之屬/通代

文選六十卷　（南朝梁）蕭統輯　（唐）李善注　**文選考異十卷**　（清）胡克家撰　清光緒六年(1880)四明林植梅刻本　十八冊　缺十六卷（四十一至四十三、五十五至五十七,考異一至十）

330000－1715－0001115　1399　子部/藝術類/書畫之屬/畫法畫品

桐陰論畫三卷附錄一卷桐陰畫訣一卷續桐陰論畫一卷　（清）秦祖永撰　清同治三年至六年(1864－1867)刻朱墨套印本　四冊

330000－1715－0001116　1375　子部/術數類/陰陽五行之屬

奇門遁甲秘奧八卷附錄一卷　題(唐)李淳風撰　清抄本　四冊

330000－1715－0001118　2277　集部/總集類/選集之屬/通代

文選六十卷　（南朝梁）蕭統輯　（唐）李善注　（清）何焯評　清光緒十一年(1885)上海同文書局石印本　十冊

330000－1715－0001119　2278　集部/總集類/選集之屬/通代

文選六十卷　（南朝梁）蕭統輯　（唐）李善注　（清）何焯評　清光緒十一年(1885)上海同文書局石印本　七冊　存四十三卷(一至三十、三十七至四十二、四十九至五十五)

330000－1715－0001120　1312　子部/醫家類/綜合之屬/通論

御纂醫宗金鑑九十卷首一卷　（清）吳謙等纂修　清光緒二十九年(1903)上海醉六堂石印本　三冊　存一種

330000－1715－0001121　1793　類叢部/叢書類/彙編之屬

後知不足齋叢書四十七種　（清）鮑廷爵編　清同治至光緒常熟鮑氏刻本　一冊　存一種

330000－1715－0001122　1469　史部/金石類/金之屬/文字

歷代鐘鼎彝器款識法帖二十卷　（宋）薛尚功撰　清嘉慶二年(1797)儀徵阮元小琅環僊館刻本　四冊

330000－1715－0001125　1715　新學/兵制/陸軍

略圖要訣一卷　清北洋武備研究所鉛印本　一冊

330000－1715－0001126　1717　新學/兵制/陸軍

陸軍會計經理實務編不分卷　（清）葉世明（清）廖宇春編輯　清光緒三十三年(1907)北洋陸軍編譯局鉛印本　一冊

330000－1715－0001128　1787　子部/術數類/命書相書之屬

新刊合併官板音義評注淵海子平五卷　（宋）徐升編　清福建余氏刻本　二冊

330000－1715－0001130　1532　史部/傳記類/日記之屬

道西齋日記二卷(清光緒十三年)　王詠霓撰　清光緒十八年(1892)上洋鴻寶齋石印本　一冊

330000－1715－0001131　1473　子部/工藝類/文房四寶之屬/硯

硯小史四卷　（清）朱棟撰　清嘉慶五年(1800)樓外樓刻民國二十四年(1935)高氏寒

隱草堂補刻本　二冊

330000－1715－0001132　1466　史部/金石類/錢幣之屬/雜著

吉金所見錄十六卷首一卷末一卷　（清）初尚齡撰　清嘉慶二十四年(1819)萊陽初氏古香書屋刻道光七年(1827)補刻本　四冊

330000－1715－0001133　1525　類叢部/叢書類/彙編之屬

函海一百六十種　（清）李調元編　清光緒七年至八年(1881－1882)廣漢鍾登甲樂道齋刻本　一冊　存一種

330000－1715－0001136　0974、0975、1734、1735、1755、2022、2478、2479、2480、2481　新學類/雜著/叢編

新民叢書六十二種　（清）新民叢報編　清末石印本　十冊　存二十七種

330000－1715－0001137　1713　子部/藝術類/書畫之屬/書法書品

書苑精華二十卷　（宋）陳思輯　清光緒十三年(1887)石印本　二冊

330000－1715－0001143　1796　子部/儒家類/儒學之屬/勸學

寄龕裸箸四種　（清）孫德祖撰　清光緒十六年(1890)刻本　一冊　存一種

330000－1715－0001144　2213　集部/別集類

湘綺樓全集三十卷　王闓運撰　清宣統三年(1911)上海國學扶輪社石印本　十二冊

330000－1715－0001146　2262、2265　集部/總集類/選集之屬/通代

古文辭類纂七十四卷　（清）姚鼐輯　**續古文辭類纂三十四卷**　王先謙輯　清光緒三十三年(1907)上海商務印書館鉛印本　十二冊

330000－1715－0001147　1089　史部/傳記類/總傳之屬/家乘

[浙江餘姚]**鎮邑畢家碶支氏宗譜世系合傳一卷**　（清）支貽沼等纂修　清光緒三十一年(1905)務本堂木活字印本　二冊

330000－1715－0001151　2167　集部/別集類/清別集

船山詩草二十卷　（清）張問陶撰　清嘉慶二十年(1815)石韞玉吳中刻本　六冊

330000－1715－0001152　2253　集部/總集類/選集之屬/通代

續古文辭類纂三十四卷　王先謙輯　清光緒八年(1882)長沙王氏虛受堂刻本　十冊

330000－1715－0001154　2514　集部/總集類/選集之屬/通代

古文辭類纂七十四卷　（清）姚鼐輯　清同治八年(1869)刻本　十二冊

330000－1715－0001156　2251　集部/總集類/選集之屬/通代

古文辭類纂七十四卷　（清）姚鼐輯　清同治八年(1869)刻本　十冊

330000－1715－0001157　2250　集部/總集類/選集之屬/通代

古文辭類纂七十五卷　（清）姚鼐輯　**校勘記一卷**　（清）李承淵撰　清光緒二十七年(1901)滁州李氏求要堂刻三十二年(1906)補刻本　十二冊

330000－1715－0001158　2254　集部/總集類/選集之屬/通代

續古文辭類纂二十八卷　（清）黎庶昌輯　清光緒二十一年(1895)金陵狀元閣刻本　十二冊

330000－1715－0001161　2252　集部/總集類/選集之屬/通代

古文辭類纂七十四卷　（清）姚鼐輯　**續古文辭類纂三十四卷**　王先謙輯　清光緒十年(1884)行素草堂刻本　八冊　存三十四卷(續古文辭類纂一至三十四)

330000－1715－0001163　2264　集部/總集類/選集之屬/通代

古文辭類纂七十四卷　（清）姚鼐輯　清道光元年(1821)合河康氏家塾刻本　十二冊

330000－1715－0001166　1646　子部/叢編

子書二十三種　（清）浙江書局編　清光緒二十三年（1897）上海圖書集成局鉛印本　四冊　存一種

330000 – 1715 – 0001169　2261　集部/總集類/選集之屬/通代

瀛奎律髓刊誤四十九卷　（元）方回輯　（清）紀昀勘誤　清嘉慶五年（1800）侯官李光垣雙桂堂刻本　十二冊

330000 – 1715 – 0001170　2235　集部/總集類/選集之屬/通代

歷朝二十五家詩錄三十七卷首一卷　（清）鄒湘倜輯　清光緒元年（1875）新化鄒氏得頤堂刻本　三十冊

330000 – 1715 – 0001171　2145　集部/別集類/清別集

梅崖居士文集三十卷首一卷外集八卷　（清）朱仕琇撰　清乾隆四十七年（1782）新城魯仕驥刻道光重修本　十二冊

330000 – 1715 – 0001172　2259　集部/總集類/選集之屬/斷代

湖海文傳七十五卷　（清）王昶輯　清道光十七年（1837）經訓堂刻同治五年（1866）印本　十五冊　缺五卷（五十至五十四）

330000 – 1715 – 0001173　2222　集部/別集類/清別集

大雲山房文稿初集四卷二集四卷　（清）惲敬撰　清光緒十四年（1888）官書處刻本　八冊

330000 – 1715 – 0001174　2260　集部/總集類/選集之屬/通代

漁洋山人古詩選三十二卷　（清）王士禛選　清同治五年（1866）金陵書局刻本　八冊

330000 – 1715 – 0001178　1885　子部/宗教類/佛教之屬/總錄

雲棲法彙　（明）釋袾宏述　清光緒二十三年至二十五年（1897 – 1899）金陵刻經處刻本　五冊　存一種

330000 – 1715 – 0001179　2258　集部/總集類/選集之屬/斷代

湖海詩傳四十六卷　（清）王昶輯　清同治四年（1865）蘇州綠蔭堂刻本　十六冊

330000 – 1715 – 0001180　2146　集部/別集類/清別集

紀文達公遺集三十二卷　（清）紀昀撰　（清）紀樹馨編　清嘉慶十七年（1812）紀樹馥刻本　十二冊

330000 – 1715 – 0001181　2266　集部/總集類/選集之屬/通代

重訂古文雅正十四卷　（清）蔡世遠輯　清乾隆四十二年（1777）石竹山房刻本　八冊

330000 – 1715 – 0001182　2209　集部/別集類/清別集

孫淵如先生全集二十二卷　（清）孫星衍撰　（清）朱記榮編　清光緒十一年（1885）朱氏槐廬家塾刻本　十冊

330000 – 1715 – 0001183　2245　集部/總集類/選集之屬/通代

歷朝詩約選九十二卷海峯先生詩集十卷附札記一卷　（清）劉大櫆輯　清光緒二十一年至二十三年（1895 – 1897）文徵閣刻本　二十二冊　存九十二卷（歷朝詩約選一至九十二）

330000 – 1715 – 0001184　2206　史部/史評類/詠史之屬

樹經堂詠史詩八卷　（清）謝啟昆撰　清道光五年（1825）樹經堂刻本　八冊

330000 – 1715 – 0001186　2205　集部/別集類/清別集

惜抱軒集八十八卷　（清）姚鼐撰　清嘉慶刻本　八冊　存六種

330000 – 1715 – 0001187　2211　類叢部/叢書類/自著之屬

章氏遺書二種　（清）章學誠撰　清道光十二年至十三年（1832 – 1833）章華紱刻本　五冊

330000 – 1715 – 0001188　1882　子部/宗教類/佛教之屬/經疏

般若波羅蜜多心經註解一卷　（唐）釋玄奘譯　（明）釋宗泐　（明）釋如玘注　金剛般若波

羅蜜經註解一卷　(後秦)釋鳩摩羅什譯
(明)釋宗泐　(明)釋如㞕注　清光緒二年
(1876)長沙刻經處刻本　一冊

330000－1715－0001191　1886　子部/宗教
類/佛教之屬/經疏

釋禪波羅蜜次第法門十卷　(隋)釋智顗說
(唐)釋法慎記　(唐)釋灌頂再治　清光緒三
十四年(1908)揚州藏經院刻本　四冊

330000－1715－0001193　1858　子部/宗教
類/其他宗教之屬/基督教

天道溯源官話三卷　(美國)丁韙良撰　清光
緒二十四年(1898)英漢書館鉛印本　一冊

330000－1715－0001194　2247　集部/總集
類/郡邑之屬

越風三十卷　(清)商盤輯　清乾隆三十七年
(1772)山陰王大治刻嘉慶十六年(1811)徐兆
補修本　十冊

330000－1715－0001198　2148　集部/別集
類/清別集

六一山房詩集十卷　(清)董沛撰　清同治十
三年(1874)二百八十峯草堂蔡氏刻本　二冊

330000－1715－0001199　2155　集部/別集
類/清別集

鐵橋漫稿八卷　(清)嚴可均撰　清光緒十一
年(1885)長洲蔣氏心矩齋刻本　四冊

330000－1715－0001200　2273　集部/總集
類/選集之屬/通代

文選六十卷　(南朝梁)蕭統輯　(唐)李善注
(清)何焯評　清刻朱墨套印本　十六冊

330000－1715－0001201　0921、1373、1590
類叢部/叢書類/彙編之屬

崇文書局彙刻書(三十三種叢書、湖北書局所
刻書)三十三種　(清)崇文書局編　清光緒
湖北崇文書局刻民國元年(1912)鄂官書處重
印本　十四冊　存四種

330000－1715－0001202　2274　集部/總集
類/選集之屬/通代

文選六十卷　(南朝梁)蕭統輯　(唐)李善注

(清)何焯評　清羊城翰墨園刻朱墨套印本
十六冊

330000－1715－0001204　0847　史部/傳記
類/總傳之屬/家乘

[浙江餘姚]黃氏家錄一卷黃氏續錄五卷首一
卷　(清)黃宗羲　(清)黃炳垕纂修　清道光
四年(1824)餘姚惇倫堂木活字印本　清黃炳
垕題記　一冊　存一卷(黃氏家錄)

330000－1715－0001205　1797　子部/醫家
類/類編之屬

潛齋醫書五種　(清)王士雄撰　清光緒三十
年(1904)石印本　一冊　存一種

330000－1715－0001207　1678　子部/儒家
類/儒學之屬/禮教

五種遺規輯要　(清)陳弘謀輯並撰　(清)楊
恩澍等輯　清同治九年(1870)龍山書院刻光
緒二十年(1894)會稽徐氏補刻本　一冊

330000－1715－0001208　2156　集部/別集
類/清別集

二垞詩稿四卷詞稿一卷　(清)朱棟撰　清嘉
慶十一年(1806)踵息山莊刻本　二冊

330000－1715－0001209　2157　集部/詞類/
別集之屬

水雲樓詞續一卷　(清)蔣莘霖撰　清光緒二
年(1876)刻本　一冊

330000－1715－0001213　2170　集部/別集
類/清別集

芙蓉館詩鈔四卷　(清)張紹齡撰　清宣統三
年(1911)鉛印本　一冊

330000－1715－0001215　2444　集部/別集
類/清別集

更生齋文甲集四卷文乙集四卷詩集八卷詩餘
二卷　(清)洪亮吉撰　清嘉慶七年(1802)旌
德洋川書院刻本　五冊

330000－1715－0001218　1786　類叢部/類
書類/專類之屬

餘姚縣誌姓氏索引一卷　清抄本　二冊

330000 - 1715 - 0001219　2149　　集部/別集類/清別集

白華山人詩集十六卷詩說二卷　（清）厲志撰　清光緒九年(1883)厲學潮刻本　四冊

330000 - 1715 - 0001220　1349　　經部/春秋左傳類/傳說之屬

春秋長曆一卷　（晉）杜預撰　清抄本　一冊

330000 - 1715 - 0001221　2158　　集部/別集類/清別集

企鶴軒詩鈔四卷　（清）洪錫光撰　清同治八年(1869)刻本　二冊

330000 - 1715 - 0001223　1798　　子部/醫家類/類編之屬

醫門棒喝二種　（清）章楠撰　清道光十六年(1836)倚山書屋刻本　四冊　存一種

330000 - 1715 - 0001224　1799　　子部/醫家類/類編之屬

醫門棒喝二種　（清）章楠撰　清同治六年(1867)聚文堂刻本　二冊　存一種

330000 - 1715 - 0001226　2217　　集部/別集類/清別集

定盫文集三卷續集四卷續錄一卷古今體詩二卷己亥雜詩一卷庚子雅詞一卷　（清）龔自珍撰　清同治七年(1868)吳煦刻本　四冊

330000 - 1715 - 0001227　0518　　類叢部/叢書類/彙編之屬

微波榭叢書十一種　（清）孔繼涵編　清孔氏刻彙印本　一冊　存一種

330000 - 1715 - 0001230　2166　　集部/別集類/清別集

袁文箋正十六卷補注一卷　（清）袁枚撰　（清）石韞玉箋　清嘉慶十七年(1812)鶴壽山堂刻本　四冊

330000 - 1715 - 0001231　0274　　經部/四書類/總義之屬/傳說

四書體味錄殘彙論語一卷　（清）宗稷辰撰　清光緒十四年(1888)宗氏躬恥齋刻本　一冊

330000 - 1715 - 0001232　0247　　類叢部/叢書類/自著之屬

經韻樓叢書九種　（清）段玉裁撰　清乾隆至道光金壇段氏刻本　一冊　存一種

330000 - 1715 - 0001234　2218　　集部/別集類

居東集二卷　蔣智由撰　清宣統二年(1910)上海文明書局鉛印本　一冊

330000 - 1715 - 0001235　2219　　集部/別集類

居東集二卷　蔣智由撰　清宣統二年(1910)上海文明書局鉛印本　一冊

330000 - 1715 - 0001236　2223　　集部/別集類/清別集

古微堂內集三卷外集七卷　（清）魏源撰　清光緒四年(1878)揚州淮南書局刻本　四冊

330000 - 1715 - 0001241　2203　　集部/別集類/清別集

長真閣詩集七卷詩餘一卷　（清）席佩蘭撰　清嘉慶刻本　二冊

330000 - 1715 - 0001242　2202　　集部/別集類/清別集

映紅樓詩稿四卷　（清）王定祥撰　清光緒二十二年(1896)慈谿童廣年刻本　一冊

330000 - 1715 - 0001243　0742　　新學/史志/戰記

戰史叢書　（美國）耶特瓦德斯邊著　（日本）越山平三郎譯述　（清）章起渭校閱　清光緒上海商務印書館鉛印本　一冊　存三種

330000 - 1715 - 0001244　0946、1764　　類叢部/叢書類/彙編之屬

龍威秘書一百六十九種　（清）馬俊良編　清乾隆五十九年至嘉慶元年(1794 - 1796)浙江石門馬氏大酉山房刻本　二冊　存五種

330000 - 1715 - 0001245　2204　　類叢部/叢書類/自著之屬

惜抱軒遺書三種　（清）姚鼐撰　清光緒五年(1879)桐城徐宗亮刻本　二冊　存二種

330000－1715－0001246　2377、2378　集部/別集類/清別集

陳一齋先生文集六卷詩集不分卷　（清）陳梓撰　清宣統三年(1911)上海國學扶輪社鉛印本　二冊

330000－1715－0001247　0257　經部/叢編

袖珍十三經註　（清）萬清銓校　清同治十二年(1873)稽古樓刻本　四冊　存一種

330000－1715－0001249　2369、2370、2376、2715　類叢部/叢書類/自著之屬

隨園三十種　（清）袁枚撰　清乾隆至嘉慶刻本　二十冊　存三種

330000－1715－0001254　2164　集部/總集類/選集之屬/通代

詩比興箋四卷　（清）陳沆輯　清光緒九年(1883)長洲彭祖賢武昌刻本　二冊

330000－1715－0001258　2727　集部/總集類/選集之屬/通代

五七言今體詩鈔十八卷　（清）姚鼐輯　清同治五年(1866)金陵書局刻本　二冊

330000－1715－0001260　1395　子部/藝術類/書畫之屬/法帖

御刻三希堂石渠寶笈法帖釋文十六卷　（清）弘晝　（清）弘瞻　（清）弘曕總理　（清）梁詩正等排類　清影印本　六冊

330000－1715－0001261　2655　集部/別集類/清別集

雪舫吟初稿六卷　（清）謝秀嵐撰　清蕉雨軒刻本　一冊　存四卷(一至四)

330000－1715－0001262　1756　子部/藝術類/篆刻之屬/印譜

紅樓夢人名西廂記詞句印玩不分卷　（清）趙穆篆　（清）葉為銘續　（清）季悲盦輯　清光緒三十年(1904)鈐印本　三冊

330000－1715－0001263　1566　類叢部/類書類/專類之屬

文選八種　清光緒二十年(1894)上海文盛書局石印本　三冊　存一種

330000－1715－0001264　1408　子部/藝術類/書畫之屬/畫譜

芥子園畫傳四集四卷　（清）丁臬等撰輯　**芥子園圖章會纂一卷**　（清）李漁撰　清末石印本　一冊　存四卷(一至四)

330000－1715－0001265　1757　子部/藝術類/篆刻之屬/印譜

補羅迦室印譜不分卷　（清）趙之琛篆刻　清鈐印本　六冊

330000－1715－0001266　1342　子部/醫家類/方書之屬/歷代方書

醫方集解三卷　（清）汪昂撰　清刻本　二冊　存二卷(二至三)

330000－1715－0001267　2612、2611　集部/別集類/清別集

刪後詩存十卷文集十六卷　（清）陳梓撰　清嘉慶二十年(1815)胡氏敬義堂刻本　八冊

330000－1715－0001268　2640　集部/別集類/清別集

思復堂文集十卷附載一卷　（清）邵廷寀撰　清康熙五十年(1711)刻本　六冊

330000－1715－0001269　2623　集部/別集類/清別集

施忠愍公遺集七卷　（明）施邦曜撰　（清）沈復粲輯　清咸豐刻光緒四年(1878)重修本　一冊

330000－1715－0001270　1356　子部/天文曆算類/算書之屬

白芙堂算學叢書五十種　（清）丁取忠輯　清光緒二十二年(1896)石印本　一冊　存四種

330000－1715－0001274　2275　集部/總集類/選集之屬/通代

文選六十卷　（南朝梁）蕭統輯　（唐）李善注　（清）何焯評　清刻朱墨套印本　十一冊　缺四卷(一至四)

330000－1715－0001275　2199　集部/別集類/明別集

淡濱蔡先生文集十卷語錄二十卷首一卷

（明）蔡靉撰　清光緒四年（1878）江陰夏子鎣刻本　四冊

330000－1715－0001277　2276　集部/總集類/選集之屬/通代

文選六十卷　（南朝梁）蕭統輯　（唐）李善注　（清）何焯評　清刻朱墨套印本　十一冊　缺十卷（一至十）

330000－1715－0001278　1781　子部/藝術類/書畫之屬/法帖

草書法帖一卷　清石印本　一冊

330000－1715－0001280　2025　史部/政書類/通制之屬

廣治平略正集三十六卷續集八卷　（清）蔡方炳撰　清光緒八年（1882）四明茹古齋鉛印本　七冊　缺十二卷（正集六至十二、十八至二十二）

330000－1715－0001282　1361　子部/天文曆算類/天文之屬

乾象圖一卷　（清）梅靜復述訂　清抄本　二冊

330000－1715－0001283　2658　集部/別集類/清別集

騰馥吟二卷　（清）胡傑人撰　清光緒四年（1878）賽竹樓木活字印本　一冊

330000－1715－0001284　1412　子部/藝術類/書畫之屬/畫譜

任渭長四種　（清）任熊繪　清咸豐至光緒蕭山王氏養龢堂刻本　一冊　存一種

330000－1715－0001291　1482、1497　類叢部/叢書類/彙編之屬

經訓堂叢書二十一種　（清）畢沅編　清乾隆至嘉慶鎮洋畢氏刻本　六冊　存二種

330000－1715－0001299　2207　子部/雜著類/雜說之屬

長興學記一卷　康有為撰　清光緒十八年（1892）求闕齋刻本　一冊

330000－1715－0001301　1861　子部/宗教類/佛教之屬/總錄

五大部直音二卷附諸般經懺直音一卷　清光緒元年（1875）杭州瑪瑙經房刻本　二冊

330000－1715－0001302　2634　集部/別集類/清別集

南江文鈔四卷　（清）邵晉涵撰　清嘉慶刻本　四冊

330000－1715－0001303　2268　集部/總集類/選集之屬/斷代

唐駢體文鈔十七卷　（清）陳均纂　清同治十二年（1873）刻本　四冊

330000－1715－0001304　2342　類叢部/叢書類/自著之屬

陸放翁全集六種　（宋）陸遊撰　明末海虞毛氏汲古閣刻清初毛扆增刻彙印本　四十冊

330000－1715－0001305　2341　集部/別集類/清別集

曝書亭集八十卷附錄一卷　（清）朱彝尊撰

笛漁小稾十卷　（清）朱昆田撰　清康熙五十三年（1714）朱稻孫刻雍正印本　十二冊

330000－1715－0001306　2236、2671　集部/總集類/選集之屬/通代

漢魏六朝一百三家集（漢魏六朝百三名家集）　（明）張溥編　清光緒三年（1877）滇南唐氏壽考堂刻本　一百冊

330000－1715－0001307　2300　集部/總集類/選集之屬/通代

賦彙錄要二十八卷補遺一卷外集一卷　（清）吳光昭箋詧　（清）陳書輯　清汲古齋刻本　九冊　缺七卷（三至四、十六至二十）

330000－1715－0001308　2301　類叢部/類書類/專類之屬

重編留青新集二十四卷　（清）馮善長輯　清光緒三十三年（1907）上海廣益書局鉛印本　十二冊

330000－1715－0001309　2281　集部/總集類/選集之屬/通代

文選旁證四十六卷　（清）梁章鉅撰　清刻本

七冊　存二十七卷(十二至三十八)

330000－1715－0001310　2282　集部/總集
類/選集之屬/斷代

國朝駢體正宗十二卷　(清)曾燠輯　清嘉慶
十一年(1806)南城曾氏賞雨茅屋刻本　六冊

330000－1715－0001311　2292　經部/群經
總義類/傳說之屬

四書五經義策論初編不分卷續編不分卷
(清)崇實學社輯　清光緒二十九年(1903)崇
實學社石印本　十一冊

330000－1715－0001312　2339　集部/詞類/
總集之屬

詞綜三十八卷　(清)朱彝尊輯　(清)汪森增
定　(清)柯崇樸編次　(清)周筼辨譌
(清)王昶補纂　**明詞綜十二卷國朝詞綜四十
八卷國朝詞綜二集八卷**　(清)王昶輯　清嘉
慶刻本　二十冊

330000－1715－0001313　2302　類叢部/類
書類/專類之屬

重編留青新集二十四卷　(清)馮善長輯　清
光緒十六年(1890)上海鉛印本　十冊　缺八
卷(十七至二十四)

330000－1715－0001316　2279　集部/總集
類/課藝之屬

湘英文抉四卷　(清)朱逌然編　清光緒五年
(1879)湖南學院刻本　四冊

330000－1715－0001317　2021　類叢部/類
書類/通類之屬

太平御覽一千卷目錄十五卷　(宋)李昉等輯
清刻本　四十二冊　存二百八十二卷(三
百五十至四百四十七、五百四十一至五百五
十四、五百六十七至五百八十、七百四十八至
七百六十七、七百九十四至八百七、八百二十
一至八百四十六、八百五十二至八百六十、八百
七十五至八百八十、八百八十八至九百七、
九百三十四至九百九十四)

330000－1715－0001318　2299　集部/總集
類/選集之屬/通代

七十家賦鈔六卷　(清)張惠言輯　清光緒四
年(1878)宏達堂刻本　四冊

330000－1715－0001320　2488　類叢部/叢
書類/家集之屬

黃氏家集初編六種　(清)黃家鼎輯　清光緒
十七年(1891)四明黃氏補不足齋刻本　十二
冊　存五種

330000－1715－0001321　2519　集部/別集
類/清別集

精刊石笥山房全集二十五卷　(清)胡天游撰
清宣統二年(1910)上海國學扶輪社石印本
七冊　缺五卷(文集一、詩集九至十二)

330000－1715－0001322　2340　集部/詞類/
總集之屬

國朝詞綜續編二十四卷　(清)黃燮清輯　清
同治十二年(1873)武昌刻本　八冊

330000－1715－0001323　2801　類叢部/類
書類/專類之屬

重編留青新集二十四卷　(清)馮善長輯　清
光緒十四年(1888)上海宏文閣錫活字印本
十二冊

330000－1715－0001325　1476－1　類叢部/
叢書類/自著之屬

石泉書屋全集六種　(清)李佐賢撰　清咸豐
至光緒利津李氏刻本　九冊　存一種

330000－1715－0001326　2307　集部/總集
類/選集之屬/通代

忠雅堂評選四六法海八卷　(清)蔣士銓評選
清光緒十年(1884)深柳讀書堂刻朱墨套印
本　八冊

330000－1715－0001327　1476－2　史部/金
石類/錢幣之屬/文字

續泉匯十四卷補遺二卷　(清)鮑康　(清)李
佐賢編　清光緒元年(1875)利津李氏石泉書
屋刻本　一冊　存五卷(亨集二至三、利集一
至三)

330000－1715－0001328　2317　集部/詩文
評類/詩評之屬

隨園詩話十六卷補遺十卷 （清）袁枚撰 清
上海文明書局石印本 六冊

330000－1715－0001332 0317 經部/群經
總義類/傳說之屬

皇朝五經彙解二百七十卷 （清）朱鏡清輯
清光緒十四年(1888)上海鴻文書局石印本
十八冊 缺一百二十六卷(一至九十八、二百
十七至二百四十四)

330000－1715－0001333 2604 子部/儒家
類/儒學之屬/性理

慈溪黃氏日抄分類九十七卷古今紀要十九卷
（宋）黃震撰 清乾隆三十二年(1767)新安
汪佩鍔珠樹堂刻本（卷八十一、八十九、九十
二原缺） 二十四冊

330000－1715－0001346 2497 集部/總集
類/題詠之屬

大雅題襟一卷 （清）胡傑人編 清抄本
一冊

330000－1715－0001347 2613 子部/儒家
類/儒學之屬/性理

餘山先生遺書十卷附餘山先生行狀一卷
（清）勞史撰 （清）桑調元 （清）沈廷芳編
清乾隆須友堂刻本 二冊

330000－1715－0001348 2018 經部/小學
類/訓詁之屬/方言

越諺三卷越諺賸語二卷 （清）范寅輯 清光
緒八年(1882)谷應山房刻本 三冊

330000－1715－0001349 2381 子部/儒家
類/儒學之屬/性理

餘山先生遺書十卷附餘山先生行狀一卷
（清）勞史撰 （清）桑調元 （清）沈廷芳編
清乾隆須友堂刻本 二冊

330000－1715－0001350 2379 子部/儒家
類/儒學之屬/性理

餘山先生遺書十卷附餘山先生行狀一卷
（清）勞史撰 （清）桑調元 （清）沈廷芳編
清乾隆須友堂刻本 二冊

330000－1715－0001351 1807 子部/術數

類/相宅相墓之屬

水龍經五卷 （清）蔣平階輯 清咸豐上海節
孝祠刻本 三冊 缺一卷(一)

330000－1715－0001352 2380 子部/儒家
類/儒學之屬/性理

餘山先生遺書十卷附餘山先生行狀一卷
（清）勞史撰 （清）桑調元 （清）沈廷芳編
清乾隆須友堂刻本 二冊

330000－1715－0001358 2697 集部/總集
類/郡邑之屬

國朝姚江詩存續編十二卷 （清）張廷枚輯
清抄本 一冊 存五卷(一至五)

330000－1715－0001359 0811 史部/目錄
類/私撰之屬

東瀛影拓帖目一卷 清鉛印本 一冊

330000－1715－0001360 1303、1304 子部/
醫家類/婦科之屬產科

傅青主女科二卷產後編二卷 （清）傅山撰
清同治八年(1869)湖北崇文書局刻本 二冊

330000－1715－0001361 0812 史部/目錄
類/私撰之屬

東瀛影拓帖目一卷 清鉛印本 一冊

330000－1715－0001362 0813 史部/目錄
類/私撰之屬

東瀛影拓帖目一卷 清鉛印本 一冊

330000－1715－0001363 1865－1 子部/宗
教類/佛教之屬/諸宗

西方要決釋疑通規一卷 題（唐）釋窺基撰
清光緒金陵刻經處刻本 一冊

330000－1715－0001364 1865－2 子部/宗
教類/佛教之屬/經疏

西方要決科註二卷 題（唐）釋窺基撰 清末
刻本 一冊

330000－1715－0001366 0871 史部/地理
類/專志之屬/書院

姚江書院志畧二卷 （清）董瑒 （清）邵廷采
輯 清乾隆五十九年(1794)刻本 一冊

330000－1715－0001367　　2045　　集部/別集類/明別集

節本王陽明集十四卷　　（明）王守仁撰　　清光緒三十四年(1908)上海教育圖書館鉛印本　六冊　缺一卷(傳習錄)

330000－1715－0001369　　1528、1805、2889　類叢部/叢書類/彙編之屬

學津討原一百七十三種　　（清）張海鵬編　清嘉慶十年(1805)虞山張氏照曠閣刻本　四冊　存八種

330000－1715－0001370　　1350　　子部/天文曆算類/天文之屬

用表推星法一卷　　清抄本　一冊

330000－1715－0001376　　2280　　集部/總集類/選集之屬/通代

重訂文選集評十五卷首一卷末一卷　　（清）于光華輯　清乾隆五十一年(1786)金閶書業堂刻本　十二冊

330000－1715－0001377　　1811　　類叢部/類書類/通類之屬

角山樓增補類腋六十七卷　　（清）姚培謙撰（清）趙克宜增輯　清咸豐七年(1857)趙克宜角山樓刻十年(1860)重修本　三冊　存二十卷(天部一至八、地部八至十四、人部十一至十五)

330000－1715－0001378　　2333　　集部/詞類/別集之屬

曝書亭集詞註七卷　　（清）朱彝尊撰　（清）李富孫注　清嘉慶十九年(1814)嘉興李氏校經廎刻道光九年(1829)補刻本　四冊

330000－1715－0001379　　1640　　子部/道家類

老子道德經解二卷首一卷　　（明）釋德清撰　清光緒十二年(1886)金陵刻經處刻本　二冊

330000－1715－0001381　　2283　　集部/總集類/選集之屬/通代

駢體文鈔三十一卷　　（清）李兆洛輯　清道光元年(1821)合河康氏家塾刻同治六年(1867)

婁江徐氏補刻光緒八年(1882)蘇州振新書社印本　八冊

330000－1715－0001382　　1922　　子部/宗教類/佛教之屬/經咒

慈悲水懺法三卷　　（唐）釋知玄撰　清同治十二年(1873)江北刻經處刻本　一冊

330000－1715－0001383　　2220　　類叢部/叢書類/自著之屬

庸庵全集七種　　（清）薛福成撰　清光緒十年至二十四年(1884－1898)無錫薛氏刻本　四冊　存一種

330000－1715－0001385　　1391　　子部/藝術類/書畫之屬/書法書品

書法正傳十卷　　（清）馮武輯　清道光八年(1828)刻本　三冊　存五卷(一至五)

330000－1715－0001390　　2336、2337　　集部/詞類/類編之屬

詞選四種　　清光緒四年(1878)張晉德湖北官書處刻本　二冊

330000－1715－0001391　　2896　　類叢部/叢書類/彙編之屬

增訂漢魏叢書八十六種　　（清）王謨編　清乾隆五十六年(1791)金谿王氏刻本　七十五冊　存七十九種

330000－1715－0001392　　2293　　集部/總集類/選集之屬/通代

宛鄰書屋古詩錄十二卷　　（清）張琦輯　清同治八年(1869)刻本　二冊　缺四卷(五至八)

330000－1715－0001394　　2321　　集部/詩文評類/文評之屬

文心雕龍十卷　　（南朝梁）劉勰撰　（明）楊慎批　（明）張松孫輯注　清乾隆五十六年(1791)長洲張氏刻本　四冊

330000－1715－0001395　　2325　　集部/詩文評類/文評之屬

文心雕龍十卷　　（南朝梁）劉勰撰　（清）黃叔琳輯注　清乾隆六年(1741)北平黃氏養素堂刻本　二冊

330000 – 1715 – 0001396　1859　子部/宗教類/佛教之屬/諸宗

重梓歸元直指集三卷　（五代）釋宗本撰　清同治十年(1871)杭省昭慶禪寺慧空經房刻本　三冊

330000 – 1715 – 0001397　1866　子部/宗教類/佛教之屬/諸宗

修西輯要一卷　（清）釋信庵輯　清光緒十年(1884)江北刻經處刻本　一冊

330000 – 1715 – 0001398　1393　子部/藝術類/書畫之屬/法帖

草字彙十二卷　（清）石梁輯　清宣統三年(1911)同文書局石印本　六冊

330000 – 1715 – 0001399　1969　子部/宗教類/佛教之屬/諸宗

續指月錄二十卷首一卷尊宿集一卷　（清）聶先輯　清光緒十二年(1886)金陵刻經處刻本　六冊

330000 – 1715 – 0001400　0753　類叢部/叢書類/彙編之屬

武英殿聚珍版書一百三十八種　清光緒二十五年(1899)廣雅書局刻本　六冊　存一種

330000 – 1715 – 0001401　2539　集部/總集類/選集之屬/通代

經史百家雜鈔二十六卷　（清）曾國藩輯　清光緒三十二年(1906)上海商務印書館鉛印本　朱補鈞題記　十二冊

330000 – 1715 – 0001402　2895　類叢部/叢書類/彙編之屬

增訂漢魏叢書八十六種　（清）王謨編　清乾隆五十六年(1791)金谿王氏刻本　八十冊

330000 – 1715 – 0001403　2551　集部/總集類/選集之屬/通代

賦海大觀三十二卷目錄一卷　（清）沈祖燕編輯　清光緒十六年(1890)上海鴻寶齋石印本　二十二冊　缺二卷(十至十一)

330000 – 1715 – 0001405　2549　集部/總集類/選集之屬/通代

賦學正鵠集釋十卷　（清）李元度輯　清光緒十三年(1887)榕垣崇文堂刻本　八冊

330000 – 1715 – 0001406　2507　集部/總集類/選集之屬/通代

古唐詩合解古詩四卷唐詩十二卷　（清）王堯衢注　清宣統元年(1909)上海朱鴻文堂刻本　八冊

330000 – 1715 – 0001407　1967　子部/宗教類/佛教之屬/諸宗

禪門鍛煉說一卷　（清）釋戒顯撰　清同治十一年(1872)如皋刻經處刻本　一冊

330000 – 1715 – 0001408　1966　子部/宗教類/佛教之屬/諸宗

性相通說一卷　（明）釋德清撰　清同治十二年(1873)金陵刻經處刻本　一冊

330000 – 1715 – 0001409　2465　集部/別集類/漢魏六朝別集

庚子山集十六卷總釋一卷　（北周）庾信撰　（清）倪璠註　**年譜一卷**　（清）倪璠撰　清光緒二十年(1894)粵東儒雅堂刻本　十冊　缺三卷(十五至十六、總釋)

330000 – 1715 – 0001410　2703　集部/別集類/清別集

吳詩集覽二十卷補註二十卷吳詩談藪二卷拾遺一卷　（清）吳偉業撰　（清）靳榮藩注並輯　清淩雲亭刻本　十六冊

330000 – 1715 – 0001411　1970　子部/宗教類/佛教之屬/經疏

佛垂般涅槃略說教誡四經　（後秦）釋鳩摩羅什譯　清光緒二十八年(1902)常州天寧寺刻本　一冊

330000 – 1715 – 0001412　1852　子部/農家農學類/園藝之屬/花卉

蘭蕙同心錄一卷滋蘭樹蕙山房同心錄二卷種蘭蕙四季口訣一卷附蕭山沈沛霖先生分載蕙蕊頭形八法一卷蘭蕙圖說一卷　（清）許霽穌撰　清光緒二十一年(1895)蕆生抄本　二冊

330000 – 1715 – 0001414　2864　集部/別集

類/宋別集

東坡先生編年詩五十卷 （宋）蘇軾撰 （清）查慎行補註 **東坡先生年表一卷** 清乾隆二十六年（1761）香雨齋刻本 十四冊 缺六卷（四至六、二十至二十二）

330000－1715－0001417 2717 類叢部/類書類/專類之屬

皇朝駢文類苑十四卷首一卷 （清）姚燮選 清光緒七年（1881）鎮海張壽榮刻本 十二冊

330000－1715－0001421 2708 集部/別集類/清別集

漁洋山人精華錄訓纂十卷目錄二卷年譜注補二卷辯訛一卷 （清）王士禛撰 （清）惠棟注補 清乾隆惠氏紅豆齋刻本 十冊 缺一卷（十）

330000－1715－0001427 2353 集部/別集類/清別集

噉蔗全集文八卷詩八卷附喪禮詳考一卷周官隨筆一卷 （清）張義年撰 （清）錢大昕 （清）陳以綱評輯 清光緒十九年（1893）上海著易堂鉛印本 杜天糜題記 四冊 存八卷（文一至八）

330000－1715－0001428 2352 集部/別集類/清別集

噉蔗全集文八卷詩八卷附喪禮詳考一卷周官隨筆一卷 （清）張義年撰 （清）錢大昕 （清）陳以綱評輯 清光緒十九年（1893）上海著易堂鉛印本 六冊

330000－1715－0001429 2502 集部/總集類/選集之屬/通代

古文觀止十二卷 （清）吳乘權 （清）吳大職輯 清浙寧群玉山房刻本 六冊

330000－1715－0001430 2501 集部/總集類/選集之屬/通代

古文觀止十二卷 （清）吳乘權 （清）吳大職輯 清浙寧汲綆齋刻本 六冊

330000－1715－0001431 1642 子部/道家類

南華真經解六卷 （清）宣穎撰 清順慶海清樓刻本 五冊 存五卷（二至六）

330000－1715－0001432 2741 集部/別集類/唐五代別集

杜工部集二十卷附錄一卷年譜一卷諸家詩話一卷唱酬題詠附錄一卷 （唐）杜甫撰 （清）錢謙益箋註 清康熙六年（1667）泰興季振宜靜思堂刻本 十冊

330000－1715－0001433 2580 子部/藝術類/遊藝之屬/聯語

楹聯叢話十二卷續話四卷 （清）梁章鉅輯 清道光二十年（1840）桂林署齋刻本 二冊 存十二卷（叢話一至十二）

330000－1715－0001434 2581 子部/藝術類/遊藝之屬/聯語

楹聯叢話十二卷續話四卷 （清）梁章鉅輯 清道光二十年（1840）桂林署齋刻本 三冊 存十二卷（叢話一至十二）

330000－1715－0001435 2583 子部/藝術類/遊藝之屬/聯語

楹聯叢話十二卷續話四卷 （清）梁章鉅輯 清道光二十三年（1843）南浦厲齋刻本 一冊 存四卷（續話一至四）

330000－1715－0001436 2584 子部/藝術類/遊藝之屬/聯語

楹聯叢話十二卷續話四卷 （清）梁章鉅輯 清道光二十三年（1843）南浦厲齋刻本 二冊 存四卷（續話一至四）

330000－1715－0001437 2579 子部/藝術類/遊藝之屬/聯語

楹聯新話十卷 （清）朱應鎬輯 清光緒十八年（1892）刻本 四冊

330000－1715－0001438 1888 子部/宗教類/佛教之屬/經

大方便佛報恩經七卷 （漢）□□譯 清同治十一年（1872）金陵刻經處刻本 二冊

330000－1715－0001439 2351 集部/別集類/清別集

噉蔗全集文八卷詩八卷附喪禮詳考一卷周官隨筆一卷 （清）張羲年撰 （清）錢大昕 （清）陳以綱評輯 清光緒十九年（1893）上海著易堂鉛印本 二冊

330000－1715－0001440 2582、2585 子部/藝術類/遊藝之屬/聯語

楹聯叢話十二卷續話四卷 （清）梁章鉅輯 清商務印書館鉛印本 六冊

330000－1715－0001441 1912 子部/宗教類/佛教之屬/論疏

大乘起信論疏解彙集八種 清光緒十一年至民國十五年（1885－1926）金陵刻經處刻本 二冊 存一種

330000－1715－0001442 1900 子部/宗教類/佛教之屬/論疏

大乘起信論疏二卷 （南朝陳）釋真諦譯 （唐）釋法藏疏 （唐）釋宗密注 清光緒三年（1877）長沙刻經處刻本 二冊

330000－1715－0001445 1911 子部/宗教類/佛教之屬/論

大乘起信論一卷 （天竺）馬鳴菩薩造 （南朝陳）釋真諦譯 清光緒二十四年（1898）金陵刻經處刻本 一冊

330000－1715－0001447 1959 子部/宗教類/佛教之屬/諸宗

安樂集二卷 （唐）釋道綽撰 清光緒二十三年（1897）金陵刻經處刻本 一冊

330000－1715－0001450 1862 子部/道家類

張三豐祖師元要編 （明）張三豐撰 清刻本 一冊

330000－1715－0001451 2615 集部/別集類/清別集

湛園未定藳六卷 （清）姜宸英撰 清康熙二十年（1681）二老閣刻本 六冊

330000－1715－0001452 2574 集部/總集類/課藝之屬

庚辰集五卷 （清）紀昀輯 清乾隆四年（1739）河間藏經堂刻本 四冊 缺一卷（五）

330000－1715－0001454 2043 集部/別集類/明別集

陽明先生集要四種 （明）王守仁撰 （明）施邦曜編 清乾隆五十二年（1787）朱培行濟美堂刻本 十冊

330000－1715－0001455 2597 集部/戲劇類/傳奇之屬

藏園九種曲 （清）蔣士銓撰 清乾隆漁古堂刻本 十二冊 缺一卷（冬青樹二）

330000－1715－0001456 1096 史部/傳記類/總傳之屬/家乘

[浙江餘姚]餘姚開原劉氏宗譜五編十四卷首一卷末一卷 （清）劉戭廷等纂修 清宣統二年（1910）敦睦堂木活字印本 一冊 存一卷（四）

330000－1715－0001457 1873 子部/宗教類/佛教之屬/經

金剛般若波羅蜜經二卷 （後秦）釋鳩摩羅什譯 （清）俞樾注 清刻本 一冊

330000－1715－0001458 1641 子部/道家類

南華簡鈔（南華經）四卷 （清）徐廷槐輯注 清乾隆六年（1741）刻本 四冊

330000－1715－0001460 1778 子部/天文曆算類/天文之屬

鶊鶊巢算學第六日食細草一卷 曹辛撰 清光緒十二年（1886）寧西鋤經齋刻本 一冊

330000－1715－0001461 2777 集部/總集類/選集之屬/斷代

國朝詩別裁集三十六卷 （清）沈德潛輯並評 清光緒九年（1883）上海點石齋石印本 十二冊

330000－1715－0001462 1777 子部/天文曆算類/天文之屬

鶊鶊巢算學第六日食細草一卷 曹辛撰 清光緒十二年（1886）寧西鋤經齋刻本 一冊

330000－1715－0001463　2702－1　子部/藝術類/遊藝之屬/謎語

擷綠山房隱語二卷　（清）葉金璜　（清）葉康瑞撰　清光緒三十二年（1906）葉氏刻本　一冊

330000－1715－0001464　2702－2　子部/藝術類/遊藝之屬/謎語

擷綠山房隱語二卷　（清）葉金璜　（清）葉康瑞撰　清光緒三十二年（1906）葉氏刻本　一冊

330000－1715－0001465　2681　集部/別集類/清別集

偶寄生詩草六卷　（清）勞琛撰　清刻本　二冊

330000－1715－0001466　1806　新學/雜著/叢編

江南製造局譯書　（清）江南製造局編　清光緒江南製造局刻本暨鉛印本　一冊　存一種

330000－1715－0001467　1814　新學/化學/化學

化學分原八卷　（英國）蒲陸山撰　（英國）傅蘭雅口譯　（清）徐建寅筆述　（清）曹鍾秀畫繪　清刻本　二冊

330000－1715－0001468　2026　類叢部/類書類/通類之屬

策學大全四種　（清）方懋朝編　（清）李京枚補輯　清同治六年（1867）刻本　三冊　存三種

330000－1715－0001469　1266　子部/醫家類/綜合之屬/通論

欽定古今圖書集成醫部全錄五百二十卷（清）蔣廷錫　（清）陳夢雷等輯　清光緒二十年至二十三年（1894－1897）影印本　二冊　存十九卷（一百五十一至一百六十九）

330000－1715－0001470　2027　子部/雜著類/雜纂之屬

古諷箍齋目耕脞錄三十二卷　（清）鄭霞逸輯　清刻本　九冊　存三十卷（三至三十二）

330000－1715－0001472　0101、0711、0758、1134、1154、1354、1696　類叢部/叢書類/彙編之屬

武英殿聚珍版書一百三十八種　清乾隆武英殿木活字印本　七冊　存七種

330000－1715－0001473　0377　史部/紀傳類/正史之屬

二十四史　清光緒二十一年（1895）上海畊餘主人石印本　十二冊　存一種

330000－1715－0001476　1650　子部/道家類

莊子集解八卷　王先謙撰　清宣統元年（1909）上海掃葉山房石印本　二冊

330000－1715－0001477　1280　子部/醫家類/本草之屬/神農本草經

本草三家合註六卷　（清）郭汝驄撰　**神農本草經百種錄一卷**　（清）徐大椿撰　清道光兩儀堂刻本　五冊　缺一卷（神農本草經百種錄）

330000－1715－0001479　1240　子部/醫家類/傷寒金匱之屬/傷寒論

傷寒來蘇集三種　（清）柯琴撰　清務本堂刻本　八冊

330000－1715－0001483　2154　類叢部/叢書類/自著之屬

北江全集七種　（清）洪亮吉撰　清乾隆至嘉慶刻彙印本　十三冊　存二種

330000－1715－0001484　2153　類叢部/叢書類/自著之屬

北江全集七種　（清）洪亮吉撰　清乾隆至嘉慶刻彙印本　四冊　存一種

330000－1715－0001485　0313　經部/叢編

皇清經解一百八十種　（清）阮元輯　清光緒十三年（1887）上海書局石印本　五十八冊　存一百五十一種

330000－1715－0001486　0741　類叢部/叢書類/彙編之屬

藝苑捃華四十八種　（清）顧之逵編　清同治

七年(1868)刻本　一冊　存一種

330000－1715－0001487　2645　集部/別集
類/清別集

且過居詩畧一卷　(清)施焜撰　清光緒九年
(1883)刻本　一冊

330000－1715－0001488　1345　子部/醫家
類/方論之屬/單方驗方

重校醫方湯頭歌訣一卷藥性歌括一卷　(清)
汪昂撰　上海大成書局石印本　一冊

330000－1715－0001489　1343　子部/醫家
類/本草之屬/歷代綜合本草

本草備要四卷附經絡歌訣一卷醫方湯頭括一
卷　(清)汪昂撰　清刻本　姜枝先題簽　一
冊　缺四卷(本草備要一至四)

330000－1715－0001492　2201　集部/別
集類

亭林詩集五卷　(清)顧炎武著　清掃葉山房
石印本　二冊

330000－1715－0001497　2688　集部/別
集類

梅趣集一卷　許廷鑣撰　清宣統二年(1910)
木活字印本　一冊

330000－1715－0001498　2670　子部/藝術
類/書畫之屬

宋播州楊氏女崑崙策馬圖題詞一卷　(清)陳
矩編　(清)陳清繪　清末鉛印本　一冊

330000－1715－0001499　2652　類叢部/叢
書類/家集之屬

黃氏家集初編六種　(清)黃家鼎輯　清光緒
十七年(1891)四明黃氏補不足齋刻本　一冊
存一種

330000－1715－0001500　1932　子部/宗教
類/道教之屬/經文

關帝明聖經一卷附關帝靈籤一卷　清光緒二
十一年(1895)石印本　一冊

330000－1715－0001501　1365　史部/地理
類/輿圖之屬/郡縣

浙江測繪輿圖章程一卷附圖解一卷　(清)宗
源瀚等撰　清光緒十六年(1890)刻本　一冊

330000－1715－0001502　2058　類叢部/叢
書類/彙編之屬

崇文書局彙刻書(三十三種叢書、湖北書局所
刻書)三十三種　(清)崇文書局編　清光緒
元年(1875)湖北崇文書局刻民國元年(1912)
鄂官書處重印本　一冊　存一種

330000－1715－0001504　2610　子部/雜著
類/雜纂之屬

一齋雜著六卷　(清)陳梓撰　清嘉慶二十一
年(1816)刻本　二冊

330000－1715－0001505　2897　類叢部/叢
書類/彙編之屬

增訂漢魏叢書九十六種　(清)王謨編　清宣
統三年(1911)上海大通書局石印本　三十
二冊

330000－1715－0001507　2056　類叢部/叢
書類/彙編之屬

崇文書局彙刻書(三十三種叢書、湖北書局所
刻書)三十三種　(清)崇文書局編　清光緒
元年(1875)湖北崇文書局刻民國元年(1912)
鄂官書處重印本　一冊　存一種

330000－1715－0001516　1788　子部/術數
類/命書相書之屬

新刊合併官板音義評注淵海子平五卷　(宋)
徐升編　上海廣益書局石印本　三冊

330000－1715－0001517　0706　史部/地理
類/雜志之屬

浙江全省輿圖並水陸道里記不分卷　(清)宗
源瀚等撰　清光緒二十年(1894)石印本
十冊

330000－1715－0001518　1217、1488　子部/
叢編

子書百家　(清)崇文書局編　清光緒元年
(1875)湖北崇文書局刻民國元年(1912)鄂官
書處重印本　三冊　存四種

330000－1715－0001519　2347　類叢部/叢

書類/自著之屬

西堂全集四種附一種 （清）尤侗撰 清刻本
二冊 存一種

330000－1715－0001520 0316 經部/叢編

皇清經解一千四百八卷 （清）阮元輯 清光
緒十八年（1892）上海古香閣石印本 六十
四冊

330000－1715－0001521 1738 子部/醫家
類/類編之屬

邵氏醫書三種 （清）邵登瀛輯 清石印本
一冊 存二種

330000－1715－0001522 1315 子部/醫家
類/叢編之屬

增訂治疗大全三卷近診醫案一卷 （清）過鑄
撰 清大成書局石印本 一冊

330000－1715－0001523 1849 子部/藝術
類/篆刻之屬/印譜

印譜一卷 清鈐印本 一冊

330000－1715－0001527 1672 子部/叢編

子書百家 （清）崇文書局編 清光緒元年
（1875）湖北崇文書局刻本 一冊 存二種

330000－1715－0001528 2054 集部/楚
辭類

離騷集傳一卷 （宋）錢杲之撰 清光緒三年
（1877）湖北崇文書局刻本 一冊

330000－1715－0001529 2055 集部/楚
辭類

離騷箋二卷 （清）龔景瀚撰 清光緒三年
（1877）湖北崇文書局刻本 一冊

330000－1715－0001531 1558 經部/小學
類/音韻之屬/韻書

詩韻合璧五卷 （清）湯祥瑟輯 清萬珍書局
鉛印本（卷一補民國上海公興書局鉛印本）
五冊

330000－1715－0001535 2309 集部/總集
類/選集之屬/通代

六朝唐賦讀本不分卷 （清）馬傳庚選註 清

光緒二年（1876）京都松竹齋刻本 四冊

330000－1715－0001536 2366 集部/別集
類/清別集

姚南賸稿二卷 姜桂宸撰 清抄本 一冊

330000－1715－0001539 0315－1 經部/
叢編

皇清經解一千四百八卷 （清）阮元輯 清光
緒十八年（1892）上海古香閣石印本 六十
四冊

330000－1715－0001540 2330、2332 集部/
詞類/類編之屬

西泠詞萃六種 （清）丁丙編 清光緒錢塘丁
氏刻本 二冊 存三種

330000－1715－0001541 2360 集部/別集
類/明別集

四忠遺集四種 （清）羅文謙編 清刻本 六
冊 存一種

330000－1715－0001543 0315－2 史部/目
錄類/專錄之屬

皇清經解橫直縮編目十六卷 （清）凌忠照編
（清）張紹銘分輯 清光緒十八年（1892）上
海古香閣石印本 四冊

330000－1715－0001544 2350 集部/別集
類/明別集

趙攷古先生遺集六卷首一卷詩一卷續集一卷
附一卷 （明）趙撝謙撰 清乾隆三十八年
（1773）張廷枚經西堂刻四十年（1775）增刻本
三冊 缺一卷（詩）

330000－1715－0001545 2346 集部/別集
類/宋別集

燭湖集二十卷附編二卷 （宋）孫應時撰
（清）孫景洛等輯 清嘉慶八年（1803）孫氏靜
遠軒刻本 四冊 存十三卷（一、六至十七）

330000－1715－0001546 2345 集部/別集
類/宋別集

燭湖集二十卷附編二卷 （宋）孫應時撰
（清）孫景洛等輯 清嘉慶八年（1803）孫氏靜
遠軒刻本 四冊

330000－1715－0001548　2322　類叢部/叢書類/彙編之屬

崇文書局彙刻書(三十三種叢書、湖北書局所刻書)三十三種　(清)崇文書局編　清光緒元年(1875)湖北崇文書局刻民國元年(1912)鄂官書處重印本　二冊　存一種

330000－1715－0001549　2358　集部/別集類/清別集

求無過齋詩文稿雜集　(清)黃福增撰　清光緒十三年(1887)刻本　一冊

330000－1715－0001550　2319　集部/詩文評類/詩評之屬

說詩晬語二卷　(清)沈德潛撰　清刻本　一冊

330000－1715－0001552　2284　集部/總集類/郡邑之屬

國朝嚴州詩錄八卷　(清)宗源瀚輯　清刻本　二冊

330000－1715－0001553　2375　集部/別集類/清別集

巢溪詩草不分卷　(清)江紹華撰　清同治五年(1866)刻本　一冊

330000－1715－0001555　2359　集部/別集類/清別集

述學內篇三卷外篇一卷補遺一卷別錄一卷附錄一卷校勘記一卷　(清)汪中撰　(清)汪喜孫編　清同治八年(1869)揚州書局刻本　二冊

330000－1715－0001557　2720　集部/別集類/清別集

二玉堂詩鈔□□卷　清刻本　謝貞記題簽　一冊　存五卷(四至八)

330000－1715－0001559　2331　集部/詞類/類編之屬

三家宮詞三卷二家宮詞二卷　(明)毛晉編　清光緒五年(1879)受經堂刻本　二冊

330000－1715－0001561　2492　集部/別集類/唐五代別集

昌黎先生集四十卷外集十卷遺文一卷　(唐)韓愈撰　(宋)廖瑩中校正　**朱子校昌黎先生集傳一卷**　(宋)朱熹撰　**韓集點勘四卷**　(清)陳景雲撰　清宣統三年(1911)上海掃葉山房石印本　十冊

330000－1715－0001562　2356　集部/別集類/清別集

書帶草堂文集二卷補遺一卷　(清)鄭溱蘭撰　(清)鄭喬遷編輯　(清)楊泰亨校刊　**和李西涯先生擬古樂府一卷**　(清)胡亦堂撰　(清)張瑤芝評　(清)楊泰亨校刊　清光緒十八年(1892)赭山楊氏經畬塾刻本　一冊

330000－1715－0001563　2775　集部/別集類/唐五代別集

昌黎先生集四十卷外集十卷遺文一卷　(唐)韓愈撰　(宋)廖瑩中校正　**朱子校昌黎先生集傳一卷**　(宋)朱熹撰　**韓集點勘四卷**　(清)陳景雲撰　清宣統三年(1911)上海掃葉山房石印本　八冊　缺十卷(昌黎先生集一至十)

330000－1715－0001564　2357　集部/別集類/清別集

書帶草堂文集二卷補遺一卷　(清)鄭溱蘭撰　(清)鄭喬遷編輯　(清)楊泰亨校刊　**和李西涯先生擬古樂府一卷**　(清)胡亦堂撰　(清)張瑤芝評　(清)楊泰亨校刊　清光緒十八年(1892)赭山楊氏經畬塾刻本　一冊

330000－1715－0001566　2287　集部/詞類/總集之屬

四明近體樂府十四卷　(清)袁鈞輯　**附一卷**　(清)周世緒撰　清嘉慶二十三年(1818)慈谿鄭喬遷藏密廬刻本　二冊　存十四卷(一至十四)

330000－1715－0001567　1560　史部/編年類/斷代之屬

紀元編三卷末一卷　(清)李兆洛撰　(清)六承如輯　清光緒十四年(1888)上海蜚英館石印本　三冊

330000－1715－0001568　2343、2344　集部/

唐宋八大家文鈔一百六十四卷 （明）茅坤編
清刻本 二冊 存二種

330000－1715－0001569 0977 史部/史
抄類

二十一史約編八卷首一卷 （清）鄭元慶撰
清刻本 六冊 存六卷（石、竹、木、匏、土、
革）

330000－1715－0001570 1561 史部/編年
類/斷代之屬

紀元編三卷末一卷 （清）李兆洛撰 （清）六
承如輯 清上海同文書局石印本 二冊 缺
一卷（下）

330000－1715－0001572 2349 集部/別集
類/清別集

楊椒山先生集四卷椒山先生自著年譜一卷
（明）楊繼盛撰 清康熙三十七年（1698）胡范
刻本 一冊 存三卷（一至二、年譜）

330000－1715－0001575 2409 集部/別集
類/清別集

重桂堂集十一卷 （清）許正綬撰 清光緒十
年（1884）許傳霙、許傳需刻本 公束題記
二冊

330000－1715－0001577 1986 子部/宗教
類/佛教之屬/諸宗

禪源諸詮集都序四卷 （唐）釋宗密撰 清光
緒十八年（1892）金陵刻經處刻本 一冊

330000－1715－0001580 1982 子部/宗教
類/佛教之屬/總錄

淨土古佚十書 金陵刻經處編 清光緒十九
年至民國三年（1893－1914）金陵刻經處刻本
一冊 存一種

330000－1715－0001582 1973 集部/別集
類/清別集

八指頭陀詩集十卷補遺一卷詞一卷雜文一卷
釋敬安撰 清光緒二十四年（1898）陳三
立、葉德輝刻遞修本 二冊

330000－1715－0001588 2416 集部/別集

類/清別集

大梅山館集五十五卷 （清）姚燮撰 清道光
十三年至咸豐六年（1833－1856）大梅山館刻
本 七冊 存一種

330000－1715－0001591 1974 子部/宗教
類/佛教之屬/諸宗

龍舒增廣淨土文十二卷 （宋）王日休撰 佛
說阿彌陀經一卷 （後秦）釋鳩摩羅什譯 清
同治八年（1869）刻本 二冊

330000－1715－0001595 1415 子部/藝術
類/書畫之屬/畫譜

中國名畫 美術研究會審定 上海有正書局
影印本 十二冊 存十二種

330000－1715－0001596 2531 集部/總集
類/酬唱之屬

耋齡酬唱一卷 （清）黃炳垕等撰 清光緒二
十年（1894）刻本 一冊

330000－1715－0001597 1954 子部/宗教
類/佛教之屬/經咒

華嚴念佛三昧論一卷 （清）彭紹升撰 清刻
本 一冊

330000－1715－0001602 1943 子部/宗教
類/佛教之屬/經

佛說觀無量壽佛經一卷 （南朝宋）畺良耶舍
譯 清刻本 一冊

330000－1715－0001603 1884 子部/宗教
類/佛教之屬/經疏

佛說阿彌陀經疏鈔擷一卷 （後秦）釋鳩摩羅
什譯 （明）釋袾宏疏鈔 （清）徐槐廷擷 清
光緒二年（1876）刻本 一冊

330000－1715－0001607 1916 子部/宗教
類/佛教之屬/經

佛說梵網經二卷 （後秦）釋鳩摩羅什譯 清
同治十三年（1874）刻本 一冊

330000－1715－0001609 1899 子部/宗教
類/佛教之屬/論疏

大乘起信論科注一卷 （南朝陳）釋真諦譯
（清）桂伯華注 清光緒三十年（1904）武昌盧

陵黃氏刻本　一冊

330000 – 1715 – 0001612　2438　集部/別集類/宋別集

誠齋詩集十六卷　（宋）楊萬里撰　清嘉慶七年(1802)吳江徐達源刻本　一冊　存三卷（一至三）

330000 – 1715 – 0001613　2403　集部/總集類/尺牘之屬

音註小倉山房尺牘八卷　（清）袁枚撰　（清）胡光斗箋釋　清宣統三年(1911)上海掃葉山房石印本　二冊　存四卷(一至四)

330000 – 1715 – 0001615　2685　集部/別集類/清別集

雙瀑山房遺詩　清嘉慶刻本　一冊

330000 – 1715 – 0001616　2393　集部/別集類/清別集

定盦文集三卷續集四卷補編四卷餘集附小作一卷集補續錄一卷詩集二卷詩續集一卷別集二卷　（清）龔自珍撰　清光緒二十四年(1898)寶晉齋石印本　一冊

330000 – 1715 – 0001617　1458　子部/藝術類/篆刻之屬/印譜

西泠四家印譜　（清）□□輯　清光緒刻鈐印本　一冊　存一種

330000 – 1715 – 0001618　2608　集部/別集類/清別集

大俞山房集五種十二卷　（清）黃璋撰　清乾隆五十二年(1787)黃徵肅刻本　一冊　存二種

330000 – 1715 – 0001619　1946　子部/宗教類/佛教之屬/經疏

徑中徑又徑徵義三卷首一卷　（清）張師誠輯　（清）徐槐廷注　清光緒二十五年(1899)蘇城詠霓社刻本　一冊

330000 – 1715 – 0001620　1951　子部/宗教類/佛教之屬/經

楞伽阿跋多羅寶經四卷　（南朝宋）釋求那跋陀羅譯　清同治九年(1870)金陵刻經處刻本

二冊

330000 – 1715 – 0001625　1965　子部/宗教類/佛教之屬/諸宗

勸發菩提心文一卷　（清）釋實賢撰　清刻本　一冊

330000 – 1715 – 0001627　2389　類叢部/叢書類/自著之屬

哭盦叢書□□種　易順鼎撰　清光緒刻本　公束題記　四冊　存一種

330000 – 1715 – 0001628　1887　子部/宗教類/佛教之屬/經疏

大佛頂如來密因修證了義諸菩薩萬行首楞嚴經玄義二卷　（清）釋智旭撰　清刻本　一冊

330000 – 1715 – 0001629　1920　子部/宗教類/佛教之屬/諸宗

唯識問答一卷　劉玉子撰　清濟南佛經流通處刻本　一冊

330000 – 1715 – 0001632　2394　集部/別集類/清別集

聊齋先生文集二卷　（清）蒲松齡撰　清宣統元年(1909)上海國學扶輪社鉛印本　二冊

330000 – 1715 – 0001634　2396　集部/別集類/清別集

茗柯文初編一卷二編二卷三編一卷四編一卷　（清）張惠言撰　清光緒七年(1881)刻本　二冊

330000 – 1715 – 0001635　2391　集部/別集類

畏廬文集一卷　林紓撰　清宣統二年(1910)上海商務印書館鉛印本　一冊

330000 – 1715 – 0001636　2392　集部/別集類

漪香山館文集不分卷　吳曾祺撰　清宣統二年(1910)上海商務印書館鉛印本　一冊

330000 – 1715 – 0001637　2428　集部/別集類/清別集

誠成齋試律三卷　（清）勞銘之撰　清光緒十

六年（1890）刻本　二冊

330000－1715－0001639　1957　子部/宗教類/佛教之屬/經

金剛般若波羅蜜經一卷佛說阿彌陀經一卷
（後秦）釋鳩摩羅什譯　般若波羅蜜多心經一
卷　（唐）釋玄奘譯　佛說無量壽經二卷
（三國魏）康僧鎧譯　佛說觀無量壽佛經一卷
（南朝宋）畺良耶舍譯　大方廣佛華嚴經入
不思議解脫境界普賢行願品一卷　（唐）般若
譯　求度室鉛印本　一冊

330000－1715－0001640　2415　集部/別集類/清別集

成山廬稿八卷　（清）唐炯撰　清刻本　二冊

330000－1715－0001647　2390　類叢部/叢書類/彙編之屬

醉靈軒叢書　清鉛印本　一冊　存二種

330000－1715－0001650　2482　集部/總集類/課藝之屬

詁經精舍課藝七集十二卷　（清）俞樾編　清
光緒二十一年（1895）刻本　二冊　存六卷
（一至六）

330000－1715－0001651　1971　子部/宗教類/佛教之屬/經

優婆塞戒經七卷　（印度）曇無讖譯　清刻本
二冊

330000－1715－0001654　2401　史部/政書類/通制之屬

文通十卷　（清）馬建忠撰　清末鉛印本　八
冊　缺二卷（一、四）

330000－1715－0001657　2402　集部/別集類

散原精舍詩二卷　陳三立撰　清石印本　公
束題記　二冊

330000－1715－0001658　2517　集部/總集類/尺牘之屬

重刻賴古堂尺牘新鈔三選結隣集十六卷
（清）周在浚　（清）周在梁　（清）周在延輯
清刻本　六冊

330000－1715－0001659　2411　集部/別集類/清別集

赤菫遺稿六卷　（清）葉元堦撰　（清）厲志編
清道光二十五年（1845）退一居刻本　二冊

330000－1715－0001660　2483　類叢部/叢書類/自著之屬

朱氏羣書六種　（清）朱駿聲撰　清光緒八年
（1882）臨嘯閣刻本　四冊

330000－1715－0001661　2014　子部/宗教類/佛教之屬/經

大方廣佛華嚴經入不思議解脫境界普賢行願
品一卷　（唐）釋般若譯　清武進劉翰清刻本
一冊

330000－1715－0001666　2387、2607　類叢部/叢書類/家集之屬

鍾秀盦詩叢　（清）李鏐輯　清光緒木活字印
本　二冊　存二種

330000－1715－0001668　2008　子部/儒家類/儒學之屬/禮教/家訓

治家格言繹義二卷首一卷　（清）戴翊清撰
清光緒十五年（1889）月補桐居刻本　一冊

330000－1715－0001669　2516　集部/總集類/酬唱之屬

清尊集十六卷　（清）汪遠孫輯　清道光十九
年（1839）錢塘汪氏振綺堂刻本　四冊

330000－1715－0001670　2410　集部/別集類/清別集

舍是集八卷　（清）王翼鳳撰　清道光二十一
年（1841）刻本　二冊

330000－1715－0001674　2382　子部/儒家類/儒學之屬/性理

餘山先生遺書十卷附餘山先生行狀一卷
（清）勞史撰　（清）桑調元　（清）沈廷芳編
清乾隆須友堂刻本　二冊

330000－1715－0001675　2016　集部/總集類/尺牘之屬

梨洲先生書札一卷　（清）黃宗羲撰　清抄本
一冊

330000 – 1715 – 0001679　1945　子部/宗教類/道教之屬/方法

道貫真源六種　（清）董德寧輯　清乾隆至嘉慶古越集陽樓刻本　二冊　存二種

330000 – 1715 – 0001682　2407　集部/別集類/清別集

蠹城吟草四卷　傅崇黻撰　清宣統元年（1909）鉛印本　一冊

330000 – 1715 – 0001684　1923　子部/宗教類/佛教之屬/諸宗

一乘決疑論一卷　（清）彭紹升撰　清同治八年（1869）如皋刻經處刻本　一冊

330000 – 1715 – 0001687　2414　集部/別集類/清別集

籜石齋詩集四十九卷　（清）錢載撰　清刻本　一冊　存九卷（一至九）

330000 – 1715 – 0001688　1921　子部/宗教類/佛教之屬/總錄

西方合論十卷　（明）袁宏道撰　清道光十六年（1836）刻本　二冊

330000 – 1715 – 0001693　2413　集部/別集類/清別集

白湖詩稿八卷文稿八卷　（清）葉燕撰　清嘉慶二十三年（1818）葉氏又次居刻本　一冊　存四卷（文稿五至八）

330000 – 1715 – 0001695　1939　子部/宗教類/佛教之屬/經

金光明最勝王經十卷　（唐）釋義淨譯　清同治十年（1871）常熟刻經處刻本　一冊　缺五卷（一至五）

330000 – 1715 – 0001696　1942　子部/宗教類/佛教之屬/經

大方廣圓覺修多羅了義經二卷　（唐）釋佛陀多羅譯　清同治八年（1869）金陵刻經處刻本　一冊

330000 – 1715 – 0001698　2472　集部/別集類/宋別集

陳同甫龍川文集不分卷　（宋）陳亮撰　明刻本　二冊

330000 – 1715 – 0001699　2893　子部/叢編

二十五子彙函　（清）育文書局編　清光緒三十年（1904）上海育文書局石印本　三十一冊

330000 – 1715 – 0001700　2412　集部/別集類/清別集

谿北詩彙四卷　（清）戎金銘撰　清光緒十二年（1886）古西草堂刻本　一冊　存二卷（一至二）

330000 – 1715 – 0001702　2656　集部/總集類/氏族之屬

黃氏三世詩三卷　（清）黃炳垕輯　清光緒十五年（1889）刻本　一冊

330000 – 1715 – 0001709　2706　集部/別集類/清別集

梅村詩集箋注十八卷　（清）吳偉業撰　（清）吳翌鳳箋注　清嘉慶十九年（1814）嚴榮滄浪吟榭刻本　八冊　存十四卷（一至十、十五至十八）

330000 – 1715 – 0001711　1893　子部/宗教類/佛教之屬/經

大佛頂如來密因修證了義諸菩薩萬行首楞嚴經十卷　（唐）釋般刺密帝譯　（唐）釋彌伽釋迦譯語　（唐）釋懷迪證譯　（唐）房融筆受　（明）王應乾參標　清刻本　三冊

330000 – 1715 – 0001713　0539　史部/詔令奏議類/詔令之屬

上諭條例不分卷（乾隆）　清江蘇布政使司衙門刻本　十八冊

330000 – 1715 – 0001714　2417　集部/別集類/明別集

蘆槎詩稿二卷　（明）沈潛撰　清光緒三年（1877）師齋刻本　二冊

330000 – 1715 – 0001716　1502　子部/宗教類/道教之屬/雜著

新鋟葛稚川內篇四卷外篇四卷　（晉）葛洪撰　（明）盧舜治評　清康熙刻本　一冊　存二卷（外篇一至二）

330000 – 1715 – 0001719　2716　類叢部/叢書類/彙編之屬

文選樓叢書三十三種　（清）阮亨編　清嘉慶至道光阮元刻道光二十二年（1842）阮亨彙印本　五冊　存一種

330000 – 1715 – 0001722　1457　子部/藝術類/篆刻之屬/印譜

西泠四家印譜附存四家　（清）丁丙輯　清末百石齋刻鈐藍印本　十二冊

330000 – 1715 – 0001723　1413　子部/藝術類/書畫之屬/畫譜

點石齋畫報初集十卷二集十二卷三集八卷四集六卷五集四卷六集四卷後附淞隱漫錄十二卷續錄五卷漫遊隨錄三卷風箏誤一卷閨媛叢錄一卷點石齋叢鈔一卷乘龍佳話一卷蔨園謎賸一卷　（清）尊聞閣主人輯　清末石印本　八冊　存二十一卷（初集七至十，二集二至五、七、九至十，淞隱漫錄八至十二，續錄一至五）

330000 – 1715 – 0001724　2673　類叢部/叢書類/彙編之屬

半厂叢書初編十種　（清）譚獻編　清同治至光緒仁和譚氏刻本　四冊　存一種

330000 – 1715 – 0001725　2705　集部/別集類/清別集

鮚埼亭集外編五十卷　（清）全祖望撰　（清）董秉純編　（清）蔣學鏞審訂　（清）汪繼培重編　清嘉慶十六年（1811）刻本　六冊

330000 – 1715 – 0001726　2692　集部/總集類/郡邑之屬

姚江逸詩十五卷　（清）黃宗羲輯　清康熙南雷懷謝堂刻五十七年（1718）倪繼宗重修本　四冊

330000 – 1715 – 0001727　2693　集部/總集類/郡邑之屬

姚江逸詩十五卷　（清）黃宗羲輯　清乾隆四十一年（1776）刻本　三冊　存十一卷（一至十一）

330000 – 1715 – 0001728　2709　集部/別集類/唐五代別集

重訂李義山詩集箋注三卷集外詩箋注一卷　（唐）李商隱撰　（清）朱鶴齡箋注　（清）程夢星刪補　附年譜一卷詩話一卷　（清）程夢星輯　清乾隆八年（1743）東柯草堂刻本　四冊

330000 – 1715 – 0001729　2654　集部/別集類/清別集

紫竹山房遺稿一卷　（清）朱承勳撰　清同治五年（1866）朱蘭皖城使院刻本　一冊

330000 – 1715 – 0001730　0475 – 2　史部/編年類/斷代之屬

御撰資治通鑑綱目三編二十卷　（清）張廷玉等撰　清刻本　六冊　缺五卷（一至五）

330000 – 1715 – 0001731　2408　集部/別集類/清別集

曇花一現草一卷　（清）楊文蘭撰　清宣統三年（1911）滌塵書屋鉛印本　燕生題記　一冊

330000 – 1715 – 0001736　2020　子部/藝術類/書畫之屬/畫譜

芥子園畫傳初集六卷二集九卷三集六卷　（清）王槩　（清）王蓍　（清）王臬輯　清末石印本　二冊　存九卷（二集一至三、三集一至六）

330000 – 1715 – 0001739　1313　子部/醫家類/外科之屬/外科方

外科症治全生集四卷　（清）王維德撰　清刻本　一冊　存二卷（三至四）

330000 – 1715 – 0001740　0919　史部/雜史類/斷代之屬

吳越春秋六卷　（漢）趙曄撰　（宋）徐天祜音注　清刻本　一冊　存五卷（一至五）

330000 – 1715 – 0001741　1314　子部/醫家類/外科之屬/通論

重訂外科正宗十二卷　（明）陳實功撰　（清）張鷟翼重訂　清刻本　二冊　存六卷（一至六）

330000 - 1715 - 0001743　1999　子部/宗教類/佛教之屬/諸宗

永明禪師念佛訣一卷禪淨平心論一卷獨讚淨土論一卷　（清）釋古崑摘錄　天如禪師淨土或問一卷　（元）釋惟則撰　清光緒十年(1884)杭州昭慶寺慧空經房刻本　一冊　存一卷(永明禪師念佛訣)

330000 - 1715 - 0001745　1109　史部/地理類/方志之屬/郡縣志

宋元四明六志　（清）徐時棟輯　清咸豐四年(1854)甬上徐氏煙嶼樓刻本　一冊　存一種

330000 - 1715 - 0001746　1938　子部/宗教類/佛教之屬/經疏

梵網戒本科注二卷　（後秦）釋鳩摩羅什譯（唐）釋法藏疏　清刻本　一冊

330000 - 1715 - 0001747　0844　史部/傳記類/總傳之屬/家乘

至聖先師世系考一卷　（清）陳敬基輯　清宣統元年(1909)石印本　一冊

330000 - 1715 - 0001748　1991　子部/儒家類/儒學之屬/性理

心經口氣增註一卷　清光緒二十四年(1898)刻本　一冊

330000 - 1715 - 0001749　1937　子部/宗教類/佛教之屬/諸宗

靈峰蕅益大師梵室偶談一卷　（清）釋智旭輯（清）釋成時評點節署　**徹悟禪師語錄二卷**（清）釋際醒說　（清）釋了亮集　清同治十年(1871)金陵刻本　一冊

330000 - 1715 - 0001750　2892　子部/叢編

二十二子(二十二子彙函)　（清）浙江書局編　清光緒元年至三年(1875－1877)浙江書局刻本　四十六冊　存十三種

330000 - 1715 - 0001752　2619　集部/總集類/氏族之屬

黃氏三世詩三卷　（清）黃炳垕輯　清光緒十五年(1889)刻本　一冊

330000 - 1715 - 0001754　2601　集部/別集類/宋別集

慈湖先生遺書抄六卷　（宋）楊簡撰　（明）楊世思輯　清光緒十三年(1887)刻本　二冊

330000 - 1715 - 0001756　2651　集部/別集類/清別集

南江文鈔十二卷詩鈔四卷南江札記四卷（清）邵晉涵撰　（清）胡敬輯　清嘉慶八年(1803)邵氏面水層軒刻道光十二年(1832)胡敬印本　八冊　存十二卷(文鈔一至十二)

330000 - 1715 - 0001757　2576　集部/詩文評類/文評之屬

文心雕龍十卷　（南朝梁）劉勰撰　（清）黃叔琳輯注　清末上海文瑞樓石印本　四冊

330000 - 1715 - 0001761　2891　經部/叢編

古經解彙函十六種附小學彙函十四種　（清）鍾謙鈞等輯　清刻本　二十冊　存小學彙函十二種

330000 - 1715 - 0001762　2536　集部/別集類/清別集

亭林詩集五卷文集六卷餘集一卷　（清）顧炎武撰　清上海掃葉山房石印本　二冊　缺六卷(詩集四至五、文集一至四)

330000 - 1715 - 0001767　2489　集部/總集類/選集之屬/通代

叠山謝先生文章軌範七卷　（宋）謝枋得輯　清道光刻本　三冊　缺二卷(四至五)

330000 - 1715 - 0001768　2618　集部/別集類/明別集

孫月峯先生全集十二卷　（明）孫鑛撰　清嘉慶十九年(1814)姚江孫氏靜遠軒刻本　三冊　存五卷(五、八至九、十一至十二)

330000 - 1715 - 0001769　2575　集部/總集類/課藝之屬

庚辰集五卷　（清）紀昀輯　清刻本　三冊　缺二卷(一至二)

330000 - 1715 - 0001770　2621　集部/別集類/清別集

繞竹山房續詩稿十四卷　（清）朱文治撰　清

咸豐五年(1855)刻本　四冊

330000－1715－0001773　2622　集部/別集類/清別集

繞竹山房詩稿十卷詩餘一卷 （清）朱文治撰
清嘉慶二十三年(1818)刻本　四冊

330000－1715－0001774　2899　子部/叢編

二十二子(二十二子彙函) （清）浙江書局編
清光緒元年至三年(1875－1877)浙江書局刻本　八十一冊　存二十一種

330000－1715－0001778　2603　集部/別集類/宋別集

燭湖集二十卷附編二卷 （宋）孫應時撰
（清）孫景洛等輯　清嘉慶八年(1803)孫氏靜遠軒刻本　六冊

330000－1715－0001782　2503　子部/藝術類/遊藝之屬/聯語

西湖楹聯四卷 （清）周慶祺輯　清光緒二十二年(1896)暨陽周慶祺知正軒刻本　四冊

330000－1715－0001783　2467　集部/別集類/宋別集

曾南豐文集四卷 （宋）曾鞏撰　清宣統二年(1910)上海會文堂書局石印本　二冊

330000－1715－0001784　2466　集部/別集類/宋別集

曾南豐文集四卷 （宋）曾鞏撰　清宣統二年(1910)上海會文堂書局石印本　二冊

330000－1715－0001787　2747　集部/總集類/郡邑之屬

漢口竹枝詞六卷 （清）葉調元撰　清道光三十年(1850)刻本　姜枝先題記　一冊

330000－1715－0001789　2491　集部/別集類/清別集

鏡水堂詩游戲草一卷楹聯一時文一卷 （清）王定洋撰　清刻本　一冊

330000－1715－0001791　2649　類叢部/叢書類/自著之屬

南江邵氏遺書十四種 （清）邵晉涵撰　清乾

隆至嘉慶邵氏家刻本　二冊　存一種

330000－1715－0001798　2509　集部/總集類/課藝之屬

浙江詩課九卷浙江考卷一卷浙士解經錄四卷
（清）阮元訂　清嘉慶再到亭刻本　一冊
存六卷(浙江詩課一至三、浙江考卷、浙士解經錄一至二)

330000－1715－0001799　2572　集部/總集類/彙編之屬

看詩隨錄一百三十卷目錄五卷 （清）高靜輯
清光緒十九年至二十二年(1893－1896)寧河高氏繼善堂刻本　一冊　存一卷(看詩隨錄一)

330000－1715－0001800　2598　類叢部/叢書類/彙編之屬

榆園叢刻十五種附一種 （清）許增編　清同治至光緒刻本　一冊　存一種

330000－1715－0001801　2590　集部/戲劇類/雜劇之屬

庶幾堂今樂二十二種 （清）余治撰　清刻本
七冊

330000－1715－0001803　2606　集部/別集類/宋別集

栲栳山人詩集三卷 （元）岑安卿撰　清乾隆四十七年(1782)羅山張氏寶墨齋刻本　一冊

330000－1715－0001805　2625　集部/別集類/清別集

麻園遺集一卷 （清）謝焜樞撰　**覗廬初稿二卷** （清）謝掄元撰　清宣統元年(1909)京師集成圖書公司鉛印本　一冊

330000－1715－0001806　2588　子部/藝術類/音樂之屬/樂譜

無弦琴譜二卷 （元）仇遠撰　清光緒十一年(1885)刻本　一冊

330000－1715－0001807　2593　集部/戲劇類/傳奇之屬

長生殿傳奇二卷五十折 （清）洪昇撰　清光緒十三年(1887)上海蜚英館石印本　一冊

寧波市奉化區文物保護管理所等六家收藏單位、舟山市圖書館等二家收藏單位古籍普查登記目錄

存一卷(一)

330000 – 1715 – 0001808　2605　集部/別集類/宋別集

栲栳山人詩集三卷　（元）岑安卿撰　清乾隆四十七年(1782)羅山張氏寶墨齋刻本　一冊

330000 – 1715 – 0001809　2643　集部/別集類/清別集

噉蔗全集文八卷詩八卷附喪禮詳考一卷周官隨筆一卷　（清）張羲年撰　（清）錢大昕（清）陳以綱評輯　清光緒十九年(1893)上海著易堂鉛印本　六冊

330000 – 1715 – 0001810　2602　集部/別集類/清別集

秘圖先生遺詩一卷　（清）楊珂撰　（清）張廷枚輯　清乾隆四十八年(1783)羅山張氏寶墨齋刻本　一冊

330000 – 1715 – 0001815　2620　集部/總集類/氏族之屬

黃氏三世詩三卷　（清）黃炳垕輯　清光緒十五年(1889)刻本　一冊

330000 – 1715 – 0001816　2521　集部/總集類/選集之屬/斷代

杭防詩存一卷　（清）完顏守典輯　清光緒十六年(1890)刻本　一冊

330000 – 1715 – 0001821　2527　集部/總集類/選集之屬/斷代

唐詩三百首六卷　（清）孫洙編　清光緒三年(1877)浙寧簡香齋刻本　二冊

330000 – 1715 – 0001822　2529 – 1　集部/總集類/酬唱之屬

放翁生日設祀詩二卷　（清）呂屐山等撰　清嘉慶八年(1803)借樹山房刻本　一冊

330000 – 1715 – 0001823　2529 – 2　集部/總集類/酬唱之屬

放翁生日設祀詩二卷　（清）呂屐山等撰　清嘉慶八年(1803)借樹山房刻本　一冊

330000 – 1715 – 0001824　2554　集部/總集類/選集之屬/斷代

唐律賦鈔一卷　（清）潘遵祁輯　清光緒十一年(1885)刻三松堂印本　二冊

330000 – 1715 – 0001825　2520　史部/傳記類/科舉錄之屬/總錄

兩浙校士錄不分卷　（清）潘衍桐輯　清光緒十七年(1891)刻本　四冊

330000 – 1715 – 0001826　2586　子部/藝術類/遊藝之屬/聯語

巧對錄八卷　（清）梁章鉅撰　清道光二十二年(1842)刻本　二冊

330000 – 1715 – 0001827　2560　集部/別集類/清別集

缾水齋詩集十七卷別集二卷詩話一卷附錄一卷　（清）舒位撰　清光緒十二年(1886)邊保樞刻十七年(1891)增修本　三冊　存七卷(詩集九至十、十三至十四,別集一至二,詩話)

330000 – 1715 – 0001828　2015　子部/宗教類/佛教之屬/總錄

顯密圓通成佛心要集二卷　（遼）釋道殿輯　清同治十一年(1872)金陵刻經處刻本　一冊

330000 – 1715 – 0001829　2553　集部/別集類/清別集

借樹山房排律詩鈔二卷　（清）陳慶槐撰　**排律詩鈔附刻三卷**　（清）陳福熙撰　清刻本　一冊

330000 – 1715 – 0001831　2556　集部/別集類/清別集

依雲樓詩鈔二卷　（清）譚為麟撰　清刻本　二冊

330000 – 1715 – 0001832　2532　集部/總集類/酬唱之屬

耋齡酬唱一卷　（清）黃炳垕等撰　清光緒二十年(1894)刻本　一冊

330000 – 1715 – 0001834　2526　集部/總集類/尺牘之屬

國朝名人書札二卷　吳曾祺輯　清宣統三年

（1911）上海商務印書館鉛印本　二冊

330000－1715－0001840　2600　集部/別集
類/清別集

犉飮亭集三十二卷　（清）祁寯藻撰　清刻本
一冊　存八卷（一至八）

330000－1715－0001841　1063　新學/報章

時務報不分卷坿書八種　（清）梁啟超等編
清鉛印本　六冊

330000－1715－0001843　2677　集部/別集
類/清別集

菊蔭詩鈔二卷　（清）高步瀛撰　清道光八年
（1828）木活字印本　一冊

330000－1715－0001844　2530　類叢部/叢
書類/自著之屬

留書種閣集九種　（清）黃炳垕撰　清同治六
年至光緒二十年（1867－1894）餘姚黃氏留書
種閣刻本　一冊　存一種

330000－1715－0001845　2723　集部/總集
類/課藝之屬

詁經精舍四集十六卷續選一卷　（清）俞樾編
清光緒五年（1879）刻本　五冊

330000－1715－0001847　2756　子部/雜著
類/雜說之屬

隱居通議三十一卷　（元）劉壎撰　（清）劉冠
寰輯　清嘉慶六年（1801）愛餘堂刻本　四冊

330000－1715－0001848　2696　集部/別
集類

補松廬詩錄六卷　吳慶坻撰　清宣統三年
（1911）湖南學務公所鉛印本　公束題記　一
冊　存三卷（一至三）

330000－1715－0001849　2721　集部/總集
類/課藝之屬

詁經精舍課藝六集十二卷　（清）俞樾編　清
光緒十一年（1885）刻本　四冊

330000－1715－0001851　2711　集部/總集
類/選集之屬/通代

駢體文鈔三十一卷　（清）李兆洛輯　清光緒

八年（1882）上海刻本　八冊

330000－1715－0001852　2722　集部/總集
類/課藝之屬

**詁經精舍三集經解二卷辭賦三卷戊辰己巳庚
午年官師課合刻六卷**　（清）俞樾編　清同治
六年至九年（1867－1870）刻本　五冊

330000－1715－0001853　2663　集部/總集
類/選集之屬/斷代

明文授讀六十二卷　（清）黃宗羲輯　清康熙
三十八年（1699）四明張錫琨味芹堂刻本　三
冊　存九卷（十八至二十、四十四至四十六、
六十至六十二）

330000－1715－0001854　2710　集部/別集
類/清別集

有正味齋駢體文箋注十六卷補注一卷　（清）
吳錫麒撰　（清）葉聯芬注　清道光二十年
（1840）慈谿葉氏刻本　八冊

330000－1715－0001855　2748　集部/別集
類/清別集

兩當軒集二十卷補遺二卷附錄四卷　（清）黃
景仁撰　**兩當軒集攷異二卷**　（清）黃志述撰
清光緒二年（1876）武進黃氏家塾刻本
六冊

330000－1715－0001856　2057　類叢部/叢
書類/彙編之屬

知不足齋叢書一百九十六種　（清）鮑廷博編
（清）鮑士恭續編　清乾隆三十七年至道光
三年（1772－1823）長塘鮑氏刻彙印本　二冊
存二種

330000－1715－0001857　2743　類叢部/叢
書類/自著之屬

龍莊遺書四種　（清）汪輝祖撰　清光緒江蘇
書局刻本　六冊　存四種

330000－1715－0001859　2737　集部/別集
類/清別集

城北草堂詩鈔四卷詩餘二卷詞餘一卷　（清）
顧夑撰　清光緒十四年（1888）刻本　二冊

330000－1715－0001860　2757、2758、2759、

2760、2761、2762、2763 集部/總集類/選集之屬/通代

唐宋大家全集錄十種（唐宋十大家全集錄）
（清）儲欣編 清康熙刻本 十七冊 存七種

330000－1715－0001861 2739 集部/別集類/清別集

曾文正公家書十卷附大事記四卷家訓二卷榮哀錄不分卷 （清）曾國藩撰 清光緒十三年（1887）上海鴻文書局鉛印本 八冊

330000－1715－0001863 2734 集部/別集類/清別集

曾文正公詩鈔四卷 （清）曾國藩撰 清光緒二年（1876）上海醉六堂刻本 二冊

330000－1715－0001864 2626 集部/別集類/清別集

二研齋遺稿四卷 （清）諸重光撰 清乾隆刻本 二冊

330000－1715－0001866 2736 集部/別集類/清別集

曾文正公文鈔四卷附刻一卷 （清）曾國藩撰 清同治十二年（1873）刻本 四冊

330000－1715－0001867 2725、2726 集部/別集類/清別集

躬恥齋文鈔二十卷文後編六卷詩鈔十四卷詩後編七卷 （清）宗稷辰撰 清咸豐元年（1851）、九年（1859）越峴山館刻本 八冊 存二十六卷（文鈔一至二十、文後編一至六）

330000－1715－0001868 2641 集部/別集類/明別集

先太史百一稿二卷 （明）史珂撰 （清）史可書編 清抄本 一冊

330000－1715－0001869 2659 集部/別集類/清別集

寄龕文存四卷 （清）孫德祖撰 清光緒十年（1884）鄞縣翰墨林刻本 三冊 缺一卷（四）

330000－1715－0001870 2533 集部/總集類/選集之屬/斷代

姚姬傳先生唐人五言絕句詩鈔一卷七言絕句
詩鈔一卷 （清）姚鼐編 清光緒十七年（1891）朱寬石印本 一冊

330000－1715－0001872 3195 類叢部/叢書類/彙編之屬

武英殿聚珍版書一百三十八種 清乾隆浙江刻本 四冊 存一種

330000－1715－0001873 2733 集部/別集類/清別集

麻園遺集一卷 （清）謝烺樞撰 **覬廬初稿二卷** （清）謝掄元撰 清宣統元年（1909）京師集成圖書公司鉛印本 一冊

330000－1715－0001874 2753 集部/總集類/氏族之屬

合諸名家評註三蘇文選十八卷 （宋）蘇洵（宋）蘇軾（宋）蘇轍撰 （明）楊慎輯（明）李維楨評注 清康熙二十七年（1688）製錦堂刻本 十冊

330000－1715－0001875 2674 集部/別集類/清別集

禮部遺集九卷 （清）黃富民撰 清同治九年（1870）黃安謹刻本 一冊 存一卷（過庭小稿）

330000－1715－0001876 2740 集部/別集類/清別集

後甲集二卷 （清）章大來撰 清刻本 一冊

330000－1715－0001878 2675、2691 類叢部/叢書類/彙編之屬

黃勤敏公全集九種附一種 （清）黃鉞撰 清咸豐至同治刻本 二冊 存三種

330000－1715－0001879 2676 集部/別集類/明別集

餘姚黃忠端公集六卷 （明）黃尊素撰 清光緒十三年（1887）姚江黃氏正氣堂刻本 一冊 存三卷（一至三）

330000－1715－0001880 2665 史部/傳記類/總傳之屬/家乘

姚江孫氏傳文二卷 （清）陳于時輯 清嘉慶五年（1800）靜遠軒刻本 一冊

330000－1715－0001881　2679　集部/別集
類/清別集

誰園詩鈔六卷　（清）阮焱撰　清光緒三年
(1877)刻十九年(1893)增修本　二冊

330000－1715－0001882　2672　集部/詞類/
別集之屬

寄龕詞四卷　（清）孫德祖撰　清同治九年
(1870)山陰許純模刻本　一冊

330000－1715－0001883　2660　類叢部/叢
書類/自著之屬

儆居遺書十一種　（清）黃式三撰　清同治至
光緒刻本　四冊　存一種

330000－1715－0001884　2690　集部/總集
類/彙編之屬

二黃合稿二卷　（清）黃崇惺　（清）黃家鼎撰
（清）廷愷編　清光緒八年(1882)刻本
一冊

330000－1715－0001885　2695　集部/總集
類/郡邑之屬

國朝姚江詩存十二卷　（清）張廷枚輯　清乾
隆三十八年(1773)張氏寶墨齋刻本　四冊

330000－1715－0001886　2707　集部/詞類/
別集之屬

新樂府詞一卷　（清）萬斯同撰　清同治八年
(1869)刻本　一冊

330000－1715－0001887　2599　集部/詞類/
別集之屬

映盦詞一卷　夏敬觀撰　清光緒三十三年
(1907)新建夏氏寫刻本　玄父題跋　一冊

330000－1715－0001889　2927　類叢部/叢
書類/自著之屬

春在堂全書三十六種　（清）俞樾撰　清同治
至光緒刻本　八十五冊　存二十二種

330000－1715－0001890　2683　集部/別集
類/清別集

繞竹山房詩稿十卷詩餘一卷　（清）朱文治撰
清嘉慶二十三年(1818)刻本　二冊　缺六
卷(一至三、七至九)

330000－1715－0001891　2735　集部/別集
類/清別集

兩當軒詩鈔十四卷悔存詞鈔二卷　（清）黃景
仁撰　清兩儀堂刻本　四冊

330000－1715－0001895　0540　史部/詔令
奏議類/詔令之屬

嘉慶條例不分卷　清刻本　三十三冊

330000－1715－0001896　2573　新學/報章

時務報不分卷坿書八種　（清）梁啟超等編
清鉛印本　一冊　存時務報

330000－1715－0001897　1810　類叢部/叢
書類/彙編之屬

湘學報類編西政叢鈔　（清）養春堂主人編
清末石印本　七冊　存五種

330000－1715－0001898　2569　子部/藝術
類/遊藝之屬/聯語

楹聯新句不分卷　（清）俞樾撰　清光緒九年
(1883)二石軒刻本　一冊

330000－1715－0001899　2744　集部/別集
類/清別集

望雲館文稿一卷詩稿一卷　（清）章鋆撰　清
光緒十四年(1888)刻本　一冊

330000－1715－0001903　2877　集部/別集
類/清別集

全謝山文鈔十六卷　（清）全祖望撰　清宣統
二年(1910)上海國學扶輪社鉛印本　八冊

330000－1715－0001904　2865　類叢部/叢
書類/自著之屬

劉蕺山先生集十種　（明）劉宗周撰　清乾隆
十七年(1752)證人堂刻本　八冊

330000－1715－0001905　2513　新學/理學
類/理學

心理建設論七章附錄三章　邵元冲撰　清末
鉛印本　一冊

330000－1715－0001906　2500　集部/總集
類/氏族之屬

黃氏擷殘集七卷附六卷　（清）黃宗羲輯　清

嘉慶八年(1803)資本堂刻本　一冊　存七卷
(一至七)

330000－1715－0001907　2657　集部/別集
類/清別集

秘圖先生遺詩一卷　(清)楊珂撰　(清)張廷
枚輯　清乾隆四十八年(1783)羅山張氏寶墨
齋刻本　一冊

330000－1715－0001908　2687　集部/別集
類/清別集

一硯樓詩草一卷　(清)鄔同壽撰　清宣統元
年(1909)刻本　一冊

330000－1715－0001909　2792、2793、2794、
2795、2796、2798　集部/別集類/清別集

十發居士集七十卷　(清)程頌萬撰　清光緒
二十一年至民國十七年(1895－1928)寧鄉程
氏鹿川閣刻本　十八冊　缺十卷(定巢詞一
至十)

330000－1715－0001910　1366　子部/天文
曆算類/曆法之屬

測量淺說一卷新法曆書二卷　清刻本　一冊

330000－1715－0001912　2664　集部/總集
類/酬唱之屬

息園菊花倡和詩一卷　(清)葉梂輯　清嘉慶
四年(1799)刻本　一冊

330000－1715－0001913　2773　集部/總集
類/尺牘之屬

賴古堂尺牘新鈔二選藏弆集十六卷　(清)周
在浚　(清)周在梁　(清)周在延輯　清道光
十九年(1839)刻本　六冊

330000－1715－0001914　2784　集部/別集
類/明別集

陳臥子先生安雅堂稿十五卷　(明)陳子龍撰
清宣統二年(1910)上海時中書局鉛印本
六冊

330000－1715－0001915　2797　集部/別集
類/清別集

曼殊沙館初集五卷　(清)程士經撰　清光緒
三十三年(1907)刻民國十五年(1926)鹿川閣
補刻本　一冊

330000－1715－0001916　2781　集部/別集
類/清別集

**漁洋山人精華錄箋注十二卷補一卷附年譜一
卷**　(清)王士禎撰　(清)金榮箋注　(清)
徐準纂輯　清康熙五十一年(1712)鳳翽堂刻
本　五冊　缺一卷(箋注一)

330000－1715－0001917　2888　集部/總集
類/課藝之屬

試帖連珠六卷　(清)楊菘圃編　清咸豐四年
(1854)揮毫吟館刻本　十一冊

330000－1715－0001919　2866　類叢部/叢
書類/自著之屬

經韻樓叢書(段氏叢書)十一種　(清)段玉裁
撰　清乾隆至道光金壇段氏刻彙印本　四冊
存一種

330000－1715－0001920　2790　集部/總集
類/選集之屬/通代

文選六十卷　(南朝梁)蕭統輯　(唐)李善注
(清)何焯評　清羊城翰墨園刻朱墨套印本
四冊　存十六卷(四十五至六十)

330000－1715－0001922　2787　新學/商務/
商學

原富八卷　(英國)斯密亞丹撰　嚴復譯　清
光緒二十七年(1901)上海南洋公學譯書院鉛
印本　三冊　存四卷(一至四)

330000－1715－0001923　2791　集部/總集
類/彙編之屬

清朝文錄四卷　清刻本　三冊　存三卷(二
至四)

330000－1715－0001924　2881　集部/別集
類/明別集

王陽明先生全集十六卷　(明)王守仁撰
(清)王貽樂編　(清)陶澍批評　清道光六年
(1826)刻本　五冊　存五卷(一、五、七、十一
至十二)

330000－1715－0001925　2770　類叢部/叢
書類/郡邑之屬

金華叢書七十種　（清）胡鳳丹編　清同治七年至光緒八年（1868－1882）永康胡氏退補齋刻本　二冊　存一種

330000－1715－0001926　2764　集部/別集類/清別集

船山詩草二十卷　（清）張問陶撰　**補遺六卷**（清）陳葆森編　清同治十三年（1874）味經堂刻本　二冊　存六卷（補遺一至六）

330000－1715－0001928　2869　集部/總集類/彙編之屬

宋詩鈔初集八十四種　（清）呂留良　（清）吳之振　（清）吳爾堯編　清康熙十年（1671）洲錢吳氏鑑古堂刻本　四冊　存三十四種

330000－1715－0001931　2766　集部/別集類/宋別集

劍南詩鈔六卷　（宋）陸游撰　（清）楊大鶴選　清康熙二十四年（1685）毗陵楊氏刻本　一冊　存一卷（五言律）

330000－1715－0001933　2668　集部/別集類/清別集

古香書舍詩鈔一卷　清抄本　一冊

330000－1715－0001934　2767　集部/總集類/選集之屬/斷代

明詩別裁集十二卷　（清）沈德潛　（清）周準輯　清乾隆四年（1739）刻本　一冊　存三卷（一至三）

330000－1715－0001935　2879　集部/別集類/清別集

曝書亭集八十卷附錄一卷　（清）朱彝尊撰　笛漁小稾十卷　（清）朱昆田撰　清康熙五十三年（1714）朱稻孫刻雍正印本　一冊　存五卷（五十七至六十一）

330000－1715－0001938　2769　集部/總集類/郡邑之屬

谿上詩鈔五卷　（清）林照編次　（清）馮增緝評　清刻本　一冊

330000－1715－0001940　2765　類叢部/叢書類/彙編之屬

函海一百五十二種　（清）李調元編　清乾隆綿州李氏萬卷樓刻嘉慶十四年（1809）李鼎元、道光五年（1825）李朝夔重校補刻本　一冊　存一種

330000－1715－0001941　2778　集部/別集類/漢魏六朝別集

陶淵明文集十卷　（晉）陶潛撰　清抄本　一冊　存五卷（六至十）

330000－1715－0001942　2776　新學/理學/理學

天演論二卷　（英國）赫胥黎撰　嚴復譯　清光緒二十二年（1896）鉛印本　二冊

330000－1715－0001943　2885　集部/別集類/清別集

刪後詩存十卷文集十六卷　（清）陳梓撰　清嘉慶二十年（1815）胡氏敬義堂刻本　五冊　存二十二卷（刪後詩存三、六至十，文集一至十六）

330000－1715－0001946　2882　集部/總集類/選集之屬/通代

古唐詩合解古詩四卷唐詩十二卷　（清）王堯衢注　清刻本　一冊　存二卷（唐詩九至十）

330000－1715－0001948　2694　集部/別集類/清別集

棄餘詩草六卷　（清）張廷枚撰　清乾隆六十年（1795）寶墨齋刻本　一冊　存三卷（丁、戊、己）

330000－1715－0001954　2768　集部/別集類/明別集

陽明先生集要四種　（明）王守仁撰　（明）施邦曜編　清乾隆五十二年（1787）朱培行濟美堂刻本　三冊　存三種

330000－1715－0001955　2669　集部/總集類/彙編之屬

詩鈔不分卷　清抄本　二冊

330000－1715－0001956　2908　經部/小學類/文字之屬/說文

雷刻四種　（清）雷浚輯　清光緒十年（1884）

寧波市奉化區文物保護管理所等六家收藏單位、舟山市圖書館等二二家收藏單位古籍普查登記目錄

吳縣雷氏刻本　六冊　存三種

330000－1715－0001958　2911　類叢部/叢書類/彙編之屬

硯雲甲編八種乙編八種　（清）金忠淳編　清乾隆四十年至四十三年(1775－1778)金氏硯雲書屋刻本　六冊　存十種

330000－1715－0001960　2915　類叢部/叢書類/自著之屬

儆季雜著五種附二種　（清）黃以周撰　清光緒二十年至二十一年(1894－1895)江蘇南菁講舍刻本　十冊

330000－1715－0001961　2916　經部/叢編

鄭氏佚書二十三種　（漢）鄭玄撰　（清）袁鈞輯　清光緒十四年(1888)浙江書局刻本　十冊

330000－1715－0001963　2904　類叢部/叢書類/彙編之屬

式訓堂叢書四十一種　（清）章壽康編　清刻本　十六冊　存十三種

330000－1715－0001967　2912　類叢部/叢書類/彙編之屬

說鈴前集三十七種後集十六種　（清）吳震方編　清刻本　一冊　存三種

330000－1715－0001968　2913　類叢部/叢書類/自著之屬

隨園全集四十種　（清）袁枚撰　上海校經山房成記書局石印本　五十七冊　缺十五卷（小倉山房文集九至十六、小倉山房詩集三十至三十二、隨園詩話九至十二）

330000－1715－0001972　2910　類叢部/叢書類/彙編之屬

仰視千七百二十九鶴齋叢書四十種　（清）趙之謙編　清光緒會稽趙氏刻本　十二冊　存十二種

330000－1715－0001974　2921　類叢部/叢書類/家集之屬

李氏五種　（清）李兆洛撰　清光緒二十四年(1898)上海掃葉山房石印本　八冊

330000－1715－0001975　2680　集部/別集類/清別集

漱石詩鈔□□卷　（清）宋廷桓撰　清刻本　一冊　存六卷(二至七)

330000－1715－0001977　2678　集部/別集類/清別集

佚老巢詩鈔二卷　清抄本　一冊　存一卷（一）

330000－1715－0001979　1358－1　子部/天文曆算類/算書之屬

算學十書　（清）賈步緯輯　清同治至光緒江南機器製造總局刻本暨鉛印本　六冊　存四種

330000－1715－0001984　2644　集部/別集類/清別集

睫巢集不分卷　（清）李鍇撰　清抄本　一冊

330000－1715－0001985　2928　類叢部/叢書類/自著之屬

春在堂全書三十六種　（清）俞樾撰　清同治至光緒刻本　五十八冊　存十六種

330000－1715－0001986　2872　集部/別集類/清別集

二百八十峰詩屋近體未定稿不分卷　（清）朱衍緒撰　清同治七年(1868)稿本　一冊

330000－1715－0001987　2880　類叢部/叢書類/彙編之屬

增訂漢魏叢書八十六種　（清）王謨編　清刻本　一冊　存四種

330000－1715－0001989　1926　子部/宗教類/佛教之屬/經

佛說無量壽經二卷　（三國魏）釋康僧鎧譯　清同治十三年(1874)金陵刻經處刻本　一冊

330000－1715－0001991　2873　集部/總集類/郡邑之屬

杭城辛酉紀事詩一卷　（清）東郭子　（清）蒿目生撰　清抄本　一冊

330000－1715－0001992　2932、2933　類叢

受經堂叢書□□種　張選青輯　清漢州張氏受經堂刻本　二冊　存一種

330000－1715－0001994　0899、0901、0935　新學/學校

京師大學堂講義初編七種二編七種　（清）京師大學堂輯　清末鉛印本　五冊　存九種

330000－1715－0001995　0898、0900、0934、1794　新學/學校

京師大學堂講義初編七種二編七種　（清）京師大學堂輯　清末鉛印本　六冊　存十一種

330000－1715－0001996　2929　類叢部/叢書類/彙編之屬

知不足齋叢書一百九十六種　（清）鮑廷博編　（清）鮑士恭續編　清乾隆三十七年至道光三年(1772－1823)長塘鮑氏刻彙印本　二百四十冊

330000－1715－0001997　1358－2　子部/天文曆算類/算書之屬

算學十書　（清）賈步緯輯　清同治至光緒江南機器製造總局刻本暨鉛印本　一冊　存一種

330000－1715－0001998　2133　集部/別集類/明別集

楊忠愍公全集四卷　（明）楊繼盛撰　清道光刻本　四冊

330000－1715－0001999　2900　類叢部/叢書類/彙編之屬

玉函山房輯佚書六百二十二種附一種　（清）馬國翰輯　清光緒九年(1883)長沙嫏嬛館刻本　一百冊　存五百九十二種

330000－1715－0002000　2946　經部/易類/傳說之屬

周易通義二十二卷首一卷　（清）蘇秉國撰　清嘉慶二十一年(1816)蘇秉國蘇州刻本　六冊

330000－1715－0002001　3177　史部/目錄類/總錄之屬/官修

欽定四庫全書簡明目錄二十卷　（清）紀昀等撰　清刻本　十二冊

330000－1715－0002002　2947　子部/術數類/占卜之屬

河洛精蘊九卷　（清）江永撰　清乾隆三十九年(1774)旌德黃聖謙蘊真書屋刻本　四冊

330000－1715－0002003　2942　經部/易類/傳說之屬

周易義傳合訂十五卷首一卷　（宋）朱熹（宋）程頤撰　（清）張道緒音釋　清嘉慶十六年(1811)人境軒刻本　八冊

330000－1715－0002004　3174　史部/目錄類/書志之屬/提要

昭德先生郡齋讀書志四卷後志二卷　（宋）晁公武撰　附志一卷考異一卷　（宋）趙希弁撰　清刻本　六冊　缺一卷(考異)

330000－1715－0002005　3249　類叢部/叢書類/彙編之屬

武英殿聚珍版書一百三十八種　清刻本　一冊　存一種

330000－1715－0002006　1877　子部/宗教類/佛教之屬/經

金剛般若波羅蜜經一卷附般若波羅蜜多心經一卷　（後秦）釋鳩摩羅什譯　清許廣記刻本　一冊

330000－1715－0002007　2802　史部/傳記類/科舉錄之屬/歷科鄉試錄

崇禎十五年壬午科浙江鄉試硃卷不分卷　（明）張煌言撰　清刻本　一冊

330000－1715－0002008　1876　子部/宗教類/佛教之屬/經疏

御製金剛般若波羅密經集註一卷　（後秦）釋鳩摩羅什譯　清鉛印本　一冊

330000－1715－0002009　1875　子部/宗教類/佛教之屬/經疏

御製金剛般若波羅密經集註一卷　（後秦）釋鳩摩羅什譯　清鉛印本　一冊

330000 – 1715 – 0002010　2883　集部/總集類/尺牘之屬

後園居士親朋函牘一卷　（清）姜枝先輯　稿本　一冊

330000 – 1715 – 0002012　1364　子部/天文曆算類/算書之屬

新測紫垣圖象赤道方平儀象一卷　（清）黃炳垕繪　清同治八年(1869)石印本　五張

330000 – 1715 – 0002013　2684　集部/別集類/清別集

剡湖竹枝詞一卷　（清）陸達履撰　清嘉慶九年(1804)雙瀑山房刻本　一冊

330000 – 1715 – 0002014　1111　新學/報章

申報不分卷（第一萬四百六十三號至第一萬五百二十一號）　姜枝先輯　清光緒二十八年(1902)鉛印本　一冊

330000 – 1715 – 0002015　2934、2953、2963、2989　經部/叢編

御纂七經　（清）李光地等撰　清康熙至乾隆內府刻本　六十八冊　存四種

330000 – 1715 – 0002016　2945　經部/易類/傳說之屬

周易本義闡旨四卷　（清）胡方撰　清嘉慶十七年(1812)盧氏蘭桂堂刻本　八冊

330000 – 1715 – 0002017　2935　經部/叢編

御纂七經　（清）李光地等撰　清康熙至乾隆刻本　十二冊　存一種

330000 – 1715 – 0002018　2948　經部/書類/傳說之屬

尚書大傳四卷　（漢）鄭玄注　**尚書大傳補遺一卷**　（清）盧見曾撰　**尚書大傳考異一卷續補遺一卷**　（清）盧文弨撰　清刻本　一冊

330000 – 1715 – 0002019　2936、2938、2940、2941、2950、2951、2962、2970、2992、2993、3082、3088、3111、3175、3179、3225、3227、3229、3247、3248、3266、3267、3268、3269、3270、3325、3348、3357、3360、3362、3363、3531、3534、3547、3548　類叢部/叢書類/彙編

之屬

武英殿聚珍版書一百三十八種　清乾隆刻本　一百六冊　存三十五種

330000 – 1715 – 0002020　2939　經部/易類/傳說之屬

易憲四卷卦歌一卷圖說一卷　（明）沈泓撰　清乾隆八年至九年(1743 – 1744)補堂刻本　二冊

330000 – 1715 – 0002021　2943　經部/叢編

省吾堂四種二十五卷　（清）蔣光弼輯　清常熟蔣氏省吾堂刻本　二冊　存一種

330000 – 1715 – 0002022　2944　經部/易類/傳說之屬

周易虞氏義九卷虞氏消息二卷　（清）張惠言撰　清嘉慶八年(1803)揚州阮氏琅環仙館刻本　二冊

330000 – 1715 – 0002023　2994　經部/春秋總義類/傳說之屬

御纂春秋直解十二卷　（清）傅恒等撰　清乾隆刻本　八冊

330000 – 1715 – 0002024　2967　經部/周禮類/傳說之屬

宋葉文康公禮經會元節本四卷　（宋）葉時撰　（清）陸隴其點定　（清）許元淮刪節並評　清乾隆五十年(1785)桐柏山房刻本　四冊

330000 – 1715 – 0002025　2957　經部/叢編

五經旁訓　（清）徐立綱撰　清乾隆四十七年(1782)吳郡張氏匠門書屋刻本　十四冊

330000 – 1715 – 0002026　2955、2956　經部/叢編

味經齋遺書十二種　（清）莊存與撰　清道光莊綏甲寶研堂刻本　二冊　存二種

330000 – 1715 – 0002028　2954　經部/書類/傳說之屬

愛日堂尚書註解纂要六卷　（清）吳蓮輯　清愛日堂刻本　四冊

330000 – 1715 – 0002029　2964、2965、2966

經部/叢編

御纂七經 （清）李光地等撰 清紫陽書院刻本 一百二十冊 存三種

330000－1715－0002030 3087、3118、3190、3498 集部/總集類/選集之屬/通代

古文正集十卷二編不分卷 （明）葛鼐 （明）葛鼎輯 明崇禎刻本 九冊 存九卷（正集一至六、八至十）

330000－1715－0002031 2952 經部/禮記類/分篇之屬

檀弓原二卷 （明）姚應仁輯 明天啟刻本 二冊

330000－1715－0002032 2958、2959 類叢部/叢書類/彙編之屬

廣漢魏叢書九十六種 （明）何允中編 清嘉慶刻本 三冊 存三種

330000－1715－0002033 2973、2974 經部/三禮總義類/通禮雜禮之屬

五禮通考二百六十二卷首四卷總目二卷 （清）秦蕙田撰 **讀禮通考一百二十卷** （清）徐乾學撰 清乾隆金匱秦蕙田味經窩刻本 一百二十冊

330000－1715－0002034 3054 類叢部/叢書類/自著之屬

清芬樓（釣臺遺書）六種 （清）任啟運撰 清乾隆三十八年至嘉慶二十二年(1773－1817)刻本 二十冊 存三種

330000－1715－0002035 2968 經部/三禮總義類/通禮雜禮之屬

禮書一百五十卷 （宋）陳祥道撰 清嘉慶九年(1804)福清韶溪郭龍光校經堂刻本 二十冊

330000－1715－0002036 2969 經部/三禮總義類/通禮雜禮之屬

文公家禮儀節八卷 （明）丘濬撰 明刻本 三冊

330000－1715－0002037 2949、3176 類叢部/叢書類/彙編之屬

武英殿聚珍版書一百三十八種 清乾隆刻本 八十六冊 存二種

330000－1715－0002038 2976、2977、2980、2981、2982、2983、2990、3210、3408、3558 類叢部/叢書類/自著之屬

抗希堂十六種 （清）方苞撰 清康熙至嘉慶刻彙印本 五十四冊 存十五種

330000－1715－0002040 2985 經部/三禮總義類/名物制度之屬

弁服釋例八卷表一卷 （清）任大椿撰 清嘉慶二年(1797)望賢家塾刻本 四冊

330000－1715－0002041 3334 類叢部/叢書類/彙編之屬

武英殿聚珍版書一百三十八種 清乾隆刻本 六冊 存一種

330000－1715－0002042 2987 經部/群經總義類/圖說之屬

羣經宮室圖二卷 （清）焦循撰 清乾隆揚州焦循半九書塾刻本 二冊

330000－1715－0002043 3333、3335、3347、3349、3350、3351 類叢部/叢書類/彙編之屬

武英殿聚珍版書一百三十八種 清乾隆刻本 二十九冊 存七種

330000－1715－0002044 3187、3188、3520 類叢部/叢書類/彙編之屬

增訂漢魏叢書八十六種 （清）王謨編 清乾隆五十六年(1791)金谿王氏刻本 四冊 存五種

330000－1715－0002045 3005 經部/春秋總義類/傳說之屬

春秋題旨輯要二卷 （明）王錫爵撰 （明）王遵宸增輯 清乾隆五十五年(1790)刻本 一冊

330000－1715－0002046 3338、3352、3355、3356 類叢部/叢書類/彙編之屬

武英殿聚珍版書一百三十八種 清乾隆刻本 十九冊 存四種

330000 – 1715 – 0002047　3000　　經部/春秋
總義類/傳說之屬

春秋通論四卷　（清）方苞撰　清刻本　二冊

330000 – 1715 – 0002048　3556　　集部/別集
類/清別集

十誦齋集六卷　（清）周天度撰　清乾隆刻本
　一冊　存三卷(詩三至四、雜文)

330000 – 1715 – 0002049　2978、2979、2986、
2995、2996、2997、3539　類叢部/叢書類/自著
之屬

抗希堂十六種　（清）方苞撰　清康熙至嘉慶
刻彙印本　二十七冊　存八種

330000 – 1715 – 0002050　2975　　經部/三禮
總義類/通論之屬

三禮述註三種七十一卷　（清）李光坡撰　清
乾隆八年至三十二年(1743 – 1767)清白堂刻
本　三十二冊

330000 – 1715 – 0002051　3090　　史部/紀傳
類/正史之屬

舊五代史一百五十卷目錄二卷　（宋）薛居正
等撰　清嘉慶元年(1796)掃葉山房刻本　十
二冊

330000 – 1715 – 0002052　2937　　類叢部/叢
書類/彙編之屬

武英殿聚珍版書一百三十八種　清刻本　一
冊　存一種

330000 – 1715 – 0002053　3532　　集部/詩文
評類/詩評之屬

柳亭詩話三十卷　（清）宋長白纂　清康熙天
茁園刻本　六冊

330000 – 1715 – 0002055　2991　　經部/春秋
總義類/傳說之屬

**春秋胡傳三十卷提要一卷綱領一卷列國東坡
圖說一卷諸國興廢說一卷**　（宋）胡安國撰
(宋）林堯叟音註　清康熙四十一年(1702)敬
業堂刻本　六冊

330000 – 1715 – 0002056　3173　　類叢部/叢
書類/彙編之屬

武英殿聚珍版書一百三十八種　清江蘇刻本
　十一冊　存一種

330000 – 1715 – 0002057　2998　　經部/春秋
左傳類/傳說之屬

春秋經傳集解三十卷　（晉）杜預撰　（唐）陸
德明音義　**春秋年表一卷附考證春秋名號歸
一圖二卷附考證**　（五代）馮繼先撰　清刻本
　五冊　存十七卷(一至十六、年表)

330000 – 1715 – 0002058　3180　　史部/史評
類/史論之屬

東萊先生音註唐鑑二十四卷　（宋）范祖禹撰
　（宋）呂祖謙注　清刻本　四冊

330000 – 1715 – 0002059　3178　　史部/目錄
類/專錄之屬

經義考三百卷　（清）朱彝尊撰　**經義考總目二
卷**　（清）盧見曾編　清康熙秀水朱氏曝書亭刻
乾隆十九年至二十年(1754 – 1755)德州盧見曾
續刻乾隆四十二年(1777)汪汝瑮重印本(卷二百
八十六、二百九十九至三百原缺)　六十冊

330000 – 1715 – 0002060　3002　　經部/春秋
總義類/傳說之屬

春秋指掌三十卷前二卷附二卷　（清）儲欣
(清）蔣景祁輯　清康熙二十七年(1688)天黎
閣刻本　八冊

330000 – 1715 – 0002061　3361　　集部/總集
類/彙編之屬

唐宋八大家集選　（明）孫鑛　（明）茅坤
(明）鍾惺評　（清）盧元昌編　清順治十五年
(1658)金閶王遇升刻本　一冊　存一種

330000 – 1715 – 0002062　2999　　經部/春秋
總義類/傳說之屬

春秋正業經傳刪本十二卷　（清）金甌撰　清
康熙三十七年(1698)受中堂刻本　二冊

330000 – 1715 – 0002063　3011　　經部/群經
總義類/文字音義之屬

經典釋文三十卷　（唐）陸德明撰　清刻本
一冊　存二卷(七至八)

330000 – 1715 – 0002064　3025　　類叢部/叢

書類/自著之屬

陳一齋全集五種 （清）陳梓撰　清嘉慶二十
年至二十一年(1815-1816)胡氏敬義堂刻本
一冊　存一種

330000-1715-0002065　3010　經部/叢編

宋本十三經註疏併經典釋文校勘記　（清）阮
元撰　清刻本　三十六冊

330000-1715-0002066　3014　經部/群經
總義類/文字音義之屬

經籍籑詁一百六卷補遺一百六卷首一卷
（清）阮元撰　清刻本　二十八冊　存一百五
十卷(十六至四十三、六十至一百六，補遺十
六至四十三、六十至一百六)

330000-1715-0002067　3027　經部/四書
類/總義之屬/傳說

四書章句集註十九卷　（宋）朱熹撰　清徐氏
正脩堂刻本　六冊

330000-1715-0002068　3015　類叢部/類
書類/專類之屬

五經類編二十八卷　（清）周世樟撰　清乾隆
四十六年(1781)友益齋刻本　十六冊

330000-1715-0002069　3016　經部/叢編

倣宋相臺五經九十七卷附考證　清乾隆四十
八年(1783)武英殿刻本　四十冊

330000-1715-0002070　3008　經部/叢編

十三經古注二百九十卷　（明）葛鼐　（明）金
蟠校　明崇禎十二年(1639)金蟠刻清同治八
年(1869)浙江書局重修本　六十四冊

330000-1715-0002071　3023　經部/叢編

拜經堂叢書四十六卷　（清）臧琳　（清）臧庸
撰　清乾隆至嘉慶武進臧氏同述觀刻本　四
冊　存一種

330000-1715-0002072　3013　經部/讖緯
類/總義之屬

古微書三十六卷　（明）孫瑴輯　清嘉慶十七
年(1812)禹航陳世望對山問月樓刻本　六冊

330000-1715-0002073　3022　經部/群經

總義類/傳說之屬

古經解鈎沉三十卷　（清）余蕭客撰　清刻本
六冊

330000-1715-0002074　3041　子部/儒家
類/儒學之屬/性理

朱子語類五十二卷　（清）朱熹撰　清刻本
十冊

330000-1715-0002075　3033　經部/四書
類/總義之屬/傳說

日講四書解義二十六卷　（清）庫勒納等編
清康熙十六年(1677)刻本　十六冊

330000-1715-0002076　3032、3050-2、
3051-2　經部/四書類/總義之屬/傳說

增訂四書集註大全四十七卷附錄一卷　（明）
胡廣等輯　（清）汪份增訂　清康熙長洲汪氏
遜喜齋刻本　二十四冊

330000-1715-0002077　3037　經部/四書
類/總義之屬/傳說

四書朱子本義匯參四十三卷首四卷　（清）王
步青輯　清敦復堂刻本　二十冊　缺十三卷
(大學首、一至三，中庸首、一至六，論語七至
八)

330000-1715-0002078　3028　經部/四書
類/總義之屬/傳說

四書章句集註十九卷　（宋）朱熹撰　清嘉慶
十五年(1810)聚瀛堂刻本　六冊

330000-1715-0002079　3031、3050-1、
3051-1　經部/四書類/總義之屬/傳說

三魚堂四書大全四十六卷　（清）陸隴其輯
清康熙三十七年(1698)席永恂、王前席刻本
二十冊

330000-1715-0002080　3036　經部/四書
類/總義之屬/傳說

**四書釋地一卷續一卷又續二卷三續一卷附孟
子生卒年月考一卷**　（清）閻若璩撰　清嘉慶
二十一年(1816)梅陽海涵堂刻本　五冊

330000-1715-0002081　3029　經部/四書
類/總義之屬/傳說

四書章句集註二十六卷　（宋）朱熹撰　四書家塾讀本句讀一卷四書章句集註定本辨一卷　（清）吳英撰　四書章句附考四卷　（清）吳志忠輯　清嘉慶十六年(1811)璜川吳氏真意堂刻本　六冊

330000－1715－0002083　2528　集部/總集類/謠諺之屬

杭諺詩一卷　（清）邵懿辰輯　清光緒三十四年(1908)刻本　一冊

330000－1715－0002084　3034　經部/四書類/總義之屬/傳說

駁呂留良四書講義八卷　（清）朱軾　（清）吳襄撰　清雍正刻本　四冊

330000－1715－0002085　2878　集部/別集類/明別集

王文成公全書三十八卷　（明）王守仁撰　清光緒浙江書局刻本　章亦平題跋　二十四冊

330000－1715－0002086　3035－1　經部/四書類/總義之屬/傳說

四書釋地一卷續一卷又續二卷三續一卷附孟子生卒年月考一卷　（清）閻若璩撰　清乾隆五十二年(1787)丁傑刻本　三冊

330000－1715－0002087　3017　類叢部/叢書類/彙編之屬

貸園叢書初集十二種四十九卷　（清）周永年編　清乾隆五十四年(1789)歷城周氏竹西書屋重編印益都李文藻等刻本　七冊　存二種

330000－1715－0002088　3007　經部/叢編

十三經註疏三百三十三卷　（明）□□輯　明崇禎毛氏汲古閣刻清乾隆四十年(1775)虞山席世宣補刻本　一百冊　缺十卷(周易兼義三至九、周易略例一、尚書註疏一至二)

330000－1715－0002089　3035－2　經部/四書類/總義之屬/傳說

四書釋地一卷續一卷又續二卷三續一卷附孟子生卒年月考一卷　（清）閻若璩撰　清刻本　一冊　存二卷(四書釋地、續)

330000－1715－0002090　3018　經部/叢編

九經補注　（清）姜兆錫撰　清雍正至乾隆寅清樓刻本　二十六冊　存五種

330000－1715－0002091　3038　經部/四書類/總義之屬/傳說

四書質疑五卷　（清）陳梓撰　清嘉慶二十年(1815)敬義堂刻本　一冊

330000－1715－0002092　3040　經部/四書類/總義之屬/傳說

四書左國輯要四卷　（清）周龍官輯　清乾隆二十三年(1758)山陽周龍官刻本　二冊

330000－1715－0002093　3030　經部/四書類/總義之屬/傳說

大學或問二卷中庸或問三卷　（宋）朱熹撰　清行恕堂刻本　一冊

330000－1715－0002094　3039　經部/四書類/總義之屬/傳說

四書襯十九卷　（清）駱培撰　清乾隆七年(1742)坦吉堂刻本　四冊　缺三卷(論語一至三)

330000－1715－0002095　3024　經部/群經總義類/傳說之屬

經傳繹義五十卷　（清）陳煒撰　清嘉慶九年(1804)校字齋刻本　二十四冊

330000－1715－0002096　3020　經部/叢編

御案五經　（清）聖祖玄燁撰　清嘉慶十六年(1811)揚州十笏堂刻本　二十四冊

330000－1715－0002097　3026　子部/雜著類/雜說之屬

經史辨體不分卷　（清）徐與喬輯評　清康熙敦化堂刻本　二十四冊

330000－1715－0002098　3021　類叢部/叢書類/彙編之屬

抱經堂叢書十六種　（清）盧文弨編　清乾隆至嘉慶刻彙印本　十二冊　存一種

330000－1715－0002099　3019　經部/叢編

石齋先生經傳九種　（明）黃道周撰　清康熙三十二年(1693)晉安鄭肇刻本　三十六冊

330000 - 1715 - 0002100　3055　　經部/小學類/音韻之屬/古今韻說

音學五書　（清）顧炎武撰　清康熙六年(1667)山陽張氏符山堂刻本　十一冊　存四種

330000 - 1715 - 0002101　3044　　經部/四書類/總義之屬/傳說

四書經典通考不分卷　（清）陸文籀輯　清嘉慶十二年(1807)木活字印本　六冊

330000 - 1715 - 0002102　3045　　經部/四書類/總義之屬/傳說

四書人名考二十卷　（清）胡之煜等輯撰　清嘉慶八年(1803)薊州陳氏刻本　十冊

330000 - 1715 - 0002103　3048　　經部/四書類/總義之屬/傳說

先儒張子南軒先生論語孟子說四卷　（清）張栻撰　**先儒張子南軒語錄二卷**　（清）孫步瀛輯　清滋德堂刻本　二冊

330000 - 1715 - 0002104　3043　　集部/總集類/課藝之屬

四書舉業近十九卷　（明）戴君恩撰　清刻本　五冊

330000 - 1715 - 0002105　3042　　經部/四書類/總義之屬/傳說

四書考彙刪六卷　（清）臧廷鑑輯　清刻本　五冊

330000 - 1715 - 0002106　3047　　經部/四書類/總義之屬/傳說

四書解義七卷　（清）李光地撰　清康熙五十九年(1720)居業堂刻六十一年(1722)增修本　三冊

330000 - 1715 - 0002107　3052　　經部/四書類/總義之屬/傳說

四書改錯二十二卷　（清）毛奇齡撰　清嘉慶十六年(1811)金孝柏學圃刻本　二冊

330000 - 1715 - 0002108　3046　　經部/四書類/總義之屬/傳說

集虛齋四書口義十卷　（清）方楘如撰　（清）

于光華編　清乾隆五十八年(1793)刻本　十冊

330000 - 1715 - 0002109　3049　　類叢部/叢書類/自著之屬

率祖堂叢書八種附六種　（宋）金履祥撰　清嘉慶刻本　四冊　存三種

330000 - 1715 - 0002110　3053　　子部/儒家類/儒學之屬/性理

積書巖六種　（清）王澍輯　清乾隆二年(1737)刻本　六冊

330000 - 1715 - 0002111　3065　　經部/小學類/文字之屬/字書/字典

字鑑五卷　（元）李文仲撰　清刻本　二冊

330000 - 1715 - 0002112　3066　　經部/小學類/文字之屬/字書/字體

隸辨八卷　（清）顧藹吉撰　清乾隆八年(1743)天都黃晟刻本　八冊

330000 - 1715 - 0002113　3067　　經部/小學類/訓詁之屬/群雅

小爾雅疏八卷　（清）王煦撰集　清嘉慶五年(1800)鑿翠山莊刻本　二冊

330000 - 1715 - 0002114　3063　　經部/小學類/音韻之屬/韻書

集韻十卷　（宋）丁度等撰　清康熙四十五年(1706)揚州使院刻嘉慶十九年(1814)桐城方葆巖補刻本　五冊　存五卷(二至五、八)

330000 - 1715 - 0002115　3071　　經部/小學類/音韻之屬/韻書

韻岐五卷　（清）江昱綴輯　清刻本　一冊　存四卷(二至五)

330000 - 1715 - 0002116　3062　　經部/小學類/訓詁之屬/群雅

新刻爾雅翼三十二卷　（宋）羅願撰　清刻本　四冊

330000 - 1715 - 0002117　3059　　經部/小學類/文字之屬/字書/字典

龍龕手鑑四卷　（遼）釋行均撰　清虛竹齋刻

本　五冊

330000－1715－0002118　3073　經部/小學類/音韻之屬/等韻

類韻箋異三卷　(清)陳寅撰　清刻本　一冊

330000－1715－0002119　3070　經部/小學類/音韻之屬/古今韻說

漢學諧聲二十四卷說文補考一卷說文又考一卷　(清)戚學標撰　清嘉慶九年(1804)涉縣官署刻本　六冊

330000－1715－0002120　3061　經部/小學類/文字之屬/字書/字典

隸韻十卷碑目一卷　(宋)劉球撰　**碑目攷證一卷**　(清)翁方綱撰　清嘉慶十五年(1810)秦恩復刻本　十二冊

330000－1715－0002121　3074　子部/儒家類/儒學之屬/蒙學

小學六卷附文公朱夫子年譜一卷小學總論一卷　(清)高愈注　清乾隆四十六年(1781)循陔堂刻本　二冊　缺一卷(總論)

330000－1715－0002122　3076、3256　經部/群經總義類/傳說之屬

十三經札記二十二卷附十六卷　(清)朱亦棟撰　清嘉慶二十二年至道光三年(1817－1823)雲鶴堂刻本　十冊

330000－1715－0002123　3078　經部/小學類/音韻之屬/等韻

等切元聲十卷　(清)熊士伯撰　清刻本　一冊　存一卷(六)

330000－1715－0002124　3079　經部/春秋左傳類/傳說之屬

春秋左傳五十卷　(晉)杜預註　(宋)林堯叟補註　(唐)陸德明音義　(明)鍾惺　(明)孫鑛　(明)韓范評點　清刻本　一冊　存三卷(三十一至三十三)

330000－1715－0002125　3069　經部/小學類/音韻之屬/韻書

古韻通八卷附正音切韻復古編一卷　(明)柴紹炳撰　清乾隆四十一年(1776)刻本　八冊

330000－1715－0002126　3068　經部/小學類/文字之屬/說文/傳說

說文字原集註十六卷附說文字原表一卷說文字原表說一卷　(清)蔣和撰　清乾隆五十三年(1788)刻本　四冊

330000－1715－0002127　3058　子部/工藝類/文房四寶之屬/叢錄

文房肆攷圖說八卷　(清)唐秉鈞撰　(清)康愷繪　清刻本　二冊　存四卷(五至八)

330000－1715－0002128　3060　經部/小學類/文字之屬/字書/字典

六書故三十三卷六書通釋一卷　(宋)戴侗撰　清乾隆四十九年(1784)西蜀李鼎元師竹齋刻本　十四冊　存三十卷(一至十四、十九至三十三,六書通釋)

330000－1715－0002129　3072　經部/小學類/文字之屬/字書/字典

字彙十二集首一卷末一卷韻法直圖一卷　(明)梅膺祚撰　**韻法橫圖一卷**　(明)李世澤撰　明刻本　一冊　存一卷(申)

330000－1715－0002130　2971、2972、2984、3075、3115、3116、3117、3223、3318、3320、3321　類叢部/叢書類/彙編之屬

朱文端公藏書十三種　(清)朱軾撰輯　清康熙至乾隆刻彙印本　六十一冊　存十種

330000－1715－0002131　3056　經部/小學類/文字之屬/字書/字典

直音篇七卷　(明)章黼撰　明萬曆六年(1578)維揚資政左室刻本　六冊　缺一卷(一)

330000－1715－0002132　3077　經部/小學類/音韻之屬

朱飲山三韻易知十卷　(宋)朱燮撰　(清)楊廷茲纂　清刻本　一冊　存五卷(六至十)

330000－1715－0002133　3064　經部/小學類/文字之屬/字書/字典

正字通十二集三十六卷　(明)張自烈撰　(清)廖文英輯　**字彙舊本首一卷**　(明)梅膺祚音釋

清刻本　十三冊　存十二卷(首,子集上中下、丑集上、酉集下、戌集上中下、亥集上中下)

330000－1715－0002134　3080　　經部/四書類/總義之屬/傳說

四書集註大全四十三卷　（明）胡廣等輯　清初刻本　一冊　存二卷(論語十一至十二)

330000－1715－0002135　3085　　經部/春秋左傳類/傳說之屬

春秋左傳五十卷　（晉）杜預註　（宋）林堯叟補註　（唐）陸德明音義　（明）鍾惺　（明）孫鑛　（明）韓范評點　清光緒二十二年(1896)經綸元記刻本　四冊　存十八卷(一至四、十至十四、二十五至二十九、三十四至三十七)

330000－1715－0002136　3086　　史部/金石類/石之屬/文字

石鼓文音釋三卷附錄一卷　（明）楊慎撰　清刻本　一冊

330000－1715－0002137　3108　　史部/雜史類/斷代之屬

國語二十一卷　（三國吳）韋昭注　（宋）宋庠補音　戰國策十卷　（宋）鮑彪校注　清乾隆四十八年(1783)武林三餘堂刻本　五冊　存二十一卷(國語一至二十一)

330000－1715－0002138　3106　　史部/紀傳類/正史之屬

東觀漢記二十四卷　（漢）劉珍等撰　清乾隆六十年(1795)掃葉山房刻本　二冊

330000－1715－0002139　3107　　史部/雜史類/斷代之屬

重訂國語國策合註　（三國吳）韋昭　（宋）鮑彪註　清武林三餘堂刻本　七冊　存十卷(戰國策一至十)

330000－1715－0002140　3112　　史部/傳記類/別傳之屬/事狀

魏鄭公諫續錄二卷　（元）翟思忠輯　清刻本　一冊

330000－1715－0002141　3012　　經部/叢編

通志堂經解一百四十種一千八百六十卷　（清）納蘭成德輯　清康熙十九年(1680)通志堂刻本　三百二十冊　存一百三十九種

330000－1715－0002142　3109　　集部/別集類/唐五代別集

唐陸宣公集二十二卷　（唐）陸贄撰　明萬曆三十四年(1606)吳繼武光裕堂刻本　八冊

330000－1715－0002143　3113　　史部/地理類/專志之屬/古跡

闕里誌二十四卷　（明）陳鎬撰　（清）孔胤植重修　明崇禎刻清雍正補修本　十冊

330000－1715－0002144　3098　　史部/編年類/斷代之屬

竹書紀年集證五十卷首一卷　（清）陳逢衡撰　清嘉慶十八年(1813)裹露軒刻本　十六冊

330000－1715－0002145　3006　　經部/叢編

十三經註疏三百三十三卷　（明）□□輯　清乾隆四年(1739)武英殿刻本　一百冊

330000－1715－0002146　3123　　史部/傳記類/總傳之屬/仕宦

宋名臣言行錄前集十卷後集十四卷續集八卷別集二十六卷外集十七卷　（宋）□□輯　清刻本　五冊　存二十四卷(前集一至十、後集一至十四)

330000－1715－0002147　3099　　史部/紀事本末類/斷代之屬

明朝紀事本末八十卷　（清）谷應泰撰　清順治十五年(1658)築益堂刻本　三冊　存十一卷(一至三、七十三至八十)

330000－1715－0002148　3120　　集部/總集類/課藝之屬

詞科掌錄十七卷舉目一卷餘話七卷　（清）杭世駿輯　清刻本　六冊

330000－1715－0002149　3110　　史部/詔令奏議類/奏議之屬

右編補十卷　（明）姚文蔚輯　明刻本　六冊

330000－1715－0002150　3121　　史部/傳記

類/總傳之屬/斷代

欽定勝朝殉節諸臣錄十二卷首一卷 （清）高宗弘曆敕撰　清嘉慶二年(1797)謝啟昆刻本　五冊

330000－1715－0002151　3119、3242　類叢部/叢書類/彙編之屬

經訓堂叢書二十一種 （清）畢沅編　清乾隆至嘉慶鎮洋畢氏刻本　六冊　存二種

330000－1715－0002152　3096　史部/編年類/通代之屬

資治通鑑外紀十卷目錄五卷 （宋）劉恕撰　清嘉慶十六年(1811)吳郡山淵堂刻本　六冊

330000－1715－0002153　3159　集部/總集類/選集之屬/斷代

梅州輿頌六卷 （清）李逢光編　清刻本　一冊　存一卷(三)

330000－1715－0002154　3100　史部/紀事本末類/通代之屬

繹史一百六十卷附世系圖一卷年表一卷 （清）馬驌撰　清刻本　三十二冊　存一百十卷(五十一至一百六十)

330000－1715－0002155　3122－1　類叢部/叢書類/自著之屬

汪龍莊先生遺書四種 （清）汪輝祖撰　清乾隆五十年至五十六年(1785－1791)雙節堂刻本　一冊　存一種

330000－1715－0002156　3122－2　集部/總集類/選集之屬/斷代

雙節堂贈言集錄二十八卷首一卷末一卷附錄一卷 （清）汪輝祖輯　清乾隆至嘉慶刻本　七冊

330000－1715－0002157　3095　史部/編年類/通代之屬

資治通鑑二百九十四卷目錄三十卷 （宋）司馬光撰　明崇禎二年(1629)陳仁錫刻本　十四冊　存三十卷(目錄一至三十)

330000－1715－0002158　3567　類叢部/類書類/專類之屬

佩文韻府一百六卷 （清）張玉書　（清）蔡升元等輯　**韻府拾遺一百六卷** （清）汪灝（清）何焯等輯　清康熙至雍正刻本　一百五十七冊　存一百三卷(佩文韻府一至三十、三十四至一百六)

330000－1715－0002160　3089　史部/紀傳類/正史之屬

十七史一千五百七十四卷 （明）毛晉編　明崇禎至清順治琴川毛氏汲古閣刻本　八冊　存一種

330000－1715－0002161　3114　史部/傳記類/總傳之屬/儒林

闕里文獻考一百卷首一卷末一卷 （清）孔繼汾撰　清乾隆二十七年(1762)孔昭煥刻本　八冊

330000－1715－0002162　3158　史部/地理類/雜志之屬

揚州畫舫錄十八卷 （清）李斗撰　清刻本　五冊　存十七卷(二至十八)

330000－1715－0002163　3105　類叢部/叢書類/彙編之屬

棟亭藏書十二種 （清）曹寅編　清康熙四十五年(1706)揚州詩局刻本　十六冊

330000－1715－0002164　3151　類叢部/叢書類/彙編之屬

惜陰軒叢書三十四種續編一種 （清）李錫齡編　清刻本　四冊　存一種

330000－1715－0002165　3161　類叢部/叢書類/彙編之屬

武英殿聚珍版書一百三十八種 清乾隆刻本　一冊　存一種

330000－1715－0002166　3081　經部/小學類/文字之屬/說文/傳說

說文解字斠詮十四卷 （清）錢坫撰　清嘉慶十二年(1807)嘉定錢氏吉金樂石齋刻本　二冊　存四卷(一至四)

330000－1715－0002167　3140、3141、3142、3143、3144　史部/紀傳類/別史之屬

宋遼金元別史五種　（清）席世臣輯　清乾隆至嘉慶南沙席氏掃葉山房刻本　四十六冊

330000－1715－0002168　3149　史部/時令類

古今類傳四卷　（清）董榖士　（清）董炳文輯　清康熙三十一年(1692)未學齋刻本　四冊

330000－1715－0002169　3172　史部/政書類/邦計之屬/荒政

欽定康濟錄四卷　（清）陸曾禹撰　（清）倪國璉釐正　清同治三年(1864)浙江撫署刻本　二冊　存二卷(三至四)

330000－1715－0002170　3346－2　集部/總集類/彙編之屬

宋詩鈔初集八十四種　（清）呂留良　（清）吳之振　（清）吳爾堯編　清康熙十年(1671)洲錢吳氏鑑古堂刻本　一冊　存六種

330000－1715－0002171　3148　史部/時令類

月令粹編二十四卷圖說一卷　（清）秦嘉謨撰　清嘉慶十七年(1812)江都秦嘉謨琅琅仙館刻本　六冊

330000－1715－0002172　3156　史部/地理類/總志之屬/斷代

大清一統志表一卷　（清）徐午撰　清乾隆五十八年(1793)刻本　六冊

330000－1715－0002173　3199　子部/儒家類/儒家之屬

孔氏家語十卷　題(三國魏)王肅注　清乾隆四十五年(1780)李容刻本　二冊

330000－1715－0002174　3153、3189、3324、3436、3437、3438、3439、3440、3442、3443、3489、3491、3546　類叢部/叢書類/自著之屬

王漁洋遺書三十八種　（清）王士禎撰　清刻本　六十六冊　存三十三種

330000－1715－0002175　3205　子部/儒家類/儒學之屬/性理

呻吟語六卷　（明）呂坤撰　清刻本　六冊

330000－1715－0002176　3213、3214、3215、3216、3217、3218、3219、3220、3221、3222　子部/叢編

十子全書　（清）王子興編　清嘉慶九年(1804)姑蘇王氏聚文堂刻本　二十四冊

330000－1715－0002177　3208　子部/儒家類/儒學之屬/性理

榕村講授三卷　（清）李光地輯　清刻本　三冊

330000－1715－0002178　3197　子部/儒家類/儒學之屬/性理

御纂性理精義十二卷　（清）李光地等纂修　清刻本　四冊

330000－1715－0002179　3194　子部/藝術類/音樂之屬/樂譜

自遠堂琴譜十二卷　（清）吳灴輯　清嘉慶七年(1802)廣陵吳灴自遠堂吳中刻本　八冊

330000－1715－0002180　3193　子部/天文曆算類/曆法之屬

御製律曆淵源五種　（清）允祿　（清）允祉等纂修　清刻本　五冊

330000－1715－0002181　3366　集部/別集類/元別集

吳朝宗先生聞過齋集四卷　（元）吳海撰　清康熙儀封張氏正誼堂刻本　三冊

330000－1715－0002182　3329　集部/別集類/唐五代別集

玉溪生詩意八卷　（唐）李商隱撰　（清）朱鶴齡注　（清）屈復意　清乾隆揚州藝古堂刻本　二冊

330000－1715－0002183　3211　子部/儒家類/儒學之屬/禮教

聖諭廣訓一卷　（清）世宗胤禛撰　清嘉慶刻本　一冊

330000－1715－0002184　3206　子部/儒家類/儒學之屬/性理

居業錄四卷　（明）胡居仁撰　清康熙四十年(1701)詠圃堂刻本　二冊

寧波市奉化區文物保護管理所等六家收藏單位、舟山市圖書館等二家收藏單位古籍普查登記目錄

330000－1715－0002185　3209　子部/儒家類/儒學之屬/禮教

五種遺規　（清）陳弘謀輯並撰　清乾隆培遠堂刻彙印本　二冊　存一種

330000－1715－0002186　3224　子部/儒家類/儒學之屬/性理

周子全書十種　（宋）周敦頤撰　（清）董榕輯　清乾隆刻本　四冊　存六種

330000－1715－0002187　3343　集部/別集類/宋別集

斜川集六卷附錄二卷　（宋）蘇過撰　（清）周永年輯　**斜川集訂誤一卷**　（清）吳長元撰　清乾隆五十三年(1788)武進趙懷玉亦有生齋刻本　二冊

330000－1715－0002188　3368　集部/別集類/明別集

楊忠愍公全集四卷　（明）楊繼盛撰　清乾隆二十五年(1760)蕭山章鈺敬一齋刻重修本　四冊

330000－1715－0002189　3336　集部/別集類/宋別集

趙清獻公集十卷目錄二卷　（宋）趙抃撰　明刻本　四冊

330000－1715－0002190　3260　子部/術數類/相宅相墓之屬

地理辨正五卷　（清）蔣平階補傳　（清）姜垚辨正　清刻本　二冊

330000－1715－0002191　3212　子部/儒家類/儒學之屬/經濟

說苑二十卷　（漢）劉向撰　清刻本　四冊

330000－1715－0002192　3364　集部/別集類/元別集

重刻吳淵穎集十二卷　（元）吳萊撰　（明）宋濂編　（清）查遴輯　**附錄一卷**　清康熙四十九年(1710)浦江吳氏豹文堂刻雍正元年(1723)重修本　三冊

330000－1715－0002193　3207　子部/儒家類/儒學之屬/性理

新刊性理彙解大全合參六卷　（清）王熙祖纂集　清德盛堂刻本　二冊

330000－1715－0002194　3259　子部/術數類/相宅相墓之屬

地理雪心賦精義二卷　（宋）朱熹撰　（清）諸敷政集註　清刻本　一冊

330000－1715－0002195　3273　子部/小說家類/異聞之屬

山海經箋疏十八卷圖讚一卷訂譌一卷敘錄一卷　（清）郝懿行撰　清嘉慶十四年(1809)揚州阮元琅嬛仙館刻本　四冊

330000－1715－0002196　3239　子部/醫家類/類編之屬

張氏醫書七種　（清）張璐等撰　清嘉慶金閶書業堂刻本　三冊　存一種

330000－1715－0002197　3240、3241　子部/醫家類/傷寒金匱之屬/傷寒論

傷寒大成五種　（清）張璐等撰　清嘉慶六年(1801)金閶書業堂刻本　八冊　存三種

330000－1715－0002198　3444　類叢部/叢書類/自著之屬

王漁洋遺書三十八種　（清）王士禎撰　清刻本　十冊　存四種

330000－1715－0002199　3124、3125、3126、3127、3128、3129、3130、3131、3132、3133、3134、3135、3136、3137、3138、3139、3191　史部/紀傳類/正史之屬

十七史一千五百七十四卷　（明）毛晉編　明崇禎至清順治琴川毛氏汲古閣刻本　二百七十九冊　存十六種

330000－1715－0002200　3326　集部/總集類/選集之屬/斷代

唐詩韻匯一百八十卷　（清）施端教輯　清嘯閣刻本　二冊　存四卷(一、十二至十四)

330000－1715－0002201　3365　集部/別集類/元別集

庸菴集十四卷　（元）宋禧撰　清嘉慶十三年(1808)刻本　二冊

330000－1715－0002202　3441　子部/農家
農學類/園藝之屬/總志

二如亭群芳譜三十卷首一卷　（明）王象晉撰
　明末刻本　十六冊

330000－1715－0002203　3226　子部/儒家
類/儒家之屬

胡子知言六卷疑義一卷附錄一卷　（宋）胡宏
撰　（明）程敏政輯　清刻本　一冊

330000－1715－0002204　3230　集部/別集
類/清別集

借綠軒刪訂湯霍林先生讀書譜四卷　（清）周
清原輯　清康熙二十八年(1689)借綠軒刻本
　一冊　存一卷(三)

330000－1715－0002205　3236　子部/醫家
類/方書之屬/單方驗方

本草萬方鍼線八卷藥品總目一卷　（清）蔡烈
先輯　清乾隆四十九年(1784)金閶書業堂刻
本　四冊

330000－1715－0002206　3271、3272　子部/
小說家類/雜事之屬

世說新語三卷　（南朝宋）劉義慶撰　（南朝
梁）劉孝標注　（明）凌濛初訂　世說新語補
四卷　（明）何梁俊撰補　（明）王世貞定
(明)張文柱校註　（明）凌濛初考訂　清康熙
十五年(1676)永德堂刻本　八冊

330000－1715－0002207　3057　經部/小學
類/文字之屬/字書/字典

康熙字典十二集三十六卷總目一卷檢字一卷
辨似一卷等韻一卷補遺一卷備考一卷　（清）
張玉書等纂修　清康熙刻本　四十冊

330000－1715－0002208　3253　子部/天文
曆算類/曆法之屬

新鐫曆法便覽象吉備要通書大全二十九卷
（清）魏鑑撰　清刻本　十冊

330000－1715－0002209　3238　子部/醫家
類/類編之屬

喻氏醫書三種　（明）喻昌撰　清乾隆黎川陳
守誠刻本　七冊　缺十四卷(醫門法律十三

至二十四,尚論篇首、一)

330000－1715－0002210　3243　類叢部/叢
書類/彙編之屬

武英殿聚珍版書一百三十八種　清乾隆武英
殿木活字印本（能改齋漫錄卷十二至十八配
清抄本）　十二冊　存一種

330000－1715－0002211　3170　史部/政書
類/儀制之屬/典禮

幸魯盛典四十卷　（清）孔毓圻等纂修　清康
熙五十年(1711)刻本　十二冊

330000－1715－0002212　3102、3103　史部/
紀傳類/別史之屬

藏書六十八卷續藏書二十七卷　（明）李贄撰
　（明）沈汝輯　（明）金嘉謨重訂　明刻本
二十三冊　缺五卷(續藏書十九至二十二、二
十七)

330000－1715－0002213　3009－2　經部/
叢編

十三經註疏三百三十三卷　（明）□□輯　明
崇禎元年至十二年(1628－1639)毛氏汲古閣
刻本　九冊　存二種

330000－1715－0002214　3009－1　經部/
叢編

十三經註疏三百三十三卷　（明）□□輯　清
乾隆四十二年(1777)刻本　一百一冊　存十
一種

330000－1715－0002215　3252　子部/術數
類/命書相書之屬

三命通會十二卷　（明）萬民英撰　清初刻雍
正十三年(1735)蔣國祥補刻本　十二冊

330000－1715－0002216　3145　集部/總集
類/選集之屬/通代

二十一史文選一百卷　（明）周鍾輯　明刻本
四十冊　存五十八卷(一至五十八)

330000－1715－0002217　3251　子部/術數
類/占卜之屬

大六壬大全十三卷　（清）郭載騋編　清刻本
十三冊

330000－1715－0002218　3091　　史部/紀傳類/正史之屬

明史稿三百十卷目錄三卷　（清）王鴻緒撰　清雍正敬慎堂刻本(卷一百六十三配清抄本)　八十冊

330000－1715－0002219　3093　　類叢部/叢書類/自著之屬

抗希堂十六種　（清）方苞撰　清康熙至嘉慶刻彙印本　一冊　存一種

330000－1715－0002220　3202　　類叢部/叢書類/自著之屬

朱子遺書十五種　（宋）朱熹撰　清康熙禦兒呂氏寶誥堂刻本　十六冊　存十三種

330000－1715－0002221　3164　　類叢部/叢書類/彙編之屬

武英殿聚珍版書一百三十八種　清乾隆刻本　四冊　存一種

330000－1715－0002222　3171　　史部/政書類/儀制之屬/專志/科舉校規

欽定學政全書八十二卷　（清）王杰等修（清）童璜等撰　清乾隆五十八年(1793)刻本　十二冊

330000－1715－0002223　3204　　類叢部/叢書類/自著之屬

孫夏峯全集十二種附一種　（清）孫奇逢撰　清康熙刻道光至光緒遞刻本　十冊　存一種

330000－1715－0002224　3203　　子部/儒家類/儒學之屬/經濟

大學衍義四十三卷　（宋）真德秀撰　明末刻本　十冊

330000－1715－0002225　3331　　集部/別集類/漢魏六朝別集

庾子山全集十卷　（北周）庾信撰　（清）吳兆宜箋注　清康熙二十七年(1688)吳郡寶翰樓刻本　六冊

330000－1715－0002226　3198　　經部/孝經類/傳說之屬

孝經衍義一百卷首二卷　（清）葉方藹　（清）

張英監修　（清）韓菼編纂　清康熙刻本　三十冊

330000－1715－0002227　3201　　子部/儒家類/儒學之屬/性理

二程全書六十七卷　（宋）程顥　（宋）程頤撰　（宋）朱熹輯　清康熙呂氏寶誥堂刻本　十四冊

330000－1715－0002228　3200　　子部/儒家類/儒學之屬/性理

二程全書六十七卷　（宋）程顥　（宋）程頤撰　（宋）朱熹輯　清康熙呂氏寶誥堂刻本　十四冊

330000－1715－0002229　3354　　集部/別集類/宋別集

雙溪集十二卷　（宋）王炎撰　清康熙五十七年(1718)婺源王氏刻本　六冊

330000－1715－0002230　3332　　集部/別集類/唐五代別集

韓昌黎詩集編年箋注十二卷　（唐）韓愈撰（清）方世舉考訂　（清）盧見曾刪定　清乾隆二十三年(1758)德州盧見曾雅雨堂刻本　六冊

330000－1715－0002231　3346－1　集部/別集類/宋別集

淮海集四十卷首一卷淮海後集六卷長短句三卷詩餘一卷　（宋）秦觀撰　（明）徐渭評　清刻本　六冊

330000－1715－0002232　3330　　集部/別集類/唐五代別集

溫飛卿詩集七卷別集一卷集外詩一卷附錄諸家詩評一卷　（唐）溫庭筠撰　（明）曾益注（清）顧予咸補注　（清）顧嗣立續注　清康熙三十六年(1697)長洲顧氏秀野草堂刻本　二冊　缺一卷(諸家詩評)

330000－1715－0002233　3092　　史部/紀傳類/正史之屬

二十四史　清乾隆刻本　九十冊　存一種

330000－1715－0002234　3327　　集部/別集

類/唐五代別集

白香山詩長慶集二十卷後集十七卷別集一卷補遺二卷 (唐)白居易撰 (清)汪立名編訂 清康熙四十一年至四十二年(1702－1703)汪立名一隅草堂刻本 十冊

330000－1715－0002235 3373 集部/別集類/明別集

及幼草一卷 (明)王思任撰 清刻本 一冊

330000－1715－0002236 3337 集部/別集類/宋別集

元豐類稿五十卷 (宋)曾鞏撰 清乾隆二十八年(1763)查溪刻本 十二冊

330000－1715－0002237 3370 集部/別集類/明別集

楊忠烈公文集□□卷 (明)楊漣撰 清康熙四年(1665)應山楊苞刻本 六冊 存三卷(一至三)

330000－1715－0002238 3372 集部/別集類/明別集

勉齋先生遺稿三卷 (明)鄭滿撰 (明)鄭梁敬輯 清康熙刻本 一冊

330000－1715－0002239 3154 史部/地理類/雜志之屬

日下舊聞四十二卷補遺四十二卷 (清)朱彝尊輯 (清)朱昆田補遺 清康熙二十七年(1688)刻本 二十二冊

330000－1715－0002240 3383 集部/別集類/清別集

說安堂集八卷 (清)盧震撰 清刻本 三冊 缺二卷(三至四)

330000－1715－0002241 3147 史部/時令類

月令輯要二十四卷首一卷 (清)李光地 (清)吳廷楨等輯 清康熙五十五年(1716)武英殿刻本 十六冊

330000－1715－0002242 3150 史部/地理類/總志之屬/斷代

太平寰宇記二百卷目錄二卷 (宋)樂史撰

(清)陳蘭森補闕 清乾隆五十八年(1793)萬廷蘭等刻嘉慶印本 三十冊

330000－1715－0002243 3374 集部/別集類/清別集

栖雲閣詩十六卷拾遺三卷 (清)高珩撰 **留畊堂遺詩四卷** (清)高瑋撰 清乾隆刻本 二冊 存十二卷(栖雲閣詩八至十六、拾遺一至三)

330000－1715－0002244 3381 集部/別集類/清別集

南厓集四卷 (清)陸豹雯撰 清刻本 一冊

330000－1715－0002245 3385 集部/別集類/清別集

近思堂詩不分卷顧曲亭詞一卷 (清)周在建撰 清康熙五十四年(1715)刻本 一冊

330000－1715－0002246 3371、3448、3449、3450、3451 集部/別集類/明別集

翠娛閣評選五家文集 (明)鍾惺選 明刻本 五冊

330000－1715－0002247 3382 集部/別集類/清別集

陶雲詩鈔十五卷 (清)張大緒撰 清康熙五十三年(1714)刻增修本 一冊 存七卷(一至七)

330000－1715－0002248 3380、3557 集部/別集類/清別集

柯庭餘習十二卷 (清)汪文柏撰 清康熙四十四年(1705)汪氏古香樓刻本 二冊

330000－1715－0002249 3386 集部/別集類/清別集

白雲詩集七卷詠梅詩一卷 (清)盧存心撰 清乾隆數閒草堂刻本 四冊

330000－1715－0002250 3379 集部/別集類/清別集

觀瀾堂文集八卷詩集九卷 (清)曹章撰 清刻本 二冊 存八卷(文集一至八)

330000－1715－0002251 3389 集部/別集

類/清別集

大愚稿十七卷 （清）褚鳳翔撰 清乾隆九年
(1744)刻本（二集卷三、八至十原缺） 一冊
缺五卷（一集一至五）

330000 – 1715 – 0002252 3388 集部/別集
類/清別集

審是齋詩鈔一卷 （清）楊知撰 清乾隆刻本
一冊

330000 – 1715 – 0002253 3390 集部/別集
類/清別集

寶綸堂文鈔八卷 （清）齊召南撰 清嘉慶二
年(1797)刻本 四冊

330000 – 1715 – 0002254 3377、3545 集部/
別集類/清別集

顧西巘先生合稿十卷 （清）顾如華撰 清康
熙二年(1663)刻本 二冊 存六卷（一至三、
五至七）

330000 – 1715 – 0002255 3376 集部/別集
類/清別集

安雅堂全集七種 （清）宋琬撰 清順治至乾
隆刻本 四冊 存二種

330000 – 1715 – 0002256 3094 史部/編年
類/通代之屬

資治通鑑二百九十四卷 （宋）司馬光撰
（元）胡三省音注 （明）陳仁錫評 通鑑釋文
辯誤十二卷 （元）胡三省撰 明天啟五年
(1625)長洲陳仁錫刻本 九十冊 缺三十九
卷（資治通鑑一至二十七、釋文辯誤一至十
二）

330000 – 1715 – 0002257 3375 集部/別集
類/清別集

湯子遺書十卷附年譜一卷附錄一卷 （清）湯
斌撰 （清）王廷燦增輯 清康熙愛日堂刻本
四冊 存七卷（一至七）

330000 – 1715 – 0002258 3319 子部/藝術
類/遊藝之屬/雜藝

益智圖二卷燕几圖一卷副本一卷 （清）童葉
庚撰 益智續圖一卷 （清）童昂等撰 益智

字圖一卷附一卷 （清）祝梅君撰 清光緒四
年至十六年(1878 – 1890)童葉庚睫巢刻本
一冊 存一卷（二）

330000 – 1715 – 0002259 3378 集部/別集
類/清別集

道援堂詩集十三卷 （清）屈大均撰 清刻本
五冊

330000 – 1715 – 0002260 3257 子部/術數
類/數學之屬

太玄經集注十卷 （宋）司馬光撰 清嘉慶三
年(1798)吳門陶氏五柳居刻本 二冊

330000 – 1715 – 0002261 3353 集部/別集
類/宋別集

東萊先生詩集一卷外集一卷 （宋）呂祖謙撰
清刻本 一冊

330000 – 1715 – 0002262 3322 集部/總集
類/彙編之屬

慶曆大小題文讀本不分卷 清康熙刻本
一冊

330000 – 1715 – 0002263 3261 子部/術數
類/相宅相墓之屬

地理臆解二種 （清）金六吉注 清乾隆四十
二年(1777)嘉德堂刻本 一冊 存一種

330000 – 1715 – 0002264 3262 子部/術數
類/占卜之屬

卜筮正宗十四卷 （清）王維德撰 清嘉慶十
七年(1812)金閶多文堂刻本 四冊

330000 – 1715 – 0002265 3246 子部/雜著
類/雜纂之屬

玉芝堂談薈三十六卷首一卷 （明）徐應秋輯
明崇禎刻清康熙四十二年(1703)、乾隆三
十八年(1773)、道光二十九年(1849)、光緒元
年(1875)舊園遞修本 十八冊 缺八卷（一
至八）

330000 – 1715 – 0002266 3258 子部/術數
類/相宅相墓之屬

雪心賦正解四卷 （唐）卜應天撰 （清）孟浩
註 辯論三十篇一卷 （清）孟浩撰 清刻本

三冊

330000 - 1715 - 0002267　3231　　子部/醫家
類/醫經之屬/内經
**黄帝内經素問註證發微九卷補遺一卷黄帝内
經靈樞註證發微九卷**　（明）馬蒔撰　清嘉慶
十年（1805）古歙鮑氏慎餘堂刻本　十六冊

330000 - 1715 - 0002268　3237　　子部/醫家
類/類編之屬
萬密齋醫書十種　（明）萬全撰　清乾隆六年
（1741）敷文堂刻本　二十冊

330000 - 1715 - 0002269　3328　　集部/別集
類/唐五代別集
李文饒公文集二十卷別集十卷外集四卷
（唐）李德裕撰　明刻本　六冊

330000 - 1715 - 0002270　3317 - 1　　子部/醫
家類/兒科之屬/通論
錢氏小兒藥證直訣三卷　（宋）錢乙撰　（宋）
閻孝忠輯　**附方一卷**　（宋）閻孝忠撰　**錢仲
陽傳一卷**　（宋）劉跂撰　**董氏小兒斑疹備急
方論一卷**　（宋）董汲撰　清光緒十八年
（1892）姚江黄氏五桂樓刻本　二冊

330000 - 1715 - 0002271　3265　　子部/天文
曆算類/天文之屬
欽定儀象考成三十卷首二卷　（清）允祿等撰
　清乾隆刻本　八冊

330000 - 1715 - 0002272　3316 - 1　　子部/醫
家類/兒科之屬/通論
錢氏小兒藥證直訣三卷　（宋）錢乙撰　（宋）
閻孝忠輯　**附方一卷**　（宋）閻孝忠撰　**錢仲
陽傳一卷**　（宋）劉跂撰　**董氏小兒斑疹備急
方論一卷**　（宋）董汲撰　清光緒十八年
（1892）姚江黄氏五桂樓刻本　二冊

330000 - 1715 - 0002273　3316 - 2　　子部/醫
家類/兒科之屬/通論
錢氏小兒藥證直訣三卷　（宋）錢乙撰　（宋）
閻孝忠輯　**附方一卷**　（宋）閻孝忠撰　**錢仲
陽傳一卷**　（宋）劉跂撰　**董氏小兒斑疹備急
方論一卷**　（宋）董汲撰　清光緒十八年

（1892）姚江黄氏五桂樓刻本　二冊

330000 - 1715 - 0002274　3316 - 3　　子部/醫
家類/兒科之屬/通論
錢氏小兒藥證直訣三卷　（宋）錢乙撰　（宋）
閻孝忠輯　**附方一卷**　（宋）閻孝忠撰　**錢仲
陽傳一卷**　（宋）劉跂撰　**董氏小兒斑疹備急
方論一卷**　（宋）董汲撰　清光緒十八年
（1892）姚江黄氏五桂樓刻本　二冊

330000 - 1715 - 0002275　3316 - 4　　子部/醫
家類/兒科之屬/通論
錢氏小兒藥證直訣三卷　（宋）錢乙撰　（宋）
閻孝忠輯　**附方一卷**　（宋）閻孝忠撰　**錢仲
陽傳一卷**　（宋）劉跂撰　**董氏小兒斑疹備急
方論一卷**　（宋）董汲撰　清光緒十八年
（1892）姚江黄氏五桂樓刻本　二冊

330000 - 1715 - 0002276　3316 - 5　　子部/醫
家類/兒科之屬/通論
錢氏小兒藥證直訣三卷　（宋）錢乙撰　（宋）
閻孝忠輯　**附方一卷**　（宋）閻孝忠撰　**錢仲
陽傳一卷**　（宋）劉跂撰　**董氏小兒斑疹備急
方論一卷**　（宋）董汲撰　清光緒十八年
（1892）姚江黄氏五桂樓刻本　二冊

330000 - 1715 - 0002277　3316 - 6　　子部/醫
家類/兒科之屬/通論
錢氏小兒藥證直訣三卷　（宋）錢乙撰　（宋）
閻孝忠輯　**附方一卷**　（宋）閻孝忠撰　**錢仲
陽傳一卷**　（宋）劉跂撰　**董氏小兒斑疹備急
方論一卷**　（宋）董汲撰　清光緒十八年
（1892）姚江黄氏五桂樓刻本　二冊

330000 - 1715 - 0002278　3097　　史部/編年
類/通代之屬
資治通鑑綱目五十九卷　（宋）朱熹撰　（明）
陳仁錫評　**資治通鑑綱目續編一卷**　（明）陳
桱撰　（明）陳仁錫評　**資治通鑑綱目前編二
十五卷**　（明）南軒撰　（明）陳仁錫評　**續資
治通鑑綱目二十七卷**　（明）商輅等撰　（明）
陳仁錫評　清嘉慶九年（1804）姑蘇王氏聚文
堂刻本　一百二十冊　缺三十一卷（前編一
至二十三、續資治通鑑綱目十至十七）

330000－1715－0002279　3317－2　子部/醫家類/兒科之屬/通論

錢氏小兒藥證直訣三卷　（宋）錢乙撰　（宋）閻孝忠輯　**附方一卷**　（宋）閻孝忠撰　**錢仲陽傳一卷**　（宋）劉跂撰　**董氏小兒斑疹備急方論一卷**　（宋）董汲撰　清光緒十八年(1892)姚江黃氏五桂樓刻本　二冊

330000－1715－0002280　3317－3　子部/醫家類/兒科之屬/通論

錢氏小兒藥證直訣三卷　（宋）錢乙撰　（宋）閻孝忠輯　**附方一卷**　（宋）閻孝忠撰　**錢仲陽傳一卷**　（宋）劉跂撰　**董氏小兒斑疹備急方論一卷**　（宋）董汲撰　清光緒十八年(1892)姚江黃氏五桂樓刻本　二冊

330000－1715－0002281　3317－4　子部/醫家類/兒科之屬/通論

錢氏小兒藥證直訣三卷　（宋）錢乙撰　（宋）閻孝忠輯　**附方一卷**　（宋）閻孝忠撰　**錢仲陽傳一卷**　（宋）劉跂撰　**董氏小兒斑疹備急方論一卷**　（宋）董汲撰　清光緒十八年(1892)姚江黃氏五桂樓刻本　二冊

330000－1715－0002282　3317－5　子部/醫家類/兒科之屬/通論

錢氏小兒藥證直訣三卷　（宋）錢乙撰　（宋）閻孝忠輯　**附方一卷**　（宋）閻孝忠撰　**錢仲陽傳一卷**　（宋）劉跂撰　**董氏小兒斑疹備急方論一卷**　（宋）董汲撰　清光緒十八年(1892)姚江黃氏五桂樓刻本　二冊

330000－1715－0002283　3317－6　子部/醫家類/兒科之屬/通論

錢氏小兒藥證直訣三卷　（宋）錢乙撰　（宋）閻孝忠輯　**附方一卷**　（宋）閻孝忠撰　**錢仲陽傳一卷**　（宋）劉跂撰　**董氏小兒斑疹備急方論一卷**　（宋）董汲撰　清光緒十八年(1892)姚江黃氏五桂樓刻本　二冊

330000－1715－0002284　3317－7　子部/醫家類/兒科之屬/通論

錢氏小兒藥證直訣三卷　（宋）錢乙撰　（宋）閻孝忠輯　**附方一卷**　（宋）閻孝忠撰　**錢仲陽傳一卷**　（宋）劉跂撰　**董氏小兒斑疹備急方論一卷**　（宋）董汲撰　清光緒十八年(1892)姚江黃氏五桂樓刻本　二冊

330000－1715－0002285　3317－8　子部/醫家類/兒科之屬/通論

錢氏小兒藥證直訣三卷　（宋）錢乙撰　（宋）閻孝忠輯　**附方一卷**　（宋）閻孝忠撰　**錢仲陽傳一卷**　（宋）劉跂撰　**董氏小兒斑疹備急方論一卷**　（宋）董汲撰　清光緒十八年(1892)姚江黃氏五桂樓刻本　二冊

330000－1715－0002286　3317－9　子部/醫家類/兒科之屬/通論

錢氏小兒藥證直訣三卷　（宋）錢乙撰　（宋）閻孝忠輯　**附方一卷**　（宋）閻孝忠撰　**錢仲陽傳一卷**　（宋）劉跂撰　**董氏小兒斑疹備急方論一卷**　（宋）董汲撰　清光緒十八年(1892)姚江黃氏五桂樓刻本　二冊

330000－1715－0002287　3317－10　子部/醫家類/兒科之屬/通論

錢氏小兒藥證直訣三卷　（宋）錢乙撰　（宋）閻孝忠輯　**附方一卷**　（宋）閻孝忠撰　**錢仲陽傳一卷**　（宋）劉跂撰　**董氏小兒斑疹備急方論一卷**　（宋）董汲撰　清光緒十八年(1892)姚江黃氏五桂樓刻本　二冊

330000－1715－0002288　3254、3255　子部/叢編

五種祕竅全書　（明）甘霖撰　明崇禎至善堂刻本　八冊　存四種

330000－1715－0002289　3183　類叢部/叢書類/彙編之屬

武英殿聚珍版書一百三十八種　清乾隆武英殿木活字印本　十六冊　存一種

330000－1715－0002290　3459　集部/別集類/清別集

艾菴詩草三卷　（清）葉聲聞撰　清刻本　一冊

330000－1715－0002291　3315－1　子部/醫家類/兒科之屬/通論

錢氏小兒藥證直訣三卷　（宋）錢乙撰　（宋）
閻孝忠輯　附方一卷　（宋）閻孝忠撰　錢仲
陽傳一卷　（宋）劉跂撰　董氏小兒斑疹備急
方論一卷　（宋）董汲撰　清光緒十八年
（1892）姚江黃氏五桂樓刻本　二冊

330000－1715－0002292　3315－2　子部/醫
家類/兒科之屬/通論

錢氏小兒藥證直訣三卷　（宋）錢乙撰　（宋）
閻孝忠輯　附方一卷　（宋）閻孝忠撰　錢仲
陽傳一卷　（宋）劉跂撰　董氏小兒斑疹備急
方論一卷　（宋）董汲撰　清光緒十八年
（1892）姚江黃氏五桂樓刻本　二冊

330000－1715－0002293　3315－3　子部/醫
家類/兒科之屬/通論

錢氏小兒藥證直訣三卷　（宋）錢乙撰　（宋）
閻孝忠輯　附方一卷　（宋）閻孝忠撰　錢仲
陽傳一卷　（宋）劉跂撰　董氏小兒斑疹備急
方論一卷　（宋）董汲撰　清光緒十八年
（1892）姚江黃氏五桂樓刻本　二冊

330000－1715－0002294　3458　集部/別集
類/清別集

陳星齋文稿不分卷　（清）陳兆崙撰　（清）顧
一經　（清）蔡玉堂　（清）蔡肯堂評註　清嘉
慶八年（1803）紫竹山刻本　一冊

330000－1715－0002295　3315－4　子部/醫
家類/兒科之屬/通論

錢氏小兒藥證直訣三卷　（宋）錢乙撰　（宋）
閻孝忠輯　附方一卷　（宋）閻孝忠撰　錢仲
陽傳一卷　（宋）劉跂撰　董氏小兒斑疹備急
方論一卷　（宋）董汲撰　清光緒十八年
（1892）姚江黃氏五桂樓刻本　二冊

330000－1715－0002296　3315－5　子部/醫
家類/兒科之屬/通論

錢氏小兒藥證直訣三卷　（宋）錢乙撰　（宋）
閻孝忠輯　附方一卷　（宋）閻孝忠撰　錢仲
陽傳一卷　（宋）劉跂撰　董氏小兒斑疹備急
方論一卷　（宋）董汲撰　清光緒十八年
（1892）姚江黃氏五桂樓刻本　二冊

330000－1715－0002297　3315－6　子部/醫

家類/兒科之屬/通論

錢氏小兒藥證直訣三卷　（宋）錢乙撰　（宋）
閻孝忠輯　附方一卷　（宋）閻孝忠撰　錢仲
陽傳一卷　（宋）劉跂撰　董氏小兒斑疹備急
方論一卷　（宋）董汲撰　清光緒十八年
（1892）姚江黃氏五桂樓刻本　二冊

330000－1715－0002298　3315－7　子部/醫
家類/兒科之屬/通論

錢氏小兒藥證直訣三卷　（宋）錢乙撰　（宋）
閻孝忠輯　附方一卷　（宋）閻孝忠撰　錢仲
陽傳一卷　（宋）劉跂撰　董氏小兒斑疹備急
方論一卷　（宋）董汲撰　清光緒十八年
（1892）姚江黃氏五桂樓刻木　一冊　存二卷
（錢氏小兒藥證直訣上、中）

330000－1715－0002299　3315－8　子部/醫
家類/兒科之屬/通論

錢氏小兒藥證直訣三卷　（宋）錢乙撰　（宋）
閻孝忠輯　附方一卷　（宋）閻孝忠撰　錢仲
陽傳一卷　（宋）劉跂撰　董氏小兒斑疹備急
方論一卷　（宋）董汲撰　清光緒十八年
（1892）姚江黃氏五桂樓刻本　一冊　存二卷
（錢氏小兒藥證直訣上、中）

330000－1715－0002300　3315－9　子部/醫
家類/兒科之屬/通論

錢氏小兒藥證直訣三卷　（宋）錢乙撰　（宋）
閻孝忠輯　附方一卷　（宋）閻孝忠撰　錢仲
陽傳一卷　（宋）劉跂撰　董氏小兒斑疹備急
方論一卷　（宋）董汲撰　清光緒十八年
（1892）姚江黃氏五桂樓刻本　一冊　存二卷
（錢氏小兒藥證直訣上、中）

330000－1715－0002301　3457、3460、3560
集部/總集類/選集之屬/斷代

國朝三家文鈔三十二卷　（清）宋犖　（清）許
汝霖編　清康熙三十三年（1694）刻本　七冊
　缺九卷（侯朝宗文鈔五至八、汪鈍翁文鈔一
至五）

330000－1715－0002302　3250　子部/術數
類/陰陽五行之屬

欽定協紀辨方書三十六卷　（清）允祿　（清）

張照等纂修　清刻朱墨套印本　二十五冊
缺二卷(一、十五)

330000－1715－0002303　3186　史部／傳記
類／總傳之屬／家乘

[浙江餘姚]四明黃氏宗譜□□卷　清抄本
二冊　存一卷(一)

330000－1715－0002304　3452　集部／總集
類／氏族之屬

諸氏家集十卷　(清)諸以謙　(清)諸以敦編
　清嘉慶刻本　一冊　存六卷(研北刪餘一
至三、虛白齋遺槀、入山錄、浪跡草)

330000－1715－0002305　3461　集部／總集
類／選集之屬／斷代

國朝六家詩鈔八卷　(清)劉執玉編　清乾隆
三十二年(1767)劉執玉詒燕樓刻本　四冊
缺二卷(七至八)

330000－1715－0002306　3424　集部／別集
類／清別集

銅鼓書堂遺稿三十二卷　(清)查禮撰　(清)
查淳輯　清乾隆五十七年(1792)查淳刻本
三冊　缺十二卷(十三至二十四)

330000－1715－0002307　3422　集部／別集
類／清別集

虛白齋存藁十三卷　(清)吳壽昌撰　清乾隆
五十五年(1790)刻本　四冊　缺三卷(館課
詩一、館課賦一至二)

330000－1715－0002308　3420－1　集部／別
集類／清別集

增訂今雨堂詩墨注四卷　(清)金甡撰　(清)
洪鐘注　清乾隆三十四年(1769)仁和金甡刻
本　二冊

330000－1715－0002309　3420－2　集部／別
集類／清別集

今雨堂詩墨續編四卷　(清)金甡撰　(清)姚
祖同　(清)汪賢書注　清乾隆五十年(1785)
今雨堂刻本　一冊　存二卷(三至四)

330000－1715－0002310　3462　集部／總集
類／選集之屬／通代

漢魏六朝一百三家集(漢魏六朝百三名家集)
　(明)張溥編　清刻本　一冊　存一種

330000－1715－0002311　3423　集部／別集
類／清別集

傳經堂詩鈔十二卷　(清)韋謙恒撰　清刻本
　一冊　存三卷(七至九)

330000－1715－0002312　3419　集部／別集
類／清別集

樓山詩集六卷　(清)王恕撰　清乾隆三十四
年(1769)垂經堂刻本　一冊　存三卷(四至
六)

330000－1715－0002313　3413　集部／別集
類／清別集

玉芝堂文集六卷詩集三卷　(清)邵齊燾撰
清乾隆刻本　二冊　存六卷(文集一至六)

330000－1715－0002314　3400　集部／別集
類／清別集

飴山文集十二卷附錄一卷詩集二十卷禮俗權
衡二卷聲調譜二卷續譜一卷談龍錄一卷
(清)趙執信撰　清乾隆十七年(1752)、三十
九年(1774)因園刻彙印本　三冊　存十五卷
(飴山詩集一至十五)

330000－1715－0002315　3397　集部／別集
類／清別集

呆堂文鈔六卷詩鈔七卷　(清)李鄴嗣撰　清
康熙刻本　三冊　存六卷(文鈔一至六)

330000－1715－0002316　3455　集部／總集
類／選集之屬／通代

歷朝制帖詩選同聲集十二卷　(清)胡浚輯
清乾隆二十二年(1757)刻本　二冊　存六卷
(一至六)

330000－1715－0002317　3483　集部／總集
類／郡邑之屬

滕王閣全集十三卷徵彙詩文不分卷　(清)蔡
世英輯　清順治十四年(1657)刻本　二冊
缺十三卷(一至十三)

330000－1715－0002318　3454　集部／別集
類／清別集

凝齋先生遺集十卷末一卷　（清）陳道撰
（清）魯士驥輯　清乾隆二十七年（1762）集思堂刻本　二冊　存八卷（一至八）

330000 – 1715 – 0002319　3402　集部/別集類/清別集

夢月巖詩集二十卷詩餘一卷　（清）呂履恒撰　清雍正三年（1725）呂憲曾、呂宣曾昆山刻本　一冊　存六卷（十六至二十、詩餘）

330000 – 1715 – 0002320　3163　類叢部/叢書類/彙編之屬

武英殿聚珍版書一百三十八種　清乾隆武英殿木活字印本　三十二冊　存一種

330000 – 1715 – 0002321　3456　集部/別集類/清別集

刪後詩存十卷文集十六卷　（清）陳梓撰　清嘉慶二十年（1815）胡氏敬義堂刻本　一冊　存六卷（詩存一至六）

330000 – 1715 – 0002322　3401　集部/詞類/別集之屬

釀川集十三卷　（清）許尚質撰　清康熙刻本　一冊　存五卷（一至五）

330000 – 1715 – 0002323　3426　集部/別集類/清別集

茗柯文初編一卷二編二卷三編一卷四編一卷　（清）張惠言撰　清嘉慶十四年（1809）李生甫張雲藻刻本　二冊

330000 – 1715 – 0002324　3392　集部/別集類/清別集

願學堂文集二十卷使交紀事一卷使交吟一卷　安南世系畧一卷　（清）周燦撰　清康熙二十四年（1685）刻本　一冊　存四卷（願學堂文集一至四）

330000 – 1715 – 0002325　3157　史部/地理類/總志之屬/斷代

廣輿記二十四卷　（明）陸應陽輯　（清）蔡方炳增輯　清嘉慶七年（1802）聚文堂刻本　十二冊

330000 – 1715 – 0002326　3453、3542　集部/

總集類/郡邑之屬

臨川文獻二十五卷　（清）胡亦堂編　清康熙十九年（1680）夢川亭刻本　二冊　存四卷（游日生先生集一至二、傅平叔先生集一至二）

330000 – 1715 – 0002327　3160　子部/儒家類/儒學之屬/禮教/鑑戒

臣鑒錄二十卷　（清）蔣伊輯　清康熙刻本　十冊

330000 – 1715 – 0002328　3405　集部/別集類/清別集

秋塍文鈔十二卷　（清）魯曾煜撰　清乾隆九年（1744）鳴野山房刻本　三冊　存十卷（一至十）

330000 – 1715 – 0002329　3404　集部/別集類/清別集

苑青集二十一卷　（清）陳至言撰　清康熙四十八年（1709）陳氏芝泉堂刻本　二冊　存九卷（七言律詩、賦、雜文一至四、表、詩餘一至二）

330000 – 1715 – 0002330　3403　集部/別集類/清別集

冶古堂文集五卷　（清）呂履恒撰　（清）呂宣曾重編　清乾隆十五年（1750）新安呂宣曾刻本　一冊　存一卷（四）

330000 – 1715 – 0002331　3415　集部/別集類/清別集

孟亭居士文稿五卷詩稿四卷經進槀一卷　（清）馮浩撰　清嘉慶桐鄉馮集梧刻本　三冊　存六卷（文稿一至五、經進槀）

330000 – 1715 – 0002332　3414　集部/別集類/清別集

孟亭居士文稿五卷詩稿四卷經進槀一卷　（清）馮浩撰　清嘉慶桐鄉馮集梧刻本　二冊　存二卷（文稿二、四）

330000 – 1715 – 0002333　3233　子部/醫家類/綜合之屬/合刻、合抄

景岳全書六十四卷　（明）張介賓撰　清刻本

三十二冊

330000 – 1715 – 0002334　3418　集部/別集類/清別集

清綺軒初集四卷　（清）夏秉衡撰　清乾隆十五年(1750)刻本　二冊

330000 – 1715 – 0002335　3166、3167、3168　史部/政書類/通制之屬

皇朝三通　（清）嵇璜　（清）曹仁虎等纂修　清乾隆武英殿刻本　一百七十冊

330000 – 1715 – 0002336　3416　集部/別集類/清別集

無不宜齋未定藁四卷　（清）翟灝撰　清乾隆刻本　一冊

330000 – 1715 – 0002337　3169　史部/政書類/通制之屬

大清會典一百六十二卷　（清）伊桑阿等纂修　清康熙刻本　六十四冊　缺八卷(七十三至八十)

330000 – 1715 – 0002338　3473　集部/總集類/選集之屬/斷代

唐文粹一百卷　（宋）姚鉉輯　清刻本　八冊　存五十八卷(十八至二十三、四十一至五十五、六十四至一百)

330000 – 1715 – 0002339　3101、3162、3165　史部/政書類/通制之屬

三通七百四十八卷　（清）弘晝監理　清乾隆十二年至十四年(1747 – 1749)武英殿刻本　三百四冊

330000 – 1715 – 0002340　3447　集部/總集類/酬唱之屬

鴻案珠圍集四卷　（清）李化楠編　清乾隆二十一年(1756)刻本　一冊　存一卷(二)

330000 – 1715 – 0002341　3399　集部/別集類/清別集

野香亭集十三卷　（清）李孚青撰　清刻本　二冊　存六卷(戊辰、己巳、庚午、辛未、壬申、癸酉)

330000 – 1715 – 0002342　3398　類叢部/叢書類/自著之屬

陸雲士雜著九種　（清）陸次雲撰　清康熙刻本　一冊　存一種

330000 – 1715 – 0002343　3417　集部/別集類/清別集

板橋集五種　（清）鄭燮撰　清刻本　二冊

330000 – 1715 – 0002344　3446　集部/總集類/彙編之屬

宋詩鈔初集八十四種　（清）呂留良　（清）吳之振　（清）吳爾堯編　清康熙十年(1671)洲錢吳氏鑑古堂刻本　一冊　存二種

330000 – 1715 – 0002345　3406　集部/別集類/清別集

查吟集四卷　（明）朱維熊撰　清刻本　二冊

330000 – 1715 – 0002346　3152　史部/地理類/總志之屬/通代

讀史方輿紀要一百三十卷輿圖要覽四卷　(清)顧祖禹撰　清敷文閣刻本　六十四冊

330000 – 1715 – 0002347　3484　集部/總集類/郡邑之屬

平昌詩鈔四卷首一卷末一卷　（清）陳世修編　清雍正刻本　三冊　存四卷(首、一至三)

330000 – 1715 – 0002348　3185　史部/編年類/通代之屬

御批歷代通鑑輯覽一百二十卷　（清）傅恒等撰　清嘉慶五年(1800)江寧布政使司衙門刻本　四十七冊　缺三卷(三至五)

330000 – 1715 – 0002349　3339　集部/別集類/宋別集

東坡先生全集七十五卷　（宋）蘇軾撰　明末金閶寶翰樓刻本　二十八冊

330000 – 1715 – 0002350　3264　子部/天文曆算類/天文之屬

御製曆象考成上編十六卷下編十卷後編十卷表十六卷　（清）允祿　（清）允祉纂修　清雍正刻乾隆增修本　二十七冊

330000－1715－0002351　3104　史部/紀傳類/別史之屬

弘簡錄二百五十四卷　（明）邵經邦撰　**續弘簡錄元史類編四十二卷**　（清）邵遠平撰　清康熙二十七年（1688）刻清乾隆重修本　八十冊

330000－1715－0002352　3244　子部/雜著類/雜考之屬

困學紀聞二十卷　（宋）王應麟撰　（清）閻若璩箋　（清）何焯評　清乾隆桐鄉汪垕桐華書塾刻本　六冊

330000－1715－0002353　3522、3524　集部/總集類/選集之屬/斷代

同館試律彙鈔二十四卷續鈔十二卷補鈔二卷　（清）韋謙恒　（清）吳省欽等輯　（清）法式善編　清刻本　十六冊　缺一卷(彙鈔三)

330000－1715－0002354　3245　子部/雜著類/雜考之屬

校訂困學紀聞三箋二十卷　（宋）王應麟撰（清）閻若璩等箋　（清）屠繼序校補　清嘉慶十二年（1807）刻本　四冊

330000－1715－0002355　3146　史部/史抄類

史緯三百三十卷首一卷　（清）陳允錫撰　清康熙三十年（1691）陳允錫當湖刻三十三年（1694）陳善申江續刻雍正湖海樓印本　一百十九冊　缺四卷(五十七至五十九、七十一)

330000－1715－0002356　3358　集部/別集類/宋別集

宋黃文節公文集三十二卷外集二十四卷別集十九卷首四卷　（宋）黃庭堅撰　**黃青社先生伐檀集二卷**　（宋）黃庶撰　清乾隆三十年（1765）江右寧州緝香堂刻本　二十八冊

330000－1715－0002357　3344、3345　集部/別集類/宋別集

黃詩全集五十八卷　（宋）黃庭堅撰　清乾隆五十四年（1789）南康謝氏樹經堂刻本　十六冊

330000－1715－0002358　3429　集部/別集類/清別集

借樹山房詩鈔八卷　（清）陳慶槐撰　清刻本　二冊

330000－1715－0002359　3430　集部/別集類/清別集

停雲軒古詩鈔二卷　（清）何經愉撰　清嘉慶十一年（1806）刻本　一冊

330000－1715－0002360　3428　集部/別集類/清別集

九曲山房詩鈔十六卷　（清）宗聖垣撰　清嘉慶五年（1800）刻本　一冊　存四卷(九至十二)

330000－1715－0002361　3425　類叢部/叢書類/自著之屬

甌北全集八種　（清）趙翼撰　清乾隆至嘉慶湛貽堂刻本　七冊　存一種

330000－1715－0002362　3369　集部/別集類/明別集

震川先生集三十卷別集十卷附錄一卷補編一卷　（明）歸有光撰　（清）歸莊校勘　（清）錢謙益選定　（清）歸玠編輯　清康熙十年至十四年（1671－1675）常熟歸莊、歸玠等刻本　十冊

330000－1715－0002363　3196　子部/儒家類/儒學之屬/性理

淵鑒齋御纂朱子全書六十六卷　（清）李光地等纂修　清康熙刻本　三十六冊

330000－1715－0002364　3434　集部/別集類/清別集

樗菴存藁五卷　（清）蔣學鏞撰　清刻本　一冊

330000－1715－0002365　3432　集部/別集類/清別集

自怡集二十四卷　（清）陳景傅撰　清刻本　三冊　缺四卷(一至四)

330000－1715－0002366　3431　集部/詩文評類/詩評之屬

一樽酒軒詩鈔八卷　（清）涂日燿撰　清嘉慶刻本　三冊　存六卷（一至四、七至八）

330000－1715－0002367　3445　集部/別集類/清別集

漁洋山人精華錄箋注十二卷補一卷附年譜一卷　（清）王士禎撰　（清）金榮箋注　（清）徐淮纂輯　清康熙五十一年（1712）鳳翙堂刻本　六冊

330000－1715－0002368　3228　子部/儒家類/儒學之屬/性理

西山先生真文忠公讀書記四十卷　（宋）真德秀撰　清乾隆四年（1739）刻本　四十冊

330000－1715－0002369　3387－1　集部/別集類/清別集

玉華集十二卷　（清）趙弘恩撰　清雍正十二年（1734）刻本　四冊

330000－1715－0002370　3384　集部/別集類/清別集

思綺堂文集十卷　（清）章藻功撰　清康熙六十一年（1722）聚錦堂刻本　十冊　缺二卷（一、六）

330000－1715－0002371　3435　集部/總集類/郡邑之屬

吳會英才集二十四卷　（清）畢沅輯　清道光刻本　四冊

330000－1715－0002372　3387－2　史部/詔令奏議類/奏議之屬

玉華堂楚南疏稿一卷兩江疏稿一卷兩江批案一卷兩江示稿一卷　（清）趙弘恩撰　清雍正刻本　三冊

330000－1715－0002373　3433　集部/別集類/清別集

雨覽集不分卷　（清）王□撰　清刻本　一冊

330000－1715－0002374　3192、3581　類叢部/叢書類/彙編之屬

唐宋叢書九十二種　（明）鍾人傑　（明）張遂辰編　明末刻說郛及說郛續重編印本　二十四冊　存六十三種

330000－1715－0002375　3340　集部/別集類/宋別集

東坡先生編年詩五十卷　（宋）蘇軾撰　（清）查慎行補註　東坡先生年表一卷　清乾隆二十六年（1761）香雨齋刻本　十四冊

330000－1715－0002376　3367　類叢部/叢書類/彙編之屬

武英殿聚珍版書一百三十八種　清乾隆四十二年（1777）福建刻道光至同治遞修光緒二十一年（1895）增刻本　八冊　存一種

330000－1715－0002377　3341　集部/別集類/宋別集

東坡先生詩集註三十二卷　（宋）蘇軾撰（宋）王十朋集註　清刻本　二冊　存五卷（一至五）

330000－1715－0002378　3359　集部/別集類/宋別集

朱子詩鈔四卷文鈔二十卷　（宋）朱熹撰（清）杜庭珠輯　清康熙二十七年（1688）采山亭刻本　七冊　缺三卷（文鈔一至三）

330000－1715－0002379　3410　類叢部/叢書類/自著之屬

經韻樓叢書（段氏叢書）十一種　（清）段玉裁撰　清乾隆至道光金壇段氏刻彙印本　三冊　存一種

330000－1715－0002380　3394　集部/別集類/清別集

曝書亭集詩註二十四卷　（清）朱彝尊撰（清）楊謙注　年譜一卷　（清）楊謙撰　清楊氏木山閣刻本（卷二十三至二十四原缺）八冊

330000－1715－0002381　3409　集部/別集類/清別集

泊鷗山房集三十八卷　（清）陶元藻撰　清嘉慶十八年（1813）刻本　十三冊　缺五卷（二十二至二十三、三十二至三十四）

330000－1715－0002382　3481　集部/總集類/選集之屬/通代

唐宋八家文讀本三十卷 （清）沈德潛輯　清乾隆十五年(1750)小欝林刻本　八冊　缺八卷(一至四、十一至十二、十六至十七)

330000－1715－0002383　3427　集部/別集類/清別集

有正味齋駢體文二十四卷續集八卷詩集十六卷詩續集八卷詞集八卷詞續集二卷詞外集二卷外集五卷 （清）吳錫麒撰　清嘉慶十三年(1808)刻本　十五冊

330000－1715－0002384　3482　集部/總集類/選集之屬/斷代

全五代詩一百卷補遺一卷 （清）李調元輯　清刻本　九冊　存四十三卷(二至二十二、三十一至三十五、八十四至一百)

330000－1715－0002385　3411　集部/別集類/清別集

御製文初集三十卷目錄二卷 （清）高宗弘曆撰　清乾隆二十九年(1764)刻本　八冊

330000－1715－0002386　3412　集部/別集類/清別集

御製文二集四十四卷目錄二卷 （清）高宗弘曆撰　清乾隆內府刻本　十二冊

330000－1715－0002387　3469　集部/總集類/選集之屬/通代

御定歷代題畫詩類一百二十卷 （清）陳邦彥輯　清康熙四十六年(1707)內府刻本　十冊　存六十三卷(五十八至一百二十)

330000－1715－0002388　3470　集部/總集類/選集之屬/斷代

御訂全金詩增補中州集七十二卷首二卷 （金）元好問輯　（清）郭元釪補輯　清康熙五十年(1711)內府刻乾隆五十四年(1789)西爽閣刻本　十七冊　存五十二卷(十一至十三、十七至四十一、四十六至五十二、五十六至七十二)

330000－1715－0002389　3471　集部/總集類/選集之屬/通代

御選唐宋文醇五十八卷 （清）高宗弘曆輯

（清）允祿監理　清刻本　十冊　存二十八卷(一至二十八)

330000－1715－0002390　3421　類叢部/叢書類/自著之屬

清獻堂全編八種 （清）趙佑撰　清乾隆刻本　二十二冊　存五種

330000－1715－0002391　3407　集部/別集類/清別集

敬業堂詩集五十卷 （清）查慎行撰　清康熙五十八年(1719)刻雍正增刻本　十二冊

330000－1715－0002392　3393　集部/別集類/清別集

曝書亭集八十卷附錄一卷 （清）朱彝尊撰

笛漁小稾十卷 （清）朱昆田撰　清康熙五十三年(1714)朱稻孫刻雍正印本　十二冊

330000－1715－0002393　3342　集部/別集類/宋別集

蘇文忠詩合註五十卷首一卷目錄一卷 （宋）蘇軾撰　（清）馮應榴輯　清乾隆五十八年(1793)桐鄉馮氏踵息齋刻本　十八冊　存三十七卷(一至二十二、三十六至五十)

330000－1715－0002394　3234　子部/醫家類/方書之屬/單方驗方

孫真人千金方衍義三十卷 （唐）孫思邈撰　（清）張璐衍義　清嘉慶六年(1801)掃葉山房刻本　二十三冊　缺一卷(三)

330000－1715－0002395　3497　集部/別集類/清別集

嶺南林睡廬詩選二卷 （清）林良銓撰　清詠春堂刻本　一冊　存一卷(一)

330000－1715－0002396　3493、3494　集部/總集類/選集之屬/通代

五朝詩別裁集 （清）□□輯　清刻本　六冊　存二種

330000－1715－0002397　3551　子部/雜著類/雜纂之屬

醒園錄二卷 （清）李化楠撰　清刻本　一冊　存一卷(一)

330000 – 1715 – 0002398　3509　集部/總集類/選集之屬/斷代

唐詩別裁集十卷　（清）沈德潛輯　清康熙刻本　四冊

330000 – 1715 – 0002399　3508　集部/總集類/通代之屬

漢魏別解四十七種　（明）黃澍　（明）葉紹泰輯編　明崇禎香谷山房刻本　十冊　存二十九種

330000 – 1715 – 0002400　3507　集部/總集類/選集之屬/通代

歷朝賦楷八卷首一卷　（清）王修玉輯　清文盛堂刻本　一冊　缺六卷（三至八）

330000 – 1715 – 0002401　3506　類叢部/叢書類/彙編之屬

武英殿聚珍版書一百三十八種　清刻本　二冊　存一種

330000 – 1715 – 0002402　3502　類叢部/叢書類/自著之屬

杭大宗七種叢書　（清）杭世駿撰　清刻彙印本　四冊

330000 – 1715 – 0002403　3503、3552　集部/別集類/清別集

邵子湘全集三十卷　（清）邵長蘅撰　清康熙刻本　七冊　存二十一卷（青門簏稿三至六、十至十六,邵氏家錄一至二,旅稿五至六,青門賸稿一至六）

330000 – 1715 – 0002404　3232　子部/醫家類/本草之屬/歷代綜合本草

本草綱目五十二卷圖三卷瀕湖脈學一卷奇經八脈攷一卷脈訣攷證一卷　（明）李時珍撰　清刻本　四十冊

330000 – 1715 – 0002405　3499、3500　集部/總集類/郡邑之屬

兩浙輶軒錄四十卷補遺十卷　（清）阮元輯　清嘉慶仁和朱氏碧溪草堂錢塘陳氏種榆仙館刻本　二十四冊

330000 – 1715 – 0002406　3485　集部/總集類/選集之屬/通代

文選十三種四十五卷　（清）張道緒評　清嘉慶十六年(1811)人境軒刻本　十九冊　缺二卷(管子三至四)

330000 – 1715 – 0002407　3003、3004、3496、3501　類叢部/叢書類/彙編之屬

古文七種附一種　（清）儲欣選評　清受祉堂刻本　三十冊　存七種

330000 – 1715 – 0002408　3495　集部/總集類/郡邑之屬

嶺南三大家詩選二十四卷　（清）王隼譔　清康熙刻本　五冊　缺四卷(十二至十五)

330000 – 1715 – 0002409　3490　集部/總集類/選集之屬/斷代

宋四名家詩　（清）周之鱗　（清）柴升編　清康熙刻本　八冊

330000 – 1715 – 0002410　3492　集部/總集類/選集之屬/斷代

明人詩鈔正集十四卷續集十四卷　（清）朱琰輯　清乾隆二十五年(1760)樊桐山房刻本　五冊　缺十三卷(正集一至四、十三至十四,續集一至三、八、十二至十四)

330000 – 1715 – 0002411　3578　史部/傳記類/總傳之屬/姓名

史姓韻編六十四卷　（清）汪輝祖撰　清乾隆五十五年(1790)雙節堂刻本　十六冊

330000 – 1715 – 0002412　3504　集部/總集類/選集之屬/通代

文選六十卷　（南朝梁）蕭統輯　（唐）李善注　（清）何焯評　清刻朱墨套印本　三冊　存十四卷(十八至二十二、二十八至三十一、五十六至六十)

330000 – 1715 – 0002413　3487、3488　集部/總集類/選集之屬/斷代

西漢文二十卷東漢文二十卷　（明）張采輯　明崇禎六年(1633)刻本　十四冊　存二十六卷(西漢文十至二十,東漢文一、四至十三、十六至十七、十九至二十)

330000－1715－0002414　3486　集部/總集類/選集之屬/通代

文選瀹註三十卷　（南朝梁）蕭統輯　（明）孫鑛評　（明）閔齊華注　明末烏程閔氏刻清康熙柯維楨重修本　十二冊

330000－1715－0002415　3463　集部/別集類/清別集

御製詩初集四十四卷目錄四卷二集九十卷目錄十卷三集一百卷目錄十二卷　（清）高宗弘曆撰　清刻本　十三冊　存六十三卷（初集目錄一至四,詩十九至二十五、二十八至三十、三十二至三十三、三十五至四十七、五十至五十五、五十七至五十八、六十至六十二、六十八至七十七、八十二至八十五,二集目錄一至九）

330000－1715－0002416　3263　子部/天文曆算類/天文之屬

管窺輯要八十卷　（清）黃鼎撰　清順治十二年(1655)刻本　四十冊

330000－1715－0002417　3181　史部/紀傳類/正史之屬

重刊二十四史　清同治八年(1869)嶺南菷古堂刻本　八百三十冊

330000－1715－0002418　3274、3275、3276、3277、3278、3279、3280、3281、3282、3283、3284、3285、3286、3287、3288、3289、3290、3291、3292、3293、3294、3295、3296、3297、3298、3299、3300、3301、3302、3303、3304、3305、3306、3307、3308、3309、3310、3311、3312、3313、3314　子部/宗教類/佛教之屬/大藏

頻伽精舍校刊大藏經　釋宗仰等輯　清宣統元年至民國二年(1909－1913)迦陵羅詩氏頻伽精舍上海鉛印本　四百十四冊

330000－1715－0002419　3526　集部/詩文評類/文評之屬

文心雕龍十卷　（南朝梁）劉勰撰　（清）黃叔琳輯注　清乾隆六年(1741)北平黃氏養素堂刻本　四冊

330000－1715－0002420　3525　集部/總集類/選集之屬/斷代

元詩選六卷補遺一卷　（清）顧奎光輯　（清）陶瀚　（清）陶玉禾評　清乾隆十六年(1751)刻本　四冊

330000－1715－0002421　3513　集部/總集類/選集之屬/通代

昭明選詩初學讀本四卷　（清）孫人龍輯　清乾隆四年(1739)刻本　一冊　存二卷(三至四)

330000－1715－0002422　3523　集部/總集類/選集之屬/斷代

同館試律續鈔二集□□卷　（清）蔣立鏞　（清）邱家煒　（清）王家相輯　清刻本　二冊　存二卷(一至二)

330000－1715－0002423　3514　集部/總集類/郡邑之屬

國朝杭郡詩輯十六卷　（清）吳顥輯　清嘉慶五年(1800)錢塘吳氏守惇堂刻本　四冊　存八卷(一至二、五至六、九至十、十三至十四)

330000－1715－0002424　3533　集部/詩文評類/詩評之屬

吳興詩話十六卷首一卷　（清）戴璐撰　清嘉慶二年(1797)石鼓齋刻本　二冊

330000－1715－0002425　3527　集部/總集類/選集之屬/斷代

山滿樓箋註唐詩七言律六卷　（清）趙臣瑗輯　清山滿樓刻本　六冊

330000－1715－0002426　3515　集部/總集類/選集之屬/斷代

本朝館閣詩二十卷附錄一卷　（清）阮學浩　（清）阮學濬輯　**續附錄一卷**　（清）阮芝生　（清）阮葵生　（清）曹文植輯　清乾隆二十三年(1758)困學書屋刻本　七冊　存十三卷(一至十一、十四至十五)

330000－1715－0002427　3543、3549、3550、3553　類叢部/叢書類/彙編之屬

正誼堂全書□□種　（清）張伯行編　清康熙

刻本　五冊　存四種

330000－1715－0002428　3569　類叢部/類書類/通類之屬

玉海二百四卷附刻辭學指南四卷詩考一卷詩地理考六卷漢藝文志考證十卷通鑑地理通釋十四卷漢制考四卷踐阼篇一卷周易鄭康成注一卷姓氏急就篇二卷急就篇補注四卷周書王會補注一卷小學紺珠十卷六經天文編二卷通鑑荅問五卷　（宋）王應麟撰　元刻明清遞修本　六十冊　存二百四卷（玉海一至二百四）

330000－1715－0002429　3516、3561　集部/總集類/選集之屬/斷代

本朝館閣賦前集十二卷　（清）葉抱崧　（清）程洵等輯　本朝館閣賦後集七卷補遺一卷附錄一卷　（清）周日漣　（清）程琰等輯　稻香樓試帖二卷　（清）程琰撰　清乾隆二十九年（1764）、三十三年（1768）困學齋刻本　十一冊

330000－1715－0002430　3555　集部/別集類/清別集

螢照閣集十六卷首一卷　（清）車騰芳撰　清乾隆二十年（1755）近溪山房刻本　二冊　存六卷（首,一至二、九至十一）

330000－1715－0002431　3535、3537、3538　集部/詞類/總集之屬

詞綜三十八卷　（清）朱彝尊輯　（清）汪森增定　（清）柯崇樸編次　（清）周篔辨譌（清）王昶補纂　明詞綜十二卷國朝詞綜四十八卷國朝詞綜二集八卷　（清）王昶輯　清刻本　十三冊　缺四十一卷（詞綜二十四至二十八、三十三至三十八,國朝詞綜一至二十二、三十六、四十二至四十八）

330000－1715－0002432　3544　集部/別集類/清別集

近思堂詩不分卷顧曲亭詞一卷　（清）周在建撰　清康熙五十四年（1715）刻本　一冊　缺一卷（顧曲亭詞）

330000－1715－0002433　3540、3541　集部/總集類/彙編之屬

宋詩鈔初集八十四種　（清）呂留良　（清）吳之振　（清）吳爾堯編　清康熙十年（1671）洲錢吳氏鑑古堂刻本　二冊　存八種

330000－1715－0002434　3559　集部/總集類/選集之屬/通代

紫陽方先生瀛奎律髓四十九卷　（元）方回編　清康熙四十九年（1710）吳郡陳士泰刻本　二冊　存十三卷（二十四至二十六、三十至三十九）

330000－1715－0002435　3505、3554　集部/總集類/選集之屬/通代

崇正文選十二卷　（明）施策輯　明萬曆三十八年（1610）瞿汝說刻本　四冊　存四卷（二、五、十一至十二）

330000－1715－0002436　3528　集部/詩文評類/詩評之屬

全唐詩話八卷　（宋）尤袤輯　（清）孫濤續輯　清乾隆三十九年（1774）清芬堂刻本　三冊　存六卷（一至四、七至八）

330000－1715－0002437　3530　集部/詩文評類/詩評之屬

陶詩彙評四卷東坡和陶合箋四卷　（晉）陶潛（宋）蘇軾撰　（清）溫汝能彙評　清嘉慶十二年（1807）聽松閣刻本　二冊

330000－1715－0002438　3536　集部/詞類/詞譜之屬

詞律二十卷　（清）萬樹撰　清康熙萬氏堆絮園刻保滋堂印本　八冊　缺四卷（三至四、八至九）

330000－1715－0002439　3517　集部/總集類/選集之屬/斷代

唐詩貫珠六十卷　（清）胡以梅輯並箋釋　清康熙五十四年（1715）蘇州胡氏素心堂刻本　八冊　存二十五卷（三十六至六十）

330000－1715－0002440　3083、3084　經部/叢編

五經四子書 （清）□□輯 清恕堂刻本 二十六冊 存七種

330000－1715－0002441 3573 類叢部/類書類/通類之屬

讀書紀數略五十四卷 （清）宮夢仁輯 清康熙四十六年至四十七年(1707－1708)維揚宮夢仁刻本 十冊

330000－1715－0002442 3575 類叢部/叢書類/自著之屬

四六全書五種 （明）李日華撰 明崇禎武林魯重民刻本 四冊 存一種

330000－1715－0002443 3579 類叢部/類書類/通類之屬

增補註釋故事白眉十卷 （明）許以忠輯 清雍正十三年(1735)素位堂刻本 五冊

330000－1715－0002444 3572 類叢部/類書類/通類之屬

蘭雪堂古事苑定本十二卷 （清）鄧志謨輯 清康熙二十五年(1686)蘭雪堂刻本 六冊

330000－1715－0002445 3585 類叢部/叢書類/彙編之屬

函海一百五十二種 （清）李調元編 清乾隆綿州李氏萬卷樓刻嘉慶十四年(1809)李鼎元、道光五年(1825)李朝夔重校補刻本 一百五十三冊 存一百四十八種

330000－1715－0002446 3577 類叢部/類書類/通類之屬

重訂廣事類賦四十卷 （清）華希閔撰 清乾隆三十五年(1770)刻本 八冊

330000－1715－0002447 3576 類叢部/類書類/通類之屬

事類賦三十卷 （宋）吳淑撰並注 清乾隆三十五年(1770)劍光閣刻本 四冊

330000－1715－0002448 3472 集部/總集類/選集之屬/通代

御選唐宋詩醇四十七卷目錄二卷 （清）高宗弘曆輯 清乾隆二十五年(1760)紫陽書院刻本 二十四冊

330000－1715－0002449 3391 集部/總集類/氏族之屬

寧都三魏全集八十三卷 （清）林時益編 清康熙易堂刻本 三十六冊

330000－1715－0002450 3323 集部/別集類/宋別集

晦庵先生朱文公文集一百卷續集五卷別集七卷目錄二卷 （宋）朱熹撰 （清）臧眉錫等訂 清康熙二十七年(1688)蔡方炳刻本 三十冊

330000－1715－0002451 3396 類叢部/叢書類/自著之屬

李文貞公全集三十九種 （清）李光地撰 清乾隆元年(1736)李清植刻嘉慶六年(1801)補刻本 八十冊 存三十五種

330000－1715－0002452 3235 子部/醫家類/類編之屬

六科證治準繩七種 （明）王肯堂撰 清九思堂刻本 四十八冊 存五種

330000－1715－0002453 3475 集部/總集類/選集之屬/通代

文苑英華選六十卷 （清）宮夢仁輯 清康熙刻本 二十四冊

330000－1715－0002454 3474 集部/總集類/選集之屬/通代

樂府詩集一百卷目錄二卷 （宋）郭茂倩輯 明崇禎虞山毛氏汲古閣刻本 十六冊

330000－1715－0002455 3395 類叢部/叢書類/自著之屬

西河合集一百十九種 （清）毛奇齡撰 清康熙李塨等刻本 六十六冊 存八十三種

330000－1715－0002456 3155 史部/地理類/總志之屬/斷代

大清一統志四百二十四卷 （清）和珅等纂修 清刻本 一百四十一冊 缺六十二卷(二百九十一至三百二十三、三百四十一至三百四十二、三百六十八至三百八十三、三百九十二至四百二)

330000－1715－0002457　3479　集部/總集類/選集之屬/通代

漢魏六朝一百三家集（漢魏六朝百三名家集）
（明）張溥編　清刻本　六十冊　存七十七種

330000－1715－0002458　3510　集部/總集類/選集之屬/斷代

元詩選初集一百十四卷二集一百三卷三集一百三卷首一卷　（清）顧嗣立輯　清康熙三十三年(1694)顧氏秀野草堂刻本　四十冊　缺一百三卷(三集一至一百三)

330000－1715－0002459　3511　集部/總集類/彙編之屬

宋詩鈔初集八十四種　（清）呂留良　（清）吳之振　（清）吳爾堯編　清康熙十年(1671)洲錢吳氏鑑古堂刻本　十六冊　存五十三種

330000－1715－0002460　3464　集部/總集類/選集之屬/通代

古文淵鑒六十四卷　（清）徐乾學等輯注　清淵鑒齋刻本　四十八冊

330000－1715－0002461　3512　集部/總集類/選集之屬/通代

秦漢文歸三十卷　（明）鍾惺輯並評　明末古香齋刻本　二十四冊

330000－1715－0002462　3468　集部/總集類/選集之屬/通代

佩文齋詠物詩選四百八十六卷　（清）汪霦等輯　清康熙四十六年(1707)內府刻本　三十二冊

330000－1715－0002463　3465　集部/總集類/選集之屬/通代

御定歷代賦彙一百四十卷外集二十卷逸句二卷補遺二十二卷目錄三卷　（清）陳元龍輯　清康熙四十五年(1706)內府刻本　八十冊

330000－1715－0002464　3480　集部/總集類/選集之屬/通代

歷代古文國瑋集一百四十一卷　（明）方岳貢輯　明末刻本　二十四冊　存九十四卷(西

漢五至十四,東漢一至八,三國一至六,晉五至十,南朝宋一至四,南齊一,南梁一至三,南陳一,魏一,唐一至九、十四至二十一、二十五至二十八,宋一至三十三)

330000－1715－0002465　3518　集部/總集類/選集之屬/通代

山曉閣選古文全集三十二卷　（清）孫琮輯並評　清刻本　十六冊

330000－1715－0002466　3565　類叢部/類書類/專類之屬

子史精華一百六十卷　（清）吳士玉　（清）吳襄等輯　清乾隆五十五年(1790)張松孫刻本　四十八冊

330000－1715－0002467　3467　集部/總集類/選集之屬/斷代

欽定全唐文一千卷目錄三卷　（清）董誥等輯　清嘉慶十九年(1814)內府刻本　二百二十九冊　缺六十八卷(八至十、九十至九十四、二百七十至二百七十三、二百九十四至三百二、三百六十一至三百六十二、四百四十四至四百四十七、四百六十至四百六十四、四百六十五至四百九十二、五百二十三至五百二十六、八百五十三至八百五十六)

330000－1715－0002468　3521　集部/總集類/選集之屬/通代

同館賦鈔三十二卷　（清）法式善編　清嘉慶刻本　二十一冊

330000－1715－0002469　3478　集部/總集類/選集之屬/通代

唐宋八大家文鈔一百六十四卷　（明）茅坤編　清刻本　二十四冊

330000－1715－0002470　3529　集部/詩文評類/詩評之屬

宋詩紀事一百卷　（清）厲鶚　（清）馬曰琯輯　清乾隆十一年(1746)厲氏樊榭山房刻本　二十四冊　缺二十四卷(二十二至二十三、二十七至三十二、四十九至五十三、七十四至八十、八十八至九十一)

330000－1715－0002471　3476　集部/詩文評類/文評之屬

文章軌範七卷　（宋）謝枋得輯　清乾隆四十年(1775)刻本　二冊

330000－1715－0002472　3519　集部/總集類/選集之屬/斷代

山曉閣選明文全集二十四卷續集八卷　（清）孫琮輯並評　清康熙十六年(1677)、二十一年(1682)文雅堂刻本　十六冊

330000－1715－0002473　3477　集部/總集類/選集之屬/通代

瀛奎律髓刊誤四十九卷　（元）方回輯　（清）紀昀勘誤　清嘉慶五年(1800)侯官李光垣雙桂堂刻本　七冊　缺十六卷(五至十、四十至四十九)

330000－1715－0002474　3466　集部/總集類/選集之屬/斷代

全唐詩九百卷目錄十二卷　（清）曹寅等輯　清康熙刻本　一百十冊　缺七十三卷(一至九、三百七十二至四百三十、五百三十九至五百四十一、七百七十五至七百七十六)

330000－1715－0002475　3182、3184、3574　史部/傳記類/總傳之屬/姓名

古今萬姓統譜一百四十卷歷代帝王姓系統譜六卷氏族博攷十四卷　（明）凌迪知輯　明萬曆刻本　二十二冊　缺六卷(氏族博攷一至六)

330000－1715－0002476　3564　類叢部/類書類/專類之屬

分類字錦六十四卷　（清）何焯等纂　清康熙刻本　六十四冊

330000－1715－0002477　3570　類叢部/類書類/專類之屬

格致鏡原一百卷　（清）陳元龍撰　清康熙五十六年(1717)刻雍正十三年(1735)印本　二十四冊

330000－1715－0002478　3562　類叢部/類書類/通類之屬

淵鑑類函四百五十卷目錄四卷　（清）張英（清）王士禎等輯　清康熙清吟堂刻本　一百九十八冊　缺七卷(六十、二百六十九至二百七十二、四百二十至四百二十一)

330000－1715－0002479　3563　類叢部/類書類/通類之屬

御定駢字類編二百四十卷　（清）吳士玉（清）沈宗敬等奉敕輯　清雍正刻本　一百十八冊　缺四卷(八十五至八十八)

330000－1715－0002480　3571　類叢部/類書類/通類之屬

天中記六十卷　（明）陳耀文輯　明刻本　四十六冊　缺二卷(五、十)

330000－1715－0002481　3568　類叢部/類書類/專類之屬

佩文韻府一百六卷　（清）張玉書　（清）蔡升元等輯　**韻府拾遺一百六卷**　（清）汪灝（清）何焯等輯　清康熙至雍正刻本　三十二冊　存一百六卷(佩文韻府一至一百六)

330000－1715－0002482　3584　類叢部/叢書類/彙編之屬

岱南閣叢書五種　（清）孫星衍編　清嘉慶三年(1798)蘭陵孫氏沇州刻本　八冊

330000－1715－0002484　3590　類叢部/叢書類/彙編之屬

朱文端公藏書十三種　（清）朱軾撰輯　清康熙至乾隆刻彙印本　十九冊　存五種

330000－1715－0002485　3589　類叢部/叢書類/彙編之屬

藝海珠塵二百六種　（清）吳省蘭編　清嘉慶南匯吳氏聽彝堂刻道光三十年(1850)金山錢氏漱石軒增刻重印本　四十二冊　存一百二種

330000－1715－0002486　3588　類叢部/叢書類/彙編之屬

藝海珠塵二百六種　（清）吳省蘭編　清嘉慶南匯吳氏聽彝堂刻本　五十四冊　存一百六十四種

330000－1715－0002487　3587　類叢部/叢書類/輯佚之屬

漢魏遺書鈔一百四種　（清）王謨輯　清嘉慶三年(1798)金谿王氏刻本　二十四冊　存一百三種

330000－1715－0002488　3586　類叢部/叢書類/彙編之屬

正誼堂全書□□種　（清）張伯行編　清康熙刻本　三十五冊　存十八種

330000－1715－0002489　3582　類叢部/叢書類/彙編之屬

知不足齋叢書一百九十六種　（清）鮑廷博編　（清）鮑士恭續編　清乾隆三十七年至道光三年(1772－1823)長塘鮑氏刻彙印本　二百十五冊　存一百八十一種

330000－1715－0002490　3583　類叢部/叢書類/彙編之屬

抱經堂叢書十六種　（清）盧文弨編　清乾隆至嘉慶刻彙印本　四十九冊　存十一種

330000－1715－0002491　3598　經部/叢編

五經正文　清刻本　十五冊　存十九卷(監本詩經便蒙正文一、四至五,藜照樓書經正文一至四、藜照樓禮記正文一至六、三元堂易經一至二、三益齋春秋正文一至四)

330000－1715－0002492　3606　史部/傳記類/總傳之屬/家乘

[浙江餘姚]餘姚戚氏宗譜十六卷首一卷末一卷　（清）戚炳輝等纂修　清光緒二十五年(1899)敦倫堂木活字印本　十六冊

330000－1715－0002493　3566　類叢部/類書類/專類之屬

佩文韻府一百六卷　（清）張玉書　（清）蔡升元等輯　韻府拾遺一百六卷　（清）汪灝（清）何焯等輯　清康熙五十年(1711)內府刻本　九十六冊　存一百六卷(佩文韻府一至一百六)

330000－1715－0002494　3597　史部/地理類/方志之屬/郡縣志

[光緒]餘姚縣志二十七卷首一卷末一卷（清）周炳麟修　（清）邵友濂　（清）孫德祖纂　清光緒二十五年(1899)刻本　十六冊

330000－1715－0002496　3605　經部/四書類/總義之屬/文字音義

較正監韻分章分節四書正文六卷　（清）陳豸（清）顏茂猷較正　清光緒三十年(1904)點石齋石印本　六冊

330000－1715－0002497　3596　經部/四書類/總義之屬/文字音義

較正監韻分章分節四書正文六卷　（清）陳豸（清）顏茂猷較正　清光緒三十年(1904)點石齋石印本　六冊

330000－1715－0002498　3599　史部/傳記類/總傳之屬/家乘

[浙江象山]吳越錢氏象派宗譜五十六卷首一卷　（清）錢賢方等主修　（清）錢沃臣纂修　清嘉慶十九年(1814)木活字印本　十一冊缺十五卷(三至十二、二十一至二十三、五十一至五十二)

330000－1715－0002499　3580　類叢部/叢書類/彙編之屬

增訂漢魏叢書八十六種　（清）王謨編　清乾隆五十六年(1791)金谿王氏刻本　八十四冊存七十七種

慈溪市圖書館古籍普查登記目録

全國古籍普查登記目録·浙江寧波

國家圖書館出版社
National Library of China Publishing House

《慈溪市圖書館古籍普查登記目録》

主　編：余巨平

编　委：應燕娜

《慈溪市圖書館古籍普查登記目録》

前　言

　　慈溪市圖書館成立於 1956 年，立館之時并無古籍入藏。2001 年本館購入《四庫全書》《續修四庫全書》《清代詩文集彙編》等名典，但均爲古籍影印本。2005 年新館落成後得到諸多鄉賢的熱心捐贈，至此始有古籍入藏。2010 年開始我館購入多部古籍以充實地方文獻藏書，館藏古籍日益增多。本館古籍采編入庫後散藏於不同藏書室，没有編過專門的古籍目録。

　　2007 年浙江省古籍普查工作正式啓動，本館作爲古籍收藏單位參與其中，在省館的統一組織、培訓下，普查工作有序推進。2015 年底，本館完成了館藏 1949 年 10 月以前傳統裝幀書籍的普查登記工作。

　　本館通過普查，點清館藏古籍 35 部，全部收入本目録，館藏古籍數量不多，但頗具特色。一、古籍中地方文獻有 14 部，如清光緒六年《東嶽聖帝回生寶訓》一卷爲慈邑周敬志善堂刻本；清光緒石印本《泰西各國名人言行録》十六卷爲慈溪張兆蓉編纂；《隨園詩話》《音註小倉山房尺牘》《小倉山房文集》的作者袁枚祖籍爲慈溪等。二、古籍大多爲慈溪籍知名人士捐贈，如俗文學家路工先生贈書 9 部；著名美術理論家、國畫畫家嚴摩罕先生贈書 5 部；國醫大師裘沛然先生贈書 3 部。

　　本館在點清家底的同時，對館藏傳統裝幀書籍進行了統一的歸置和整理，設立了專門的古籍書架，并制定了古籍管理制度，對其中的地方文獻古籍做了數字化處理。正是得益於普查工作，本館的古籍得到了進一步保護，也爲日後館藏古籍的研究奠定了基礎。但是由於本館專業人員缺乏，工作經驗不足，普查登記的條目信息恐有錯誤、紕漏之處，還望廣大古籍工作同仁及時批評指正。

慈溪市圖書館
2018 年 11 月

330000－1737－0000002　B94/205　子部/宗教類/道教之屬/戒律

東嶽聖帝回生寶訓一卷　清光緒六年(1880)慈邑周敬志善堂刻本　一冊

330000－1737－0000006　史/傳記/8(6)　史部/傳記類/總傳之屬

泰西各國名人言行錄十六卷　（清）張兆蓉輯　清光緒石印本　一冊　存三卷(十四至十六)

330000－1737－0000008　I207.22/258　集部/詩文評類/詩評之屬

隨園詩話十六卷補遺十卷　（清）袁枚撰　清宣統元年(1909)上海鑄記書局石印本　四冊

330000－1737－0000009　集/別集/8　類叢部/叢書類/自著之屬

隨園三十種　（清）袁枚撰　清光緒十八年(1892)上海圖書集成印書局鉛印本　二冊　存一種

330000－1737－0000016　集/總集/18　類叢部/類書類/通類之屬

增廣留青新集二十四卷　（清）伊□□重編（清）沈鼎銘　（清）馮善長校讎　清末上海源記書局石印本　十二冊

330000－1737－0000018　集/39　類叢部/類書類/專類之屬

重編留青新集二十四卷　（清）馮善長輯　清光緒十四年(1888)錫活字印本　十二冊

330000－1737－0000021　集/別集/清/2　集部/別集類/清別集

有正味齋駢體文二十四卷首一卷　（清）吳錫麒撰　（清）王廣業箋　（清）葉聯芬注　清光緒十五年(1889)上海蜚英館石印本　四冊　存二十四卷(一至二十四)

330000－1737－0000022　集/總集/42　集部/總集類/選集之屬/斷代

聽黃鸝館詩賦讀本一卷　（清）宓如椿輯　清刻本　二冊

330000－1737－0000023　集/別集/6　集部/

330000－1737－0000024　集/別集/11　集部/總集類/尺牘之屬

音註小倉山房尺牘八卷　（清）袁枚撰　（清）胡光斗箋釋　清宣統三年(1911)上海掃葉山房石印本　四冊

330000－1737－0000024　集/別集/11　集部/總集類/尺牘之屬

音註小倉山房尺牘八卷　（清）袁枚撰　（清）胡光斗箋釋　清宣統三年(1911)上海掃葉山房石印本　四冊

330000－1737－0000035　子/儒家/1　類叢部/叢書類/自著之屬

黃梨洲遺書十種　（清）黃宗義撰　清光緒三十一年(1905)杭州羣學社石印本　五冊　存一種

330000－1737－0000042　集/別集/12　集部/詩文評類/詩評之屬

隨園詩話十六卷補遺十卷　（清）袁枚撰　清宣統元年(1909)上海鑄記書局石印本　一冊　存四卷(補遺一至四)

330000－1737－0000044　集/別集/4　類叢部/叢書類/自著之屬

隨園三十八種　（清）袁枚撰　清宣統二年(1910)上海鴻文書局石印本　四冊　存一種

330000－1737－0000068　集/別集/7　集部/別集類/清別集

小倉山房文集三十五卷　（清）袁枚撰　清刻本　四冊　存十卷(二十六至三十五)

330000－1737－0000084　集/小說/2　集部/小說類/長篇之屬

屠樓志二十四卷二十四回　（清）庾嶺勞人撰　清刻本　一冊　存三卷(七至九)

330000－1737－0000085　集/曲類/3　集部/曲類/彈詞之屬

新刻五色雲十二卷　清文光堂刻本　一冊　存六卷(一至六)

330000－1737－0000086　集/曲類/2　集部/曲類/曲藝之屬

全德報□□回　（清）韓小窗撰　清光緒十九

年(1893)會文山房石印本　一冊　存三回
(一至三)

330000 – 1737 – 0000088　集/總集/31　集
部/總集類/選集之屬/通代

漢魏六朝一百三家集(漢魏六朝百三名家集)
　(明)張溥編　清刻本　一冊　存一種

330000 – 1737 – 0000090　子/21　子部/小說
家類/異聞之屬

搜神記二卷　(晉)干寶撰　清刻本　一冊
存一卷(上)

330000 – 1737 – 0000092　集/小說/1　集部/
小說類/長篇之屬

繡像七星六煞征南傳四卷四十回後傳四卷四
十回　清末石印本　二冊　存二卷(後傳二
至三)

330000 – 1737 – 0000093　集/小說/3　集部/
小說類/短篇之屬

新選今古奇聞二十二卷　(清)王寅撰　清末
石印本　一冊　存四卷(六至九)

330000 – 1737 – 0000094　集/曲類/1　集部/
曲類/彈詞之屬

新編歷史小說呂布戲貂蟬連環計誅董卓說唱
鼓詞□□卷　清末石印本　一冊　存二卷
(三至四)

330000 – 1737 – 0000096　集/總集/30　集
部/總集類/選集之屬/斷代

故友詩錄十四種附一種　(清)蔡壽祺編　清
同治八年至九年(1869 – 1870)京師瑯嬛別館
刻本　一冊　存二種

330000 – 1737 – 0000110　集/總集/34　集
部/詩文評類/詩評之屬

漁隱叢話前集六十卷後集四十卷　(宋)胡仔
撰　清乾隆五年至六年(1740 – 1741)楊佑啓
耘經樓刻本　二十冊

330000 – 1737 – 0000115　史/政書/4　子部/
雜著類/雜考之屬

讀書雜志八十二卷餘編二卷　(清)王念孫撰
清光緒二十年(1894)上海醉六堂石印本

八冊

330000 – 1737 – 0000120　集/藝術/27　子
部/藝術類/書畫之屬/畫法畫品

桐陰論畫三卷附錄一卷桐陰畫訣一卷續桐陰
論畫一卷　(清)秦祖永撰　清同治三年至六
年(1864 – 1867)刻朱墨套印本　一冊　存二
卷(桐陰論畫一至二)

330000 – 1737 – 0000123　子/雜家/13　子
部/雜著類/雜說之屬

池北偶談二十六卷　(清)王士禛撰　清光緒
二十二年(1896)上海慎記書莊石印本　八冊

330000 – 1737 – 0000129　I264.9/31　子部/
雜著類/雜考之屬

癸巳存稿十五卷　(清)俞正燮撰　清光緒十
年(1884)李宗煝武林刻本　六冊

330000 – 1737 – 0000136　Z126/93　經部/群
經總義類/文字音義之屬

經籍籑詁一百六卷補遺一百六卷首一卷
(清)阮元撰　清嘉慶十七年(1812)揚州阮元
琅嬛仙館刻同治十二年(1873)淮南書局補刻
本　六十四冊

330000 – 1737 – 0000138　D691.5/168、D691.
5/167、K209/117、K209/118　史部/政書類/
通制之屬

九通二千三百二十一卷　(清)□□輯　清光
緒二十八年(1902)上海鴻寶書局石印本　一
百三十一冊　存四種

330000 – 1737 – 0000139　K225.044/1、K204.
4/45、K244.04/1、K246.104/1、K246.304/1、
K248.04/1　史部/紀事本末類/通代之屬

九朝紀事本末(歷朝紀事本末)　(清)陳如升
　(清)朱記榮輯　(清)慎記主人增輯　清光
緒二十八年(1902)上海書局石印本　四十冊
　存六種

330000 – 1737 – 0000155　K820.9/290　史
部/傳記類/總傳之屬/家乘

[湖北麻城]夏氏宗譜二十九卷首二卷　夏佩
壬編修　夏蔭桂撰修　清光緒十九年(1893)

詒燕堂刻本　三十一册

330000 - 1737 - 0000159　K820.9/315　史部/傳記類/總傳之屬/家乘

[**江西瑞金**]**易氏家乘**□□**卷**　（清）易用炳（清）易繼佑修　（清）易孚成等纂　清光緒二十一年（1895）睦族堂刻本　三册　存四卷（首、卓字一、福字一、禄字一）

330000 - 1737 - 0000160　K820.9/321　史部/傳記類/總傳之屬/家乘

[**江西南昌**]**羅氏四修族譜**□□**卷**　（清）羅聘珍等纂修　清光緒三十四年（1908）木活字印本　八册　存七卷（首一至二、世系圖一至五）

330000 - 1737 - 0000161　K820.9/323　史部/傳記類/總傳之屬/家乘

[**湖南北鄉**]**趙氏宗譜七卷首一卷**　趙恩惠纂修　清光緒三十四年（1908）三德堂木活字印本　八册

舟山市圖書館古籍普查登記目録

全國古籍普查登記目録·浙江舟山

國家圖書館出版社
National Library of China Publishing House

《舟山市圖書館古籍普查登記目録》
編委會

主　　編：孫國茂

副主編：郭聞鈞

編　　委：岑　映　方　芳　王靈劍

《舟山市圖書館古籍普查登記目錄》

前　言

　　舟山市圖書館是綜合性公共圖書館，原爲定海縣圖書館，成立於 1956 年，建館歷史較短。由於舟山歷史上兩次海禁遷民造成文化斷層，文革、破四舊等運動又給古籍文獻帶來較爲嚴重的破壞，目前市圖書館内收藏的古籍文獻數量較少。

　　2012 年，我們對舟山文化、教育、宗教、衛生、普陀山等系統進行了古籍摸底調查，僅有市圖書館、市博物館、市檔案局、市文化館以及普陀山佛教博物館收藏有部分古籍。其中普陀山佛教博物館收藏的明永樂十五年（1417）《佛説佛名經》一種爲善本古籍，其餘均爲普通古籍。市文化館收藏民國版《四部備要》共計 1881 册，爲我市傳統裝幀書籍藏量最多的單位。

　　本次普查，舟山市圖書館共録入館藏文獻 45 部 372 册，其中 1912 年以前的古籍 25 部 135 册，民國時期的傳統裝幀書 20 部 237 册。由於歷史原因，這些古籍大部分存在不同程度的破損，多數古籍破損程度較輕，爲破皮、斷綫、少量蟲蛀等情況，但也有少量古籍破損程度較重，如霉蝕、粘連、老化等情況。今後，我們將根據古籍情況，對重點古籍進行修復，并建設恒温恒濕庫房，做好古籍的保存工作。

　　在普查過程中，由於工作人員專業知識有限，録入信息可能有誤，請予指正。

舟山市圖書館

2018 年 11 月

330000－4722－0000001　K295.54/725　史部/地理類/方志之屬/郡縣志

[光緒]定海廳志三十卷首一卷　（清）史致馴修　（清）陳僑　（清）黃以周纂　清光緒十年至十一年(1884－1885)黃樹藩刻本　十冊

330000－4722－0000004　K207/110　史部/史評類/史論之屬

古今史論大觀前編十五卷後編十七卷　（清）雷瑨輯　清光緒二十七年(1901)硯耕山莊石印本　九冊　存二十九卷(前編一至十二、後編一至十七)

330000－4722－0000013　B222.25/441　類叢部/叢書類/自著之屬

儆居遺書十一種　（清）黃式三撰　清同治至光緒刻本　十冊　存一種

330000－4722－0000016　R221　子部/叢編

二十二子(二十二子彙函)　（清）浙江書局編　清光緒元年至三年(1875－1877)浙江書局刻本　二冊　存一種

330000－4722－0000018　B222.1/130　經部/四書類/總義之屬/傳說

張謇批選四書義六卷續四書義六卷　張謇撰　清光緒三十年(1904)上海書局石印本　十二冊

330000－4722－0000019　B222.1/130　經部/四書類/總義之屬/傳說

張謇批選四書義六卷續四書義六卷　張謇撰　清光緒三十年(1904)上海書局石印本　五冊　存十卷(四書義一至二、五至六,續四書義一至六)

330000－4722－0000021　B222/110　經部/群經總義類/傳說之屬

張謇批選五經新義六卷　張謇撰　清光緒石印本　六冊

330000－4722－0000022　I276/130　類叢部/類書類/專類之屬

類類聯珠初編三十二卷二編十二卷　（清）李塈編　（清）李椿林增補　清同治九年(1870)

刻本　六冊　存三十五卷(初編一至十八、二十四至三十二,二編四至七、九至十二)

330000－4722－0000023　B222/313　經部/四書類/總義之屬/專著

還讀軒墨選不分卷　（清）馮可錄　（清）馮可鏞評輯　清同治七年(1868)慈谿馮氏刻本　四冊

330000－4722－0000024　B249.9/140　集部/總集類/課藝之屬

格致書院課藝不分卷　（清）王韜編　清光緒弢園石印本　四冊　存癸巳年上、丁亥年、壬辰年下、庚寅年下附辛卯年上

330000－4722－0000025　B221/705　經部/叢編

五經合纂大成　（清）同文書局主人輯　清光緒十一年(1885)廣百宋齋石印本　十五冊　存三十七卷(禮記一至十,周易一至四、首、詩經一至二,春秋四至十六、首、書經一至六)

330000－4722－0000026　H194.1/441　類叢部/叢書類/自著之屬

儆居遺書十一種　（清）黃式三撰　清同治至光緒刻本　四冊　存一種

330000－4722－0000027　B234.992/000　子部/叢編

二十二子(二十二子彙函)　（清）浙江書局編　清光緒元年至三年(1875－1877)浙江書局刻本　一冊　存一種

330000－4722－0000028　B222/110　經部/群經總義類/傳說之屬

張謇批選五經新義六卷　張謇撰　清光緒石印本　一冊　存一卷(五)

330000－4722－0000029　Z121.6/　類叢部/類書類/通類之屬

類腋五十五卷　（清）姚培謙　（清）張卿雲輯　清刻本　十八冊　存四十卷(地部五至十六,人部一至六、十至十五,物部一至十六)

330000－4722－0000033　B942.1/240　子部/宗教類/佛教之屬/經

大方廣佛華嚴經入不思議解脫境界普賢行願品一卷　（唐）釋般若譯　清武進劉翰清刻本　一冊

330000－4722－0000034　B942.1/131　子部/宗教類/佛教之屬/經

三千諸佛名經三卷　（南朝宋）釋疆良耶舍譯　清光緒十九年（1893）南海普陀山刻本　一冊

330000－4722－0000036　I222.749/740　集部/別集類/清別集

白華山人詩集十六卷詩說二卷　（清）厲志撰　清光緒九年（1883）厲學潮刻民國二十五年（1936）浙江省立圖書館印本　四冊

330000－4722－0000037　H163/115　經部/小學類/文字之屬/字書/字典

康熙字典十二集三十六卷總目一卷檢字一卷辨似一卷等韻一卷備考一卷補遺一卷　（清）張玉書等編　清刻本　一冊　存一卷（酉集上）

330000－4722－0000040　B221.2/427　子部/醫家類/醫經之屬/內經

黃帝內經靈樞十二卷　清刻本　一冊　存四卷（一至四）

330000－4722－0000041　B221.2/427　子部/醫家類/醫經之屬/內經

黃帝內經靈樞十二卷　清刻本　二冊　存九卷（四至十二）

330000－4722－0000042　B222.1/330　經部/四書類/總義之屬/傳說

四書合纂大成不分卷　（清）沈祖燕輯　清光緒三十一年（1905）上海鴻寶齋石印本　二冊

330000－4722－0000044　B222.1/820　經部/四書類/總義之屬/傳說

四書合講十九卷　（清）翁復編　清刻本　三冊　存十八卷（中庸、論語一至十、孟子一至七）

330000－4722－0000047　K295.54/725　史部/地理類/方志之屬/郡縣志

［光緒］定海廳志三十卷首一卷　（清）史致馴修　（清）黃以周等纂　清光緒十一年（1885）黃樹藩刻本　九冊　存二十卷（六至二十五）

330000－4722－0000048　B222.1/227　經部/叢編

增批五經備旨　（清）鄒聖脈纂輯　清光緒石印本　四冊　存三種

舟山博物館古籍普查登記目錄

全國古籍普查登記目錄·浙江舟山

國家圖書館出版社
National Library of China Publishing House

《舟山博物館古籍普查登記目録》

編委會

主　編：包繼英

副主編：周若溪　葉其躍

編　委：樂　艷　李祥宇

《舟山博物館古籍普查登記目録》
前　言

　　器以載道,古籍是知識的載體,是歷史的見證,是華夏文明能够延續至今的重要媒介。傳承華夏文明是身爲中國人的責任,是文化工作者的使命。

　　舟山長期孤懸海外,期間又幾經海禁,導致存世古籍數量較少。即便如此,華夏文明在舟山的傳承却始終延續,古籍功不可没。

　　保護古籍就是守護我們的文明,古籍普查對保護古籍意義重大。我館承省中心各位專家協助,完成古籍普查工作并編纂成册,爲舟山文化發展盡綿薄之力。

　　此書目收録我館館藏古籍75部191册,子部宗教類、史部地理類較多,總量不大,未見傳世珍本。

舟山博物館
2018 年 11 月

330000－4784－0000004　舟普004　史部/地理類/山川之屬/山志

明州阿育王山志十卷續六卷　（明）郭子章撰（清）釋晼荃續撰　明萬曆刻清乾隆續刻本　六冊

330000－4784－0000005　舟普012　史部/地理類/專志之屬/寺觀

雪竇寺誌十卷　（清）釋行正輯（清）釋行徇增輯　清木活字印本　三冊

330000－4784－0000007　舟普010　史部/地理類/山川之屬/山志

天竺山志十二卷首一卷　（清）管庭芬撰（清）曹籀刪訂　清光緒元年(1875)上天竺法喜寺刻本　六冊

330000－4784－0000009　舟普008　史部/地理類/山川之屬/山志

華嶽志八卷首一卷　（清）李榕纂輯（清）楊翼武評閱　清道光十一年(1831)楊翼武清白別墅刻光緒九年(1883)楊昌濬重修本　四冊　存八卷(一至八)

330000－4784－0000010　舟普016　子部/宗教類/佛教之屬/總錄

慧日永明寺智覺禪師自行錄一卷　（宋）釋延壽撰（宋）釋文冲編集　清光緒七年(1881)刻本　一冊

330000－4784－0000016　舟普005　史部/地理類/方志之屬/郡縣志

[光緒]定海廳志三十卷首一卷　（清）史致馴修（清）陳僑（清）黃以周纂　清光緒十年至十一年(1884－1885)黃樹藩刻本　十冊

330000－4784－0000018　舟普050　子部/藝術類/書畫之屬/畫譜

鞠譜一卷　（清）李漁編　清乾隆四十七年(1782)金閶書業堂刻五色套印本　一冊

330000－4784－0000019　舟普051　經部/小學類/訓詁之屬/爾雅

爾雅三卷　（晉）郭璞注（唐）陸德明音釋　清光緒三年(1877)刻本　一冊　存一卷(上)

330000－4784－0000020　舟普046　集部/小說類/短篇之屬

聊齋誌異十六卷　（清）蒲松齡撰（清）王世禎評述　清刻本　十二冊　存十二卷(三、五至十、十二至十六)

330000－4784－0000021　舟普047　集部/別集類/清別集

遊戲三昧不分卷　（清）竹禪編　清光緒刻本　四冊

330000－4784－0000023　舟普048　集部/別集類/清別集

漁洋山人精華錄箋注十二卷補一卷附年譜一卷　（清）王士禎撰（清）金榮箋注（清）徐准纂輯　清康熙五十一年(1712)鳳翩堂刻本　六冊

330000－4784－0000024　舟普056　集部/詩文評類/詩評之屬

試體唐詩箋註四卷　（清）毛今培編　清乾隆刻本　一冊

330000－4784－0000025　舟普052　經部/小學類/訓詁之屬/爾雅

爾雅註疏十一卷　（晉）郭璞注（宋）邢昺疏　清煥文閣刻本　一冊　存三卷(三至五)

330000－4784－0000026　舟普053　子部/宗教類/佛教之屬/經疏

妙法蓮華經玄義釋籤二卷　（隋）釋智者大師說（隋）釋灌頂記（唐）釋湛然釋　清刻本　一冊

330000－4784－0000027　舟普140　子部/藝術類/書畫之屬/畫譜

竹譜不分卷　（清）李漁編　清乾隆四十七年(1782)金閶書業堂刻五色套印本　一冊

330000－4784－0000028　舟普054　子部/藝術類/書畫之屬/畫譜

芥子園畫傳初集五卷二集不分卷三集不分卷　（清）王槩（清）王蓍（清）王臬輯　清乾隆四十七年(1782)金閶書業堂刻本　三冊　存三卷(初集二至三、五)

330000－4784－0000029　舟普 011　史部/地理類/專志之屬/寺觀

天童寺志十卷首一卷　（清）德介　（清）聞性道撰　清刻本　四冊

330000－4784－0000030　舟普 055　史部/地理類/外紀之屬

大唐西域記十二卷　（唐）釋玄奘譯　（唐）釋辯機撰　清宣統元年(1909)常州天寧寺刻本　四冊

330000－4784－0000031　舟普 025　子部/宗教類/佛教之屬/經疏

慈悲道場懺法十卷　（南朝梁）武帝蕭衍撰　清刻本　三冊　存六卷(二至七)

330000－4784－0000032　舟普 035　子部/宗教類/佛教之屬/經疏

妙法蓮華經玄義釋籤二卷　（隋）釋智者大師說　（隋）釋灌頂記　（唐）釋湛然釋　清刻本　一冊

330000－4784－0000033　舟普 034　經部/春秋左傳類/傳說之屬

增批輯註東萊博議四卷　（宋）呂祖謙撰　（清）劉鍾英輯注　清末鉛印本　一冊　存一卷(四)

330000－4784－0000034　舟普 032　集部/總集類/選集之屬/通代

增批古文觀止十二卷　（清）吳乘權　（清）吳大職輯　清光緒二十七年(1901)浙紹墨潤堂石印本　一冊　存二卷(十一至十二)

330000－4784－0000035　舟普 036　子部/宗教類/佛教之屬/經

妙法蓮華經卷六藥王菩薩本事品一卷　（後秦）釋鳩摩羅什譯　清刻本　一冊　存一卷(六)

330000－4784－0000036　舟普 041　集部/總集類/選集之屬/通代

古文觀止十二卷　（清）吳乘權　（清）吳大職輯　清光緒九年(1883)掃葉山房刻本　三冊　存六卷(一至六)

330000－4784－0000037　舟普 033　子部/宗教類/佛教之屬/總錄

庵事須知一卷　（元）釋明本撰　清刻本　一冊

330000－4784－0000038　舟普 037　子部/宗教類/佛教之屬/經疏

大乘起信論直解二卷　（明）釋德清撰　清光緒十六年(1890)金陵刻經處刻本　一冊

330000－4784－0000040　舟普 039　子部/宗教類/佛教之屬/諸宗

教律蓮宗道影□□卷　（清）謝濟雍編　清光緒六年(1880)刻本　一冊　存一卷(四)

330000－4784－0000044　舟普 044　子部/宗教類/佛教之屬/諸宗

淨土神珠一卷附往生要關一卷　（清）釋古崑輯　清同治刻本　一冊

330000－4784－0000045　舟普 045　集部/別集類/元別集

永明石屋幻居詩三卷　（元）釋清珙撰　清光緒十一年(1885)江北刻經處刻本　一冊　存一卷(福源石屋珙禪師山居詩)

330000－4784－0000047　舟普 019　子部/術數類/命書相書之屬

三世演禽骨書不分卷　題(唐)袁天罡撰　清刻本　一冊

330000－4784－0000048　舟普 020　子部/宗教類/佛教之屬/諸宗

萬松老人評唱天童覺和尚頌古從容庵錄十卷　（宋）釋正覺頌古　（元）釋行秀評唱　（元）釋離知錄　清光緒七年(1881)武林許氏刻本　一冊　存三卷(一至三)

330000－4784－0000050　舟普 022　子部/宗教類/佛教之屬/總錄

法界聖凡水陸普度大齋勝會儀軌會本六卷　（南朝梁）誌公大師（釋寶志）撰　（宋）志磐重訂　（明）袾宏補儀　清同治八年(1869)杭州昭慶寺刻本　一冊　存二卷(五至六)

330000－4784－0000051　舟普 023　子部/宗

寧波市奉化區文物保護管理所等六家收藏單位、舟山市圖書館等二家收藏單位古籍普查登記目錄

大佛頂如來密因修證了義諸菩薩萬行首楞嚴經十卷 （清）□□撰　清刻本　一冊　存四卷(七至十)

330000－4784－0000052　舟普 024　子部/宗教類/佛教之屬/經疏

佛說觀無量壽佛經附圖頌一卷 （南朝宋）畺良耶舍譯　清同治七年(1868)刻本　一冊

330000－4784－0000053　舟普 026　集部/別集類/清別集

鉢囊游草不分卷 （清）釋含澈撰　清光緒潛西精舍刻本　一冊

330000－4784－0000054　舟普 027　子部/宗教類/佛教之屬/論疏

大佛頂如來密因修證了義諸菩薩萬行首楞嚴經開蒙十卷 （清）釋通智撰　清刻本　一冊　存一卷(七)

330000－4784－0000055　舟普 028　子部/宗教類/佛教之屬/經疏

大佛頂首楞嚴經疏解蒙鈔六十卷首一卷 （清）錢謙益撰　清刻本　一冊　存三卷(四十二至四十四)

330000－4784－0000056　舟普 029　子部/宗教類/佛教之屬/諸宗

宗鏡錄一百卷 （宋）釋延壽輯　清刻本　一冊　存五卷(八十一至八十五)

330000－4784－0000057　舟普 025　子部/宗教類/佛教之屬/經疏

慈悲懺七卷 （清）□□撰　清刻本　二冊

330000－4784－0000058　舟普 200　子部/宗教類/佛教之屬/論

成唯識論十卷 （天竺）護法等菩薩造　（唐）釋玄奘譯　清光緒二十二年(1896)金陵刻經處刻本　一冊　存五卷(六至十)

330000－4784－0000059　舟普 038　子部/宗教類/佛教之屬/諸宗

重刊龍舒增廣淨土文四卷 （宋）王日休撰　清刻本　一冊

330000－4784－0000060　舟普 107　類叢部/類書類/通類之屬

事類賦三十卷 （宋）吳淑撰並注　清乾隆三十年(1765)劍光閣刻本　一冊　存十卷(一至十)

330000－4784－0000061　舟普 109　子部/宗教類/佛教之屬/總錄

弘明集三卷 （南朝梁）釋僧祐撰　清代刻本　一冊

330000－4784－0000062　舟普 072　集部/小說類/長篇之屬

四大奇書第一種十九卷首一卷一百二十回 (明)羅本撰　（清）毛宗崗評　清刻本　十一冊　存十一卷(四、七、九至十六、十八)

330000－4784－0000063　舟普 088　史部/地理類/方志之屬/郡縣志

[光緒]定海廳志三十卷首一卷 （清）史致馴修　（清）陳僑　（清）黃以周纂　清光緒十年至十一年(1884－1885)黃樹藩刻本　十冊

330000－4784－0000064　舟普 110　經部/小學類/文字之屬/字書/字典

增補蒙鈖全書不分卷 （清）王观焕纂　（清）周清輯　清光緒十一年(1885)刻本　一冊

330000－4784－0000065　舟普 092　經部/小學類/文字之屬/字書/字典

康熙字典十二集三十六卷總目一卷檢字一卷辨似一卷等韻一卷備考一卷補遺一卷 （清）張玉書等纂修　清光緒二十年(1894)上海點石齋石印本　六冊

330000－4784－0000066　舟普 073　集部/別集類/清別集

介石堂詩文水鑑同珍二十六卷 （清）郭起元撰　（清）胡天游評述　清乾隆十九年(1754)江蘇三多齋刻本　六冊

330000－4784－0000068　舟普 093　經部/群經總義類/傳說之屬

皇朝五經彙解二百七十卷 （清）朱鏡清輯　清刻本　七冊

330000－4784－0000069　舟普 080　經部/四書類/總義之屬/傳說

四書古人典林十二卷 （清）江永輯　清崇德書院刻本　四冊　存九卷（一至九）

330000－4784－0000070　舟普 071　史部/地理類/山川之屬/山志

清涼山志十卷 （明）釋秋厓原纂　（明）釋鎮澄編　（清）釋阿王老藏修正　清乾隆二十年（1755）釋聚用刻光緒十三年（1887）重修本　四冊

330000－4784－0000074　舟普 075　子部/宗教類/道教之屬/戒律

陰騭文廣義三卷 （清）周安士撰　清宣統元年（1909）寧郡邑廟前寶康齋重刻本　三冊

330000－4784－0000077　舟普 202　子部/醫家類/本草之屬/歷代綜合本草

本草從新六卷 （清）吳儀洛輯　清刻本　二冊　存二卷（四、六）

330000－4784－0000079　舟普 077　子部/叢編

子書二十三種 （清）浙江書局編　清光緒二十三年（1897）上海圖書集成局鉛印本　四冊　存一種

330000－4784－0000080　舟普 116　子部/宗教類/佛教之屬/諸宗

西歸行儀一卷 （清）釋古崑輯　清光緒十四年（1888）寧城千歲坊奎照堂刻本　一冊

330000－4784－0000081　舟普 119　經部/四書類/總義之屬/傳說

四書集註十九卷 （宋）朱熹撰　清石印本　一冊　存五卷（論語一至五）

330000－4784－0000085　舟普 101　史部/史評類/史論之屬

釋鑒稽古略續集三卷 （明）幻輪彙編　清光緒十二年（1886）刻本　一冊

330000－4784－0000086　舟普 100　子部/宗教類/佛教之屬/諸宗

淨土三經 （清）□□編　清同治七年（1868）

刻本　一冊

330000－4784－0000087　舟普 099　經部/四書類/總義之屬/傳說

漱芳軒合纂四書體註不分卷 （清）范翔糸訂　清刻本　一冊

330000－4784－0000088　舟普 098　子部/宗教類/佛教之屬/經

妙法蓮華經七卷 （後秦）釋鳩摩羅什譯　清光緒十八年（1892）南海普陀山刻本　一冊　存三卷（五至七）

330000－4784－0000089　舟普 079　類叢部/類書類/專類之屬

四書典制類聯音註三十三卷 （清）閻其淵輯　清刻本　一冊　存七卷（十四至十六、十九至二十一、二十三）

330000－4784－0000090　舟普 085　子部/叢編

雲棲法彙二十八種七十四卷 （明）釋袾宏撰　（明）王宇春等輯　清光緒二十三年至二十五年（1897－1899）金陵刻經處刻本　一冊　存一種

330000－4784－0000091　舟普 086　史部/傳記類/總傳之屬/釋道

青原正宗道影四卷 （清）□□編　清刻本　一冊　存一卷（三）

330000－4784－0000092　舟普 084　子部/宗教類/佛教之屬/經疏

大佛頂如來密因修證了義諸菩薩萬行首楞嚴經文句十卷 （清）釋智旭撰　清刻本　一冊　存一卷（六）

330000－4784－0000093　舟普 074　子部/宗教類/道教之屬/戒律

誡律大觀十七卷 （清）□□撰　清刻本　五冊　存七卷（一至四、十、十六至十七）

330000－4784－0000094　舟普 081　子部/宗教類/佛教之屬/經

金光明經四卷 （晉）釋曇無讖譯　清光緒二十七年（1901）刻本　一冊

330000－4784－0000095　舟普082　類叢部/類書類/專類之屬

四書典制類聯音註三十三卷　（清）閻其淵輯　清刻本　四冊　存八卷（十九至二十六）

330000－4784－0000096　舟普083　經部/四書類/總義之屬/傳說

四書體註十九卷　（宋）朱熹撰　清刻本　二冊

330000－4784－0000097　舟普069　史部/傳記類/總傳之屬/釋道

佛祖正宗道影四卷　（清）釋守一編　清光緒六年（1880）刻本　一冊　存一卷（一）

330000－4784－0000098　舟普068　子部/宗教類/佛教之屬/經疏

法華指掌疏七卷懸示一卷科判一卷事義一卷　（清）釋通理撰　清刻本　二冊　存二卷（四至五）

330000－4784－0000099　舟普065　子部/宗教類/佛教之屬/經疏

仁王護國般若經疏二卷　（隋）釋智顗说　（唐）釋灌頂記　明正統五年（1440）刻本　二冊

330000－4784－0000100　舟普066　子部/宗教類/佛教之屬/諸宗

天台山羅漢圖不分卷　（清）□□撰　清同治六年（1867）刻本　一冊

330000－4784－0000101　舟普067　子部/宗教類/佛教之屬/諸宗

南嶽正宗道影四卷　（清）□□編　清光緒六年（1880）刻本　一冊　存一卷（二）

330000－4784－0000103　舟普060　子部/宗教類/佛教之屬/經

大般涅槃經四十卷　（晉）釋曇無讖譯　清刻本　二冊　存八卷（十三至十六、三十三至三十六）

330000－4784－0000104　舟普059　集部/總集類/選集之屬/斷代

唐詩三百首注釋六卷　（清）孫洙編　（清）章燮注　**唐詩三百首續選一卷姓氏小傳一卷**　（清）于慶元輯　清光緒宏道堂刻本　三冊

《寧波市檔案館古籍普查登記目録》
書名筆畫字頭索引

《寧波市檔案館古籍普查登記目錄》
書名筆畫索引

《寧波市鎮海區文物保護管理所古籍普查登記目錄》
書名筆畫字頭索引

十九畫

二十一畫

二十二畫

二十畫

二十三畫

《寧波市鎮海區文物保護管理所古籍普查登記目錄》書名筆畫索引

四畫

五畫

六畫

七畫

八畫

十畫

十一畫

十二畫

《寧波市鄞州區圖書館古籍普查登記目録》
書名筆畫字頭索引

419

十九畫

二十二畫

《寧波市鄞州區圖書館古籍普查登記目錄》
書名筆畫索引

421

《寧波市奉化區文物保護管理所古籍普查登記目録》
書名筆畫字頭索引

十畫

十一畫

十二畫

十三畫

428

《寧波市奉化區文物保護管理所古籍
普查登記目錄》
書名筆畫索引

三畫

四畫

439

六畫

七畫

444

八畫

十畫

十二畫

十三畫

十四畫

十五畫

十六畫

十八畫

十九畫

二十畫

二十一畫

二十二畫

二十三畫

二十四畫

《餘姚市文物保護管理所古籍普查登記目錄》
書名筆畫字頭索引

478

十二畫

十三畫

十四畫

十五畫

《餘姚市文物保護管理所古籍普查登記目錄》
書名筆畫索引

四畫

486

六畫

七畫

八畫

492

493

九畫

十畫

497

十一畫

498

十二畫

十三畫

十四畫

十五畫

十六畫

十七畫

十八畫

十九畫

二十四畫

《慈溪市圖書館古籍普查登記目錄》
書名筆畫字頭索引

《慈溪市圖書館古籍普查登記目録》
書名筆畫索引

二十二畫

《舟山市圖書館古籍普查登記目録》
書名筆畫字頭索引

《舟山市圖書館古籍普查登記目録》
書名筆畫索引

《舟山博物館古籍普查登記目錄》
書名筆畫字頭索引

《舟山博物館古籍普查登記目錄》
書名筆畫索引